개정판

정책분석론

이론과 기법

이성우 지음

도서출판 조명문화사

개정판 머리말

정책분석의 시대로 불러도 좋을 만큼 공공정책에 대한 분석이 일상적이고 보편화되었다. 그러나 기존의 정책분석론 교재들이 나름대로의 특색과 장점을 구비하고 있지만, 정책분석론을 가르치는 교수들이나 활용하는 전문가들 그리고 학생들의 지적 욕구와 실천적인 필요를 충족시키기에는 부족함이 없지 않았다. 저자는 이러한 점을 아쉬워하여 정책분석의 이론과 실제에 있어 가장 기본적이면서도 중요한 내용들을 이해하기 쉽게 소개하고자 이 책을 발간하게 되었다.

그러나 준비가 부족했던 상황에서 급하게 조판을 발간하느라 2008년 초판에 존재한 오자, 탈자, 편집상의 오류, 잘못 입력된 논리와 숫자 등을 강의 중에 발견하게 되어 독자들에게 매우 미안하고 부끄러운 마음을 갖지 않을 수 없었다. 어쨌든, 이번에 발간된 개정판에서는 이러한 문제점들을 최대한 교정하고 수정하고 보완하고자 노력하였다. 설명이 미진했던 부분도 보완하였고, 장별로 예제도 추가함으로써 이해도와 학습효과를 높이고자 하였다. 또한, 대학원 수준에서 가르치기 적절한 내용은 해당 장의 뒷부분에 참고자료로 재배치하였다. 그동안 초판의 흠결을 인내해 주신 독자들에게 개정판 서문의 형식으로 진심어린 사과와 감사의 뜻을 표하는 바입니다.

이 책의 집필의도는 정책분석론의 체계적 이해와 실용적 분석기법의 학습에 있다.

첫째, 정책분석의 접근법에 대한 이해에 있어 제기되는 과학철학적 문제들과 연구방법론적 쟁점들을 체계적으로 이해한다.

둘째, 정책분석의 과정별 이론과 각 과정에 있어 적용되는 방법론과 기법들을 소개함으로써 정책분석가가 이용가능한 지침서로서의 기능을 제공한다.

셋째, 정책분석론을 학습하는 대학생과 대학원생, 공무원들에게 정책분석 상황에 적합한 접근방법을 선택할 수 있는 기초지식과 실용적인 수단들을 제공한다.

넷째, 궁극적으로는 체계적, 창의적, 논리적 사고력을 갖춘 정책분석 전문가를 양성하는 지침서로서의 기능을 제공한다.

이 책을 이용하는 독자들에게 강조하고자 하는 점은 다음과 같다.

첫째, 정책분석의 틀을 이해하기 위한 선행조건으로 이론과 모형과 가설과 인과관계의 구조동일성 인식이 중요하다. 즉, 수학적으로 y=f(x)로서 표기되는 변수들 사이의 함수관계에 대한 이해가 정책분석의 논리구조를 파악하는데 매우 중요하며, 이는 정책분석 전 과정에 통하는 기본적 질서임을 숙지하여야 한다.

둘째, 과학적 방법론에 대한 이해가 중요하다. 연구방법론과 정책과학 및 경영과학 등에서 개발된 다양한 분석기법들은 정책분석을 실제로 수행할 때 반드시 갖추어야 할 논리와 기능이다.

셋째, 정책상황에 대한 이해이다. 정책문제는 정치경제적 관계와 사회적 맥락에 의해서 이해되어야 하기 때문이다.

이 책의 특징은 다음과 같다.

첫째, 다학문적 접근방법의 적극적 수용이다. 정책연구를 위하여 철학, 심리학, 정치학, 경제학, 경영학, 의사결정학 등 분야가 다른 학문들로부터 독특한 관점과 창의적 문제해결의 방법을 얻을 수 있다.

둘째, 사회과학 방법론적 이해를 중시하고 있다. 정책분석은 본질적으로 정부가 합리적 정책을 선택하는 의사결정적 속성을 가지고 있기 때문에 과학철학적 접근뿐만 아니라 의사결정론적 접근이 필수적이다. 정책분석론에 대한 학문적 이해를 과학철학적 입장과 의사결정론적 입장에서 뿌리로부터 접근한다면 이에 대한 체계화와 합리적 정책논증이 가능해질 것이다.

훌륭한 정책분석론 교재를 집필하여 학계의 발전에 조금이나마 기여를 하고자 하였던 저자의 초심의 의도는 진지하였지만, 끈기있는 노력과 학문적 박대정심(博大精深)에 있어 여전히 부족함이 많아 짧은 기간에 완벽한 교재를 만들어 내는 일은 매우 어려운 것임을 알게 되었다. 그럼에도 불구하고 이 책을 가르치고 배우는 학자와 전문가와 학생들의 기탄없는 질정(叱正)이 있기를 바라며, 지속적인 보완과 수정을 약속한다.

본서의 집필에는 많은 분들의 자극과 격려와 도움이 크게 작용하였다. 먼저 저자가 University of Pennsylvania Wharton School에서 박사학위 과정 재학 중 저자에게 학문적 지혜와 삶의 교훈, 그리고 전공지식과 실용적 분석 기법들에 대하여 따뜻하게 지도하여 주신 영원한 은사 Paul R. Kleindorfer 교수님, 그리고 저를 가까이에서 지켜 주시고 잘 되기를 빌어 주셨던 서울대학교 행정대학원의 정정길, 노화준, 김동건, 정홍익 교수님께 깊은 감사드립니다. 또한, 자료의 수집과 편집을 맡아 수고하여 주신 김귀자 박사, 우정옥 박사, 행정대학원 이민수 연구원, 행정학과 졸업생 황보성원 학생에게도 심심한 감사를 드립니다. 끝으로 여러 가지 어려운 여건임에도 불구하고 개정판 출판을 결심한 조명문화사의 이재영 사장님과 세심하고 정교한 노력이 필요한 편집과정을 감내하여 주신 박영호 부장과 직원 여러분 모두에게 심심한 감사의 말씀을 전합니다.

2013년 1월

낙산(駱山) 연구실에서

曉田 李成佑 識

초판 머리말

정책분석의 시대로 불러도 좋을 만큼 공공정책에 대한 분석이 일상적이고 보편화되었고, 이미 출간된 정책분석론 교재들이 나름대로의 특색과 장점을 구비하고 있지만 정책분석론을 가르치는 교수들이나 활용하는 전문가들, 그리고 배우는 학생들의 지적 욕구와 실천적인 필요를 충족시키기에는 부족함이 없지 않았다. 저자는 이러한 점을 아쉬워하여 정책분석의 이론과 실제에 있어 가장 기본적이면서도 중요한 내용들을 이해하기 쉽게 소개하고자 이 책을 발간하게 되었다.

이 책의 집필의도는 정책분석론의 체계적 이해와 실용적 분석기법의 학습에 있다. 집필의도를 구체적으로 보면 다음과 같다.

첫째, 정책분석의 접근법에 대한 이해에 있어 제기되는 과학철학적 문제들과 연구방법론적 쟁점들을 체계적으로 이해한다.

둘째, 정책분석의 과정별 이론과 각 과정에 있어 적용되는 방법론과 기법들을 소개함으로써 정책분석가가 이용가능한 지침서로서의 기능을 제공한다.

셋째, 정책분석론을 학습하는 대학생과 대학원생, 공무원들에게 정책분석 상황에 적합한 접근방법을 선택할 수 있는 기초지식과 실용적인 수단들을 제공한다.

넷째, 궁극적으로는 체계적, 창의적, 논리적 사고력을 갖춘 정책분석 전문가를 양성하는 지침서로서의 기능을 제공한다.

이 책을 이용하는 독자들에게 강조하고자 하는 점은 다음과 같다.

첫째, 정책분석의 틀을 이해하기 위한 선행조건으로 이론과 모형과 가설과 인과관계의 구조동일성 인식이 중요하다. 즉, 수학적으로 $y=f(x)$로서 표기되는 변수들 사이의 함수관계에 대한 이해가 정책분석의 논리구조를 파악하는데 매우 중요하며, 이는 정책분석 전 과정에 통하는 기본적 질서임을 숙지하여야 한다.

둘째, 과학적 방법론에 대한 이해가 중요하다. 연구방법론과 정책과학 및 경영과학 등에서 개발된 다양한 분석기법들은 정책분석을 실제로 수행할 때 반드시 갖추어야 할 논리와 기능이다.

셋째, 정책상황에 대한 이해이다. 정책문제는 정치경제적 관계와 사회적 맥락에 의해서 이해되어야 하기 때문이다.

이 책의 집필방식상의 특징은 다음과 같다.

첫째, 다학문적 접근방법(interdisciplinary approach)의 적극적 수용이다. 정책연구를 위하여 철학, 심리학, 정치학, 경제학, 경영학, 의사결정학 등 분야가 다른 학문들로부터 독특한 관점과 창의적 문제해결의 방법을 얻을 수 있다. 정책학이 다학문적 접근방법을 선택하는 주요 이유는 다른 학문분야의 다양한 관점과 이론과 개념들을 다양하고 복잡한 정책현상의 분석에 적절하게 적용함으로써 정책문제를 보다 잘 이해하고 분석하고 해결할 수 있는 장점이 있기 때문이다. 정책분석론은 합리적인 정책분석에 적용가능한 학문들의 이론(theory)과 법칙(rule)뿐만 아니라 다양한 관점(perspective)과 방법론(methodology)과 접근방법(approach), 기법(technique) 및 발견사항(findings) 등을 필요에 따라 취사선택하는 실용적이고 다학문적인 접근방법을 택하고 있다. 최근에는 수학적 모형과 컴퓨터를 이용한 시뮬레이션과 게임이론 등이 정책분석에 있어 많이 활용되고 있다.

둘째, 사회과학 방법론적 이해를 중시하고 있다. 정책분석은 본질적으로 정부가 합리적 정책을 선택하는 의사결정적 속성을 가지고 있기 때문에 과학철학적 접근뿐만 아니라 의사결정론적 접근이 필수적이다. 정책분석론에 대한 학문적 이해를 과학철학적 입장과 의사결정론적 입장에서 뿌리로부터 접근한다면 이에 대한 체계화와 합리적 정책논증이 가능해질 것이다.

훌륭한 정책분석론 교재를 집필하여 학계의 발전에 조금이나마 기여를 하고자 하였던 저자의 초심의 의도는 진지하였지만, 끈기있는 노력과 학문적 박대정심(博大精深)에 있어 여전히 부족함이 많아 짧은 기간에 완벽한 교재를 만들어 내는 일은 매우 어려운 것임을 알게 되었다. 그럼에도 불구하고 이 책을 가르치고 배우는 학자와 전문가와 학생들의 기탄없는 질정(叱正)이 있기를 바라며, 지속적인 보완 수정을 약속한다.

본서의 집필에는 많은 분들의 자극과 격려와 도움이 크게 작용하였다. 먼저 저자가 University of Pennsylvania Wharton School에서 박사학위 과정 재학 중 저자에게 학문적 지혜와 삶의 교훈, 그리고 전공지식과 실용적 분석기법들에 대하여 따뜻하게 지도하여 주신 영원한 은사 Paul R. Kleindorfer 교수님, 그리고 저를 가까이에서 지켜봐주시고 잘되기를 빌어 주셨던 서울대학교 행정대학원의 노화준, 김동건, 정홍익 교수님께 깊은 감사드립니다. 또한, 자료의 수집과 편집을 맡아 수고하여 주신 박사과정 김귀자님, 우정옥 님, 행정대학원 이민수 연구원, 행정학과의 황보성원 학생에게도 심심한 감사를 드립니다. 끝으로 여러 가지 어려운 여건임에도 불구하고 출판을 결심한 조명문화사의 이재영 사장님과 세심하고 정교한 노력이 필요한 편집과정을 인내해주신 직원 여러분 모두에게 심심한 감사의 말씀을 전합니다.

2008년 2월

낙산(駱山) 효전(曉田) 연구실에서

저자 이성우 씀

차 례

Part Ⅰ. 정책분석의 의의

Part Ⅲ. 정책분석을 위한 기법들

정책분석론: 이론과 기법

PART Ⅰ

정책분석의 의의

정책분석론: 이론과 기법

▶▶Part Ⅰ. 정책분석의 의의

제1장

정책의 의의

제1절 정책의 개념과 본질

1. 정책과 미래

> 인간은 미래지향적이며, 정책은 미래에 대한 집단적 이미지의 구체적 표현이다. 미래에 대한 집단적 이미지는 불안일 수도 있고 희망일 수도 있다. 불안은 문제이며 희망은 비전이다. 문제를 해결하기 위한 집단적 의사결정도 정책이며, 비전을 실현하기 위한 집단적 의사결정도 정책이다. 집단적 가치는 집단을 구성하는 개인들의 가치체계의 합성물이다. 개인의 가치체계는 그의 기대와 경험과 존재적 유일성(identity)에 근거하고 있다. 미래는 개인들이 각자의 가치관에 따라 상상하는 수많은 미실현 가능성으로 가득 차 있다.[1)]

이 글은 미래에 대한 불안과 희망과 불확실성을 정책의 본질적 요소로서 잘 파악하고 있다. 또한, 비전과 가치관과 미실현 가능성 때문에 개인과 집단들 사이에는 정책을 둘러싼 갈등이 내재될 수 있음을 암시하고 있다. 정치인들의 개인적 상상력에 근거한 정책적 미래상이 사회적으로는 바람직하지 않을 수도 있고 바람직할 수도 있다. 동서고금(東西古今)을 막론하고 훌륭한 정치인은 바람직한 비전을 제시하여 국가와 사회

---

1) 이 문장은 Kenneth Boulding. *The Image*. (Ann Arbor, Mich.: Ann Arbor Paperbacks, 1961), pp. 25-26의 글을 읽고 저자가 정책학의 관점에서 정리한 것이다.

를 발전시키고 국민복지를 향상시켜 왔다. 그러나 이기적이고 선동적인 정치인들은 개인과 집단들의 상상력을 무책임하게 자극하여 사회적 혼란과 후퇴를 일으키는 경우가 종종 있었다. 정책학과 정책분석론은 이러한 상상력들의 가치를 더 분명히 판단할 수 있도록 고품질의 정책정보를 생산하고 공급하는 역할을 한다.

2. 정책의 정의

공공정책(public policy)의 개념에 대해서는 수많은 학자가 제각각의 관점에 따라 여러 가지로 다르게 정의하여 왔다. 이 절에서는 대표적인 정책학자들 중심으로 정책의 정의를 살펴보자.

Thomas R. Dye(2005)는 정책학을 정부의 일, 정부가 일 하는 이유, 그리고 정책을 통하여 어떠한 차이를 가져오는가와 관련된 학문분야로 인식하고 있다. 그는 정책을 "정부가 하고자 또는 하지 않고자 결정한 것"으로 단순하고 명쾌하며 포괄적으로 잘 정의하고 있다. 이러한 정책개념의 본질적 특성을 추출하면 정책은 결국 "정부의 의사결정"이라고 할 수 있다. 정부의 공식적인 의사결정과정을 거쳐 산출된 법률, 행정명령, 계획, 예산, 지방자치단체의 조례, 규칙 등은 정책의 구체적 표현양식들이다.

1950년대 정치시스템 이론의 주창자이며 행태주의 정치학자로 유명한 David Easton(1964)은 정치를 "사회 전체를 위한 가치의 권위적 배분(the authoritative allocation of values for the whole society)"으로 정의한다. 정치시스템 이론에 따라 정책을 정의하면 정책은 정치체계의 산출물(a response of a political system to forces brought to bear upon it from the environment)이다. 즉, 정책은 정부가 정치공동체의 가치와 이익을 대표하여 결정한 정치체계의 산출물이다.

현대 정책학의 주창자인 Harold D. Lasswell(1958)은 정치학을 "누가, 무엇을, 언제, 그리고 어떻게 얻는가"에 관한 연구로 정의한다. 이 정의에 따르면, 정치체계의 산출물인 정책현상을 연구하는 정책학 역시 "정치과정을 통하여 누가 무엇을, 언제, 그리고 어떻게 얻는가"에 관한 연구로 정의할 수 있다.

Y. Dror(1968)는 정책을 "매우 복잡하고 동태적인 과정을 통하여 만들어지는 미래 지향적인 행동지침을 말하며, 그것은 공식적으로는 최선의 가능한 수단을 통하여 공익

을 달성할 것을 목적으로 하는 것"이라고 보고 있다.

정정길 외(2003: 54)는 정책을 구성하는 3대 요소를 중심으로 정책을 "바람직한 사회상태를 이룩하려는 정책목표와 이를 달성하기 위해 필요한 정책수단에 대하여 권위 있는 정부기관이 공식적으로 결정한 기본방침"으로 정의한다.

이 책에서는 H. Lasswell이 적절히, 그리고 T. R. Dye가 간결하고 명쾌하게 정의한 바와 같이 정책의 개념을 "누가, 무엇을, 언제, 어떻게 얻는가에 관한 정부의 의사결정"으로 정의한다.

3. 정책의 구성요소

정책을 구성하는 4대 요소는 정책주체, 정책객체, 정책목표와 정책수단이다. 정책의 주체는 중앙정부와 지방정부 등 각급 정부와 각급 정부로부터 권한의 위임을 받아 공적 임무를 수행하는 모든 주체를 포함한다. 따라서 제3 섹터뿐만 아니라 민간단체 등 비정부조직 등도 정부의 위임을 받아 처리하는 업무 활동의 범위 내에서는 광의의 공공기관에 포함된다. 정책객체인 정책 대상 집단(policy target group)은 민간부문에서 활동하는 개인과 기업들로 구성되며, 정책의 종류에 따라 달라진다. 정책의 정의에 의하면 공공기관 내부운영에 관한 정부의 의사결정도 정책이라 할 수 있다. 그러나 정부 관료제 내부에 대한 정부의 공식적 의사결정은 행정학의 주된 연구대상이다. 정부기관과 공무원 등은 정책의 주체에 해당되며, 이들에 대한 정책은 개인과 시장 등 민간부문에 대하여 직접적 영향을 미치는 일반적 성격의 정부의 정책과는 그 대상이 다르므로 정책학의 주요 관심사항은 아니다. 정책의 직접적 대상집단이 아닌 정책 이해관계 집단으로는 언론, 매스컴, 시민단체, 정책전문가 집단 등이 있다. 정책목표(policy goal)는 공동체가 추구하는 가치의 실현과 이익의 증진을 내용으로 한다. 정책수단(policy instrument, policy tool)은 정책목표를 달성하는 도구로서 공권력과 공적 자원의 뒷받침을 받는다. 정책목표와 정책수단은 공동체의 정치적 의사결정과정을 거쳐서 확정된다. 권력(power), 정보(information), 자금(fund)과 조직(organization)은 정책수단의 대표적 유형이며 동시에 분류기준이다.

4. 정책분석모형

모형(model)이란 실제의 것을 실제보다 단순하면서 작거나 크게 나타낸 것이다. 모형화에는 중요한 요소나 변수들만을 사용하여 실제의 것을 묘사하게 된다. 따라서 모형은 모형화의 대상을 구성하는 중요한 변수들 사이의 구조적 관계를 드러낸다. 모형의 유형으로는 물리모형, 도형모형, 개념모형으로 구분된다. 가장 널리 사용되는 모형의 분류기준은 추상성과 정확성이다.

모형은 현상을 묘사, 설명, 예측 또는 분석하는 데 이용된다. 설명력이 높고 예측력이 정확한 모형일수록 잘 만들어진 모형이다. 잘된 모형은 우리의 사고를 명확하게 하여 준다. 이론과 법칙, 심지어 가설까지도 모형의 일종으로서 모형과 구조 동일성을 공유하고 있다.

Thomas R. Dye(2005: 11-30)는 정책분석을 위한 정치모형으로 9가지 모형을 제시하면서 각 모형이 상정하는 정책의 본질을 간명하게 정의하였다. 이를 요약하면 <표 1-1>과 같다.

표 1-1 T. R. Dye의 정책분석모형과 정책의 본질

모형	정책의 본질
제도모형(institutional model)	제도의 산출물(policy as institutional output)
과정모형(process model)	정치적 활동(policy as political activity)
집단모형(group model)	집단 간 균형의 결과(policy as group equilibrium)
엘리트모형(elite model)	지배 엘리트의 선호(policy as elite preference)
합리모형(rational model)	사회적 이익의 극대화 또는 목적의 효율적 달성(policy as maximum social gain or as efficient goal achievement)
점증모형(incremental model)	과거 정책의 점증적 변화(policy as variations on the past)
게임이론모형 (game theory model)	경쟁적 게임 상황 속에서의 합리적 선택(policy as rational choice in competitive situations)
공공선택모형 (public choice theory)	이기적 개인들의 집합적 의사결정(policy as collective decision making by self-interested individuals)
체계이론모형 (systems theory model)	체계의 산출물(policy as system output)

<표 1-1>에 있는 다양한 정책모형들 사이의 관계는 특정 정책현상을 설명하면서 때로는 상호 경쟁적이 되며, 때로는 상호 보완적이 된다. 훌륭한 의사가 환자들의 다양한 증세에 적절한 처방을 내리기 위해서는 다양한 의학 지식과 기술이 필요하듯이, 정

책전문가들도 다양한 모습의 정책현상들을 잘 이해하고 설명하고 분석하기 위해서는 다양한 정책모형들에 대해서 잘 알고 있어야 한다. 다음에서는 정책모형들을 정책 과정모형과 정책 산출모형으로 구분하여 설명한다.

5. 정책결정 과정모형

정책이 어떻게 개발되고 결정되며 집행되고 변화하는가에 관한 연구인 정책과정이론(theory of policy process)은 정책의 실질적 내용 즉, '누가 무엇을 언제 어떻게 얻는가'에 관한 본질적 질문에는 해답을 주지 못하는 한계가 있다. 이러한 한계가 있음에도 정책과정이론은 정책형성과 관련된 다양한 정치적 활동들을 이해하는 데 많은 도움이 된다. 또한 정책이 만들어지는 공식적, 비공식적 과정이 정책의 실질적 내용에 영향을 주는 독립변수의 성격이 있기 때문에 정책과정모형은 산출로서의 정책결정내용 못지않게 중요하나. 물론 정책의 성격과 내용이 정책과정의 변화를 가져오는 역방향의 경우도 있다.

1) 엘리트/대중모형(The Elite/Mass Model): 엘리트의 선호로서의 정책

엘리트/대중 모형은 일반 대중과 분리된 권력 엘리트(power elite) 또는 지배 엘리트(governing elite)가 무관심과 정보의 왜곡으로 특징지어진 환경 하에서 피동적인 대중을 지배한다고 주장한다. 이 모형에 의하면 정책은 엘리트로부터 대중에게로 일방적, 하향적으로 흐르게 된다. 엘리트/대중 모형을 그림으로 나타내보자.

그림 1-1 정책결정의 엘리트/대중 모형

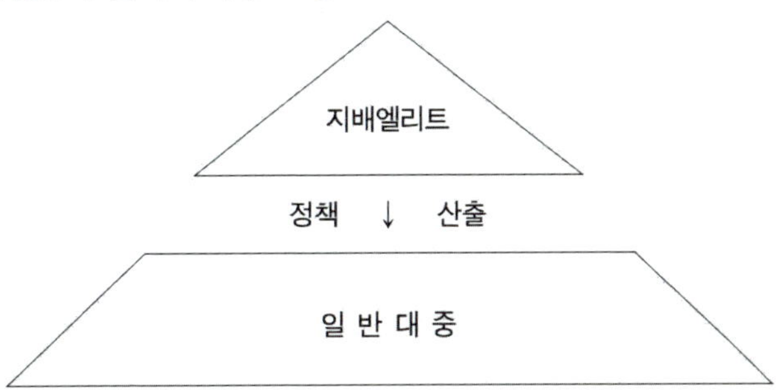

* 출처: N. Henry(1989: 292)

이 모형을 더 자세하게 설명하면 다음과 같다. 사회는 권력을 소유한 집단과 그렇지 못한 집단으로 구분되어 있다. 엘리트 집단은 대중들과 다른 가치체계를 공유하고 있다. 따라서 정책은 권력 엘리트들의 가치를 반영할 수밖에 없으며, 엘리트들의 기득권을 보호하는 현상유지적 성격을 띠게 된다.

산업혁명 이후 19세기 이후의 역사를 보면 빈부의 격차를 해소하기 위한 재분배정책, 사회안전망을 구축하기 위한 사회보장제도, 누진세 제도 등처럼 분배와 평등을 실현하고자 하는 대부분의 진보적 정책들은 민주적 방식으로 도입되지는 않았었다. 예컨대, 영국의 빈민법과 사회복지제도, 독일 비스마르크의 국민연금제도, 미국의 뉴딜정책과 사회보장제도, 국민 대다수를 수혜자로 하는 각국의 의료보험제도 등은 국민 직접참여의 민주적 방식 또는 아래로부터의 혁명적 방식으로 결정되지 않았다. 자유시장경제의 결함을 치유 또는 보완하고자 하는 맹아적 제도들은 그 당시의 시대적 상황을 고려하고 집단적 문제를 해결하기 위하여 권력 엘리트의 주도하에 도입되었다고 보인다. 더구나 대의제와 보통선거 제도를 구비한 민주주의 국가들이 정착한 것도 20세기 초반 이후의 일이다. G. Mosca, V. Pareto, R. Michels 등에 의해 대표되는 고전적 엘리트주의 정치학자들의 엘리트 지배 이론도 이러한 역사적 사실을 반영한다. 이 모형을 활용한 대표적 학자와 저작은 W. Mills의 The Power Elite(1956)이다.

2) 집단 모형(The Group Model): 집단균형으로서의 정책

집단 모형은 정치공동체(polity)를 정책결정에 더 많은 영향력을 행사하고자 하는 서로 경쟁적인 여러 세력과 이익집단들로 구성된 체계로 보며, 이익집단 간의 경쟁적 상호작용이 정치의 핵심적 사실이라는 명제로부터 출발한다. 즉, 다양한 가치관과 이익을 보유하고 있는 이익집단들이 각자가 보유한 정치적 자원을 동원하여 정책결정자에게 압력을 가하는 게임을 벌여 결국에는 정치력이 강한 집단에 유리한 정책이 산출되는 과정을 설명하는 모형이다.

이 모형에 의하면 정치는 정책에 영향을 미치고자 하는 이익집단들 사이의 투쟁이며, 정책은 이들 이익집단 간 투쟁의 결과 도달된 세력균형(group equilibrium)으로 정의된다.

그림 1-2 집단모형

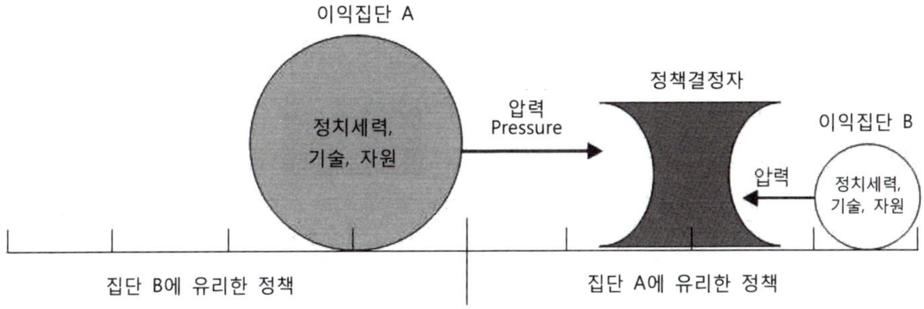

* 출처: N. Henry(1989: 294)

3) 체계 모형(The Systems Model): 체계의 산출로서의 정책

"체계는 그 내부에 있는 각각의 구성요소들이 다른 구성요소들과 상호 관계를 맺고 있는 하나의 실체이다." 체계는 체계 전체의 목표를 위하여 공동으로 노력하는 요소들로 구성되어 있다. 체계적 접근방법이란 곧 이러한 요소들과 요소들 상호간의 관계에 대한 하나의 사고방식이다(Henry, 1989: 147).

체계모형은 기본적으로 투입(input), 산출(output), 환류(feedback)라는 정보이론의 개념에 기초를 두고 있으며, 과정 자체를 본질에서 순환적인 것으로 인식하고 있다. 다음 그림은 정책결정의 체계모형을 나타낸 것이다.

그림 1-3 체계모형

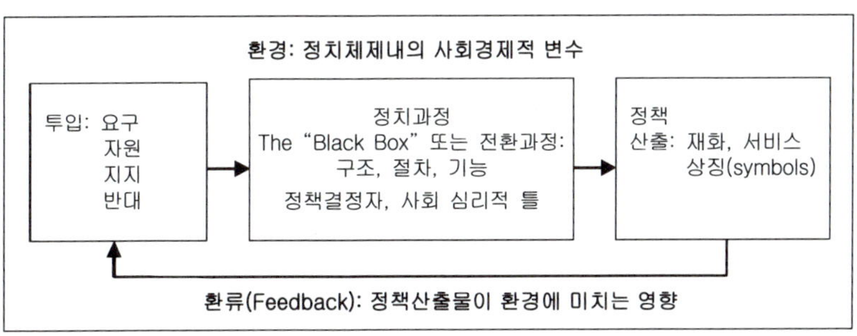

* 출처: N. Henry(1989: 294).

4) 제도주의 모형(The Institutionalist Model): 제도의 산물로서의 정책

제도주의 모형에 의하면 정책은 분업과 전문화의 원리에 따라 조직된 행정부서가 제정하는 각종 규범이며, 정책과정은 행정적 과정에 불과한 것이라는 것이다. 정책과정에 대한 제도주의적 연구는 정치학에 '행태주의 혁명(behavioral revolution)'이 도래함에 따라 설 땅을 잃게 되었다. 왜냐하면, 형식적인 법률, 규칙, 그리고 행정조직들로는 현실의 정책과 정치행태를 논리실증적으로 설명하기에는 곤란한 개념들이었기 때문이다. 그러나 정부조직개편 등 정부관료제의 개혁을 통한 정책관리방식의 개선을 위해서나 정책과정의 구체적 분석을 위해서는 정책과정에 근본적 영향을 미치는 공식적 법과 제도가 사전에 분석되어야 한다는 점에서 이 모형의 의의가 있다.

그림 1-4 제도주의 모형

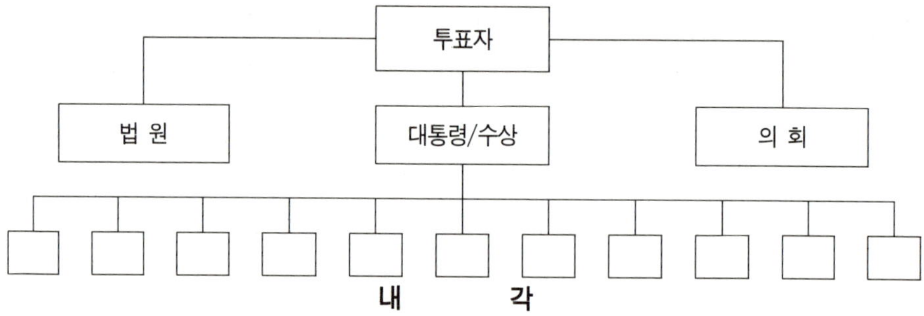

* 출처: N. Henry(1989: 294)

5) 신제도주의 모형(The Neo-Institutionalist Model): 신제도주의적 관점에서의 정책

행태주의 혁명 이후 더욱 정교한 분석 틀을 갖춘 신제도주의 모형이 정책연구에 등장하였다. 신제도주의자들은 사회현상을 설명하고 이해하는 데에 여전히 제도가 중요하다는 태도를 취한다.

> ◆ 신제도주의 모형의 기본적 사고
>
> 제도, 정책 도입 → 사람들의 의식, 가치관, 행태변화 → 사회적 상태변화 → 정책목표 달성

즉, 제도가 행태를 변화시키며 행태의 변화를 통해 사회적 상태의 변화라고 하는 정책의 효과가 실현된다고 본다. 이러한 신제도주의에도 다양한 학파가 있으며, 학파에 따라 제도의 의미, 중요성, 효과 등에 관한 견해는 각각 다르다. 정책결정의 하위체계에 따라 공공정책의 분류를 시도한 Thedore J. Lowi, Randall B. Ripley, Robert Salisbury와 John Heinz, Dean Schooler, Jr 등이 대표적인 학자들이다(N. Henry, 1989: 295).

6) 쓰레기통 모형(The Garbage Can Model)

1970년대 말에 의사결정과정에서의 합리성의 본래적 결여를 수용한 아주 다른 모델이 Herbert Simon과 James March, 그리고 March의 노르웨이인 동료 Johan Olsen에 의해 소위 의사결정의 쓰레기통 모델이 개발되었다. 이 모형은 합리주의는 불론이고 점증주의가 인정하는 제한된 합리성조차도 부정하면서 의사결정과정의 비합리주의(irrationalism)를 수용한다.

쓰레기통 모형 또는 흐름과 창 모형(the streams and windows model)에 의하면 의사결정은 문제(problem), 해결책(solutions), 참여자(participants) 및 참여자가 지닌 각종 자원(resources)의 혼합물, 즉 쓰레기통에 의하여 결정된다는 것이다. Cohen, March, Olsen(1972)은 초기 이론가들에 의해 의사결정에 귀속된 과학적 권위의 후광을 벗기기 위하여 쓰레기통 은유(the garbage-can metaphor)를 의도적으로 사용하였다고 한다. 그들은 정책목표는 인과관계처럼 분명하게 정책결정자들에게 알려지지 않았다는 점을 납득시키고자 했다. 그들의 견해로 볼 때, 정책 관계자들은 목표를 단순하게 정의하고 우발적이고 예측할 수 없는 정책과정 속에서 수단을 선택한다고 한다(Howlett and Ramesh, 2003: 175-176).

이 모형은 특정 정책결정의 결과를 예측할 수 없는 한계는 있지만, 정책결정과정 모형으로서는 설명력이 높고 경험적인 장점이 있다. 도전적이고 논쟁의 여지가 있어도 쓰레기통 모델의 주된 장점은 합리주의자들과 점증주의자들 사이에서 자신들 모델들의 장점에 대한 다소 무익한 논쟁이 되었던 대치상태를 깨부수는 데 있었고, 그럼으로써 제도적 환경 안에서의 의사결정에 대한 좀 더 색깔 있는 연구가 착수되도록 하였다는 것이다.

그림 1-5 흐름과 창 모형

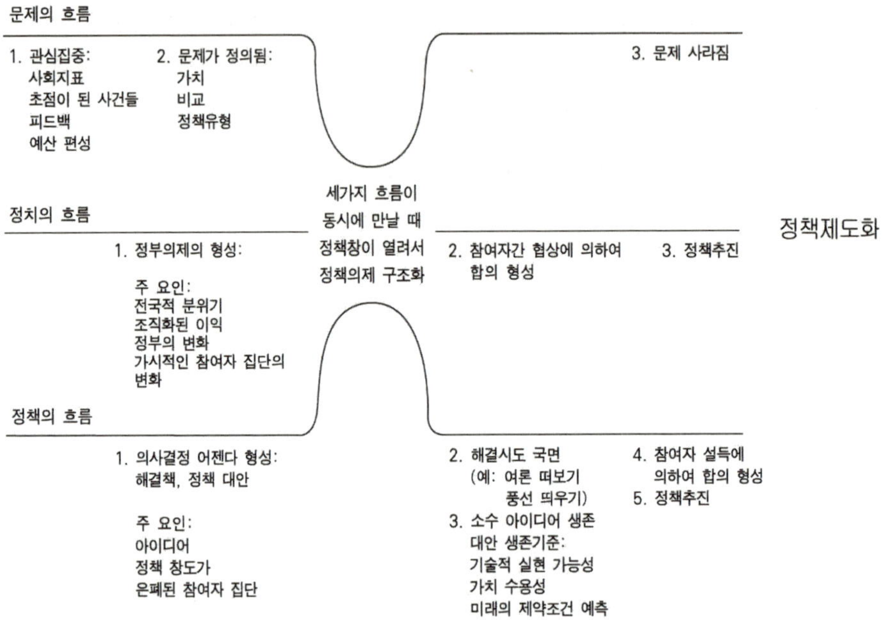

* 출처: N. Henry(1989: 299)

7) Allison의 관료정치모형(The Bureaucratic Politics Model)

G. T. Allison(1971)은 정부의 정책결정은 참여자들 사이의 갈등과 타협 또는 흥정 때문에 이루어지는 정치적 활동의 결과물로 본다.[2] 즉, 국가정책을 결정하는 주체는 합리모형이 전제하는 단일 의사결정주체로서의 정부나 조직모형이 가정하는 조직으로서의 부처들의 연합체가 아니라 정치적 이해관계를 갖고 있는 개별적인 정책결정 참여자들이라고 본다. 그러므로 정책은 조직 전체가 당면한 문제의 해결을 위해 채택한 해결책이라기보다는 정치적 게임 참여자들 사이의 타협, 갈등, 흥정 등의 정치적 결과물(political resultant)이 된다.

쿠바 미사일 위기(Cuban Missile Crisis)는 동서진영의 냉전(cold war)이 최고조에

2) Allison은 쿠바 미사일 위기상황 하에서의 미국의 외교·안보정책 결정과정을 설명하는 모델로서, 합리적 행위자 모형, 조직과정 모형, 관료정치 모형의 세 가지를 제시하고 각각의 모형에 따라 정책과정을 설명하였다. 관료정치모형은 Allison이 제시한 세 모형 중 하나이다.

달했던 1962년 10월, 미국과 이념대결을 벌이고 있던 소련이 미국 플로리다 앞 바다에 위치한 섬나라 공산주의 국가인 Cuba에 미사일 기지를 설치하려 했던 사건으로 미국과 소련 간의 전쟁 또는 제3차 세계대전이 일어나기 직전의 13일 동안의 위기상황을 말한다. Allison은 이 위기상황 아래에서 왜 미국정부가 소련의 미사일이 쿠바로 운반되는 해상을 봉쇄(blockade)하는 수단을 채택하였는지를 설명하는 이론적 모형으로 관료정치모형을 제시하였다.

국가안보 위기상황에서 미국이 고려하였던 미사일 위기 대처 수단들로는 (1) 아무 대응조치를 취하지 않고 기다림(do nothing), (2) 외교적 압력(diplomatic pressure), (3) 쿠바 카스트로 정권에 대한 회유와 협박으로 소련과 쿠바의 분리작전(a secret approach to Castro), (4) 쿠바 침공(invasion), (5) 미사일 기지 폭격(surgical air strike), (6) 간접적 무력행사 방식인 해상봉쇄(embargo and blockade)의 6가지가 있었다. 이 6가지의 대안은 대통령을 포함한 외교부, 국방부, 국가안보기관 각료들과 CIA, 공군, 해군 소속의 고위정책결정자들이 각자 다른 목표를 지니고 서로 정치적 게임을 하는 과정에서 제시한 대안들로서, 최종적으로는 관료정치의 결과로서 해상봉쇄정책이 결정되었다고 설명한다.

6. 산출로서의 정책결정모형

산출 유형에 속하는 정책결정모형들은 정책과정이 아닌 산출된 정책 자체를 분석의 대상으로 삼고 있기 때문에 가치중립적이며 묘사적(descriptive)인 과정모형에 비해서는 보다 규범적(normative)이며 처방적(prescriptive)인 특징을 갖고 있다.

1) 합리주의자 모형(The Rationalist Model): 효율적인 목표달성수단으로서의 정책

합리주의 모형은 점증주의 모형과 가장 반대되는 것이다. 합리주의는 사회에 존재하는 모든 가치 및 선호체계와 그들의 상대적 비중을 완전하게 파악하고, 모든 이용 가능한 정책대안들을 찾아내어, 각 대안의 결과들을 완전히 분석, 평가함으로써 사회적 비용-편익기준에서 가장 효율적인 대안, 즉 유일한 최선의 대안(the single best solution)을 선택하고자 하는 지적 지향이다.

공공정책 분야에서의 의사결정은 소비자와 생산자가 제한된 자원으로부터 '효용성'을 극대화하고자 하는 시장에서의 과정과 비슷해 보인다. 합리적 의사결정의 이상화된 모델은 의사결정자들이 어떤 상황에서라도 가능한 한 자세히 따라 달라고 요구하는 모형으로서 다음과 같은 일련의 활동을 규범적으로 따른다.

1. 문제 해결을 위한 목표를 수립한다.
2. 목표 달성을 위한 모든 대안적 전략을 탐구하고 목록화(listing)한다.
3. 각 전략의 모든 중요한 결과들을 예측하고 그러한 결과들이 발생할 확률을 추정한다.
4. 마지막으로, 문제를 최소의 비용으로 최대한 또는 완전하게 해결하는 전략을 선택한다.

합리모형은 이론상 정책목표 달성을 위한 가장 효율적인 가능한 수단을 선택하게 인도하는 의사결정의 절차를 규정한다는 의미에서 '합리적'이다. 계몽적 합리주의와 실증주의 및 과학적 사고에 뿌리를 둔 이 모델에서는 관련 정보의 적절한 수집으로 최선의 대안이 인식되고 최종적으로 선택됨을 통하여 최대의 결과가 성취될 수 있다고 가정한다. 그러나 합리모형에 의해 처방된 지침과 방법에 따른다 하더라도 실제에 있어서 '완전한 합리성(full rationality)' 또는 '순수 합리성(pure rationality)'을 성취하는 것이 언제나 보장되는 것은 아니다.

합리모형은 정부조직의 최적화와 정책결정체계의 최적화에도 많은 관심을 두고 있다. 운영연구(OR: operations research), 관리과학(management science), 정책분석, 의사결정론, 컴퓨터 기법 등도 이 모형에 속한다. 1960년대 이후에 등장하여 최근에도 많은 관심을 받고 있는 공공선택 학파와 공공재 이론, 정부 역할 등과 관련된 정치경제학 연구 및 경쟁적 환경에서의 합리적 선택으로서의 정책관을 갖는 게임이론 등도 합리모형의 변용이라 할 수 있다.

그림 1-6 합리모형

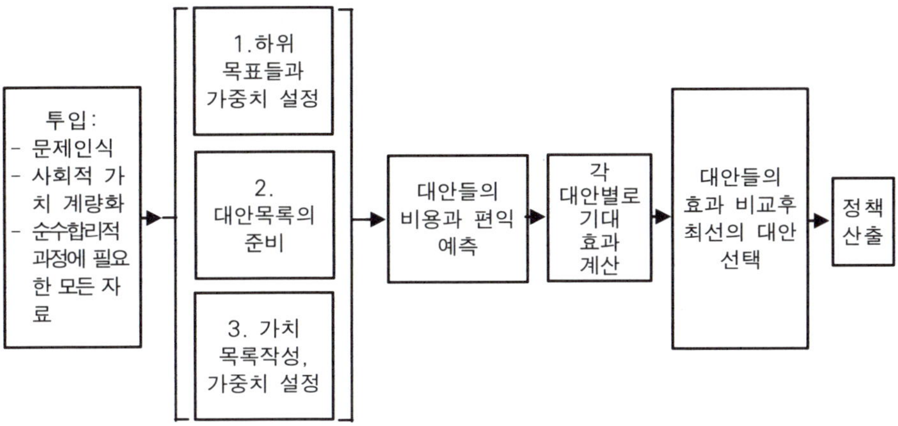

* 출처: N. Henry(1989: 301)

2) 만족모형(The Satisfycing Model)

Herbert A. Simon은 1950년대부터 줄곧 의사결정자가 의사결정에 있어 순수합리성을 성취하는 것을 방해하는 장애물들이 존재한다고 합리모형을 비판해 온 대표적인 학자이다.

H. Simon이 주장한 바와 같이 최대의 결과를 산출하는 의사결정은 모든 가능한 대안과 각 대안이 초래할 모든 비용과 결과가 의사결정 이전에 완전하게 평가되어야만 가능한 일이다. 그러나 현실에는 정보와 시간의 한계 때문에 합리모형이 추구하는 순수합리성을 최대로 달성할 수 없는 한계가 있다. 이외에도 인간의 제한적 합리성(bounded rationality), 명확한 목표설정의 곤란성, 불확실성, 복잡성, 동태적인 상황변동 등도 '유일 최선의 해결책(the single best solution)'의 선택을 방해하는 요인들이다.

H. Simon은 합리모형에 의해 처방된 지침과 방법에 따라 표면상으로 행한 공공정책 결정은 비용과 비교하면 이익을 결코 극대화하지 못하지만, 인식적 한계와 불확실성 때문에 의사결정자들이 스스로 설정한 기준을 만족시키는 경향이 있다고 주장한다. 사이먼이 명명한 이 '만족시키는 기준(satisfycing criterion)'은 인간이 의사결정 할 때 자신들이 사용해야 하는 '제한적 합리성'을 고려한 현실적인 기준이다(March, 1994). H. Simon은 그의 만족하게 한다는 관념에 기반을 둔 의사결정의 모델을 직접 개발하

지는 않았다. 그러나 그 후에 Charles Lindblom은 H. Simon의 통찰력을 채택하여 그 것을 합리모형의 가장 잘 알려진 대안인 의사결정의 점증모델에 통합한다(Howlett and Ramesh, 2003:170).

3) 점증주의자 모형(The Incrementalist Model):기존 정책의 변용으로서의 정책

학자들은 합리모형의 실용성이나 유용성에 대한 의문 때문에 실제 상황에서 의사결정자들의 실제적 행태와 밀접한 공공정책 의사결정 이론을 개발하려고 노력을 하게 되었다. 이 노력은 점증모형의 출현을 촉진하였는데, 점증모형에서는 공공정책결정을 이기적인 의사결정자들 사이에서의 협상과 타협(bargaining and compromise)에 의해 특징지어진 정치적 과정으로 묘사하였다(Lindblom, 1959).

이 모형에 의하면 바람직하기보다는 오히려 정치적으로 실현가능한 대안이, 그리고 합리모형의 지지자들이 추구하는 '극대화 대안'이기보다는 오히려 '실현 가능한 대안'이 최종적으로 이루어진 결정이 된다.

공적 의사결정에서 점증모델의 개발이 명성을 얻은 것은 예일 대학교 정치학자 C. Lindblom과 다른 대학의 동료인 D. Braybrook과 R. Dahl 때문이다. C. Lindblom은 정부에서의 실제 의사결정 과정에 대한 자신의 관찰을 토대로 H. Simon이 개발한 제한적 합리성과 만족시키는 행태의 개념을 깊이 받아들였다. 그는 의사결정자들이 실제로 따르는 '의사결정 전략들(strategies of decision)'의 공통적인 요소들을 제안하였다. 그는 이러한 전략들을 '상호 지원하는 일련의 단순화하고 집중시키는 전략들'로 배치하였고 다음 요소들을 포함했다.

1. 현재 상태와는 조금만 다른, 다소 친숙한 소수의 정책대안에 대한 분석,
2. 정책목표와 가치와 수단의 괴리
3. 추구할 적극적 목표보다는 치료할 문제에 더욱 많은 분석적 노력 집중
4. 지속적인 시행착오(trials and errors)와 수정된 시도
5. 고려되는 대안의 중요한 결과 중 일부만을 탐구·분석
6. 많은 참여자에 의한 부분적 분석작업의 단편화

요약하건대, 점증주의의 의미는 제한된 의사결정 대안들만이 의사결정자에게 제공되며, 각각의 대안들은 현존의 정책(the status quo)에서 크게 벗어나지 않는 미미한 변화만을 내포하고 있다는 의미이다.

그림 1-7 점증모형

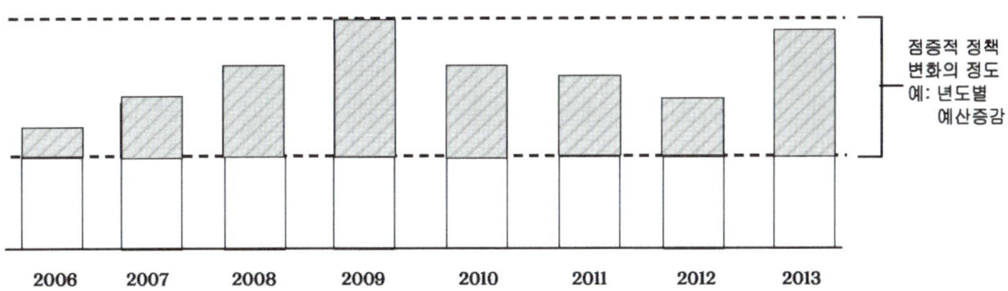

* 출처: N. Henry(1989: 300) 일부 수정.

점증주의 모형은 기본적으로 보수적인 경향을 띠고 있다. 왜냐하면, 새로운 정책들도 결국은 과거 정책의 변용에 불과한 것이기 때문이다. 정책 결정자들은 완벽히 새로운 정책을 만들어 낼 만큼 충분한 능력과 자원을 소유한 것도 아니므로 만족할만하고 정당한 수준에서 과거 정책을 수용할 뿐이다. 또한 정치경제적 관점에서 볼 때에도 기존의 정책에는 소위 "매몰비용(sunk cost)"이 크게 내재되어 있는 경우가 많아 완전히 새롭고 혁신적인 정책을 추진하기는 어렵다. 이 외에도 다양한 논거들이 점증주의 모형을 정당화하고 있고, 현실적으로 이 모형에 의한 정책결정이 많이 이루어지고 있지만, 이 모형의 가장 큰 특징은 정치적 실현 가능성이 높다는 데 있다.

제2절 사회문제와 정책문제

사회문제는 정책의제 설정과정(policy agenda setting procedure)을 거쳐 정책문제화 된다. 정책분석의 대상인 정책문제는 주관성과 진화성을 그 특징으로 한다. 정책문제의 원형인 사회문제에 대해서 알아보자.

1. 사회문제의 특성

1) 주관성

사회문제의 인식은 실재(reality)의 인식과 같이 현상에 대한 인식의 문제로 귀착된다. 인식론에 의하면 실재와 사실(fact)은 다르므로 실재는 그 자체가 비사실적이라고 한다(Brewer and de Leon, 1983: 1). 실재는 지적 능력과 가치관의 한계에 의해 형성되고 존재적 정체성(identity)과 경험적 특이성에 의해 왜곡될 수 있다. 따라서 "현재 무슨 일이 진행되고 있는가? 또는 어떤 조치가 취해져야 하는가에 대한 누구의 인식이 더 정확한 것인가? (Who really knows what's going on or what's to be done?)"라는 의문이 제기된다. 실재의 인식은 주관적 한계와 다양성을 지니고 있다.

2) 진화성

사회문제의 존재적 본질인 실재(reality)의 변화와 함께 인식주체의 주관적 인식의 변화가 동시에 발생하기 때문에 사회문제를 따라잡기 위해서는 "진화(evolution)"의 개념에 대한 이해가 필요하다.

정책결정모형 중 하나인 쓰레기통 모형(Garbage Can Model) 또는 창-흐름 모형(Window & Stream Model)에 의하면 사회문제는 해결책의 흐름, 정책과정에의 참여자의 흐름과 상호작용하며 끊임없이 변화한다고 한다. 즉, 사회문제나 해결책이나 문제맥락 모두 변화하지 않는 일정한 상수(constant)가 아니라 변화하는 변수(variable)로서 외부 환경의 자극에 반응하며 변수들끼리도 상호 작용한다고 본다. 이처럼 사회문제, 문제의 맥락, 해결책 등도 상호작용하면서 진화적 변화과정을 겪는다. 즉, 문제정의의 문제(the problem of problem definition)가 발생한다. 문제의 변화가 인식되면 이에 따라 다른 해결책도 모색된다.

2. 사회문제의 정책문제화 과정

1) 사회문제와 정책의제

우리 사회에는 해결해야 할 많은 공동체적 문제들이 배회하고 있다. 이들 수많은 사회문제들 중에서 정부가 정책적 해결을 위하여 검토하기로 결정한 사회문제를 정책문제라고 한다. 사회문제 중에서 일부를 정부가 공식적으로 정책문제로 채택하기로 결정하는 활동을 정책의제설정이라고 한다. <그림 1-8>은 사회문제가 정책의제화되어 정책산출로 이어지기까지의 정책과정을 묘사한 것이다.

그림 1-8 사회문제로부터 정책산출까지의 정책과정

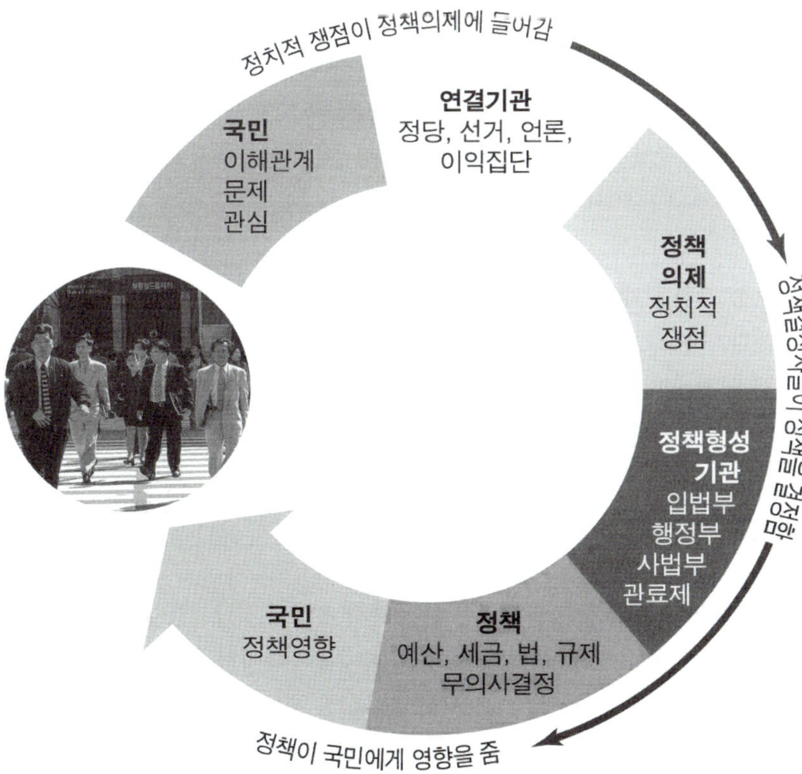

* 출처: Edwards et al. (2006: 12) 참조.

어떤 사회적 쟁점(social issue)들은 정책적 해결을 위한 정책의제가 되고 어떤 것들은 그렇지 못한 것일까? 사회적 이슈들이 정책의제의 후보자로서 인식되기 위해 이용되는 방법이나 절차는 단순하지 않다. 대중들의 문제에 대해 정부의 결의가 있어야 하는 일들이 때로는 국제/국내 관계자에 의해 제기되기도 하고, 또 때로는 정부가 직접 이를 제기하기도 한다. 이러한 이슈들은 다양한 방식으로 발생하며 이에 대한 해결을 찾기 위해 심각한 고려를 하기 전까지 복잡한 과정을 거친다. 정책 사이클의 최초이면서 아마도 가장 중요한 단계인 의제설정단계는 이러한 과정과 연결되어 있다. <그림 1-8>은 사회문제가 어떠한 정치과정을 거쳐서 정책산출로 이어지는가를 잘 보여 준다.

한편, John Kingdon(1984)은 1980년대 초반에 의제설정에 대한 자신의 개척자적인 연구에서 의제설정단계에 대해 다음과 같은 인식을 했다.

> 의제는 정부 공무원과 이들과 긴밀한 관계를 맺고 있는 정부 외부의 사람들이 진지하게 관심을 기울이는 주제와 문제들의 목록이다. 정부 공무원들은 관심을 기울일만한 일련의 주제들과 문제 중에서도 어떤 특정한 이슈들에 더 많은 관심을 쏟고 있다. 그리하여 한 묶음의 주제들이 의제설정과정을 통해 실제로 관심을 받게 되는 주제들로 좁혀지게 된다(Kingdon, 1984: 3-4).

의제설정 초기 단계에 일어나는 일이 전체 정책과정과 그 결과에 결정적인 영향을 미치게 된다. 최초로 문제를 인식하는 방식이나 형식은 문제들이 궁극적으로 정책결정자에 의해 어떻게 다뤄지게 될 것인가를 결정하는 중요한 요소이다. 결국, 의제설정이란 정부가 사회문제를 공식적으로 인식하는 것이다.

2) 의제설정 유형

의제설정 연구에서의 주요한 발전은 1970년대 초반에 시작되었다. Roger W. Cobb, Charles D. Elder, Marc Howard Ross와 같은 학자들이 다양한 의제설정 패턴을 서로 다른 유형의 정책방식과 연계하여 그들 사이의 차이를 설명하는 의제설정 모형을 개발하기 시작하였다. 이렇게 함에 있어 학자들은 체계의제(system agenda) 또는 비공식적 공공의제와 제도적 또는 공식적 국가의제의 구별을 하였던 R. W. Cobb과 C. D. Elder의 통찰을 따랐다. 체계의제는 정치 집단 구성원들이 공통적으로 인식하는 모든 이슈들로 구성되어 있으며, 이는 기존의 정부 기관의 영역 내에서 대중의 관심을 받을 만한 것들이다(Cobb and Elder, 1972: 85). 체계의제는 본질적으로 범죄나 의료, 복지문제와 같은 공공 문제에 대한 토론을 위한 사회의제이다. 개별 사회마다 일부 시민들이 관심 사안으로 보고 있고 또 정부가 무엇인가를 해야 한다고 보는 그야말로 수천 가지의 이슈들이 있다. 그러나 이러한 시스템/비공식 의제 중 아주 적은 수의 의제들만이 정부의 진지한 고려 대상이 된다. 일단 정부가 문제에 대해 무엇인가를 할 필요가 있다는 것을 인정하여야 제도적 의제가 될 수 있다. 제도적 의제는 정부가 이들에 대해 진지한 관심을 쏟겠다고 동의한 이슈들이다. 즉, 공공 의제는 논의를 위한 것이고, 제도적 의제는 당해 문제를 다루기 위한 정책적 절차가 시작되었음을 나타내는 행동을 위한 의제이다.

Cobb, Ross and Ross(1976)는 이슈가 체계 의제와 제도적 의제 사이를 옮겨감에 따라 발생하는 의제설정의 네 가지 주요 난제를 인식하였다. 이슈가 처음으로 제기되고 이에 대한 해결책들이 구체화되며, 이슈에 대한 지지가 확장되고 성공적이면 이슈가 제도적 의제로 편입된다(Cobb et al., 1976: 127). 다원주의 이론의 영향을 받은 초기 연구들에서는 공공 문제들이 항상 체계 의제에서 제도적 의제로 옮겨가는 것으로 보았다. 그러나 의제설정의 실제 사례들의 조사결과 Cobb과 그의 동료는 어떻게 사회적 이슈들이 공식의제화되어감에 따라 사회에서 국가로 또는 국가에서 사회로 이동해 가는지를 묘사하는 몇 가지 서로 다른 의제설정 모형을 개발하였다.

의제설정 방식은 (1) 의제설정과정을 주도하는 자가 정부인지 또는 사회적 행위자인지를 결정하는 문제와 연관된 정책 하위시스템의 특징과 (2) 해결책에 대한 대중적 지지의 특징의 성격에 따라 결정된다. Cobb, Ross and Ross는 서로 다른 국가들의 의제설정 절차에 대한 연구를 수행한 후 <표 1-2>와 같이 서로 다른 의제설정모형들을 개발하게 되었다.

표 1-2 네 가지 정책의제 설정유형과 과정

유 형		정책의제 설정 과정
1유형	외부주도형(자유민주형)	사회문제 → 공중의제 → 정부의제
2유형	동원형(독재국가형)	사회문제 → 정부의제 → 공중의제
3유형	내부접근형(관료주도형)	사회문제 → 정부의제
4유형	통합형	문제와 해결책에 대한 광범위한 지지를 통합하여 정책결정

이들이 발표한 바로는 외부주도모형(the outside initiation model), 동원모형(the mobilization model)과 내부주도모형(the inside initiation model)의 세 가지 기본의제 설정 패턴 또는 모형이 있다. 이 모형들 각각은 특정 유형의 정치체계(political regime)와 관련이 있다. Cobb, Ross and Ross는 자유주의적 다원주의 사회에서 외부주도모형을 인식하였다. 이 모형에서는 비정부적 단체가 이슈를 제기하고 이것이 확장되어 일차적으로 공공의제 또는 체계의제(public or systemic agenda)가 되고, 최종적으로는 공식적 또는 제도적 의제(formal or institutional agenda)가 된다. 이 모형에는 외부의 사회집단들이 중요한 역할을 하게 된다. 사회집단들이 불만을 제기하고 정부에게 이에 대한 해결을 요구할 때에 이슈가 발의된다. 이 단체들이 자신의 요구에 대한 지지를 확대하려는 시도를 하는 것이다. 이 과정에서 특정 불만을 좀 더 일반적인 것으로 만들고 단체 간에 연합을 형성하기도 한다. 이 단체들은 종국적으로 이렇게 확장된 이슈를 공식 의제로 만들기 위해 로비 활동을 하고 논쟁을 하고 다른 단체들과 협력한다. 이들이 필수적 정치 자원과 기술을 가지고 있고 반대자나 다른 이슈를 옹호하는 자들을 조정할 수 있다면 자신들의 이슈를 공식 의제로 만들 수 있을 것이다. Cobb, Ross and Ross(1976: 132)는 이를 다음과 같이 요약한다.

> 외부주도 모형은 정부 외부에 있는 단체가 (1) 불만을 표명하고 (2) 해당 이슈가 공중의제의 지위를 얻을 수 있도록 이슈관심을 다른 집단들에 충분히 확장하고자 시도하여 (3) 정책 결정자들이 이 이슈에 대해 진지한 고려를 할 수 있도록 공식 의제에 편입할 것을 강요할 만큼의 충분한 압력을 창조할 수 있는 상황에 적용된다.

이슈가 공식의제로 성공적으로 편입되었다는 것이 반드시 해당 이슈에 대하여 호의적인 정부 결정이 궁극적으로 이루어지는 것을 의미하는 것은 아니다. 이는 단순히 여러 많은 이슈 중에서 좀 더 구체적인 고려를 받을 수 있게 되었음을 의미하는 것이다.

동원모형은 외부주도모형과는 상당히 다르다. Cobb, Ross and Ross는 이를 '전체주의' 정권의 특징으로 보았다. 동원모형에서는 정책결정자들이 이슈를 공식(제도적) 의제에서 공중(체계) 의제로 확장해 나간다. 동원모형에서는 정부가 공공적으로 인식되는 불평을 확장하는 것과 같은 예비절차 없이 당해 이슈를 공식 의제화해 버린다. 정부 내에서 해당 이슈에 대한 상당한 수준의 논의는 있을 수는 있으나 이 의제에 대한 정부의 공식적 발표가 있기 전에는 일반 대중은 이 정책에 대해 무지한 상태에 있게 된다. 그러나 성공적 정책집행을 위해서는 해당 정책에 대한 호의적인 일반대중의 반응이 있어야 하므로 새로운 정책에 대한 지지의 확대는 중요하다. 정치 지도자들은 회의를 소집하고 PR, 캠페인 등을 열어 자신들의 결정에 대한 대중의 지지를 결집하고자 한다. 동원모형은 정치 지도자들이 정책을 주도하긴 하였으나 이를 시행하기 위해선 대중의 지지가 필요한 상황에서의 의제설정과정을 설명하고 있다.

내부주도모형에선 정책 입안자들과 특별한 접근권(special access)을 갖는 독과점적 영향력이 있는 단체들이 정책을 주도하게 되는데 이를 굳이 대중에게로 확대하기를 원하지 않는다. 이는 기술적 그리고 정치적 이유 때문일 수 있는데 이러한 의제설정 유형은 조합주의형 정권에서(corporatist regime) 찾아볼 수 있다. 이 모형에서는 기업 또는 노동자 단체나 정부 기관이 불만을 제기하고 이에 대한 몇 가지 가능한 해결책을 구체화하므로 문제 제기와 구체화가 동시에 이뤄진다. 의제설정과정에의 참여자는 당해 주제에 대해 알고 있거나 이해관계를 맺는 특별단체나 대리인으로 한정된다. 이들 이슈의 의제 편입은 정책결정을 바라는 사람들의 특권적 지위때문에 사실상 자동으로 이루어진다. Cobb, Ross and Ross(1976: 136)에 따르면:

> 정부조직이나 정부와 긴밀한 관계를 가진 집단들 내부에서 이슈가 제안된다. 이 이슈는 공식의제로 편입시키기에 충분한 압력을 정책 입안자들에게 가할 수 있도록 인식/주의집중 집단으로 확장된다. 그러나 이러한 과정 중 어떠한 상황에서도 일반 대중이 크게 관계되는 경우는 없으며 이슈주도자들은 이를 공중의제화하기 위한 어떠한 노력도 기울이지 않는다. 오히려 내부주도형은 의도적으로 대중과 거리를 두게 된다.

의제설정의 네 번째 유형은 통합형(consolidation)이며 이는 광범위한 대중의 지지가 이미 존재하는 경우 공공문제에 대한 해결 과정을 정부가 주도하는 경우에 발생한다. 이러면 이슈를 적극적으로 주도할 필요도 없고 대중적 지지를 동원할 필요도 없게 된다. 국가는 기존의 지지를 통합하여 정책을 만들면 된다(Dye, 2001; Howlett & Ramesh, 2003: 141 재인용).

의제설정 유형분석에서 가장 중요한 변수는 정권의 유형(regime type)이며, 의제설정 유형은 결국 정치체계의 성격에 의하여 결정된다. 정권의 유형에 따라 정책독점그룹(policy monopolies)의 역할과 영향력이 분명히 드러난다. 외부주도형은 자유민주주의의 전형이고, 동원형은 일당 독재국가의 전형이며, 내부주도형은 권위주의적 관료체계에서 전형적인 현상이다. 그러나 반드시 그런 것만은 아니다. 예컨대, 우리나라 과거 권위주의 정부 시절에도 외부주도형이 있었으며, 유럽과 미국 같은 선진 민주주의 국가들에서도 동원형이 나타날 수 있다. 특히 정권교체기 초기에는 동원형을 자주 볼 수 있다. 이는 새로 집권한 정부나 대통령이 그들이 공약한 주요 정책 프로그램을 집권 초기에 실천하고자 하기 때문이다. 또한, 의제설정유형들이 정치체계 유형별로 현저하게 나타나기보다는 서로 다른 정책분야별로 현저하게 나타날 수 있음도 알게 되었다.

따라서 의제설정에서 주된 질문은 관련된 체계의 유형이 아니라 오히려 (1) 의제설정과정을 주도하는 자가 국가 또는 사회적 행위자인가를 결정하는 정책 하위시스템의 성격 (2) 해결책에 대한 대중의 지지 정도이다(May, 1991). 즉, 의제설정 방식은 대중적 지지의 성격과 주도적 행위자의 성격에 따라 결정된다.

<표 1-3>은 May의 4가지 정책의제설정 모형을 토론주도자와 일반 대중의 참여/지지 정도를 기준으로 만든 것이다. Cobb, Ross, and Ross가 규명한 세 가지 전형적인 패턴이 <표 1-3>의 네 가지 가능한 기본적 의제설정 스타일 중 세 칸을 채워준다. 의제설정의 네 번째 유형인 통합형은 광범위한 대중의 지지가 이미 존재하는 경우 정부가 공적 문제의 해결 과정을 주도하는 경우에 발생한다. 이러면 이슈가 '주도될' 필요도 없고 공적 지지가 '동원될' 필요도 없게 된다. 국가는 기존의 지지를 '통합'하여 정책을 만들기만 하면 된다(Dye, 2001).

표 1-3 정책유형에 따른 의제설정 모형

구 분		대중의 참여 정도	
		높 음	낮 음
토론 주도자	사회적 행위자	외부주도형	내부주도형
	국가	통합형	동원형

* 출처: Peter J. May (1991:187-206) 발췌, Howlett & Ramesh(2003: 140) Figure 5.2.

제3절 정책성격과 정책논리

1. 정책의 특성

정책은 공동체적 의사결정을 통하여 인간적 존엄성과 삶의 질의 향상 목적으로 하므로 미래지향성, 가치지향성과 처방지향적 성격이 있다.

1) 미래지향성

정책은 본질적으로 미래지향적이다. 이는 너무나 자명한 사실이기 때문에 따로 부연 설명할 필요조차 없다. 미래지향적인 정책은 불확실한 미래의 희망과 불안, 그리고 위험성 문제를 고려하고 대처하여야 한다.

2) 가치지향성

정책은 인간의 문제와 사회의 문제를 해결하고자 하는 정치적 의사결정이기 때문에 사회적 가치의 문제를 고려한다. 그러나 사회문제와 사회적 가치를 정확하게 인식하고 진단하기 어려운 것은 인간의 인식능력의 한계에 기인한다. 실재(reality)는 근본적으로 이해가 불가능하다(beyond comprehension)라고 까지 주장되기도 한다. 인식론(epistemology)[3]에 의하면, 사회문제 중에는 과학의 영역 내의 문제와 영역 외의 문제가 있다. 즉, 사회문제의 인식에 있어 과학적 접근의 한계가 존재한다는 의미이다.

3) 처방지향성

정책은 공동체의 비전을 실현하고 당면한 사회문제의 해결을 위한 처방적 성격을

---

3) 인식론은 인간이 지식을 얻는 과정과 그 한계에 관한 이론이기 때문에 지식론(theory of knowledge)으로 불리기도 한다. 존재론(ontology)과 달리 인식론은 인간은 참된 진리를 결코 알 수 없다는 다양한 종류의 회의주의(scepticism)의 비판으로부터 자유로운 또는 옹호가능한 진정한 지식의 기초를 제공하고자 하는 목적을 갖고 있는 철학의 주요한 지파이다.

지니고 있다. 정책연구는 철학, 정치학, 행정학, 경제학, 경영학, 법학, 사회학, 심리학 등 다양한 학문분야의 규범적 지식과 실증적 지식을 바탕으로 더욱 나은 사회를 만들어 가기 위한 정책을 개발하는 다 학문적, 처방적 성격을 지니고 있다.

2. 경제논리, 정치논리와 정책논리

1) 경제논리

경제논리는 경제적 합리성을 바탕으로 사회 전체의 효율성(efficiency)과 후생극대화(welfare maximization)를 추구하는 합리적 이론과 주장을 말한다. 따라서 자유 시장경제에서의 개인과 기업의 행태를 중시한다. 사회적 형평성의 문제는 고려하지 않는 경우가 많다.

3) 정치논리

정치논리는 정치적 지지의 확보를 목적으로 정치체계 내에서의 특정 계층, 특정 이익집단, 또는 특정 지역의 가치관과 이익을 대변하는 이론과 주장 또는 행태를 의미한다. 정치적 권력과 경제적 부 등 사회적 가치의 권위적 배분에 관심이 많다. 사회적 형평성, 평등 분배 등을 주장의 논거로 삼는다. 노무현정부가 적극 추진하였던 지역균형발전을 위한 신행정수도 건설과 공공기관 지방이전 정책 등이 그 예이다.

3) 정책논리

정책은 정치과정을 거쳐 결정되는 정치체계의 산출물이기 때문에 정책논리는 경제논리와 정치논리의 혼합물이다. 정책논리는 정책설득을 위한 합리성을 갖추어야 하므로 경제논리를 필요조건으로 지니고 있는 것이 바람직하다.

3. 정치적 상황과 정책 유형

정책은 다양한 정치적 목적과 이유를 가질 수 있다. 따라서 정책 이론은 어떠한 정치적 상황에서 어떠한 정치적 원인이 어떻게 상호작용하고 있는가를 분명히 밝힐 수 있어야 한다.

편익(benefit)은 정책 대상집단에 바람직한 가치 또는 유리한 가치(desirable or favorable values)를 의미하며, 비용(cost)은 바람직하지 않은 가치 또는 불리한 가치(undesirable or unfavorable values)를 의미한다. 편익 또는 비용이 넓게 분산되어 있다는 것은 불특정 다수 국민에게 이익 또는 비용이 보편적으로 주어지거나 부과되는 것을 의미한다. 국방, 치안, 기상서비스 공급 등과 같은 공공재의 편익이 일반 국민에게 보편적으로 주어지거나, 소득세, 주민세, 소비세 등과 같이 세금이 보편적으로 부과되는 것을 말한다. 편익 또는 비용이 좁게 집중되어 있다는 것은 특정 지역, 특정 계층, 특정 이익집단 등 상대적으로 소수 사람들에게 이익 또는 비용이 집중적으로 주어지거나 부과되는 것을 의미한다. 특정지역 개발정책, 빈곤층에 대한 복지정책, 부자에 대한 부유세 등이 그 예이다. 여기에서 편익과 비용이 집중 또는 분산되어 있다는 것은 상대적인 구분이다.

일반적으로 정책에 따른 비용과 편익의 상대적 분포는 두 가지 방식으로 정치과정에 영향을 미친다(최병선, 2004: 125-128). 첫째, 개인이나 집단은 자신의 순편익이 증가하는 경우보다는 그것이 갑작스럽게 또는 상당한 정도로 감소할 때 정치적으로 더욱 민감하게 반응하고 정치적으로 활동적이 된다. 둘째, 정치적 행동은 비용이나 편익이 대규모의 이질적 집단에 분산되어 나타나는 경우보다는 소수의 동질적 집단에 집중되는 경우에 보다 쉽게 고무된다.

정책이 국민들에게 주는 영향인 비용과 편익의 분포에 따라 정책을 다음 <표 1-4> 와 같이 네 가지 정치적 상황으로 분류할 수 있다.[4)]

---

4) 이 방식은 규제정책을 네 가지 규제정치상황에 따라 분류한 James Q. Wilson(1980)의 분류기준과 T. Lowi(1964)의 정책분류 방식을 혼합하여 저자가 다시 작성한 것이다.

표 1-4 정치경제적 상황과 정책유형

구분		정책 수혜자	
		넓게 분산	좁게 집중
정책 비용부담자	넓게 분산	국방, 치안, 공교육, 국민건강정책, 사회간접자본, 기상서비스 등 공공재 대중적 정치(majoritarian politics)	배분정책, 지역선호시설(PIMFY) 입지정책, 특정 지역개발정책, 특혜적 규제정책 고객 정치(client politics)
	좁게 집중	보호적 규제정책, 지역비선호시설(NIMBY) 입지정책, 기업가적 정치(entrepreneurial politics)	재분배정책 복지정책 이익집단 정치(interest-group politics)

* 넓게 분산: 불특정 다수인 일반 국민들에게 편익과 비용이 분산 (예: 공공재, 간접세)
좁게 집중: 특정 소수(특정계층, 특정지역, 특정 이익집단)에게 집중(예: 특정집단에로의 특혜, 부담)

4. 정책 역설

한 정부 아래에서 결정되고 집행되는 수많은 정책들 사이에도 언제나 정책일관성이 유지되는 것은 아니다. 일관성이 없을 뿐만 아니라 심지어는 정반대되는 목표를 가진 정책들도 있다. 이러한 정책들 사이의 관계는 우리는 역설적이라고 부른다. 역설(paradox)은 골치 아픈 두통거리이다. 역설은 가장 기본적인 논리적 원리조차 위배하기 때문이다. 논리적으로 볼 때 서로 다른 두 명제는 동시에 공존할 수 없다. 서로 모순되는 두 명제는 동시에 모두 진실일 수 없기 때문이다. 역설은 이처럼 논리적으로 불가능한 상황을 표현한다. 예를 들면, "삶은 죽음이다," "색즉시공" 또는 "흑은 백이다"와 같다. 그럼에도 정치에는 역설이 충만하다. "지는 것이 이기는 것이다," "적이 동지이다," "찬성이 반대이다," "문제가 해결책이다" 또는 "손해가 이익이다" 등이 역설의 예들이다.

정치가뿐만 아니라 일반 국민도 역설적인 정책입장을 자주 표명한다. 정책에 대한 정치가와 국민의 입장은 질문을 어떻게 구성하며, 어떠한 상황에서 응답하느냐에 따라 달라진다. 개개의 국민과 정치인들의 특정 정책에 대한 입장과 평가는 각자의 꿈과 희망, 이념과 가치를 현실에 대한 주관적 인식과 합리성과 감정과 정서와 함께 섞어서 복합적이고 일관성 없이 반영하기 때문이다. 정치논리와 경제논리 그리고 정책논리의 상호관계를 이해하면 정책역설이 내포하는 다차원적 의미와 복합적 의미를 파악하는 데 도움이 된다.

제4절 정책학 연구의 특징

1. 다학문적 특성

정책연구는 공동체적 의사결정을 통하여 인간적 가치의 증진을 목적으로 하므로 문제지향성, 가치지향성과 다학문적 특성이 있다.

정책학의 연구대상은 정책현상에 관한 연구관심들이다. 보다 구체적으로 말하면, 정책문제와 정책목표와 정책수단과 정책과정에 관한 학문적 관심들이다. 현대정책학의 주창자인 H. Lasswell은 정책학을 의사결정과 정책과정에 대한 과학적, 이론적 지식(knowledge of public policy)과 그 과정에서의 실제적 지식(knowledge in public policy)에 관한 학문으로 규정한다. 따라서 Lasswell은 정책과정과 정책에 관한 실제적 지식을 정책학의 연구대상으로 삼는다. 정책학의 주요 연구분야들로는 정책과정론, 의사결정이론(decision theory), 정책결정이론, 정책집행이론, 정책평가이론, 정책변동이론, 전략연구(strategy study), 연구방법론(methodology and approach) 및 분석기법들(analytical tools)이다.

2. 학문적 독자성

정책학(public policy science)은 정부의 의사결정에 관한 이론과 실제를 이해하고 설명하며 개선하기 위한 학문으로 종합 사회과학의 성격을 가진다. 정책학은 여러 학문분야의 지식을 실용적으로 동원하여 사회문제를 인식하고 개선하며 치유하고자 하는 학문으로 사회문제의 종합병원 역할을 한다.

정책학이 정부정책을 통하여 인간의 존엄성을 증진하기 위한 정책이론(knowledge of)과 실제적 정책 지식(knowledge in)에 관한 학문이라는 점에서 사회과학의 다른 학문분야와 정책학의 그 연구대상과 연구목적이 차이가 난다고 할 수 있다. 자연과학은 물론이거니와 사회과학의 다른 분야의 학문들은 그 연구대상을 이해하고 설명하고 예측하는 것이 주된 연구목적이다. 그러나 정책학은 그 연구대상인 정책현상을 이해하고 설명하고 예측할 뿐만 아니라 이를 이용하여 인간적 가치의 실현을 추구하고 인간의 존엄성을 높이고자 하는데 그 연구목적이 있다.[5] 이 점에서 정책학이 다른 학문분야들과 차별성이 있고 독자성이 있다.

연구 주제

1. 국가의 역사와 정책의 역사에 관한 연구.
2. 현대 정책학의 등장배경.
3. 공(public)과 사(private)의 개념과 구분 기준.
4. 공익(public interest)과 사익(private interest)의 구분.
5. 경영과 행정과 정책의 공통점과 차이점.
6. 공공정책과 기업 경영전략의 유사점과 차이점.

제5절 정책결정의 어려움과 정책결정의 방식들

1. 정책결정과 정책분석의 차이

정책결정은 탐색, 개발된 여러 대안 중에서 최선의 대안(the best alternative)으로 추정된 대안을 최종적인 대안으로 선택하는 행위이다. 최선의 대안을 선택하는 행위는 차선 이하의 다른 대안들을 선택하지 않기로 포기한 결과이기도 하다. 이처럼 정책결정에서의 선택과 포기는 동전의 양면처럼 동시에 이루어진다.

정책분석 역시 최선의 대안을 발견해가는 합리적이고 과학적인 과정이다. 그러나 집단적 의사결정으로서의 정책결정과정은 다수 이해관계자 사이의 갈등 해소를 통한 합의형성의 정치적 과정이다. 이 과정에서 수많은 이해관계자와 집단들은 대부분 자신이 가장 원하는 결과를 얻지 못하고 상당히 수정된 수준에서 만족할 수밖에 없게 된다. 즉, 정책대안의 결과 추정 또는 영향분석을 통해 밝혀진 최선의 대안이 반드시 최종적인 대안으로 결정되는 것은 아니다.

정책분석과 정책결정의 이러한 성격차이 때문에 정책분석가와 정책결정자 간의 긴장관계가 발생한다. 이들 사이의 긴장은 정책대안의 경제적 의미와 정치사회적 의미에

5) 정책과학이 예술이나 인문과학과는 어떤 차이가 있을까요? 과학 전반에 대한 이해를 체계적으로 하기 위해서는 학습자들은 이 문제를 각자 잘 정리해 둘 필요가 있다.

관한 정책분석가와 정책결정자 사이의 의견 차이에서 발생하는 경우가 많다. 정책분석 과정에서 밝혀진 사실들과 추정된 예측들은 이해관계가 다양한 집단들에게 서로 다른 의미가 지닐 수밖에 없다. 다원주의적 민주정치제도하에서의 정책결정자는 정치적 타협을 통한 승리연합체(winning coalition)의 형성을 추구할 수밖에 없다. 또한, 정책결정자는 정치적 타협을 가능하게 하려고 종종 정책목표의 애매함을 취하기도 한다. 정책목표의 애매함은 정책목표에 대한 오해의 가능성을 열어둠으로써 타협의 확보에 유리한 수단으로 이용되기도 하며, 정책모순이나 정책 비일관성의 문제를 낳기도 한다.

정책분석가는 언제나 정책목표의 명확한 설정을 원한다. 그러나 민주정치과정은 정책목표를 유일하고 명확하며 일관되게 규정할 수 없게 만드는 경우가 일반적이다. 이러한 경우에 정책목표를 명확히 하고 정책목표들 사이의 우선순위를 정하는 것은 정책연구자들의 몫이다. 그럼에도 정책결정자들은 자신들이 진심으로 선호하는 정책 우선순위를 가진 경우가 많다. 이익집단들도 자신들이 진심으로 선호하는 정책 우선순위를 갖고 있는 경우가 많다. 정치과정은 다양한 대안의 탐색과 이해관계자들 사이의 합의를 요구하며, 이를 위하여 관련 가치와 이해관계에 대한 이해와 고려가 필요하다. 이 때문에 정치과정을 통해서는 논리적으로 일관성 있는 정책과 사업들을 제시하는 것이 거의 불가능하다. 마찬가지 이유로 정책선정과정에서도 명확하고 논리적인 정책대안들이 제시되기 어렵다.

정책분석가와 정책결정자의 임무는 다르다. 정책분석가는 학자 또는 전문가로서 정책결정자로부터 정책분석을 위임받아 수행한다. 정책문제의 성격을 규명하고 그 의미를 밝혀내고, 문제 해결을 위한 대안들을 탐색하고 대안들이 가져올 영향을 추정하고 평가하는 것이 정책분석가의 주된 임무이다. 그러나 정책결정자인 정치인은 민주적 투표절차에 의해 선출되어 선거구민으로부터 정치적 의사결정권을 위임받은 정치적 대표이기 때문에 학자나 전문가와는 다르다. 정책결정자의 주된 임무는 정책대안을 결정하는 일이다. 정책결정자는 정책결정의 역할을 정책분석가에게 위임하여 수행하게 해서는 안 된다. 그것은 민주정치의 기본 원칙에 어긋나기 때문이다.

2. 정책결정에 영향을 미치는 요인들

민주정치 아래에서의 정책결정의 본질을 이해하기 위해서는 다원주의적 정치이념과 정치적 가치의 역할을 이해하는 것이 중요하다. 민주정치체계에서 정치적 결정을 규정하고 제한하거나 조건 짓는 것은 정책에 대한 정치적 행위자들 사이의 기본적 합의이다. 다원주의론자들의 관점에서 볼 때 합의(consensus) 없이는 민주주의 체계가 존속할 수 없다. 합의는 선택의 정당성을 보장하기 때문이다. 따라서 합의를 형성하고 민주정치과정을 유지하기 위해서는 모든 정치적 행위자들의 다양한 관점을 고려하여야 한다. 정책결정은 이해관계자들 사이의 합의 형성 속에 정치이념과 정치사상, 정치문화적 요소뿐만 아니라 과학기술적 요소까지 혼합하여 고려한 정치적 의사결정이다.

한편, R. Dahl, H. Lasswell, J. Dewey 등 다원적 민주주의자들에 의하면 엘리트가 아닌 보통 사람들도 중요한 정책을 결정할 능력이 있다고 주장한다. 문제는 정부가 해결해야 할 수많은 정책문제들이 일반 시민이 이해하기 어려운 복잡하고 전문적인 성격이다는 것이다. 국방 문제, 외교 문제, 에너지 문제, 핵 개발 문제, 환경 문제 등 그 예는 많다. 일반 시민은 이러한 문제들의 역사적 배경이나 전문 용어를 이해하기 어려울 뿐만 아니라 이해하고자 하는 관심과 시간도 없을 수가 있다. 보통 사람들이 전문가가 아닐진대 이들로부터 정치적 결정을 위임받은 정치적 대표들은 더 유능하다고 보장할 수 있는가? 이 경우의 해결책으로서 정책전문가에게 도움을 받는 것이다. 시민에게도 충분한 정보와 그 정보를 판단할 충분한 수단을 제공하여야 한다. 정치과정에 더욱 많은 시민들을 참여시키는 것은 쉬운 일은 아니다. 그러나 그렇지 않았을 때의 정치적 비용은 더욱 클 것이다. 정치적 정당성의 상실, 신뢰와 지지의 저하, 정치적 효율성의 잠식 등이 비민주적 의사결정에 따른 정치적 비용의 몇 가지 예이다. 이러한 정치적 비용을 줄이는 편익이 그 유지비용보다 크다고 평가하여 인류가 선택한 것이 민주주의이다.

다원주의적 민주주의는 즉각적인 의사결정보다는 더딘 의사결정을 선호하는 체계이다. 아무리 중대하고 급한 정책문제가 있더라도 시민의 합의에 근거한 지지가 뒷받침되어야 하기 때문이다. 시민이 세금 문제, 복지 문제, 외교 문제, 국방 문제 등에 대한 이해를 하고 지지를 결정하는 데에는 시간이 걸린다. 시간이 흘러 문제가 악화하고 일이 잘못되어도 그것은 그 사회를 구성하는 시민이 부담해야 하는 공동의 사회적 비용이다. 시민은 이러한 비용부담의 과정을 거쳐 정치적 학습을 하게 된다. 시민의 낮은 정치의식과 수준을 악용하여 사회적 분열과 갈등을 조장함으로써 자신의 정파적 이익을 최대화하려는 정치인들은 사회의 암적 존재이다. 시민들의 정치적 학습기간을 최대한 단축하고 학습비용을 최소화하는 과정이 민주발전의 과정이다. 민주화의 사회적 비용을 최소화하고 적시에 적절한 정책 결정을 해내는 것은 정치지도자들의 리더십에 달려 있다.

정치적 합의는 실제로 논리와 합리의 합의가 아니라 감정적 또는 정서적 합의(emotional consensus)인 경우가 많다. H. Lasswell은 이를 "정치는 도전받지 않은 합의에서 다음의 합의로의 이행과정이다. 정치는 갈등에서 시작하여 해결책에서 끝난다. 그러나 그 해결책은 '합리적으로 최선의' 해결책이 아니라, '정서적으로 만족스러운' 해결책이다. 정치의 합리적이고 변증법적 측면은 정서적 합의를 재규정하는 과정의 부속물이다"[6]고 지적하고 있다. 정치를 효과적으로 하기 위해서 정치인은 선거구민들 사이의 정서적 합의를 지속해서 유지하여야 한다. 정치인은 이러한 정서적 합의를 유지하기 위하여 분석가들이 생각하기에 비합리적인 선택을 한다. 의사결정자 역시 변화무쌍한 감정적 요인으로부터 자유스럽지 못하다. 의사결정자의 미덕인 냉정한 합리성(cool rationality)은 종종 맹목적 정열, 공포, 희망, 경계심, 불안 등의 감정적 속성에 도전받고 무너진다. 인간의 감정은 경험과 기대와 함께 인간의 행동을 결정하는 통합적 정신으로 간주할 수 있다.

정책의사결정자의 개성(personality)도 정책결정의 하나의 요인임은 분명하다. 예컨대 미국의 A. Lincoln 대통령의 성격적 우울함이 주요한 의사결정들에 영향을 미친 사실이 역사가들에 의해 자주 인용된다.

여론을 형성하는 사회적 분위기도 정책결정 환경을 구성한다. 미국의 외교정책의 기조를 결정하는 데 있어 외향적 사회분위기 또는 내향적 사회분위기가 크게 영향을 미친 예가 있다. 내향적 사회분위기하에서는 국제관계에서 적극적으로 경제적, 군사적, 외교적 수단을 사용하는 것에 대해 불신하여 조용하고 조심스러운 자세를 취하도

---

6) Harold D. Lasswell. *Psychopathology and Politics* (New York: Viking Press, 1960), pp. 184-185.

록 한다.

인구사회학적 변화, 문화적 진보 또는 중대한 역사적 사건과 경험 등에 의한 사회적 변화는 기존의 가치와 권위에 도전하는 새로운 가치체계의 등장을 낳는다. 전 세계적인 소비자운동, 환경운동의 등장과 경제사회정책의 변화가 그 예이다.

정부에 대한 신뢰 정도도 정책결정의 환경적 요인이다. 정부에 대한 신뢰도와 공적 권위에 대한 존중도가 높을 때에는 권력지배층이 제시하는 정책에 대한 수용도와 지지도가 높다. 대중들은 신뢰할만한 공적 기관이 없을 때에는 정치적 냉소주의에 안주한다. 냉소주의(Cynicism)의 대표적인 철학자는 그리스 철학자 소크라테스와 디오게네스의 추종자인 안티스테네스(Antisthenes)이다. 냉소주의는 개인적 독립성(independence)과 자족성(self-sufficiency)을 위하여 외부 환경을 무시하는 태도를 보임으로써 개인이 외부환경으로부터 받는 영향을 최소화한다.[7] 냉소주의는 전통적인 권위와 도덕, 윤리 등을 부정한다. 정치적 냉소주의는 사회문제의 비체계적 인식과 대안없는 비판의 만연을 낳는다. 치유책을 찾지 못한 사회문제는 점점 더 심각해지고, 위기가 발생해서야 새로운 정서적 합의와 새로운 정치적 균형의 필요성이 인식된다.

우연히 생긴 일(chances)과 사건(events), 사고(accidents)들도 정치적 의사결정에 큰 영향을 미친다. 불확실한 상황 속에서 전개되는 통제 불가능한 요소들이 정치적 이슈와 사회적 관심과 사회적 분위기를 변화시키는 요인이 되기 때문이다.

이러한 정책결정의 환경적 요인들이 아주 정교하고 합리적으로 이루어진 정책분석보다 정책대안의 선택에 더 많은 영향을 줄 수 있다. 정책분석의 논리와 정책결정의 논리는 서로 다르기 때문이다.

3. 정책결정과 정책분석의 어려움

정책문제의 해결책은 언제나 명쾌하며(clear-cut) 인식 가능한 것인가? 많은 경우 그러하지 않다. 이를 문제의 성격과 의사결정자에 대한 인적 가정의 차이로 살펴보자.

경제학과 경영학에서 다루고 있는 인간행동이론 또는 의사결정이론에서는 의사결정자를 이기적이고 합리적인 인간, 즉 경제인(economic man)으로 가정한다. 이는 의

7) Thomas Mautner (ed.). *The Penguin Dictionary of Philosophy* (London: Penguin, 2000).

사결정의 합리주의 학파(rational school of decision making)로 분류된다. 그러나 대부분의 정책학자는 제한적 합리성(bounded rationality), 제한적 지식(limited knowledge) 및 반복적 행동으로 의사결정에 이르는 점증적 의사결정 개념을 사용하여 의사결정자를 규정한다.[8]

Brewer and deLeon(1983:189-190)은 정책결정이 개인적 의사결정처럼 명쾌하지 않고 모호하게 이루어지는 네 가지 경우를 제시하고 있다.

첫째, 정책결정자들은 과거에 결정된 정책 또는 현재 진행 중인 행동을 단순히 인정하거나 구체화하기 위하여 의사결정을 하는 경우가 있다. 미국의 베트남 전쟁이나 한국전쟁에 대한 점증적 개입이 그 예이다.

둘째, 정책대안의 탐색과 분석과정에서 의사결정들이 이루어지고 많은 갈등이 이미 해소되는 경우이다. 시간이 흘러 정책대안이 의사결정자에게 제시될 때에는 의사결정자는 그 대안을 선택하느냐의 여부만 남은 양자택일의 상황에 처한다. 이 상황은 정책결정자에게 어려운 의사결정을 하는 부담을 덜어주는 장점이 있다.[9] 문제의 인식 시점에 적절한 대안이 없는 경우에 많이 발생한다. 학자들은 미국 J. F. Kennedy 행정부시대의 외교·안보·정책문제들을 사례로서 제시하고 있다. 사이버네틱스 의사결정이론은 이 경우들을 그 이론적 배경으로 하고 있다.

셋째, Bachrach와 Baratz가 연구한 소위 "무의사 결정(non decision-making)"의 경우이다. 어떤 의사결정문제들은 정치적 환경이 허용하지 않아 전혀 고려되지 않는 경우이다. 무의사결정은 실제로는 일어나지 않은 일(nonevent)이기 때문에 이를 애매하게 이루어진 의사결정의 한 가지 형태로 정당화하기는 불가능하며, 이 존재하지 않은 현상을 어떻게 실험, 증명할 수 있느냐는 반론도 있다. 그러나 이러한 사례는 많이 있

---

8) 대표적인 학자와 저술들로는 H. A. Simon의 *Administrative Behavior* (New York: Free Press, 1957), C. E. Lindblom의 "The Science of Muddling Through" (*Public Administration Review*, Spring 1959), D. Baybrooke and C. E. Lindblom의 *A Strategy of Decision* (New York: Free Press, 1963)과 J. G. March and H. A. Simon의 *Organizations* (New York: John Wiley & Sons, 1958) 등을 들 수 있다. 보다 이후의 저술들로는 J. March and J. P. Olsen 등이 편집한 *Ambiguity and Choice in Organizations* (Bergen, Norway: Universitetsforlaget, 1976)과 H. A. Simon의 "On How to Decide What to Do"(*Bell Journal of Economics* 9, 1978) 등이 있다.

9) 이와 관련된 사례는 John D. Steinbruner. *The Cybernetic Theory of Decision.*(Princeton, N.J.: Princeton University Press, 1974) 참조.

을 수 있음이 일반적으로 인정되고 있다. 의사결정자에게 불리하거나 정책결정자가 다루기 싫어하는 정책문제는 무시되는 경우가 많은 것이 현실이다.

넷째, 정책결정자가 자신의 분명한 입장을 표명하기를 원하지 않는 경우이다. 여러 가지 이유로 특정 문제 또는 해결책으로부터 거리를 두거나 관련성을 부인하는 입장을 열어 놓는 경우이다. 의사결정을 하지 않는 전략은 문제가 저절로 해결되거나 사라져 버릴 수 있다는 희망 속에서 시간을 벌 수도 있다. 또는 더 나은 정보의 수집을 위하여 의사결정을 연기할 수도 있다. 어떤 이유에서든지 공식적인 의사결정이 의도적으로 회피되는 경우가 종종 있다.

정책결정자와 정책분석가 사이의 동질성을 가정하는 것보다는 양자 사이의 차이를 분명히 인식하는 것이 정책과정을 이해하는 데에 매우 중요하다. 정책결정자의 역할은 지루하고 꼼꼼한 정책분석에 있는 것이 아니라, 정책을 둘러싼 서로 다른 수많은 가치와 관점과 이해관계와 주장들을 조화롭게 통합해내는 데 있다.

4. 다양한 의사결정방식의 이해

문제에 대한 다양한 해석은 의사결정과정에 심각한 영향을 준다. 현상과 문제가 복잡할수록 그에 대한 해석도 다양하다. 그것은 편견과 왜곡된 견해에 영향받은 사람들이 그들의 견해를 문제의 맥락 속에 가져오기 때문이다. 임진왜란 발생 전에 조선통신사로 일본에 파견된 황윤길과 김성일의 서로 다른 견해가 조선의 전쟁대비 결정에 잘못된 영향을 준 예가 있다. 미국에도 유사한 사례가 있다. 1960년대 초 미국의 케네디 대통령은 베트남 상황에 대한 새롭고 사실적인 평가를 하도록 외무부 공무원 한사람과 육군 장성 한 사람을 베트남에 보냈다. 육군 장성의 낙관적인 평가와 민간 공무원의 비관적인 평가를 보고받은 케네디 대통령은 "당신들 두 사람이 같은 나라의 국민인가?"라는 즉각적인 반응을 보였다고 한다(Brewer and de Leon, 1983:89).

어느 정도까지는 다양한 견해가 긍정적인 효과를 줄 수 있다. 책임 있는 의사결정은 특정의 주장만을 반영해서는 안 되고 다양하고 가능한 대안들을 충분히 고려하여야 한다. 고도로 복잡한 상황 속에서 과도하게 치우친 견해들은 심각한 문제를 일으킬 수 있다. 극단적이고 무책임한 견해들 때문에 해결책을 구하지 못하고 긴급한 사회문제에 제대로 대처하지 못할 정도의 국론분열 상황까지 이르게 되어서는 안 된다.

1) 불확실성과 복잡성하의 다양한 의사결정 방식들

(1) 정형화된 의사결정

반복적으로 발생하는 일상적인 문제들은 다양한 표준운영절차(standard operating procedures: SOP)나 정형화된 처리 수단들(routine means)에 의하여 해결되고 있다. 그러나 정형화된 절차를 적용하기에 적당한 문제들이 아닌 중요하고 복잡한 비 일상적인 문제들에 대한 정책적 해결책을 찾아내기는 매우 어렵다. 그것은 정책과정의 성격에도 원인이 있다.

의사결정자들은 특정 수준의 문제에 대해서는 제한된 반응목록(a limited repertoire of responses)을 가지고 대처한다. 표준운영절차가 대표적인 반응목록이다. 그러나 완전히 새로운 상황이나 심각한 위기상황에서 이러한 SOP에 의존할 수는 없다. 심각한 위기상황에서 SOP에 의존하다가는 매우 큰 곤란을 초래할 수 있다. 그러나 많은 경우 새로운 문제 상황에도 불구하고 새로운 해결책을 찾기보다는 과거의 상례적인 해결책에 의존하는 경우가 허다하다. 그것은 새로운 문제 상황에 대한 이해의 곤란과 새로운 해결책의 발견이 어렵기 때문이다.

G. T. Allison은 쿠바 미사일 위기사건에 대한 정책결정과정에 대한 설명에서 이를 잘 보여 주고 있다. 조직은 자신이 개발하고 활용해 온 절차에 과도하게 의존하는 경향이 있다. 그 절차들은 쉽게 또는 빠르게 변화하지 않는다. 조직의 타성(inertia) 문제이다. 쉽게 변화하지 않는 절차들은 대개 매우 제한적이다. Allison은 "상황이 복잡할수록, 관련된 개인들의 수가 많을수록 조직행태의 결정요인으로서의 프로그램과 해결목록(repertoires)들의 중요성은 더욱 커진다"(Allison, 1969: 700)고 말한다. 현재 상황이 과거의 상황과 다름에도 현재의 상황과 같다고 가정하여서는 문제를 해결할 수 없다. 현재 상황과 과거의 상황이 동일하지 않음에도 불구하고 현재의 상황을 친숙한 과거의 상황인식과 동일시하는 인식 상의 약점을 J. Steinbrunner (1974: 127)는 "각인된 사고(grooved thinking)"로 본다. 또한 많은 의사결정자들은 문제를 잘 이해하기보다는 자신이 세세한 부분까지 잘 이해하고 있는 해결책을 선호한다. 이렇게 되면 문제와 해

결책을 대응하는 것이 아니라 해결책에 문제를 대응시키는 본말 전도의 의사결정이 되고 만다.

(2) 점증주의적 의사결정

점증주의적 의사결정은 현실의 많은 의사결정 사례들을 잘 설명해주는 장점이 있다. 점증주의자인 D. Baybrooke과 C. E. Lindblom은 "예견된 결과가 현 상황과 점증적으로 다른 정책들만이 고려된다"[10]고 말하고 있다. 점증주의적 의사결정의 진정한 의미는 현재의 정책과 점증적으로 다른 정책들만 고려한다는 의미가 아니라, 현재의 상황(status quo)에 큰 변화를 가져오지 않는 즉, 점증적 변화를 가져올 것이 예견되는 정책들만이 정책대안들로 고려된다는 의미가 정확하다.[11]

점증주의적 의사결정방식은 H.A. Simon의 만족모형이나 합리모형과는 다른 모형이다. 이 모형의 보편적 이용 상황이나 그 부분적 적실성은 인정된다. 그러나 구조적 변화가 분명한 상황에서 점증주의적 의사결정방식에 의존하는 것은 잘못된 것이다. 예컨대, 원자력발전소와 같은 매우 복잡한 기술체계의 건설에는 완벽한 시스템의 설계가 필수적이다. 그러나 사고가 발생하지 않는 현재의 기술적 설계를 기준으로 한 점증주의적 설계는 매우 큰 위험을 초래할 수 있다. 일반적으로 사고와 위험은 잠재적으로 축적되어 어느 한계까지는 나타나지 않다가 그 한계를 넘어서면 발생하기 때문이다. 대형사고의 속성은 대개 이러하기 때문에 점증주의적으로 발생하는 것이 아니다.

점증주의적 의사결정이론이 기본적인 원리로 취급해 온 학습(learning)도 실제로는 점증주의적으로 이루어지는 것은 아니다. 생각과 마찬가지로 학습도 일정 수준의 임계점(critical point)을 넘어설 때까지는 구체적으로 형성되지 않는다. 거의 무오류적 시스템의 설계나 무오류적 정책 결정에는 점증주의적 방식이 적절하지 않다.

---

10) D. Baybrooke and C. E. Lindblom. *A Strategy of Decision* (New York: Free Press, 1963), p. 85.

11) 이와 관련된 개념으로 "현상의 편견(status quo bias)"이 있다. 현상의 편견은 인간이 불확실한 상황에서 현재 상황을 고수하고, 안주하고자 하는 심리적 경향을 말한다. 따라서 급격한 변화를 싫어한다. 그것은 불확실성에서 오는 위험의 회피경향과 미래에 대한 불안을 반영한다. 결국 의사결정상의 보수주의화를 초래하고 개혁과 관련해서는 저항으로 나타난다. 이렇게 되는 중요한 이유는 미래상황이 자신에게 미칠 비용과 편익에 대한 정확한 정보의 부족 때문이다. 개혁과 정책변화를 용이하게 하기 위해서는 이해관계자들에게 정책영향에 대한 정확한 정보와 적절한 보상방법을 제시하여 설득하여야 한다.

(3) 무의사결정 또는 의사결정의 지연

매우 복잡한 상황에 대한 일반적 반응 중 하나로 무의사 결정(doing nothing, no action)이 있다. 다양하고 모순적인 상황해석이 지배적일 때 새로운 대안의 선택에 합의를 보지 못해 의사결정의 지연, 또는 변덕스러운 결정이, 또는 무의사결정이 종종 일어난다.

(4) 상황조건부 의사결정(contingent decision making)

이 방식은 사전에 의사결정 시나리오를 만든 후에 상황전개에 따라 시나리오에 따른 의사결정을 하는 방식이다.

복잡하고 불확실한 문제에 대한 또 다른 반응으로는 상황에 대한 낙관주의적 또는 비관주의적 가정을 전제로 의사결정을 하는 경우가 있다. 의사결정자에게 가장 불리한 최악 상황의 전개를 전제하는 경우는 비관적 가정의 경우이며, 의사결정자에게 가장 유리한 상황의 전개를 전제하는 경우는 낙관적 가정의 경우이다. 이러한 가정은 일반적으로 미래 상황을 과도하게 왜곡한 경우이다. 2차 세계대전 당시 히틀러의 소련 침공을 예견하지 못한 스탈린의 경우나 일본의 진주만 공격을 예견하지 못한 미국의 경우는 낙관적인 상황인식에 근거한 의사결정 때문이다. 최근에는 낙관적 상황과 비관적 상황, 그리고 두 상황의 중간적 상황들을 시나리오화하여 의사결정을 위한 정보로 사용하는 경우가 점차 늘어가고 있다.

불확실성과 복잡성 하에서는 보면 일반적으로 창의성이 높은 새롭고 쇄신적인 의사결정보다는 덜 창의적인 점증주의적 의사결정이 더 자주 일어난다고 할 수 있다. 비교적 짧은 기간 동안 또는 상대적으로 정태적인 상황에서는 덜 창의적인 의사결정 유형이 나타나지만, 비교적 장기간 또는 상대적으로 급격한 변화를 겪는 상황에서는 이러한 의사결정유형은 더는 지속하지 못하고 보다 상황 적응적이거나 쇄신적 의사결정들에 의하여 대체되는 모습을 볼 수 있다.

의사결정과정에서 왜곡과 편견은 발생 가능성이 높다. 의사결정 상의 왜곡과 편견을 바로 잡기 위해서는 대안에 대한 평가, 대안이 가져올 미래 영향에 대한 추정이 제대로 이루어져야 한다. 이를 위해서는 정책대안의 영향평가에서의 모든 가능한 잠재적 왜곡과 편견들을 분명히 하고, 모든 가정과 인식들을 가능한 한 투명하게 하며, 문제를 가능한 한 다양한 관점에서 보아야 한다.

(5) 권위주의적 의사결정

복잡한 혼돈상황에서의 의사결정방식으로 권위주의적 의사결정이 있다. 많은 사람의 참여를 제한하고 소수에게 의사결정을 위임하는 방식이다. 그러나 이 방식은 비 민주적이고 집행상의 협조를 얻기 어려워 비효과적이다.

(6) 직관적 의사결정

권위주의적 의사결정방식과 유사한 다른 의사결정방식은 직관적 의사결정방식이다. 매우 어렵고 긴급한 문제에 직면하여 의사결정자 혼자서 자신의 직관과 자신의 분석에 의존하여 의사결정을 하는 방식이다. 현실에 대한 다른 사람들의 관점과 견해를 고려하지 않는 이 방식 역시 권위주의적이며 위험성을 내포하고 있다. 직관적 의사결정자는 자신이 선호하는 정보만을 선택적으로 입수하여 의사결정을 하기 때문이다. 정보가 제약되고 상황에 대한 완전한 인식이 제대로 되지 않는 직관적 의사결정의 위험성은 매우 크다.

(7) 분석적 의사결정

직관적 의사결정과는 달리 분석적 의사결정자는 시간과 조건이 허락하는 안의 범위에서 가능한 한 많은 자료를 수집하고, 더 많은 분석을 하며, 다양한 견해를 청취하고자 노력한다. 극단적으로 많은 정보를 수집하는 것도 불가능하지만, 반드시 더 많은 정보를 얻고자 노력하는 것이 바람직한 대안을 선택하게 하는 것은 아니다. 완전하지는 않지만 충분한 정도의 정보하에서 선택한 대안이 바람직한 결과를 가져온 예로서 쿠바 미사일 위기 사건을 들고 있다(Brewer and de Leon, 1983:92). 쿠바 미사일 위기상황에서 더 확실한 정보를 수집하기 위하여 U2 정찰기를 쿠바 미사일 기지 건설공사 현장으로 보냈을 때 만약 미사일 기지건설의 증거를 확보하지 못했더라면 효과적이고 성공적인 해상 봉쇄전략을 택할 수 없었을 것이라는 주장이 있다. 극단적으로는 너무 많은 정보 하에서 우유부단하게 선택을 못 하거나, 결정을 뒤집는 경우도 있다.

(8) 적응적 의사결정: 체계 통제(system control)와 사이버네틱스

부하량(loads), 시간 지체(lags), 예측기간(leads) 및 이득(gains)의 수준과 상호작용은 사회체계의 효율성, 성과 및 특성에 중요한 의미가 있는 개념들이다. 이들은 사회적 의사소통과 통제분야(social communication and control)의 많은 이론적 업적으로부터 나오는 개념들이다.[12] 이들 개념은 또한 사회적 복잡성을 이해하는 중요한 개념들이다. 부하량은 한 체계 내의 스트레스, 긴장(tension) 또는 불균형(disequilibrium)[13]의 정도이다. 지체는 시스템이 자극에 반응하는 데 걸리는 시간이다. 이득은 시스템이 취하는 교정적 행동의 양(the amount of corrective action)이며, 투입에 대한 산출의 비율로서 측정된다. 리드는 현재와 시스템의 상태가 정확히 예측될 수 있는 미래까지의 기간을 말한다. 일반적으로 시스템의 통제능력은 부하량과 지체에 반비례하며, 이득과 리드에 정비례한다.

K. Deutsch(1966)는 이들 개념을 다음과 같이 설명하고 있다. "시스템의 전반적인 성과는 이 요소들의 상호작용에 의존한다. 이득은 힘 또는 권력(power)과 관련이 있기 때문에, 권력이 약한 정부나 조직은 미래예측능력과 반응속도를 증가함으로써 즉, 지체를 줄이고 리드를 증가함으로써 이득과 힘을 증가시키는 이득율 보상노력을 해야만 할 것이다. 한편, 권력이 크면 비록 반응속도가 느리고 예측능력이 떨어지더라고, 그 반응의 크기만으로도 상황대처에 성공적일 경우가 많다." 약한 정도의 변화나 불균형은 성공적으로 다루어질 수 있지만, 많은 정부와 조직들은 "그들의 의사결정시스템에 과도한 부하를 주는 급격한 변화의 시기에는 그들의 행태를 효과적으로 통제할 수 없는 어려움을 겪을 수도 있다."[14]

수많고 다양한 견해와 제언으로 시스템의 의사결정기구에 과부하가 걸리면 합의과

---

12) Karl W. Deutsch *The Nerves of Government*(New York: Free Press, 1966); Steinbrunner, *Cybernetic Theory of Decisions*; and Walter Buckley, *Sociology and Modern Systems Theory* (Englewood Cliffs, N.J.: Prentice-Hall, 1967). 이들은 모두 사이버네틱스 또는 통제 패러다임의 의사전달적 해석에 관한 연구들이다.

13) 시스템의 균형, 불균형 개념, 안정적 균형과 불안정적 불균형개념의 이해는 시스템의 성과측정과 평가 및 최적 통제수단의 발견에 매우 중요하다. 거시경제학의 많은 이론들은 경제체계의 균형과 불균형 현상에 관한 것이다. 균형과 불균형의 개념은 사회학과 정치학에도 자주 등장하는 유용한 개념이다.

14) 사이버네틱스 이론과 시스템이론에 대한 추가적인 연구와 이해는 복잡한 정책결정 시스템의 이해에 반드시 필요하다.

정의 작동 가능성이 낮아진다. Samuel Huntington은 시스템의 과부하와 관련하여 "후기산업사회에 만연하게 될 긴장은 아마도 더 권위적이고 효과적인 정부의사결정방식을 요구할 것이다"고 언급하고 있다. 그러나 과부하를 초래하는 여러 요인들, 예컨대 변화하는 가치관과 이념들과 급격히 증가하는 참여수준 등은 정부에 의한 권위적 자원배분을 더욱 어렵게 만들 것이다.[15] Daniel Bell(1975) 은 "시스템의 과부하를 줄이는 데 실패하게 되면 정치체계나 제도의 정당성과 심지어는 그 존재까지도 위협하게 될 것이다"[16]라고 말한다. 특정 이슈에 대하여 과반수를 확보 또는 유지하는 것은 관심을 요구하는 경쟁적인 요구와 부하량이 커질수록 점점 더 어려워진다. 어느 특정 개인이나 조직도 시스템을 비록 불완전하게라도 전체로서 이해하지 못하는 상황에서는 시스템의 조정과 분석이 불가능하다.[17]

시스템에 부하가 걸릴수록 지체시간은 늘어난다. 그 이유는 다음과 같다. 우선순위가 높은 중요한 문제가 의사결정자의 관심을 지배한다. 덜 중요하거나 일상적인 문제들은 연기되거나 하부 조직으로 위임된다. 하부 조직의 사람들은 위임받은 문제들을 과거에 시험 된 원리나 규칙, 방식으로 처리하며, 필요성 또는 편의성에 치중하여 수많은 문제를 무시해 버린다. 만일 의사결정을 보다 적절한 시기에 하기 위해서는 때로는 정도 이상의 많은 힘(또는 이득)이 사용될 필요가 있다. 폭력적 힘, 엄청난 양의 자원, 강압이 때로는 이성과 분석을 압도하게 된다. 점증하는 불확실성 상황에서는 정확한 예측이 가능한 시점까지의 리드 타임이 감소하고 의사결정이 비분석적 해결방법에 더욱 의존하게 된다. 즉, 불확실성이 높은 의사결정상황에서는 구조적이며 분석적인 의사결정방법이 취약해져서 비분석적, 직관적, 긴급상황 대처적 해결방법이 이를 대체하게 된다.

미국사회에 도입, 전파, 확산된 헤로인 문제를 통하여 여기에서 제시된 여러 가지 이론적 개념들에 대한 이해를 잘 설명할 수 있다. 헤로인의 도입 초기에는 헤로인 중독에 따른 문제가 사회적 관심을 끌지 못한다. 초기에 서서히 진행되는 중독, 뒤이은 급속한 전파과정은 변화에 저항하는 수많은 사회경제적 문제들의 전형적인 모습을 보인

15) 체계의 과부하 개념은 20세기 중후반 혼돈스러웠던 한국 정치사회 현상의 분석에 시사하는 바가 많다.

16) Daniel Bell. "The Revolution of Rising Entitlements," *Fortune* (1975, April), p. 98.

17) Harold L. Wilensky. *Organizational Intelligence* (N.Y.: Basic Books, 1967), pp. 39-42.

다. 일반 대중은 점차 좌절과 공포에 휩싸인다. 경찰과 법원, 교도소에 투입된 엄청난 예산으로도 마약과 관련한 거리 폭력과 범죄를 줄이지 못한다. 마약 중독의 근본적 원인에 대한 인식 및 제거요구 및 노력은 해외로부터 끊임없이 유입되는 마약 소탕노력의 실패와 더불어 수포로 돌아간다. 사법 당국과 보건당국은 수많은 사업을 시도해 보지만 그 효과는 미미하다.

문제의 발생 초기에는 문제가 제대로 인식되지 못한 상태에서 점차 커진다. 아무 조치도 취해지지 않은 채 리드타임은 낭비된다. 문제의 인식과 반응 사이의 지체시간은 점차 길어지고, 반응이 일어날 때쯤이면 이미 커져 버린 문제의 복잡성에 비하여 그 반응은 너무 왜소하고, 너무 늦고, 너무 부적절한 것이 되어 버린다. 직관과 선의는 해결책을 제시하지도 못하고 때로는 사태를 더욱 악화시키기도 한다. 거의 다룰 수 없게 되어 버린 현 상황의 근본적 원인의 상당 부분은 초기의 문제 진단과 추정 상의 결함에 있다.

복잡성에 대처하고 정책대안과 관련한 불확실성을 해소하기 위한 노력은 정책분석 작업이 성취하고자 하는 분명한 목표이다. 제대로 된 정책분석을 통한, 질 높은 추정을 통한 리드타임의 증가는 매력적이고 바람직한 편익을 준다. 연장할 수 없고, 대체 불가능하며, 불가역적인 시간변수야말로 무엇보다도 중요한 요소이다. 의사결정에 충분한 시간을 얻기 위해서는 대규모 자료처리 절차와 분석적 모형 및 개념적 이론 틀의 연계노력이 매우 요청된다. 이를 통하여 시간이 촉박한, 리드타임이 거의 없는 의사결정에 보다 유용한 자료와 정보가 생산되어 현재 상황을 개선할 수 있기 때문이다. 그러나 이 노력 역시 인간의 근본적 위기감지 능력의 한계와 무감각 때문에 쉬운 일은 아니다. 인간은 재난, 전쟁, 참사, 경제적 위기나 정치적 격변을 겪은 후에야 자신이 매우 안전하다고 스스로 생각해왔던 세계가 얼마나 취약한 것이었던가를 학습하는 속성이 있다. 진리는 항상 가까이 있지만, 인간은 그것을 정면으로 직시하기를 거부한다. 거의 언제나 혼돈과 재난을 겪은 후에야 진리를 알게 된다. 집단적 재난의 가능성을 줄이고, 인간적 가치의 증진을 위하여 현실적 존재를 인식하고 이러한 현실에 대처하는 것은 정책분석의 주요 목표이다. 사회문제의 복잡성과 인간의 지적, 기술적 능력의 한계는 정책분석의 이러한 임무에 한계로서 작용한다. 그러나 언제나 개선의 여지와 수단이 있다는 확신은 정책분석의 필요성을 강조한다.

2) 혼돈(chaos)의 증가와 새로운 정책관리방식의 필요성

현대사회에 있어서는 여러 가지 이유로 개인과 체계 간의 상호 의존성은 점차 증가하고 있다. 수많은 이해관계집단과 다양한 정치적 집단들이 정치행정과정에 점차 적극적으로 참여하고 있다. 정치행정체계의 혼란성이 더욱 증가하고 국정관리가 더욱 어려워지고 있는 이유는 이러한 관계적 이유 외에도 공적 제도에 대한 신뢰의 상실과 정당성의 퇴조와 함께 시민들이 자신의 문제를 자기 손으로 직접 해결하려는 경향이 높아지고 있기 때문이다. 이러한 환경변화의 배경에는 분권화와 지방화로 전개되고 있는 민주화, 인터넷의 보편적 이용에 따른 정보화 및 국가 간의 인적·물적 이동이 훨씬 자유로워지고 빈번해진 세계화의 진전이 있다. 정책결정과 정책집행 환경이 변모함에 따라 새로운 국정관리 패러다임과 방식이 요구된다.

의사결정에서 시간도 중요하다. 대안선택에 이용 가능한 시간이 점차 적어질수록 대안 탐색과 분석의 기회도 줄어들고 따라서 직관적 의사결정에 의존할 가능성이 높아진다. 시간이 부족할수록 분석이 직관에 굴복하게 된다. 실제로 선택과 관련된 모든 불확실성을 해소하여 확실한 분석을 수행할 만큼 시간이 충분한 경우는 거의 없다. 따라서 실제로 수행되는 모든 의사결정에는 직관적 요소가 어느 정도 포함되어 있다고 말할 수 있다.

지금까지의 논의내용이 분명히 드러나는 위기상황을 예로 들어보자. 위기상황에서는 선택 가능한 대안의 수는 소수로 좁혀지고, 의사결정에 참여하는 인원은 적어지고, 문제에 대한 정보의 양도 적어진다. 상황에 대한 경쟁적 측면이 분명히 드러나고, 분석적 완전성과 정확성은 중도에 포기되어 한쪽으로 밀려나게 된다. 분석에 필요한 시간적 여유가 없는 위기상황에서는 의사결정을 둘러싼 불확실성이 다른 모든 요소를 지배한다. 이러한 현상들은 대부분 정책결정 상황에 잠재적으로 내재하지만, 이해관계가 크고, 시간이 부족하며, 위기상황에서는 합리적-분석적 의사결정과 민주적 의사결정을 제약하는 부정적인 특징들이 더욱 분명히 드러난다. 많은 학자들은 이러한 문제에 대한 해결방법으로 보다 더 나은 분석을 많이 해 보아야 한다고 제시한다.

연구 주제
다양한 의사결정 상황과 각각의 상황에 적합한 의사결정방식들에 대해서 연구하여 보자.

제2장

정책분석의 의의와 절차

제1절 정책과정과 정책분석

정책분석은 공공정책과 공공관리(public policy and management)에서 가장 합리적인 방법으로 최적의 결과를 얻는 의사결정방법을 다루는 학문이다. 정책분석은 정책결정을 위한 분석적 노력이며, 정책결정에 필요한 정책정보의 산출을 위한 논리적 과정이다. 수많은 사람의 일상생활에 많은 영향을 미치는 정책의 중요성 때문에 고품질의 정책정보 생산을 위한 정책분석의 중요성이 있다.

정책정보의 수요자로는 정책결정자인 정치인과 관료, 정책이해관계자인 정책 수혜자집단과 정책피해자 집단, 그리고 시민단체, 언론 등이 있다. 정책정보의 공급자로는 정부 관료, 정책전문가 집단, 연구기관, 시민단체 등이 있다. 정책 네트워크는 이들 정책 수요자와 공급자들의 연결망이다.

정책분석과정에서 전문가들이 필요한 대부분의 일은 대개 정책대안의 제시, 분석, 사전적 영향평가 또는 미래예측과 관련된 일들이다. 이들 단계는 정책분석 전 과정 중 전문가적 기술과 통찰력이 가장 필요한 단계이다.

1. 정책과정

정책과정을 정책의제설정, 정책분석, 정책결정, 정책집행, 정책평가의 5과정으로 구분하는 것이 일반적이다. Brewer & deLeon(1983)은 초기화(initiation), 추정(estimation), 선택(selection), 집행(implementation), 평가(evaluation), 종결(termination)의 6과정으로 정책과정을 구분한다. 초기화는 문제의 인식, 문제맥락의 인식, 목표의 설정, 대안의 탐색과 창출의 하위 4단계 과정을 포함한다. 추정은 비용, 편익, 불확실성, 위험 등을 추정하는 정책분석 과정이며, 선택은 정책결정 과정이다.

정책의제 설정과정(policy agenda setting process)은 사회문제가 정책 문제화되는 과정이다. 이 과정은 정치학자들에 의하여 정책의제 설정과정이라는 주제로 다루어진다.

그림 2-1 정책과정과 정책학의 범위

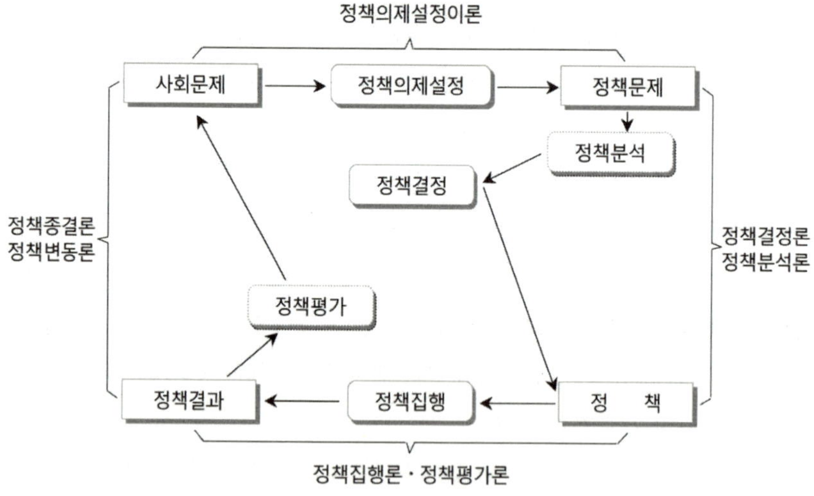

* 출처: 정정길 외 (2011: 15) <그림 1-3> 정책과정에 대한 정책학의 내용 참조.

정책과정에서 정책분석과정이 차지하는 위치와 역할에 대해서 알아보자. 정책대안을 선정하는 정책결정과정은 정책분석과정에 의해 가장 직접적인 영향을 받는다. 정책결정과 정책집행의 관계는 직접적으로 연계되어 있으나, 정책집행과 정책분석의 관계는 간접적이다. 정책평가와 정책분석의 관계는 매우 긴밀하다. 정책분석 과정은 대부분 정책의 기대효과에 대한 최초의 추정작업이기 때문이다. 정책분석은 정책종결과도 관계가 있다. 정책분석을 할 때 정책종결의 조건, 즉 정책목표의 달성조건을 명시하기 때문이다. 또한, 정책분석은 환류(feedback) 과정을 거쳐 문제의 정의와 목표의 설정과도 관계를 맺고 있다. 이처럼 정책분석은 정책의 전 과정에서 매우 중요한 위치를 차지하고 있다.

2. 정책분석론의 범위

Brewer & deLeon(1983)의 구분에 의하면, 협의의 정책분석 과정은 초기화, 추정 및 최적 대안의 선택단계까지이며, 광의의 정책분석과정은 집행결과에 대한 분석 즉, 평가과정까지 포함한다. 최광의의 정책분석과정은 전체 정책과정과 동일하다.

그림 2-2 정책분석의 과정과 정책분석론의 범위

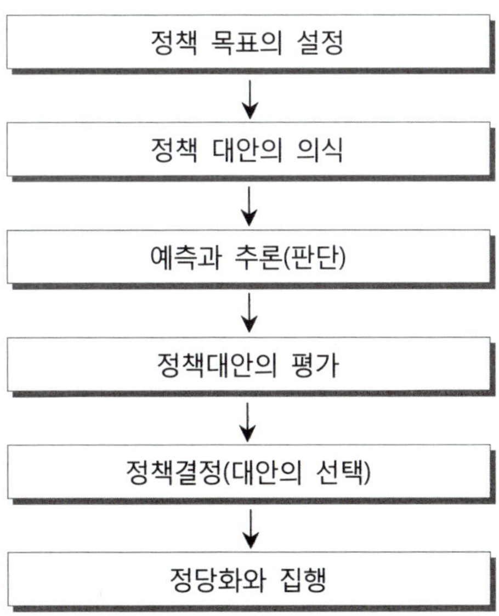

* 출처: Kleindorfer et al. (1993), p. 68, Figure 3.1. Phases of problem-solving process를 참조하여 필자가 재구성.

제2절 정책분석의 절차

1. 학자들의 견해

1) 경영 의사결정 6단계

일반적인 기업경영 의사결정 과정은 문제의 발견 - 경영목표의 설정 - 대안의 인식과 창출 - 대안분석을 위한 예측과 추정 - 대안의 평가와 의사결정 - 정당화와 집행의 6단계를 거친다. 정책분석절차와 유사하다.

2) 정책분석 3단계

Brewer and de Leon(1983)은 정책분석의 절차를 초기화(initiation), 추정(estimation) 및 선정(selection)의 3개 과정으로 크게 구분하지만, 다시 이 3단계를 8단계의 하위과정들로 세분화한다.

3) 정책분석 5단계

노화준(2007: 214-216)은 정책분석의 기본적 절차를 정책문제의 정의 - 목표의 설정과 대안의 탐색· 개발 및 설계·- 효과성 측정수단의 형성 - 효과성 측정수단에 의한 대안의 평가 – 최적 대안의 건의와 선택의 5단계로 구분한다.

4) 정책분석 6단계

이 책에서는 정책분석의 절차를 정책문제의 정의 - 정책목표의 설정 - 정책대안의 탐색 - 정책대안의 결과 추정- 정책대안의 비교평가 - 정책대안의 선택의 6단계로 구분한다.

5) 정책분석 7단계

Weimer and Vining(1999: 257)은 합리주의적 정책분석의 절차를 문제의 분석 과정과 해결책의 분석 과정의 2 단계로 구분하고 이를 다시 세분하여 7단계로 나눈다.

표 2-1 학자들의 정책분석 절차와 본서의 구성

<table>
<tr><th colspan="3" rowspan="2">Weimer and Vining(1999)</th><th rowspan="2">Brewer and de Leon (1983)</th><th rowspan="2">노화준 (2007)</th><th colspan="2">본서의 구성</th></tr>
<tr><th>정책분석의 논리적 절차</th><th>기법, 방법론</th></tr>
<tr><td rowspan="5">문제의 분 석</td><td rowspan="3">문제의 이해</td><td>문제의 접수: 증상의 평가</td><td rowspan="7">초기화: 문제의 인식과 대안의 창출</td><td rowspan="3">정책 문제의 정의</td><td rowspan="3">문제의 정의</td><td rowspan="3">- 현상파악 및 미래예측기법: 계량적, 질적 연구방법
- 모형화 기법</td></tr>
<tr><td>문제의 분석: 시장의 실패와 정부의 실패 확인</td></tr>
<tr><td>문제의 모형화: 정책변수의 확인</td></tr>
<tr><td colspan="2">목표의 설정</td><td rowspan="2">목표의 설정, 대안의 탐색</td><td rowspan="2">목표의 설정: 대안선택의 기준 선택 포함</td><td rowspan="2">- 구체화 기법
- 조작화 기법
- 제약조건화</td></tr>
<tr><td colspan="2">문제분석의 방법 선택</td></tr>
<tr><td rowspan="5">해결책의 분석</td><td colspan="2">대안평가 기준의 선택</td><td rowspan="2">효과성 측정 수단의 선택</td><td rowspan="2">대안의 탐색: 개발, 설계 포함</td><td rowspan="2">- 정책대안의 탐색방법
- 정책대안의 특성별 분류, 범주화</td></tr>
<tr><td colspan="2">정책대안의 구체화</td></tr>
<tr><td colspan="2" rowspan="2">대안의 영향분석 및 평가</td><td rowspan="2">추정: 복잡한 현실의 모형화와 추정</td><td rowspan="2">대안의 평가</td><td>대안의 결과 추정</td><td>- 추정과 미래예측기법
- 시뮬레이션 기법
- 비용편익분석</td></tr>
<tr><td>대안의 비교 평가</td><td>- 다속성 대안의 비교 평가기법</td></tr>
<tr><td colspan="2">대안의 결정 및 권고</td><td>대안의 선택: 정치적 과정</td><td>대안의 건의와 선택</td><td>대안의 결정 및 권고</td><td>- 정책분석가의 윤리
- 정치적, 전략적 의사 결정</td></tr>
</table>

6) 정책분석 8단계

정책분석을 과학(science)이라고 하기보다는 예술(art)로 보는 정책학자인 Eugene

Bardach은 그의 저서 「정책분석을 위한 실용적 지침서(A Practical Guide for Policy Analysis)」(2000)에서 정책분석과정을 문제의 정의(define the problem) - 증거의 수집(assemble some evidence) - 대안의 구성(construct the alternatives) - 평가기준 선정(select the criteria) - 결과의 예측(project the outcome) - 상충 관계 비교(confront the trade-offs)해결 - 결정(decide) - 당신의 이야기를 말하라(tell your story) 의 8단계로 구분하여 설명한다.

2. 정책분석의 절차와 과학적 연구방법의 유사성

정책분석의 절차는 과학적 연구방법과 매우 유사하다. 이는 양자가 합리주의적 패러다임에 따라 문제를 해결하고자 논리적이고 경험적인 방법을 준수하기 때문이다. <표 2-2>는 과학적 연구방법의 절차들에 일대일 대응하여 정책분석의 절차들을 구성해 본 것이다. 과학적 연구의 맥락에서 정책분석의 절차들을 단계별로 구분하여 이해하여 보는 것도 도움이 될 것이다.

표 2-2 과학적 연구절차와 정책분석의 절차

과학적 연구방법	정책분석의 절차
1. 문제의 정의	1. 정책문제의 정의
2. 자료의 수집	2. 자료와 정보의 수집
3. 가설의 설정	3. 대안의 탐색과 개발
4. 가설의 검증	4. 실행 가능한 대안의 분석
5. 결과의 분석	5. 최적 대안의 선택
6. 결론의 도출	6. 집행 및 그에 대한 결과의 분석, 평가

1) 단계 1: 문제의 정의

가장 중요하면서도 어려운 것은 공동체가 정책적으로 해결해야 할 당면한 사회문제, 즉 정책문제가 무엇인가를 명확히 밝히는 일이라 하겠다.

정책목표를 전제로 할 경우 정책문제는 바람직한 미래상태(desirable future state)와 현재 상태(current state) 간의 차이(gap)로서 정의된다. 정책문제에는 두 가지 종류가 있다. 첫째, 현상이 과거보다 바람직하지 않게 잘못되었을 때 이를 시정하기 위한 정책문제가 있으며, 둘째, 더욱 바람직한 목표를 달성하기 위한 정책문제가 그것이다. 첫째의 경우를 치유적 목표라고 부르며, 전쟁 또는 전염병의 발생, 환경오염, 범죄율의 증가, 경기 불황, 정치 사회적 불안 등이 그 예이다. 둘째의 경우를 창조적 목표라 부르며, 세계 10대 선진국으로의 도약, 품위 있는 사회(decent society)의 실현 등이 그 예이다.

2) 단계 2: 자료와 정보의 수집

치유적 정책문제의 경우는 문제가 된 현상으로서의 결과와 이러한 현상을 초래한 원인에 관한 자료와 정보를 수집한다. 창조적 문제의 경우는 주어진 창조적 목표를 달성하기 위한 수단들을 탐색, 개발한다.

(1) 정보 비용(information cost)

일반적으로 정보의 수집과 처리와 생산과 해석에는 시간과 비용이 소요된다. 특히 완전한 정보를 얻기 위해 소요되는 시간과 자원 및 에너지는 엄청나다. 따라서 정보의 수집, 처리와 생산노력은 경제적으로 합리적인 수준에서 멈추어야 한다. 어느 정도의 시간과 비용을 투입하여 어느 정도의 질 높은 정보를 생산해내느냐의 문제는 정보경제학에서 주로 취급된다. 경제학적으로는 추가적인 정보생산의 한계비용과 한계편익이 일치하는 점에서 추가적인 정보의 생산노력을 중단하는 것이 가장 효율적이다.

아는 것과 모르는 것은 정보의 유무에 달려 있다. 노벨경제학상 수상자인 G. Stigler는 정보의 수집을 통한 지적 활동을 "無知의 세계에서 知의 세계로의 여행"이라고 했다. 정보비용과 관련하여 그는 "우리는 無知의 세계에서 全知의 세계로의 여행경비를 전부 지불할 수는 없다"[1]고 했다. 이를 도형으로 그리면 <그림 2-3> 과 같다.

1) Crocker, Thomas D. (1975), "Cost-Benefit Analysis of Cost-Benefit Analysis" in H. M. Peskin and E. P. Seskin (eds.) *Cost Benefit Analysis and Water Pollution*, Washington, D.C.: The Urban Institution, p.341.

그림 2-3 정보비용

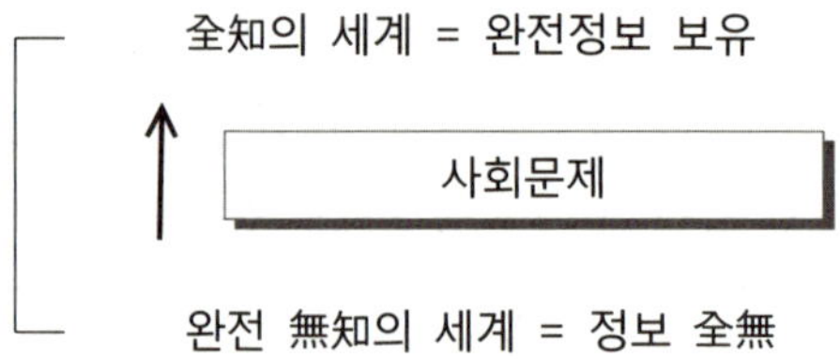

질 높은 정보의 생산 못지않게 피상적이거나 오류가 많은 질 낮은 정보의 인식과 폐기 역시 중요하다. 이는 시간에 쫓기는 정책결정자에게 진실하고 기초적이며 필수적인 정보를 제공함으로써 의사소통의 효과성을 높이는 데 필요하다.

(2) 정보의 비용과 편익

심리학자 Steven Pinker(1999: 137-139)는 개인적 의사결정에 소요되는 정보비용을 다음과 같이 구분하여 설명하고 있다.

① 정보저장 공간비용(space cost)

정보를 저장할 수 있는 공간, 하드웨어가 필요하다. 컴퓨터에 비유하면 기억장치의 크기와 처리장치의 속도와 크기에 수반되는 비용이다.

② 정보처리 시간비용(time cost)

인간의 뇌는 그 크기가 한정되어 있고, 인간의 생명은 유한하다. 즉, 시간은 유한한 자원으로 희소가치가 있다. 따라서 10분을 아껴주는 문제를 푸는데 20분을 소비할 수는 없다. 이처럼 계산을 통한 정보처리에는 시간이 소요되기 때문에 정보처리는 해결책의 일부분이라기보다는 문제의 일 부분적 성격이 강하다.

③ 정보처리 자원비용(resources cost)

정보처리에는 에너지가 필요하다. 사고(thinking)에는 고통과 비용이 따른다. 또한 수많은 사람들의 정보처리 능력의 동원이 필요한 경우도 있다.

3) 단계 3: 대안의 탐색과 개발

대안은 주어진 목표를 달성하기 위한 수단이다. 정책대안은 정책 목표와 타당성 있는 인과관계가 있어야 한다. 즉, 대안은 가설이다. 선택 가능한 대안이 많으면 많을수록, 대안의 집합(set)이 클수록 대안 집합의 효용가치가 높다. y = f(x)의 함수 형태로 표현되는 모형 구조에서 y는 정책목표이며 x는 정책 대안이 된다.

4) 단계 4: 실행 가능한 대안의 분석

이 단계에서는 이전의 과정에서 개발된 대안들을 미리 설정된 목적 평가기준에 의거하여 평가하게 된다. 일반적으로 정책목표가 정책대안 선택의 기준이 되지만, 정책대안선택의 양대 기준은 효율성(efficiency)과 형평성(equity)이다. 기타의 선택기준으로는 기술적, 윤리적, 정치적, 경제적 실행가능성 등을 들 수 있다.

5) 단계 5: 최적 대안의 선택

최적 대안(optimal solution)은 목표에 비추어 봤을 때 최선의 대안이다. 경제성장, 환경의 질, 안전성, 정치적 자유, 이익 등의 긍정적 가치를 최대화하는 목표를 갖는 최대화 문제(maximization problem)의 최적 대안과 환경오염, 범죄율, 빈곤, 실업, 비용, 시간, 고통 등 부정적 가치를 최소화하는 목표를 갖는 최소화 문제(minimization problem)의 최적 대안의 두 가지가 대표적인 최적 대안의 유형이다. 때로는 물가안정, 사회안정 등과 같이 안정(stability)이나 균형(equilibrium)을 유지하는 것이 바람직한 정책목표인 경우도 있다. 결국, 최적대안은 문제를 해결하는 최선의 대안(the best solution)을 말한다. 합리적 의사결정 모형에서는 단 하나의 최선의 대안(the single best solution)을 선택하는 것을 규범적 목표로 정한다.

6) 단계 6: 집행 및 분석, 평가

이 단계는 정책결정의 최종단계이다. 시행 및 평가 과정을 통해 얻은 정보는 피드백

과정을 거치게 되며 선정된 목적 평가기준이나 우선순위 등은 필요에 따라 수정되게 된다.

제3절 정책분석을 위한 모형화

1. 모형의 의미 및 분류

모형(model)이란 실제의 것을 실제보다 단순하면서 작게 나타낸 것이다. 모형화에서는 중요한 요소나 변수들만을 사용하여 실제의 것을 묘사하게 된다. 가장 널리 사용되는 일반적인 모형의 분류기준은 추상성과 정확성이라 할 수 있다. 모형을 추상성을 기준으로 분류하면 다음과 같다.

그림 2-4 추상성과 구체성을 기준으로 한 모형의 분류

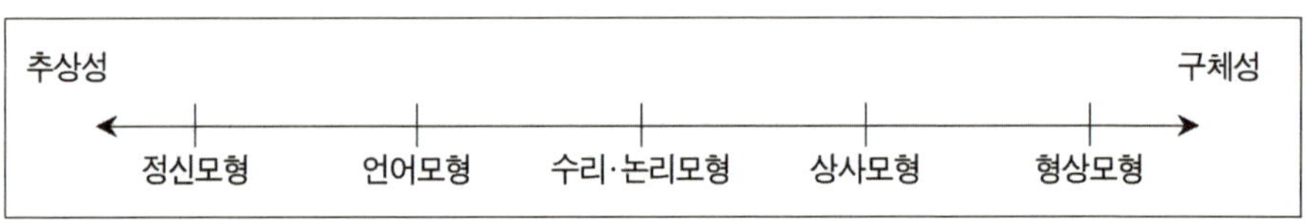

1) 정신모형(mental model)

상상과 같은 가장 추상적인 형태의 모형을 뜻한다.

2) 언어모형(language model)

시, 희곡, 소설, 이론 등과 같이 정신적인 모형이 언어로 표현된 형태를 말한다.

3) 수리/논리 모형(mathematical/logical model)

기호적 모형으로서 언어표현이 아닌 수학적인 관계식으로 표현되는 모형을 뜻한다.

수학적 모형과 거의 모든 정책분석과 경영과학의 논리적 개념 모형들이 이 범주에 속한다.

4) 상사모형(analogue model)

실제를 그대로 나타낼 수도 혹은 아닐 수도 있으며 몇 가지 기본적인 기능을 실제와 동일하게 수행하는 형태의 물리적 모형이다.

5) 형상모형(iconic model)

실제를 목적에 따라 물리적으로 확대 혹은 축소 복사한 모형으로 가장 단순하고 구체적이므로 추상성이 가장 낮다.

2. 모형의 구성요소

1) 종속변수

평가기준변수라고도 하며 종속변수에 의하여 얻어진 값은 정책 목표달성의 수준인 정책성과 또는 정책산출을 나타낸다. 종속변수의 값은 모형 내의 독립변수에 따라서 달라진다.

2) 독립변수

모형 내에서 다른 변수들로부터 영향을 받지 않는 변수를 의미한다. 독립변수는 통제 가능한 의사결정변수와 통제 불가능한 외생변수로 나누어진다.

(1) 의사결정변수(decision variable)

가장 중요한 의사결정모형의 요소로서 모형의 성과는 의사결정변수에 의해 결정되는 값으로 표시된다. 통제 가능한 변수(controllable variable)가 의사결정 변수가 된다.

(2) 외생변수(exogenous variable)

종속변수의 값에는 영향을 미치지만, 외부환경에 의해 외생적으로 결정되는 변수로서 개인이나 조직이 통제할 수 없다.

3) 매개변수(parameter)

독립변수와 종속변수를 제외한 변수로서 변수 사이의 상호관계를 규명하는 데 중요한 역할을 한다. 매개변수는 독립변수의 작용 없이는 독자적으로 종속변수의 값에 영향을 미치지는 못한다. 그러나 독립변수를 매개로 종속변수에 영향을 미친다. 매개변수는 상수와 무작위 매개변수로 나누어진다.

(1) 상수(constant)

매개변수의 값이 일정하게 고정된 경우를 말하며 주로 단기간의 환경이나 조직에 변화가 없다는 조건에서 유효하다.

(2) 무작위 매개변수(random parameter)

동태적이고 복잡한 상황에서 매개변수들이 일정한 값보다는 특정한 확률분포에 따라 변화할 때, 이를 무작위 매개변수라 한다. 무작위 매개변수가 있는 불확실성하의 확률적 의사결정에는 통계학의 이론이 적용된다.

3. 모형화의 과정

1) 문제의 규정

(1) 문제의 분석을 위한 오리엔테이션을 시행한다.

여기에서는 분석에 필요한 시간이나 행정적 자원, 소요자원 및 적용의 범위 등과 같은 모든 조건에 대한 규정이 이루어지면서 이러한 오리엔테이션을 통해 조직이 처한 환경, 조직의 배경과 목표 그리고 그에 따른 분석목표 등에 관하여 전반적인 이해를 하게 된다.

(2) 문제의 핵심요소를 정의한다.

문제의 중요 구성요소에는 해결하고자 하는 문제와 관련된 의사결정자, 문제분석을 통해 달성하고자 하는 의사결정자의 목표, 그리고 문제와 관련된 의사결정 환경 및 의사결정자가 선택할 수 있는 어려가지 대안 등이 있다.

2) 모형의 개발

모형의 개발은 정책분석의 접근방법에서 가장 중요한 요소로서 모형의 개발과정에서 문제의 복잡성이나 독특한 성격 및 불확실한 상황 등이 논리적 표현을 통하여 종합적으로 분석된다. 여기서 논리적 표현이란 체계나 조직의 구성요소들 사이에 상호관계를 나타내는 수학적인 공식을 뜻한다.

모형은 간단하면서도 정확한 방법으로 복잡한 실제의 문제점을 분석하는데 도움을 주는 편리한 도구의 역할을 한다. 아울러 모형은 실행 가능한 문제에 대한 의사결정의 최적 대안을 명확하게 제시하게 된다. 그러나 이러한 경영과학적 접근방법은 그 요소간의 상호관계와 그들의 목표에 관한 평가기준이 객관적이거나 통제 가능한 수리적 모형으로 표현되어 있을 때에만 가능하다. 가능한 한 단순하면서도 타당성이 높은 모형이 좋은 모형이다.

3) 모형의 타당성 검증 및 자료의 수집

모형의 타당성(validity)이란 모형이 묘사하고자 하는 실제를 얼마나 제대로 반영하고 있는가의 정도를 의미한다. 모형이 얼마나 타당한지를 판단하는 데에는 주관이 개입되며 그 판단이 쉬운 것은 아니다. 일단 모형이 개발되면 모형개발에 설정된 모든 가정의 타당성에 대해 검증을 하여야 한다. 일반적으로 시간의 경과에 따라 의사결정 환경이 변화하므로 모형의 요소 및 이들의 상호관계, 그리고 목표에 관한 평가기준 등은 계속하여 수정되며, 이에 대한 타당성을 지속적으로 평가 및 수정하는 것은 꼭 필요하다. 그리고 비록 모형이 단순하다 할지라도 이를 수정하는 것이 어려울 수 있으므로 여러 차례에 걸친 모형의 타당성 검증과정을 되풀이하면서 필요한 자료를 찾는 노력을 계속해야 한다. 완전 타당한 모형을 만드는 것은 정의상(by definition) 불가능하다. 모

형은 모형이고 현실은 현실이기 때문이다.[2)]

4) 최적해결대안의 도출

최적해(optimal solution)란 문제에 대한 의사결정 결과를 최적화할 수 있는 모형의 해결안을 의미한다. 앞에서 언급한 바와 같이 수리적 모형이 문제와 관련된 모든 특성을 나타내도록 개발된 경우에는 모형의 구성이 너무 복잡하여 해를 구하기 어려운 반면, 모형이 너무 간단하게 구성된 경우에는 해를 구하기는 용이하나 문제와 관련된 주요 특성을 잃어버릴 우려가 있다. 이 단계는 문제의 특성에 비추어 모형의 크기에 대한 적합성을 평가할 수 있어야 하며, 만족한 해가 구해질 때까지 문제의 규정, 모형의 개발, 해결안의 도출, 타당성의 측정과 같은 과정을 지속적으로 통제하는 역할을 하게 된다.

5) 해결안의 시행과 모형의 수정

이 단계에서는 실제로 작업을 행하는 조직구성원이 시행하기에 편리하도록 모형의 해결안을 정책이나 관리업무 등에 적용하게 된다. 그러나 무엇보다도 중요한 것은 모형의 대상 조직이 계속 변화하기 때문에 모형이 현재 시점의 상황에 적합하게 수정 및 보완될 수 있도록 모형의 해에 대한 일종의 통제과정을 계속하여 마련하는 것이다. 모형은 다만 실제 문제를 바탕으로 작성된 모형 자체에 대하여 최적해 혹은 최적해의 근사치만을 산출하기 때문에 모형의 해가 제시하는 것과 같은 결과를 현실문제로부터 기대해서는 안 되며, 모형의 해를 도출하는 절차는 주어진 문제에 대하여 작성된 모형의 형태에 따라 달라질 수 있다.

연구 주제

1. 모형의 중요성.
2. 모형, 이론, 가설, 법칙의 구조 동일성(isomorphism).
3. 수리모형과 함수의 관계.
4. 좋은 이론 모형의 조건들.

2) 어떤 모형도 자연 그 자체의 완벽한 유사체일 수는 없다(No model can ever be a perfect analogue of nature itself)라는 표현이 이를 대변한다.

제4절 정책분석론의 학문적 뿌리

1. 정책분석론 관련 학문들

정책분석론의 발전에 기여한, 그리고 정책분석의 과정에 필요한 이론적 지식을 제공하는 이론분야들은 매우 많다. 철학, 논리학, 과학적 연구방법론, 인과관계론, 현상측정과 해석, 통계방법론, 미래예측론 등이 대표적인 예이다. 또한, 정책학에서 정책분석론이 차지하는 지위는 경영과학에서 의사결정과학(decision sciences)이 차지하는 지위와 매우 유사하다. Kleindorfer 등(1993: 3-8)은 정책분석론의 패러다임, 분석 틀, 학문적 뿌리와 공통분모를 갖는 의사결정과학의 학문적 뿌리를 <표 2-3>과 같이 제시하고 있다.

<표 2-3>에서 기술적 이론은 의사결정에 관한 사실 간의 관계에 대한 이론들을 의미하며, 처방적 이론은 현실의 의사결정에서의 문제점들을 특정 가치기준에 비추어 보아 좀 더 바람직하게 수행돼야 한다는 이론들에 관한 것들이다. <표 2-3>은 이러한 기술적 이론들과 실천적 처방에 관한 의사결정 이론들을 연구대상에 따라 개인, 집단, 조직 및 사회적 의사결정이론들로 구분한 것이다.

표 2-3 의사결정과학의 학문적 뿌리

분석 대상	기술적 이론(descriptive theories)	처방적 이론(prescriptive theories)
개인	심리학, 마케팅론, 정신의학, 문학	의사결정이론, 경제학, 운영연구(OR), 철학/논리학
집단	사회심리학, 조직행동론, 인류학, 사회학	게임이론, 조직행동론, 실험심리학, 경제학
조직	조직이론, 사회학, 산업조직론, 정치학	기획론/전략론, 통제이론/사이버네틱스, 조직설계론, 팀 이론/경제학
사회	사회학, 인류학, 거시경제학	법철학, 정치학, 사회선택론

* 출처: Kleindorfer, et al. (1993), Figure 1.1, p. 4.

2. 정책분석론의 분석 틀/접근방법

밥로우와 드라이젝(Bobrow and Dryzek, 1987)[3]은 정책분석과 정책설계를 위한 대안적 분석 틀(analytical framework)로서 후생경제학(welfare economics), 공공 선택론(public choice), 사회 구조론(social structure), 정보처리학(information processing), 정치철학(political philosophy)의 다섯 가지를 제시한다. 정책분석을 위한 framework들이 실제 정책분석의 연구에 제공하는 가치는 매우 크다. 이러한 관점에서 Bobrow와 Dryzek(1987)은 이 다섯 가지 이론적 분석 틀을 정책설계(policy design)를 위한 접근 방법으로서 제안한다.

1) 후생경제학 접근방법(Welfare Economics Approach)

후생경제학은 우리에게 가치를 가격으로 취급하는 공공 정책의 분석을 위한 일련의 방법들과 기술들을 제공한다. 다른 어떤 접근방법들보다 후생경제학은 공공기관에 의해서 사용되기 위하여 만들어졌으며, 실제로 정책 분석과 동등한 것으로 여겨져 왔다. 공공정책을 위한 후생경제학적 분석은 주류경제학, 신고전학파 경제학과 미시경제학 이론의 생성물이다. 합리적이고, 이기적인 개인들만이 후생경제학자들의 세계에 사는 유일한 주민이다. 후생경제학자들은 투자 의사결정을 하는 이윤 극대화 기업을 국가와 동일시한다(Bobrow와 Dryzek, 1987:30-31). 정책분석에서는 공공 의사결정의 합리성과 효율성을 개선하기 위하여 후생경제학의 이론과 모형을 적용한다.

2) 공공선택론 접근방법(Public Choice Approach)

학문분야로서의 공공선택론은 행정학, 법학 및 사회학적 현상들을 다양하게 다루지만, 기본적으로는 미시경제학과 정치학 이론에 기반을 두고 있다. 즉, 다양한 상황하의 집단적인 의사결정의 결과를 결정하기 위하여 공공선택론은 개인들의 이기적이고 합리적인 행태에 근거하여 연역적 추론을 적용한다.

---

3) Davis Bobrow and John Dryzek. *Policy Analysis by Design* (University of Pittsburgh Press, Pittsburgh, 1987).

3) 사회구조론 접근방법(Social Structure Approach)

정책분석을 위한 사회구조론적 접근방법은 사회학적 논증 -특히 개인과 집단들 사이에 배분되는 재화와 서비스의 관점에서- 을 공공정책의 내용에 적용한다. 즉, 공공정책을 사회학 이론에 비추어 조명한다. 사회구조론적 접근법에서 가장 주요한 비율은 편익/비용의 비율이 아니라 개인과 집단들 사이에 분배되는 자산(assets)의 상대적 비율이다. 이 접근방법은 정책분석가를 사회적 통합, 이동성, 갈등, 불평등, 실업 등 사회문제를 치료하는 의사의 역할을 수행하는 것으로 본다.

4) 정보처리 접근방법(Information-Processing Approach)

정보처리 접근방법은 인지심리학, 의사결정과학, 정보과학, 인공지능학, 조직행태이론, 소집단 행동론, 커뮤니케이션 이론, 관료정치학, 의사결정론 등 사회과학과 자연과학에 속하는 수많은 전문적 학문들을 활용한다. 수많은 실용적 분석가들이 이 접근방법을 애용한다. 이 접근방법은 개인과 조직이 단독 또는 공동으로 어떻게 판단과 선택을 하며, 정보를 다루고 문제를 해결하는가에 관심을 둔다.

5) 정치철학(Political philosophy)과 정책분석

정치철학은 정치학의 하위학문인 동시에 철학과 법학의 영역에 깊이 관여하는 다학문적 성격이 있으며, 경제학과 사회학에도 그 씨앗을 뿌렸다. 마키아벨리즘, 미국적 실용주의, J. Rawls의 정의론, Habermas의 소통적 합리성(communicative rationality)에 이르는 다양한 철학적 이론들이 정치철학에 포함된다. 정치철학 내에서도 도덕철학은 정책분석과 특히 관계가 깊다. 공리주의 이론과 국가의 도덕적 책임성, 정책윤리 문제 등은 실제적 정책분석에서 수많은 거대 담론을 형성한다. 전쟁, 낙태, 복지국가 논쟁, 인권과 관련된 외교정책, 환경보존, 안락사, 인종차별, 국기에 경례, 양심적 병역거부, 사형제도 등 그 예가 매우 많다.

3. 정책분석과 경영과학

정책과정에 사용되는 연구방법들은 크게 운영연구(operations research), 체계분석(systems analysis)과 정책과학(policy sciences)의 세 가지 분야로 구분될 수 있다. 이 세 분야는 겉보기에는 유사하지만 실제로는 매우 다른 철학적 근거가 있다. 이 세 가지 연구방법은 모두 실제적 문제 상황에 대한 지적 대응으로 발전되었으며, 문제 해결을 위하여 도구와 방법을 사용하고 종합하는 체계적 절차를 제공한다.

1) 운영연구

운영연구(OR: operations research)는 2차 대전 중에 부족한 군사자원을 효율적으로 배분하고 관리하기 위한 전쟁 중의 작전 문제를 해결하기 위하여 영국의 과학자 팀에 의해 최초로 개발되었다. 2차 대전 후인 1951년에는 미국에서도 운영연구의 기초가 확립되었다.

운영연구는 세계에 대한 합리적 전제와 실증적 관점에 근거하고 있다. 운영연구는 과학적 접근방법을 취하고 있다. 관심대상이 되고 있는 현실을 주의 깊게 관찰하여 문제를 형성하고, 실제 문제의 본질을 추상화하기 위하여 과학적(보통은 수학적) 모형을 구성하는 절차를 밟는 것이 일반적이다. 운영연구는 조직, 기관을 분석단위로 한다. 운영연구의 세부목표들은 전체조직의 목표와 조화를 이루고 있다. 운영연구의 가장 큰 특징은 최적 해결책, 즉 문제 해결을 위한 최선의 행동 경로를 발견하는 데 있다. 운영연구는 분석적 패러다임을 취하기 때문에 단순한 문제 또는 복잡성의 정도가 낮은 문제의 해결에 적절하다. 경영과학론에서 다루어지고 있는 많은 기법이 운영연구에 속하며, 재고관리, 대기행렬, 생산관리, 품질관리 등의 문제 해결에 이용된다.

오늘날 운영연구는 과학적 연구방법의 특성 때문에 회사조직뿐만 아니라 정부조직과 군사조직을 포함하는 모든 사회조직의 의사결정문제 해결에 광범위하게 적용되고 있다. 운영연구는 팀(team) 연구와 다 학문적 접근법을 선호한다. 복잡한 체계의 현실적 문제를 해결하기 위해서는 다양한 분야의 전문가들이 운영연구의 팀원으로 참가하여 다양한 관점들과 다양한 기법들을 활용하는 것이 유용하기 때문이다. 수학, 물리학은 물론이고 경제학, 심리학, 사회학 또는 기타 사회과학 분야의 전문가들이 연구문제의 성격에 따라 다양하게 참여한다.

운영연구의 적용한계

운영연구는 우리가 관심을 두고 있는 정책분석 대부분의 문제들인 복잡하고 조직화한 사회문제들을 해결하는 데에는 한계가 있다. 그것은 곧 운영연구가 근거하고 있는 전제와 철학에 기인한다. 정책분석에 직접 적용이 부적합한 운영연구의 전제와 내용은 다음과 같이 요약된다.

모든 문제들이 과학적이고 합리적인 모형으로 묘사될 수는 없다. 문제의 본질은 이해관계자 개개인의 인식과 기대와 필요에 따라 독특하게 파악될 수 있다. 운영연구는 조직, 기관에 초점을 두고 있으며, 조직, 기관이 분석의 단위이다. 운영연구는 여러 조직 또는 조직 내의 개인들 사이의 상호작용이 고려되어야 하는 문제 해결에는 부적합하다. 수학적 모형과 해법에 중점을 두고 있는 운영연구에서는 수학자 또는 계량적 기법에 익숙한 전문가들이 주도된다. 운영연구에서 질적인 자료, 개념, 연구방법들은 거의 고려되지 못한다. 운영연구가 지향하는 최적 해결책의 모색은 결국 유일한 목표를 추구하게 한다. 대부분 사회문제들은 유일한 목표의 설정이나, 최적 분석 또는 최적 해결책을 추구하는 운영연구에는 비교적 부적절하다.

2) 체계분석(systems analysis)

체계분석[4]은 1950년대 후반부터 1960년대 중반까지의 기간에 미국의 Rand 연구소의 연구자들에 의하여 주로 개발되었다. Quade와 Boucher(1968)의 정의에 의하면 체계적 접근은 "의사결정자의 문제를 종합적으로 검토하고, 목표와 대안들을 최대한 탐색하며, 그것들이 초래할 결과에 따라 수단들을 비교하고, 문제의 의미에 대한 전문가의 판단과 직관을 얻기 위하여 적절한 분석 틀을 사용함으로써 의사결정자의 행동 경로 선택행위를 돕는다"[5]는 것이다. 이 정의를 세분하여 그 의미를 자세히 살펴보자.

---

4) 학문분야 또는 학자에 따라서는 체계분석은 체제분석으로도 많이 사용된다. 이는 영어 system을 체계 또는 체제로 맥락과 용례에 따라 적절히 사용하기 때문이다.

(1) 의사결정자를 돕는다.

고객인 의사결정자와 의사결정을 돕는 분석가의 관계가 중요하다. 분석가의 분석이 잘 되면 의사결정자와 분석가 모두에게 혜택이 돌아가지만, 그렇지 않았을 때에는 모두에게 바람직하지 않은 결과가 발생하기 때문이다.

(2) 해결 대안으로서 행동 경로를 선택한다.

이 작업을 위하여 대안이 초래할 미래의 영향에 대한 추정작업과 대안의 비교, 평가가 필요하다.

(3) 의사결정자의 문제를 종합적으로 검토한다.

의사결정자의 수요와 관련된 문제의 인식과 맥락의 구체화가 필요하며 종합성이 요구된다.

(4) 목표와 대안들을 최대한 탐색한다.

창조적 추정작업이 요청되는 단계이다.

(5) 미래의 결과에 따라 대안들을 비교한다.

이를 위하여 대안들의 비용편익분석이 필요하다.

(6) 적절한 분석 틀을 사용한다.

(7) 전문가의 판단과 직관을 활용한다.

체계분석에서 전문가의 판단과 직관은 매우 중요한 역할을 수행한다. 직관과 판단은 정책분석에서도 매우 강조되어야 할 정책분석가의 핵심적 역할이다. 체계분석가에 의해 개발된 대표적인 분석방법으로는 비용편익분석, 기획계획예산제도(PPBS)가 있다. 운영 관리적 또는 정책적 목적으로 개발된 다양한 시뮬레이션과 게임 등도 체계분

---

5) E. S. Quade and W. I. Boucher (eds.), *Systems Analysis and Policy Planning* (New York: American Elsevier, 1968), p. 2.

석의 틀 속에 포함된다.

체계분석의 한계

체계분석에도 다음과 같은 한계와 문제점들이 지적되고 있다.

(1) 효율성의 추구를 과도하게 강조하기 때문에 경제학과 경제적 분석 도구들을 체계분석가들이 많이 사용한다. 이 경우 정책연구에 적용된 경제학적 방법의 한계는 곧 체계분석의 한계가 된다.

(2) 많은 경우 경제적 부와 권력에 대한 가치고려가 많이 이루어진다. 이는 고객의 관점과 요구를 많이 반영하는 결과이다. "누구의 비용?"과 "누구의 편익?"에 관한 질문들도 주로 깊이 관계하고 있는 이해관계자들의 비용과 편익을 반영하게 된다.

(3) 고객의 신호에 무의식적으로 사회적 선호를 동소화시킨다. 결과적으로 분석의 객관성을 저해하게 된다.

(4) 자료 부족과 이론 부재의 한계 때문에 체계분석이 어려우며, 직접적 관찰 값 대신에 사용된 대체 자료에 의해 분석의 질이 저하하게 된다.

체계분석은 단순한 문제 또는 덜 복잡한 문제에는 매우 적절한 연구방법이다. 특히 의사결정자의 목표나 고객의 선호가 명확하게 규정될 경우에는 더욱 그러하다. 따라서 체계연구는 자원제약 하에서 단일 고객의 선호를 만족하게 해주기 위한 해결책의 강구에는 매우 유용하다. 그러나 인간의 가치와 욕구와 관점들이 최대한 고려되고 분석에 반영되어야 하는 조직화한 복잡성 특성이 있는 문제의 해결에는 미흡하다. 체계연구의 일반적 목표와 평가기준으로서 효율성을 과도하게 강조하는 것은 형평성, 합의, 다원주의, 갈등 해소, 자유, 인간의 존엄성 등 다른 정당한 목표들을 무시하는 결과를 가져온다.

<표 2-4>는 운영연구와 체계분석의 비교표이다.

표 2-4 운영연구와 체계분석의 비교

구분	세계관	분석의 주 사용자	주된 분석단위	학문적 선호	추구하는 해결책
운영연구	합리주의적, 실증적, 환원주의	기관, 조직	기관, 조직	수학, 공학, 자연과학	최적 대안
체계분석	합리주의적이지만 판단과 직관의 수용, 환원주의	고객: 개인, 조직 등 다양	- 종합적임 - 고객의 요구를 고려한 분석가의 판단에 의함	경제학, 관리과학, 공학, 자연과학	비용편익분석: 효율성 추구

* 출처: Brewer and deLeon (1983: 150).

3) 경영과학과 시스템적 접근방법

과학적인 접근방법을 사용하여 경영에 대한 의사결정 문제를 해결하는 제반의 방법을 다루는 학문을 경영과학(management science)이라 한다. 경영과학은 시스템적 접근방법(systems approach)을 활용한 의사결정과학이다. 이것은 기본적으로 문제에 내포된 시스템의 구성요소 간의 상호관계를 분석함으로써 총체적 최적화 상태에 가까운 해결안을 구하려고 한다.

경영과학의 발달사를 보자. 미국의 산업혁명 시절인 19세기 말 테일러(F. Taylor)는 시간과 동작연구를 통하여 경영의 시스템적 접근방법을 처음으로 시도함으로써 경영과학의 기원을 이룩하였고, 그 후 오늘날 경영과학과 동의어로 사용되는 운영연구가 1940년대 초 제2차 세계대전 중에 영국에서 군사전략 연구팀에 의해 비롯되었다.

제2차 세계대전 이후에는 세 가지 요인으로 미국에서 급속도로 발전하게 된다. 첫 번째 요인은 전쟁 직후의 경제적 호황 때문인 급격한 조직의 성장과 변화로써 경영에서의 제반 문제들이 복잡하게 되어 OR의 기법들을 기업경영의 의사결정에 응용하게 되었다. 두 번째 요인은 많은 경영과학자가 전쟁 후에도 그 연구를 계속하여 여러 가지 기법들이 발전되어 왔다는 것이고, 마지막 요인으로는 계산능력이 고속화된 컴퓨터를 사용함으로써 가능하게 된 놀라운 분석력이다.

4) 의사결정과학의 기능

의사결정과학에는 공공부문의 의사결정인 정책적 결정과 민간부문의 경영의사결정과 관련되는 정책분석과 운영연구, 관리과학 또는 경영과학 등이 포괄적으로 포함된다.

(1) 다수의 목표를 지향하는 의사결정을 유도한다.

목표들 사이에 서로 그 내용이 상충하는 경우에는 그 목표들을 동시에 만족하게 할 수 있는 의사결정을 해야 하며, 이때 경영과학은 다수의 목표를 지향하는 의사결정을 장기적 안목으로 통제할 수 있도록 하는 촉매적 역할을 한다.

(2) 정보분석을 통하여 의사결정을 하도록 한다.

경영과학을 이용하여 의사결정을 하기 위해서는 효율적인 정보처리시스템이 필요하다.

(3) 생산성 향상에 역점을 둔다.

생산성을 향상하려면 인적자원의 생산성, 첨단기술의 적용, 혁신적인 경영시스템의 영역을 평가해보면 된다.

(4) 그룹행동의 중요성을 인지시킨다.

그룹의 의사결정 행동은 현대경영에 있어서 중요한 요소로 등장하고 있다. 대부분의 경영과학 프로젝트들은 부서 간의 상호연관성을 갖고 있기 때문에 이의 효율적인 수행을 위해서는 관련 부서들이 공동으로 참여하여 의사결정을 하는 것이 바람직하다.

(5) 급변하는 상황변화에 대한 체계적인 관리를 한다.

경영과학의 모형들과 정보관리시스템 및 컴퓨터를 사용하게 되면, 급격한 환경변화에 보다 체계적이고 용이하게 대처하고 적응할 수 있게 된다.

5) H. Lasswell의 정책과학

정책과학의 특징과 장점을 정책분석, 대안의 결과 예측을 위한 추정과 관련된 측면에 한정하여 설명한다.

(1) 맥락성의 중시

정책과학에서 중요시되는 맥락성(contextuality)이 맥락지도화(contextual mapping)[6]에 의해 분명하게 취급된다. 맥락지도화는 종합적인 틀의 설정과 다수 자료와 정보의 수집으로 이루어진다. 맥락지도화의 목적은 i) 부분과 전체의 관계에 대한 이해를 증진하고, ii) 과거로부터 현재를 거쳐 미래로 향하는 시간 속에서의 부분과 전체사이의 상호작용의 의미를 제공하며, iii) 분석가로 하여금 주어진 문제 상황 속에서 다양한 관점과 목표와 이해관계를 고려하게 하고, iv) 문제구성 요소 각각의 의미 또는 중요성을 평가하는 근거를 제공하기 위함이다. 맥락지도화가 이루어지면 분석가는 분석작업을 의뢰한 고객보다 훨씬 강력하고 독립적인 지적작업을 할 수 있다.

(2) 발전적 구성(developmental construct)

발전적 구성은 H. Lasswell이 개발한 방법으로 부분적으로 전문가와 비전, 시나리오, 모형 형성, 규범적 설정 등을 그 구성요소로서 포괄하는 정책 지향적 방법이다. 이의 주된 목적은 의사결정자로 하여금 변화하는 환경에 잘 적응하도록 하는 데에 있다. 발전적 구성의 가장 큰 장점은 미래의 우연성과 조건성에 대한 이해에 있다. 미래 상황에 대한 구성은 시험적이고 탐구적이지 독단적(dogmatic)이어서는 안 된다. 과학적이고 역사적인 지식과 미래예측에 근거하여 미래의 사건들을 추론한다. 그러나 미래예측보다는 관심 있는 미래에 대한 현재적 이해가 주된 목적이다. 정책 개입에 따라 예측된 미래가 실현되지 않을 수도 있기 때문이다.

발전적 구성은 단순히 미래 예측의 역할에 만족하는 수동적 자세가 아닌 미래를 '창조' 또는 '발명'하고자 하는 문제 해결의 수요를 반영한 노력의 산물이다.[7] 이 방법은 전문가

6) mapping을 수학에서는 사상(寫像)으로 번역하여 왔지만 여기에서는 지도화 또는 지도작성으로 번역한다.

7) H. D. Lasswell. *A Pre-View of Policy Sciences* (N.Y.: American Elsevier, 1971), pp. 63-67.

들이 더욱 광범위한 사회적 맥락 속에서 특정의 연구관심을 찾는 데에도 도움이 된다.

(3) 정책원형화(prototyping)

정책원형화는 복잡성, 불확실성, 그리고 이해관계자 간의 갈등 잠재성 등으로 특징지어지는 정책환경에 대응하기 위하여 개발된 통제된 실험(controlled experimentation)이다. 정책원형화는 변화 가능한 정책조합들을 모두 다 고려하지는 않는다는 점에서 사회실험과는 다르다. 정책원형화는 이해관계자 집단에 가장 중대한 영향을 주는 정책들만을 고려한다. 원형화의 주된 목적은 창의적 또는 쇄신적인 정책권고가 대표적인 이해관계자 집단들로부터 자발적인 합의를 얻어낼 수 있는가를 확인하는 데에 있다. 통제된 정책실험으로서의 원형화가 실제 정책으로 수정되어 시행되면 실험 설계상의 오류가 분명하게 드러나며, 정책시행의 제도적, 동기 부여적 어려움과 정책집행의 실질적 비용과 편익을 보다 완전하게 알게 될 것이다.

(4) 시나리오(scenarios), 게임(games)과 컴퓨터 시뮬레이션(computer simulations)

이들 기법도 정책분석가에게 이용 가능한 연구기법들이다. 이 방법들은 단순한 문제와 조직화한 복잡한 문제 사이의 차이를 일정 부분 메워주도록 다리를 놓아주는데 도움이 된다. 시나리오는 전방향적 사상(forward mapping) 방법이다. 시나리오는 과거, 현재, 그리고 바람직한 가능한 미래에 대한 언어적, 시험적, 미래 지향적, 정책 지향적 묘사이다. 게임과 시뮬레이션도 전문가에 의해 적절히 사용되면 정책분석상의 추정작업에 매우 도움이 된다.

(5) 의사결정 세미나(decision seminar)

추정은 정책분석의 핵심적 과정이다. 의사결정 세미나도 다양한 추정의 목적들을 달성하는 데 도움이 된다. 문제에 대한 다양한 관점들과 의도들을 맥락 특정적(context specific)이며 학문적으로 통합하는 것도 추정의 목표 가운데 하나이다. 이는 앞에서 언급한 다양한 기법들을 종합적으로 활용하여 세미나 참가자들이 정책 대안을 개발, 제시하는 방법이다. 참가자들은 문제의 특성을 고려하여 선정되며, 다양한 전문성, 방법론적 기술과 여러 관점을 대표한다. 세미나에서 가장 강조되는 것은 상상력의 결정적 활용, 방법론적 유연성 및 미래 지향성이다.

정책과학의 의의와 임무: 비합리성의 합리화

심리학에서 연구된 인간의 지각적(perceptual), 인지적(cognitive) 한계와 왜곡은 추정의 정확성(accuracy)과 적절성(pertinence)을 제약하는 요인들이다. 인간이 불확실성을 줄이기 위해 현상을 단순화하지만, 그 노력 역시 언제나 성공적인 결과를 가져오는 것은 아니다.

정책결정과 정책분석의 이러한 한계에도 H. Lasswell은 이미 오래전에 정책과학의 독립학문으로서의 정당성을 다음과 같이 주장하였다. 정책학의 "정책지향은....정책과정(policy process), 그리고 부분적으로는 정책이론에 관한 지적 필요(intelligence needs of policy)로 방향이 맞추어져야 한다. 첫째 임무는 정책형성과 집행과학의 개발이며, 사회학적 방법과 심리학적 탐구방법을 이용한다. 둘째 임무는 정책결정자에게 이용가능한 정보와 해석들의 구체적인 내용을 개선하는 것이며, 전형적으로는 사회과학과 심리학의 영역을 초월하는 것이다"[8]. Lasswell이 제시한 정책학의 정책지향은 정책학의 학문으로서의 존재 의의를 규정한 것이며, 정책분석의 한계에도 사회문제를 해결하기 위하여 잠재적으로 유용한 모든 학문들과 분석방법들을 평가하여 이용하게 한다.

표 2-5 정책과학의 학문적 특징

세계관 또는 전제	도구적, 종합적임. 가치에 근거. 문제 지향적
분석의 주 이용자	가변적임. 정책문제의 구체성에 의존
분석의 수준	인간 중심적. 정책으로부터 영향을 받는 개인적 이해관계자, 이해관계자 집단, 조직 모두 포함
학문적 선호	특정 선호학문은 없음. 모든 지적 분야와 전통이 상황과 필요성에 따라 이용 가능
해결 목표	인간의 존엄성 향상

* 출처: Brewer and deLeon (1983:154).

8) Harold D. Lasswell. "The Policy Orientation," in Daniel Lerner and Harold D. Lasswell, eds. *The Policy Sciences* (Stanford, Calif.: Stanford University Press, 1951), p. 3.

<표 2-5>는 정책과학의 특징을 정리한 것이다. 정책과학은 사회문제의 해결을 위한 지적이고 분석적인 학문이다. 이는 매우 어렵고 도전적인 학문으로 대부분의 공적 의사결정에서 부딪히는 제반 어려움을 극복해야 하는 과제를 갖고 있다. 이러한 특성 때문에 정책과학은 운영연구나 체계분석과도 구별된다. 정책과학은 독자적인 세계관과 인식론을 지니고 있다.

4. 사회과학의 한계와 정책분석의 한계

과학적 방법은 조작적 정의(operational definition)가 없이는 활용될 수 없다. 예컨대, 과학은 성서에 나오는 천당과 지옥에 대해서는 진위를 가려 줄 수 없다. 이처럼 형이상학적 개념들은 조작적 정의나 경험적 측정단위로 환원될 수 없다. 관찰이 불가능한 믿음 또는 개념들에 대해서는 과학의 한계가 있고 이들은 종교나 철학의 영역에 맡겨질 수밖에 없다. 또한, 이들 형이상학적 개념 외에도 윤리와 가치문제 역시 과학의 영역 밖에 존재한다. "낙태(abortion)가 옳은 일인가 그른 일인가?"에 대해서는 과학이 실험이나 관찰, 조사 등 과학적 연구방법을 통해서 해답을 제시할 수는 없다. 즉, 가치와 윤리가 전제된 정책목표에 대해서도 과학적 방법에 의존하는 정책분석에 의해서는 해결책을 제시할 수 없다(Kirby and Goodpaster, 2002:208-209). 이러한 문제는 공동체의 정치적 의사결정과정을 통해서만 결정될 수 있다.

자연과학 분야의 실험에서는 어떤 시험관 내의 외부와 차단된 폐쇄된 상태에서 변수와 변수가 어떤 작용을 하여 어떤 반응을 나타내는가 하는 것을 관찰할 수 있다. 그러나 사회과학, 특히 정책학의 경우에는 정책집행의 대상이 되는 사람들이 외부와 끊임없이 상호작용을 해나가는 개방된 상황에서 정책을 집행하게 되므로 인과의 개념을 그대로 적용하기는 어렵다. 또한, 사회적 문제의 해결을 위해 즉각적으로 이용 가능한 과학적 이론과 절차는 없다. 실제 문제와 과학적 이론의 차이가 있기 때문이다. 인간사를 둘러싼 사회적 현상은 자연과학적 물리현상과 달라 그 정확한 예측이 불가능하기 때문이다. 이러한 사회과학의 한계와 약점에도 불구하고, 사회문제는 많은 사람의 관심영역이며, 어떤 형태로든지 행동과 조치가 필요한 영역이다. 따라서 우리는 "어떤 이론, 모형이 특정 사회문제의 진단과 해결에 적용 가능한가?"라는 정당한 의문을 제기할 수 있다. 여기에 정책분석론의 역할이 있다.

연구 주제

1. 시스템의 개념과 예.
2. 체계분석과 체계적 접근방법.
3. 정책분석과 시스템적 사고방식의 관계.

참고자료 2-1. 정책분석의 과학성

1. 과학의 이해

정책분석론에 대한 체계적 이해를 위하여 과학 활동에 대한 이해가 필요하다. 과학 활동은 인간의 지적 호기심의 충족을 위한 것이다. 인간의 지적 호기심은 현상들 사이의 차이(difference)를 인식하여 비교(comparison) 가능하게 만듦으로써 충족된다. 이것이 진리탐구 활동의 기본적 내용이다.[9]

과학적 연구방법은 경험적 현상들의 차이를 논리 실증적으로 엄밀하게 비교하여 변수들 사이의 인과관계를 발견하고자 하는 합리적 노력이다. 과학적 방법(scientific method)은 관찰-가실형성-실험(또는 자료수집)-검증의 4단계를 거친다. 이 방법은 갈릴레오(Galileo Galilei: 1564-1642)와 뉴턴(Isaac Newton: 1642-1727)이 중력(gravity)의 효과를 연구하는 데 사용한 방법과 동일하다. 과학은 법칙의 발견과 이론의 개발을 추구한다. 이론은 사실관계를 이해하고 설명하고 예측하는 세 가지 기능을 수행한다. 약간의 정보를 가지고도 이론 또는 법칙 등 이미 알고 있는 사실을 적용하여 미지의 사실을 추론하거나 미래의 사실을 예측할 수 있다.

과학과 철학은 인간이 지식을 습득하는 대표적인 두 가지 방법이지만 과학과 철학은 그 연구방법과 연구관심에 차이가 있다. 과학은 관찰에 의존하지만, 철학은 논증에 의존한다. 과학은 경험적 세계의 인과관계를 탐구의 대상으로 삼지만, 철학은 이성, 본질, 존재, 가치, 의미, 신의 속성 등 형이상학적 주제들을 탐구의 대상으로 삼는다(Kirby and Goodpaster, 2002:205).

자연과학과 같은 진리를 사회과학분야에서도 발견하는 논리와 방법을 연구하는 과학철학의 관심은 일반적으로 사실들 사이의 관계[10]와 인과관계의 과학적 발견에 있다. 과학적 연구조사 방법론은 현상의 파악과 미래예측 및 사실들 사이의 관계를 파악하는 것이 주목적이다.

---

9) M. Goldstein, Inge E. Goldstein. How We Know - *An Exploration of the Scientific Process*-(New York and London: Plenum Press, 1978), ch. 1. 참조.

10) 사실들 사이의 관계에는 과학적 인과관계와 통계적 상관관계의 두 종류가 있다.

2. 과학적 인과관계

정책분석은 정책을 원인으로 보고, 정책이 사회에 미치는 영향을 결과로 본 다음 그 결과를 추정하여 정책대안들을 각각 비교함으로써 최선의 대안을 식별할 수 있도록 해주는 절차이다. 정책분석은 정책을 원인으로 보고 그 영향을 결과로 보기 때문에 정책분석을 효과적으로 수행하기 위해서는 원인-결과관계에 대한 지식과 분석능력이 필요하게 된다. 인과적 분석은 정책문제에 대한 원인을 밝혀내어 문제에 대한 올바른 정의를 내리고 해결 대안을 개발하기 위한 필수적인 작업이다.

문제가 되고 있는 상황을 올바로 진단하여 문제를 이해하고 관련 변수들을 식별함으로써 해결 방안들을 개발하기 위해서, 그리고 어떤 정책대안을 집행하는 경우 이것이 정책집행의 대상집단이나 환경에 어떠한 영향을 미칠 것인가 하는 것을 올바로 추정하기 위해서는 이러한 결과의 추정을 위한 가설적인 인과유형을 작성하여 이용하여야 할 필요가 있는데 이러한 것들이 인과관계를 연구해야 할 중요한 이유다.

자연과학의 실험에서는 외부와 차단된 어떤 시험관 내의 폐쇄된 상태에서 변수와 변수가 작용하여 어떤 반응을 나타내는가 하는 것을 관찰할 수 있다. 그러나 사회과학, 특히 정책집행의 경우에는 정책집행의 대상이 되는 사람들이 외부와 끊임없이 상호작용을 해나가는 개방된 상황에서 정책을 집행하게 되므로 과학적 인과관계의 개념을 그대로 적용하기는 어렵다. 우선, 인과관계를 충족시킬 세 가지 조건들에 대하여 알아보자.

1) 인과관계의 의의와 원인적 조건들

(1) "인과관계"의 개념

정책분석연구에서 인과적 가설은 어떤 특징 또는 어떤 사건의 발생(X)이 다른 특징 또는 다른 사건의 발생(Y)을 결정하는 요인들 가운데 하나임을 주장한다.[11] 인과적 가설을 시험하기 위해 설계된 연구들은 X가 Y의 결정에 개입 또는 개입하지 않는다고 정당하게 추론할 수 있는 자료를 제공해야만 한다. 이런 종류 추론의 근거를 제공할 수

11) 이 주제에 대한 자세한 논의는 Churchman(1948)과 Cohen and Nigel(1934, 13장) 참조..

있는 연구 절차들을 설명하기 전에 "인과관계(causality)"의 개념에 대한 약간의 논의가 필요하다.

인과관계의 개념은 복잡하다. 그리고 이 개념을 철저히 분석하는 것은 이 책의 범위를 넘어서는 일일 것이다. 우리는 인과관계 가설을 시험하기 위해 설계된 연구들에서 연구절차를 위한 요건을 이해하기 위해 필수적인 점들만 논의하겠다.

인과분석에서 말하는 원인(cause)이라는 말의 개념은 무엇인가? Collins Cobuild 사전에 의하면 원인을 "어떤 사건을 일어나게 하는 것(the cause of an event is the thing that makes it happen)"으로 정의하고 있다. 원인과 결과 간의 관계인 인과관계(causality)에 대한 가장 "상식적"인 생각은 한 가지 사건("원인")이 언제나(always) 다른 한 가지 사건("결과")을 이끌어 낸다는 사고의 흐름과 함께하는 경향이 있다. 그러나 현대 과학에서는 오히려 다중적 설성적 조건들이 공동으로 주어진 사건의 발생을 가능하게 만든다는 "결정 조건들(determining conditions)"의 다중성(multiplicity)에 중점을 두고 있다. 상식과 과학적 사고는 둘 다 한 가지 사건을 위한 필요조건과 충분조건들을 발견하는 것과 관련이 있다. 그러나 상식은 한 가지 요인이 완전한 설명을 제공하리라는 것을 기대하게 하지만, 과학자들은 한 가지 사건을 초래하는 데 필요하고 충분한 조건 혹은 단 하나의 요인 찾기를 거의 기대하지 않는다. 그것보다는, 과학자는 기여조건들(contributory conditions), 상황조건들(contingent conditions), 대안적 조건들(alternative conditions)에 관심이 있다. 즉, 과학자는 어떤 사건의 발생을 확실한 것이 아니라 가능한 것으로 만들기 위해 작용하는 여러 조건들을 발견하기를 기대한다.

(2) 인과관계 관념의 변천

인과관계는 원인과 결과의 관계이다. 정책분석연구와 관련하여 인과관계를 논의하면서 현대 과학철학에 큰 영향을 미친 실증주의(positivism)의 인과에 대한 관념부터 살펴보자.[12)]

실증철학자 등 가운데 인과의 분석에 가장 널리 알려진 학자의 하나는 David Hume이다. 그에 의하면 인과관계를 추론하는데 있어서는 다음과 같은 세 가지의 조건이 가

12) 노화준. 정책평가론(제4판), (서울:법문사, 2006), pp. 202-208.

장 중요하다고 한다. 즉 ① 추정되고 있는 원인과 효과 간의 근접성, ② 원인이 시간상으로 효과를 선행하여야 한다는 시간적 선행성, 그리고 ③ 효과가 있을 때에는 언제나 바로 그 원인이 존재해야 한다는 상시 연결성 등이 그것들이다. 이들 가운데에서도 세 번째 조건이 가장 중요하고 가장 실증주의적 사고라 할 수 있다.

한편 인과에 대한 본질주의 이론(essentialist theories of causation)에 의하면 원인이란 말은 어떤 변수들이 한 효과가 일어나는 데 필요하고도 충분한 요건이 되는 경우, 이러한 현상을 설명하는 변수들을 지칭하기 위해서만 사용되어야 한다고 한다. 이러한 인과에 대한 본질주의적 입장은 원인이라는 것을 필수적이며, 불가피하고 또 확실한 효과가 있을 변수들의 무리(群)와 동격으로 만들었다. 원인을 관측 가능한 필요·충분조건들에 한정하는 이들 본질주의 철학자들은 원인이 때로는 어떤 효과들을 가져오나, 또 때로는 가져오지 않는 요소로 보는 것을 거부하였다. 이와 같이 필요·충분의 전제조건으로서의 원인을 논의하는 것은 다분히 기계론적인 메커니즘의 발상이라 할 수 있다. 오늘날 사회과학의 이론들은 자연과학이론의 배경을 가지고 있는 것도 아니며, 또한 폐쇄된 시스템과 같은 비교적 통제된 상황에서의 연구를 통하여 검증된 폐쇄된 관계에 그 토대를 두고 있는 것도 아니다. 본질주의 철학자들이 주장하는 인과관계의 관념에서 볼 때에는 폐쇄된 시스템의 관점은 매우 중요한 것이다. 왜냐하면, 소수의 변수 사이의 인과관계는 모든 알려진 외적인 힘들이 배제된 폐쇄된 시스템에서 연구됨으로써 가장 잘 규명될 수 있기 때문이다.[13)] 그러나 현지연구(field research)에서는 외적 변수들이 항상 종속변수에 침투해 들어옴으로써, 명시적인 이론적 시스템에 포함된 변수 이외에 다른 요소들에 대해 그 결과가 민감하게 반응하게 된다. Suppe와 Campbell에 의하면 사회과학에 있어서 관찰된 인과관계는 필연적이라기보다는 오히려 틀리지 않을 수 없으며, 선행요소들과 결과들 사이의 연계는 확률적이라는 것이다.[14)]

인과에 대한 행위이론(activity theory)은 또 다른 관점에서 인과를 논의할 때 빼놓을 수 없는 주요 이론이다. Collingwood와 Gasking 같은 과학 철학자들에 의하면, 일상생활에서 쓰는 원인이라는 개념은 조작(manipulation)이라는 관념이 강하게 내포된 개념

13) R. Bhaskar. *A Realist Theory of Science*(Leeds, England: Leed Books, 1975).

14) P. Suppe. *A Probabilstic Theory of Causality* (Amsterdam: North Holland, 1970); Thomas D. Cook and Donald T. Campell, Quasi-Experimentation: *Design & Analysis Issues for Field Setting* (Chicago: Rand McNally Publishing Co., 1979), pp. 14-15.

이라 한다.[15] 원인이란 어떤 무엇이 일어나게 하기위하여 조작할 수 있는 것이다. 그런데 이 조작들은 항상 의도한 효과를 산출해 내는 것은 아니다. 그리고 이러한 조작을 통하여 효과를 얻는데 있어서는, 그것이 물리적인 것에서 사회적인 것으로 되면 될수록, 그리고 조작 후에 효과가 나타나기까지의 경과하는 시간이 길어지면 길어질수록 그 효과를 얻을 확률은 감소하여 간다. Collingwood는 원인이라는 용어가 사용되는 세 가지 의미를 구분하였다. 그 첫째는 원인의 작용에 의하여 일어나게 된 것은 자각 있고 감응성 있는 기관의 자유롭고 사려 깊은 행위이며, 어떤 대상에게 그것을 하도록 하는 원인이 되었다는 것은 그에게 그것을 하도록 동기를 부여했다는 것을 의미한다. 둘째, 원인의 작용으로 일어나게 된 것은 성질상 하나의 사건이며, 우리가 그의 원인이라고 부를 수 있는 것을 산출하거나 방지함으로써 산출하거나 방지할 수 있는 하나의 사건이거나 물건의 상태이다. 셋째, 원인의 작용에 의하여 일어나게 된 것은 하나의 사건이거나 사물의 상태이고 , 그의 원인과 1 대 1 관계의 인과적 우선순위에 맞추는 또 다른 사건 또는 사물의 상태이다. 여기서 말하는 관계란 ① 만일 원인이 일어나거나 존재하면, 더 이상의 조건이 충족되지 않는다 할지라도 효과가 반드시 일어나거나 존재하여야 하며, ② 효과는 원인이 일어나거나 존재하지 않을 때에는 일어나거나 존재할 수 없으며, ③ 원인은 효과에 선행해야 하는데, 이는 이러한 우선순위가 없을 때에는 어느 것이 어느 것인지를 말할 수 없기 때문이다. Collingwood의 세 번째 의미의 원인은 본질주의 철학자들의 그것과 매우 가까운 것이다. 인과적 설명은 조작될 수 있는 요소를 제공할 수 있는가에 따라 그 값어치가 결정된다고 하는 것이 Collingwood의 인과에 대한 관념의 요점이다. 만일 어떤 효과에 대한 필수적인 원인이 어떤 요소를 조작함으로써 그 효과를 통제할 수 있는 것이 아니라고 한다면 원인에 대한 지식은 많은 사람들에 의하여 유용한 것으로 생각되지 않을 것이다.

만일 어떤 것이 심사숙고 때문에 변화된다면 어떠어떠한 것이 일어나게 될 것이라고 하는 지식은 사회정책을 위하여 매우 값어치가 있는 것이다. 그러한 인과에 대한 지식이 없이는 바람직한 변화를 가져오기도 어렵고, 또 바람직하지 않은 상태를 제거하기도 어려울 것이다. 그리고 어떠한 요소의 조작에 의하여 어떠한 효과가 발생하게 되

15) R. G. Collingwood. *An Essay on Metaphysics* (Oxford England: Clarendon Press, 1940); D. Gasking, “Causation and Recipes,” Mind, Vol. 64 (1959), pp. 479~487.

었을 것이라는 인과적 사고는 또한 어떤 현상에 대한 사려 깊은 분석으로 인과관계를 밝혀낼 수 있다는 사고와도 통하는 것이기 때문에, 이는 정책영향분석연구의 토대가 되는 개념이라 할 수 있다.

2) 정책분석연구에의 시사점

(1) 공공정책은 복잡한 사회현상을 대상으로 하므로 인과적 법칙들이 정확하기 보다는 확률적이 된다.
(2) 효과는 둘 이상의 원인에 의한 것이 될 수 있다.
(3) 인과법칙은 폐쇄시스템에서는 찾기 용이하나 정책분석은 개방시스템도 고려하게 된다.
(4) 인과관계에서 원인에 대한 조작(manipulation)은 효과에 대한 조작(manipulation)도 가져올 수 있다.
(5) 독립변수의 변화는 종속변수의 변화에 선행한다.
(6) 인과관계가 정당하게 추론되지 않는 설명은 기각한다.

3) 필요조건, 충분조건, 필요충분조건

용어가 암시하는 데로, 필요조건(necessary condition)은 만일 어떤 현상이 발생하기 위해서는 그것의 "원인"이 된 사건은 반드시 일어나야만 하는 조건이다. 만일 X가 Y의 필요조건이라면, 조건 X가 일어나지 않는다면 Y는 결코 일어나지 않을 것이다. 예를 들면, 약물 중독의 필요조건은 이전에 약물을 시도해 본 것인데, 개인이 약물을 한 번도 사용한 적이 없다면 약물중독이 일어나는 일은 불가능할 것이기 때문이다. 충분조건(sufficient condition)은 어떤 현상의 "원인"인 사건이 발생하면 결과인 그 현상이 항상 뒤따라오는 조건이다. 만일 X가 Y의 충분조건이라면, X가 일어날 때마다, Y가 항상 일어날 것이다. 예를 들면, 시신경의 파괴는 시각상실의 충분조건인데, 시신경이 상실된 어떤 사람도 볼 수 없기 때문이다.

하나의 조건은 한 가지 현상의 발생에 필요적이며 동시에 충분할 수 있다. 그런 경우, Y는 X가 일어나지 않으면 결코 일어나지 않을 것이고, X가 일어날 때마다 Y도 일어날 것이다. 다시 말해, X 혹은 Y가 혼자서 나타나는 경우는 없을 것이다. 분명히, 앞에서 든 두 가지 예의 어떤 것도 필요충분조건의 이러한 패턴에 맞지 않는다. 사람이 약물사용(X)을 시도하지 않는 한 약물 중독(Y)이 일어나지 않지만, 그럼에도 한 사람이 중독되지 않고 약물을 시도해볼 수 있다. 그러므로 약물시도는 약물중독의 필요조건이지만 충분조건은 아니다. 약물중독 발생을 이해하기 위해서는, 다른 기여조건들을 살펴보아야만 한다. 반면에, 시신경의 손상(X)은 항상 시력 상실(Y)로 이끌어 가지만, 시력 상실은 시신경이 손상되지 않았다고 하더라도 다른 방법으로 올 수 있다. 시신경의 손상은 시력 상실의 충분조건이지만 필수조건은 아니다. 시력 상실의 모든 "원인들"을 이해하기 위해서는, 우리는 그것을 초래할 수 있는 다른 대안 조건들을 찾아보아야 한다.

4) 기여조건, 상황조건 그리고 대안조건

인과적 추론에서 X와 Y의 인과관계의 가능성을 높여주는 조건들에 대하여 알아보자. 이는 Y에 영향을 미치는 원인 변수가 단지 하나만 존재할 이유는 없으며, 또 X와 Y 사이의 인과관계의 발생에 영향을 미치는 환경적 조건들도 있을 수 있기 때문이다.

(1) 기여조건(contributory condition): Y의 발생에 영향을 미치는 여러 조건 또는 요인 중 하나

(2) 상황조건(contingent condition): 변수 X가 변수 Y의 기여적 원인이 될 수 있는 상황

(3) 대안조건(alternative condition): 특정 현상의 발생 가능성을 높여주는 기타 기여조건

기여조건, 상황조건 그리고 대안조건을 탐색하는 것을 보여주기 위해 약물중독의 예를 사용하여 보자. 기여조건은 주어진 현상이 일어날 가능성을 증가시키는 조건이지만 확실히 일어나게 하지는 않는다. 그 이유는 그것이 어떤 현상의 발생을 결정하는 여러 요인 가운데 단지 하나일 뿐이기 때문이다. 따라서 약물 중독에 관한 연구는 약물사용 시도가 중독의 필수 조건임을 인식하는 것으로 만족하지 않고 어떤 개인적, 가족, 그리고 이웃 요인들이 그런 시도에 이바지하는지 그리고 어떤 요인들이 약물을 시도한 개인이 중독될 가능성을 높이는지를 더 고려해야 한다(Chein, 1956). 예를 들어, 청소

년 남자 중독자와 비중독자를 비교하는 연구는 중독자가 된 사람들의 상당히 높은 비율이 아버지가 없는 가정에서 자랐다는 것을 발견할지 모른다. 다시 말해, 이들 연구는 어린 시절 가정에 아버지 같은 존재가 없었다는 것이 청소년 남자의 약물 중독 발달에 기여하는 영향임을 암시한다.

그러나 사회과학이 다루는 행동은 극히 복잡하여서 요인들의 상호작용이 반드시 고려되어야만 한다. 일단의 상황에서 어떤 현상의 기여조건으로 작용하는 요인이 다른 상황에서는 기여조건으로 작용하지 않을 수도 있다. 어떤 변수를 준 현상의 기여원인이 되는 조건들을 상황조건(contingent condition)이라고 한다. 사회과학의 많은 연구가 그런 조건들을 밝히는 것과 관계되어 있다. 약물중독 예에서, 아버지의 부재와 약물중독 사이의 관계가 다양한 조건들 아래에서 유효한 것인지를 발견하고자 하는 후속 연구들이 수행될 수 있을 것이다. 그들은 청소년들의 약물사용이 드물거나 약물 사용이 전혀 없는 동네에서는, 아버지가 없이 자란 아이들이 약물에 마음을 돌리지 않는다는 것을 발견할지 모른다. 따라서 다음과 같은 가설이 다시 설정될 수 있다.약물 사용이 일반적인 동네(상황조건)에서, 아버지의 부재는 청소년이 중독자가 될 가능성에 기여한다.

기여적 원인의 다양성에 대한 인식은 한 가지 현상의 발생 가능성을 높이는 대안 조건들(alternative conditions)에 대한 관심으로 이어진다. 그러므로 약물사용 비율이 높은 동네에서, 약물중독률은 아버지가 없이 자란 소년들 사이에서 뿐만이 아니라 어린 시절 아버지가 집에 있었지만, 그들에게 적대감 혹은 무관심으로 대했던 소년들 사이에서도 특히 높음이 발견될 수 있다. 그렇다면, 가설은 이들 대안적 기여조건들을 반영하기 위하여 재설정되어야 할 것이다: 가부장적 존재의 부재 또는 적대적이거나 무관심한 아버지의 존재는 약물사용이 일반화된 동네에서는 청소년의 약물중독 가능성에 기여한다. 그러면 사회 과학자는 대안적 기여원인 둘 다에 공통적인 요인을 포함하는 가설-예를 들어, 약을 쉽게 구할 수 있는 동네에서, 어린 시절 아버지 같은 존재와 동일시할 기회를 박탈당한 청소년은 약물중독 가능성이 더 높다-을 설정할 수 있다.

3. 두 변수 사이 인과관계의 존재를 추론하기 위한 기초[16)]

사회과학에서의 대부분의 가설은 기여조건 혹은 대안조건 그리고 그것들이 작용하는 환경적 상황조건들에 관한 것이다. 그러나 어떤 주어진 특성 또는 사건 (X)의 발생이 홀로 혹은 다른 특성들 혹은 다른 사건들의 발생(A, B, C 등)으로 또 다른 특성 혹은 사건 (Y)의 발생을 결정짓는다고 직접 증명하는 것은 불가능하다. 그것보다는, 언제나 우리는 관찰된 자료로부터 X가 Y의 발생을 위한 조건이라는 가설이 어느 정도의 확신을 하고 주장될 수 있다거나 혹은 주장될 수 없다는 추론을 할 수 있는 위치에 있을 뿐이다. 이러한 추론을 정당화하기 위해 어떤 증거가 필요한가?

1) 동반적 변화(concomitant variation)

가설적 추론을 위하여 적절한 증거의 한 가지 종류는 동반적 변화-즉, 가설에 따라 예측된 방식으로 X와 Y가 함께 일어나거나 함께 변하는 정도-와 관계있다. X가 Y의 기여조건이라는 가설을 시험하기를 원한다고 해보자. 우리는 X의 특성이 있지 않은 경우들보다 X의 특성이 있는 경우들 속에서 Y의 특성을 가진 경우들의 비율이 더 많은 경우를 우리가 발견하지 않는 한, 우리는 이 가설이 유지될 수 없다는 결론을 내리게 될 것이다. 게다가, 만일 우리가 Y의 양은 X의 양에 의해 결정된다는 가설을 설정한다면, 우리는 전체적으로 보아 더 많은 양의 X를 보이는 경우들이 더 많은 양의 Y를 보여주는 것도 발견해야만 한다.

이점을 명확하게 이해하기 위하여 한 가지 예를 들어 보자. 북부 도시의 의사들이 심각한 소화불량으로 찾아오는 환자들이 갑자기 증가하였음을 알아챘다고 가정해보자. 또 열대 과일(예: 망고)을 이 도시의 시장에서 입수할 수 있게 되었다고 가정해 보자. 의사들 가운데 한 사람이 이들 두 가지 사건들이 관련되어 있을지 모른다고 생각한다. 즉, 그는 망고를 먹는 것(X)은 그 과일에 익숙하지 않은 사람들에게 심각한 소화불량(Y)으로 이끌어 갈지 모른다(동반적 조건)는 가설을 제시한다. 얼마간의 기간 동안, 몇 명의 의사들이 소화불량이 있는 모든 환자에게 그들이 최근 망고를 먹은 적이 있는

16) Selltiz, Jahoda, Deutsch, and Coo. *Research Methods in Social Relations, 4th ed.* (New York: Holt, Rinehart and Winston, 1981), ch. 4.

지 물어본다. 그들 가운데 아무도 먹지 않았다면, 망고를 먹는 것이 소화불량의 원인[17]이라는 가설은 기각될 것이다.

그러나 그들 가운데 몇 명이 망고를 먹었다고 가정해보자. 그러면 우리는 소화불량이 없었던 여러 명의 사람에게 그들이 망고를 먹었는지 물을 것이다. 이 집단에서 망고를 먹은 사람의 비율이 소화불량이 있는 집단에서의 비율만큼 된다면-예를 들어 각 집단에서 30퍼센트- 망고를 먹는 것은 소화불량을 일으키는 것과 아무런 관계가 없었다고 추론할 것이다. 다시 말해, 우리는 망고가 소화불량 문제의 원인이었다는 가설을 기각할 것이다. 그러나 가설을 기각하는 것이 잘못된 추론일지도 모른다는 점을 주목하는 것이 중요하다. 망고를 먹고 아파진 사람이 약간의 간 기능 부전이 있었고, 그것은 망고를 먹음으로써 간 기능이 악화되어 소화불량으로 이끌어간 반면, 망고를 먹고 아프게 되지 않은 사람은 이런 간 기능 장애가 없었을 수 있다. 달리 말하자면, 망고를 먹는 것이 간 기능 장애라는 상황조건하에서는 소화불량을 일으키는 기여조건이 될 가능성을 무시함으로써, 같은 비율의 소화불량이 있는 사람과 소화불량이 없는 사람들이 그 과일을 먹었다는 사실로부터 우리는 부정확한 추론을 할 수 있다. 반면에, 소화불량이 있는 90퍼센트의 환자들이 망고를 먹었고 소화불량이 없는 사람의 30퍼센트만이 망고를 먹었다고 가정해 보자. 망고를 먹는 것이 소화불량을 유발시킨다는 가설이 지지 가능하다고 우리는 결론을 내릴 것이다.

X와 Y가 예측한 방식으로 같이 변화하는지의 증거는 다른 방향에서 찾을 수 있을지 모른다. 우리는 망고를 먹은 집단과 먹지 않은 다른 집단을 찾아 이 두 집단에서 소화불량의 경우를 비교할 수 있을 수도 있다. 만일 이들 두 집단에서 비슷한 비율의 사람들이 소화불량의 증상을 보였다면, 그 과일을 먹은 것이 소화불량의 발생으로 이끌어가지 않았다고 다시 결론을 내릴 것이다. 그러나 망고를 먹은 사람의 70퍼센트가 소화불량이 있었던 반면 망고를 먹지 않은 10퍼센트의 사람들만이 그런 증상을 보였다고 가정해 보자. 우리는 망고와 소화불량 사이의 인과적 관계의 가설이 지지가 될 수 있다고 결론을 내릴 것이다.

그러나 그것은 단지 지지될 수 있는 것(tenable)일 뿐 증명된 것은 아니다(not

17) 현대 과학은 어떤 주어진 사건으로 항상 이끌어 가는 단 하나의 요인을 발견하기를 기대하기보다는 다양한 결정조건들의 측면에서 인과관계에 접근하기 때문에, "원인"이라는 단어는 "주어진 사건의 발생을 함께 가능하게 하는 여러 결정조건들 가운데 하나"를 의미하는 것으로 이해되어야 한다.

proved). 이 시점에서 인과관계에 관한 다음과 같은 세 가지 다른 가능한 설명들이 동등하게 지지 가능하다. 즉, (1) 소화기 장애는 어떤 식으로든 망고를 먹고 싶어하게 한다. 이 인과관계의 방향은 가설과는 반대의 방향이다. (2) 다른 어떤 조건이 망고를 먹는 것과 소화기 장애를 동시에 갖도록 이끌어 갔다. (3) 망고를 먹은 것과 우연히 연결되게 된 다른 조건이 그 소화불량에 책임이 있다. 이처럼 인과관계에 관한 다양한 가설들을 배제할 수 있기 위하여 다음과 같은 추가적 조건들이 확인돼야 한다.

2) 변수 발생의 시간적 순서(time order of occurrence of variable)

소화기 장애가 망고를 먹고 싶어 하게 하고, 따라서 그것을 먹는다는 대안 가설은 인과관계에 관한 추론에 적절한 두 번째 종류의 증거 두 가지 사건의 시간 순서-를 탐색하게 한다. 한 가지 사건이 만일 다른 사건 후에 발생한다면 다른 사건의 "원인"이 될 수 없다. 원인적 요인의 발생은 결과 발생을 앞서거나 동시에 일어난다. 정의에 의하면, 한 가지 결과는 그 결과가 일어난 다음에만 일어나는 사건에 의해 발생할 수 없다. 그러나 어떤 관계 내의 한 변수는 동시에 다른 변수의 "원인"인 동시에 "결과"가 되는 것이 가능하다. 물리학의 기본적 관계의 많은 것들이 이런 종류의 것이다. 예를 들어, 보일의 법칙(Boyle's law)에 의하면 일정한 온도 조건에서, 기체의 압력은 부피에 반비례적으로 관련되어 있다. 이것은 기체의 부피에서 우리가 생성할 수 있는 어떤 변화는 동시에 압력의 변화를 초래할 것이고, 또한 압력에서 우리가 생성할 수 있는 변화는 동시에 부피의 변화를 초래하리라는 것이라는 것을 의미한다. 그 관계에서 두 가지 변수는 서로 바꾸어 원인 요인과 결과로서 기능할 수 있고, 이러한 관계는 대칭적이라고 말할 수 있다.

사회과학에서의 대칭적 인과관계의 예로는 "한 집단 내에서 한 사람의 지위가 높을수록, 그의 행동은 집단의 규범을 더욱더 준수한다.… 이 관계는 엄격하게 상호적이다. 즉, 그 사람의 행동이 집단의 규범에 가까울수록, 그의 지위는 더 높아지는 경향이 있지만, 지위만을 독립변수로 보면, 한 사람의 지위가 높을수록, 그의 행동은 규범에 가깝게 된다는 것이 사실이다."라는 Homans의 가설(Homans, 1950)이 있다.

대칭적 인과관계가 사회적 현상에서 빈번하게 발견되지만, 한 가지 요인의 다른 요인에 대한 영향에 초점을 두는 것이 흔히 더 유용하고 편리하다. 따라서 Homans의 가설을 시험함에서, 집단의 표준에서 벗어난 특정 구성원의 집단 내에서의 지위를 높임으로써 그 구성원이 집단기준에 좀 더 가깝게 따르도록 할 수 있는지를 확인해 볼 수 있다. 순응적 행동의 증가가 지위 상승에 따르지 않으면 집단 내에서 개인의 지위를 높이는 것이 더 높은 순응을 일으킨다고 결론지을 수 없다.

원인과 결과를 구분함에, 두 사건이 동시에 일어나지 않는다는 것을 가정하고 두 사건 가운데 어느 것이 먼저 발생하였는지를 확인하는 것이 유용하다. 특정의 경우에서 지위의 상승이 순응 증가에 선행되었다는 것을 우리가 알면, 우리는 순응의 증가가 원인 요인이 아니었음을 알게 된다(이 경우, 지위의 상승이 순응 증가로 이끌어 갔다는 발견은 물론 그 반대도 사실일 것이라는 가능성을 배제하지는 않는다). 그러나 시간적 선후에 관한 지식이 그 자체로 인과관계를 추론하기 위한 충분한 근거는 아니다. 아마도 추정된 원인 이외의 다른 요인들이 그 결과를 생성했을 가능성도 있기 때문이다.

소화불량의 예에서, 만일 사람들이 소화불량의 발생 이전 보다는 소화불량의 발생 이후에 망고를 먹었다면, 망고를 먹는 것은 소화불량의 원인으로 볼 수 없을 것이다. 그러나 소화불량으로 고생하는 모든 환자가 망고를 먹었지만, 소화불량 증상이 나타나기 전에 그 과일을 먹었다는 것을 질문을 통하여 알아냈다고 가정해보자. 망고를 먹은 것이 그 병의 기여조건이라는 가설은 지지가 될 것이고 우리는 대안 가설들 가운데 하나인-소화불량이 있는 것이 사람들이 망고를 먹고 싶어하게끔 했다-를 배제했을 것이다. 그러나 우리는 나머지 대안 가설들, 즉 다른 어떤 조건이 망고를 먹는 것과 소화기 장애를 동시에 유발했다는 가설과 망고를 먹은 것과 단지 우연하게 관련된 또 다른 조건이 소화불량에 책임이 있다는 가설을 검토해 보아야 한다.

3) 다른 가능한 원인요인들의 제거(elimination of other possible causal factors)

어떤 화학적 불균형이 망고를 먹고 싶어 하는 마음과 소화불량 현상 둘 다로 이끌어 갔을 가능성을 고려할 수 있다. 이러한 가설은 사람들 집단 표본을 구성하고, 특정 종류의 화학적 불균형이 있는 사람들을 하위 집단으로 확인하고, 화학적 불균형이 있는 사람 중 높은 비율의 사람들이 망고를 먹고 소화불량을 일으켰는지를 발견하기 위해

상당한 기간에 걸쳐 두 개의 하부 집단을 추적함으로써 시험할 수 있을 것이다.

아니면, 우리는 소화불량에 책임이 있을지 모르는 망고를 먹은 것과 우연히 관련된 요인들을 찾을 수도 있다. 망고는 시내의 상점 네 곳에서만 판매된다고 가정해보자. 이들 가게 가운데 세 가게에서는 망고의 외양을 향상시키기 위해 어떤 조제물로 스프레이를 분무한 반면, 네 번째 가게에서는 그러지 않았다고 가정해 보자. 망고를 먹고 소화불량을 일으킨 사람 모두가 스프레이를 뿌린 가게들 가운데 하나에서 과일을 산 반면, 그 과일을 먹고 그런 증상을 일으키지 않은 사람들은 스프레이를 하지 않은 가게에서 과일을 샀다고 더 가정해 보자. 이런 경우라면 망고를 먹는 것 자체가 소화불량의 원인이라는 가설은 기각될 것이고 스프레이의 효과- 예를 들어, 그 스프레이가 다른 과일에 사용되었을 때도 소화분량으로 이끌어 갔는가, 아니면 스프레이와 망고의 화학적 성분 사이의 어떤 상호작용이 독성 효과를 만들어 냈는가?- 에 관심이 돌려질 것이다.

4. 허위변수와 혼란변수

경쟁적 설명요인들로서 정책효과의 추정을 어렵게 하므로 기각되어야 할 요인들이 바로 허위변수와 혼란변수들이다.[18] 여기서 허위변수(spurious variable)란 두 변수 사이에 전혀 관계가 없는데도 이들 두 변수 사이에 어떤 상관관계가 있는 것 같이 나타나도록 두 변수에 모두 영향을 미치는 뒤에 숨어있는 변수를 말한다. 즉, 어떤 Z라는 변수가 X와 Y 두 변수에 영향을 미치고 X와 Y의 변화를 모두 설명할 수 있을 때 Z를 허위변수라 하고 X와 Y 간의 상관관계를 허위의 상관관계라 한다. 예를 들어 발바닥이 넓을수록 학교성적이 더 좋은 것으로 나타나서 이들 사이에 높은 상관관계가 있는 것 같이 보이는 것은 실제로는 모두 뒤에 숨어 있는 연령의 영향에 의한 것이라 할 수 있다. 이때 발바닥의 넓이를 독립변수 가운데 처리변수를 나타내는 X로 놓고 학교성적을 종속변수 Y로 놓으면, 이들 두 변수 X와 Y 간의 상관관계는 진정한 상관관계가 아니라 모두 뒤에 숨어 있는 연령이라는 제3의 인과변수인 Z의 영향에 의한 것이다. 이러한 경우 X와 Y의 상관관계를 허위의 상관관계라 하고,[19] 연령과 같이 뒤에 숨어서

18) 여러 가지 변수 유형들에 대한 보다 구체적인 논의는 노화준, (2006), 212-214 참조.

19) Herbert A. Simon, "Spurious Correlation: A Causal Interpretation." in H. M. Blalock Jr. (ed.), Causal Models in the Social Sciences (Chicago: Aldine Publishing Company, 1971), pp. 5~17.

두 변수에 모두 영향을 미치는 변수 Z를 허위변수라 부른다. 여기서 한 가지 주의하여야 할 점은 Z가 허위변수일 때는 두 변수 X와 Y의 변화는 전적으로 Z의 변화에 의존한다는 점이다.

이에 비하여 혼란변수(confounding variable)란 독립변수 X가 종속변수 Y의 변화에 부분적으로 영향을 미치고, 또 뒤에 숨어 있는 변수 Z가 X와 Y의 변화에도 부분적으로 영향을 미치는 경우, 이 변수 Z를 혼란변수라 한다. 다시 말하면 뒤에 숨어 있는 제3의 변수 Z가 독립변수 X와 종속변수 Y의 변화를 모두 설명할 수 있다면, 이때 제3의 변수 Z를 허위변수라 한다. 한편, 독립변수 X도 Y의 변화 일부를 설명할 수 있고 제3의 변수 Z도 X와 Y 변화의 일부를 설명할 수 있다면, 이때의 이 제3의 변수 Z를 혼란변수라 부른다. 즉, 제3의 변수 Z가 X와 Y 두 변수에 영향을 미치기는 하지만, X와 Y 두 변수의 변화를 모두 설명할 수 없을 때에는 Z 변수가 혼란변수이다. 독립변수와 종속변수 사이에 매개변수나 조절변수가 개입하면 독립변수는 혼란변수가 된다.

그림 2-5 허위변수와 혼란변수

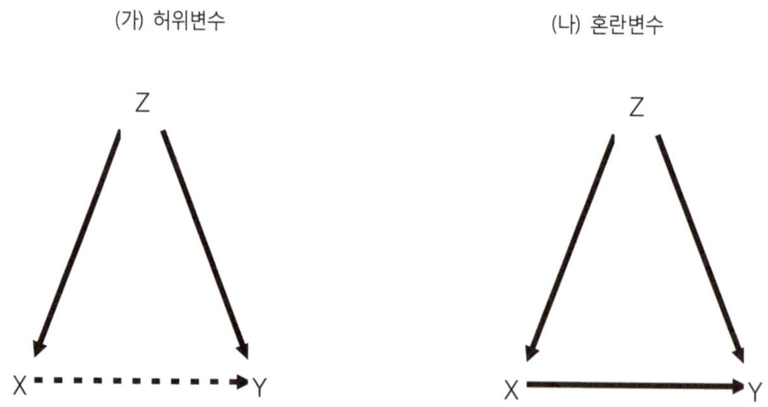

평가자가 이들 허위변수와 혼란변수의 영향을 제거하지 못한다면, 그는 타당하지 않은 인과적 추론을 하게 될 위험에 빠지게 된다. <그림 2-5>의 (가)는 허위변수의 예이고, (나)는 혼란변수의 예이다. 먼저 <그림 2-5>의 (가)의 경우와 같이 허위변수 Z가 존재하는 경우에는 X가 Y에 실제로는 아무런 영향을 미치지 않았는데도 X가 Y에 직접적인 효과를 미친 것으로 잘못 결론을 내리도록 유도할 수가 있다. 그리고 (나)와 같이 혼란변수 Z가 존재하는 경우에는 X가 Y에 미치는 영향을 과대추정하거나 과소 추정하도록 함으로써 정확한 인과적 추론을 위협할 수 있다. <그림 2-6>은 허위변수와 혼란변수의 예를 보인 그림이다.

<그림 2-6> (다)에서 허위변수는 연령이며, (라)에서는 사회경제적 변수가 혼란변수이다. 이 경우 정치이념은 매개변수가 된다. 매개변수는 독립변수와 동일하게 종속변수에 영향을 미치는 변수이지만, 순서상인 측면에서 독립변수와 종속변수의 사이에 있는 변수이다. 다시 말해서 독립변수의 영향을 받으면서 종속변수에 영향을 미치는 변수이다.[20]

그림 2-6 허위변수와 혼란변수의 예

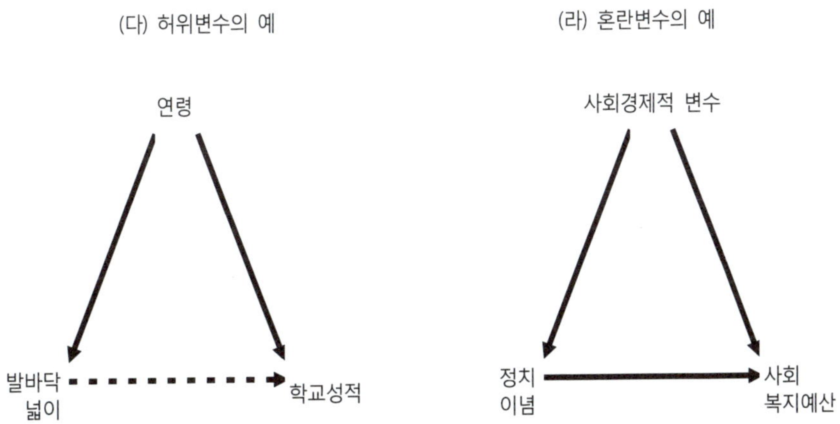

5. 인과관계 추론을 위한 실험설계의 논리

1) 실험과 평가

어떤 종류의 연구설계는 다른 연구설계들보다 더 설득력 있는 인과적 추론의 근거

20) 한편 독립변수와 종속변수 사이의 관계를 체계적으로 변화시키는 일종의 독립변수로서 조절변수도 있다.

를 제공한다. 앞의 예에서, 망고를 먹는 것이 소화불량의 원인이라는 가설을 시험하기 위해 지금까지 제시한 모든 절차는 사건의 통상적 과정에서 일어나는 상황들- 즉, 아파진 사람들과 아프지 않은 사람들의 비교, 망고를 먹은 사람과 먹지 않은 사람의 비교 등- 을 이용하였다. 이러한 연구방식은 또 다른 연구방식들이 필요했고, 또한 이러한 연구방식들의 어떤 것도 대안적 가설들을 시험하지 않은 채로 남겨두었기 때문에 가설 시험을 위한 빈약한 근거만 제공했을 뿐이다. 예를 들어, 망고를 먹은 것이 소화불량 현상보다 시간상으로 선행했는가 혹은 뒤이었는가에 초점을 둔 조사는 다른 요인들의 가능한 소화불량 작용에 대해서는 전혀 증거를 제공하지 않기 때문이다.

실험적 설계(experimental design)는 여러 종류의 증거들을 동시에 수집 가능케 함으로써 더 큰 확실성과 더 큰 효율성을 제공한다. 망고와 소화불량 사이의 관계에 관한 가설의 실험적 시험에서, 연구자는 실험기간 동안 실험 대상자들(subjects)에게는 망고를 먹도록 하고 비교 대상자들(comparable subjects)에게는 망고를 먹지 않도록 할 것이다. 다시 말해, 연구자는 대상자들이 서로 다른 "처리(treatment)"들에 배정(assignment)되도록 선정(selection)하고, 한 처리에서는 대상들을 가정된 원인 변수에 노출하고 다른 처리에서는 대상들을 가정된 원인변수에 노출시키지 않을 것이다. 이러한 처리를 전문적으로는 "독립 변수의 조작(manipulating the independent variable)"이라고 한다. 연구자는 망고를 먹기 전에 두 집단이 우연(by chance)에 의해 달라지는 것 외에는 집단 사이에 차이가 없음을 확실히 하는 방법으로 실험대상들을 서로 다른 집단들에 배정할 것이다. 한 집단이 망고를 먹고 다른 집단이 망고를 먹지 않은 후 두 집단에서 발생한 소화불량 결과의 비교는 망고를 먹는 것과 소화불량 현상이 같이 변하는지에 대한 증거를 제공할 것이다. 망고를 먹은 시간과 소화불량의 발생 시작 시각을 주의 깊게 기록함으로써, 연구자는 어떤 변수가 시간상으로 먼저 왔는지에 대한 정보를 얻을 수 있다. 망고를 먹기 전 두 집단을 균등하게 하는 것은 두 집단이 망고를 먹기 전에는 소화불량의 조건에서 차이가 없다는 것 뿐만 아니라[21] 그들이 뒤이은 소화불량의 발생 차이를 유발할 수 있는 어떤 다른 조건들에서도 차이가 없음을 보장한다.

게다가, 실험자는 망고를 먹거나 먹지 않은 것 외의 다른 실험 중 경험들이 소화불량의 발생에 영향을 미칠 가능성을 방어하기 위해 "실험 통제"를 할 수 있다. 예를 들

21) 이 실험방법은 두 변수 사이의 시간적 선후관계에 대한 증거를 제공함에도 기여한다.

어, 모든 실험 대상들로 하여금 동일한 음식을 먹게 할 수 있다. 또한, 실험에 특정한 기타 원인 요인(specific alternative causal factors)에 대한 가정을 시험하기 위한 조건을 실험에 포함할 수 있다. 예를 들어, 실험자는 어떤 대상들에게는 스프레이를 하지 않은 망고를 먹게 하고, 다른 대상들에게는 스프레이를 뿌린 망고를 먹게 하고, 또 다른 대상들에게는 스프레이를 분무한 다른 과일(예: 사과 또는 오렌지)을 먹게 하는 등을 함으로써 망고에 사용된 스프레이의 효과에 관한 가설을 동시에 시험할 수 있다. 이렇게 함으로써 실험자는 하나의 연구에서 인과 관계의 추론을 위한 토대를 제공하는 데 필요한 세 가지 종류의 증거를 얻을 수 있다.

실험이 가능할 때, 실험은 한 변수 X가 다른 변수 Y에 인과적으로 영향을 미친다는 가설을 시험하는 가장 효과적인 방법이다. 인과관계에 관한 많은 의문이 실험 연구로 쉽게 해소될 수 있다. 예를 들어, 행동을 변화시키는 방법으로 집단 토의를 통한 결정 방식 대 강의 듣기 방식의 상대적 효과성에 관심이 있는 연구자는 다수의 개인 또는 집단이 특정한 이슈를 토의하고 그것에 대해 결정을 하는 상황과 비슷한 수의 개인들이 그 주제에 관해 팸플릿을 읽거나 강의를 듣는 상황을 설정할 수 있다. 이와 유사하게, 잠재의식(subliminal)의 자극이 뒤이은 의식 내의(supraliminal) 인식에 대해 미치는 영향은 실험대상을 특정 자극에 노출함으로써 조사될 수 있다. 제품 평가에 대한 포장의 효과는 한 표본의 사람들에게 특정 포장을 한 제품을 주고, 비슷한 크기의 다른 표본의 사람들에게는 같은 제품을 다른 포장에 싸서 줌으로써 시험 될 수 있다. 이런 경우에는 연구자 자신이 독립변수를 조작한다.

그러나 윤리적 문제들에는 실험자가 독립변수를 조작하거나 실험대상을 다른 처리에 배정하는 것이 가능하지 않다. 한 사람이 여러 가지로 다른 어린이 양육방법들이 어린이의 인격구조에 미치는 영향을 연구하고자 한다고 해보자. 그 사람이 어떤 어린이들을 한 가지 방식으로 그리고 다른 어린이들은 다른 방식으로 양육되도록 배정할 가능성은 거의 없다.[22] 연구자는 다른 방식으로 자란 어린이들을 찾아 그들의 성격을 평가함으로써 연구를 진행해야 한다. 만일 상관관계를 발견한다면, 그는 동반적 변화의 증거를 확보한 것이다. 어린이 양육훈련(X)이 인격구조(Y)의 원인이라고 추정할 토대

22) 아동보호기관에 있는 어린이들의 경우에는 이런 종류의 실험을 할 수 있을지 모른다, 그러나 그의 조사 결과는 가정에 있는 어린이들에게는 일반화를 할 수 없다.

를 제공하기 위해, 그는 Y가 X에 선행하지 않았고 다른 가능한 요인들이 결정적 요인들이 아니라는 증거를 수집해야만 한다. 보통, 이런 종류의 증거는 실험으로 제공되는 증거들보다 설득력이 더 약하다.

개인 속성(개인이 처한 상황보다)의 효과에 관한 가설은 연구자에 의한 "독립 변수"의 조작이라는 측면에서 볼 때 실험 조사에 적합하지 못하다. 배가 고픈 사람들이 모호한 그림을 음식으로 해석할 가능성이 배가 고프지 않은 사람들보다 클 것이라는 가설은 실험적으로 검증할 수 있다. 배고픈 정도는 실험대상이 그림을 보기 전에 단식 시간의 길이를 명시함으로써 상당히 잘 통제될 수 있다. 그러나 개인들의 많은 속성은 이런 식으로 조작될 수 없다. 예를 들어 다음과 같은 가설에는 조작할 수 없는 속성이 관련되어 있다. 두뇌 손상은 추상적으로 생각할 수 있는 능력을 저해한다. 혹은 사람들은 그들 자신의 견해와 일관적인 메시지의 부분을 기억하고 반대되는 것을 잊어버리는 경향이 있다. 인간을 대상으로 하는 연구자는 두뇌의 일부를 파괴함으로써 고의적으로 두뇌 손상이라는 변수를 조작하지 않을 것이다. 대신에 그는 두뇌가 이미 손상된 샘플들을 찾아야만 한다. 그리고 그는 특정 견해를 특정 개인들에게 배정할 수도 없다. 사람들은 자신만의 견해를 가지고 있다. 연구자는 변수 그 자체의 직접적 조작에 의하지 않고 변수가 존재하거나 없거나, 강하거나, 약하거나 한 개개인들을 표본으로 선정함으로써 그가 원하는 독립변수의 차이를 얻을 수 있다. 즉, 그는 두뇌가 손상된 대상과 손상되지 않은 대상에게 같은 과제를 제시하거나, 다른 견해를 가진 사람들에게 같은 구절을 읽도록 요청하는 등의 실험을 할 수 있게 된다.

두뇌손상처럼 실험으로 생성되지 않은 사람의 속성(X)이 가지는 것으로 추정된 영향(Y)에 대한 가설시험의 논리는 다른 비실험적 연구에서의 가설 시험의 논리와 본질적으로 같다. 비실험적 연구 설계는 추정된 원인요인과 관련된 다른 요인들에 의해 만들어진 영향의 가능성을 사전에 확신을 하고 배제하도록 허용하지 않는다. 그러므로 추정된 원인 요인과 연관된 다른 요인들이 관찰된 효과를 생성했을지도 모르는 가능성을 사후에(즉, 추정된 원인 변수가 이미 일어난 후) 제거할 필요에 직면하게 된다. 예를 들어, 우리가 두뇌 손상이 있는 환자와 두뇌 손상이 없는 환자에게 시험을 치르게 하면, 그들의 시험 성적의 차이는 두뇌 손상의 영향 또는 다른 질병과 관련된 불안의 차이, 다른 종류의 사회경제적 변수들(예컨대, 두뇌 손상은 특정 종류의 직업에서 더 빈번하게 일어난다)과 관련된 차이 등을 반영할지도 모른다. 만일 우리가 두뇌 손상을 마음대로 만들어 낸다면(하등동물 실험의 경우처럼), 우리는 실험결과의 차이가 다른 요인들에 의해 설명될 가능성이 사전에 제거되는 방식으로 사람들을 "두뇌가 손상된" 처리 혹은 "두뇌가 손상되지 않은" 처리로 배정할 수 있다. 그렇다면 우리는 두 집단을 질병의 종류, 불안감 정도, 직업의 다양성 등에서는 차이가 없는 방식(other things being equal)으로 대상들을 "두뇌가 손상된" 그리고 "두뇌가 손상되지 않은" 집단으로 대상들을 배정하여 불안과 사회경제적 변수와 같은 이미 알려진 가능한 대안적 설명요인들의 영향을 배제할 수 있다. 게다가, 이상적인 실험에서는, 미리 생각하지 못했을지도 모르는 대안적 설명요인들을 제거할 수 있다. 예를 들어, 연구자는 "두뇌 손상"에 의한 추정된 차이가 성 혹은 연령 차이에 의한 것일 수도 있다는 가능성을 미리 고려하지 못할 수도 있다. 이런 경우라 할지라도, 연구자가 실험적으로 "두뇌가 손상된" 그리고 "두뇌가 손상되지 않은" 조건들을 만들어 내고 대상들을 처리에 무작위로 배정(random assignment)한다면, 두 처리 속의 대상자들은 우연에 의한 것 외에는 성 혹은 연령 분포가 다르지 않아야 한다. 그러므로 실험적으로 만들어진 조건에 대상을 무작위로 배정하는 것은 이들이 사전에 고려된 것이든 아니든 이들 대안적 설명들을 자동으로 제거하게 될 것이다. 그러나 명백하게 연구자들은 두뇌 손상의 영향에 대한 더 특정한 지식을 얻으려는 관심에서 인간에게 두뇌 손상을 가하지는 않을 것이다. 대신, 그들은 다른 변수의 가능한 영향을 배제하기 위한 대체적 방법을 찾는 일에 집중할 것이다.

2) 추론의 타당성

평가연구가 아무리 주의 깊게 통제되었다고 해도, 이끌어 낼 수 있는 추론의 타당성을 완전히 확신하는 방법은 없다. 예를 들어, 연구에서 고려하지 않은 어떤 요인의 영향을 나중의 연구가 밝혀내거나 아니면 수집한 증거가 조사 중인 가설에 필수적인 것이 아니었거나 -다시 말해, 조작적 정의가 가설을 구성하는 개념에 대하여 적절한 지표를 제공하지 않았다-, 아니면 연구절차가 추론하기 위한 논리적 요건을 충족하지 않았을 가능성은 언제나 있다. 어떤 요인들이 통제되어야 하는지에 대한 지식이 거의 없고, 여러 가지의 관련 요인들(개인성격 혹은 실험상황 외의 일생의 사건들과 같은)을 통제하기 어렵거나 불가능한 사회과학에서는 이들 가능성이 항상 존재한다. 그러나 이 가능성은 물리학, 특히 지식의 최첨단 영역에도 적용된다.

이런 그릇된 추론 가능성은 실험 결과를 다른 학문분야 지식의 맥락에서 평가하는 것을 필요하게 만든다. 하나의 연구결과에 대한 확신은 그 연구 신뢰성에 대한 통계적 증거 -예를 들어, X와 X'의 영향이 통계적으로 유의하게 다르다는 것- 뿐만 아니라, 상당히 신뢰하는 다른 "사실들"의 해석과 일치하는 해석이라는 추가적 증거를 요구한다. 이것이 사건들 사이의 인과 관계 검증에서 신뢰의 수립이 연구의 반복과 결과를 다른 연구들에 연결하게 하는 것을 요구하는 이유이다.

실험에서의 인과추론과 평가의 타당성

실험의 기본적 개요는 간단하다. "실험" 집단은 추정된 원인(혹은 독립변수)에 노출되는 반면 "통제" 집단은 노출되지 않는다. 그리고 그 두 집단은 추정된 결과(혹은 종속 변수)의 측면에서 비교된다. 이 패턴은 인과관계에 관한 가설시험에 관련된 세 가지 종류의 주요 증거를 수집할 수 있게 한다. (1) 동반적 변화의 증거 – 즉, 원인 변수와 종속 변수는 연관되어 있다 (2) 종속변수가 원인변수 이전에 일어나지 않았다는 증거 그리고 (3) 종속 변수의 가능한 결정 조건으로서 다른 요인들을 배제하는 증거들이다.

첫 번째 종류의 증거인 동반적 변화는 실험에서 매우 간단하게 제공된다. 연구자는 어떤 대상들이 추정된 원인 변수(X)에 노출되었는지 알고 있다 그는 추정된 종속 변수(Y)의 면에서 모든 대상을 측정한다. 그리고 그는 Y가 X에 노출되지 않은 대상들 사이에서보다 X에 노출된 대상들 사이에서 더 빈번하게 일어나는지, 아니면 X에 노출된 대상들이 노출되지 않은 대상들보다 더 많은 양의 Y를 보이는지, 아니면 그의 가설에 의해 예측된 X와 Y 사이의 모든 특정 관계를 결정한다. 예를 들어, 한 연구자가 중학교 2학년 일반과학 학급에서 TV로 방영된 교수 프로그램의 사용이 전통적인 교수 방법보다 더 많은 정보의 획득으로 이끌어간다는 가설을 시험한다고 가정해 보자. 그는 어떤 반(X, TV 프로그램에 노출된 실험집단)에서는 TV의 사용을 위한 준비를 할 것이고 다른 반(X에 노출되지 않은 통제집단)에서는 TV 교육을 하지 않을 것이다. 그 학기 말에, 연구자는 일반과학 정보 시험에 대한 실험집단과 통제집단의 점수를 비교할 것이다. 만일 TV가 사용된 학급의 어린이들이 보통 학급에 있는 어린이들보다 평균적으로 더 높은 점수를 얻으면, 그 연구자는 TV로 방영된 교수 프로그램과 그 내용에 관한 정보가 관련되어 있다는 증거를 갖게 될 것이다.

두 번째 종류에 대한 증거-추정된 결과가 추정된 원인 이전에 일어나지 않았다는 것-는 다음 두 가지 방법의 하나 혹은 둘 다에 의해 확보된다. 독립 변수에 노출되기 전 실험집단과 통제집단이 종속변수의 관점에서 다르지 않았다는 것을 합당하게 가정할 수 있는 방식으로 실험집단과 통제집단을 설정함으로써 아니면 독립변수에 노출되기 전 종속변수에 대한 그들의 입장을 측정함으로써 확보된다. TV 교육의 예에서, 연구자는 그 과목을 수강하기 전 일반 과학 정보에서 실험집단과 통제집단이 유사했다고 합당하게 가정할 수 있는 방식으로 TV 처리와 비 TV 처리를 학급들에 배정할 수 있거나 아니면 둘 다를 할 수 있다.[23] 만일 Y가 X가 일어나기 전에 일어났다면 X가 Y의 원인이라고 생각될 수 없다는 요건은 TV 가설과 같은 가설의 경우에 학생들이 일반 과학에 대한 사전지식이 없어야 한다는 것을 의미하지 않는다. 그 가설이 TV 사용이 전통적인 교수 방법보다 더 많은 정보의 획득으로 이끌어간다는 것이기 때문에, 필요한 것은 그 과목을 시작하기 전 실험집단이 통제집단보다 더 많은 정보를 갖고 있지 말아야 한다는 것이다.

세 번째 종류의 증거-가능한 결정적 조건으로서의 다른 요인들을 배제하는 것-은 몇 가지 방법으로 확보할 수 있을 것이다. 이를 위해서는 다음과 같은 다양한 요인들이 가능한 결정적 조건으로서 고려되어야 한다. (1) 과거에 일어났던 요인들 혹은 대상들의 비교적 오래 지속되는 특성들, (2) 실험적 변수에 노출되는 것 이외의 동시에 발생하는 사건들, (2) 성숙 과정상의 혹은 발달적 변화, 그리고 (4) 측정과정 그 자체의 영향 등이 그 예이다. 이들 요인이 제대로 고려되지 않을 경우 평가적 추론의 타당성은 저해된다. 인과관계에 관한 두 번째 조건의 경우와 마찬가지로 가능한 결정적 조건으로서 각 종류의 요인을 배제하기에 적절한 연구방법론적 절차들이 적용되어야 한다.

23) 실험집단과 통제집단을 유사하게 하는 다양한 절차와 그 절차들의 장점들과 한계들은 따로 정리해 둘 필요가 있다.

연구 주제

1. 기타 원인을 잘 설명해 주는 사례를 조사하여 설명하여 보시오.
   - 마약중독자의 중독원인.
   - 수입 망고를 먹는 것과 소화불량과의 관계.
   - 교육여건과 학업성취도의 관계.
   - 소득, 학력, 지능, 노력의 관계.

2. 정책연구의 설계에서 기타 원인들이 어떻게 취급될 수 있는지에 대하여 설명하라.

3. 소득에 영향을 미치는 요인들로서 학력, 직업, 노력, 연령, 지능, 건강, 성격, 가문, 운 등을 들 수 있다. 이들 요인으로서 허위변수와 혼란변수, 매개변수와 조절변수를 정하여 설명하여 보라.

참고자료 2-2 정책분석의 사회과학 방법론적 접근

우리나라에 있어 정책문제에 대한 정책분석의 질과 정책권고의 질이 만족스럽지 못한 주요한 이유는 정책전문가들이 정책분석을 수행함에 있어 자신들에게 익숙한 부분적인 접근방법에만 의존하거나 분석가들이 사용하는 정책분석방법들의 한계에 대한 이해가 부족한데 기인한다. 만일 정책분석론에 대한 학문적 이해를 과학철학적 입장과 의사결정론적 입장에서 뿌리로부터 접근한다면 이에 대한 체계화와 합리적 정책논증이 가능해질 것이다. 본 장은 이러한 문제의식을 가지고 정책분석의 패러다임과 논리, 분석 틀 및 연구 접근방법에 대한 몇 가지 이슈들을 메타적 차원에서 검토하고 있다. 여기에서 다루고 있는 쟁점적 주제들로는 실증주의와 후기 실증주의 논쟁, 부분과 전체에 대한 과학철학적 이해, 합리주의와 도구주의의 긴장관계, 정책분석론의 틀과 학문적 뿌리에 대한 검토, 정책분석의 연구전략, 정책분석을 위한 계량적 접근방법과 질적 접근방법의 의의 등이다. 다양한 관점과 방법 중에서 신중하게 선택된 분석방법의 사용은 정책분석의 질을 높이기 때문에 분석을 위한 접근방법과 기법들의 선택이 단순하게 기계적으로 결정되어서는 안 된다. 훌륭한 정책분석을 위해서는 정책분석의 패러다임과 접근방법에 대한 또는 사회과학 방법론적 또는 과학철학적 접근이 필수적이다.

1. 머리말

정책분석에 관한 과학적 접근방법이 정책학 전 분야에서 차지하는 중요성은 아무리 강조해도 지나치지 않는다. 현대 정책학과 정책분석론이 우리나라에 소개되고 연구되어 온 지 30여 년이 지났다. 그러나 정책분석을 연구하고 가르치는 학자들조차 정책문제의 분석에 어떻게 접근하여야 할지는 서로 통일된 입장도 없고 이에 대한 진지한 논의도 없이 각자의 연구에만 매달려 왔다고 생각된다. 필자가 이렇게 생각하게 된 이유는 크게 두 가지이다. 첫째, 정책분석론 교재들이 다루고 있는 내용과 소개된 분석 기법들이 학자들의 학문적 배경에 따라 차이가 크다. 둘째, 1980년대 이후만 보더라도 엄청난 사회적 변화를 경험하여 온 우리나라에 있어 중대한 사회문제들에 대한 다양한 정책대안들이 정책분석가들에 의하여 제시되고 실행됐지만 사회문제를 효과적으로 해결해 주지 못한 경우가 훨씬 많았다고 생각하기 때문이다. 최근의 정책사례만 보더라도 점차 심각한 상황으로 치닫고 있는 경제성장 정책과 분배정책 간의 결말 없는 지속적 갈등, 청년실업 문제나, 핵폐기물 부지선정문제 등에 대해서는 정책분석가들이 실종된 듯하다. 동일한 개념을 서로 다른 용어로 사용하거나, 동일한 용어를 서로 다른 의미로 사용하게 되면 합리적 토론이 불가능하듯이 정책분석론에 대한 부분적 접근방법 또는 서로 다른 접근방법에 천착하고 있는 학자들끼리의 정책논쟁도 역시 혼란의 늪에서 헤어날 수 없다.

그러나 정책분석론에 대한 학문적 이해를 과학철학적 입장과 의사결정론적 입장에서 뿌리로부터 접근한다면 이에 대한 체계화와 합리적 정책 논증이 가능해질 것이다. 이 주제는 이러한 문제의식과 목적을 가지고 정책분석의 패러다임과 논리, 분석 틀 및 연구 접근방법에 대한 몇 가지 이슈들을 메타적[24]차원에서 다룬다. 실증주의와 후기실증주의 논쟁, 부분과 전체에 대한 과학철학적 이해, 합리주의와 도구주의의 긴장관계, 정책분석의 틀과 학문적 뿌리에 대한 검토, 정책분석의 연구전략, 정책분석을 위한 계량적 접근방법과 질적 접근방법의 차이와 그 의의 등이 이 절에서 다루고 있는 주제들이다.

2. 정책분석의 패러다임

1) 패러다임의 변화

패러다임은 서로 다른 존재론적 가정(ontological assumption)과 인식론적 가정(epistemological assumption)을 택하는 접근방법이나 관점을 의미한다. 과학철학에서는 패러다임을 사고의 패턴 또는 일반적으로 인정된 일련의 기본적 가정들로서 정의하고 있으며, 따라서 패러다임은 특정 학문분야에서 연구수행의 정상적 방법에 대한 기준이 된다(Mautner, 2000: 408). 패러다임의 변화와 발전은 연구관점의 변화, 근본적

24) 접두사 메타(meta)는 after, among, behind, beyond, change, with 등의 다양한 의미로 결합어와 함께 문맥에 따라 적절히 사용된다. 본 연구에서는 패러다임 또는 접근방법과 함께 결합하여 “기초적” 또는 “근본적”인 의미로 사용한다. 최근의 문화예술계에서는 meta를 “변화” 또는 “...를 넘어서(beyond)”의 초월적 의미로 사용하는 경향이 많다. 기본적 접근과 초월적 접근사이에 긴밀한 관계가 있음을 알 수 있다.

가정의 변화, 또는 새로운 접근방법의 탄생으로부터 시작된다. 자연과학뿐만 아니라 사회과학의 발달사를 보더라도 기존 학문을 구성하는 이론체계의 변화와 발전의 역사는 곧 패러다임의 변화 역사이다. 이러한 점은 예술분야나 철학의 역사에서도 동일하다.

사회과학자들은 패러다임을 종종 접근방법과 같은 의미로 사용하기도 한다. 연구의 대상과 연구의 목적에 차이가 있는 실증적, 규범적, 처방적 접근방법도 서로 다른 패러다임으로 볼 수 있다. 실증주의와 후기 실증주의도 접근방법이 다르기 때문에 서로 다른 패러다임으로 구분된다. 한편, 연구대상의 차이에 기인한 행태주의와 제도주의의 구분 역시 서로 다른 패러다임으로 볼 수 있다. 그러나 무엇보다도 이론체계의 근거가 되는 기본적 가정의 변화야말로 진정한 패러다임의 변화를 가져온다. 자연과학의 발전은 잘못된 가정의 바로잡기에서 비롯되었다고 할 수 있다. 천동설에 대한 코페르니쿠스의 지동설, 창조론에 대한 C. Darwin의 진화론, 정상적 인간에 대한 프로이드의 정신분석학적 병리적 인간성의 인식은 인류 정신사의 가장 획기적인 변화를 초래한 3대 인식론적 혁명이다. 사회과학에서도 인간의 본질 또는 인간의 특질에 대한 기본적 인식과 그에 따른 학문적 가정의 변화는 패러다임의 변화를 가져왔다. 경영학과 행정학의 X-Y-Z 이론, 인간의 완전 합리성 가정에 대한 제한적 합리성을 주장한 H. A. Simon의 의사결정론이 그 예들이다.

사회과학의 이론들은 설명하고자 하는 사회적 현상들의 유형과 범위에 따라서, 그리고 이론적 통찰력과 가설들을 도출하는데 사용되는 기본적 방법들에 따라 달리 구분된다. 즉 사회과학은 분석수준(level of analysis), 분석방법(method of analysis) 및 분석단위(unit of analysis)에 따라 구분 된다(Almond and Genco, 1977). 분석의 수준은 설명하고자 하는 사회적 현상의 규모에 따라 일반적 또는 거시수준(general or macro level), 중범위 수준(meso level), 미시 수준(micro level)으로 구분된다.

분석의 단위(unit of analysis)와 분석의 수준(level of analysis)의 개념이 서로 잘 정리되지 않은 채 사용될 우려가 있기 때문에 여기에서는 좀 자세히 다룬다. 분석의 단위는 연구자가 수집하는 자료의 대상으로, 개인, 국가, 제도, 사회운동 등이 예이다. 일반적으로는 모형 내의 독립변수의 단위이지만 현상을 측정할 목적의 통계조사 경우에는 자료수집의 대상이 되는 관심 현상이 분석의 단위이다. 분석의 수준은 미시적 분석수준, 중범위 수준 분석 및 거시적 분석수준의 세 가지로 구분하는 것이 보통이며, 이 경우 분석의 수준은 독립변수(설명변수)의 자료적 수준을 의미한다. 때로는 개인적 분석수준과 체계적 분석수준으로 구분하는 학자도 있지만, 이는 별로 중요한 구분은 못 된다. 미시적 분석은 인적 특성에 초점을 둔 분석이며, 거시적 분석은 집단적 특성에 초점을 둔 분석이다. 정치학을 예로 들면 미시이론가들은 정치현상을 '비구조적인 행위자들(structureless agents)'에 의해 설명할 수 있다는 태도를 보이고, 거시이론가들은 정치현상이 '비행위자적 구조(agentless structures)'의 끊임없는 과정에 의해 형성된다고 믿고 있다. 경제학에서 사용되는 거시분석과 미시분석의 구분도 분석의 수준과 관련된 개념이기 때문에 사용되는 자료의 수준에 따라 구분된다. 경제현상을 거시체계를 구성하는 미시적 단위(부분: 소비자, 생산자 등)로 설명하고자 하면 미시분석에 해당한다. 경제현상의 결정요인으로 거시적 변수(경제 불황, 인플레이션율, 이자율 등)를 다루면 거시분석이다. 일반적으로 개개인의 학자들이 수행하는 연구는 대부분 미시분석 수준이다. 학자들이 미시적 수준의 연구를 수행하는 경향이 많은 주된 이유는 개인적 연구자들은 거시적 자료를 확보하기 어렵기 때문이다.

마찬가지로 사회과학의 이론들은 분석의 방법에 따라 달리 구분되기도 한다. 분석방법에는 연역적(deductive) 분석방법과 귀납적(inductive) 분석방법의 두 가지가 있다. 연역적 방법은 일반적 가정, 전제와 개념 또는 원칙에 근거하여 특정 현상을 설명하는 방식이다. 반면에 귀납적 방법은 경험적 현상들에 대한 조심스러운 관찰에 근거한 일반론의 개발과 이렇게 구성된 일반론을 다른 경험적 사례들에 대비하여 검증하는 과정을 거치는 방식이다. 분석의 단위와 관련해서는 사회과학의 이론들이 종속변수인 사회적 현상에 영향을 주는 독립변수로서 개인, 집단 또는 제도를 포함한 사회적 구조에 분석의 초점(focus)을 맞춘다. 이론 구성의 세 가지 변수의 조합을 하면 총 18가지의 이론적 유형으로 구분 가능하다.

<표 2-6>은 분석의 수준을 중범위 이론 하나에 고정하여 정치·경제적 현상을 연구하는 접근방법들을 분류한 표이다. 정책분석학을 넓은 의미로 해석하여 정책학과 동일시할 경우 <표 2-6>은 정책분석의 접근방법 또는 패러다임의 예로도 볼 수 있다.

표 2-6 정치·경제적 현상 연구의 일반적 접근방법과 이론적 예

구분 기준		이론 구성의 방법	
		연역(deductive)	귀납(inductive)
분석 단위	개인	합리적 선택이론(공공선택론)	사회학적 개인주의(후생경제학)
	집단	계층분석(마르크스 주의)	집단이론(다원주의/조합주의)
	구조	행위자 중심적 제도주의(거래비용이론)	신제도주의(국가론)

* 출처: M. Howlett & M. Ramesh(2003), p. 22, Figure 2.1.

한편, 정책분석론을 좁은 의미로 해석하여 의사결정론과 유사한 학문으로 간주하면 그 패러다임은 곧 의사결정론의 패러다임과 같다. 의사결정론적 패러다임의 예로는 후생경제학, 체계이론(system theory), 사이버네틱스 모형(cybernetics model), 관리과학(management science) 등을 들 수 있다. 후생경제학은 한계분석(marginal analysis)을 주로 하는 경제적 의사결정 모형 또는 경제분석적 접근법을 제공한다. 관리과학적 관점은 운영연구(OR), 체계분석 등 정책학의 발달과정에 많은 기여를 한 경영학적 학문분야이다. 정책분석학이 다학문적 접근방법을 선택하는 주요 이유는 다른 학문분야의 다양한 관점과 아이디어들을 적절히 적용함으로써 연구관심 대상에 대하여 보다 잘 이해하고 설명할 수 있는 장점이 있기 때문이다.

2) 환원주의와 전체주의: 부분과 전체에 관한 과학철학적 이해

분석(analysis)은 희랍어로 분해(taking part, decomposition)의 의미를 가지고 있다. 분석은 전체를 그 구성요소들로 분리하여, 요소들 사이의 상호관계를 알아내는 과정이다. 철학에서 개념적 분석은 이론과 개념 또는 믿음을 그 구성요소 및 전제와 의미에 집중하여 설명하는 방식으로서 환원적 분석(reductive analysis)을 의미한다(Mautner, 2000: 18). 합리적-분석적 패러다임을 취하고 있는 정책분석도 기본적으로는 환원주의(reductionism)의 입장을 취하고 있다. 그러나 전체로서의 현상을 분해된 부분들로서 인식하고 이해할 수 있느냐에 대한 철학적 관점에는 환원주의에 반대 입장을 취하는 전체주의(holism)[25]가 있다. 환원주의와 전체주의는 모든 사회과학에서 가장 기초적

인 관점들이기 때문에 정책분석론의 이해와 발전을 위해서도 매우 중요하다.

방법론적 개체주의(methodological individualism)로도 불리는 환원주의는 복잡한 현상은 단순한 구성요소들로 분해함으로써 가장 잘 이해될 수 있다는 논리를 취하고 있다. 구성요소들을 점점 더 작은 요소들로 분해함으로써 복잡성은 해소되어 현상의 인과관계를 단순하고 쉽게 이해할 수 있고 문제를 해결할 수 있는 해결책도 분명해진다는 가정을 한다. 즉, 환원주의에 환원(reduce 또는 to bring back)의 목적은 X를 Y로 환원하여 X와 Y가 동일하다는 것을 설명 또는 증명하고자 함에 있다. 환원주의는 개체들만이 실질적이며, 개체들의 합인 전체(whole)는 개체들과 개체들 사이의 상호관계와 상호작용을 초월하여 독자적인 실재(reality)가 될 수 없다는 입장을 취한다. 즉, 부분의 합은 전체와 같다는 입장이다. 환원주의적 관점에 의하면 모든 자연질서는 일정한 법칙에 의해 움직이며, 이러한 법칙들은 수학적 체계에 의해 완전히 표현될 수 있다는 믿음을 가진다. 결국 모든 현상과 물질은 완전하게 분해되어 궁극적으로는 생물학과 화학 이론에 의하여 설명되고 예측될 수 있다고 본다. 이러한 일반적인 분석적-합리적 사고와 과학적 합리성에 대한 절대적 믿음은 환원주의적 관점에 기인한다.

그러나 사회현상은 자연계의 질량불변 법칙이나 에너지 불변의 법칙과는 다른 현상이다. 인간은 현상을 분해와 통합을 통하여 완전히 이해할 수 있는 경우와 그렇지 않은 경우가 있다. 인간의 지적 능력으로 완전히 분해할 수도 완전히 통합할 수도 없고, 따라서 이해하기 어려운 매우 복잡한 현상이 있다. 자유의지(free will)에 의한 인간의 의식작용, 마음, 정신 등이 대표적인 예이다. 인간이 현상을 완전히 분해할 수도 통합할 수도 없으므로 환원주의와는 다른 전체주의적 관점이 발생하였다. 전체주의는 전체를 구성하는 구성요소들과 구성요소들의 상호작용만으로는 전체에 대한 이해와 설명이 부적절하다는 태도를 보인다. 예를 들어 시계의 부품들과 부품들의 상호작용 설명만으로는 전체로서의 시계의 움직임에 대한 설명을 할 수 없다는 것이다(Mautner, 2000: 253). 인간의 행동도 마찬가지이다. 인간의 몸 전체가 앞으로 걸어가는 움직임 현상을 인체를 구성하는 각 부분의 개별적인 운동들로 분해하고 이들 각각 움직임의 합성을 통하여 완전히 이해, 설명할 수 있는가? 완전 분해가 가능하고, 완전합성이 가능하며, 부분들 사이의 상호작용에 대한 이해가 가능하다고 하더라도 인간의 마음과 자유의지

25) 환원주의에 대비되는 철학적 전체주의를 wholism으로 쓰는 것은 잘못된 표기이다.

에 대한 이해가 없이는 인간행위의 이해가 불가능하다(Pinker, 2002). 언어학을 예로 들어 보자 우리는 문장을 구성하는 단어들을 문장 전체로부터 분해해 낼 수 있지만 그들의 합성방식, 즉 문법구조를 모르거나 단어들 사이의 상호 관계를 모르면 문장에 대한 의미를 제대로 파악해낼 수 없다. 음악도 마찬가지이다. 작곡에 필요한 멜로디와 박자의 기본 수는 한정되어 있지만, 지금까지 작곡된 곡의 수는 엄청나며, 앞으로 작곡될 곡까지 포함하면 거의 무한대이다. 이처럼 구성요소들의 단순한 합성이 전체이며, 전체는 구성요소로 분해되어 이해될 수 있다는 환원주의에는 한계가 있다. 비록 적은 수의 구성요소들과 적은 수의 합성방식 또는 구조화의 방식에 의해 형성된 전체적 결과는 엄청나게 다양할 수 있기 때문에 전체적 현상을 부분만으로 설명할 수 있다는 환원주의적 접근은 한계가 있다. K. Popper(1998: 41)도 모차르트의 천재적인 작곡 G minor 심포니를 예로 들어 환원주의적 접근에 의한 예측의 한계를 지적하였다. 이러한 환원주의적 관점에 의한 과학적 결정론(scientific determinism)의 약점을 인식한 Popper(1998: 42)는 불확정성의 원리(indeterminism)를 주장하였다.[26)]

환원주의와 전체주의를 대비하여 논의하는 이유는 정책분석의 환원주의적 접근에 의한 한계를 지적하고자 함에 있다. 한편, 정책분석 과정에서 문제의 정의 단계와 대안 개발 단계에서의 실증주의적 접근의 한계와 이에 대한 대안으로 등장한 후기 실증주의에 대한 논의 역시 정책분석론의 메타적 접근에 필수적이다.

3) 실증주의와 후기실증주의

정책분석은 두 가지 성격을 가지고 있다. 연구적 성격에는 학문연구와 마찬가지로 더 객관적 분석이 되어야 함을 요청받고 있고, 정책 주창(advocacy)적 성격에 있어서는 가치가 고려된 공동체의 정책목표를 달성하는 실천적 분석이 되어야 함을 요청받고 있다. 실천적 차원에서 볼 때 여전히 많이 이용되는 정책분석의 주요한 이론적 기초는 후생경제학과 공공선택론이다. 그러나 이 두 이론체계는 모두 실증주의(positivism)적 접근방법을 취해 왔다. 사회과학 또는 정책분석에서 실증주의는 "자연과학의 교훈과 절차를 사회과학적 맥락에 적용함으로써 사회현상의 보편적 법칙과 그에 따른 행태를

26) 양자역학(quantum mechanics)에 기초를 두고 있는 불확정성은 철학에서 비결정론, 자유의지론 또는 예측 불가능성 등으로 사용되기도 한다.

발견하고 정리하고자 하는 시도"(deLeon, 1998)이다.

전통적 실증주의 즉, 객관적 패러다임(objective paradigm)은 특히 복잡한 문제의 분석에는 부적절하다고 주장되는 두 가지 주요한 이유가 있다. 첫째 이유는 실증주의 연구에서 취하는 가정과 변수들의 성격에 관한 것이다. 실증주의는 객관적 사실들만을 연구의 대상으로 삼도록 요청하기 때문에 연구에 설정된 가정들은 분석가의 관심을 소수 요인들에 한정시키게 된다. 즉, 이해와 분석이 어려운 환경적 또는 맥락적 변수들은 가정에 의해 고정되어 실제 고려되는 요인들은 맥락독립적(context -independent)인 방식으로 정의된다는 것이다. 두 번째 이유는 분석은 다양한 의견과 믿음과 입장과 신조와 규칙과 주장들 속에 존재하며, 정책분석가의 분석은 결과적으로 다양한 논증의 향연(argumentation carousal)을 반영한다는 인식이다. 이 인식은 정책과정에 광범위한 참여가 중요하고, 사실 뿐만 아니라 그 이상의 것이 고려되어야 할 필요가 있으며, 따라서 새로운 분석도구가 필요하다는 의미이다.

도구주의(instrumentalism)는 논리 실증주의의 이러한 한계와 문제점을 일찍부터 인식한 존 듀이(John Dewey)에 의하여 제시되었다. 듀이(1948: 102-102)는 지식은 경험에 조건 지워짐을 인식하고, 인간의 문제를 해결하기 위한 실현 가능하고 바람직한 대안의 접근 수단으로서의 실험을 강조함으로써 분석에 대한 낙관적 입장을 보였다. "도구주의는 과거와 제도를 존중하는 사람들과 더욱 자유롭고 행복한 미래를 만드는데 관심이 있는 사람들을 협력할 수 있게 한다. 왜냐하면, 도구주의는 과거의 경험과 미래를 위하여 고심하는 지성을 서로 효과적으로 상호작용할 수 있는 조건들을 결정하기 때문이다. 그것은 사람들로 하여금 초경험적 권위에 대한 정신마비적(paralyzing) 숭배와 현존하는 모든 사물의 역겨운(offensive) 합리화에 빠짐이 없이 이성의 주장(claims of reason)을 존중하게 하기 때문이다."

피셔(Fisher, 1995)는 후기 실증주의(post-positivism)에 대하여 "사회학과 정치학 이론의 발견물들을 근대 과학의 엄밀성과 결합하고자 하는 최근의 사회과학 학파이다. 후기 실증주의는 규범과 가치에 관한 해석적이고 철학적 지식을 과학적 지식과 결합시키고자 한다"고 지적하고 있다. 후기 실증주의 학파는 사회현상의 분석에서 주관성(subjectivity)과 규범과 가치의 포함을 받아들인다. 울프(Wolf, 1999: 8)에 의하면 후기 실증주의적 접근방법은 "모든 실재는 정신적 구성물(all reality is mentally constructed)"이며 모든 행동과 행태는 맥락적으로 결정된다는 가정에 근거하고 있다. 따라서 인과관계에 관한 보편적 법칙은 없으며, 관찰자(the observer)와 피관찰 대상(the observed)은 함께 관찰자가 묘사 또는 분석하는 실재를 창조한다고 본다. 마존(Majone, 1989)에 의하면 분석가는 논거(argument)[27]를 창조하며 이해관계자들과 일반 대중을 포함하는 설득적 토의에 참여한다고 한다. 기타 후기 실증주의 학파의 주요 이론들로는 제닝스(Jennings, 1987)의 전통적인 "해석적 분석," 발포아와 메사로(Balfour and Mesaros, 1994)의 "해석학(hermeneutics)," 하몬(Harmon, 1989)의 "행동이론(action theory)"과 "비판이론(critical theory)" 등이 있다.

정책분석론에서도 사회과학의 다른 분야에서와 마찬가지로 후기실증주의는 논쟁의 대상이다. 후기실증주의를 옹호하는 학자들은 실증주의적 가정에 입각한 분석의 결과는 질이 낮은 정책권고를 산출한다고 주장한다. 실증주의에 비판적인 학자들은 실재(reality)는 일련의 의사결정이며, 그 이유는 인간의 행태는 처음부터 올바로 잡는 것이 불가능하거나 무한하게 올바른 행태를 계속 유지해나가는 것이 불가능하기 때문이라고 주장한다(Brunner, 1997: 205). 한편 롤로(Lawlor, 1996: 110-121)는 극단적인 후기실증주의자들의 주장을 "애매모호함과 상대주의와 자기 의심의 늪 속에서... 정책분석에 있어 문제를 해결하기보다는 더 많은 문제를 낳는다"고 비판하면서도 정책분석은 전통적 분석도구의 적용이 가능한 설득적 논증의 한 유형(a form of persuasive argumentation)임을 인정함으로써 후기 실증주의의 학문적 공헌을 높이 평가한다.

4) 합리주의의 한계

현대적 정책분석 이론에서 미해결된 문제 중 하나가 합리주의(rationalism) 철학과 도구주의(instrumentalism) 철학 사이의 오래되고 팽팽한 긴장관계이다. 합리주의는 인간의 理性을 신뢰하고 이성에 의존하여 세계의 질서와 논리를 이해하고자 하는 사상이다. 스피노자, 데카르트와 그 비판자인 로크가 대표적인 합리주의 철학자들이다. 합리

27) argument는 주장의 근거가 되는 논거 또는 논증을 의미한다. 즉, 자신의 견해 또는 주장이 옳다는 것을 다른 사람들에게 확신시키기 위하여 이용된 일련의 진술(a set of statements)을 의미한다. 철학이나 논리학에서는 증명을 의미하며 이론, 가설, 모형에서는 종속변수를 설명하는 독립변수, 원인변수가 논거가 된다.

주의 철학과 궤를 같이하는 최근의 실증주의는 타당한 탐구(valid inquiry)는 과학적 방법만을 충실히 따라야 한다는 논리적 전제를 하고 있다. 합리주의와 실증주의는 실용적인 입장에 서 있는 정책학의 분석이론과 방법론에 지대한 영향을 미쳤다. 한편, 세계의 전제된 기본적 질서를 부인하는 비합리주의는 인간 이성의 이해능력을 의심하며, 과학적 분석작업에 극명하게 반대되는 견해와 전망을 제시한다. 실존주의 철학자들(existentialists)이 이에 해당한다. 정책분석의 방법론과 관련하여 서로 대립적인 두 철학의 어느 한 편을 지지하기보다는 보다 실용적이고 절충적인 입장을 취하는 것이 낫다.

전통적인 정책분석은 가치 또는 윤리 중립적인 의사결정을 위하여 경제학, 통계학, 의사결정론, 관리과학 등에 기초한 선택의 논리(logic of choice), 즉 논리 실증주의적 방법론을 규범적인 것으로 신뢰했다. 그러나 선택의 논리는 이전 단계인 목표의 설정과 선택에 따른 비용편익의 성격에 관한 합의에도 영향을 받는다. 선택을 위한 논리의 힘은 과학적 문제 이해의 정도에도 의존한다. 과학적 문제의 이해는 목표-수단의 관계를 탐색 가능하게 하고 아주 중요한 대안들을 식별 가능하게 한다(Nelson, 1974:380-381). 목표의 사전적 설정과 합의는 정책 전 과정에 걸쳐 추구되는 중요한 단계이며, 특히 문제의 정의와 대안 평가단계에 매우 중요하게 다루어지는 핵심적 과업이다. 적절한 이론과 기초적인 자료 없이는 합리적이고 과학적인 방법은 한계가 있다. 즉, 정책분석에서 합리적이고 과학적인 방법이 제 기능을 제대로 발휘하기 위해서는 적절한 이론과 실증적인 자료가 충분하게 뒷받침되어야 한다.

3. 정책분석의 연구논리와 연구방법

1) 정책분석의 네 가지 연구전략

방법론의 한계와 연구전략 이해의 필요성

오늘날 다양하게 이루어지고 있는 수많은 과학적 접근과 연구들도 실제로는 서로 관련이 많은 방법론에 의존하고 있다. 이들 중 논리학과 통계학과 대수학(calculus)이 과학적 연구에 이용되는 대표적인 세 가지 방법론이다. 그러나 이러한 각각의 방법론들이 정책문제를 올바로 분석해내는 필요조건이나 충분조건은 아니다. 연구기법에 치중하여 과학적 방법론을 이해하는 것보다 연구전략과 연구논리에 대한 근본적 이해가 더욱 중요하다.

<표 2-7>에 제시된 네 가지 연구 전략은 각자의 철학적-이론적 기초가 있으며, 실재의 본질(the nature of reality)에 관한 존재론적 가정들(ontological assumptions)과 어떻게 실재를 아는가에 대한 인식론적 가정들(epistemological assumptions)을 지니고 있다. 과학은 정당화 과정만큼이나 발견의 과정에도 관심을 기울인다. 정당화의 과정에 사용되는 대표적인 논리가 연역법과 귀납법이다. 발견의 과정에 관심이 있는 논리는 귀류법과 회귀법이다. 연역논리의 논리적 귀결에는 동어 반복(tautology)의 한계가 있고, 실증주의와 환원주의에 근거한 귀납의 논리는 개개의 사실들만을 중시하기 때문에 부분과 전체의 관계를 인식해주지 못하는 한계가 있다. 후기실증주의는 이점을 잘 인식하고 있다.

네 가지 연구전략의 주요 특징들을 알아보자(Blaikie, 2000:10). 귀납적 전략은 자료들로부터 일반화를 시도한다. 연역적 전략은 이론으로부터 도출된 가설을 검증함으로써 이론을 검증한다. 회귀적 전략은 인과적 메커니즘 또는 구조를 제안하고 이의 존재여부를 확립하고자 시도한다. 귀류법은 연역법, 귀납법과 함께 추론의 세 가지 형태 중의 하나로서 미지의 수수께끼에 대한 설명을 제공할 수 있는 가설을 제안하는 과정이다. 따라서 귀류적 전략은 일상생활에서 사회과학적 설명을 창출한다.

표 2-7 네 가지 연구전략의 논리

구분	귀납(inductive)	연역(deductive)	회귀(retroductive)	귀류(abductive)
목적	보편적 일반화의 시도	이론의 검증	관찰된 규칙성을 설명할 메커니즘의 발견	행위자의 동기와 이유에 의한 사회생활의 묘사와 이해
출발점	관찰과 자료의 축적	논거로 사용할 이론의 차용 또는 구성	규칙성의 정리와 모형화	일상적 개념, 의미, 동기의 발견
	일반화의 산출	가설의 연역	가설적 메커니즘 모형의 구성	일반적 설명으로부터 기술적 설명 산출
종착점	도출된 법칙을 추가적인 관찰의 설명유형으로 사용	자료와 대비함으로써 가설 검증	관찰과 실험을 통해 실제 메커니즘의 발견	이론의 개발과 반복적 실험

* 출처: Blaikie(2000), *The logic of four research strategies*, Table 4.1, p. 101.

사회적 탐구에 관한 귀납과 가설적 연역의 논리를 비교하여 보자. 귀납은 실증주의의 논리이다. 자연과학의 형성기에 베이컨(Bacon, 1620)과 밀(Mill, 1879)에 의해 주창되었고, 사회과학의 설립기에 뒤르켕(Durkheim)과 기타 실증주의 사회과학자들에 의하여 주창된 과학적 견해이다. 귀납의 논리는 관찰에서 출발하여 보편적 일반화를 시도하며, 일반적 가설의 참을 확인하는 방법이다. 그러나 과학적 방법으로 인정받아오던 베이컨적 귀납의 절차를 흄(Hume, 1739)은 타당하지 않다고 주장한다. 여러 관찰로부터 도출된 귀납적 일반화는 실제로는 거짓일 수도 있는 법칙이나 명제 등에 전제하여 만들어진 것일 수도 있기 때문이다. 또한, 귀납의 전제가 참일 지라도 귀납의 결과 도출된 가설이 참이라고 보장할 수는 없다. 전제와 결론은 차원이 다른 주장이기 때문이다. 예컨대, 바다 위의 배가 멀어질수록 작아지다가 안 보이게 되는 관찰의 논리적 귀결로써 지구는 둥글다는 일반화가 가능하다. 그러나 이 일반화 형성의 배경에는 또 다른 많은 전제가 숨어 있다. 지구가 둥글기 위해서는 빛이 곡선이 아닌 직선으로 반사한다는 법칙이 전제되어야만 한다. 우리는 수많은 까마귀를 관찰한 후 모든 까마귀는 검다고 일반화를 할 수는 있지만, 이 가설이 참이라는 것을 영원히 확인할 수는 없다.

연역적 연구전략은 이론 검증과정의 일부로서 가설을 주로 이용한다. 가설검증은 보통은 계량적 방법의 사용에 의하지만, 반드시 그러한 것은 아니다. 연역적 전략에서는 질적인 연구방법도 사용한다. 흔히 오해하듯이 경험적 연구방법과 계량적 연구방법이 동일한 것은 아니다. 질적인 연구방법도 경험적 연구방법의 하나이기 때문이다. 가설적 연역(hypothetical deduction)[28]은 실증주의에 대한 대안으로 1930년대 Popper에 의하여 개발된 비판적 합리주의(critical rationalism)의 논리이다. 그는 과학적 방법은 귀납이 아닌 가설적 연역에 있다고 주장함으로써 귀납의 전통적 문제와 과학적 방법론 논쟁에 매우 극적인 해결책을 제시하였다.

포퍼의 과학철학을 간단히 살펴보자(Mautner, 2000:433-435). 포퍼는 과학은 우리에게 사물의 진리를 알려 주고자 하지만 우리는 진리에 도달하였다고 확인할 수 없으므로 과학적 진리는 언제나 잠정적(tentative)이라고 본다.[29] 포퍼는 과학적 방법은 일

28) 논리적 추론의 한 방법으로서의 연역(deduction)은 오래 전부터 존재한 것이다. 논리학에 있어서의 모든 연역은 전제(premises)로부터 출발하지만 그 전제가 반드시 일반적이거나 필요적일 필요는 없기 때문에 그 전제에 따라 연역의 개념은 매우 다양하다 (Mautner, 2000:124).

29) 포퍼는 뉴턴(I. Newton)의 물리학이 아인슈타인(A. Einstein)의 상대성 이론에 의해 반박되는 것을

반론에서 출발하여 가설적 일반론을 검증함에 있다고 주장한다. 그는 과학적 방법의 본질은 일반적 가설의 확인(confirmation)에 있는 것이 아니라 논박(refutation)에 있기 때문에 과학은 귀납에 근거한 것이 아니라고 주장한다. 시험 가능성(testability)이 과학의 보증서이며, 따라서 논리 실증주의자들의 검증기준(verifiability criterion)과 동질적인 오류 검증 가능성(falsifiability)은 이론의 과학적 성격을 좌우하는 기준이다.30)

회귀(retroduction)는 실증주의와 비판적 합리주의의 대안으로 바스카(Bhaskar)와 아레(Harré)에 의해 주창된 초월적(transcendental) 또는 과학적 실재론(scientific realism)의 논리이다. 과학적 실재론은 그 특별한 존재론에 따라 다른 사회과학 연구논리들과 구별된다. 실재론자들의 존재론에서는 과학적 탐구의 궁극적 대상은 존재하며, 과학자들과 그들의 활동과는 독립적으로 행동하는 것으로 간주한다. 실재론자들은 경험적 영역(empirical domain), 실제적 영역(actual domain), 본질적 영역(real domain)의 세 영역을 구분한다. 경험적 영역은 관찰 가능한 사건들(events)로 구성되며, 실제적 영역은 관찰 여부와 관계없이 사건들로서 구성되며, 본질적 영역은 이들 사건을 산출하는 구조와 메커니즘으로 구성된다고 한다. 본질을 기술하도록 설계된 과도적 개념, 이론과 법칙들과 구별되는 것이 곧 궁극적인 구조와 메커니즘의 존재론이다. 이들 구조와 메커니즘이 자연 속에 존재하는 사물들의 진정한 본질이다. 실재론자들의 인식론은 이러한 구조와 메커니즘에 대한 모델의 구축에 기반을 두고 있다. 회귀적 전략에서 개발되는 인과구조 또는 메커니즘에 대한 가설적 모형들은 가설이 아니다. 연구자의 관심은 공리적 구조 또는 메커니즘의 존재 여부와 그 행태의 설정에 있다. 회귀적 전략의 논리는 연역적 논리와 유사한 점이 있다. 그러나 중요한 차이도 있다. 회귀적 연구의 첫째 단계에서는 경험적 연구를 수행하며, 지식의 순수성을 검증하기 위한 실험도 행해진다. 둘째 단계는 이론적 연구단계이다. 이 단계에서는 경험적 연구 때문에 확립된 법칙성의 설명단계이다. 설명은 법칙성을 산출하는 생성적 메커니즘을 식별함으로

보고 과학적 발견의 방법에 대한 영감을 얻었다.

30) 통계학은 논리적 주장을 지지하는 가장 쉬우면서 효과적인 방법이다. 특히 귀무가설(H_0)을 통계적으로 반박함으로써 연구가설(H_1)의 유의성을 수용하는 통계적 가설검증의 절차는 귀무가설(H_0)을 부정하는 연구가설(H_1)을 실증적으로 부정할 수 없을 때 인정하는 방식이다. 이는 포퍼의 오류검증가능성을 통계적 가설검증 절차에 적용한 것이다. 논리실증주의는 오류검증가능성과 더불어 '검증할 수 없는 것은 진리로서 주장될 수 없다'는 입장을 취하고 있다.

써 성취된다. 질적 연구논리에서의 귀납적 분석(inductive analysis)방법과 유사하다. 귀납적 분석은 자료로부터 패턴, 주제와 범주를 발견한 후 연역적 설명을 시도한다.

귀류는 오랜 역사가 있으며 그 모습도 매우 다양하며, 해석학(hermeneutics)과 사회현상학(social phenomenology)과 연계되어 있다. 특히 쉬츠(Schütz)와 기든스(Giddens)의 해석주의(interpretivism) 업적에 기초를 두고 있다. 귀류의 개념은 사회적 행위자의 관점에서 사회과학적 설명을 생성하는데 사용되는 과정을 말한다. 다른 세 가지 연구전략들은 자연과학과 사회과학의 연구에 모두 사용될 수 있지만, 귀류적 전략은 단지 사회현상의 설명에만 적용할 수 있다. 귀류적 전략에서의 가설은 연구 진행과정에서 발생하는 연구 질문들에 대한 가능한 해답의 형태를 취한다. 따라서 다음의 연구단계를 지시하는 데 이용된다. Peirce는 귀류의 세 가지 수준을 논의한 바 있다. 첫째, 자료의 검토 후에 최초 가설들(initial hypotheses)을 추정한다. 둘째, 가설을 단순화하기 위한 정신적 실험(mental experimentation)을 한다. 셋째, 가설들을 통합하기 위한 조직적 아이디어로서, 관점 또는 합당한 근거를 제공하는 모형이 귀류(이끌어 내어짐)된다. 이 전략은 매우 다양한 형태를 취하며, 사회적 탐구를 향한 해석적 접근법과 관계한다. 해석주의는 반 실증주의자, 반 자연주의자로도 지칭된다. 귀류적 연구전략은 이론형성의 과정에서 가설을 구성하며, 연역적 방법과는 다른 방식을 취한다(Blaikie, 2000:101-114).

3) 관점, 이론, 가설 및 모형의 역할

(1) 관점의 역할

관점(perspective)은 사물을 보는 시각을 말하며, 사물을 일관되고 체계적으로 바라볼 수 있게 하는 기준점(reference point)이다. 현상을 독자적으로 이해, 설명, 분석하기 위해서는 관점의 독특함이 필요하다. 관점은 분명하여야 하고 일관되게 유지되어야 한다. 관점의 차이에 따라 현상에 대한 모형과 이론이 달라진다. 예컨대, 제도의 생성과 변화에 관한 자연 발생적 형성론, 시장경쟁론, 사회적 진화론, 이해갈등론 등은 제도의 형성과 발전과정에 대한 다양한 관점들의 결과이다(Knight, 1998).

개인적 관점은 현상의 특정 측면을 중시하고 특정 측면을 덜 중시한다. 미술에서 초점과 원근법의 차이에 의해 물체의 모습이 달리 그려지는 것과 같다. 이론적 관점(theoretical perspective)은 사회적 세계를 바라보는 방식을 제공한다. 따라서 이론적 관점의 변화는 사회현상의 모습을 변화시킨다. 커프와 패인(Cuff and Payne, 1979)의 '이론적 관점'의 개념은 머톤(Merton, 1968)의 '일반적 이론적 지향(general theoretical orientation)', 윌러(Willer, 1967)의 '일반 모형(general model)', 터너(Turner, 1991)의 '메타 이론(meta-theory)', 워터스(Waters, 1994)의 '공식적 이론(formal theory)' 심지어는 쿤(Kuhn, 1970)의 '패러다임(paradigm)'의 개념과 동등하다(Blaikie, 2000: 159-160). 이론적 관점은 특별한 언어, 개념적 틀 또는 이론적 개념과 관련 공리들을 제공한다. 이론적 관점이 존재론적, 인식론적 가정을 포함하고 있기 때문에 때로는 패러다임과 동일하게 간주하기도 한다.

사회현상에 대한 서로 다른 관점들은 i) 사회적 세계는 어떠한 모습이며, 어떻게 작용하는가(존재론적 가정), ii) 인간 상호작용과 사회적 조직에 대한 어떠한 종류의 지식이 가능한가(궁극적 준거), iii) 이들 지식은 어떻게 개발될 수 있는가(인식론적 가정), iv) 어떤 주제들을 연구하여야만 하며 어떤 종류의 질문들을 할 수 있는가(연구 대상), v) 이들 지식은 어떠한 목적에 사용되어야 하는가의 문제들에 대하여 서로 다른 견해를 취한다. 사회학에서는 크게 기능주의, 마르크스주의 및 해석주의의 세 이론적 관점으로 구분된다.[31]

한편, 존재론적 가정들은 불가피하게 다음의 이슈들과 관련되어 있다: ① 사회 현상의 기본적 구성요소들은 무엇인가. 개인, 사회적 과정 또는 구조 등이 기본적인 요소들로서 연구된다. ② 이들 구성요소는 서로 어떻게 관계하고 있는가, ③ 인간의 본질은 무엇인가. 예컨대 인간행위는 본질적으로 결정적이며 예측 가능한가? 아니면 인간은 상대적으로 자율적이고 스스로 자신들의 사회생활을 창조하며, 따라서 예측이 어려운가? ④ 인간은 본질에서 이해관계에 의해 동기 부여되는가 아니면 가치에 의하여 동기 부여되는가.

사회현상에 대한 서로 다른 인식론적 관점들과 존재론적 관점들 그리고 연구대상들에 대한 본질적 이슈들이 정책분석론적 관점에서도 동일하게 적용될 수 있다.

31) 사회현상에 대한 이론적 관점은 보다 더 다양하게 분류될 수도 있다. 기능주의, 신기능주의, 갈등이론, 합리적 선택과 교환이론, 현상학, 인류문화학, 상징적 상호주의, 구조주의와 후기 구조주의, 비판이론, 여성해방론(feminism) 등이 다양한 관점들의 예이다 (Blaikie, 2000: 161) 참조.

(2) 이론의 역할

초심 연구자들은 자신의 연구에 기존의 이론을 어떻게 이용할 것인가에 대한 방법에 대해 매우 난감해하는 경향이 높다. 비이론적 연구는 연구로서의 가치를 상실하기 때문에 좋은 연구를 위해서는 어떤 식으로든지 이론을 이용하는 것이 바람직하게 생각된다. 그러나 이론이 연구에 어떠한 방식으로 관계를 맺어야 하는지에 대해서는 이견과 혼돈이 있다. 이 이유는 이론의 개념이 다양하기 때문이다. 다양한 이론 개념들은 크게 보면 이론가들의 이론 개념과 연구자들의 이론개념에 차이가 있기 때문이다. 이론가들에게 있어 이론은 이론적 관점(theoretical perspective)을 의미한다. 이론적 관점의 개념은 일반적 이론 지향, 일반 모형, 메타 이론, 공식 이론, 심지어는 패러다임과 동등한 개념이다. 그러나 연구자들에게 있어 이론은 "왜"의 질문에 대한 하나의 해답이다. 즉, 관찰된 유형이나 규칙성의 설명이 이론인 것이다(Blaikie, 2000:143).

정책분석에서 이론과 연구의 관계, 그리고 정책연구에 이론의 역할을 이해하기 위해서는 이론형성과 검증의 사이클 관계를 알아야 한다. 일반적 이론형성의 과정은 이론-연역-가설-개념의 조작화-시험 가능한 명제-자료수집-자료분석-경험적 일반화-귀납-이론의 단계를 거친다. 이론의 검증은 위의 이론 형성과정 내의 가설 또는 경험적 일반화에 대한 검증이다.

(3) 가설의 역할

가설은 연구질문에 대한 임시적 해답(tentative answer)이다. 가설은 보통 두 개념 사이의 특별한 관계의 형태로 제시된다. 가설은 '왜(why)'의 질문이 제기될 때 적절하므로 이 질문에 대답하기 위하여 연역적 연구전략이 이용될 때 적절하다. 연역적 연구전략은 '왜'라는 질문에 대한 가능한 해답을 제공하기 위하여 이론으로부터 가설을 도출한다. 연역적 연구방법은 이론으로부터 가설을 도출하고 가설의 타당성을 경험적 자료에 의해 검증함으로써 가설이 도출된 이론의 타당성을 유추하는 논리적 과정을 거친다. 만약에 계량적 방법이 사용된다면, 가설은 가설이 포함하는 개념의 조작화, 적절한 자료의 수집, 상관관계 분석 또는 회귀분석 등의 통계적 분석기법에 따른 개념 척도들 사이 관계의 속성을 탐구한다. 연역적 연구전략에 질적인 방법을 선택한다면 가설검증의 과정은 계량적 방법과 비교하면 덜 공식적이지만 증거들로 확보한 논증과 개념의 조작과 자료의 분류에 더 의존한다. 자료의 계량화가 어려운 질적인 연구방법에 는 자료의 의미와 맥락에 더 중점을 둔다.

(4) 모형의 역할

이론과 마찬가지로 사회과학의 연구에서 모형의 역할은 매우 복잡한 이슈이다. 모형은 개념적 틀, 개념들의 관계에 대한 가설적 틀, 가설적 설명 메커니즘 또는 연구결과를 조직하는 방법 등으로 매우 다양하게 정의된다. 정책분석에서도 이론과 모형은 서로 구분 없이 교환적으로 사용되기도 하며, "이론적 모형"과 같이 섞여서 사용되기도 한다. 연역적 연구전략과 회귀적(retroductive) 연구전략에서는 초기 단계에서 정책분석모형의 개발이 요구된다. 귀납적 연구전략에서는 자료의 유형을 보다 단순한 형태로 표현하기 위하여 자료 분석 단계에서 정책분석모형이 설정될 수도 있다(Blaikie, 2000:165 참조).

4) 계량적 연구방법과 질적 연구방법

과학적 연구방법은 연구질문에 대한 해답을 찾는 방법이다. 과학적 연구의 목적은 비교(comparison)[32]에 있으며, 비교야말로 인간의 자연적이며 기본적인 정신작용이다. 인류는 오랜 옛날부터 그들이 경험하는 현상들의 유사성과 차별성을 이해하고 설명하고자 노력하여 왔다. 현상의 차이에 대한 차별적, 비교적 인식이야말로 인간지식의 원천적 근원이기 때문이다. 이러한 점에서 볼 때 인간의 과학활동은 비교에서 출발하며, 모든 연구질문은 연구대상에 대한 차이(difference)의 확인에 있다고 말할 수 있다.

사회과학적 연구방법은 계량적 연구방법과 질적 연구방법의 두 가지 유형으로 구분된다. 계량적 연구방법과 질적 연구방법 모두 경험적 연구방법에 속하지만, 계량적 연구방법은 실증주의적 패러다임에 근거하고 있고, 질적 연구방법은 후기 실증주의적 패러다임을 실천하려는 연구방법이다.[33] 가장 단순하게 말하자면, 연구대상들 사이의

32) 랜드만(Landman, 2002:4)은 비교의 네 가지 주요 이유 또는 비교의 기능으로서 묘사(description), 분류 및 유형화, 가설검증 및 이론 형성, 그리고 예측을 들고 있다.

33) 정책분석의 연구방법을 정책분석과정에 따라 사회문제의 인식을 위한 현상조사 방법, 정책변수간의 인과관계의 확인을 위한 실험적 방법, 해결책의 탐색을 위한 과학적 의사결정방법으로도 분류할 수

차이(difference)를 수치(in number)로 나타내는 방법이 계량적 연구방법이며, 성질(in kind)로 보여주는 방법이 질적 연구방법이다.

표 2-8 계량적 연구와 질적 연구의 비교

구분	계량적 연구	질적 연구
발생	전통적, 실증적, 실험적, 경험주의적 패러다임	- 구성주의적 접근, 해석적 접근, 후기 실증주의적 관점 등 다양 - 19C 후반 실증주의의 반대운동
학자	콩트, 밀, 뒤르켕, 뉴턴, 로크	딜타이, 웨버 등
차이점	- 사회현상의 연구시 대상의 속성에 숫자를 부여하여 자료 수집 - 자료 분석시 통계분석기법 사용	- 단어의 형태로 자료 수집 - 자료는 주제와 범주로 구분되어 분석
같은점	기본적 논리와 경험적 자료를 토대로 특정의 현상에 대한 과학적 추론 추구	

* 출처: 박병식, 박종관(2003:31), <표 3> 참조

또한, 두 가지 경험적 연구방법은 자료 수집과 분석의 방법, 특정 방법에 따라 산출된 자료의 유형, 연구방법, 연구자 그리고 패러다임의 다섯 가지 측면에서 더 구체적으로 대비할 수 있다. 두 가지 연구 방법의 주요한 차이들을 세 가지 측면으로 대비하면 다음과 같다(Blaikie, 2000: 231-247).

(1) 자료수집기법의 차이

사회과학연구에서 가장 보편적으로 사용되는 계량적 자료수집 방법은 연구자가 자연적 사회과정으로부터 초연하여 객관적이고 중립적인 입장에서 자료를 수집하는 구조적(structured) 또는 객관적 질문지법이나 인터뷰 기법이다. 질적 연구방법은 연구자가 연구대상속에 깊이 개입하여 주관적인 입장에서 질적인 자료를 수집하는 방법이다. 참여관찰, 현장연구(field research), 심층 인터뷰 기법 등이 그 예이다.

계량적 방법	구조적 관찰, 질문지, 구조화된 인터뷰, 문서 내용분석
질적 연구방법	참여관찰, 반(semi) 구조적 또는 비구조적 관찰, 초점적 인터뷰, 심층적 인터뷰, 집단 인터뷰, 내용분석

있지만 이는 과학철학적 분류는 아니다.

(2) 자료축소 기법(data reduction techniques)

수집된 자료는 분석에 적합한 형태로 만들기 위해 어느 정도의 조작이 필요하다. 자료축소 기법은 자료를 분석에 적합한 형태로 만드는 기법이다.

계량적 방법	부호화(coding), 지수화, 척도화, 요인분석, 층화 분석(cluster analysis)
질적 연구방법	부호화, 주제의 개발, 유형화

(3) 자료 분석기법

두 가지 연구방법에서 활용되는 분석기법들은 다음 표와 같다. 이들 방법을 보면 계량적 분석방법이 잘 개발되고 다양하지만 질적 분석방법은 여전히 개발 중에 있다.

계량적 방법	묘사: 분포, 중심경향, 산포도 등,
	연계. 상관관계분석, 분산분석과 공분산분석, 회귀분석
	인과: 요인분석, 경로분석, 회귀분석
	추론: 표본 통계량을 이용한 모수 추정, 표본차이를 이용한 모집단 차이의 추정
질적 연구방법	묘사
	이론 형성: 분석적 귀납(analytical induction), 근거이론(grounded theory), 범주화와 연결, 유형화

질적 연구방법 중 최근 많은 관심이 집중되고 있는 분석적 귀납(analytic induction)에 대하여 알아보자. 분석적 귀납은 단순한 귀납과는 다르다. 질적 분석은 처음은 연역적 또는 유사 연역적이며 나중은 귀납적인 분석적 귀납의 방법을 취할 경우가 많다. 마찬가지로. 분석의 연역적 국면과 함께 또는 그 후에 연구자는 숨겨진 패턴과 발현적 이해를 위하여 자료를 새롭게 검토하고자 애쓴다(귀납적 분석). 귀납적 분석인 근거이론(grounded theory)과 대조되는 연구방법인 분석적 귀납은 분석가의 연역적 명제 또는 이론이 도출한 가설에서 시작되고 "질적 자료에 기초한 이론과 명제를 검증하는 절차이다."(Taylor and Bogdan, 1984:127). 분석가가 이론 도출에 민감한 개념들을 검토하거나 다른 사람들에 의해 개발된 이론적 틀(예컨대, Piaget의 아동 사례연구에 관한 발전적 이론)을 적용함으로써 시작하는 경우가 그 예이다.

분석적 귀납의 6단계 절차는 다음과 같다. ① 설명하고자 하는 현상을 정의한다. ②

현상에 대한 가설적 설명을 형성한다. ③ 가설이 특별한 사례와 관계있는지를 확인하기 위하여 사례연구를 수행한다. ④ 만일 가설이 사례에 적합하지 않으면 가설을 재구성하거나, 특별한 사례를 배제하기 위하여 현상에 대한 정의를 다시 한다. ⑤ 소수 사례에서 실용적 확실성은 확보되었지만, 가설적 설명을 반박하는 사례들이 있는 경우에는 가설의 재구성이 필요하다. ⑥ 보편적 관계가 확립될 때까지 사례조사, 현상 재정의 및 가설 재구성을 지속한다. 이러한 분석적 귀납의 방법은 연역적 연구전략의 시행착오 과정과 많은 유사성을 지니고 있다.

4. 정책분석의 객관성과 윤리문제

사회현상의 특성 때문에 사회현상을 연구하는 데는 과학적 방법을 사용할 수 없다는 의미에서 사회과학은 객관성을 달성할 수 없다는 견해가 있다. 이 견해는 사회과학의 객관성 저해문제와 사회과학의 객관성 확보방안의 문제이기도 하다. 사회문제를 대상으로 삼는 정책분석에 대해서도 마찬가지의 견해와 해결되어야 할 과제가 있다. 앞에서도 지적한 바와 같이 정책분석을 위한 다양한 종류의 과학적 접근과 연구들이 서로 관련이 많은 방법론에 의존하고 있지만, 이러한 각각의 방법론이 사회문제를 올바로 해결하는데 요구되는 필요조건이나 충분조건은 아니다. 왜냐하면, 스스로에게 익숙한 과학적 연구방법과 분석도구를 사용하는 전문분야의 신봉자들은 사회현상의 일정부분에 대해서만 통찰력을 제시할 수 있기 때문이다.

정책과정론적으로 보아도 문제의 정의 단계가 고품질의 정책분석과 정책제언을 위해서 가장 중요한 단계이라는 점은 수많은 학자에 의해서 자주 지적된 바 있다. 문제의 정의는 뒤따르는 정책과정의 전체적인 틀을 형성해주며, 분석에 적합한 구체적인 기법들을 선택할 수 있게 해준다. 우리는 이미 실질적으로 제한된 범위 내에서의 관점과 분석만으로는 문제가 되고 있는 사회현상의 전체성을 이해할 수 없음은 환원주의와 전체주의 논쟁을 통해 확인되었다. 특정의 방법론에 익숙한 전문가들도 종종 자신의 전문분야에 대한 이해와 분석 및 대안제시 능력을 과신하여 문제의 정의보다는 자신의 방법론을 과도하게 적용하고자 하는 경향이 있다. 정책결정자 역시 과도하게 적용된 방법론과 실제로는 기술자 수준 전문가들의 분석을 맹신하는 경향이 있다.

다양한 관점과 방법 중에서 신중하게 선택된 분석방법의 사용은 의사결정의 질을 높이기 때문에 추정 방법의 선택이 단순하게 기계적으로 결정되어서는 아니 된다. 더구나 이해가 어려운 상황을 특징짓는 불확실성과 복잡성 또는 갈등을 분석하는 데에는 수많은 이론과 관점과 분석 방법들이 요구된다. 분석가가 현재의 구체적 문제들이 제기하는 도전에 적절히 대응하기 위해서는 기존의 수많은 방법의 활용뿐만 아니라 새로운 방법과 기법들의 창조도 필요하다. 모든 상황에 적합한 만병통치약적 분석 방법이나 특정 상황에 적합한 특정 기법이 있기보다는 여러 방법의 조합이 더욱 적절한 경우가 많을 것이다. 훌륭한 정책분석가라면 어느 상황에 어떤 방법을 어떻게 사용, 혼합, 창조하는가에 대해서 잘 인식하고 있어야 한다. 물론 그가 사용하는 방법의 효용과 한계에 대해서도 충분히 잘 알고 있어야 한다. 이러한 이유들로 정책분석의 패러다임과 접근방법에 대한 메타적 접근중요성은 아무리 강조해도 지나치지 않을 것이다.

정책분석상의 윤리에 대하여 간단히 언급한다. 정책분석가는 정책분석을 수행함에서 H. Lasswell이 주창하였듯이 인본주의, 인간의 기본적 가치와 존엄성 제고를 정책분석의 윤리규범으로 설정하여야 한다. "누구(인류)를 위한 무엇(인간적 가치의 증진)을 위한"에 관한 명백한 윤리적 지침 없이는 맹목적인 분석이 된다. 현실에는 정책분석의 연구 주제와 자금을 제공하는 연구지원의 주체인 정책고객이 바라는 바가 이러한 지침과 다를 때 분석가는 갈등하게 된다. 이러한 고객을 어떻게 다루어야 할까? 언제든지 인간적 가치를 무시해서는 안 된다. 의사와 변호사가 전문직업인으로서 엄숙한 선서를 하듯이 정책분석가도 전문직 종사자로서의 선서하는 마음을 지니고 있어야 한다.

제3장 의사결정의 이해

제1절 의사결정의 이해

1. 의사결정의 중요성

우리는 하루에도 수많은 의사결정 또는 선택문제에 부딪히며, 인간 대부분은 의사결정(decision making)을 하지 않고서는 하루도 살아갈 수 없다. 개인이든 조직이든 설정된 목표를 달성하고 성공하기 위해서는 신속하면서도 합리적으로 의사결정을 하여야 한다.[1] 개개인의 현재의 인생 상태는 대부분 과거에 이루어진 개인적 의사결정의 축적된 결과물이다. 대부분이라는 제한적 용어를 사용한 것은 인간의 현재 상태가 자신이 통제할 수 없는 외생적 변수, 소위 운(fortune) 또는 운명(fate, fortune, destiny)에 의해 부분적으로 영향을 받아왔기 때문이다. 개인과 조직 성공의 비결은 탁월한 의사결정에 있다. 탁월한 의사결정은 적시의 의사결정과 합리적인 전략수립 때문에 결정된다.

한편, 의사결정에는 여러 가지 비용이 수반된다.[2] 의사결정에 비용이 수반되기 때문에 의사결정의 품질문제가 제기된다. 고품질(high quality) 의사결정은 최소의 비용

1) 일반적 의사결정단위로는 개인, 기업, 국가, 비정부조직(NGO) 등이 있다.

2) 정책분석의 논리를 잘 이해하기 위해서는 의사결정의 비용개념과 의사결정의 비용-편익개념에 대하여 알고 있어야 한다.

으로 최대의 효과를 얻을 수 있는 선택을 의미한다. 고품질의 의사결정을 위해서는 의사결정의 비용편익분석이 필요하다. 성공적인 국가경영을 위한 행정조직은 합리적인 의사결정능력의 보유가 필수적이다.

2. 의사결정의 3 요소[3)]

1) 공동체 또는 조직의 목표

목표는 가치 내재적이며 가치 지향적이다. 사회적 공동체의 궁극적 목표는 자유, 평등, 정의의 증진이며 효율성, 형평성, 공동체의 안전과 구성원들의 복지 향상 등은 구체적 목표이다. 한편, 영리를 목적으로 설립된 민간기업의 목표는 이윤추구이다. 목표들은 동시에 추구하기 매우 어려운 상충(big tradeoff)하는 속성이 있다. 정책목표는 정책과 정부활동을 정당화해주는 근본적 가치이며, 정책을 선택하고 정책을 평가하는 기준이 된다.

2) 목표달성을 위한 대안(alternatives)

목표의 달성을 위하여 선택 가능한 여러 수단들 각각을 대안이라 부른다. 정책분석가는 정책결정의 판단 기준에 따라 여러 대안의 상대적 우선순위를 정해주는 역할을 수행한다.

3) 의사결정의 제약조건(constraints)

의사결정자는 스스로 처한 외부 환경, 법적, 기술적, 경제적 제약조건 등을 인식하여야 한다. 제약조건 하에서만 실행 가능한(feasible) 대안을 선택할 수 있기 때문이다.

---

3) 의사결정의 세 가지 요소로 구성된 선택모형(model of choice)의 구조에 대해서는 Stokey and Zeckhauser(1975) 참조.

3. 의사결정의 어려움

의사결정의 어려움은 곧 선택의 어려움이다. 의사결정이 어려운 것은 무한한 욕망에 비하여 문제를 해결하기 위해 이용 가능한 자원은 한계가 있다는 데에 있다. 즉 희소한 자원으로 상충하는 목표를 동시에 최선으로 추구해야만 하는 데에 어려움이 있다. 선택상황이란 버리는 것과 동시에 취하는 상황이다.

연구 주제
1. 합리적 선택모형(model of rational choice)의 구조와 선택된 최선의 대안의 특징에 대하여 알아보자.
2. 그리스 신화 및 우리의 일상생활 속에서 "선택의 어려움을 보여주는 구체적 사례"들을 찾아보자.

제2절 정책분석에 있어서의 합리성

1. 최선의 정책의 의미

정책분석가의 주요 임무 중의 하나는 주어진 정책문제를 해결할 최선의 정책대안을 발견 또는 설계해 내는 일이다. 그런데 무엇이 최선(the best)이며 최선을 판단하는 기준으로는 어떠한 것들이 있는가? 가장 올바른 선택의 의미는 상대적으로 우월적인 대안 또는 전략을 선택함을 의미한다고 할 수 있다. 우리는 주어진 여러 대안들 중에서 상대적으로 가장 바람직한 대안을 최선의 대안 또는 올바른 선택이라고 말할 수 있다.

한편, 최선의 대안(the best alternative)의 의미는 주어진 목표의 달성을 위한 가장 합리적인 수단(the most rational means)을 의미한다. 합리적이라 함은 단순히 정의하면 이성에 부합되는 정도 또는 이성적으로 판단한다[4]는 의미인데, 보통은 의사결정문제에는 목표-수단의 부합성 정도(match-mismatch)를 의미한다. 목표-수단의 부합성과

4) 지능을 연구하는 심리학자들은 합리성 판단의 맥락으로 다음의 두 가지 경우를 주로 설정한다. 하나는 사람이 돌고래, 개, 침팬지 등 여러 종류의 동물들의 행태를 보고 지능을 실험적으로 연구할 경우이고, 또 다른 경우는 인간보다 우수한 지능을 가진 신 또는 외계인이 인간의 행태를 보고 그 행태의 합리성 정도에 따라 지능을 판단하는 상황을 설정한다.

관련하여 1차 효율과 2차 효율의 개념이 있다. 1차 효율은 목표 자체의 적합성을 의미하며, 2차 효율은 주어진 목표에 대한 수단의 적합성 정도를 의미한다.

목표 적합성은 목표가 제대로 설정되었느냐의 의미이다. 의사결정의 목표는 의사결정자 또는 의사결정 집단이 스스로 설정할 수도 있고, 외부의 목표 설정자로부터 주어질 수도 있다. 민주정치제도하에서의 국가적 정책목표는 민주적 정치과정 또는 공공선택과정을 통하여 설정되는 것이 가장 바람직하다. 2차 효율인 수단의 목표 적합성에 대해서는 여러 가지 기준이 있다.

2. 인간의 합리성

1) 인긴 합리성에 대한 심리학적 접근

심리학자 S. Pinker는 합리성(rationality)에 대하여 주어진 목표와 그 목표를 잘 달성할 수 있는 수단을 나름대로 고안하는 정신작용으로 본다. 즉, 합리적이냐 아니냐의 판단을 위한 필요한 전제조건은 목표의 존재와 지능(intelligence)이다. 개체 또는 조직이 의사결정의 전제인 목표를 어느 정도 달성할 수 있는 나름대로 수단 또는 방식을 고안하여 이를 외부에 드러낼 때 우리는 그 개체 또는 조직의 행위가 합리적이라고 판단할 수 있게 된다. 이처럼 목표와 수단의 두 요소와 그들 사이의 적절한 관계로서 합리성의 개념을 정의하는 것은 S. Pinker 뿐만 아니라 대부분 철학자들 및 심리학자들의 관점과 동일하다.

결국, 합리성은 지능을 그 도구로 삼고 있다. 마찬가지로 인간들뿐만 아니라 어느 정도의 지능을 보유하고 있는 동물들의 행태적 합리성도 인정된다. 먹이를 얻으려는 방법을 고안하거나 수수께끼를 푸는 원숭이들의 행위도 합리적이라고 판단한다.[5)]

2) 합리성의 종류

(1) 실질적 합리성

Simon(1976)은 누구의 지식을 택하느냐의 딜레마(dilemma: 난문)에 대한 해결책으

5) 효과성이나 효율성 등의 기준은 합리성의 정도를 측정하는데 이용될 수 있다.

로서 실질적 합리성(substantial rationality)과 절차적 합리성(procedural rationality)을 구분하였다. 그는 최적 결과에 비추어 실질적 합리성을 측정하고, 최적 결정과정을 기준으로 절차적 합리성을 측정한다.

과학적 지식은 실질적 합리성에 기여한다. 과학적 지식은 현상을 묘사하고 인과적 요인들을 설명한다. 그것은 더 나은 의사결정을 위하여 사실적 근거를 제공한다. 그것은 타당성과 신뢰성이라는 과학적 기준을 충족하며, 따라서 권위적 지식을 정당화한다. 과학적 지식은 '최선'의 결과에 이바지하는 핵심적 '투입'이다.

(2) 절차적 합리성

모든 의사결정은 '누가 결정하며, 규정된 의사결정 절차는 무엇인가?' 하는 절차적 요소를 가지고 있다. 절차적 합리성은 '누구'와 '어떻게'에 관하여 구체화함으로써 의사결정의 개선에 기여한다.

절차적 합리성은 선택된 대안이 최선인가 하는 판단과는 관계없이 대안 선택의 절차가 얼마나 적합하냐에 관한 것이다. 즉, 선택의 절차 또는 과정이 선택의 결과보다 중요시된다. 주로 정치공동체의 비전이나 정책목표의 설정에서 요구되는 합리성의 한 유형이다. Simon은 실질적 합리성을 객관적 합리성으로, 절차적 합리성을 주관적 합리성으로 부른다.

(3) 수단적 합리성

수단적 합리성(instrumental rationality)은 주어진 목표를 선택된 수단이 가장 잘 달성할 수 있는 정도를 의미한다. 수단적 합리성은 기술적 합리성(technical rationality) 또는 도구적 합리성으로도 불린다. 불확실성이나 갈등이 없는 상황에서 희소자원의 합리적 이용이 의사결정의 임무라면 수단적 합리성이 가장 적절한 합리성이다. 상하수도, 도로 또는 교량 건설의 담당 관리자가 주어진 예산으로 건설에 필요한 인력, 장비, 자원과 비품들을 구매할 때 적절히 발휘되어야 하는 합리성이다.

(4) 전략적 합리성

불확실성과 복잡성을 관리하는 일련의 지도원칙들(steering principles)을 합리화하는 것이 임무일 때에는 전략적 고려가 적절하게 발휘되어야 한다. 전략적 합리성은 환경적 여건 변화와 부분적으로는 상대방의 행위로 유발된 변화에 효과적으로 대응할 전략들을 최적화하는 것이다. 게임상황에서 발휘되는 합리성이다. 예를 들면, 개량화된 물관리 시스템이나 저소득층을 위한 소형주택 단지를 미리 건설할 것인지 아니면 시민의 수요나 사회문제가 발생한 후에 건설할 것인지를 결정할 때 시장은 전략적으로 대응하여야 한다.

(5) 소통적 합리성

소통적 합리성(communicative rationality)은 철학자 J. Habermas(1979)가 대표적인 주창자이다. 일련의 집단적 선호나 규범을 합리화하여 갈등을 관리할 임무를 수행할 때 소통적 합리성의 발휘가 적절하다. 소통적 합리성은 윤리적 행위기준에 근거하여 합의(consensus)를 얻는 기회를 최적화한다. 예를 들면, 대도시(예: 뉴욕시, 서울특별시 등)의 토지이용계획 또는 도시재개발계획을 수립하거나 변경할 때, 시장은 관련 위원회로 하여금 이해관계자 집단, 전문가 집단과 일반 시민의 의견과 여론을 듣고 협의과정을 거친 후에 가장 많은 사람이 수용하는 계획(언제, 어디에, 어느 규모의 내용 포함)을 수립하라고 요청할 수 있다.

(6) 진화적 합리성(evolutionary rationality)

진화적 합리성은 생물학적 진화론의 논의에 근거한 합리성으로서 변이와 선택의 과정이 반복되면서 환경의 요구에 보다 잘 들어맞는 대안이 발견되는 현상을 의미한다.[6] <표 3-1>은 실질적 합리성과 진화적 합리성을 비교한 표이다.

---

6) Robert Nozick. *The Nature of Rationality* (N. J.: Princeton University Press, 1993).

표 3-1 실질적 합리성과 진화적 합리성의 비교

	실질적 합리성	진화적 합리성
유사점	선택의 결과 중시	진화과정의 중시
차이점	- 목표의 존재	- 변이와 선택의 과정 자체를 이끌어 가는 목표가 존재하지 않음
	- 장기적인 관점에서의 예측이 필수적	- 근시안적
	- 최적의 선택	- 부분적인 최적상태 달성에 그침

* 출처: 정정길 외 (2003: 484-485) 참조.

3) 제한적 합리성

앞에서 열거한 합리성 유형들은 완전 합리성, 또는 객관적 합리성의 발휘가 가능하다는 전제로 분류된 것이다. 그러나 현실의 의사결정자는 과학적 접근방법을 활용하여 의사결정을 합리적으로 하는 완전한 경제적 인간일수는 없다. 학자들은 의사결정이 실제로 어떻게 이루어지는가에 중점을 두어 많은 실험적 연구를 하게 되었는데, 이들 실험자료를 기초로 하여 제한적 합리성(bounded rationality)이라는 개념이 제시되었다. 여기서 말하는 제한적 합리성이 비합리성을 의미하는 것은 아니다. 완벽한 합리성을 현실문제에 적용한다는 것이 무척 어려우므로 의사결정모형에 적용하기 위해서는 모형 자체를 가능한 한 현실에서 크게 벗어나지 않게 단순화시켜 제약조건하의 최적화된 해결방법을 찾거나 보다 현실에 맞도록 설계하여 최적화를 포기하는 대신 현실적인 환경제약의 특성을 고려하여 만족스러운 결과를 구하는 접근방법이라 하겠다.

인간의 인식능력의 한계와 관련하여 H. A. Simon의 제한적 합리성의 개념이 있다. Simon(1957)은 의사결정에 관한 그의 저술에서 인간의 본질적 정보처리능력이 상대적으로 제한되어 있음을 설명하는 제한적 합리성의 개념을 다음과 같이 설명한다.

> "단일의 고립된 개인의 행태가 높은 정도의 합리성에 도달하는 것은 불가능하다. 탐색해야 하는 대안들이 엄청나게 많으며, 그 대안들을 평가하는데 필요한 정보도 엄청나게 많아서 객관적 합리성의 근처에 도달하는 것조차도 생각하기 어렵다. 개인적 선택은 주어진 것(givens) -주체에 의해 선택의 기초로 수용된 전제(premises)-으로서의 환경 내에서 이루어진다. 마찬가지로 행태는 이들 주어진 것들에 의해 설정된 한계 내에서만 적응적이 된다."(Simon, 1957: 79).

제한적 합리성은 의사결정에 객관적 합리성의 발휘가 제약받는 현상이라고 볼 수 있다.

4) 합리성 유형의 체계화

Jantsch(1975)는 맥락이 달라짐에 따라 다른 종류의 합리성이 요구된다고 지적한다. 이러한 관점에 따라 Clinton J. Andrew는 그의 논문 "정책결정의 합리성(Rationality in Policy Decision Making, 2007)"에서 철학적 맥락과 사회적 맥락에 따라 <표 3-2>와 같이 합리성을 유형화한다.

표 3-2 철학적 맥락과 사회적 맥락으로 본 합리성

사회적 맥락 철학적 맥락	1 당사자 결정 맥락	다수 당사자 결정 맥락
공리주의자 관점 (결과주의자, 최적화, 이론적 추론)	수단적 합리성 (희소자원의 합리적 이용, 타당한 사실의 경험적 검증, 타당한 가치는 효용을 증가시킴)	전략적 합리성 (불확실성하에서 지도 원칙들의 합리화, 타당한 사실의 경험적 검증, 타당한 가치는 기대효용을 증가시킴)
소통적 관점 (의무론적, 합의 추구, 실용적 추론)	수단적 합리성 (희소자원의 합리적 이용, 타당한 사실의 경험적 검증, 타당한 가치는 효용을 증가시킴)	소통적 합리성 (규범의 합리화를 통한 갈등관리, 타당한 사실들은 합의 향유, 타당한 가치들도 합의 향유)

* 출처: C. J. Andrew(2007:169) in F. Fischer, G. J. Miller and M. S. Sidney(*ed.*)(2007).

이론적, 철학적 추론의 신봉자라면, 예컨대 공리주의자는 의사결정 맥락에 따라 수단적 합리성 또는 전략적 합리성을 추구할 것이다. 그는 경험적 사실을 고려하여 과학적 사실의 타당성을 검증할 것이며, 또한 의사결정자 자신의 효용증가를 확인함으로써 의사결정 가치의 타당성을 검증할 것이다. 그러나 실용적 추론의 신봉자라면 수단적 합리성 또는 소통적 합리성을 추구할 것이다. 그는 각각이 향유하는 합의의 정도에 근거하여 사실과 가치의 타당성을 검증할 것이다(Andrews, 2007:168-169).

5) 개인적 합리성과 조직의 합리성

개인적 합리성과 조직 합리성의 비교는 조직의 응집성 차원에서 볼 때의 경우로 아

무리 조직의 응집력이 높아 일사불란하게 행동을 한다 하더라도 합리적인 개인만큼 일원적일 수는 없다. 또한, 조직 내의 개개인이 합리적이라 하더라도 응집력이 약한 조직의 합리성은 정치적, 감정적 요소의 개입 때문에 비합리적이 될 수 있다. 그러나 개인들의 합리성이 제한적이거나 개인의 오류 가능성이 높을 때에는 절차적 합리성을 확보한 조직의 의사결정 합리성이 개인적 의사결정 합리성 수준보다 높게 된다.

(1) 조직의 비합리성이 큰 경우이거나 개인의 합리성이 높은데 조직은 개인들의 집합체로서 단일 유기체적 조직이 아닌 경우에는 Cyert & March(1963)의 회사모형과 만족모형 등이 설명 기제로서 적용 가능하다.

(2) 개개인의 판단에 제1종 오류, 제2종 오류, 또는 제3종 오류의 가능성이 존재할 때에는 절차적 합리성을 확보하여 α-error와 β-error를 최소화한 조직의 기술적 합리성의 정도가 개인의 기술적 합리성의 정도보다 높다.

표 3-2 판단오류의 종류

판단오류

1) 제1종 오류(type I error, α-error): 실제로는 모집단의 특성이 귀무가설과 같은데, 즉 가설이 참(眞)인데 이 가설을 기각할 경우의 오류.

2) 제2종 오류(type I error, β-error): 모집단의 특성이 귀무가설과 같지 않은데, 즉 가설이 거짓(僞)인데 이 가설을 기각하지 못하는 경우의 오류.

실제 상태 / 의사 결정	Ho가 참	Ho가 거짓
Ho 기각	α	1-β
Ho 수용	1-α	β
전체 확률	1	1

* 1. 확률 (1-α)= 신뢰수준(confidence level): 참을 참이라 할 확률
2. 확률 (1-β)= 검증력 (power of the test): 거짓을 거짓이라 할 확률

3) 제3종 오류
정책문제의 진단에 문제 진단 자체를 잘못하는 오류.

3. 이상적 정책대안 제시의 문제점

사회문제의 인식과 문제채택 상의 한계, 사회문제의 본질적 복잡성, 이용 가능한 수단과 자원동원의 한계 등이 실제로 정책분석을 수행할 때의 어려움으로 작용한다. 수많은 어려움 중에서도 사회적 복잡성, 인간의 인식능력의 한계와 주관적 가치관, 미래에 대한 불확실성 등이 가장 심각한 것들이다. 이런 모든 것들을 고려할 때 합리모형이 추구하는 유일 최선의 해결책(the single optimal, or right solution)은 실제로는 불가능한 것이다. Herbert Simon의 제한적 합리성과 만족수준의 의사결정모형은 이러한 배경 아래에서 제시되었다. 즉, 현실의 정책결정에는 가능한 한 단순하고 유지 가능한(simple and durable) 해결책을 제시하는 것이 바람직하다는 것이다.

그러나 실제로는 사회문제를 해결하는 정책대안으로서 실질적인 것보다는 이상적인 해결책이 먼저 제시되는 경우가 많다. 예컨대, 시장기능을 전적으로 신뢰하여 시장을 중시하는 정책, 신의 보이지 않는 손에 의해 모든 일이 잘 해결될 것이기 때문이라는 이유로 가상적 시장 내에서만 작동하는 해결책이 제시된다. 1929년 미국의 대공황 직전의 경제정책이나, 1997년 우리나라의 외환위기를 초래한 정책 당국의 국내경제의 기초 체력에 대한 맹신적 판단 등이 구체적인 예이다. 특히 다수 대중의 지지를 목표로 행동하는 정치인들에 의해 이러한 경향은 더욱 강화된다. 그러나 이상적인 해결책으로서는 현실의 실제적 문제를 치유할 수 없어 문제는 더욱 악화한다. 문제가 악화하면, 정책결정의 권한과 책임이 있는 정치인은 복잡한 현실 정책문제의 해결을 추구하기보다는 정치적 희생양을 찾고, 정치적인 수사, 구호, 슬로건이 난무하여 사람들의 감성에 호소하는 정치가 합리적인 정책과정을 압도한다. 이처럼 정부가 눈에 보이지 않게 사회문제의 악화에 공헌하는 소위 음모자의 역할을 자주 하게 되면 결국 정부에 대한 불신이 싹트게 된다.

한편, 긴급히 발생하는 현실문제들은 매우 난해하고 복잡하여 이에 대한 단순한 해결책이 존재하지 않는다. 특히 정치인과 관료와 학자 사이, 사회 계층 사이의 사회문제에 대한 인식이 서로 다르다. 문제를 보는 시각과 인식이 다르면 추구하는 해결책도 달라져 결국 계층 간 갈등이 새로운 문제로 등장하게 된다. 이 과정에서 최초의 본질적인 사회문제의 성격은 변질되고 전혀 다른 해결책이 정책대안으로 채택된다. 민주정치제도하의 정책결정은 사회 내의 계층 간의 이해관계와 세력균형을 반영한다. 공동체의 여론을 의식해야 하는 정치적 고려는 비과학적이기 때문에 정치적 의사결정은 비과학적이다.

학자들의 주된 임무와 관심은 정치적 결정을 직접 하는 데에 있는 것이 아니며, 또한 정치적 결정에 관하여 책임도 지지 않는다. 그들은 정책결정자가 아니다. 정책결정의 책임은 궁극적으로 정치인의 몫이다. 정치인은 선거로 선출되고 선거에 의하여 정치적 책임을 지는 국민의 정치적 대표자이다. 아무리 높은 지위의 관료라 할지라도 관료는 본질적으로 정치인이 아니다. 관료는 정치인에 의하여 임명된 임명직 공무원일 뿐이다. 정치인과 학자, 그리고 고위 정책관료 간의 정책 과정상의 임무와 역할차이 때문에 정책을 분석하고 결정하고 집행하고 평가하는 정책 과정의 합리성 문제가 제기된다. 정치 과정 또는 정책 과정상의 합리성 문제는 정책 합리성의 문제와는 다른 문제이다.

제3절 의사결정의 역사와 특징

의사결정은 인류와 함께 이루어져 왔으며 우리는 언제나 의사결정의 문제에 직면한다. 철학자 Albert Camus는 "인생은 당신이 내린 모든 선택의 총화이다"라고 까지 말하며, Buchanan(2006: 111)은 이 논리를 연장하여 "역사는 인류의 의사결정의 축적물과 같다"고 한다. 의사결정 연구는 누가 어떻게 결정을 내리는가에 대한 학문으로서 수학, 사회학, 심리학, 경제학, 정치학의 역사이기도 하다. 오늘날에도 수천만 달러의 미술품 경매상을 정하는 자리에서 중국 명나라 때부터 기록이 남아있는 가위, 바위, 보로 의사결정을 하고 있다. 이 절에서는 의사결정의 역사를 살펴보고자 한다.

20세기 중반, 「경영자의 역할(The Function of the Executive)」의 저자인 C. Barnard[7]가 행정학의 용어인 "의사결정(decision making)"이라는 단어를 기업 경영의 세계로 가져온 이래 이 단어는 "자원의 배분"과 "정책결정"과 같은 더 세부적인 기술어를 대체하기 시작하였다. C. Barnard와 J. March, H. Simon 과 H. Mintzberg와 같은

7) 미국의 기업가이자 경영학자. 벨 전화회사 사장, 록펠러재단 이사장 역임.

이론가들은 관리적 의사결정의 토대를 만들었다. 한편, 의사결정의 불완전성을 마주하게 된 이론가들은 의사결정을 달성하려는 방법을 찾았다. 최적의 결과가 없다면 적어도 수용 가능한 결과는 있을 것이다. G. Gigerenzer는 빠르고 비용이 적은 추론이라고 부른 연구인 단순 귀납의 숙달을 통해 제한된 지식과 시간의 효과를 만들 것을 제안했다. A. Ezioni는 불확실, 지연, 장애를 포함하는 비 영웅적 전술의 분류인 "겸허한 의사결정(humble decision making)"을 제안했다. 일부 사람들은 과거의 가위, 바위, 보의 방식으로 회귀하기도 했다.

L. Buchanan(2006)은 인류의 의사결정 역사를 <표 3-3>과 같이 제시한다.

표 3-3 의사결정의 역사

연대	의사결정의 사례	특징 유형
선사시대	수백만 년 동안 인간의 결정은 짐승의 창자, 연기, 꿈 등에 의존하여 왔다. 중국인들은 시적 지혜, 신의 지시 등에 의존하였고, 그리스 사람들은 Delphi의 신탁에 조언을 구했다. 예언자들과 점술가들은 미래를 예측하고자 하였다.	점, 꿈, 신탁, 예언
BC 6세기	중국의 사상가 노자는 "무위자연"의 원리를 가르쳤다. 즉, 사건의 발생을 자연의 결정에 맡겼다. 공자는 모든 의사결정은 인의예지, 효에 의해 결정되어져야 한다 했다.	무위 자연, 도, 유교규범
BC 5세기	아테네의 남자 시민들은 민주적 자치의 초기형태인 투표에 의해 결정을 내렸다.	민주적 투표
BC 4세기	Plato는 모든 지각할 수 있는 것들은 영원한 원형인 이데아(Idea)에 의해 도출되며, 감각보다는 영혼에 의하여 더 잘 발견된다고 주장. Aristotle은 감각과 연역적 추론을 통해 얻어진 정보를 가치 있게 보는 경험주의적 지식관을 취함.	영혼, 감각과 이성
BC 399	초기적 배심재판에서 500명의 아테네 시민들은 합의에 따라 소크라테스에게 사형을 선고하였다.	동의, 합의
BC 333	Alexander 대왕은 고르디오스의 매듭(Gordian knot: 풀기 어려운 문제)을 그의 칼로 끊어서 해결함으로써 어려운 문제가 대담한 결단으로 해결될 수 있음을 보여주었다.	결단
BC 49	Julius Caesar는 Rubicon강을 건너는 되돌이킬 수 없는 결정을 실행함으로써 의사결정에 있어서 인구에 회자되는 강력한 은유를 탄생시켰다.	배수진을 친 결단
9C	힌두-아랍 숫자체계는 0을 포함하고 있고 수학의 발달을 자극하였다.	아라비아숫자와 수학의 발달
12C	Omar Khayyam은 아라비아 숫자체계를 이용하여 계산언어를 만들어서 대수학(algebra)발달에 기여	대수학
14C	영국의 탁발수도승인 오컴은 "오컴의 면도칼(Ockham's Razor): 실체는 필요없이 증가되어서는 안된다"규칙을 제안. 이는 최선의 이론은 가장 간결한 것, 또는 어떤 사항을 설명하기 위한 가설의 체계는 간결해야 한다는 원리로서 자료분석과 현상을 설명하는 과학자들을 위한 최고의 규칙이 됨.	간결한 이론, 해결책

17C	영국 케임브리지의 마구간 관리자인 Thomas Hobson은 자신의 이름이 시조가 된 "Hobson's choice: 마구간 문에서 가장 가까운 말을 가져가거나 아니면 어떤 말도 가져갈 수 없는(take it or not) 선택"을 그의 고객들에게 제시	Hobson의 선택
1602	서구문학에서 가장 유명한 논리적 딜레마에 직면한 Hamlet은 "사느냐 죽느냐"를 고민한다.	딜레마적 상황과 고민
1620	Francis Bacon은 과학적 탐구에서의 귀납적 추론(inductive reasoning)의 우위성을 주장	귀납적 추론
1641	Rene Descartes는 지식의 획득과 과학적 방법을 위한 틀의 확립에 있어 이성이 종교적 권위나 경험보다 우월하다고 주장	이성의 중시
1654	Blaise Pascal와 Pierre de Fermat 은 "(주사위) 점수의 문제"대한 도박사들의 질문에 대답하기 위하여 확률계산의 개념을 개발	확률 등장
1660	Pascal의 신의 존재에 대한 내기는 확률의 오류보다는 결과의 오류가 의사결정자에게 훨씬 중대함을 보여준다.	불확실성하의 의사결정
1738	Daniel Bernoulli은 의사결정자의 주관적 욕망 또는 두려움의 관점에서 무작위적 사건을 검토함으로써 위험과학(risk science)의 기초를 세웠다	위험과학의 등장
19C	Carl Friedrich Gauss는 종형곡선(bell curve)에 대한 연구를 하여, 무작위 사건의 발생을 이해하는 구조 개발	불확실성 연구
1880	"보통법(The Common Law)"의 저자인 Oliver Wendell Holmes는 "법의 삶은 논리적이 아니라 경험적이다" 라고 주장함. 그는 판사들은 법령뿐만 아니라 공동체의 이성적 구성원의 선량한 의식에 기초하여 재판하여야 한다고 주장	재판의 근거
1886	Francis Galton 은 비록 무작위적 과정에 있어 평균값과 다른 값이 발생할 지라도 때가 되면 평균값에 회귀하는 경향을 갖게 될 것임을 발견. 그의 평균회귀의 개념은 주식과 경영분석에 영향을 미쳤다.	평균 회귀와 추세 개념
1900	Sigmund Freud의 잠재의식에 관한 연구는 인간의 행동과 결정이 종종 마음속에 숨겨진 원인에 의해 영향을 받는다고 함.	잠재의식적 결정
1907	경제학자 Irving Fisher는 미래적 현금흐름은 투자위험을 반영한 비율로 할인되어야 함을 제안함으로써, 의사결정의 도구로서 순현재가치를 도입.	순현재가치에 의한 결정
1921	Frank Knight는 결과의 확률을 알 수 있는 위험(보험가능)과 결과의 확률조차 알 수 없는 불확실성(보험불가능)을 구분	위험과 불확실성
1938	Chester Barnard는 일부 근로자가 그들 자신의 이익보다 회사의 이익을 위하여 행동하는지를 설명하기 위하여 개인적 의사결정과 조직 의사결정을 구분	조직과 개인 의사결정 구분
1944	John Von Neumann 과 Oskar Morgenstern은 공동저서 게임이론에서 경제적인 의사결정을 위한 수학적 기초를 설명. 그들은 합리적이고 일관성 있는 의사결정자들을 전제함	수학적 기초
1946	신시내티의 The Alabe Crafts회사는 Magic 8 Ball이라는 점치는 장난감을 판매하기 시작	Magic 8 Ball
1947	의사결정자들이 완전한 합리성에 의해 행동한다는 전통적 관념을 거부하는 Herbert Simon은 정보획득비용 때문에 경영자들은 "제한적 합리성(bounded rationality)"하에서만 의사결정을 한다고 주장.	제한적 합리성
1948	프로젝트명 RAND는 "research and development" 의 줄임말로 Douglas Aircraft로부터 분리되어 비영리적 싱크탱크가 됨. 정책결정자들은 RAND의 분석을 교육, 빈곤, 범죄, 환경 및 국가안보 정책을 형성하는데 활용	RAND연구소 설립

1950s	Carnegie Institute of Technology와 MIT에서 수행된 연구는 컴퓨터에 기초한 의사결정 지원 도구의 개발을 이끌게 됨.	컴퓨터의 도움
1951	Kenneth Arrows는 "불가능성 정리(the Impossibility Theorem)" 제시. 이 원리는 사회의 모든 요구를 충족시키는 사회적 의사결정을 위한 법칙의 제정이 불가능을 증명	불가능성 정리
1952	Harry Markowitz는 일관성 있는 수익을 얻기 위한 다양한 주식 포트폴리오 구성방법을 수학적으로 제시	포트폴리오 구성
1960s	Edmund Learned, C. R. Christensen, K. Andrew 등은 SWOT 분석모형을 개발. 이 모형은 시간이 단기이고 상황이 복잡할 경우의 의사결정에 유용	SWOT 분석모형
1961	Joseph Heller가 개발한 "catch-22"는 좋은 의사결정을 좌절시키는 순환적, 관료적, 비논리적인 상황에 대한 대중적 용어가 됨.	catch-22
1965	- 기업들은 경영정보시스템(MIS) 실행 도구로서 IBM의 System/360 컴퓨터들을 이용. - Roger Wolcott Sperry 는 뇌의 두 대뇌의 기능적 전문성에 관한 연구결과 발표.	- MIS - 뇌의 기능 연구
1966	핵무기의 개발과 관련하여 "핵선택(nuclear option)"용어가 만들어졌으나, 결과적으로는 가장 급격한 행동노선을 취하는 의사결정을 지칭하게 됨	핵선택 개념
1968	Howard Raiffa의 "의사결정분석(decision analysis)"는 의사결정나무, 수집정보의 기댓값 등 다양한 기본적인 의사결정 기법들을 설명.	의사결정분석
1970	John D. C. Little은 기초이론을 개발하고 의사결정지원시스템의 능력을 향상시켰다.	의사결정지원시스템
1972	- Irving Janis는 최선의 결과보다 합의를 중요시하는 흠이 있는 의사결정에 대하여 "집단사고(groupthink)"라는 용어를 만들어냈다. - Michael Cohen, James March와 Johan Olsen은 "쓰레기통모형에 의한 조직선택"저서 발간. 이 모형은 조직은 해결책을 찾기 위해 문제의 결핍 때문에 이전에 버려진 정보 쓰레기통을 탐색하도록 권고한다.	쓰레기통 모형
1973	- Fischer Black, Myron Scholes와 Robert Merton은 스톡옵션을 정확하게 평가하는 방법을 제시함으로써 재무적 위험관리의 혁명적 변화를 가져왔다. - Henry Mintzberg는 경영적 맥락에서 의사결정자들과 지위 의사결정 종류들을 분류하였다.	Black, Scholes and Merton모형
	Victor Vroom과 Philip Yetton은 다른 형태의 문제를 해결하기 위해 서로 다른 리더십 유형이 어떻게 이용될 수 있는지에 대한 Vroom-Yetton 모형을 개발	Vroom-Yetton 모형
1979	- Amos Tversky와 Daniel Kahneman은 경제학의 합리모형은 사람들이 불확실한 현실에 직면했을 때, 어떻게 결정에 도달할 수 있는지에 대한 설명을 하지 못한다고 증명한"기대이론(Prospect Theory)"을 발표 - John Rockart는 최고경영자의 특별한 자료 요구를 연구함으로써 경영자정보시스템의 발전을 선도함	-기대이론 -경영자정보시스템
1980s	"어느 누구도 IBM을 구입한다는 이유로 해고된 적이 없다" 는 말은 의사결정의 주요한 이유는 안전임을 대변해준다.	안전한 의사결정
1984	- W. Carl Kester은 관리자는 회사의 미래 성장을 위한 옵션으로서 투자기회를 고려하여야 한다고 제안함으로써 실제적 옵션에 대한 기업의 인식을 제고시켰다. - Daniel Isenberg는 경영진은 불확실성이 높을 때, 종종 잘 세워진 계획과 직관을 조합하여야 한다고 설명	성장옵션고려, 직관 이용
1989	Howard Dresner은 기업활동의 성과개선을 목표로 하는 정교한 분석적 의사결정을 지원하는 일련의 방법들을 지칭하는 "기업 지능"이라는 용어를 도입	기업지능 용어

1992	Max Bazerman과 Margaret Neale은 저서 "합리적으로 협상하기(Negotiating Rationally)"에서 행태적 의사결정연구를 협상에 연계시킴	행태연구와 협상
1995	Anthony Greenwald는 판단에 영향을 주는 무의식적 태도나 신념을 밝혀내기 위한 "암묵적 연상검사(Implicit Association Test)"를 발명했다.	무의식의 영향
1996	Web 사용자들은 그들과 같은 사람들의 구매 의사결정을 기초로 상품구매를 결정하기 시작하였다.	Web상의 의사결정
2005	Malcolm Gladwell은 Blink라는 책에서 순간적인 결정이 장시간의 합리적인 분석에 기초한 결정보다 나은 경우도 종종 있다는 개념을 탐구	순간적 의사결정

* 출처: Leigh Buchanan, (2006), "A Brief History of Decision Making," *Harvard Business Review*, 2006, January, pp.110-119를 저자가 표로 정리하고 특징을 유형화함.

연구 주제

1. 합리주의, 관념주의, 경험주의 등 철학적 입장에서 합리성의 개념을 고찰한다.
2. 철학적 맥락과 사회적 맥락에서 합리성을 유형화하여 본다.

참고자료 3-1. 의사결정의 숨은 함정들

**"The Hidden Traps in Decision Making,"
John S. Hammond, Ralph L. Keeney, and Howard Raiffa,
Harvard Business Review, September/October 1998.**

의사결정을 할 때 당신의 최대의 적은 바로 당신 자신의 마음이다.

어느 경영자들에게나 가장 중요한 일은 바로 의사결정을 하는 것이다. 이 일은 또한 힘들고 위험도 수반한다. 잘못된 의사결정은 종종 회복할 수 없을 정도로 회사의 경영이나 집행부의 경력에 치명타를 입힌다. 그러면 이러한 잘못된 의사결정은 어디에서 연유하는가? 많은 경우 의사결정이 이루어지는 과정을 추적해 봄으로써 그 원인을 추정할 수 있다. 의사결정이 잘못 이루어지는 경우는 대안이 제대로 설정되지 않은 경우, 올바른 정보가 수집되지 않은 경우, 비용 대 효과가 정확하게 분석되지 않은 경우가 대부분이다. 그러나 종종 잘못된 의사결정은 의사결정과정에 문제가 있기보다는 의사결정자의 마음에서 비롯되는 경우가 많다. 인간의 두뇌 작용이 올바른 결정을 방해할 수 있다.

분석가들은 반세기에 걸쳐 의사결정이 이루어질 때 마음이 어떻게 기능하는지를 연구해 왔다. 실험실이나 현장에서 이루어진 이런 연구들에 의하면, 사람들은 대부분 의사결정 시 고려해야 할 복잡한 상황을 극복하기 위해 무의식적으로 판에 박힌 방법들을 사용한다. 이러한 판에 박힌 방법들을 경험적 해결법(heuristics)이라고도 하는데, 이 방법은 대체로 많은 상황에 잘 들어맞는다. 가령 거리를 측정할 경우에도 우리는 자주 근접성과 투명성을 동일시하는 이 경험적 해결법에 의존한다. 어떤 물체가 또렷하게 보이면 가까이 있다고 판단하며, 그 물체가 흐릿하면 할수록 더 멀리 있는 것으로 판단한다. 이것이 조종사들이 하늘을 날 때 쉽고 신속하게 거리를 판단하는 주된 방법이다.

그렇지만 대부분의 경험적 해결법이 그러하듯이 이러한 방법에는 많은 문제가 있다. 평소보다 더 흐린 날 우리는 사물을 실제 거리보다 더 멀리 있다고 생각한다. 그러나 이러한 편차가 우리에게 큰 위험을 주는 것은 아니므로 우리는 대부분 이것을 무시하고 지낸다. 그러나 비행기 조종사의 경우 이러한 잘못된 편차는 큰 재해를 초래할 수 있다. 그래서 조종사들은 눈에만 의존하지 않고 객관적인 방법을 활용해 거리를 측정하도록 훈련받는다.

우리는 우리가 의사결정을 할 때 사고하는 과정에서 발생할 수 있는 일련의 오류를 분류했다. 그것은 투명성과 근접성에 관한 경험적 해결법과 같이 잘못된 감각적인 인식일 수 있다. 어떤 오류는 편견의 형태를 취할 수도 있다. 어떤 것들은 사고 과정에서의 비이성적인 변칙성에 기인한다. 이러한 모든 함정은 우리가 눈으로 볼 수 없기 때문에 더 위험하다. 이러한 함정들은 우리의 사고과정에 강력히 얽혀 있기 때문에 - 우리가 그런 관습에 깊이 젖어있을 때에도 - 이를 인지하지 못하는 경우가 많다.

집행부의 성공 여부는 그들이 결정하거나 승인해야 할 수많은 사항을 매일 어떻게 결정하느냐에 달려 있다. 이 경우 심리적 함정이 특히 위험하다. 심리적 함정은 새로운 생산물 개발, 획득과 박탈전략, 연속적인 계획 등의 전반적인 결정을 잘못되게 할 수 있다. 어느 사람도 마음 속에 있는 뿌리 깊은 심리적 함정의 오류에서 벗어날 수 없다. 그러나 앞에서 언급한 조종사들의 경우처럼 우리는 이러한 함정들을 이해하고 그것들을 제거하는 법을 배워야 할 것이다.

이 글에서는 잘 정리된 수많은 심리적 함정들, 특히 경영분야에서 의사결정에 영향을 주는 심리적 함정들에 관해 살펴보고자 한다. 이러한 함정들의 원인과 형태들을 설명하고 경영자가 그러한 함정에서 벗어날 수 있는 여러 가지 방법을 제시한다. 가장 좋은 방어는 이러한 함정을 늘 명심하고 있어야 한다는 점이다. 이러한 함정 및 함정이 야기하는 다양한 형태에 익숙한 집행부라야 자신의 결정은 물론 주위 사람이나 동료의 건의도 믿을 만하다고 확신할 수 있다.

1. 닻 내리기의 함정

당신은 다음 두 가지 질문에 대해 어떻게 대답하시겠습니까?

터키의 인구는 3,500만 명보다 많습니까?
당신은 터키의 인구는 정확하게 몇 명이라고 생각하십니까?

만약 당신이 대다수 사람과 비슷하다면 첫 번째 질문에서 언급한 3,500만 명이란 숫자가 두 번째 질문의 대답에 영향을 미칠 것이다(비록 이 숫자는 임의로 선택된 것이라고 할지라도). 지난 몇 년 동안 우리는 다양한 그룹의 사람들에게 이러한 질문을 제시해 보았다. 우리가 시험대상으로 한 사람들의 반 정도에게는 첫 번째 질문에 3,500만 명의 숫자를 주고 나머지 반에는 1억 명의 숫자를 제시했다. 어김없이 1억 명의 숫자를 제시한 경우 사람들은 두 번째 질문에서 3,500만 명을 제시한 경우보다 수백, 수천만 명을 더 크게 말하는 것으로 판명되었다. 이러한 단순한 시험을 통해 우리는 *닻을 내리기 anchoring*로 알려진, 평범하나 종종 해로운 정신적인 현상을 사람들이 지니고 있음을 알 수 있었다. 사람들은 의사결정 시 자신이 얻은 첫 번째 정보의 가치를 너무 과대평가하곤 한다. 최초의 인상, 평가, 자료들이 이후의 사고나 판단에 닻을 내려 정착시키는 역할을 한다.

닻들은 많은 위장을 한다. 그것들은 동료의 비평이나 우리가 매일 신문에서 보는 통계자료들과 같이 단순하거나 해롭지 않은 것처럼 보일 수 있다. 닻들은 또한 사람의 피부색깔, 억양, 의복에 관한 고정관념과 같이 잠행성 성질을 가질 수도 있다. 사업에서 가장 평범한 닻의 유형은 바로 과거의 사건이나 추세이다. 내년도에 팔 상품을 계획하는 경영자는 종종 과거 수년간 그 상품의 판매실적을 고려하는 것으로 시작한다. 이 경우 과거의 숫자가 닻이 된다. 내년도 판매량을 예측하는 당사자는 기타 요인들을 감안하여 그 숫자를 수정한다. 이러한 방법은 대부분 합리적이고 정확한 예측이 되기도 하지만 대개는 과거의 사건에 너무 가중치를 많이 두고 다른 요인들을 너무 과소평가하는 경향이 있다. 시장에 급격한 변화가 있는 경우 과거에 의존한 닻은 부정확한 예측을 초래하고 그 결과 잘못된 선택을 하게 만든다.

닻은 의사결정이 이루어지는 기준이 될 수 있기 때문에 종종 재치있는 사람들은 이를 협상전술로 활용한다. 샌프란시스코에서 어떤 커다란 컨설팅 회사가 새로운 사무실을 구하려고 한다고 가정해 보자. 그 회사 담당자는 부동산중개인이 소개한 사무실이 자기가 원하는 조건에 맞는 지 확인한 후 빌딩의 소유자와 만날 약속을 한다. 이 때 빌딩 소유주는 다음과 같은 계약조건을 제시한다. 10년간 사무실을 임대하며, 초기 월세는 1ft2당 2.50달러로 하고 매년 물가 상승분을 고려해 인상하기로 한다. 또한, 실내장식은 입주자가 부담하며 동일한 조건으로 10년 더 연장할 수 있다는 등의 계약조건을 제시한다. 이러한 제안은 현재 시세에서 볼 때 매우 비싼 가격임에도 그 담당자는 현 시세의 중간 정도 가격으로 역제의한다. 즉, 그 회사의 담당자는 월세를 낮추어 중간수준의 시세로 제시하는 한편, 건물의 보수를 위한 수리비는 건물주가 담당하고 나머지 조건은 허락한다는 역제안을 한다. 그러나 그 담당자는 다음과 같이 더 공격적이고 효과적인 역제의를 할 수도 있을 것이다. 현 시세로 볼 때 더 낮은 수준의 월세를 지불하고, 매년 물가인상분을 고려하기보다는 2년에 한 번 고려하고, 더 이상의 인상은 없으며, 임대를 연장할 때 새로운 조건을 고려할 수 있다는 등을 제안할 수 있다. 그럼에도 소극적인 제의에 그친 것은 건물 소유주의 최초제안 때문에 그의 사고가 인도되었기 때문이다. 회사담당자는 닻 내리기 함정에 빠졌으며, 그 결과 실제로 지불해야 될 가격보다 더 많이 지급하고 말았다.

어떻게 대처해야 하나?

의사결정에서 닻의 효과에 대해서는 수많은 실험결과가 나와 있다. 닻은 경영자뿐만 아니라 회계사, 공학자, 은행가, 변호사, 컨설턴트, 주식분석가의 의사결정에도 영향을 미친다. 누구도 이 영향에서 벗어날 수 없다. 닻의 함정은 아주 넓게 퍼져있다. 그러나 이러한 닻의 위험을 잘 알고 있는 경영자라면 다음과 같은 기술을 발휘해 그 영향을 축소할 수 있다.

- ◉ 다른 사람과 상담하기 전에 당신 스스로 문제를 생각하라. 다른 사람의 아이디어를 먼저 듣다 보면 닻의 함정에 빠질 우려가 있다.
- ◉ 마음을 활짝 열어라. 다양한 사람들로부터 정보를 구하고 의견을 들어라. 이는 당신의 준거 틀을 확대하고 새로운 방향으로 생각할 수 있는 마음을 갖게 할 것이다.
- ◉ 당신이 정보를 얻고자 하거나 상담하고자 하는 사람들을 너무 믿지 않도록 유의하라. 그들에게 당신의 생각, 평가, 잠정적인 결정 등에 대해 가능한 한 이야기를 하지 마라. 만약 그들에게 당신의 생각을 너무 많이 알려 주면 당신 생각과 비슷한 대답만을 들을 것이다.
- ◉ 협상 할 때 특히 닻을 조심하라. 상대방의 최초제안에 의한 닻의 함정에 빠지지 않도록 협상 전에 당신의 입장을 심사숙고하라. 동시에 자신의 이득을 위해서 닻을 사

용할 기회를 찾아라. 만약 당신이 판매자라면 방어할 수 있는 범위 내에서 처음에 높은 가격을 제시하라.

2. 현상유지의 함정

우리는 모두 자신의 의사결정이 합리적이고 객관적이라고 믿고 싶어한다. 그러나 사실 우리 모두는 편견이 있으며 이것이 우리의 선택에 영향을 준다. 예를 들면, 의사결정자들은 현상을 유지시키는 대안을 찬성하려는 편견을 강하게 지니고 있다. 이런 경향은 아주 새로운 생산품이 소개될 때 흔히 나타난다. "말 없는 마차 horseless carriages"라고 불린 최초의 자동차는 마치 한 필의 말이 끄는 4륜 마차처럼 보였고, 인터넷 사이트(web site)에 등장한 최초의 "전자신분 electronic newspapers"은 그것의 인쇄된 기존의 보통 신문과 유사한 것으로 보였다.

더 익숙한 사례를 들면, 당신은 자신에게 재정상 영향을 주는 의사결정을 할 때 이러한 편견에 굴복하기 쉬울 것이다. 예를 들면, 당신 자신이라면 절대로 구매하지 않을 주식을 상속받았다고 가정해 보자. 그런 경우 이러한 주식을 처분하고 그 돈을 다른 곳에 투자하는 것은 당연하다. 비용도 거의 들지 않는다. 하지만 놀랍게도 상당수 사람은 그렇게 행동하지 않는다. 그들은 현상유지에 만족하고 현 상황을 바꿀 어떤 조치도 취하지 않는다. 그들은 "나중에 고려해 보겠다"고 말한다. 그러나 '나중에'는 영원히 존재하지 않는다.

현상유지 함정의 근원은 우리의 마음속 깊은 곳에, 우리들의 자아가 손상당하는 것을 보고 싶지 않다는 욕망 속에 자리 잡고 있다. 현 상태를 깨뜨린다는 것은 새로운 조처를 한다는 것을 의미한다. 우리는 조처를 하면 책임을 져야 한다. 이는 우리 자신이 비판이나 후회에서 벗어날 수 없다는 것을 의미한다. 따라서 우리가 아무것도 하지 않는 이유를 찾으려고 애쓰는 것은 너무나 당연하다. 현상유지에 집착하는 이유는 대부분 심리적으로 덜 위험한 상태를 원하기 때문이다.

많은 실험결과는 현상유지가 자석과 같이 우리를 이끄는 매력이 있음을 보여 주고 있다. 예를 들면, 어떤 그룹의 사람들에게 가치가 동일한 두 가지 선물 중 하나씩을 무작위로 나누어주었다고 가정하자. 그룹의 반은 커피잔을 받고 나머지는 스위스 초콜릿을 받았다. 그들은 자유롭게 상대방과 받은 선물을 교환할 수 있다고 하자. 아마도 당신은 사람들의 반 정도가 선물을 서로 교환할 것으로 예상하지만, 단지 그룹의 10분의 1 정도만 물건을 서로 교환하는 것을 볼 수 있다. 단지 몇 분 전에 임의로 설정된 결과임에도 교환이 거의 이루어지지 않는 것은 현상유지의 힘이 작용했기 때문이다.

선택의 여지가 많을수록 현상유지를 더욱 선호하는 것을 다른 사례를 통해 살펴보자. 예를 들면, 한 가지 대안(A)이 있는 경우와 두 가지 대안(A와 B)이 있는 경우 대부분 사람들은 두 가지 대안의 경우에 현상유지를 더 선호하는 것을 알 수 있다. 왜 그런가? A와 B 중 하나를 선택하면 추가적인 노력이 더 요구되기 때문이다. 즉, 현상유지를 택하면 추가적인 노력을 할 필요가 없기 때문이다.

일하지 않는 것보다 일을 잘못해서 받는 죄가 훨씬 크고 무거운 사업에서는 현상유지가 강한 매력을 지닌다. 예를 들면, 다른 기업을 합병한 많은 경영자는 인수한 회사를 새롭고 더 적절한 경영구조로 빨리 전환하는 것을 회피하다가 실패하곤 한다. 그들은 흔히 "지금 즉시 배를 흔들지 마라. 상황이 안정될 때까지 기다리자."고 말한다. 그러나 시간이 지남에 따라 기존의 구조가 더욱 굳어져 변화가 더 어려워진다. 변화가 기대되는 그 기회를 제대로 활용하지 못함으로써 의사결정자는 현상유지의 함정에 빠지게 된다.

어떻게 대처해야 하나?

먼저 어떤 의사결정의 경우 현상유지가 최선의 선택이 될 수도 있다는 사실을 인정하자. 그러나 단지 현상유지가 편하기 때문에 그것을 선택해서는 안 된다. 일단 당신이 현상유지의 함정을 알고 있는 한 아래와 같은 기술을 활용해 그 위험을 감소시킬 수 있다.

- ◉ 당신의 목적을 항상 염두에 두고, 만약 현상유지를 택하면 원하는 목적이 어떻게 달성될 것인가를 조사해 보라. 당신은 현재의 상황요소들이 목표에 방해되는 방향으로 작용한다는 것을 발견할 수도 있다.
- ◉ 결코 현상유지를 유일한 대안으로 생각하지 마라. 다른 방안을 찾아보고 각 방안들의 장단점을 면밀히 분석한 후 이러한 대안을 균형을 얻으려는 방법으로 활용하라.

◉ 현상유지를 현상유지가 아닌 단순히 하나의 안이라고 생각하고 그대로 그 안을 택할 것인지를 자문해 보라.
◉ 현상유지에서 벗어날 때에 드는 비용과 효과를 과대평가하지 마라.
◉ 현상유지가 바람직해도 그것은 시간이 지남에 따라 변할 수 있다는 사실을 명심하라. 여러 대안을 비교할 때 현재 상황뿐만 아니라 미래의 견지에서도 평가하라.
◉ 현상유지보다 더 훌륭한 대안이 여러 개 있으면 최선의 대안을 고르기 힘들다는 이유만으로 현상유지 안을 선택하지 말라. 꼭 선택하게 만들어라.

3. 매몰비용의 함정

우리의 가슴속에 자리 잡고 있는 편견 중의 또 하나는 너 이상 과거의 선택이 유효하지 않더라도 과거의 선택을 정당화하는 선택을 한다는 것이다. 우리 대다수는 이러한 함정에 빠지게 된다. 가령 우리는 손실을 본 주식이나 뮤추얼 펀드를 팔아 다른 매력적인 곳에 투자하기를 꺼린다. 또한, 우리는 업적이 부진한 고용인 - 처음에 이런 사람을 고용하라면 거절했을 사람 - 의 업적을 증대시키기 위해 무한한 노력을 기울인다. 이러한 경우 과거의 결정들은 경제학자들이 말하는 *매몰비용 sunk cost* 이 된다. 매몰비용이란 이미 투자한 것 중에서 회복할 수 없는 시간과 돈을 의미한다. 합리적인 견지에서 보면 이러한 매몰비용은 현재의 결정에 아무런 영향도 미치지 않는다. 그러나 이러한 매몰비용이 종종 우리의 마음을 괴롭혀 부적절한 의사결정을 하도록 유도한다.

왜 사람들은 과거에 자신들이 내린 선택에서 벗어날 수 없는가? 이것은 의식적이건 아니건 간에 자신의 실수를 인정하고 싶지 않기 때문이다. 어떤 개인이 잘못된 결정을 시인한다는 것은 사적인 분야에서는 개인의 자존심 문제이지만 경영에서는 동료나 상관의 비난을 받는 것을 포함한 공적인 문제다. 만약 당신이 자신이 고용한 사람을 업무능력 부족으로 해고한다면 당신은 초기에 잘못 판단했다는 것을 공적으로 인정하는 것이 된다. 그래서 그러한 문제 직원을 해고시키지 않고 그냥 놔두는 것이 심리적으로 더 안심이 되어 보인다. 물론 그러한 선택은 더 큰 실수를 일으킴에도 불구하고 말이다.

매몰비용의 편견은 은행에 절박한 문제가 발생했을 때 은행의 규칙을 교란하는 요인으로 발생한다. 대출을 받은 사람의 사업에 문제가 발생할 경우 은행의 대출직원은 그

기업에 추가 대출을 승인해 줌으로써 숨 돌릴 여유를 주는 경우가 종종 있는데, 이는 추가대출을 함으로써 위기를 벗어나게 한 후 대출해 준 돈을 회수하려고 하기 때문이다. 만약 이 기업이 추가대출을 받고 경영사정이 회복되면 좋은 선택을 한 것이 되지만, 만약 실패하면 오히려 악화한 상황에 또 멀쩡한 돈을 투자해 날린 셈이 되는 것이다.

우리 가운데 한 사람이 외국기업에 상당한 부실대출을 해 준 미국 주요 은행을 도와주는 일을 맡았다. 우리는 문제의 대출을 한 은행원들이 처음 대출이 이루어진 계정을 회수하기보다는 오히려 반복적으로 추가 대출한 것을 발견했다. 그러나 처음 대출해 주었던 은행원들의 대출전략은 대부분 실패로 끝나게 되었다. 이는 자신의 잘못된 믿음을 너무 신뢰한 나머지 함정에 빠지게 되어 의식적이건 무의식적이건 최초의 잘못된 결정을 막아 보기 위해 너무 노력한 결과다. 그들은 매몰비용에 관한 편견의 희생양이 된 것이다. 결국 그 은행은 대출에 어떤 문제가 발생하면, 즉시 다른 은행에 대출을 돌리도록 하는 정책을 제도화함으로써 문제를 해결했다. 다른 은행은 편견을 지니지 않고 추가적인 자금을 새로 대출할 것인지 결정할 수 있었다. 법인조직의 문화는 가끔 매몰비용의 함정을 일으키게 한다. 만약 원하지 않는 결과를 초래한 결정에 대해 처벌이 매우 강력하면 경영진은 처벌이 두려운 나머지 실패한 프로젝트가 언젠가는 성공할 수도 있을 것이라는 허황된 희망을 지니고 이 프로젝트를 끝없이 질질 끌게 되는 동기를 갖게 된다. 집행부는 예측할 수 없는 사건들이 자주 발생하는 불확실성 아래의 세계에서는 좋은 의사결정도 때때로 나쁜 결과를 초래할 수 있다는 사실을 인식해야 한다. 집행부는 좋은 아이디어도 실패로 끝날 수 있다는 사실을 알고 직원에게 손실을 누적시키기보다는 손실을 줄이도록 격려해야 한다.

어떻게 대처해야 하나?

과거 사항과 관련된 모든 의사결정에서 당신의 생각을 혼탁하게 만들 수 있는 어떠한 매몰비용 - 심리적이나 경제적이나 - 에서 벗어나려는 사려 깊은 노력을 해야 한다. 이를 위해 다음과 같은 기술을 활용하라.

◉ 과거의 결정에 관여하지 않았던 사람들, 그래서 과거 결정에 구속되지 않을 사람을 찾아 그의 의견을 주의 깊게 들어보라.

◉ 왜 초기의 실수가 당신을 고통스럽게 만드는지 분석하라. 만약 그 문제가 당신의 자존심 문제라면 정면으로 대처하라. 비록 처음 의사결정자의 잘못이 없는 아주 훌륭한 선택도 나쁜 결과를 초래할 수 있다는 사실을 명심하라. 버펫(Warren Buffet)의 다음과 같은 경구를 기억하라. "당신이 어려운 처지에 있을 경우 최선의 방책은 더 이상의 어려움을 만들지 않는 것이다."

◉ 의사결정 시 매몰비용의 편견에 영향을 주는 것과 주변 사람들의 추천에 대해 경계하라. 필요하다면 책임을 다시 할당하라.

◉ 피고용자가 한 번 실수로 그치지 않고 실수를 연속적으로 행하는 상황을 막기 위해 '실수를 두려워하는 문화'를 배척하라. 직원을 보상하는 데 의사결정의 질을 살펴보라. 즉, 그 의사결정이 만들어진 상황을 고려해야 하며 그 결과만을 평가하지 마라.

4. 자기 확정적 증거의 함정

중간 크기의 미국 제조업체 사장인 당신이 지금 이미 계획된 어떤 공장의 설비확장을 취소할 것인지를 심각하게 고려 중이라고 가정해 보자. 지난 얼마 동안 당신은 급속히 증가하는 수출 물량을 공급하기에 당신 회사의 공장설비가 부족하다는 것을 알고 설비를 확장하려고 했었다. 그러나 지금 당신은 달러가치가 수개월 내에 상승해 자사 제품값이 상승하는 효과를 가져 오게 되어 수요가 급속히 감소하지 않을까 두려워하고 있다. 이때 당신은 공장의 설비확장을 중지하기에 앞서, 우선 최근 새로운 공장가동을 연기한 유사업종 회사의 사장을 만나 그의 의견을 들어보기로 한다. 그 사람은 다른 나라의 화폐가 심각히 절하되어 달러가치가 상승할 것이라고 강력하게 의견을 제시한다. 이 경우 당신은 어떻게 할 것인가?

당신은 그런 대화를 자신의 의사결정에서 결정적인 요인으로 받아들여서는 안된다. 왜냐하면, 당신은 자기 편향적 증거의 편견에 빠지기 쉽기 때문이다. 이러한 편견은 우리가 현재 지니고 있는 본능이나 원하는 쪽의 방향을 지원해 줄 정보를 획득하도록 요구하는 한편, 반대되는 방향의 정보획득을 피하도록 유도한다. 결국 안면이 있는 사람의 유사의견을 들을 경우, 당신은 그 사람의 입장과 관련된 강한 주장 이외에 무엇을 더 기대할 수 있는가? 자기 편향적 증거의 편견은 당신이 관련된 증거를 모으는 데 영향을 주는 것은 물론, 얻은 정보의 해석에도 영향을 준다. 그래서 자기 생각을 지지하는 정보는 가중치를 높게 두는 반면, 그 반대의 정보는 가중치를 낮게 두는 경향을 초래한다.

이러한 현상에 대한 심리적 분석의 경우를 살펴보자. 두 개의 그룹이 있다. 한 그룹은 사형제도를 반대하는 그룹이고, 다른 한 그룹은 찬성하는 그룹이다. 이 경우 각 그룹은 범죄예방을 위해 사형제도의 효과에 관해 세밀히 분석한 두 개의 연구보고서를 읽어 보았다. 그 중 한 보고서는 사형제도가 효과적이라고 하는 반면에, 다른 하나는 그렇지 않다는 결론의 보고서였다. 양쪽 보고서 모두 자신의 주장을 과학적·논리적으로 주장하고 있음에도 두 그룹의 사람들은 이 보고서를 읽고 나서 자기 주장을 더욱 확신하게 되었다. 그들은 자신의 생각을 지지하는 정보는 받아들이고 반대하는 주장은 버린 것이다.

여기서 우리는 심리적으로 두 가지 근본적인 힘이 작용하고 있다는 사실을 알고 있다. 하나는 무의식적으로 왜 그것을 좋아하는지에 대한 분석도 없이 우리가 하고 싶어 하는 쪽으로 결정하는 경향이 있다는 것이다. 두 번째는 싫어하는 것보다 좋아하는 것에 더 끌리는 경향이 있다는 것으로서 이는 어린 아기들에게도 잘 적용된다. 따라서 우리는 잠재의식 속에서 얻은 결론을 지지하는 측의 정보를 당연히 택하게 된다.

어떻게 대처해야 하나?

잠재의식 속에서 얻어진 결론을 무조건 거부하라는 말은 아니다. 당신은 과연 그것이 현명한 결정인지 아닌지 확신을 해야 한다. 이를 위해 당신은 잠재의식에서 얻어진 선택을 평가할 필요가 있다. 여기에 그 방법이 있다.

- ◉ 당신이 생각하고 있는 결정에 대해 반박할, 즉 악마의 역할을 담당할 사람(당신이 존경하는 사람 중)을 구하라. 당신 자신도 반대논리를 잘 생각해 보라. 어떤 일을 해야 하는 가장 중요한 이유는 무엇인가? 두 번째 중요한 이유는? 세 번째는? 마음을 활짝 열고 입장을 고려해 보라.
- ◉ 당신이 선택하게 된 동기에 대해 자신에게 솔직하라. 당신이 진정으로 현명한 결정을 내리기 위해 정보를 수집했는가, 아니면 단지 당신이 원하는 방향을 지원할 정보

를 찾는 수준에서 그쳤는가?

◉ 다른 사람에게 충고를 구할 경우 자기 확정적인 증거를 얻기 위한 선행질문을 피하라. 만약 충고자가 늘 당신 입장을 옹호한다면 다른 충고자를 찾아라. 당신 주위에 예스맨을 두지 마라.

5. 틀의 함정

의사결정의 첫 단계는 질문의 틀(frame)을 만드는 것이다. 그러나 이것은 가장 위험한 단계의 하나이기도 하다. 문제의 틀이 어떻게 만들어져 있는가가 당신의 선택에 아주 중요한 영향을 미칠 수 있다. 가령 다음 자동차보험 예와 같이 틀을 어떻게 제시하느냐에 따라 2억 달러의 차이를 초래할 수 있다. 뉴저지 주와 펜실베이니아 주는 보험비용을 줄이기 위해 소송에 관한 법을 약간 변경해 보험가입자가 임의로 선택할 수 있도록 권한을 부여하였다. 보험가입자는 제한된 소송권과 무제한 소송권 중에서 선택하게 되는데, 만약 제한된 소송권을 택하면 보험료 일부를 줄일 수 있다. 그러나 선택권의 틀이 주마다 서로 다른데, 뉴저지 주에서는 본인이 특별히 이의를 달지 않는 한 자동적으로 제한된 소송권을(default option) 가지며 펜실베이니아 주에서는 본인이 이의를 달지 않는 한 제한 없이 모든 소송을 할 권리를 갖고 있다. 이러한 틀의 차이는 서로 다른 현상유지상태를 초래하게 되며, 소비자들은 너무나 당연하게 현상유지의 상황을 그대로 받아들인다. 그 결과 뉴저지 주에서는 약 80%가 제한된 소송권을 택하게 되고 펜실베이니아 주에서는 약 20%만이 제한된 소송권을 지니고 있다. 이와 같이 선택의 틀 차이로 펜실베이니아 주에서는 약 2억 달러의 보험비용 및 소송비용을 절약하지 못하게 된다.

틀의 함정은 다양한 형태를 지닐 수 있다. 보험의 예에서도 살펴보았듯이, 그것은 종종 심리적 함정과도 밀접한 관련이 있다. 하나의 틀은 현상유지 또는 닻을 유도할 수 있다. 틀은 당신을 매몰비용의 함정이나 자기 편향적 증거의 함정으로 인도할 수 있다. 의사 결정을 분석하는 학자들은 특히 자주 발생할 수 있는 두 가지 형태의 의사결정 왜곡 틀을 아래와 같이 제시하고 있다.

A. 이익과 손실의 틀

이 틀은 카네만과 트버스키같은 의사결정분석가의 고전적인 실험에서 얻어진 유형이다. 가령 보험전문가 그룹에게 다음과 같은 문제가 제시되었다고 하자.

당신은 해운자산 조정담당이다. 어제 알래스카 해안에서 보험에 들어 있는 세척의 바지선이 가라앉는 사고가 발생했는데, 당신은 이 바지선 내의 화물손실을 최대한 줄일 임무를 띠고 있다. 바지선마다 20만 달러의 가치를 지닌 화물이 실려 있는데, 만약 72시간 이내에 바지선이 구조되지 않으면 화물을 완전히 잃어버리게 될 것이다. 이 지역 해난구조회사의 소유주가 당신에게 다음과 같은 두 가지 제안을 해 왔다.

A 안: *세 척의 바지선 가운데 한 척의 바지선 내 화물을 구하는 안으로 약 20만 달러의 가치가 있다.*

B 안: *1/3의 확률로 세 척 바지선의 모든 화물을 구하는 것이며, 이 경우 약 60만 달러어치의 가치가 있으며, 2/3의 확률로 아무것도 구하지 못할 수도 있다.*

당신은 어느 안을 택할 것인가?

만약 당신이 원래 연구의 응답자 가운데 71%에 해당하는 부류의 사람이라면 당신은 위험이 적은 방안, 즉 한 척의 바지선을 확실히 구하는 A 안을 택할 것이다. 연구의 다른 그룹 사람들에게는 다음과 같은 대안 C와 D중 하나를 택하라고 했다.

C 안: *세 척의 바지선 가운데 두 척 바지선의 모든 화물을 잃는 안으로 약 40만 달러어치의 손실이 있다.*

D 안: *2/3의 확률로 세 척 바지선의 모든 화물을 잃는 것이며, 이 경우 약 60만 달러어치의 손실이 있으며, 1/3의 확률로 아무 손실도 입지 않는 경우다.*

이러한 선택이 제시되었을 경우 80%의 사람들이 D 안을 더 선호했다.

대안의 짝, 즉 A 안 C 안, B 안 D 안은 사실상 동일한 안이다. 다만 표현하는 방식이 다른 틀을 이용했을 뿐이다. 그러나 놀랍게도 상이한 결과가 도출되었다. 제시된 방안이 바지선이 구조되는 이익 측면의 경우(A와 B의 경우)에는 사람들이 위험 회피적이

되고 손실을 회피하는 측면에서 방안이 제시된 경우(C와 D의 경우)에는 위험을 추구하는 입장이 된 것이다. 더구나 문제는 사람들이 주어진 틀을 자신의 방식으로 다시 고려하기보다는 제시된 틀을 그대로 받아들이는 경향이 있었다.

B. 다른 준거점으로서의 틀

동일한 문제로서 다른 준거점(reference points)을 지닌 틀을 사용할 때 역시 다른 반응이 나 타날 수 있다. 가령 당신이 은행에 2,000달러의 예금이 있을 경우 다음과 같은 질문을 받았다고 가정하자.

300달러 손해 볼 확률이 1/2이고, 500달러의 이득을 볼 확률이 1/2일 경우의 제안을 받아들이겠는가?

다음과 같은 제안이 제시된다면 당신은 받아들이겠는가?

당신은 2,000달러의 예금을 그대로 갖기를 원하는가, 아니면 1/2의 확률로 1,700달러, 1/2의 확률로 2,500달러가 되는 경우를 택하겠는가?

위의 두 질문은 사실상 동일한 내용의 질문이다. 이와 같은 질문에 대한 대답은 합리적으로 보면 동일해야 한다. 그럼에도 많은 사람은 첫 번째 50:50의 기회로 제시된 제안에 대해서는 거절하면서도 두 번째 50:50의 제안에 대해서는 받아들이는 경우를 종종 보았다. 이렇게 동일한 내용의 제안에 대해 다른 반응을 보이게 된 이유는 두 개의 틀에 대한 준거점이 각각 다르기 때문이다. 첫 번째 틀의 준거점이 0으로서 0을 기준으로 이익과 손실에 대한 것을 강조한 것이다. 따라서 대다수 사람의 마음속에는 손실에 대한 우려가 강해 보수적인 대응을 하게 된 것이다. 그러나 두 번째 틀의 준거점은 2,000달러로서 손실과 이익에 따른 실질적인 재정적 충격을 강조한 것이다. 따라서 손실을 보아도 1,700달러가 남아 있기 때문에 덜 위험한 것같이 생각되어 사람들이 위험을 추구하는 행동을 한 것이다.

어떻게 대처하여야 하나?

잘못된 틀의 문제는 심지어 잘 고려된 의사결정까지도 뒤흔들 수 있다. 그러나 틀에 관한 많은 역효과는 다음과 같은 주의를 기울임으로써 줄일 수 있다.

◉ 초기에 제시된 틀을 그대로 받아들이지 마라. 그 틀이 당신 스스로 만든 것이든 아니면 다른 사람에 의해 제시된 것이든 간에 늘 다양한 방법으로 문제의 틀을 재구성하도록 노력하자. 틀에 의해 발생할 수 있는 왜곡을 찾으려고 노력하라.

◉ 제시된 문제를 중립적이되 의미가 달라지지 않는 여러 가지 방법들, 즉 이익과 손실에 의한 방법, 다른 준거점을 지닌 방법 등을 통해 살펴 보아라. 위의 예의 경우 절반의 확률로 300달러를 잃을 제안, 즉 예금이 1,700달러로 될 경우와 반의 확률로 500달러를 얻을 경우, 즉 2,500달러의 예금을 갖게 되는 제안을 받아들이겠는가로 고치고 생각해 보자.

◉ 문제에 대해 다른 의사결정이 추천되어 있을 경우 제시된 틀을 조사해 보라. 그리고 다른 틀을 갖고 그 문제를 풀어 보려고 시도하라.

6. 함정의 측정과 예측

우리들 대부분 시간·거리·무게·부피 등에 관한 측정에 정통해 있다. 그 이유는 이러한 변수를 꾸준히 판단해 왔고, 그러한 판단의 정확성에 대해 신속하게 피드백을 얻기 때문이다. 매일 매일의 훈련을 통해 우리의 마음은 이러한 것에 매우 잘 숙달되어 있다.

그러나 불확실한 사건에 대한 측정이나 예측은 매우 다르다. 경영자들은 이러한 측정이나 예측을 꾸준히 해 오고 있음에도 정확성에 대한 뚜렷한 피드백을 거의 갖지 못한다. 만약 기름가격이 1년 내에 15달러 이하로 떨어질 가능성이 약 40%라고 판단할 경우 당신은 측정한 확률에 대해 맞았는지 틀렸는지 말할 수 없을 것이다. 당신의 정확도를 측정할 유일한 방법은 유사한 판단을 아주 많이 해 보고서 그 결과 과연 40% 확률로 정확히 일치했는가를 조사해 보는 것이다. 이러한 것은 아주 상당량의 자료가 필요하며 또한 오랜 기간에 걸쳐 주의 깊은 추적을 해야 한다. 기상 예측기나 마권업자는 이러한 기록을 확보할 유인을 지니고 있으나, 우리 대부분은 그렇지 않다. 그래서 불확실성이 있는 경우에 우리의 마음은 이러한 상황측정에 결코 잘 숙달되어 있지 않다.

우리가 지금까지 논의한 함정(닻의 함정에서 틀의 함정까지)들 모두 불확실한 상황에서는 우리의 의사결정에 영향을 줄 수 있다. 그러나 확률 고려를 어렵게 하는 불확실한 상황에서 특히 우리의 의사결정을 왜곡시키는 다른 종류의 함정이 있다. 가장 일반적인 세 가지 불확실성의 함정을 살펴보자.

A. 자만감의 함정

우리 대다수는 측정이나 예측에 아주 정통하지 않음에도 우리의 정확도에 대해 너무 자만하는 경향이 있다. 이러한 자만감은 판단의 실수를 초래하고 그 결과 나쁜 의사결정을 유도하게 된다. 일련의 시험을 통해 사람들에게 다음 주 주식시장에서의 다우존스 산업평균지수를 예측하도록 했다. 불확실성을 고려해 종가(終價)의 범위를 측정토록 했다. 범위측정의 제한 사항으로서 종가가 상한선을 초과할 가능성이 단지 1% 이내가 되도록 요청받았다. 마찬가지로 하한선에서도 그 밑으로 내려갈 가능성이 1% 이내가 되도록 요청받았다. 만약 그들이 범위를 잘 설정한다면, 즉 예측이 훌륭하다면 매번 종가가 범위에서 벗어날 확률은 2% 이내가 될 것으로 기대했다. 그러나 수백 번의 시험결과를 보면 실제의 다우존스 평균지수가 예측한 범위 밖으로 거의 20~30% 정도나 벗어남을 알 수 있었다. 이는 예측에 관한 정확도의 자만감이 대다수 사람들에게 너무 좁은 범위를 설정하도록 한 것이다.

경영에서 중요한 주도권 장악이나, 투자와 관련된 의사결정 시 측정의 범위가 얼마나 심각한 영향을 미치는지를 생각해 보자. 만약 경영진이 주요 변수의 착오로 높은 결과를 밸 수 있는 것을 과소평가하거나, 낮은 결과를 너무 과대평가한다면 그들은 매력적인 기회를 놓치거나, 아니면 생각한 것보다 더 위험한 결과에 놓이게 될 것이다. 경영진이 시장실패의 가능성을 정확하게 고려하지 않았기 때문에 나쁜 결과를 초래하는 새로운 생산물 개발사업에 상당한 돈이 낭비되었다.

B. 신중함의 함정

예측의 또 다른 함정 중 하나는 지나치게 고려한다는 데 있는데, 이를 우리는 신중함이라고 한다. 큰 금액(도박)이 걸린 의사결정에서 우리는 '단지 안정성의 측면에서' 평가하거나 예측한 것을 조정하는 경향이 있다. 수년 전의 예를 들어보자. 미국의 3대 자동차회사는 자동차 판매가 가장 활발한 기간에 새로운 모델의 차를 얼마나 생산할지를 결정하려고 했다. 의사결정에 책임이 있는 판매기획부서는 다른 관련 부서에게 예상되는 판매량, 대리점 재고량, 경쟁회사의 행동, 비용과 같은 주요 변수에 대한 예측을 보내 줄 것을 요청했다. 이 경우 이러한 측정의 목적을 알고 있는 각 부서는 '안전을 위해' 더 많은 자동차의 생산을 원하는 방향으로 예측치를 상향 조정하는 경향이 있다. 그러면 판매기획부서는 그 예측치를 취합한 후 다시 자신의 결정을 '안전하게' 하는 방향으로 조정한다. 따라서 생산되는 자동차는 당연히 수요를 초과하게 되며, 그 결과 잉여분을 팔기 위해 6개월이 더 소요되었고, 결국에는 선전용 가격으로 팔게 되는 결과를 초래했다.

정책결정자들은 정상적인 의사결정 시 아주 신중하게 하는 것을 성문화할 정도로 지나친 면이 있다. 아주 심한 예로서 분석 시 최악의 경우에 대비하는 방법을 들 수 있다. 이 방법론은 무기체계의 고안에서는 아주 흔한 일이고 어떤 분야의 공학이나 표준적인 규격을 맞출 때에도 종종 사용된다. 이러한 방법을 사용하는 공학자들은 무기가 가능한 최악의 상황이 복합된 경우에도 작동할 수 있도록 고안한다. 비록 그러한 상황이 발생할 확률은 거의 없을지라도 이러한 최악의 상황을 전제로 한 분석방법은 실제적인 혜택은 별로 없으면서 막대한 추가비용을 수반한다(사실 이러한 것이 발단이 되어 군비경쟁을 초래하기도 한다). 이러한 지나치게 신중함은 너무 신중하지 않은 것과 마찬가지로 위험한 행동이다.

C. 회상(추억)의 함정

비록 우리가 너무 자만하거나 신중하지 않다 할지라도 우리가 평가나 예측을 할 때 빠질 수 있는 또 하나의 함정이 있다. 우리는 자주 과거의 사건에 대한 기억을 통해 장래에 발생할 사건에 대해 예측하려고 하므로 극적인 사건들 - 이것들은 우리의 기억 속에 강한 인상을 남겨 놓곤 하는데 - 에 의해 큰 영향을 받을 수 있다. 예를 들면 우리는 비행기 재난 같은 발생 확률이 거의 없는 대재난의 가능성을 과장하곤 하는데, 그 이유는 한 번 사고가 나면 언론매체 때문에 너무 과다하게 주의를 끌기 때문이다. 당신의 인생에서 극적이거나 충격적인 사건들 역시 당신의 사고를 왜곡시킬 수 있다. 만약 당신이 일하러 오는 길에 교통사고를 보고 지나왔다면 교통사고 가능성을 높게 평가할 것이며, 만약 가까운 친구가 질병으로 죽었다면 당신 자신이 언젠가 암에 걸려 죽을 가능성이 높다고 생각할 것이다.

사실 당신이 과거의 사건을 균형된 감각으로 회상하게 하는 능력을 왜곡시키는 것은 무엇이든 간에 당신의 올바른 판단을 왜곡되게 한다. 한 실험에서 잘 알려진 남녀의 이름이 적혀 있는 목록이 어떤 그룹의 사람들에게 읽혔다. 주제에 관해서는 알려지지 않은 채 각 목록에는 동일한 수의 남녀가 포함되어 있었다. 그러나 어떤 목록에는 남자가 여자보다 유명인사가 더 많이 들어 있었고 어떤 목록에는 유명인사가 여자 쪽에 더 많이 포함되어 있었다. 목록을 읽은 후 각 참가자에게 목록에 적혀 있는 남녀의 비율을 측정해 보도록 요청했다. 그 결과 유명인사가 남자 쪽에 많은 목록은 남자의 비율이 높다고 했고, 여자 쪽에 유명인사가 많이 포함된 경우는 반대로 여자 쪽의 비율이 높다고 했다.

법인담당 변호사들이 자신들의 기업에 불리한 소송을 변호하는 경우 그들은 종종 회상의 함정에 빠지곤 한다. 합의할 것인지 소송으로 갈 것인지는 종종 그들이 재판결과를 어떻게 평가하는가에 달려 있다. 그들은 언론매체가 막대한 피해보상을 공론화할 가능성을 고려해(다른 훨씬 더 평범한 결과들을 무시하면서) 원고에게 높은 보상을 줄 가능성을 과대평가한다. 그 결과 그들은 실제로 지급해도 될 금액 이상의 큰 금액에 합의하게 된다.

어떻게 대처해야 하나?

측정과 예측의 함정에서 벗어나는 최고의 방법은 가능성을 판단하고 예측하는 것을 매우 엄격하게 하는 것이다. 이와 관련된 세 가지 함정(자만감·신중함·회상)을 피하고자 약간의 추가적인 예방조치가 취해질 수 있다.

측정 시 자만감의 피해를 줄이기 위해서는 가장 극단적인 상황, 즉 가능한 최고와 최저의 범위를 고려하는 것부터 시작하라. 이는 초기 측정으로 당신이 닻의 함정에 빠질 수 있는 것을 피하게 해 준다. 그리고 최고·최저치의 범위에 대해 의심해 보라. 실제로 값이 당신이 생각했던 것보다 낮을 수 있는 상황과 더 높을 수 있는 상황에 대해 상상해 보고 적절히 그 범위를 조정하려고 노력하라. 비슷한 경우에 당신 주변 사람이나 충고자들이 측정한 값도 의심해 보라. 그들 역시 자만감에 빠질 수 있다.

◉ 신중함의 함정을 피하기 위해서는 당신의 측정치를 정직하게 보여 주고, 측 치를 사용하려고 하는 누구에게라도 당신의 측정치는 조정할 수 있다는 것을 설명해 주라. 당신에게 측정치를 제공하려고 하는 사람 누구에게나 정직한 자료가 필요하다는 것을 강조하라. 측정치의 영향을 평가하기 위해 당신은 측정치를 합리적인 범위를 넘어 조사해 보라. 아주 민감한 측정은 재고하라.

◉ 회상의 변화에 의한 왜곡을 축소하기 위해서는 가정 사항들이 당신의 기억으로 과도하게 영향을 받지 않도록 주의 깊게 조사하라. 가능하면 실제의 통계를 얻도록 하라. 막연한 느낌에 의한 인도를 받지 않도록 노력하라.

7. 유비무환: 경계는 경비이다

사업상 의사결정을 할 때 머리를 전혀 쓰지 않아도 될 경우는 거의 없다. 우리의 뇌는 항상 작동하고 있으며, 가끔 우리를 도와주는 방향보다는 방해하는 방향으로 작동한다. 의사결정의 단계마다 우리 마음의 잘못된 인식, 편견 및 기타 책략 등이 우리의 의사결정에 영향을 줄 수 있다. 매우 복잡하고 중요한 의사결정은 많은 가정사항, 측정치, 대다수 사람들로부터 얻어지는 상당량의 투입자료를 포함하는 경향이 있기 때문에 왜곡되는 경향이 있다. 이해관계가 클수록 심리적 함정에 빠질 위험이 더 커진다.

우리가 지금까지 살펴본 함정들은 모두 독자적으로 작용할 수 있다. 그러나 더 위험한 것은 그것들이 복합적으로 작용할 때이고, 이 경우 상승효과를 낸다. 극적인 첫 번째 인상은 우리의 사고에 닻을 내릴 수 있고, 그래서 우리가 초기결정을 정당화하기 위해 선택적으로 자기 편향적 증거를 찾도록 한다. 우리는 성급한 결정을 내리기 쉬우며, 그 결정이 새롭게 현상유지상태가 된다. 매몰비용이 쌓이게 됨에 따라 우리는 함정에 빠지게 되고 새롭게 더 좋은 길을 추구할 호기를 놓치게 된다. 심리적인 실수가 폭포처럼 증가하게 됨에 따라 점점 더 현명한 선택을 어렵게 만든다.

모든 심리적인 함정 - 독자적이든 복합적이든 -에 대한 최선의 방책은 이를 잘 알고 있어야 한다는 것이다. 경계(警戒)는 경비(警備)이다(forewarned is forearmed). 당신 마음이 작동하는 방식에 깊게 박혀 있는 왜곡을 당신이 비록 근절할 수는 없다고 하더라도 당신은 최소한 의사결정과정에 필요한 규범을 만들고 조사함으로써 판단의 실수를 저지르기 전에 사고의 실수에서 벗어날 수 있다. 심리적 함정을 피하고 이해하려는 조처를 함으로써 당신은 자신의 선택에 더 많은 자신감을 가질 수 있다.

참고자료 3-2. 내면적 의사결정에 대한 심리학적 접근

1. 의사결정과 종결이론

심리학자 I. Good(1964)은 의사결정 관련 개념들을 계량화하여 인간의 의사결정과정을 수학적으로 분석한 논문을 발표하였다.[8] 의사결정을 계량적인 방식으로 분석할 수 있음은 일반적으로 질적인 방식으로 정의되는 의사결정을 보완해 주는 장점이 있다. 그의 주장과 논증의 과정은 다음과 같다.

그는 의사결정에는 일련의 행위 집합 E에 관한 1) 마음의 변화(change of mind)와 2) 마음의 변이(variation of mind)의 두 가지 측면이 있다고 본다. 또한 이 두 측면을 시간(time)의 함수인 신뢰성(credibilities)으로 표현한다.

Good은 의사결정을 다음과 같이 정의한다. 집합 E는 상호 배타적(mutually exclusive)이며 완전 포괄적인 행위들(exhaustive acts)의 집합으로 E_1, E_2, ..., E_n을 그 요소로 한다. E_i는 사전에 주어진 목표를 달성하기 위하여 수행 가능한 개개의 행위이다. Good은 행위가 수행되는 시간을 중요한 의사결정의 요소로 본다. 만약 사람들이 합리적이라면 그는 각각의 행위가 그에게 주는 기대 효용(expected utility)을 계산하여 최대의 기대효용을 가져다주는 행위를 선택할 것이다.

이와 같은 기본적 의사결정의 틀이 만들어진 후에, 개인들은 의사결정의 시간을 연기함에 따르는 효용의 손실뿐만 아니라 새로운 정보가 얻어지는 속도 또한 자동으로 고려할 것이다. 따라서 시간의 경과에 따르는 정보획득의 속도가 느려지는 시간에 의사결정을 하는 것이 합리적일 것이다. 인간이 무한히 빠른 속도로 사고할 수 있어야만 함을 의미하는 것으로 합리성이 정의되는 경우도 있고, 전지전능한 신의 사고능력을 기준으로 완전무결한 합리성을 정의하는 경우도 있다. 그러나 인간의 합리성에 관한 이러한 가정과 정의는 현실에 맞지 않아서 인간의 합리성 분석에는 적합하지 않다. 따라서 질 높은 의사결정을 하기 위해서는 합리적 추론(good reasoning)뿐만 아니라 좋은 판단(good judgment)도 필요하다. 이 조건은 합리성의 정도(degree of rationality)의

---

8) I. J. Good. "Measurements of Decisions," in *New Perspectives in Organization Research*, (ed.) by W. W. Cooper, H. J. Leavitt and M. W. Shelly II(New York: John Wiley & Sons, Inc. 1964), pp. 391-404.

개념과 관련되어 있다.

어쨌든 의사결정을 하는 과정에서 의사결정자는 각각의 행위 E_i를 그가 수행할 주관적 확률(subjective probability) P_i ($i = 1, 2, ..., n; P_i \geq 0; \Sigma P_i = 1$)을 의식하고 있다고 가정할 수 있다. 이 특정행위의 수행에 관한 주관적 확률 P_i는 어떤 의미에서는 행위 E_i가 최선의 행위가 될 그의 주관적 확률과 근사할 것이다. 만일 어떤 P_i가 1에 가까워질 때에 의사결정자는 행위 E_i를 실행하는 의사결정을 하였다고 생각할 것이라고 우리는 말할 수 있다. 이 주관적 확률 P_i 대신에 독특한 믿음의 합리적 정도(unique rational degrees of belief) 또는 확신의 강도(intensity of conviction)를 의미하는 신뢰성(credibilities) P_i를 사용할 수 있다. 이 P_i는 의사결정자에게 이용 가능한 모든 정보에 기초하여 계산된 논리적 확률(logical probabilities)로도 알려졌다. 또한, 우리는 의사결정자이 주관적 확률과는 다른 진정한 물리적 확률(physical probabilities) ρ i를 생각할 수 있다. 이 ρ i는 정의상(by definition) 모든 자연의 상태와 모든 자연의 법칙 - 우리가 그 자연법칙을 알건 모르건 -에 따라 결정될 것이다.

인간의 주관적 확률은 자신을 속이지 않는 한 그가 평가한 신뢰의 정도 P_i이다. 그러나 부정확할 가능성이 많은 P_i와는 다른 진정한 신뢰의 정도 ρ i가 있다. 이 진정한 신뢰의 정도 ρ i는 시간의 흐름과 함께 스스로 변화한다. 만일 어떤 ρ i가 1에 가깝고, 인간의 주관적 확률 P_i 역시 1에 가깝다면 그는 번복할 가능성이 거의 없는 의사결정을 하게 될 것이다.

의사결정의 번복 가능성(reversibility)에 대하여 살펴보자. 미래에 발생하게 될 어떤 경험적 사건 신뢰의 정도는 결코 1 또는 100% 확신할 수 없다. 이 때문에 한번 결정된 행위는 그것이 수행되기 전 언제라도 번복될 수 있다. 만약에 개인이 P_i를 정확히 1로 생각한다면 그것은 그가 잘못된 것이다. 보다 일반적으로 말하자면, 개인이 실제로 행위를 하기 전에 의사결정을 내렸다고 생각할 수는 있지만, 그 생각은 잘못된 것이다. 목표달성의 수단이 되는 특정 행위를 실제로 함으로써 의사결정이 완성되는 것이다.

어떤 행위 Ei를 수행하겠다고 결정하는 것은 만일 Pi와 P_i 모두 1에 가까울 경우에만, 그리고 행위가 수행될 때까지 그 확률들이 1에 가깝게 유지되는 조건에서 발생하는 정신작용으로 말할 수 있다. Pi와 P_i 의 괴리에서 마음의 갈등이나 행위의 번복이 발생한다. 만일 주관적 행위확률 Pi는 1에 가깝지만 특정 행위가 최선일 것이라는 신뢰의 정도인 P_i는 그렇지 않다면 의사결정자는 단순히 그가 의사결정을 하였다는 생각만 할 것이다. 반대로 신뢰의 정도인 P_i는 매우 높지만, 주관적 행위확률 Pi는 낮다면 그는 그 자신의 마음을 모르고 있는 것이 된다. 만약에 이러한 상황에서 그가 특정 행위 Ei를 실제로 수행한다면 이 행위는 의사결정이 요구되지 않는 습관적 행위이거나 또는 그의 마음의 균형이 흐트러진 상황에서 행동한 것이다.

주관적 확률과 신뢰성에 관한 위의 정의는 의사결정자에게 이용 가능한 정보만을 근거로 한 것이다. 어떤 사람의 행위를 보고 그 사람의 의사결정에 대한 판단을 하면서 행위자에 대한 정보가 충분한 사람과 그렇지 않은 사람의 판단은 달라진다. 즉, 주관적 확률과 신뢰의 정도를 정의함에서 진정한 물리적 확률은 고려되지 않았음을 알 수 있다.

의사결정과정의 특이성은 의사결정자는 특정행위의 신뢰성을 추정함과 동시에 신뢰성을 계산해내고, 행위의 물리적 확률에 영향을 미친다는 점이 의사결정과정의 특이한 점이다. Good은 의사결정과 관련하여 여러 종류의 확률이 있다는 사실을 받아들이기를 거부하면 의사결정과정의 분석이 어렵다고 주장한다. 또한, 그는 변덕스러운 마음의 상태(state of mind)야말로 의사결정에서 유일하고 적절한 증거(the only relevant evidence)이기 때문에 의사결정자의 의식적, 무의식적 마음의 상태가 의사결정과정의 분석에 포함되어야만 한다고 주장한다. 그런데 그는 의사결정자의 내면의 의식적 또는 무의식적 마음의 상태를 어떻게 의사결정과정의 분석에 포함할 수 있다고 생각하는가?

의사결정이 이루어진 후 그것이 번복되지 않았을 경우, 우리는 최초의 의사결정이 있었을 때 주관적 확률과 신뢰성 모두 보수적으로 볼 때 상당히 높은 값(예컨대 0.99)으로 추정되었고 이 값들이 그 이후에도 더 낮아지지 않았다고 회고적으로 말할 수 있다. 예를 들어 보자. 우리는 어떤 정상적인 사람이 중요한 계약서에 서명하는 것을 보고 그가 서명 시점보다 상당히 이전에 이미 계약에 관한 의사결정을 하였다고 확신할 수 있다. 반면에 시간의 제약이 있는 바둑이나 체스와 같은 게임의 경우에는 시간을 낭비하지 않기 위하여 의사결정과 거의 동시에 다음 수의 착수행위를 한다. 위의 두 경우를 볼 때, 의사결정이 분명해지는 시점은 그 의사결정을 번복하는데 비싼 비용을 지불해야 할 때이다.

의사결정과정에서의 종결(conclusion)은 특정 행위 Ei 자체가 하나의 정신적 사건인 의사결정으로 보통은 가설의 잠정적 수용을 의미한다. 이 경우의 가설은 특정 행위에 대한 신뢰성이 높다는 의미이지, 하나의 행동이 다른 행동보다 더 좋다는 것을 의미하는 것은 아니다. 가설을 수용하는 정신적 작용인 종결은 미래에 미지의 효과를 갖기 수반할 가능성이 많으며, 이는 모든 의사결정에 공통으로 해당된다. Tukey (1955)는 만일 의사결정이론이 실험 또는 관찰 이전에 모든 가능한 행동들이 완전히 작성될 수 있고 작성되어야만 하는 것을 가정하는 이론의 의미로써 사용된다면 통계학은 이 의사결정이론에 의하여 완전히 지배 또는 대체될 것이라고 본다. 그는 이러한 의미의 의사결정이론의 개념에 반대하여 의사결정이론과 함께 종결이론(a conclusion theory)의 필요성을 역설한다. Good 역시 Tukey의 지적에 동의하지만, 그는 의사결정이론과 종결이론을 통합하는 이론을 합리적 의사결정 또는 행위이론(theory of rational decision or behavior)이라는 이름보다는 합리성 이론(theory of rationality)의 이름을 더 선호한다.[9] 그는 만일 우리가 합리성 이론과 함께 종결이론이 필요하다고 말하는 것은 곧 우리가 기하학이 수학에 포함되는 하나의 분과 학문임에도 수학도 필요하고 기하학도 필요하다고 말하는 것과 같다고 본다. 어쨌든 Good은 종결이론과 가치이론에 특별한 관심을 두는 종합적인 합리성 이론을 주창한다.

연구 주제

1. 일단 이루어진 의사결정을 번복할 수 없거나 번복에 비용이 드는 경우와 시간이 지나면 선택기회가 완전히 사라지는 경우의 합리적 의사결정 방식에 대해서 생각해 보자. 실제로 이러한 경우는 상당히 많다.
2. 선택가치(option value)와 의사결정 지연행위의 합리성 정도.
3. 시간적, 심리적 압박 하의 충동적 결정(예: 홈쇼핑 구매자, 스포츠 경기의 작전타임, 도박에서의 베팅)을 심리학적 관점에서 설명하여 보자.

9) 인간의 합리성의 한계를 인정하고 마음의 상태, 감정, 정서 등 비합리적 요소의 의사결정과정에의 개입 등을 인정하는 이론이다. 따라서 의사결정과정에 있어 인간의 합리성의 한계에는 합리성의 발휘를 제약하는 제한적 합리성(bounded rationality)과 초합리성, 직관, 감정, 정서 등 비 지능적 요소의 개입에 의한 합리적 의사결정의 한계의 두 종류가 있다.

제4장

정책환경과 의사결정전략

제1절 정책환경

1. 정책과 정책환경

정책환경은 기존의 정책을 수정하게 하기도 하고, 새로운 정책을 요구하는 정책수요를 창출하기도 한다. 정책환경은 그와 관련된 정책의 내용과 과정에 일정한 제약과 한계를 설정하기도 하며, 특정한 정책을 설계하고 그것을 수용하게 하는 조건과 가능성을 조성하기도 한다. 예를 들어 실업과 빈곤인구가 증가하고 있는 사회적 환경의 제약과 한계 속에서 실업정책과 빈곤에 관한 정책이 설계, 형성되고 집행될 것이다.

정책은 이처럼 정책환경의 영향을 받는 환경의 산물이다. 따라서 정책을 이해하기 위해서는 정책 환경을 구성하는 주요 요소들, 환경이 정책에 미치는 영향, 환경의 특성 등을 이해할 필요가 있다.

<그림 4-1>은 정치시스템의 동태적 반응모형이다. 이 그림은 D. Easton(1965)이 체계적 관점에서 정치시스템의 동태적 반응관계를 묘사한 것인데 정책과 정책환경의 기본적 상호관계를 이해하는데 상당한 도움이 된다.

그림 4-1 정치시스템의 동태적 반응 모형

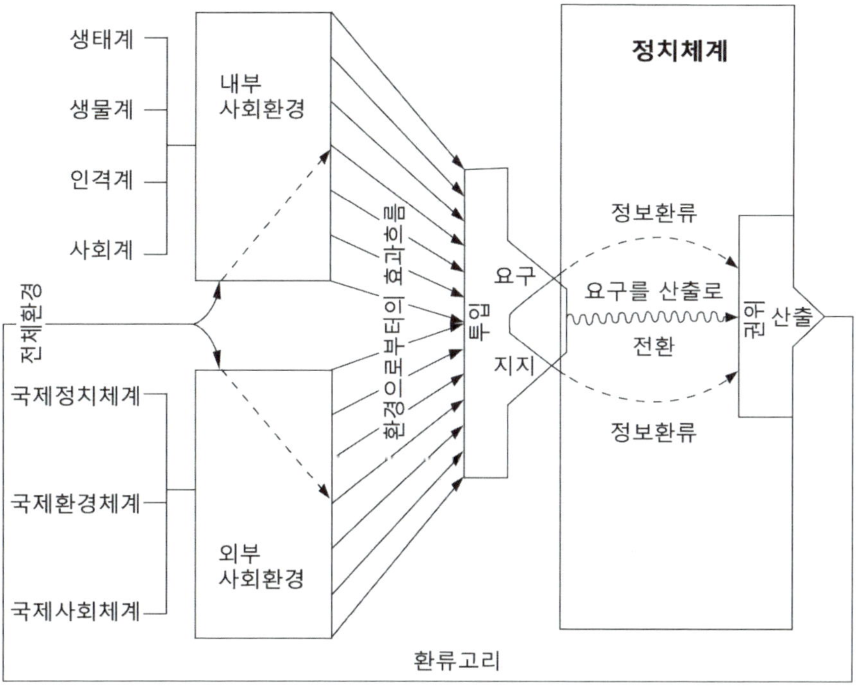

* 출처: Mark Considine(1994), *Public Policy: A Critical Approach*, Figure 2.4, p. 25.

2. 정책환경의 요소

정책환경은 정책내용과 정책과정에 영향을 주고받는 관계에 있는 모든 외적 변수와 조건을 말한다. 따라서 정책체계와 관련된 모든 외부적 변수들은 정책환경적 요인이다. 정책 환경은 특정 정책의 종류와 내용에 따라 달라진다.[1) 주요 정책환경의 요소들을 살펴보면 다음과 같다.

1) 자연적 조건

정책의 종류와 내용에 따라 다르겠으나, 일반적으로 정책은 국토의 면적, 지형, 기

1) http//lecutre.i-kaps.or.kr/lecture/lecture-hall/03. 김재관, 정책학개론 강의.

후, 토질, 부존자원 등과 같이 자연적 여건의 영향을 받기 마련이고, 또 그에 영향을 주게 된다. 예컨대 국토이용개발정책은 국토의 여러 가지 자연적 조건을 무시하고서는 이루어질 수가 없다.

2) 인구학적 특징

정책은 인구의 규모, 분포, 구성비, 인종적 특징 등 여러 가지 인구학적 요소의 영향을 받는다. 예컨대 수백만 명의 인구가 밀집해 있는 대도시를 대상으로 하는 정책과, 불과 수천 명의 인구가 모여 사는 농촌지역을 대상으로 하는 정책은 크게 다를 수밖에 없다.

3) 정치체계

정책은 선거제도와 그 운영, 정당의 구조와 활동, 이익집단의 구성과 활동, 정치과정의 성격 등 정치체계의 영향을 받고 또 그에 영향을 준다. 예컨대 전체주의적 정치체계에서는 정책이 국민 전체의 이익보다는 일부 지배세력 중심의 이익을 위한 정책이 형성되기 쉽다거나, 민주주의적 정치체제에서는 정책이 민주적인 과정과 절차에 따라 국민을 위한 정책이 산출될 수 있는 현실은 정치체제가 정책에 영향을 미치는 주요한 환경적 요소인 것을 말해준다고 하겠다.

정책은 입법부, 행정부, 사법부 사이의 권력구조, 지방자치제도의 실시범위, 중앙정부와 지방정부 사이의 권한배분 등 정부구조와 그 운영에 따라 큰 영향을 받는다. 행정부의 경우, 지방자치기관과 일선기관의 관계, 행정부 각 기관의 구성과 운영 양태, 입법부의 경우 단원제, 양원제, 상임위원회의 구성방식, 행정부의 법률안 거부권 여부, 사법부의 경우 법률 및 명령에 대한 위헌심사권, 판사의 임명 또는 해임 방식 등은 권력구조가 정책에 영향을 주는 주요한 환경적 요소가 되는 예들이다.

4) 경제체계

한 국가의 경제적 기본질서가 어떤 체제이냐에 따라 정책의 내용은 엄청나게 달라진다. 자유시장 원리를 기본으로 하는 자본주의적 시장경제체제이냐 아니면 중앙정부의 계획과 통제방식에 의한 사회주의적 경제체제이냐에 따라 정책의 성격과 내용이 크게 달라짐을 생각하면 쉽게 이해된다. 이와 같이 경제체계의 환경적 요소는 경제정책은 물론이고 그 외의 여러 가지 정책에 심대한 영향을 미친다.

5) 행정체계

정책은 그것이 형성되고 집행되는 행정체계의 영향을 받고 그에 영향을 준다. 행정기관의 기구와 구조, 관리 방식, 공무원들의 행태, 시민의 요구에 대한 대응 방식과 태도 등은 정책의 성격과 내용을 결정하는 가장 큰 변수의 하나이다. 예컨대 권위적인 행정체계에서와 민주적인 행정체계에서 정책의 과정이나 정책의 내용이 서로 달라질 수 있음을 생각해 볼 때 환경적 요소로서 행정체계의 중요성을 이해할 수 있을 것이다.

6) 문화체계

교육, 예술, 문학, 스포츠, 여가활동 등 문화적 요소는 지구촌 사회, 정보화 사회와 고도 산업사회로 갈수록 그 중요성이 증대되고 있다. 이러한 문화적 요소와 정책과의 관계를 생각해 보면 문화적 환경의 중요성을 이해할 수 있게 된다.

7) 법제체계

법치행정의 원리에 의하여 지배되는 현대 행정의 특징으로 볼 때, 헌법과 각종 법률, 조약, 조례, 그리고 각종 행정 규칙과 규정의 내용과 성격은 정책의 성격과 내용을 결정하는 주요한 환경적 변수가 된다.

8) 사회구조

사회구성원의 행동유형과 그 제재방식, 사회생활 관계를 규율하는 여러 가지 제도와 관습, 집단의 구성과 활동양식 등 사회구조는 정책에 직접 또는 간접의 영향을 주고

영향을 받는다. 예컨대 가족이라는 최소 단위의 사회구조는 주택정책이나 사회보장정책과 밀접한 관계를 가지고 있다고 볼 때, 사회구조는 중요한 환경적 요소가 됨을 알 수 있을 것이다.

9) 과학기술 진보

현대문명의 특징이 급격한 과학의 발전과 기술의 혁신에 있음은 잘 알려진 사실이다. 현존 과학기술의 수준은 정책의 내용, 성격, 그리고 질 등을 제약하고 한정 짓는 조건이 되며, 과학기술의 변화는 정책 자체의 변화를 요구한다. 그럴 뿐만 아니라 정책은 과학기술 자체의 진흥을 목표로 한다. 현대에서 과학의 발전과 기술 진보라는 환경적 요소가 국가발전의 중요한 원동력이 되는 만큼 특히 과학기술의 진흥을 위한 정책의 비중은 크게 증대되는 추세에 있다.

10) 국제적 여건

지구촌, 세계화, 국제화란 말이 상징적으로 나타내 주듯이, 이제 인류는 더 이상 폐쇄적인 한 지역, 한 국가에만 머물러 있을 수는 없게 되었다. 국가와 국가 간, 국가와 지역 간, 그리고 지역과 지역 간 각종 활발한 교류는, 이미 한 국가의 정책이 국내적 변수에 의해서만 영향을 받는 시대는 먼 과거의 일이 되게 하고 있다. 세계무역기구(WTO) 체제, 국가와 국가 간의 자유무역협정(FTA), 우루과이 라운드(UR) 협정 등의 결과로 많은 농민의 반대에도, 농산물 시장을 개방하고 농업정책의 기조를 바꾼다거나, 일련의 국제적 환경보전협약 등에 따라 국제적 환경기준에 맞는 산업정책을 수립, 집행해야 하는 것처럼, 정책은 앞으로 점점 더 국제적 요인에 의한 영향을 주고받는 관계에 놓이게 될 것이다.

11) 이념적 환경

이데올로기, 특히 정치사회적인 이데올로기는 매우 중요한 이데올로기로서 어떤 이데올로기를 선택하느냐에 따른 영향은 국가사회와 그 구성원의 총체적인 삶의 내용과 형태를 바꾸게 할 정도이다. 앞에서 본 정치체제나 경제체제, 그리고 정부구조 등이 모두 이데올로기와 불가분의 관계를 맺고 있다고 할 수 있다. 이 외에도 우리들의 분석목적에 따라, 또는 분석의 대상이 되는 정책의 종류에 따라 정책 환경을 다양하게 분류할 수 있을 것이다. 이러한 다양한 정책 환경은 정책과정의 맥락을 구성한다. 이 정책환경의 맥락 속에서 정책수요가 발생하고 정책요구가 나타나며, 또 그것들이 억제되어 드러나지 않게 된다. 또 정책 환경은 여러 가지 드러난 정책요구에 대하여 여러 가지 제약과 한계를 설정하기도 하는가 하면, 그 정책요구를 정책으로 발안시키고 채택되게 하며 시민에게 수용되게 하는 조건과 가능성으로 작용하기도 한다. 정책은 이와 같이 넓고 복잡한 정책 환경 속에서 형성되고 집행되며 평가된다.

제2절 환경이 정책에 미치는 영향

1. 환경이 직접 정책에 영향을 미치는 경우

환경으로부터 투입되는 요구나 지지는 정치환경에 의존하게 되고 이들 투입의 내용이 달라짐에 따라 정책의 내용도 달라진다. 비유하면 밀가루, 설탕, 소다와 물을 제공하고 빵을 만들라고 요구하게 되면 빵 기계에서 맛있는 빵을 만들어주는데 설탕과 소다가 투입되지 않으면 맛이 없는 이상한 빵이 만들어지는 것과 같다.

환경이 투입을 통해서 직접 정책에 영향을 미치는 경우는 투입이 정치체계 내부에서 정책으로 전환되는 과정에서 정치체계의 구조나 운영방식에는 영향을 미치지 않고 정책의 내용에만 영향을 미친다는 의미이다.

2. 환경이 간접적으로 정책에 영향을 미치는 경우

환경이 정치체계의 여러 가지 특성에 미치는 영향은 정책담당자(人物), 정치체계의 분위기와 이념(思想), 정치체계의 구조(體系) 등으로 나누어 볼 수 있다.

첫째, 정책담당자의 능력이나 성향은 정책의 내용과 추진방법에 큰 영향을 미치는

데, 이들은 정치체계의 분위기, 구조에 의해서도 영향을 받지만 정치환경에 의해서 결정적 영향을 받는다.[2)]

둘째, 정치체계의 분위기 중에서 가장 중요한 이념은 정책에 엄청난 영향을 미치는데 이들 정치이념은 사회·경제적 환경의 변화에 따라 크게 변화하게 된다.

셋째, 정치체계의 분위기를 좌우하는 정치·행정문화는 정치체계의 환경인 사회·문화적 요소에 의하여 결정적으로 좌우된다.

넷째, 정치체계의 구조도 정책과정에서의 활동뿐만 아니라 정책의 내용에도 큰 영향을 미치는데, 권력구조도 정치환경의 결정적인 영향을 받는다.

제3절 의사결정 상황과 의사결정 전략

1. 의사결정의 네 가지 상황

1) 확실한 상황에서의 의사결정

의사결정에 필요한 모든 정보를 가지고 있으면서 의사결정을 하는 것이다. 이렇듯 의사결정에 필요한 모든 정보를 보유하고 있으면 문제의 해결대안에 대해서 정확한 결과를 예측할 수 있다.

2) 위험한 상황에서의 의사결정

특정 의사결정 결과의 발생확률이 알려진 상태이다. 의사결정의 결과 의사결정자에게 불리한 상황이 발생할 가능성이 있고 그 발생확률을 아는 경우이다. 이와 같은 위험한 상황에서의 의사결정문제들을 분석하기 위해서는 여러 가지 통계학적 확률이론이 필요하다. 위험한 상황의 의사결정 분석의 예로는 의사결정나무 분석, 대기이론, 시뮬레이션, 재고관리 등의 분야가 있다.

---

2) 정정길 외. 정책학원론 (서울: 대명출판사, 2010).

3) 불확실한 상황에서의 의사결정

특정 의사결정의 결과에 대한 발생확률조차도 전혀 알 수 없는 상태이다. 예를 들면, 구름 낀 날 우산을 가지고 외출할 것인지의 의사결정 문제, 포도밭 과수원 주인의 포도 수확 시기에 관한 의사결정 문제 등이 예이다. 이때는 주어진 문제에 대해 보완적인 정보를 수집하거나 의사결정자의 주관적 판단이나 예측으로 의사결정을 하는 것이 필요하다. 주관적 판단에 의해 확률을 결정하게 되면 불확실한 상황하의 의사결정문제는 위험한 상황하의 의사결정문제와 동일하게 된다.

4) 상충하는 상황에서의 의사결정

다수의 의사결정자가 동시에 경쟁적인 상태에 놓여 있을 때 존재한다. 이 상황은 게임이론의 연구 대상이다. 확실한 상황, 불확실한 상황과 위험한 상황에 따라 다양한 게임상황이 전개된다. 따라서 게임이론에서는 모든 상황에서의 의사결정 전략을 다루고 있다.

2. 의사결정 상황과 의사결정 전략

의사결정은 다양한 차원에서 분석 가능한 주제이다. 일반적으로 경제학자들과 통계적 의사결정론자들은 위험한(risky) 상황과 불확실한(uncertain) 상황하의 의사결정에 관심이 있다. 위험성과 불확실성의 개념적 차이를 이해하는 것은 의사결정론에서 매우 중요하다. 위험(risk)은 의사결정자에게 불리한 일이 발생할 가능성이 잠재되어있는 불안전성을 의미한다. 위험한 상황은 불확실한 사건의 발생 확률을 아는 경우이며, 불확실한 사건의 발생 확률조차 모르는 경우인 불확실한 상황의 특수한 유형이다. 그러나 의사결정 전략의 선정에서는 위험상황과 불확실한 상황이 큰 차이가 없으므로 불확실한 상황으로 일반화가 가능하다.

의사결정상황은 여러 대안 중에서 선택이 이루어져야 하는 상황을 말한다. 다양한 의사결정상황은 관련된 불확실성의 종류의 차이에 따라 달라진다. 일반적으로 의사결정과 관련된 불확실성의 유형은 두 가지이다. 첫째는 인과관계(cause-and-effect relationship)에 대한 우리의 인식능력의 한계에서 발생한다. 수단 x, y, z 등이 우리가 추구하는 목표를 어느 정도 더 많이 달성시켜줄 수 있는지에 대하여 확신할 수 없는 경우이다. 한편 여러 수단이 바람직하지 않은 부수적 효과를 얼마만큼 초래할 것인지에 대하여 확신할 수 없는 경우도 있다. 둘째는 다양한 대안들이 가져오는 결과들에 대한 우리의 선호에 대하여 확신할 수 없는 경우이다. 비록 우리가 수단과 결과들에 대한 인과관계를 아는 경우에도 우리는 어느 결과를 얼마만큼 더 선호하는지에 대하여 확신할 수 없는 경우가 있다.

March와 Simon(1958)은 의사결정 절차를 분석적 절차(analytic process)와 협상적 절차(bargaining process)의 둘로 구분하였다.3) 한편, Thompson과 McEwen(1958)은 의사결정은 환경의 영향을 받기 때문에 다양한 경쟁 또는 협력조건하에서 다양한 모습을 나타낸다고 본다.4) 한편, Thompson과 Tuden(1959)도 조직의 의사결정 전략을 분석적, 협상적, 판단적, 영감적 전략의 네 가지 유형으로 구분하였다.5) Thompson은 위의 모든 개념을 통합하여 의사결정 상황에 따른 의사결정 전략을 <표 4-1>과 같이 제시한다.6)

표 4-1 의사결정 상황과 의사결정 전략

<table>
<tr><th colspan="2" rowspan="2">구분</th><th colspan="2">목표: 가능한 결과들에 대한 선호
(preferences about possible outcomes)</th></tr>
<tr><th>확실</th><th>불확실</th></tr>
<tr><td rowspan="2">수단: 인과관계에 대한 믿음
(beliefs about causation)</td><td>확실</td><td>분석(analysis) 또는
계산(computation)</td><td>목표 타협(compromise)</td></tr>
<tr><td>불확실</td><td>인과관계 판단(judgment)</td><td>영감(inspiration)</td></tr>
</table>

* 계산적 전략은 분석적 전략(analytic strategy)의 의미와 동일하다.
* 출처: Thompson(1964), p.336.

3) James G. March and H. A. Simon. *Organization* (New York: John Wiley & Sons), 1958.

4) J. D. Thompson and W. J. McEwen. "Organizational Goals and Environment: Goal Setting as an Interaction Process," *American Sociological Review*, 23, 1958, pp. 23-32.

5) J. D. Thompson and A. Tuden. "Strategies, Structures and Processes of Organizational Decision," in J. D. Thompson et al. (eds.) *Comparative Studies in Administration* (Pittsburgh: University of Pittsburgh Press), 1959.

6) James D. Thompson. "Decision-Making, The Firm, and the Market," in *New Perspectives in Organization Research,* (ed.) by W. W. Cooper, H. J. Leavitt and M. W. Shelly II (New York:John Wiley & Sons, Inc.), 1964, pp. 332-348.

3. SWOT 분석과 전략수립의 9단계

인간은 불완전 정보의 세계(a world of incomplete information)에서 전략을 수립하는 경우가 대부분이다. 상대의 전략적 의도와 목표를 정확히 모르며, 자기 자신의 선호나 전략적 상황에 대한 정보도 모르는 경우가 많다. 정책적 선택상황에서의 적은 자연이며, 자연과의 게임에서는 불완전 정보가 불확실성의 형태로 제시된다.

대부분의 전략적 상황은 긴박하게 전개된다. 많은 경우 위기상황이 발생할 때 전략을 충분히 고려할 시간은 거의 없다. 보다 폭넓은 관점에서 중장기적인 선택을 할 시간적 여유가 없어 매우 좁은 범위 내에서 전략적 수단을 선택한다. 즉, 나무는 보지만 숲은 보지 못하는 결과가 된다. 전략가들의 아이디어를 논리적이나 체계적으로 제시할 수가 없게 된다. 이렇게 되면 외적 환경과 사건들을 자신의 목표를 위하여 변화시키지도 못하고 단지 발생하는 사건들에 반응하는 수준에 머물게 된다.

개인이나 조직, 국가에서 전략의 좋고 나쁨은 생존과 발전을 결정한다. 아무것도 하지 않는 전략(do nothing strategy) 또는 현상유지의 전략(status-quo strategy)을 선택하는 것과 시간이 부족하여 전략적 선택을 아예 못 하는 것은 전혀 의미가 다르다. 아무것도 안 하는 전략을 택하는 것은 여러 전략 중 가장 나은 전략을 의도적으로 선택한 것이지만, 위기상황에서 시간의 부족으로 전략적 선택을 못 하고 그냥 있는 것은 아무런 합리적 대응조치를 취하지 못했다는 뜻이다. 이러한 경우 최악의 결과를 초래할 수 있다. "정치와 마찬가지로 전략은 가능성의 예술이다(strategy is the art of the possible). 그러나 무엇이 가능한지를 분별해내는 사람은 거의 없다."[7)]

이하에서는 전략수립과정(strategy formulation process)을 설명한다[8)]. 이 과정은 9단계로 구성되며, 기업조직뿐만 아니라, 공공조직, 민간조직과 비영리조직에도 적용할 수 있다.

1) 1단계: 전략수립과정에 관한 합의와 시작

전략수립과정에 들어가기 전에 다음의 준비가 필요하다.

---

7) Williamson Murray, MacGregor Knox, and Alvin Bernstein (eds). *The Making of Strategy - rulers, states, and war* - (Cambridge: Cambridge University Press), 1994, p. 22.

8) Ryu Yoshiaki and Sasaki Ryo. 政策評價の 理論と技法 (多賀出版), 2000, pp. 138-145.

(1) 조직의 최고책임자가 전략수립의사 결정

(2) 전략수립위원회의 잠재적 구성원, 주요한 이해관계자들을 결정

(3) 최고책임자가 리더가 되어 전략수립위원회(strategic planning team) 구성

(4) 전략수립위원회는 - 전략수립의 스케쥴(수립기한, 회의 회수와 의제), - 최종보고서의 체계, 목차, 발표 타이밍, - 전략수립을 위해 필요한 자원(인적, 재정적, 시간적, 정보적 자원 등) 조달방법에 대하여 결정한다.

2) 2단계: 조직의 사명과 권한의 확인

전략수립의 실질적 1단계로서 우선 다음 두 가지 사항을 명확히 한다.

(1) 조직의 사명(mission)

조직이 궁극적으로 추구하는 점을 명확히 한다. 조직의 존재 이유로서, 사명을 완전히 달성할 때 조직을 해산하거나 새로운 사명을 세울 필요가 있다.

(2) 권한(authority, mandate)

법률, 명령, 계약 등에 의하여 조직에 인정된 것으로서, 사명을 달성하기 위하여 조직이 직무를 수행함에서 이용 가능한 권한, 영향력, 복종시키는 힘 등이다.

3) 3단계: 외부환경의 분석

외부환경(external environment)은 "거시환경(macro environment)"과 "직무환경(task environment)"으로 구분된다. 직무환경은 거시환경에 포함되지만, 외부환경 분석을 통하여 조직이 사명수행에 있어 직면하는 환경적 기회(opportunity)와 위협(threat)을 명확히 할 수 있다.

거시환경은 일반환경으로도 불리며, 정치적, 사회적, 경제적, 기술적, 문화적인 장기적이고 광의의 요소들로 구성되어 있다. 직무환경은 기업이 일상적으로 직접 접촉하는 환경이다. 민간기업은 경쟁자-협력자 분석과 시장, 제품, 유통망, 고객만족도, 기호 등을 주로 분석하는 시장분석이 일상적으로 이루어진다. 공기업의 경우에는 주주, 채권

자, 근로자, 지역사회, 정부-지방자치단체, 협회, 기타 고객 등의 동향 분석도 병행한다. 이러한 분석을 통하여 조직이 직면한 기회와 위협요인이 분명해진다.

4) 4단계: 내부 환경의 분석

내부환경(internal environment)은 조직 자체의 내부에서 최고책임자의 단기적인 통제범주에 없는 강점(strength)과 약점(weakness)으로부터 성립된 변수이다. 이들 변수가 직무수행 상황을 형성한다. 이들 변수로는 i) 이용 가능한 각종 인적-물적 자원, 정보, 유통망 지배력, 조직풍토, 이미지, 신용, 근로자의 사기 등 경영정보 자원, ii) 조직문화 (조직 행동을 좌우하는 기반이 되는 조직구성원에게 공통된 신념, 가치체계, 지식체계 등), iii) 조직전략 (조직에 현존하는 전체전략, 부문전략, 서비스별 전략 등으로 구성)과 조직구조, iv) 성과측정과 평가의 틀이 있다. 이러한 내부환경과 조직역량 분석을 통하여 조직이 갖고 있는 강점(strength)과 약점(weakness)이 분석된다.

5) 5단계: 전략과제의 명확화

외부 환경분석과 내부 환경분석(조직역량 분석으로도 불린다)에 의하여 4개의 셀로 구성된 SWOT분석도가 만들어진다. 각 셀에는 내외부 환경분석을 바탕으로 인식된 4개의 영역에 대하여 적절한 환경대응전략이 수립되어 <표 4-2>와 같이 입력된다. 조직은 보유하고 있는 자원을 합리적으로 배분하여 최대의 성과를 얻을 수 있는 구체적 방법을 결정하는 것이 전략수립의 과제이다.

표 4-2 SWOT 분석의 틀

구분		외부 환경분석	
		기회(opportunity)	위협(threat)
내부 환경분석	강점(strength)	SO 전략: 적극적 확대전략	ST 전략: 전략적 대응 필요
	약점(weakness)	WO 전략: 전략적 대응 필요	WT 전략: 적극적 철수전략

6) 6단계: 전략과제를 추진하기 위한 성과체계도의 수립

이 단계에서는 4개의 영역으로 구분되어 인식된 업무와 서비스를 어떻게 취사선택 또는 선택과 집중하여 전략과제를 추진할 것인가가 과제이다. 이를 위하여 "전략옵션 개발분석방법(SODA 방법: Strategic Option Development and Analysis Methods)"이 이용 가능하다. 이 방법은 LOGIC 모형의 간단한 응용법이다. LOGIC 모형은 이론평가(theory evaluation)를 위한 성과물이다. 이론평가는 투입(inputs)-활동(activities)-결과(outputs)-성과(outcomes)로 일컬어지는 "投活結成(IAOO)"이라는 일련의 원인과 결과의 연쇄 관계에 있어서 최초의 자원투입으로부터 최후의 수익자에게 발생한 개선 효과(성과)를 일으키기까지의 경로를 나타낸 것이다. 이 4가지 단계에 있어서 앞부분의 투입-활동-결과까지의 인과관계를 설명하는 이론은 과정이론(process theory)이며, 투입-활동-결과-성과까지의 인과관계를 설명하는 이론은 영향이론(impact theory)이다.

조직이 제공하는 서비스별로 창출된 성과를 인과관계가 있는 활동들 또는 서비스들과 화살표로 연결하여 "SODA 성과체계도"를 작성한다. 화살표의 맨 위에는 조직의 사명(mission) 또는 사명 바로 아래에 위치한 목적(goals)이 있다. 성과 체계도에 의하여 서비스의 성과를 확실하게 창출하기 위한 개별적 전략들이 수립된다. SWOT 분석표의 SO 영역(기회와 강점 영역)에 있는 서비스라 할지라도 이 성과 체계도에 연결된 상위목표의 달성에 필수불가결한 서비스가 아니면 계속 자원을 투입할 필요는 없다.

7) 7단계: 전략 청사진을 자세하게 작성

성과체계도에 의하여 단순한 SWOT 분석으로는 이해할 수 없는 서비스들 사이의 유기적인 관계가 분명해진다. "전략적"이라 함은 부분적(또는 일시적)으로는 손해일지라도 전체적 또는 중장기적으로는 조직 전체로 보아서 바람직한 결과, 조직의 사명과 궁극적인 목적을 달성할 수 있도록 자원을 선택과 집중정신에 따라 배분함을 의미한다.

이렇게 작성된 SWOT 분석과 성과체계도를 기본 틀(framework)로 하여 조직이 방향성을 가지고 성과를 최대화하는 자원배분의 방법 등을 망라한 상세한 전략과 계획이 수립된다.

8) 8단계: 전략의 실행

7단계에서 상세하게 결정된 구체적인 전략에 기초하여 다음 표와 같은 순서로 행동계획(action plan)을 작성한다.

연구 주제
1. 성과체계도에 의하여 당해 action 조치와 관련된 원인-결과의 명확한 이해.
2. 팀에 기대되는 성과와 권한의 명확화.
3. 행동순서의 상세한 작성.
4. 실행일정(schedule)의 작성.
5. 투입 가능한 각종 자원(인적, 재정적, 시간적, 정보적, 기타)의 특정과 조달.
6. 팀의 정기적/임시적 모임 결정.
7. 목표달성도의 점검(monitoring)과 중간단계의 개선절차 결정.
8. 조직 최고책임자에게 보고 - 설명 회수와 형식 결정.

9) 9단계: 환경변화와 성과측정을 고려한 전략의 수정

외부환경의 변화에 따라 기회와 위협요인도 변한다. 내부환경의 변화에 의하여 강점과 약점도 변한다. 따라서 전략과제의 달성을 위해서는 지속적인 개선이 필요하다.

공공조직 또는 대학교와 같은 준공공조직에 있어서의 전략수립 과정에도 「SWOT 분석」, 「SODA 방법」, 「행동계획」을 활용할 수 있다.

PART II
정책분석과정

제5장

정책문제의 인식

제1절 문제의 정확한 인식이 중요한 이유

정책분석의 초기 단계는 정책 전 과정을 작동케 하는 문제의 인식에서 출발한다. 문제를 정확히 이해하는 데 필요한 적절한 시간과 자원이 투입되어야 하는데도 불구하고 그렇지 못하다는데 정책분석의 문제가 있다. 초기 단계의 소홀함은 정책과정의 연기, 손상, 부정을 의미한다. 새로운 문제의 인식이 항상 쇄신적이고 창조적인 정책대안의 선택만을 요구하는 것은 아니다. 새 문제에 대한 해결책으로서 현존 정책의 유지, 수정일 수도 있다.

정책문제의 정확한 인식은 다음과 같은 세 가지 이유 때문에 매우 중요하다.1)

1. 문제의 변질 가능성과 자원의 낭비가 우려된다.

문제가 잘못 정의되었다는 의미는 문제 발생의 조건이 제대로 발견되지 않았다는 의미이고, 잘못 정의된 문제의 해결책은 본질적인 문제의 해결책과는 달라 결국 문제는 해결될 수 없다. 시간이 지난 후에야 문제정의의 잘못을 인식하게 되면 결과적으로

1) 학자에 따라 '정확한 문제인식'으로 또는 '올바른 문제인식'으로 달리 표현하고 있지만, 정책분석에 있어 사용되는 의미는 같다. 다만 저자는 사실 인식에 있어서는 '정확' 의 용어가 가치판단에 사용되는 '올바름' 용어보다는 더 적절하다고 본다.

문제는 해결하지 못한 채 귀중한 시간과 자원의 낭비를 겪게 된다. 또한, 시간이 지나면 문제도 변질하여 정책문제를 다시 정의해야 하는 반복적인 상황이 발생한다. 때로는 문제가 초기에 적절히 발견되지 않아 잘못된 정책을 처방하게 되면 오히려 최초의 문제가 악화하기도 한다. 미국의 1960년대 도시재개발사업의 예가 있다. 도시재개발사업과 도시계획이 잘못 추진되어 나중에 엄청난 자원의 낭비를 초래하게 되었다.

2. 정책이 추구하는 가치와 정책목표가 명확히 제시되지 못한다.

정책과정의 일관성 유지와 정책에 대한 집중도를 제고하기 위해서는 정책목표와 추구하는 정책가치가 명확히 제시되어야 한다. 그렇지 않으면 조직은 점차 의식적으로 또는 무의식적으로 추구하는 가치와 정반대되는 정책을 선택할 수가 있다. 미국의 베트남 전쟁이 시간이 흐를수록 미국의 국익에 반하여 왜곡되어 진행되었던 사례를 들 수 있다.[2)]

3. 문제가 악화될 때까지 진정한 문제의 존재를 모르게 된다.

문제가 초기에 정확하게 진단되지 않은 채로 시간이 경과하게 되면 초기에 이용 가능하였던 정책수단과 자원으로도 치유하기 어려워진다. 1929년 미국의 대공황을 가져온 주식시장의 붕괴는 예측 가능했지만 어느 정부기관도 경고하지 않았다. 심지어 주가가 대폭락한 검은 화요일(Black Tuesday)에도 정부는 문제의 심각성을 인식하지 못하고 시장이 스스로 치유하리라고 생각했다. 각종 불길한 신호가 동남아시아 각국의 외환위기를 통해 전해 오는데도 소위 시장의 기초체력(fundamental)만 맹신하다가 갑자기 당면하게 된 우리나라의 1997년 외환위기의 과정도 유사하다고 할 수 있다. 1960년대 중반까지 미국 인구의 10%를 차지하는 흑인들의 인권문제를 무시하다가 시민권운동과 폭동이 일어난 후에야 불평등한 인권 관련 제도의 문제점을 인식하게 되었다. 1980년 미국 Florida 주의 Miami시 폭동도 유사하다. 2002년 한국의 노무현 정권의 등

---

2) 물론, C. Lindblom 등 점증주의자 또는 적응주의자들은 목표의 정확한 정의가 곤란하다고 보기 때문에 목표의 명확한 정의 자체를 무시한다.

장도 IMF 위기 이후 몰락한 중산층, 실업자의 증대, 기득권층에 대한 분노, 정치에 대한 불신 등에 대한 심각한 인식 부족과 안이한 대처가 불러온 야당의 패배 결과이다. 1973년, 1974년 전 세계적 오일쇼크도 충분히 예견 가능했지만 안이한 대처가 불러온 것으로 기록되고 있다. 유비무환의 정신이 부족한 안이한 대처가 불러온 위기였다. 인간인식의 본질적 한계와 약점 때문에 불행한 역사는 반복되고 있다.

제2절 정책문제의 특성

문제의 분석과 정의를 제대로 하기 위해서는 정책문제의 일반적인 특성을 잘 이해하는 것이 필요하다. 정책문제의 특성을 정확히 이해하고 있어야만 정책문제를 분석할 때의 고려사항과 분석요소를 도출해낼 수 있다. 정책문제의 특성은 크게 다음과 같이 나누어 볼 수 있다.

1. 문제인식의 주관성

정책문제는 객관적인 실재(reality)로서 존재하는 것이 아니라 현실에 어떤 주관적인 준거 틀을 적용하여 얻어낸 산출물, 즉 인공물이다. 정책문제는 실존하고 있는 문제시되는 객관적인 상태 그 자체가 아니라 현실 상황에 대한 판단(상황판단)과 바람직한 상태에 대한 판단(가치판단)이 복합적으로 이루어져 사람의 머릿속에서 구성되는 것이다. 그래서 사람마다 상이한 현실감을 갖고 상이한 가치관적 판단을 하게 되기 때문에 서로 다르게 문제를 정의한다. 그러나 문제가 본래 객관적인 실체를 가진 것이 아니라는 것을 마치 문제 상황이 객관적으로 존재하지 않는다는 것을 의미하는 것으로 받아들여서는 안 된다. 예를 들면, 특정 시대에 가난이 사회적 문제로 인식되지 않는다고 해서 헐벗고 굶주리는 어려운 상황 그 자체가 존재하지 않는다는 것을 의미하지는 않는다. 다만 그러한 어려운 상황 자체를 문제라고 인식하지 않고 있을 뿐이다.

2. 가치내재성

정책문제는 그 정의 속에 가치판단이 개재되어 있다. 정책문제를 바람직하다고 여겨지는 사회적 가치와 불일치된다고 판단되는 상황으로서 정부가 해결을 의도하여 공식적으로 채택한 것이라고 볼 때 정책문제에는 가치판단이 내재하여 있을 수밖에 없다. 정책문제는 단순히 현실적 필요성이나 실현 가능성에만 입각해서 정의되는 것이 아니라, 당위적인 가치관과 연관됨으로써 보다 근본적인 문제를 다룰 수 있고 사회의 질적 변화를 도모할 수 있다.

3. 가변성

사회문제는 언제나 일정한 형태와 내용을 지니고 있는 것이 아니다. 상황도 변화하고 문제 인식의 기초가 되는 현실에 대한 해석과 바람직한 상태를 결정하는 당위적인 가치판단의 내용도 계속해서 변화한다. 그러므로 지금은 문제로 인식되지 아니한 상황이 시간이 지남에 따라 문제로 인식되기도 하고, 지금은 심각한 문제로 인식되는 것도 시간이 지남에 따라 전혀 문제시되지 않을 수도 있다. 그리고 어떤 문제가 그 이후에도 계속해서 문제로 남아있는 경우에도 현실과 가치관이 변함에 따라 처음에 정의된 문제와는 전혀 다른 새로운 문제로 정의될 수도 있다. 이러한 사회문제의 가변성 때문에 우리가 정의하고 있는 정책문제는 임의적이고 항상 불완전할 수밖에 없다. 따라서 정책문제는 정책과정 속에서 끊임없이 재정의(redefinition)되어야 한다.

4. 중요성

일반적으로 정책문제는 중요하고 심각하다고 여겨지는 문제이다. 사회문제는 정책의제 설정과정을 거쳐서 정책의제화한다. 이 과정에서 사회문제로 인해 피해를 입고 있는 사람이 비교적 많으며 그 피해의 정도가 심하고 다른 문제에 파급성이 큰 사회문제는 정책의제로 될 가능성이 높다. 사소한 사회문제는 정책문제로 취급되지 않는 것이 보통이다. 그러나 무의사결정론이 시사하듯이 사회적으로 심각하고 중요한 문제도 정책결정자에게 불리한 문제는 아예 정책의제화되지 않는 경우도 있다. 반면에 정책결정자가 선호하는 사회문제는 사소한 것이라도 정책의제화되어 공식적으로 다루어지는 경우도 있다. 이러한 두 가지 예외적인 경우는 민주화가 덜 된 정치체제하에서 발생 가능성이 높다.

5. 차별적 이해관계성

정책문제는 어떤 이익에 대해 차별적인 성격을 갖고 있다. 대개의 경우 어떤 문제로 인해 고통을 받고 있는 사람이 있는 반면에 그 문제의 방치로 인해 반사적 이익을 누리는 사람이 있게 마련이다. 그러므로 어떤 문제가 정책문제로 채택되어 해결되려면, 그것은 관련된 사람들 사이에 이익 또는 불이익을 차별적으로 배분하는 셈이 된다. 여러 집단이 동일한 문제로 인해 고통을 입고 있는 경우에도 어떠한 문제의식을 정책문제로 연결하느냐에 따라 어떤 집단에게는 더 큰 이익(손해)을 다른 집단에게는 보다 적은 이익(손해)을 배분하는 것이다.

6. 정치성

정치성은 권력성, 갈등성, 가치배분성 등 다양한 의미를 내포하고 있다. 정책문제의 정의 과정은 정책의제 설정과정과 마찬가지로 정치성을 띤다. 문제 인식의 주관적 성격 때문에 문제의 인식이 개개의 정책결정자들에 따라 다르고, 문제를 어떻게 정의하느냐에 따라 정책목표의 설정이나 문제해결방법이 달라진다. 정책목표나 정책수단이 달라지면 권리, 의무, 이익 등이 사회 구성원들 사이에 차별적으로 배분된다. 그러므로 특정문제에 대하여 이해관계를 가진 집단들은 서로 자기들에게 유리한 방향으로 문제 정의가 이루어지도록 정치적 활동을 벌이게 된다. 이렇게 정책문제가 분석적인 활동에 의해서만이 아니라 정치적 타협과 협상의 과정을 거쳐 정의되기도 하므로 정책문제는 정치적 성격을 갖고 있다고 할 수 있다.

7. 복잡성

복잡하다는 것은 쉽게 이해될 수 없을 정도로 구성요소들이 정교하게 서로 엉켜있고 난해한 경우를 말한다. 복잡한 체계란 단순하지 않은 방식으로 상호 작용하는 많은 부분으로 구성된 것으로 그러한 체계에서 전체는 단순한 부분의 합 이상의 것이다. 그러므로 체계를 구성하는 각 부분의 특성과 부분들 간의 상호작용 법칙이 알려졌다고 하더라도 전체의 특성을 추론하는 것은 그리 간단하지 않다. 즉, 복잡한 체계는 구성요소가 많고 요소들 간의 관계가 서로 얽혀 있는데다가 그것을 쉽게 이해, 설명해주는 법칙이나 이론이 아직 개발되지 않은 상태라고 정의할 수 있다.

1) 복잡성의 정도는 세 가지 요인들에 의해 결정된다.

(1) 인지적 요인(perceptual factors)

현상이나 문제를 바라보는 개인의 정신모형과 관련된 요인으로 어떤 사람에게는 일상적이어서 매우 쉽게 이해되는 현상이 이 현상을 처음으로 접하는 사람에게는 이해하기 어려운 경우가 있다.

(2) 내재적 요인(intrinsic factors)

체계 내에서 달성될 수 있는 여러 가능한 상황들에 의해 복잡성이 결정되는 요인이다. 즉, 체계 자체의 작용에 의해 발생할 수 있는 요인이다. 어떤 문제든지 그 발생원인이나 해결방안, 해결의 영향 등이 다른 문제들과 상호연관성을 갖고 있다. 따라서 어느 특정 문제의 해결은 다른 문제를 악화시키거나 새로운 문제를 야기시킬 수도 있고 또는 다른 정책문제의 해결에 도움을 줄 수도 있다. 어떤 문제 하나만을 따로 떼어놓고 해결하기보다는 오히려 상호 관련된 문제들 몇 가지를 동시에 해결하기가 훨씬 쉽고 바람직한 경우도 많다.

(3) 구조적 요인(structural factors)

체계의 환류 메커니즘에 의해 지배되는 요인이다. 예컨대, 시장을 통제하는 수요의 힘과 공급의 힘은 가격을 중심으로 하는 환류 회로(feedback loop)에 의해 작동되는 것을 말한다.

2) 복잡성을 통제하는 체계를 만드는 방법

개방체계적 모형을 가진 사이버네틱스[3] 통제체계가 복잡성과 불확실성에 대처하는 대안으로 제시된다.

(1) 통제조직의 다양성을 증가시키는 방법

(2) 통제조직의 다양성 수준을 피통제조직의 다양성 수준과 일치시키는 방법

(3) 피 통제체계의 다양성 수준을 낮추는 방법

8. 불확실성

불확실성(uncertainty)이란 의사결정자가 충분한 정보를 가지고 있지 못함으로써 외부변화를 예측하지 못하는 상태를 의미한다. 이러한 불확실성에는 복잡성과 동태성의 두 가지 측면이 내포되어 있다(Thompson, 1967). 환경의 복잡성이란 기업이 의사결정을 할 때 고려해야 할 환경요소의 수에 관련된 개념이며, 동태성이란 고려해야 할 환경요소들이 얼마나 빨리 변화하는가를 나타내는 것으로 잦은 소비자 욕구 변화, 빈번한 경쟁자의 전략변화, 정부의 규제변화, 신제품의 잦은 변화 등이 그 예이다.[4] 불확실성에 대처하는 일반적인 방법으로는 두 가지가 있다.[5]

1) 불확실한 것을 적극적으로 극복 또는 해소 방안

(1) 상황에 대한 정보획득

정책대안과 결과의 관계를 명확히 하고 이들이 현실에 적용될 때 개입되는 여러 가지 조건이나 상황변수들에 대한 정보를 획득하여 정책대안이 가져올 결과를 확실하게

3) 사이버네틱스는 N. Wiener가 자신이 창안한 새로운 학문을 지칭하는 말로 "스스로 최적의 상태에 도달할 수 있는 시스템을 연구하는 학문"이며 한마디로 '인공두뇌학'이라고 받아들여도 무방하다 '인공두뇌'라고 하면 컴퓨터 분야에만 한정하는 말로 들릴 수 있지만 실제로는 기계장치뿐 만 아니라 인간사회를 비롯한 모든 유형의 시스템을 대상을 삼으며, 특정의 인간 집단 내부의 정보와 의사소통 시스템을 연구하는 것도 포함된다. 한마디로 통신을 통하여 자기 스스로 조절하는 모든 시스템을 사이버네틱스라 할 수 있다.

4) 이기돈 외. 현대경영학(서울: 형설출판사), 2004.

5) 정정길 외. 정책학 원론(서울: 대명출판사), 2005.

예측하도록 하는 방법이다. 상황이 지나치게 복잡하거나 동태적인 정책대안의 결과를 즉시 예측하려고 하지 말고 가능한 대로 시간을 늦추어서 보다 많은 정보를 얻고 예측 가능성을 높여서 예측하게 되면 불확실한 상황이 더욱 확실해질 수 있다.

(2) 불확실성을 발생시키는 상황 자체를 통제하는 방법

동일한 상품을 2개 또는 3개의 기업체에서 경쟁적으로 공급하고 있는 경우에 특정 기업체는 그들의 경쟁업체, 소비자 등의 기업환경에 대하여 극히 불확실한 상황에 직면하게 된다. 이러한 불확실성을 제거하기 위해 환경과 홍정하게 된다. 기업체들은 환경을 외생적 변수로서 예측되어야 할 사항으로 취급하기보다는 이 환경을 통제 가능하도록 하는 방법을 찾으려고 노력한다. 외적상황이 동태적으로 변화하는 경우는 이 전략이 아주 좋은 불확실성 극복방안이 된다.

2) 불확실성을 주어진 것으로 전제하여 의사결정을 하는 방법

이는 불확실성에 적극적인 방법이 보완적으로 사용되거나 적극적 방법이 적용될 수 없을 경우에 사용되는 소극적 방법이다. 소극적 방법의 대표적인 것은 보수적인 접근방법, 중복성의 확보방안, 민감도 분석, 분기점 분석이나 악조건 가중분석 기법 등을 통한 의사결정 또는 전략수립을 들 수 있다.

제3절 문제인식의 하위 단계

1. 문제의 인식

환경으로부터의 위협(threat)과 기회(opportunity)에 대한 인식이 부족한 개인이나 조직은 현상유지의 타파를 하고자 하는 제대로 된 전략을 수립할 수가 없다. 사회문제에 대한 인식, 현존 제도나 정책에 대한 문제인식이 없이는 어떤 개혁도 가능하지 않다. 조직의 자원과 에너지를 변화를 위한 정책과정에 투입하기 위해서는 문제의 인식이 있어야 한다. 일반적으로 문제의 인식은 새로운 정보와 그 정보에 대한 해석으로부

터 출발한다.

1) 개인적 문제인식 메커니즘[6)]

정책문제의 인지(perception)와 인식(recognition)은 개인과 조직의 현상이다.[7)] 조직은 인지능력을 지닌 생물학적 존재가 아니기 때문에 그 구성원인 사람을 통해 환경으로부터 제기되는 문제를 인식한다. 조직의 인식은 그 구성원인 사람을 통하여 간접적으로 이루어진다. 조직을 단일의 의사결정체(a unitary decision-making entity)로 단순하게 보면 개인과 조직의 인식적 특성을 동일시할 수 있다. 그러나 이러한 인간과 조직을 동일시하는 단일의 의사결정체 조직관점으로는 복잡한 정책과정을 전반을 제대로 이해할 수 없다. 개인들의 연합체적 성격을 갖는 준 조직에 대한 인식과 발견을 통하여 단일의 의사결정체 조직을 해체한 것은 M. Cyert와 J. G. March(1963)의 주요한 연구업적이다.[8)]

여기에서는 개인적, 인간적 문제인식에 대하여 먼저 논의한 후 이를 조직에 전달하는 메커니즘에 대하여 알아보자.

개인적 인식 메커니즘: 문제의 인식–정보처리–반응행동

일반적으로 개인적 인식에 필요한 조건은 두 가지이다. 첫째 조건은 개인의 친숙한 행위 및 기대유형(familiar patterns of behavior and expectation)과 환경과의 갈등 또는 긴장관계의 존재이며, 둘째 조건은 이러한 갈등에 대한 정보가 개인적 주의(attention)를 불러일으켜야 한다. Karl Deutsch(1966)는 " 정보(information)는 사건들 사이의 유형화된 분포 또는 유형화된 관계"로 정의한다. 결국, 문제인식의 필요충분조건은 환경과의 갈등과 이에 대한 신뢰할만한 정보이다. 개인과 환경 간의 갈등은

6) 이 주제는 주로 인간의 인식과 행동에 관한 사회심리학적 연구분야이지만 정책학자들이 관심있는 정책관리방식, 조직화 방식, 개혁방식 등에 많은 시사점을 준다.

7) 의사결정론에 있어 "인간은 얼마나 합리적인가?"에 대한 가정과 "조직은 얼마나 응집력이 있는가?"에 대한 가정에 따라 다양한 이론모형의 설정과 분석이 가능하다.

8) M. Cyert & J. G. March *A Behavioral Theory of the Firm*(Englewood Cliffs, N.J.: Prentice-Hall, 1963)

개인의 정형화된 기대와 환경과의 차이(gap)로 정의할 수 있다. 개인적 문제해결 또는 반응행동의 우선순위는 개인적 인식갈등 또는 불협화(cognitive dissonance)의 크기에 달려 있다.[9] 사회심리학에 의하면 인간의 기대수준은 다양한 개인적 배경과 제도적, 직업적 배경에 의해 복잡하게 결정된다. 개인적 배경으로는 심리적, 교육적, 문화적 요인을 들 수 있다. 이 때문에 동일한 환경과 정보 아래에서도 사람마다 문제인식의 심각성과 반응행동이 달라진다. 사람들은 문제 상황에 대한 정보를 합리적이고 객관적으로 처리하기도 하지만 때로는 강력한 감정과 가치관이 의식적으로 또는 무의식적으로 실제적 인지에 영향을 준다.

인간이 갈등상황을 인식한다 하더라도 개인적 사고절차(thought process)는 이러한 정보를 갈등이 존재하지 않는다는 인식 수준까지 거부, 억압 또는 무시할 수도 있다. 개인이 이렇게 사고하는 이유로는 세 가지를 들 수 있다.[10]

첫째는 심리학적 용어인 인식적 불협화음(cognitive dissonance) 때문이다. 인식적 불협화음은 정보가 그것을 인지하는 개인에게 고통스러울 때 이러한 정보를 억압하는 기능을 한다. 인식적 불협화음은 다른 관찰자들은 문제로 인식하는 과음이나 과도한 흡연과 같은 개인적 조건들을 당사자인 개인은 어떻게 무시하는가를 설명해준다.

개인이 경고신호를 무시하는 둘째 이유는 개인이 인식적으로 처리할 수 있는 정보의 양에 한계가 있기 때문이다. Cybernetics 이론에 의하면 과부하에 의해 시스템이 실패를 가져올 수 있다는 것과 같다. 이와 마찬가지 이유로 Toffler는 미래사회의 위험에 개인과 조직들이 제대로 준비하지 못하는 하나의 이유로 변화의 양과 속도가 너무 엄청나서 그들을 마비시키기 때문으로 설명한다.

개인이 문제 상황을 인식하지 못하는 셋째 이유는 개인이 가지고 있는 기존의 인식적, 정서적 유형을 선호하기 때문이다. 인간의 심리에는 문제의 인식과 행동조치가 취해지기 전에 극복돼야 하는 내부 방어기제(internal defense mechanism)나 타성(inertia)- 정신적 매몰비용(mental sunk cost)-이 있다. 기존의 인식적, 정서적 틀에 반

---

9) R. A. Axelrod. "Schema Theory: An Information Processing Model of Perception and Cognition," *American Political Science Review,* 1973.

10) 이러한 인간의 심리적 약점을 깨고 합리적으로 또 객관적으로 인식하고 행동하는 것이 고통스럽다는 것은 "인간이 알을 깨고 나오는데 고통이 따른다"는 것의 한 가지 형태를 의미한다고 할 수 있다. 이러한 "알"을 깨고 나올 때 인간의 인식의 지평에 새로운 세계가 열린다.

대되는 외부의 자극은 내부 방어기제나 타성에 반대로 작용한다. 인간은 기존의 유형을 거부하고 새로운 것을 받아들이는 데 따르는 비용을 회피하고자 한다. 마찬가지로 기존의 유형에 적합한 정보는 비용은 적고 편익은 크기 때문에 쉽게 받아들인다. 개인의 사고와 인지를 변화시키는 데 필요한 정보의 양은 기존의 것(status quo)을 유지하는 데 필요한 정보의 양보다 훨씬 크다. 인간이 주관적으로 사물을 보는 경향이 크고, 객관적으로 사물을 인식하기 어려운 이유가 여기에 있다. 심리학자 David Viscott(1972)이 지적하는 바와 같이 "모든 인간은 각자의 심리적 맹점(psychological blind spot)을 가지고 있다."

2) 조직의 문제인식 메커니즘

조직구성원인 분석가가 신뢰할만하고 타당한 정보를 입수하여 문제의 존재를 인식하고, 이 문제가 조직에 위협이 될 수 있고 또 조직이 다루는 것이 적절하다고 판단하면 분석가는 이 문제를 조직에 보고하여야 한다. 인식한 문제에 대한 조직의 주의를 환기하는 일은 분석가의 개성, 그의 직위, 그리고 조직 자체의 특성에 따라 다르다. 분석가 개인의 개성은 문제를 개인 수준에서 조직의 수준으로 전달하는 중요한 요소이지만 너무 다양하고 복잡하여 여기서는 다루지 않고 다른 두 가지 요소에 대해서만 살펴보자.

조직 내의 모든 직위는 그 책임과 권한의 정도가 다르지만, 각자가 맡은 역할에 따라 문제를 인식하고 문제에 대응할 나름대로 수단과 재량권을 부여받고 있다. 조직은 권위의 분배형태, 의사소통의 통로, 조직의 직무환경과 영역, 조직의 규모와 나이, 구성원의 특성과 태도에 따라 정보의 소통과 문제의 인식을 방해하거나 촉진하는 정도가 다르다. 예컨대, 잘 정의된 문제는 수평적으로 분권화된 조직보다 수직적으로 계층화된 조직에 더 잘 전달될 수 있지만, 잘 정의되지 않은 문제는 그렇지 않을 가능성이 높다. 그러나 언제나 그렇다는 것은 아니다. 때로는 소규모의 조직이 큰 조직보다 기술적 혁신을 더 빨리 개발하고 도입한다. 이 부분은 조직설계의 영역이다.

이미 많은 문제에 둘러싸인 조직은 새로운 추가적인 문제를 다루기를 거부하는 경향이 있다. 소위 과부하(overload)의 문제이다. K. Deutsch가 그의 저서 The Nerves of Government(1966)[11]에서 시사하듯이 의사소통의 과부하와 의사결정의 과부하는 국가와 정부기능수행 파탄의 주요 원인이다. 의사소통은 유사한 가치를 지닌 사람들 사이에 더 잘 이루어진다. "자유로운 선택상황에서는 정보의 소스를 가진 사람은 자기와 유사한 사람을 정보의 수신자로 선택하는 강한 경향을 보이고 있다(Rogers and Shoemakers, 1971).

문제를 인식한 개인이 조직의 주의를 불러일으키는 데 실패할 경우, 개인의 문제인식은 더 이상 조직의 문제로 인식되지 않는다. 이 결과는 상황에 따라 좋을 수도 있고 치명적일 수도 있다. 2차 세계대전 후반, 장개석의 기분을 상하지 않게 하려는 미국의 주 중국대사 Patrick Hurley의 고집 때문에 대사관 직원들은 중국공산당 세력의 등장을 미 국무부나 백악관에 확신시킬 수 없었다. 또한, 미국 대사의 고집은 모택동과 주은래의 워싱턴 방문과 T. Roosebelt 미 대통령과의 회담요청을 위한 국무부와의 접촉을 방해하였다.

조직이 개인이 인지한 조직 위협요인을 수용하지 않을 때 개인은 조직의 결정을 따를 것인지 아니면 표준적인 의사소통경로를 우회하여 그 조직 내부의 상위층에 알릴 것인지 또는 외부의 의회나 여론에 호소할 것인지를 결정해야 한다. 또는 정부 내의 다른 기관이나 타 부처 조직에서 동조세력을 구하여 문제를 환기할 수도 있다. 실제로 조직이 선택하는 거의 모든 문제는 조직의 구성원들에 의하여 형성된다. 조직과 아무 관계가 없는 개인은 조직의 거부 결정에 맞상대하여 싸울 필요는 없다. 개인은 조직과 맞서 싸울 지원기반이나 자원이 거의 없다. 공중보건, 빈곤문제, 소비자 안전문제, 환경문제 등을 가지고 거대한 정부관료 조직과 성공적으로 싸워 온 몇몇 소수 개인의 경우는 예외적이다.

개인과 마찬가지로 조직에도 정책변화가 필요하다는 인식을 방해하는 내부적 장애물이 있다. 조직의 의사결정자가 문제의 존재를 확신하고 있는 경우에도 새로운 정책대안의 탐색을 거부하는 좋은 이유가 있을 수 있다. 기존정책을 대체하거나 수정하는 비용이 문제의 존재에도 불구하고 현존정책의 유지비용보다 클 수가 있다. 조직은 이미 현존 정책의 형성과 집행에 많은 시간, 노력과 비용 등 희소자원을 투입하였다. 조직은 일련의 사업계획에 상당한 정도의 매몰비용을 투입하였고 이 때문에 이 계획들을

11) Karl W. Deutsch. *The Nerves of Government* (New York: The Free Press), 1966.

포기하기를 거부한다고 March와 Simon은 지적한 바 있다. 게다가 정보적 측면에서 보아도 현존정책과 관련된 정보는 경험에 근거한 신뢰할만한 것이지만 새로운 정책과 관련된 정보는 불확실하기 때문이다.[12] 새로운 정책의 도입에 따른 한계적 편익은 기존 정책의 유지에 비해 상당히 작을 수도 있다. 이러한 경우 가장 경제적인 의사결정은 현존 정책의 고수일 수도 있다.[13] 이 때문에 개인과 조직은 새 정책의 도입보다는 기존 정책의 유지를 선호하는 경향을 보인다. 조직적 현상유지(institutional status quo)에 대한 선호를 Schon은 동태적 보수주의(dynamic conservatism)라 이름 짓고 "회사조직(corporate society)은 동태적 보수주의 상태에 있다. 이 조직은 생존, 안정과 계속성을 위하여 많은 노력을 기울인다"[14]고 주장한다.

개인과 조직의 문제 인식능력의 한계

개인과 조직 모두 문제인식능력에 고유의 한계를 갖고 있다. 개인과 조직의 유사성은 다양하다. 외부환경과 정형화된 기대 사이의 위협적 불일치에 대하여 조직을 경계하게 하는 다양한 주의 집중 메커니즘(attention focusing mechanism), 환경 관찰능력을 제한하는 제한적 탐색능력, 문제와 환경과 서로 다른 대안들의 효과에 관한 불확실한 정보에 대한 무의식적 의존(H. Wilensky), 제한적 합리성, 불확실성 또는 애매모호함을 회피하거나 줄이고자 하는 경향(Cyert and March)등이 그 예이다. 조직은 심리적 감각기관을 가진 생물학적 존재가 아님은 분명하지만 예시하기에 충분할 만큼 개인과 유사하다.[15] 인간과 다른 조직의 가장 중요한 두 가지 점은 의사결정의 한 형태로서 갈등의 준해결과 의사소통 네트워크에의 의존이다. 국지적 합리성 추구, 변경 또는 대체가능한

12) 이와 관련하여 의사결정상의 함정 (Hammond et al, Harvard Business Review, 1998, Sep/Oct) 참조.

13) 이 때문에 정책결정의 초기단계가 매우 합리적으로 이루어져야 한다. 잘못 시작된 정책은 나중에 고치기 힘들기 때문이다. 우리나라의 수많은 사회간접자본 투자사업 뿐만 아니라 새 정부가 출범할 때마다 등장하는 수많은 개혁정책들도 초기단계에 신중하고 합리적으로 이루어져야 한다. 정부가 추진하는 수많은 사업과 정책의 시행착오는 엄청난 사회적 비용을 발생시킨다.

14) Donald Schon. *Technology and Change* (New York: Dell, 1967), p. 63.

15) 타조(ostrich)의 전술처럼 자신에게 다가오는 위험을 무시함으로써 위험을 회피하는 방식은 가장 어리석은 방식이다.

목표의 순차적 추구, 목표 간의 갈등해소 등이 조직의 갈등의 준해결적 모습이다.

요약하면, 문제의 인식에서 정책과정이 시작된다. 개인이 문제의 존재를 인지하여 전체 조직의 관점과 역할로 보아 이 문제를 다루는 것이 타당하다는 것을 책임있는 기관에 제시함으로써 정책과정이 출발한다.

연구 주제

1. 조직의 문제해결방법에 대한 March와 Cyert의 연구 업적을 정리해 보자.
2. 의사전달네트워크로서의 조직을 강조한 Cybernetics 이론에 대해서 이해하여 보자.
3. 존재, 실재(reality)와 본질에 관한 철학사적 논의들을 고찰하여 보자.

2. 문제맥락의 인식

문제의 맥락적 성격과 상황에 대한 강조는 정책분석의 기본적 과제이다. "정책은 미래에 대처하기 위한 인간의 문제와 관련이 있다. 정책은 인간사회를 위하여 가능하고, 바람직하고, 의미 있다고 판단되는 것에 대한 진술이다. 이러한 의미에서, 정책은 사실과 가치와 과학적, 윤리적, 신학적, 철학적 사색이 만나는 궁극적인 의미(ultimate meaning)와의 연결점이다."16)

문제맥락의 인식(Identification of the problem context)은 크게 1) 문제의 정의를 위한 기준설정 2) 상황적 또는 환경적 변수들의 인식 3) 시간적 제약조건의 인식의 세 가지 구성요소로 이루어진다.

1) 문제의 정의를 위한 기준 설정

적절한 기준의 선택은 정책분석가의 분석작업에서 가장 기초적인 것이다. 적절한 문제의 제기가 없이는 올바른 해답을 얻을 수 없듯이, 적절한 기준이 없이는 적절한 대안을 선택할 수 없다. 문제를 정확히 이해한다는 것은 대안 선택의 기준도 분명히 이해한다는 의미이다. 그러나 기준의 정의는 매우 어려운 작업이다. 체계분석가들이나 경

16) Gibson Winter. "Toward a Comprehensive Science of Theory" (Cambridge, Mass.:Harvard University Houghton Lecture, 1969), p. 7.

제학자들은 경제적 비용이나 수치적 척도에만 기준을 한정시키려고 노력한다. 수치적 기준이 편리하기는 하나 정책분석가들은 이러한 수치적인 대안 선택기준만으로는 만족하지 않는다.[17)]

대안선택이 매우 중요하므로 잘 선택하여야 한다는 규범적, 처방적 차원의 언급과 현실은 매우 다르다. 현실 정책과정에서 적절한 대안선택의 기준은 잘 이루어지지 않는다. 1959년대 후반, 미국시민의 자동차 구매습관(car-buying habits)을 조사한 후 미국 소비자들은 중대형 차를 선호한다는 조사결과에 따라 중대형차(Edsel)를 생산했던 Ford 자동차회사는 수억 달러의 엄청난 손해를 감수해야 했다. 현재의 정태적인 자동차 구매습관이 아니라 중장기적으로 동태적인 자동차 구매 추세를 조사했더라면 이러한 잘못은 범하지 않았을 것이다.

기준결정의 일반적인 잘못은 부적절한 정보에 의해 문제를 정의하거나, 미래의 조건에 대한 고려가 없이 현존 상황에만 근거하여 문제를 정의하는 것이다. 또 다른 잘못은 근원적인 문제의 원인보다는 그 증상에만 기초하여 기준을 선택하는 것이다. 문제로 인식된 증상과 문제의 근본적인 원인, 현재 상황과 동태적인 미래 추세 등을 종합적으로 고려하여 문제를 정의하여야 한다. 도시빈곤이라는 근본원인 대신에 도시재개발 문제를 다루는 정책이 적절한 예이다. 분석가는 욕조 속의 물을 퍼내기 전에 물속에 혹시라도 어린애가 있는지를 점검하여야 한다(Brewer and deLeon, 1983: 43).

기준 선택이 어렵다면 지침으로 사용될만한 좋은 규칙과 질문으로 사용될 체크리스트는 없을까? 문제 해결을 위하여 지침이 될 만한 적절한 질문을 구성하기 위해서는 기준선정의 수준에 관한 이해가 필요하다. 가장 분명한 것은 기준의 수준은 문제의 범위와 조화를 이루어야 한다는 것이다. 이 말의 의미는 광범위하고 근본적인 문제 해결을 위해서는 일반적인 개념에 기초한 질문들이 적절히 제기되어야 하고 하위수준의 더 제한적인 정책문제의 해결을 위해서는 더욱 구체적인 질문들이 제기되어 이에 대한 해답을 구해야 한다는 뜻이다. 예컨대 문제의 범위가 넓을수록 보다 일반적인 질문이 적절하다.

H. Lasswell은 일반적 개념에 기초한 기준과 관련하여 문제 해결의 5가지 지적 작업을 1) 목표의 명확화(goal clarification), 2) 추세 묘사(trend description), 3) 상황조건의 분석

17) 정책분석의 최종 산출물은 실제 세계에서 시행될 수 있는 구체적인 사업이라는 사실이 분석가들로 하여금 단순한 학문 연구자보다 훨씬 주의 깊은 기준을 고려하게 한다.

(analysis of conditions) 4) 발전과정의 추정(projection of developments), 5) 발명(invention), 평가(evaluation)와 대안의 선택(selection of alternatives)으로 구분하였다.[18] 이는 G. T. Allison이 제시한 관료정치모형 분석가의 지적 작업과 유사하다고 할 수 있다.

문제의 범위가 좁다면, 즉 정책이나 사업의 범위가 제한적이라면 기준선정의 수준과 관련된 질문은 보다 구체적이고 특정화된다. 예컨대, 이 문제에 의해 영향을 받는 조직 또는 이해당사자들은 누구인가? 어느 정도, 어떤 방식으로 영향을 받는가? 등이 관료정치모형하의 분석가가 전형적으로 제기할 수 있는 문제들이다. 이 수준의 기준설정은 주로 실현 가능성에 초점이 모인다. 그 이유는 최적 의사전달통로의 확보나 완벽한 정보를 얻기에 충분한 시간을 주지 않았기 때문이다. 물론 더 좁은 최하위 수준의 문제들은 보다 구체적이고 특정한 정책문제들이며 이들은 조직 내의 표준운영절차(SOP)에 의하여 주로 해결된다.

기준선정에 신중한 고려를 하지 않을 경우 아무리 작은 문제라도 제대로 해결될 수 없다. 정책문제의 등급에 대하여 지침이 될 만한 질문유형들로는 기술적인 질문(technical question)(자료는 이용 가능한가?), 정책 지향적 질문(정태적인 모형인가? 그 결과가 정책결정에 적용 가능한가?) 규범적인 질문(윤리적, 도덕적, 전문적 가정과 기준들이 의사결정자의 그것들과 조화를 이루는가?) 등이 있다. 사회 전체적으로 보아 아무리 사소한 정책문제일지라도 정책분석가는 문제의 정의를 위한 기준을 아주 신중하게 다루어야 한다.

2) 상황적, 환경적 변수들의 인식

문제의 정의를 위한 기준을 결정한 후에는 상황적, 맥락적, 환경적 변수를 인식하여야 한다. 이는 문제와 조직환경과의 관계를 인식하는 과정이다. 구체적으로는 문제에 의해 영향을 받는 집단과 그렇지 않은 집단, 영향받는 정도, 문제가 어떻게 분석될 수 있는가에 관한 방법 등에 관한 인식이다.

"누가 영향을 받는가?"라는 질문 속에는 많은 하위 질문들이 있다. 누가, 어느 정도

18) Harold D. Lasswell. *Politics: Who Gets What, When, and How* (New York: Meridian, 1958), p. 187, 또는 *Pre-view of Policy Sciences* (1971), chap. 3, "Problem Orientation: The Intellectual Tasks".

로 어떠한 영향을 받으며, 그들 중 누가 해결책을 위한 기획과정에 참여하며, 그들은 서로 어떤 관계에 있는가 등이다. 문제에 의해 영향을 받는 두 집단(기관, 조직 포함)인 수혜자집단과 피해자 집단에 관한 평가는 전체 정책과정과 함께한다. 피해집단과 수혜집단의 구성은 분석가의 분석상의 자유와 재량의 범위를 결정한다. 이는 또한 문제 자체의 중요도를 결정한다. 일반적으로 수많은 사람에게 영향을 주는 문제는 적은 수의 사람들에게 영향을 주는 문제에 비하여 그만큼 넓은 사회적 관심을 받는다.

"누가 영향을 받는가?"에 관한 분석이 이루어진 후에는 "그들은 문제에 어떻게 반응하고, 그들 사이에 어떻게 상호 관계를 맺고 있는가?"에 관한 분석이 있어야 한다. Lasswell은 "세계는 단순히 상호의존적이라는 인식뿐만 아니라, 상호의존성에 관한 실제적이고도 선별적인 자각(awareness)이 합리적인 공공정책에 필요불가결하다"[19]고 시적한 바 있다.

정책이 지지자와 반대자를 갖는 것은 곧 정치의 기본적 기능인 가치와 자원재배분에 관한 의사결정이기 때문이다. 문제에 의한 수혜자와 피해자인식은 문제의 정의단계에서 인식되지만, 정책문제에 대한 지지자와 반대자들 사이의 다양한 연합형성 요인에 관한 이해는 이 두 번째 환경요인분석단계에서 이루어진다. 일반적이고 규범적으로 말하자면 정치가는 현존하는 사회문제에 대하여 나름대로 관심과 철학을 가지고 있어야 한다. 관심이 있고 해결하고자 하는 사회문제에 관한 정보를 정치가는 관련 이해관계자들에게 제공함으로써 문제 해결을 위한 연합형성(coalition building)을 시도한다. 이 과정에서 정치가는 학자, 관료, 언론, 타 정치인 등으로부터 지원을 받거나 정책연합을 형성한다.[20] 환경은 시간이 흐름에 따라 변화하고 있고 또 인위적으로 변화를 일으킬 수도 있지만, 분석가들은 분석의 편의를 위해 주요한 환경적 변수들을 정태적으로 가정하는 것이 일반적이다. 환경은 일반적으로 불확실하고 통제 불가능하며, 시간이 흐를수록 자체적으로 끊임없이 변화하며, 정책에 의해서도 변화의 모습을 달리한다.

문제 요소 인식의 마지막 작업은 문제와 외부환경과의 경계를 짓는 것이다. 인간은

19) H. Lasswell. *Pre-view of Policy Sciences* (1971) p. 14.

20) 정치적 연합은 일반적으로 상황의존적일뿐만 아니라 전략의존적이기 때문에 일시적 또는 잠정적이다. 자원배분을 둘러 싼 예산, 사업의 결정과 관련된 정치적 또는 관료적 연합형성 전략으로는 의회에서 의원들이 서로에게 이익이 되는 의안을 협력하여 통과시키기(logrolling), 의원과 선거구만을 이롭게 하는 정부예산 따기(pork barreling), 표 교환(vote trading) 등이 있다.

제한적 합리성 하에서 제한적 정보를 처리할 수밖에 없다. 따라서 문제의 규모는 취급 가능한 수준으로 좁혀지고 단순화되어야 한다. 분석능력을 벗어난 문제는 해결될 수 없기 때문이다. 하나의 문제라도 이를 전체적으로 보면 매우 복잡하여 완전하게 분석할 수 없는 경우가 많다.

문제의 복잡성을 분석적으로 가능하게 다루는 방법은 크게 두 가지이다. 첫째는 문제를 완전히 분석 가능한 수준으로 매우 단순화시키는 것이다. 그러나 문제 자체가 아주 중요한 경우에는 이렇게 문제를 단순화시켜 다룰 수는 없다. 둘째 방법은 복잡한 문제를 여러 개의 작은 하위 문제들(subproblems)로 분해하여 분석하는 것이다. 하위문제들의 해법들(solutions) 또는 해결 대안들(alternatives)을 체계분석가들과 OR 연구가들은 부분최적화(suboptimization)라 부른다. 부분최적화를 시도하는 이유는 하위 문제들의 최적 해결책을 합하여 전체 문제의 최적 해결책(global optimization)으로 사용할 수 있으리라는 희망 때문이다. 문제의 분해와 부분최적화의 시도는 복잡한 문제를 해결하는 최선의 방법으로 여겨지지만. 여기에는 많은 어려움이 있다. 대규모의 사회실험 설계작업을 예로 들 수 있다. 사회실험의 설계와 집행에는 경제학, 사회학, 인구학, 통계학 등 다양한 하위 학문의 부문적 작업이 요구된다. 이러한 사회실험의 설계와 집행이 성공하기 위해서는 사회실험과 관련된 다양한 하위 부문들 각각의 완벽한 작업수행능력과 하위 부문들 사이의 목표와 선호 간에 갈등이 상호 잘 조정되고 조화되는 것이 요구된다.

문제를 환경과 구분 짓는 이 단계에서 중요한 또 하나의 요소는 분석을 위한 초기적 조건들에 관한 합의이다. 초기적 관찰, 사실, 가치, 출발점 등에 관한 합의가 그것이다. 현상심리학자들이 닻 내리기(anchoring)라 부르는 초기적 관찰과 가치들은 문제의 형성과 대안의 탐색에 매우 중요한 영향을 미친다.

3) 분석에 주어진 시간적 제약의 인식

분석에 필요한 시간의 양과 분석에 주어진 시간의 양의 의미는 다르다. 여기에서는 분석에 주어진 시간의 크기가 분석의 질에 미치는 영향에 대해서 알아보자.

문제연구에 이용 가능한 시간의 많고 적음도 분석의 질에 많은 영향을 준다. 긴급한 문제는 문제 분석과 대안탐색에 이용 가능한 시간이 거의 없는 매우 시간적 제약이 매우 큰 문제이다. 시간에 쫓기는 분석은 오류의 가능성이 많다. 짧은 시간에 질 높은 분석을 가능하게 하는 중요한 문제는 많지 않다. 그러나 대부분의 중요한 정책문제는 많은 분석의 시간이 필요함에도 분석에 주어진 시간은 매우 짧은 모순적 상황 속에 있다. 예컨대, 대량실업, 낮은 생산성, 고 인플레이션, 무역적자 등 종합적으로 악화하는 경제상황에 대처하기 위한 경제정책은 정치적으로 매우 긴급하게 요구되어 분석적으로 많은 시간이 주어지지는 않는다. 이 경우 최고 정책결정자가 택할 정책대안은 매우 제한적일 수밖에 없다. 졸속으로 결정된 잘못된 정책대안은 문제 상황을 더욱 악화시킬 수도 있다. 정치적으로 긴급한 중요한 정책문제일수록 시간적 여유를 갖고 신중한 정책결정이 요구되는 이유가 여기에 있다.

결론적으로 문제의 인식과 관련하여 여기에서 다룬 세 가지, 1) 문제 선정의 기준, 2) 환경적 요소와 변수들의 인식, 3) 시간적 제약 등은 정책과정 전체를 관통하는 분위기를 결정한다. 정책분석의 초기 단계에 제기되는 이 세 가지 주요한 질문들은 정책과정 전체에 걸쳐 계속적으로 재검토, 재규정되어져야 한다.

3. 조직목표와 하위 목표들에 대한 인식

문제 인식 후의 분석가의 역할은 조직이 추구하고자 하는 구체적 가치와 목표와 수단들을 선택하는 것이다. 가치들 사이의 관계를 실제로 설정하기 위해서는 목표-수단의 연쇄 관계를 이용한다. 다속성 문제는 속성들 사이의 계층화와 서열화가 필요하다.

다속성 문제의 분석은 제 11장에서 다룬다.

4. 대안의 탐색과 창출

문제 인식의 마지막 단계는 대안의 탐색, 수집, 창출 단계이다. 이 단계에서의 새로운 대안의 탐색은 현존 정책의 변용이다. 대안탐색의 원천과 기법으로는 역사적 탐색, 비교적 방법, Brainstorming 등이 있다. 문제 인식의 각 단계에 대한 자세한 내용은 따로 다룬다. 네 가지 문제인식 단계들은 상호 적응적으로 상호작용을 함으로써 상호 영향을 미친다. 또한, 환류 과정을 통해 순서가 서로 바뀌기도 한다. 문제인식과정 뿐만 아니라 모든 정책과정은 순환 적응과정이라고 말할 수 있다.

정책대안의 탐색과 창출에 대해서는 제 7장에서 다룬다.

제4절 정책문제의 인식을 위한 점검표

1. 시장과 정치공동체의 비교

정책문제의 존재는 곧 정책분석의 기회이다. 환자가 건강상의 문제를 치료하기 위하여 의사에게 이야기하듯이, 사회 내의 특정 집단들도 자신들에게 바람직스럽지 못한 사회경제적 조건 또는 증상을 정부가 치유해주기를 원한다. 정책분석가의 주 임무는 이러한 사회 병리적 증상을 일정 평가기준에 따라 평가하고 왜 이 문제가 발생하였으며 이 문제를 어떻게 해결할 수 있는가에 대한 설명을 하는 것이다. 정책문제의 평가는 경험적, 사실적 기초위에서 이루어져야 한다. 계량적 관점에서 볼 때 경험적인 증거는 곧 자료의 형태로 확인된다. 정책이 "사회문제를 해결하기 위한 정부의 의사결정"이라면, 정책문제의 올바른 인식을 위해서는 시장(the market)과 정치공동체(the polis)의 특성을 비교하여 이해할 수 있어야 한다.

<표 5-1>은 시장과 정치체제의 특징을 비교하는 표이다.

표 5-1 시장과 정치공동체의 비교

	시장 모형	정치공동체 모형
1. 분석단위	개인	정치공동체
2. 동기	사익 추구	사익 또는 공익 추구
3. 주요 갈등 원인	사익 vs 사익	사익 vs 공익
4. 아이디어와 선호의 원천	개개인 스스로 창출	외부의 영향
5. 집단적 활동의 본질	경쟁	협력과 경쟁
6. 개인적 의사결정의 기준	사익 최대화, 비용최소화	충성(개인, 지역, 조직), 사익최대화, 공익 증진
7. 사회적 행동의 구성요소	개개인들	집단과 조직
8. 정보의 본질	정확성, 완전성, 공개성	애매성, 해석적, 불완전성, 전략적 조작성
9. 일의 작동방식	중요성의 법칙 (물적자원의 유한성과 소모성)	열정의 법칙 (인적 자원의 재생성과 확장성)
10. 변화의 원천	물적 교환, 사익 최대화 추구	권력추구, 사익과 공익의 추구

* 출처: Deborah Stone. (2002: 33).

2. 문제의 인식을 위한 정책기준들

효율성, 형평성, 효과성, 민주성 등은 정책선택의 기준이며 동시에 정책문제의 인식을 위한 기준이다. 이들 기준은 정책문제의 성격을 규정하는 기준으로서도 기능한다. 시장의 실패 개념과 정부의 실패개념을 중심으로 정책의 문제점 확인을 위한 점검표를 제시한다. 이론적 시장의 실패는 불완전 경쟁, 공공재, 외부효과 및 정보의 불균등에 의한 시장의 실패를 의미한다. 시장의 실패 외에도 소득분배의 불공정, 경기변동, 실업의 발생 등의 문제와 시장의 부존재, 시장형성의 미흡 등 소위 시장의 불완전성 현상이 현실적으로 발생한다. 시장의 불완전성은 학자에 따라서는 민간부문의 불완전성으로 부르기도 한다.

표 5-2 정책문제의 확인을 위한 점검표

시장 존재 테스트	시장의 실패 테스트	정부개입	정부의 실패 테스트	정책 대안
현실 시장 부존재	이론적 시장 실패 있음	정부개입	정부의 개입 성공	정부작동! 점증적 개선 대안 모색
			정부의 실패있음	시장의 실패와 정부의 실패 공존: 정부개입의 비용과 시장의 실패 비용을 비교후 결정
	이론적 시장 실패 없음	정부개입	정부의 실패 있음	규제완화, 민영화, 시장합법화 등 시장중심적 대안 고려
현실 시장 존재	시장의 실패 증거 있음	정부개입	정부의 실패 있음	시장의 실패와 정부의 실패 공존: 정부개입의 비용과 시장의 실패 비용을 비교후 결정
			정부의 실패 없음	시장의 실패 비용을 최적의 정부개입의 비용과 비교 후 대안 선택
	시장의 실패 증거 없음: 시장 최적	정부개입	정부의 실패 있음	정부의 개입을 제거함으로써 시장개선 가능, 시장신뢰
			정부의 실패 없음	시장 작동! 정부개입 불필요, 시장을 그대로 둘 것

* 출처: Weimer and Vining (1999: 261).

시장의 부존재와 관련하여 수요는 있으나 시장의 공급 기반이 형성되지 않아서 시장이 부존재하는 경우와 시장 제도가 마련되지 않아 시장이 존재하지 않는 경우도 있다. 과거에 존재하지 않았던 보험시장, 재보험시장, 복권시장, 중고차 시장 등의 경우를 상정해보면 이해할 수 있다. 공급기반의 마련에 대규모 투자자본과 기술이 필요하여 시장이 부존재하지만 사회적으로 시장을 형성하는 것이 바람직할 때에는 정부가 공급기반을 형성하여 시장을 존재하게 하는 역할도 하기도 한다. 유료 고속도로, 지하철, 상하수도, 발전소 등 사회간접자본을 직접 공급하여 시장을 형성하는 경우도 있고, 주택분양보증시장이나 중소기업신용보증과 재보증시장 등과 같이 정부가 제도를 마련하여 시장을 형성하는 경우도 있다.

시장의 실패 개념을 민간부문의 불완전 현상까지 포함하여 광의로 정의한 후 정부정책의 문제점 파악과 정책대안의 모색을 하는 것이 바람직하다. <표 5-2>는 이러한 전제에서 이해되어야 한다.

<표 5-3>은 시장의 실패 원인과 정부의 실패 원인을 간략히 정리한 것이다.

표 5-3 시장의 실패 원인과 정부의 실패 원인

■ 시장의 실패 원인과 현상

① 공공재(public goods): 국방, 치안, 공교육 등과 같이 비배제성과 비경합성적 서비스의 성격으로 인하여 무임승차가 발생하여 시장에서 적절하게 서비스를 공급하는데 실패하는 상황 발생
② 외부효과(externality): 시장에서의 직접적인 거래나 교환을 통하지 않고 대가 없이 제3자적 경제주체의 효용이나 소득에 이득이나 손실을 유발하는 상황 (예: 공해)
③ 정보의 비대칭성(information asymmetry): 경제주체들 사이의 정보 불균등 소유 때문에 사회적으로 유익한 거래가 발생하지 못하거나 발생하였더라도 그 결과가 불공정하거나 비효율적인 상황 (예: 소비자 안전문제)
④ 독과점(monopoly or oligopoly): 독점이나 과점으로 인한 자원배분의 비효율성과 배분적 불평등이 심화하는 경우

■ 정부의 실패 원인과 현상
① 공권력의 사적 이용, 사익 추구: 부정부패
② 공직자의 인센티브 부족 또는 왜곡: X-비효율성, 비효율적인 업무추진
③ 행정목표의 불명확성과 상실: 과다한 행정비용, 낭비, 비효과적 업무처리
④ 부처이기주의: 부처할거, 행정조직의 규모와 분화 증대
⑤ 이익집단의 분화 및 영향력 증대: 형평성의 결여
⑥ 폐쇄적 관료조직 구조와 운영행태: 민주성과 대응성 결핍

참고자료 5-1 정책문제의 경험적 인식방법

1. 정책문제의 인식을 위한 경험적 연구방법의 분류

진단의 시점을 기준으로 보면 정책문제의 진단에는 두 종류가 있다. 현재 상태의 진단과 기존 정책 또는 새로운 정책에 의해 발생할 미래문제의 예측적 진단이 그것이다. 여기에서는 현재의 정책문제 인식을 위한 일반적인 방법으로서 사회현상에 대한 경험적 연구방법을 설명한다.

사회현상의 경험적 연구에서 가장 주요한 관심은 두 가지이다. 첫째, 무엇이 의미있는 변화(significant change) 또는 차이(difference)이며 무엇이 사소한 변화(trivial change) 또는 차이인지에 대한 것이나. 둘째, 유의미한 변화를 유발한 원인이 무엇인가를 발견해내는 것이다. 정책분석의 구체적 수행절차에서 정책문제의 인식과 정책대안의 탐색 및 정책영향의 인식과 측정 등은 모두 경험적 연구방법(empirical research methodology)과 맥을 같이 한다.

<표 5-3>은 현상의 측정과 미래 예측을 위한 경험적 연구방법들을 계량적 성격여부에 따라 구분한 것이다. 여기에서는 계량적 연구방법 중 현상측정의 연구방법들에 대해서만 설명한다. 미래 예측방법들은 따로 다룬다.

표 5-4 사회현상의 인식을 위한 연구방법

계량적 연구방법 (quantitative research)	- 표본조사: 확률 표본조사, 비확률 표본조사 - 통계분석방법*: 단변량 분석, 이변량 분석, 다변량 분석, 시계열 분석 - 계량적 서베이(survey) 방법, 센서스 조사
질적 연구방법 (qualitative research)	- 참여관찰(participatory observation) - 현지연구(field research) - 인터뷰(interview) - 주관적, 질적 조사(survey) - 내용분석(content analysis) - 문헌분석(documentary analysis)

* 출처: Lisa Harrison (2001), *Political Research: An Introduction.*

단순하게 말하자면, 계량적 연구방법은 분석 대상들의 차이를 숫자(numbers)로 나타내고자 하는 방법이며, 질적 연구방법은 대상의 차이를 속성(kind)으로 나타내고자 하는 방법이다. 계량적 연구방법은 비교를 위하여 개념을 숫자와 통계적 형태로 바꿈으로써 "얼마나 많은?"의 질문에 대답한다. 계량적 연구방법은 수치적 자료의 분석에 초점을 두며, 일반화와 예측을 위하여 수많은 자료를 이용한다. 그러나 질적인 연구방법은 연구대상의 속성(attributes)과 특성(characteristics)을 보다 깊이 있게 인식하고 이해하고자 한다. 따라서 질적인 연구방법은 소수 표본을 보다 심층적으로 연구하게 된다. 심층적인 인터뷰, 참여관찰, 내용분석 등의 방법을 통하여 보다 깊은 수준의 정보를 발견하고자 하는 방법이다(Landman, 2002: 18-19). 실증주의적 접근방법과는 달리, 질적인 연구방법을 신봉하는 학자들은 존재론적 입장(ontological position) -실재는 객관적이지 않다- 을 취한다. 사회현상은 자연현상과 달라서 맥락을 이해하여야 한다고 주장한다. 즉 연구의 목적은 '무엇이 발생하였느냐' 뿐만 아니라 '왜' 그리고 '어떻게'에 대한 해답을 구하는 것이기 때문이라는 것이다(Harrison, 2001: 77).

계량적 연구방법과 질적인 연구방법은 각각의 장점과 단점을 가지고 있다. 두 가지 연구방법 중 어느 하나만의 연구방법이 상대적으로 우월하다고 말할 수는 없다. 어떤 연구방법이든 주어진 자료와 증거에 따라 추론을 하는 것이 목적이기 때문이다. 추론의 논리는 두 가지 연구방법에 공통으로 적용된다.

2. 통계적 관계의 인식을 위한 기초 개념들

통계는 유의미한 차이를 확인해 줌으로써 논증을 지지하는 가장 쉽고, 가장 강력한 방법이다. 그러나 가설검증에 관한 통계적 방법들은 현상들 사이의 유의미한 차이(significant difference)를 검증할 수는 있지만, 현상의 인과관계(causality)를 증명해주지는 못한다. 통계적 방법은 사실들 사이의 관계의 정도를 확률적으로 인식할 수 있게 도와줄 뿐이다. 과학적 인과관계의 확인을 위해서는 실험적 연구방법을 이용하여야 한다. 계량적 분석에 필요한 요소와 개념들을 설명한다.

1) 통계처리의 목적

주어진 자료에 적절한 통계적 기법을 선택하기 위해서는 통계분석의 목적이 무엇인지를 분명히 하여야 한다. 일반적인 통계적 목적은 1) 집단 간 차이의 유의성 분석 또는, 2) 변수들 간의 관계 분석의 두 가지로 요약된다. 이 두 목적과는 다른 통계처리의 목적도 있을 수 있으며, 이를 위해서는 보다 고차원의 통계학 관련 서적을 참고하면 된다. 통계적 목적을 결정하기 위해서는 연구자가 설정한 가설 또는 연구문제를 검토하여야 한다.

2) 자료의 유형

자료의 유형(types of data)에는 명목 자료(norminal data), 서열 자료(ordinal data), 등간 자료(interval data), 비율 자료(ratio data)의 네 가지 수준의 자료(level of data)가 있다. 자료의 유형은 때로는 측정의 수준(level of measurement), 척도(scale) 등과 혼용되어 사용되기도 한다. 자료의 유형에 따라 사용할 수 있는 통계처리 기법이 다르다.

3) 모집단과 표본

모집단(population)은 우리가 연구하고자 하는 관심 있는 대상 전체를 의미한다. 모집단 전체를 조사하는 것을 센서스 조사로 부른다. 모집단을 구성하고 있는 요소 일부분만을 선택한 것을 표본(sample)이라 부른다.

4) 모수와 통계량 등

모수(parameters)는 관심 있는 모집단의 통계적 특성 또는 값을 말하며, 보통 평균, 분산, 비율, 상관관계 등이 된다. 모집단 모수(population parameter)로 표현되기도 한다. 통계량(statistics)은 표본의 통계적 특성을 말한다. 표집자료로부터 계산된 표본특성의 수치로 대응하는 모집단의 특성을 측정- 보다 정확하게 말하자면 추정- 하기 위하여 계산되며, 표본 통계량(sample statistic)으로 표현되기도 한다. 표본 통계량에는 기술 통계량(descriptive statistics)과 추정 통계량(inferential statistics)이 있다. 기술 통계량은 평균, 분산, 상관관계 등과 같이 자료를 묘사하고 요약하기 위한 척도이다. 추정통계는 모집단으로부터 추출한 표본을 사용하여 모집단에 대한 추정을 위하여 사용되는 통계적 절차를 의미한다. 추정을 위하여 사용되는 통계적 검증의 예로는 t-검증,

Chi-square 검증과 분산분석검증(ANOVA test) 등이 있다. 통계적 추론의 방법으로는 추정과 가설검증의 두 가지가 있다.

5) 표본추출 방법

표본추출의 방법(sampling method)은 확률 표본추출 방법(probabilistic sampling)과 비확률 표본추출 방법(non-probabilistic sampling)이 있다. 확률 추출방법으로는 무작위 추출, 체계적 추출, 층화 추출 및 군집 추출방법이 있다. 비확률 추출방법에는 할당 추출(quota sampling), 편의 추출(convenience sampling), 자원 추출(voluntary sampling), 눈덩어리 추출(snowball sampling)과 목적적 추출(purposive sampling)이 있다.

6) 분석의 유형과 분석의 수준

정치학, 행정학, 정책학 연구에 있어 연구자들은 변수들 사이의 관계에 대하여 관심을 갖는다. 변수들 사이의 관계는 분석의 수준에 의하여 유형화된다. 분석의 유형(types of analysis)도 분석의 수준(levels of analysis)에 의해 구분된다. 분석의 수준은 분석대상인 변수의 수에 따라 단변량 분석, 이변량 분석 및 다변량 분석의 3가지로 구분된다.[21)]

단변량 분석(univariate analyisis)은 1 종속변수의 분석을 위한 통계기법으로 단순히 "얼마나 많이?"라는 질문유형을 위한 분석이다. 단변량 분석에 있어서는 연구대상 집단의 평균과 분포에 대한 분석이 연구관심이다.

이변량 분석(bivariate analysis)은 2 종속변수의 분석을 위한 통계기법으로 두 변수 간의 관계를 찾기 위하여 변수들을 비교하는 방법이다. 두 변수 사이에 유의미한 관계가 있음을 검정하는 통계적 기법들은 다양하다. 교차분석표, 산포도, 상관관계, 회귀분석, 요인분석 등이 그 예이다. 그러나 어떤 관계가 있다고 해서 그것이 곧 두 변수 간의 인과관계를 의미하는 것은 아님을 알아야 한다. 셋 이상의 변수들을 다루는 연구가 다

---

21) 통계학과는 달리 정치행정학, 사회학, 경제학 등의 연구에 있어서 분석의 수준(level of analysis)은 분석 대상인 독립변수의 수준을 의미한다. 이 경우에는 미시분석, 거시분석, 개인적 수준의 분석, 체계적 수준의 분석 등으로 구분된다. 이와 관련이 있는 개념으로 분석의 단위(unit of analysis)가 있다. 이는 분석을 위하여 수집되는 자료의 대상(objects)을 의미한다. 개인, 조직, 집단, 국가, 선거제도 등이 분석단위의 예이다.

변량 연구이다.

다변량 연구는 둘 이상의 종속변수 또는 둘 이상의 독립변수 또는 종속변수와 독립변수 모두 둘 이상인 다양한 형태의 연구이다. 다변량 연구는 여러 개의 변수를 이용하여 예측하는 형태 또는 수많은 변수를 보다 적은 수의 변수들로 축소하는 연구 형태를 띠기도 한다. 다변량 연구가설은 "x는 y의 원인이다."라고 기술하기보다는 "x는 y의 원인이다. 그러나 그 효과는 z의 조건에 따라 변화할 것이다."처럼 기술된다. 예컨대, 투표행태는 단순한 계급변수만이 아닌 교육수준, 거주지역, 신문 구독 유무 등에 의해 결정된다는 가설이 예이다. 다수 변수 사이의 유의미한 관계를 검증하는 통계적 기법들은 다변량 분석 또는 다변량 방법으로 불리며 다중회귀분석, 다중요인분석, 상호작용모형, 경로분석 등이 있다.

이들과는 다른 시계열 분석 모형(time-series models)도 있다. 이 방법은 시간의 경과에 따른 추세의 분석을 위하여 이용된다. 어떤 사회경제적 변화가 일어나는데 소요되는 기간의 이해에 매우 유용하다. 또한, 어떤 사회적 사건의 정치적 또는 경제적 영향연구에도 많이 이용된다. 정책학 분야에는 정책영향분석 등에 이용 가능하다. 시계열 모형은 주요한 예측모형의 하나로 주로 다루어진다. 정책영향분석에서는 미래정책문제의 예측과 정책영향의 시계열분석에 이용된다. 미래예측방법에서 다룬다.

3. 통계분석기법의 선택을 위한 의사결정표

현상측정과 관련된 가설검증에 이용 가능한 통계적 검증방법들은 매우 광범위하게 존재한다. 여러 가지의 통계적 방법 중에서 연구자는 가설검증에 가장 적절한 통계기법들을 선택하여야 한다.

통계처리의 방법을 선택하기 위해서는 우선 통계적 목적과 측정수준의 대응관계를 아는 것이 필요하다. 첫째, 1 종속변수- 1 독립변수의 집단 간 차이의 분석을 위한 측정의 수준은 명목, 서열, 등간, 비율 모두 가능하다. 둘째, 다수 종속변수와 독립변수의 집단 간 차이의 분석을 위해서는 등간 또는 비율측정의 수준이 필요하다. 셋째, 변수들 사이의 관계 측정을 위한 통계처리방법의 이용에는 모든 수준의 측정이 가능하다.

통계처리 기법과 필수적 관계가 있는 각 변수의 측정 수준, 통계적 목적, 독립변수,

종속변수 또는 기준변수, 예측변수의 수와 변수들이 독립적인지 비 독립적인지를 결정하였다면, 이제는 적절한 통계처리절차의 선정을 위하여 의사결정나무(decision tree)를 사용할 준비가 되어 있다. 의사결정나무로 사용될 수 있는 표가 <표 5-5>, <표 5-6>, <표 5-7>이다.

표 5-5 1 종속변수 - 다수 독립변수의 집단간 차이의 유의성 검증을 위한 통계적 검증방법의 분류

종속변수 측정수준	독립변수의 수	독립 또는 관련 관찰	통계적 검증방법
명목변수	2	독립	독립변수의 Chi-square 검증
		관련	McNemar 검증
	3 이상	독립	독립변수의 Chi-square 검증
		관련	Cochran Q
서열변수	2	독립	Mann Whitney U
		관련	Sign test(sign의 경우), Wilcoxon 검증(숫자의 경우)
	3 이상	독립	Kruskal-Wallis 일방향 분산분석(One-Way ANOVA)
		관련	Friedman 양방향 분산분석(Two-Way ANOVA)
등간 또는 비율변수	2	독립	독립 집단에 대한 t-검증
		관련	관련 집단에 대한 t-검증
	3 이상	독립	일방향 분산분석(One-Way ANOVA)
		관련	자료에 적절한 유형의 ANOVA
* 1집단 검증의 경우			
명목			Chi-square 적합성 검증, 두 범주와 범주의 크기가 5이상의 경우는 이항검증
서열			Kolmogorv-Smirnov 단일표본 검증
등간 또는 비율			단일표본에 대한 t-검증

* 출처: N. Sproull(1995), p. 256.

표 5-6 다 척도에 대한 집단 간 차이의 유의성 검증을 위한 통계적 방법의 분류

종속변수 측정수준	종속변수 수	독립변수 수	통계적 검증방법
등간 또는 비율측정	1	다수	분산분석(Factorial ANOVA)
			공분산분석(Analysis of Covariance: ANCOVA)
	다수	1	다변수 t-test
			일원 다변량분산분석(One-Way Multivariate Analysis of Variance: MANOVA)
		다수	요인적 분산분석(Factorial MANOVA)
			다변량 공분산분석(Multivariate Analysis of Covariance: MANCOVA)

* 출처: N. Sproull(1995), P. 257.

표 5-7 비실험적 연구에서의 변수 간 관계의 측정을 위한 통계적 방법

기준변수(criterion variables), 종속변수 측정수준	변수의 수	예측변수(predictor variables), 독립변수 측정수준	변수의 수	통계적 방법 * P: 모수(parametric) NP: 비모수(nonparametric)
명목	1	명목	1	Chi-square(NP)
			다수	Chi-square(NP)
		서열	1	미분계수(Coefficient of Differentiation:NP)
			다수	Kendall의 비모수 판별분석(Nonparametric Discriminant Analysis:NP)
		등간	1	양류 상관계수(Point Biserial Correlation:P)
			다수	판별분석(Discriminant Analysis)
	다수	명목	다수	가변수 정준 상관분석(Canonical Correlation with Dummy Variables:P)
		서열	다수	서열변수를 변형 후 가변수 정준 상관분석 (P)
		등간	다수	다중판별분석(Multiple Discriminant Analysis), 정준상관분석
서열	1	명목	1	미분계수(Coefficient of Differentiation:NP)
			다수	Kruskal's 단조분산분석(Monotone ANOVA:NP)
		서열	1	Spearman's 서열 상관, Kendall's Tau(NP)
			다수	Guttman-Lingoes CM-2 회귀분석
		등간	1	Coefficient of Point Multiserial Correlation(P)
			다수	Carrol's Monotone Regression(NP)
	다수	명목	다수	Transform Ordinal Scales, then 다변량 ANOVA(P)
		서열	다수	Transform Ordinal Scales, then Canonical Correlation(P)
		등간	다수	Transform Ordinal Scales, then Canonical Correlation(P)
등간 또는 비율	1	명목	1	양류 상관계수(Point Biserial Correlation:NP)
			다수	분산분석(ANOVA:P)
		서열	1	Coefficient of Point Multiserial Correlation(NP)
			다수	서열변수를 등간변수로 변형 후 다중회귀분석(P)
		등간	1	2변량 회귀분석(P)
			다수	다변량 회귀분석(P)
	다수	명목	다수	다변량 ANOVA(P)
		서열	다수	서열변수를 변형 후 정준상관분석 (P)
		등간	다수	정준 상관분석(P)

* 기준변수: 예측되는 변수로서 종속변수적 성격을 갖는다.
예측변수: 예측하기 위해 사용되는 변수로서 독립변수적 성격을 갖는다.
* 출처: N. Sproull(1995), P. 258.

위의 표들에 제시된 방법들 중에서도 가장 자주 이용되는 통계적 방법들은 i) Chi-square 독립성 검증, ii) 독립집단들의 평균에 대한 t-검증, iii) 일원 분산분석(One-Way ANOVA)과 iv) 피어슨 적률 상관관계(the Pearson product-moment correlation)이다. 이 외에도 선형 회귀분석과 다변수 기법들이 이용되기도 한다.

자주 사용되는 통계적 용어와 기법들의 구체적 이용방법에 대하여는 통계분석 전문가로부터 교육과 자문을 받거나 통계분석 전문서적 또는 컴퓨터에서 사용가능한 통계분석 프로그램 등을 스스로 학습하면 될 것이다.

4. 서베이(survey)와 여론 조사(opinion polls)

서베이[22]는 연구관심 변수들에 대한 조사대상 집단의 의견을 질문지(questionaire)를 통하여 조사하는 질문지를 통한 조사방법으로 계량적 서베이와 질적 서베이의 두 종류가 있다. 서베이 질문지는 서신, 전화, 이메일 또는 개별적 인터뷰 등의 수단에 의하여 배포, 수집된다. 서베이를 통해 얻을 수 있는 정보는 응답자 신상관련 사실들, 인지수준, 의견, 가치관, 태도, 행태 등이다.

서베이는 조사대상자들의 현재 응답이 응답 이후에도 변하지 않는다는 가정에 근거하고 있다. 서베이의 장점은 조사대상으로부터 직접 정보를 수집하는 데 있으며, 직접 얻은 정보가 신뢰성이 있다는 전제하에 사용된다. 서베이의 성패는 조사자의 조사기술과 태도뿐만 아니라 조사 대상자의 판단과 협조에 달려 있다. 만약에 응답자들이 질문들에 신중하게 응답하지 않을 경우 서베이에 기초한 미래예측의 값은 신뢰할 수 없다. 이점이 서베이의 단점이다. 조사대상자의 선정과 질문문항의 적절한 구성과 회수 응답 건수 등은 언제나 서베이 설계에 있어 부딪혀야만 하는 중요한 문제이다. 이러한 단점에도 불구하고 서베이는 사회과학 연구에 자주 이용된다.

유권자들의 정치적 성향과 의견의 조사에 자주 이용되는 여론 조사(opinion polls)와 소비자 의견조사 등도 질적 서베이의 일종이다.

5. 정책지표의 개발

1) 정책지표의 개발

사회경제적 현상은 기본적으로 복잡하며 다차원적인 접근이 필요하다. 단순한 지

22) 서베이는 현상의 조사를 위해서도 사용되지만 관심변수의 미래 값 예측을 위한 정보수집의 한 방법으로도 이용된다.

표, 예컨대 삶의 질, 만으로는 사회 전체의 현상을 대표하는데 불충분하다. 정책지표에도 제도적 왜곡(institutional biases)과 오염(contamination)이 있을 수 있다. 예컨대, 정부정책 관련 자료들은 정책대상인 기업이나 소비자들의 관점보다는 행정기관의 행정적 필요와 편의성을 더 많이 반영하는 경우가 많다.

정책지표(policy indicator)는 그 사회가 추구하는 궁극적인 가치(end-value)와 관련되어 있다. 사회가 추구해야 할 궁극적인 가치로서 사회정의, 효율성, 형평성, 안전성, 평등성 등이 있다.

정책지표가 정책분석에 유용한 자료가 되기 위해서는 표준화되어야 한다. 표준화된 정책지표들만이 시계열(time series) 분석 자료로 사용 가능하기 때문이다. 그러나 사회지표의 표준화 조건도 잘 유시되지 못한다. 시간이 흐름에 따라 사회문제에 대한 개념 정의도 변화하고 이에 따라 타당하고 신뢰할만한 척도도 변화하고 개념에 대한 해석도 시대에 따라 변화하기 때문이다. 이러한 점을 잘 인식하여 시계열 자료를 이용할 때에는 상당한 주의가 필요하다.

2) 사회지표와 정책지표

현상의 인식과 관련된 자료의 문제를 해결하기 위한 많은 노력의 결과 중 하나가 사회지표(social indicator)의 개발이다. 적절하고, 쉽게 이용 가능하며, 타당한 사회회계도구(social accounting scheme)는 아직 개발되지 않았지만, 사회지표는 인구학적, 경제적, 사회적, 그리고 기타의 정보들을 포괄하는 사회적 통계이다. 사회지표의 선정을 위한 기법으로는 통계학에서 다루어지는 요인분석, 군집분석과 판별분석의 방법이 있다. 대부분 사회지표는 정책지표로 활용될 수 있다.

자료문제를 해결하기 위한 많은 노력의 결과 중 하나가 사회지표의 개발이다. 여전히 적절하고, 쉽게 이용 가능하며, 타당한 사회 회계도구(social accounting scheme)는 개발되지 않았지만 사회지표는 인구학적, 경제적, 사회적, 그리고 기타의 정보들을 포괄하는 사회적 통계이다.

사회지표에 내재하여 있는 한계와 문제들은 사회지표 개발자뿐만 아니라 정책분석가도 해결해야 할 숙제들이다. 첫째, 사회적 선호와 목표의 인식이 어려운 문제이다. 개인적 또는 집단적 선호체계의 정확한 인식을 위한 노력 대신에 사회지표개발자들은 보다 사실에 근거한 객관적인 지표의 개발과 묘사(description)와 수집에 더욱 많은 관심과 노력을 기울이고 있다. 객관적인 자료의 수집과 측정의 기본적 이유는 정책분석과정에서 고려해야 할 많은 중요한 질적 요소들이 이해하기 어렵고 측정 또한 매우 어렵다는 점에 있다. 둘째, 사회회계 또는 사회지표의 개발과 측정에 있어 정의의 문제(definitional problems)가 가장 어려운 숙제 중 하나이다. 질적인 또는 추상적인 속성을 갖는 사회현상이나 사회문제들에 대한 합리적이고 명백한 정의와 분류가 어렵다는 의미이다. 예컨대, 모든 범죄를 정의해 주는 일련의 속성들에 근거한 범죄의 합리적인 분류는 없다. 법률상의 정의가 도움은 되지만 이것도 불완전하며, 나라마다 다르고, 또 시간이 흐름에 따라 변화하며 재해석된다. 좋은 정책분석을 위해서는 안정적이고 신뢰할만한 시계열적 자료의 생산이 필수적이다. 그러나 정의의 문제 때문에 이러한 자료의 생산은 거의 불가능하다. 정의의 문제는 일반적이며, 수많은 사회문제와 관련되어 있다.

정책분석을 위하여 적절한 분석의 수준(unit of analysis)을 결정하는 것도 어려운 일 중 하나이다. 분석의 수준은 수집되어야 할 자료의 종류와 내용을 결정한다. 대부분의 사회적 자료와 정보는 전국적 수준(national-level)에서 집계된다. 전국적 자료에 근거하는 것은 전국적인 문제를 해결하기 위해 전국적 차원의 조치가 필요하다는 것을 전제로 하기 때문이다. 결과적으로 개인들의 인식과 행태와 기대와 만족 등과 관련된 개인적 수준(individual-level)의 문제들에 관한 원자료(raw data)는 이용 가능성은 제한된다.

사회지표가 정책분석에 유용한 자료가 되기 위해서는 표준화되어야 한다. 표준화된 사회지표들만이 시계열분석 자료로 사용 가능하기 때문이다. 그러나 사회지표의 표준화 조건도 잘 유지되지 못한다. 시간이 흐름에 따라 사회문제에 대한 개념 정의도 변화하고 이에 따라 타당하고 신뢰할만한 척도도 변화하고 개념에 대한 해석도 시대에 따라 변화하기 때문이다. 이러한 점을 잘 인식하여 시계열자료의 이용 시에는 상당한 주의가 필요하다.

3) 지수

지수(index)는 특정 경제, 사회적 현상을 계량화하여 나타낸 수치이다. 물가나 임금

따위의 변동을 알기 쉽게 나타내기 위하여 일정한 때를 100으로 기준으로 하여 비교하는 숫자로서 물가지수가 하나의 예이다. 인플레이션을 측정하는 척도인 물가지수에는 소비자물가지수(CPI: Consumer Price Index), 생산자물가지수(PPI: Producer's Price Index) 등 다양한 지수들이 있다. 좋은 인플레이션 지수가 갖추어야 할 속성에는 정확성도 있지만, 정확성 외에도 이와 상충하는 조건들인 확실성, 결정의 용이성과 신뢰성 등의 속성이 있기 때문에 지수를 사용하는 목적을 고려하여 다양한 속성들을 조화하면서 적용하여야 한다. 물가지수는 기준이 되는 해(기준시점)의 물가수준을 100으로 하고, 그 후의 물가를 종합지수의 형태로 나타낸다. 물가지수는 물가의 움직임을 측정하기 위한 척도일 뿐 아니라, 각종 정책의 지표로서 또는 가격수정 인자로서 활용되는 디플레이터로 이용된다. 물가지수는 상품거래의 단계에 따라 도매물가지수·소매물가지수·생계비지수의 구별이 있으며, 특수한 것에는 무역물가지수·농촌물가지수 외에 지역적인 물가 차를 표시하기 위한 지역차물가지수가 있다. 물가지수는 먼저 각 상품의 가격계열을, 기준시점을 100으로 나타낸 가격지수에 합계 1의 가중치(weight)를 배분하여 가중평균(加重平均)을 함으로써 작성되는데, 가중치를 잡는 방법에 따라 라스파이레스식(Laspeyres formula: L식), 파셰식(Paasche formula: P식), 에지워스식(Edgeworth formula: E식) 이 있다. 한국의 현행 물가지수의 대표적인 것으로는 한국은행이 작성하는 생산자물가지수와 전도시(全都市) 소비자 물가지수가 있다. 물가를 경제순환의 어느 단계에서 파악하느냐에 따라 물가지수는 여러 가지로 산출되는데, 생산자 판매가격에 입각하여 작성되는 것을 생산자물가지수라고 한다. 생산자 물가지수는 제1차 도매상의 판매가격에 따라 작성되는 도매물가지수와는 다른 것으로, 비교적 근년에 작성되기 시작하였다. 생산자가격의 동향을 측정하는 동시에, 국민경제계산의 디플레이터로서도 이용된다.

한국의 도매물가지수(wholesale price index)로서는 한국은행의 도매물가지수가 대표적이다. 체계는 상품의 속성에 따라 분류한 기본 분류지수 이외에, 특수 분류지수로서 국내품 ·수출입품별 지수, 산업별 지수, 용도별 지수도 포함된다. 한국은행 도매물가지수는 제1차 거래단계의 가격수준, 즉 생산자 또는 수입자 판매가격을 이용하여 편제한 것이며, 이러한 가격자료를 이용할 수 없는 경우에 한하여 다음 거래단계인 도매상의 판매가격 자료로써 보완하고 있다. 지수의 계산식은 기준시 가중산술평균법(라스파이레스 산식)을 이용하고 있다. 한국은행 도매물가지수는 주간속보·월보·연보 등에 발표되고 있다. 소비자물가지수는 도매물가지수와 함께 일상생활에 직접 영향을 주는 물가의 변동을 추적하는 중요한 경제지표의 하나이다. 미국에서 사용되고 있는 인플레이션 반영지수들로는 소비자 물가지수(CPI), 소매물가지수(RPI: Retail Price Index), 생산자 물가지수(PPI), 국민총생산-물가지수(GNP-PI: Gross National Product-Price Index) 등이 있다.

생산성 지수로서 총요소 생산성지수(TFP: Total Factor Productivity)도 최근에는 자주 이용된다. 생산은 노동과 자본이 결합하여 이루어진다. 이를 수학적으로 표시한 것이 생산함수이며, Y = F(L, K) 라고 한다(L: 노동, K: 자본 Y: 생산량). 이때 생산이 늘어나는 것은 노동투입량이 늘어나거나 자본투입량이 늘어나던가 아니면 이 둘의 증가와 관계없는 생산성이 증가할 경우 생산량이 증가한다. 즉 같은 투입량으로 더 많은 생산이 이루어진다. 이것을 총요소 생산성(TFP)이라고 한다. 즉 생산량 증가분에서 노동증가에 따른 생산증가분과 자본증가분에 따른 생산증가분을 제외한 생산량 증가분이 TFP이다. 수학적으로는 다소 복잡하게 표시된다. 미국에서 사용되는 생산성지수로는 노동통계국(BLS)의 노동생산성지수와 미국 생산성 센터(APC)의 생산성지수가 있다.

한편, 규제지수(regulatory index)는 한 국가의 총체적(또는 산업별, 부처별) 규제수준을 계량적으로 측정하기 위한 개념이다. Brian Goff(1996)는 미국의 경우 효과적 규제지수(effective regulatory index: ERI)의 측정 변수들로 (1) 규제의 양: 법령의 페이지 수 (2) 연방정책기관의 정원과 예산 (3) 인구대비 변호사 수 (4) 총 소송건수 대비 정책관련 소송건수 (5) 주 정부 공무원 수(교육공무원 제외)를 제시하고 있다. Brian Goff는 이렇게 산출된 효과적 규제지수(ERI)를 독립변수로 사용하여 정책의 거시경제적 효과를 시계열적으로 측정하였다. 그가 사용한 거시경제적 변수들은 실업률과 실업변동률, 고용률과 변동률, 일 인당 생산성 변화, GNP 성장률 등이다.[23]

23) Brian Goff. *Regulation and Macroeconomic Performance* (Boston: Kluwer Academic Publishers, 1996).

참고자료 5-2 미래예측의 방법

미래예측의 방법은 불확실성 아래에서 정책 문제의 인식과 정책의 비용편익 추정방법에 공통으로 적용되는 방법이다. 불확실한 상황을 위험한 상황 또는 확실한 상황으로 전환하기 위해서는 무작위 변수의 확률값에 대한 추정이나 무작위 변수가 취할 미래값에 대한 직접적 추정이 필요하다. 이 절에서 다루는 미래예측의 방법은 대부분이 무작위변수의 미래 값에 대한 예측방법이지만 확률값을 추정하는 방법으로도 활용될 수 있는 시뮬레이션, 델파이 기법 등 주관적 방법들도 있다.

1. 미래예측 방법(methods of forecasting)의 분류

여기에서는 정책영향분석을 위한 미래예측 기법들을 <표 5-8>에 제시하고 대표적인 몇 가지 기법들에 대하여 구체적으로 설명한다. 각각의 예측 기법들 또는 여기에서 자세히 다루지 않은 기법들에 대한 보다 깊은 이해를 위해서는 관련 전문서적을 참조하면 될 것이다.

표 5-8 미래예측 방법의 분류

예측방법	공식적 모형의 사용 여부	모형의 종류	기법들
주관적 예측	특정 규칙이나 모형을 사용하지 않는다.	- 개인적 추측, 경험, 직관 - 전문가 의견조사	- 서베이(survey) - 델파이(Delphi) - 시나리오 분석
모형에 근거한 예측	인과 모형	- 질적 모형 - 계량 모형	- 수학적 모형 - 계량경제학 모형
	비인과 모형	단순예측방법	
		무작위 난수 모형(random walk model)	- 모의실험(simulation)
		시계열모형	- 통계적 모형 . 추세 투사 모형 . decomposition 분석 . Box-Jenkins 단변수 시계열 모형 등

* 수학적 비인과모형과는 다른 비계량적 차트작성법(chartism)과 "필터 룰(filter rule)"의 방법도 있다.

최근에는 컴퓨터의 눈부신 발전과 EXCEL, SAS, SPSS 등 통계 소프트웨어 프로그램의 개발 때문에 정책영향분석을 위한 미래예측기법들을 편리하게 활용할 수 있게 되었다.

1) 주관적 예측(subjective forecasts)

이는 개인의 추측, 경험 또는 직관에 의한 예측이다. 주관적 예측 방법은 분명한 규칙에 따르는 것이 아니라 주로 개인의 머릿속에서 비공식적인 방식으로 정보를 처리하는 것에 의존한다. 주관적 방식에 따르면 동일한 정보를 가진 두 사람이 서로 다른 예측을 하게 될 가능성이 크다. 그것은 두 사람의 경험과 직관과 목표와 지식 등이 다르기 때문이며, 심리학자 핀커(S. Pinker, 1997)에 의하면 근본적으로는 사람들의 마음(mind) 계산 메커니즘(computational mechanism)이 개인마다 다르기 때문이다. 어쨌든 개인적 정보처리 방식과 예측 방식은 주관적이며 임시적이며 비공식적인 특성을 갖는다. 그러나 이러한 특성이 있는 주관적인 예측 방법이 언제나 부정확한 예측결과를 낳는다는 의미는 아니다. 때로는 개인적 경험이 때로는 직관이 아주 좋은 예측 결과를 낳을 수도 있기 때문이다. 다만, 주관적인 예측 방법에 따른 특정의 예측이 왜 좋은지 또는 왜 나쁜지를 분석하기 곤란하며, 또한 과거의 잘못된 예측으로부터 학습효과를 얻기 곤란한 문제점이 있다. 주관적 예측방법은 주로 전문가들이 많이 사용하며, 주관적 예측에 대해 개인들은 과도한 자신감을 갖는다는 연구 결과가 있다. 그러나 보다 공식적인 합리적 방법에 의한 예측 결과가 주관적 예측 결과보다 나은 결과를 가져온다는 많은 증거가 있다.

2) 모형에 근거한 예측(model-based forecasts)

모형에 근거한 예측은 관심 있는 변수들 사이의 관계를 공식화한 규칙 또는 모형으로부터 산출된다. 여기에는 인과 모형(causal model)과 비인과 모형(non-causal model)의 두 종류가 있다. 인과 모형은 변수들의 값이 어떻게 결정되느냐에 관한 인과적 결정방식에 대한 기존의 이론을 활용하는 모형이며, 비인과 모형은 변수들의 행태에 대한 이해보다는 단순한 예측에만 관심을 둔 모형이다.

(1) 비인과 모형(non-causal model)

비인과 모형은 변수결정의 메커니즘에 대한 설명은 하지 않고 단순히 과거 역사적 자료들을 이용하여 미래예측(projecting)을 하는 방법이다. 가장 단순한 예로는 변수행태에 전혀 변화가 없다는 가정 하에 예측하는 가장 소박한 형태의 무변화 모형(no-change model)이 있다.[24] 즉, 과거 10년 동안의 경제성장률 또는 인플레이션율이 10% 증가하였다면 앞으로 10년 후의 경제성장률 또는 인플레이션율도 10% 증가할 것이라는 예측을 한다. 이 모형은 어떤 변수가 경제성장률 또는 인플레이션율의 증가에 영향을 주었는지에 대해서는 아무 설명을 하지 않고 단순히 과거의 추세를 미래의 추세로 예측하는 투사 또는 외삽(extrapolation)방법이다. 약간 더 복잡한 비인과모형으로는 시계열 모형(time-series)모형이 있다. 과거의 여러 기간 동안의 자료가 이용 가능할 때에는 시계열 모형이 이용된다. 시계열 모형에 속하는 기법들로는 추세 외삽 모형과 decomposition 분석 모형이 있다. 매우 복잡한 시계열 모형으로는 경제예측에 주로 이용되는 Box-Jenkins 단변수 시계열 모형이 있다. 수학적 비인과 모형의 대안으로 차트 그림을 사용하는 차트 작성법(chartism)이 있다. 수많은 주가변동 행태를 보여주는 주가 차트가 그 예이다. 차트작성법과 유사한 개념으로 "필터 룰(filter rule)"이 있다. 이 방법의 특징은 정확한 계량적 예측이 사용되지 않는다는 데에 있다. 필터 룰 역시 주식매매에 주로 이용되는 기법이다.

비인과 모형의 장점은 상대적으로 단순하며 비용이 적게 드는 점에 있다. 정확한 예측으로부터 얻게 될 편익이 크지 않다면 단순하고 저렴한 예측방법의 이용이 경제적으로 효율적이다. 단점은 변수행태에 대해 설명을 하지 않을 뿐만 아니라 실제로 과거의 추세가 앞으로도 변화 없이 그대로 유지될 것이라는 가정에 있다. 이 모형의 사용 조건은 "다른 조건이 다 일정하다면(ceteris paribus)" 가정의 유효성에 있다.

(2) 인과 모형(causal model)

인과모형은 서로 다른 변수들 사이의 관계를 확인함으로써 관심대상인 변수의 행태를 설명하고자 함에 목적이 있는 모형으로 현실세계에 대한 우리들의 이해를 돕는다.

24) 과거의 추세와 미래의 추세에 변화가 없다는 가정에 근거하여 미래예측을 하기 때문에 현상의 파악을 위한 조사기법과 미래 예측을 위한 조사기법들 사이에 큰 차이가 없다.

정확히 설정된 인과모형은 정의상(by definition) 비인과모형보다 더 나은 예측값을 산출하게 될 것이다. 인과모형에는 질적 모형과 계량 모형이 있다. 관심변수의 변화방향만을 예측하는 모형은 질적 모형이며, 변화 또는 움직임의 크기를 예측하는 모형은 계량적 모형이다. "제품의 가격이 상승하면 수요는 떨어질 것이다."라는 기본적 수요 이론의 진술(statement)은 질적 모형의 성격을 갖는다. 한편, "제품의 가격이 1% 상승하면 수요량은 0.5% 떨어질 것이다."라는 진술은 계량적 모형의 예이다. 마찬가지로 주5일 근무제의 실시와 기업의 생산성의 방향 또는 크기에 관한 두 종류의 예측모형을 만들 수 있다. 주5일 근무제와 실업률의 관계, 경제적 정책 완화와 기업 경쟁력의 관계, 환경정책의 강화와 환경의 질과의 관계, 국민기초생활보장제도의 시행과 빈곤층의 복지와의 관계 등 우리가 예측해볼 수 있는 가설과 모형의 예는 매우 많다.

질적인 예측은 실제로 많은 도움이 되지 못한다. 변수들의 방향만 알 뿐 그 크기를 알지 못하면 정책적으로 의미 없는 경우가 많다. 왜냐하면, 만약에 변수 간의 관계의 방향은 확인되었지만 실제로 그 크기가 무시할 정도로 작다면 이는 정책변수로서의 의미를 상실하기 때문이다. 예를 들면, 의약분업의 본격적 시행이 국민건강의 증진에 도움이 된다고 예측되었더라도 그 효과의 크기가 미미하다면 이는 정책적 의미가 없는 것과 마찬가지이다. 이 때문에 대부분 정치, 경제, 행정학 분야의 사회과학자들은 계량적 예측모형에 더 깊은 관심을 갖게 된다.

2. 주관적 예측 방법

주관적 예측방법으로 델파이 방법과 시나리오 분석이 대표적이다.

1) 델파이(delphi) 방법

델파이 방법은 여러 전문가의 판단을 종합하여 미래를 예측하는 방법으로 서베이의 한 유형이다. 델파이는 그리스의 델파이 신탁(the Greek oracle of Delphi)에서 그 이름이 취해졌다. 델파이는 사전 설계된 여러 차례의 예측 시도(a series of forecasting rounds)를 통하여 전문가들의 견해를 종합하는 방법이다. 델파이 방법에도 다양한 변종들(variations)이 있지만, 기본적 아이디어는 다음과 같다. 첫 번째 예측라운드에서는 10여 명의 전문가들을 선정하여 각각 독립적으로 특정 사건의 미래에 대하여 예측을 하게 한다. 전문가들은 예측 주관 조직 내외에서 선정될 수 있다. 첫 번째 예측 조사를 수집하여 이 결과를 전문가들이 함께 모여 토의한다. 가장 높거나 가장 낮은 두 극단적인 예측에 대하여는 정당화의 기회를 부여한 다음에 다시 추가적인 논의를 하고 두 번째 예측 라운드를 시작한다. 각 라운드의 예측 결과를 모아서 다시 논의하며, 이러한 예측라운드는 모든 전문가가 수용할만한 예측합의(a consensus forecast)가 나올 때까지 계속 반복된다. 델파이 기법의 다른 변형으로는 전문가들이 상호 대면하지 않고 서면 또는 이메일 등의 방법으로 의견을 교환할 수도 있다. 합의가 이루어질 때까지 전문가들은 다른 참가자의 의견을 고려하여 자신의 의견을 수정하는 것이 권장된다. 델파이 실험의 횟수는 보통 3~4회 정도이다. 최종 라운드의 반응은 최초 라운드의 반응에 비해 훨씬 집약된 좁은 범위의 의견을 보이는 경우가 일반적이며, 이 반응을 전문가들의 합의된 견해로 본다. 최종라운드에서 수집된 의견 가운데 중간값(median)이 최선의 예측값으로 선택된다.

델파이 방법의 장점은 참가자들이 예측합의를 이루도록 권장함으로써 전문가들의 견해를 종합하는 장점이 있다. 델파이 방법은 합의적 견해가 다른 개별적 견해들보다 더 정확하리라는 가정(assumption)에 근거하고 있다. 이 방법의 단점은 전문가들의 개성에 영향을 받는다는 점이다. 특히 자신의 견해를 얼마만큼 확고하게 주장 또는 고집하느냐에 따라 합의결과가 달라질 수 있다는 점이다. 또한, 델파이 방법의 실행에는 많은 비용이 소요될 수도 있고, 누구도 확신할 수 없는 예측결과가 최종적으로 나올 수도 있다. 델파이 방법의 실행에 관해서는 학자들 사이의 의견이 분분하다. 전문가의 참여가 반드시 필요한가의 여부, 참여자 집단이 다른 전문분야로부터 구성된다면 참여하게 될 전문가의 수준은 어떻게 결정하며, 최초 라운드의 경우 어느 정도의 정보를 공급할 것인가에 대한 문제들에 대해서는 합의가 이루어져 있지 않다. 실용적 차원에서 볼 때에 과거의 자료가 오해의 소지가 많은 경우에는 보다 장기적인 예측에, 그리고 기술개발의 가능성과 시기와 같은 질적인 예측에 더욱 적절하다고 하겠다. 미래예측이 필요한 정책분석가 또는 정책결정자는 델파이 방법의 장단점을 잘 인식하여 적절히 활용하여야 할 것이다.

표 5-9 델파이 방법의 시행 절차

1단계	전문가 예측단 구성(expert panel selection)
2단계	1차 질문지 배포: 관련 자료 제공
3단계	1차 반응의 통계분석
4단계	2차 질문지 배포: 1차 결과와 전문적 정보 제공
5단계	2차 반응의 통계분석
6단계	3차 질문지 배포: 필요한 경우 4차 이상도 가능

* 출처: Kleindorfer, et al. (1993), Figure 6.5.

2) 시나리오 분석(scenario analysis)

미래학자 허만 칸(Herman Kahn)은 시나리오 분석의 아버지로 일컬어진다. 시나리오 분석은 체계분석에 근거한 불확실성 아래의 집단적 의사결정 기법의 하나이다. 시나리오 분석[25]은 불확실성 아래에서 서로 다른 목표들을 가중화하고 확률을 추정함으로써 최선의 기댓값을 얻기 위한 기존의 불확실성 아래의 의사결정 및 분석기법들을 부적절한 것으로 본다. 이렇게 보는 근본적 이유는 통계적 의사결정이론의 기초에 대한 다음과 같은 비판적 인식에 근거하고 있다. 첫째, 확률추정은 기본적으로 주관적이다. 둘째, 집단적 의사결정에 참여하는 개개인들의 추구하는 목표들이 서로 상충하며, 개개인들의 확률 추정값도 다르다. 셋째, 전통적 의사결정이론에는 주관적이건 객관적이건 확률에 대한 집단적 합의를 합리적으로 확보해주는 이론이 없다. 따라서 집단적으로는 기대효용의 극대화에 근거한 합리적 의사결정이 불가능하다고 주장한다. 따라서 분석가가 집단(의사결정 위원회)에 의하여 수용 가능한 대안을 개발하고자 한다면, 분석가 또는 특정 구성원의 기대 효용을 극대화하는 대안을 개발할 것이 아니라 충분한 수의 위원회 구성원들이 동의할 수 있는 대안을 개발하도록 노력하여야 함이 당연한 논리적 귀결이라고 주장한다. Kahn은 이 방법이 상식적인 정치적 의미에 불과하다는 비판을 인정하면서도 이 방법을 적용하면 그 이상의 효과가 있다고 주장한다. 특히 미래예측이나 전략적 기획분야 또는 정책분석에서는 그 효용이 크다는 것이다. 칸은

25) Roger M. Cooke. *Experts in Uncertainty: Opinion and Subjective Probability in Science* (Oxford: Oxford University Press, 1991), pp. 10-12.

체계분석을 수행하는 분석가들은 과학자로서가 아닌 정치가로서 사고하여야 한다고 주장한다. 그렇다면, 시나리오는 무엇이며, 시나리오 분석에서 확률은 어떠한 역할을 담당하는가?

> "시나리오는 인과적 과정과 의사 결정점에 초점을 두어 구성한 사건들의 가상적 결과들(hypothetical consequences of events)이다. 시나리오는 다음의 두 가지 질문에 해답을 제공한다. (1) 가상적 상황들이 어떻게 단계적으로 발생할 것인가? (2) 이 과정을 방지, 우회 또는 촉진하기 위한 어떤 대안들이 행위자 또는 각 단계에 존재하는가?" (Kahn and Wiener,1967: 6; R. M. Cooke, 1991: 11 재인용).

시나리오 분석방법은 불확실성 아래의 집단적 의사결정에 있어 객관적 확률에 대한 집단적 인식과 만장일치 합의의 불가능을 전제루 개발된 이사결정기법이다.

3. 모형에 기초한 예측: 투사적 방법의 예

투사적 방법(projection method) 또는 외삽적 방법(extrapolation methods)을 이용하는 기법들의 종류는 매우 많다. 기본적 아이디어는 자료상의 과거 패턴이 미래에도 단순 반복되리라는 것이다. 따라서 횡단면적 자료(cross-sectional data)보다는 시간의 경과에 따라 정리된 시계열자료가 적절하다. 문제는 과거의 패턴을 어떻게 인식하느냐이다. 과거의 자료들은 일정한 시간 간격 - 예를 들면 월별, 분기별, 연도별- 에 따라 관찰된다. 자료가 일정한 시간 간격이 없는 경우에는 적절히 조정하여 사용할 수 있다.

가장 단순한 모형으로는 변수 행태에 전혀 변화가 없다는 가정 하에 예측하는 가장 소박한 형태의 무변화 모형(no-change model)이 있다. 이 모형은 수학적으로 다음과 같다.

$$Y_t = Y_{t-1} \qquad (1)$$

이 식은 시간 t의 변화와 무관하게 과거의 변수 값 Y가 미래에도 동일할 것이라는 의미이다. 만약에 변수들의 값이 시간에 따라 변한다면 이 단순한 모형에 의한 예측은 부정확한 것이 될 것이다. 변수들의 값이 시간에 따라 변할 경우 시계열의 확률적 특성을 반영하는 새로운 무작위 또는 확률 항(random or stochastic term) μ_t를 포함하여 다음과 같이 새로운 모형을 만들 수 있다.

$$Y_t = Y_{t-1} + \mu_t \tag{2}$$

위의 식은 다음과 같이 다시 쓸 수 있다.

$$Y_t - Y_{t-1} = \mu_t \tag{3}$$

여기서 μ_t는 일정한 확률분포를 가지는 확률변수로서 흔히 오차항(error term) 또는 교란항(disturbance term)이라고 불린다. 오차항 μ_t가 확률변수이므로 종속변수 Y_t 도 확률변수이다. 즉, 시간의 변화에 따른 Y값의 변화가 확률적이라는 의미이다. 이 모형이 무작위확률모형(random walk model)이다. Y_t의 값을 가장 잘 예측해주는 값은 바로 이전의 Y값 Y_{t-1}이다. 한편, 설명변수인 Y_{t-1}은 모두 그 값이 일정하게 정해진 비확률 변수라고 가정하는 것이 일반적이다.

일반적으로 오차항 μ는 순수 무작위 변수(a white noise or classical error)로 가정된다. 이 가정은 μ의 평균은 0, μ의 분산 σ^2값은 일정, 서로 다른 기간의 μ들 사이에는 상관관계가 없음을 의미한다. 이를 수학적으로 표현하면 다음과 같다.

$$E(\mu_t) = 0 \tag{4}$$

$$E(\mu_t^2) = \sigma^2 \tag{5}$$

$$E(\mu_t \mu s) = 0, \ t \neq s \tag{6}$$

오차항 μ에 대한 무작위(white noise) 가정은 계량경제학상의 최소자승법 회귀분석에서 가장 표준적인 가정이다. 모형 (2)의 장점은 다음 기의 변수 값 예측에 필요한 유일한 정보는 현재 변수의 값이라는 점이다. 따라서 다른 변수들의 값들이 무시되는 이 모형은 단변수 모형이다.

단변수 무작위 모형이 예측을 위한 출발 모형으로서 유용하지만, 추세의 성격에 따라서는 이 가장 단순한 모형에 약간의 변형을 가하면 더욱 다양한 예측모형을 만들 수 있다. 보다 자세하고 복잡한 시계열 모형들에 대해서는 계량경제학 교과서를 참고하면 된다.[26] 계량경제학 모형설정(process of econometric modeling) 방법과 이 모형을 이용한 미래 예측의 기본적 절차는 <표 5-10>과 같다.

표 5-10 계량경제학적 미래예측의 기본적 절차

1) 미래 예측의 대상인 체계에 대한 계량모형을 설정한다. 정치, 사회, 경제, 행정 체계 등이 미래 예측의 주 관심 대상이 되는 체계의 예이다.

2) 모형설정을 위하여 관련 체계의 행태를 잘 설명해 주는 정확한 이론을 선정하고 관심 변수들을 선정한다. 설명되는 피 설명변수, 즉 종속변수(Y)는 모형 내에서 그 값이 결정되는 변수들은 내생변수(endogenous variable)들이며, 모형 밖에서 결정되는 변수(X)들은 외생변수(exogenous variable)들이다.

3) 이론을 이용하여 이러한 변수들의 관계에 관한 일련의 수학적 방정식들(equations)을 작성한다. 주로 동시방정식 모형(simultaneous equation model)이 작성된다.

4) 변수들에 대한 자료를 수집한다. 이론적 개념에 가장 가까운 자료를 확보하기 위하여 노력하여야 한다. 불완전 정보의 세계에 살고 있는 것을 감안할 때 정확한 자료의 수집과 적절한 자료 처리는 미래예측의 타당성과 신뢰성 확보에 매우 중요하다.

5) 방정식 상의 미지의 매개변수(parameter: α, β, γ, δ 등) 값을 추정(estimation)하기 위한 각종 계량경제학적 또는 통계분석적 기법들을 활용한다. 최소자승 회귀분석법(OLS)에 의한 동시방정식의 매개변수값의 추정은 한계가 있기 때문에 보다 정교한 기법들을 사용하여야 한다.

6) 추정된 매개변수의 값들이 이론적으로 타당하고 이론과 모순이 있는지를 검토한다. 만일 이론이 제시하는 변수들의 행태와 추정된 값들이 다르다면 i) 이론을 유지하고 자료상의 흠결 등의 이유로 추정결과를 기각하든지 또는 ii) 새로운 모형의 설정을 통하여 이론의 개선을 시도할 수 있다.

7) 내생변수(Y)에 대한 실제 예측을 한다. 내생변수 또는 종속변수의 미래예측값을 알기 위해서는 외생변수들(X)의 값을 알아야 한다. 외생변수들의 값을 예측하기 위하여 단순예측 방법 또는 보다 복잡한 모형이 이용될 수 있다. 어쨌든 외생변수들의 미래 값을 추정하고, 이 값들을 이용하여 주 관심변수인 내생변수들의 미래 값을 예측한다.

* 1)-7)까지의 예측 절차는 기본적인 것이기 때문에 실제 예측과정에 있어 부딪힐 수 있는 다양한 문제들을 해결하기 위해서는 끊임없는 절차와 방법의 수정에 관한 의사결정이 이루어져야 한다. 예측은 이론과 의사결정자의 판단의 결과이다.

26) P. Kennedy (1985)와 K. Holden et al. (1994)은 다양한 경제예측 모형에 대한 좋은 교재들이다.

연구 주제

1. 정책분석에서 시간(time)의 개념과 동태성.
2. 정책분석 자원으로서의 시간.
3. 정책변화의 전제로서의 시간.
4. 동태성과 체계의 불균형, 균형, 안정, 불안정 개념.
5. 체계의 균형상태의 의의: 정책 비전의 실현, 목표의 달성, 정책 성과측정.
6. 미래 예측의 방법들.

제6장

정책목표의 설정과 평가기준

제1절 정책목표의 의의

1. 정책 목표

정책목표 또는 사회적 당위성의 중요성은 그것들이 정책분석의 확고한 기초인 점에 있다. 그것은 제시된 정책대안들의 가치를 평가하는데 사용되는 판단의 궁극적인 기준이 된다. 이 궁극적인 기준으로부터 변화하는 상황에 따라 유연하게 변경, 사용될 수 있는 하위기준들이 생성된다. 인간적 존엄성의 향상은 정책의 궁극적 목표이며, 이를 위한 자유와 평등과 복지, 안전과 진보 등은 하위의 목표들이다. 정치사회체계의 안정성, 경제적 풍요, 사회적 갈등의 최소화, 점진적 사회변화의 유도, 다원주의와 합의의 존중 등은 그보다 낮은 수준의 목표로서 제시될 수 있다.

정책목표는 추구하는 가치 간 또는 하위목표 간 우선순위(priorities)를 결정하고, 구체적인 정책대안을 선택하며, 추진하는 정책사업의 집행지침과 사업평가의 기준으로 기능한다. 정책목표의 결정은 정책과정에 있어 매우 근본적인 것이다. 그러나 정책목표를 명확하게 결정하는 일은 매우 어려워 자주 불투명하거나 애매모호한 상태, 때로는 거의 고려하지도 않는 상태로 남게 되어 어떤 명확한 방향이나 목표 없이 집행이 우왕좌왕하여 실패하게 된다.

목표의 설정은 쉬운 작업이 아니다. C. Lindblom은 정책목표의 정의에서 내재적인 어려움 때문에 임시변통적 방법(muddling through)[1]을 통한 점증주의적 접근 또는 한계적 접근방식(marginalist approach)의 장점을 주장하는 대표적인 학자이다. 그는 복잡한 문제의 경우에는 이 방식이 정책대안 선택 이전에 미리 목표를 명확히 하는 방식에 비해 더 가능하고 또 더 적절하다고 주장한다. 그러나 이 방식은 정책 대안의 탐색과 그 대안이 초래할 영향에 대한 분석, 평가에는 도움이 되지 않는 단점도 있다. 우리는 정책목표의 정의가 어렵기는 하지만 불가능한 것이 아닐 뿐만 아니라 부적절한 것도 아니라는 점을 분명히 한다.

2. 조직의 목표

초기의 학자들은 조직은 식별 가능한 분명한 목표들을 갖고 있는 것으로 가정하였다. 그러나 Simon, Cyert와 March는 연구를 통해 조직이 단일의 목표를 갖고 있지 않으며, 조직의 목적들은 기본적으로 정치적 과정을 통하여 합의된 하위조직 목표들의 복잡한 결합체(a complex amalgamation)라고 주장하였다. 목적들(goals)라기 보다는 일련의 제약조건들(a set of constraints)이 제시되며, 이들 중 어느 것이 주요한 것인가는 조직 연합체(organizational coalition)내에서 전략적으로 우월적 관점(vantage point)에 의해 결정된다. Allison등의 관료 정치적 관점은 이들 주장을 더욱 구체화, 확장시키고 있다. Perrow와 Mohr는 조직 내적인 것과 조직 외적인 두 종류의 목적이 있다고 주장하다. 하나의 회사조직 내에도 부서에 따라 생산, 판매, 기술개발, 관리 등 다른 목표들을 지니고 있다. 목표에 관한 조직론의 논의들이 정책목표에도 마찬가지로 적용된다. A. Etzioni가 조직목표를 "조직이 실현하고자 하는 바람직한 상태"로 정의하듯이 정책목표를 단순하게 정의하여 조직목표가 갖는 목표의 복잡성을 부각하지 않을 수도 있다.

다수 하부 조직의 다양한 목표의 합의는 물리학 이론의 벡터(vector)에 비유할 수 있다. 벡터는 크기와 방향성의 두 차원(성질)을 가진 힘(force)으로 정의된다. 벡터는 구성벡터 각각의 힘의 크기와 방향들의 합으로 계산된다. 이렇듯이 어떤 조직의 목표는

1) 'muddle through'의 사전적 의미는 '적절한 장비없이 또는 일하는 방식을 모른 채 일을 처리해 나가는 것'을 의미한다(Collins Cobuild, English Dictionary for Advanced Learners, 2001: 1010). 따라서 '임시변통으로 일을 처리하기' '요령으로 일을 처리하기'로 번역하는 것이 적절하다고 본다.

하위 조직들의 목표의 합으로 결정된다고 할 수 있다(Brewer and deLeon, 1983: 49-50). <그림 6-1>은 다수의 하부조직을 갖는 조직의 목표합성을 보여준다.

그림 6-1 조직의 목표합성

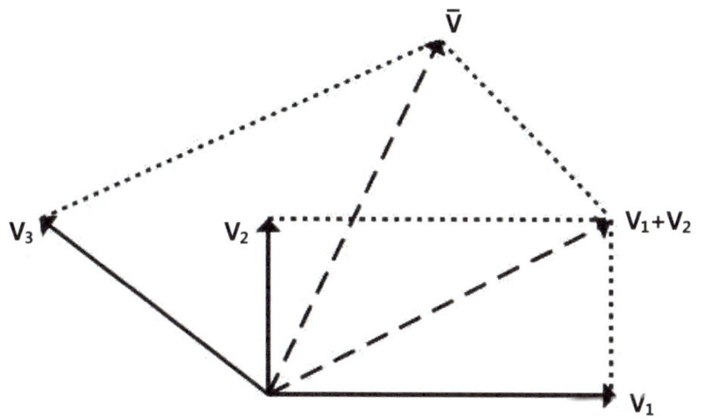

3. 목표의 정치적 정의

정책문제의 정의단계에 분석가는 누가 영향을 받으며 얼마만큼의 영향을 받는가에 관한 인식을 하여야 한다고 이미 언급한 바 있다. 정치적 목표설정과정에는 적절한 정치적 행위자들의 목표들을 인식, 작성하고 순위를 매겨야 한다. 물론 이러한 정보들이 목표설정 초기 단계에 이용 가능하지는 않겠지만, 정책분석가는 가능한 한 완전하게 작성하여 이를 정책결정자에게 제시하여야 한다. 정책결정자는 정책대안을 선택하고 집행전략을 결정할 때 가능한 한 많은 정보를 활용할 수 있게 될 것이다. 정책 관련자들이 추구하는 각각의 목표들을 종합적으로 고려하는 경우로서 벡터합성의 예를 생각해 보자. 영향을 받는 개인이나 조직들은 방향과 힘의 크기라는 두 차원에서 각각 반응한다. 방향은 현재의 문제에 의한 수혜자인가 피해자인가, 제시된 정책이 이를 교정할 수 있느냐는 질문에 대응시킬 수 있다. 힘의 크기는 그들이 얼마만큼 관심이 있는가와 어떤 자원을 동원할 수 있는가에 대응시킬 수 있다. 방향은 정치적 이해관계에 따른 지지 또는 저항을 의미하며, 힘의 크기는 참여자들의 지지 또는 저항 정도와 자원동원 능력 등의 정치력을 의미한다고 할 수 있다.[2] 물론 물리학의 벡터이론을 현실 조직의 목표설정을 둘러싼 다양하고 복잡한 동태적 과정을 모두 설명할 수는 없다. 그러나 정치적 결정과정에 관한 벡터 합성적 비유는 이러한 현상의 이해에 도움이 된다고 할 수 있다. 특히 민주정치제도하의 다원주의적 정책결정과정에 대한 이해와 설명에는 적절하다고 할 수 있다. 미국의 의료보호(medicare)정책과 우리나라의 의약분업정책 등이 그 예로 들 수 있다.

4. 목표의 당위성과 존재성

많은 사람의 가치에 상당한 정도로 영향을 미치는 정책에는 정치적 윤리, 규범, 도덕성이 내재되어 있다. 이런 의미에서 볼 때 공공적 가치는 곧 정책가치이다. 정책은 가치 지향적이고 가치 변화적이며 가치 실현적이다. 정책이 가치 내재적인 것은 그것이 인간중심적이기 때문이다. Lasswell과 Kaplan(1950: xxiv)은 "정책은 몰인간적 국가의 영광이나 사회적 메커니즘의 효율성을 위한 것이 아니라 인간의 존엄성과 인간 능력의 실현을 위한 것이다."라고 주장한다.

인간의 존엄성은 자유와 평등의 확대, 민주사회와 질서의 유지, 권력의 분산, 가치의 창조와 분배를 위한 공공 의사결정에 있어서 소수보다는 광범위한 다수의 참여를 통해 고양된다. 정치적, 사회적 경제적, 문화적, 환경적 가치의 질적이며 양적인 개선으로 인간의 삶의 질은 높아지며 인간의 존엄성도 확보된다. 정책은 인간의 존엄성과 인간의 삶의 질을 높이기 위한 공적 의사결정이다. 시간과 공간의 변화에 따라 환경과 상황이 변하더라도 민주사회의 인본주의적 가치와 목표는 변할 수 없다. 정책학의 목표는 인간의 존엄성을 높일 가능성의 실현을 위하여 환경에 적합한 구체적인 수단들을 찾아내는 데 있다.

정책목표는 규범적 요소와 정치적 요소의 두 요소로 구성되어 있다. 규범적 요소는 정책이 상징하는 명시적이고 기본적인 가치를 의미한다. 정치적 요소는 관련 이해관계 조직과 사람들의 다양한 목표를 반영하고 있다. 즉, '각각의 이해관계자 집단들이 문제를 어떻게 인식하고, 왜 그리고 어떻게 해결되기를 바라는가?' 를 반영한 것이다. 물론

2) Wilson(1974)은 이해관계자 집단 간의 지지와 저항, 집단 규모의 크고 작음을 기준으로 규제정책을 둘러싼 정치유형을 분류하였다.

두 요소가 항상 따로 존재하는 것은 아니다. 두 요소가 하나의 목표에 같이 조화롭게 반영될 수도 있다.

정책분석가는 정책목표에 내재한 규범적 요소를 정책주체인 개인 또는 조직의 가치체계[3]와 조직을 둘러싼 전체사회의 가치체계의 두 수준에서 평가할 수 있다. 첫째 수준에서는 정책관점에 영향을 준 자신의 내적 가치와 윤리를 인식하여 이것이 조직 의사결정자의 가치와 일치하는지의 여부를 결정하여야 한다. 즉, 분석가 개인의 선호를 반영하는 정책 가치가 조직적 차원에서 수용 가능한지를 결정하여야 한다. 둘째 단계에서는 정책이 의미하는 가치가 사회 일반의 가치와 조화를 이루는지를 확인하여야 한다. 두 가치가 반드시 일치할 필요는 없다. 다양한 관점과 요구와 정보를 조화하는 것은 어려운 일이다. 다만 정책이 지향하는 가치가 사회적으로 정당하고 적절한 것으로 수용 가능하여야 사람들은 그 정책을 지지하고 준수하게 된다. 정책적 가치와 전 사회의 일반적 가치 사이의 조화는 추상적 차원에서는 이루어질 수 없다. 오로지 구체적 선택상황과 관련하여 그 일치 또는 조화 여부가 결정되어야 한다.[4] 물론 조직적 가치와 사회적 가치 간의 조화가 필요하다는 전제는 혁명적 상황에서는 예외이다. 혁명적 상황은 전 사회의 일반적 가치체계를 그와 다른 가치체계를 가진 작은 조직이 폭력적으로 대체하는 경우이다.

목표의 규범적 정의에 있어서는 또한 다양한 가치간의 갈등관계(trade-offs)가 발생한다. 정책의 추진을 둘러싼 효율적 가치와 형평적 가치 간의 갈등, 자유와 평등 간의 갈등이 전형적이며 끊임없이 발생하고 있다. 교육에서의 평등적 가치와 개인적, 공동체적 선택의 자유 간의 충돌을 보여준 1960년대 미국의 초등학생 등교버스(busing school children)사례가 대표적이다. 가치갈등의 조화 또는 해결을 위해서는 정신적 계산과정(mental calculus)과 정치적 의사결정과정이 필요하다. 정책분석가가 할 일은 명

3) 가치(value)는 '무엇인가 그 품질, 태도, 방법 등이 중요하고 유용한 것 즉, 바람직한 것'을 의미한다. 인간이 지향하는 바람직한 가치들로는 진, 선, 미 등이 있다. 이들 가치는 학자, 종교가, 예술가들이 추구하는 궁극적인 가치들이다. 세속적인 가치로는 명예, 권력, 부 등이 있다. 가치체계는 여러 가치들의 우선순위와 그들 사이의 관계로 이루어진 하나의 실체이다. 정책가치의 예로서는 효율성, 형평성, 생활의 안전성, 자유 등이 있다. 민주성, 합법성, 효과성 등은 절차적, 행정적 가치의 예이지만 정책가치로도 설정가능하다.

4) Nicholas M. Smith. "A Calculus of Ethics: A Theory of the Structure of Value," *Behavioral Science* (1956, April), p. 112.

백한 이성적 계산과정을 통한 정신적 작업이다.[5] 물론 도덕, 윤리, 가치 등은 계량화와 수치적 계산과정에 적합한 문제는 아니다. 비록 가치 관련 개념들이 정확히 측정되거나 계산될 수는 없다 하더라도 정책이 지향하는 중요한 가치는 명백히 표현되어야 하며, 가능한 한 분석에서 분명히 다루어져야 한다. 소위 측정 불가능한 것들과 불확실한 것들이 어렵다는 이유로 정책분석에서 무시된다면 정책분석의 존재 이유는 어디에 있을까?

가치는 상황적 또는 역사적 성격을 지니고 있다. 가치는 절대적인 것이 아니라 구체적 상황과 관련하여서만 평가할 수 있다. 마치 상품의 가치가 그것이 존재하고 있는 환경 속에서 평가되듯이. 가치는 추상적으로 존재하는 것이 아니라 구체적 상황 속에 존재하는 어떤 존재의 속성이다. 예컨대, 아동을 체벌하는 행위 역시 상황 속에서 판단된다. "아동을 학대해서는 안 된다"라는 진술은 무의미하다. 왜냐하면, 이 진술 속에 내포된 가치가 적용되는 구체적인 상황의 묘사가 없기 때문이다. 문화에 따라, 상황에 따라, 아동에 대한 체벌은 학대일 수도, 아닐 수도 있다. 누가 체벌하며, 체벌 받는 아이는 몇 살이며, 체벌 이유는 무엇이며, 체벌의 강도는 어느 정도인가에 대한 상황정보 없이 아동체벌을 아동학대로 규정하여 윤리적으로 잘못된 것으로 판단할 수는 없다. 고대 스파르타에서는 육체적 학대를 긍정적 가치로 보았다.

5. 정책목표의 인식

정책목표의 인식은 다음 두 가지 주요한 이유 때문에 매우 복잡하다. 첫째, 앞에서도 언급한 바 있듯이 다수 사람들과 조직들이 각각의 관점과 정보와 가치와 기대와 이해관계를 가지고 정책과정에 참여한다. 둘째, 의사결정자는 개인적, 조직적 가치뿐만 아니라 외부 환경의 가치와 선호를 고려해야 하기 때문이다. 자주 일어나는 일이지만 정책형성과정에서 제시된 가치들과 정책결정자 자신의 가치들과 일치하지 않는 경우가 있어 정책 갈등(policy conflict)이 일어날 수 있다. 이 과정에서 언제나 합리성이 지배하는 것은 아니다. 정치적 과정이 뒤따른다. R. Nelson(1974)은 "궁극적으로 어떤 가치를 누구의 가치를 고려하여야 하는가에 관한 의문은 합리적 분석이 아닌 본질적으로

5) Stokey and Zeckhauser (1978).

정치과정을 통해 답변되어져야 하는 문제이다."라고 주장한다.

실제로 개인이 가치와 윤리관을 가지고 있듯이 조직 그 자체가 일관되고 체계적인 가치와 윤리관을 가지고 있는 것은 아니다. 조직은 다만 조직 구성원의 가치관을 반영할 뿐이다. 특히 조직 책임자의 가치관이 조직의 가치관에 가장 많이 반영되기 때문에 누가 조직 책임자로 선정되느냐가 매우 중요하다. 조직이 지향하는 가치는 전 정책과정에 걸쳐 수많은 의사결정에 많은 영향을 주기 때문에, 가능한 한 명백히 제시되어야 한다.

정책이 효과적으로 집행되기 위해서는 정책 가치가 사회의 보편적 가치와 조화되어야 한다. 수많은 개혁 정책과 사업들이 지지보다는 저항을 많이 받아 효과적으로 집행되지 않는 근본 이유는 지향하는 가치 간의 부조화 때문이며 그 사례는 매우 많다. 정부는 사회 구성원 전체를 대상으로 윤리, 도덕적 교육을 함으로써 사회 일반의 가치관에 변화를 가져올 수 있지만, 그 효과는 대개 매우 더디게 진행되며 매우 한계적으로만 변화된다. 금주법이나 에너지와의 전쟁 등 도덕이나 윤리를 입법화하고자 하는 정책은 대부분 실패로 끝난 사례가 있다. 그러나 인간의 존엄성과 관련된 가치들은 너무나 중요하여서 비록 애매하기는 하지만 정책적으로 끊임없이 추구되어야 한다. 인간의 존엄성에 반하는 정책을 시행하는 정부는 결국 시민의 강력한 저항을 받아 무너질 수밖에 없다. 정책결정자가 정책목표가 근거하고 있는 윤리체계를 이해하지 못하고서는 어떤 정책도 성공적으로 수행될 수 없다.

제2절 정책목표의 종류

1. 형평성

정치학의 가장 유명한 정의는 "누가 무엇을 언제, 어떻게 얻는지(who gets what, when, and how)"[6]에 대한 연구라고 말해진다. 쟁점이 상품과 서비스, 부와 수입, 건강

6) Harold Lasswell. *Politics: Who Gets What, When, How* (New York: Mcgraw-Hill, 1936; 2nd ed.(Cleveland: World Publishing, 1958).

과 질병, 혹은 기회와 불리한 조건이든지 간에 분배는 공공정책에 관한 논쟁에서 핵심이다. 그것은 평등, 공정성이나 형평성이 보는 사람의 입장에 따라 얼마나 다양한 차원으로 존재하며, 특정 집단에게는 공정하다고 판단되는 정책이 다른 집단에게는 불공정한 정책으로 비판의 대상이 되기 때문이다. 형평성이 목적인 분배적 갈등들에 대해서 살펴보자. 형평성이 분배적 갈등에서의 모든 측면에 대한 목적이라는 점을 처음부터 명심하는 것이 중요하다. 분배적 갈등은 분배방법에 대한 이해관계자들의 서로 다른 관념을 둘러싸고 일어난다. 미국의 여성 정치학자 Stone(2002)은 형평성이 목적인 공공정책을 둘러싼 이해관계자 집단들 사이의 갈등을 잘 정리하고 있다. <표 6-1>은 공정성의 다차원적 측면과 상대적 측면을 정리한 것이다.

표 6-1 형평성과 관련된 쟁점들

분배의 차원	쟁 점(차별의 근거, 기준)	딜 레 마
정당한 수혜자 (beneficiary)는 어떻게 정의하는가	수혜자의 자격(멤버십)	초대받은 모든 수혜자에게 같은 크기로 분배/불평등한 초대(수혜자 자격의 유무)
	서열에 기초한 분배	같은 서열(계층, 업적)에 같은 크기로 분배: 다른 계층에게는 다른 크기로 분배 (수직적 공평성, 예: 남녀 임금차이)
	집단에 기초한 분배	집단별 평등 분배/집단 구성원인 개인 간 불평등 분배: 집단특성이 개인특성 압도 (인종, 성별, 국적 등 기준: affirmative action, 병역의무, 군가산점, 할당제 등)
분배 품목 (item)은 어떻게 정의하는가	분배품목의 범위(경계)의 재정의	전체로서는 동등한 품목/부분별로 다른 크기 (예: 대학생 학비보조 기준, 군비축소)
	품목 가치의 재정의	수혜자별 동등한 가치/품목은 다른 크기 (다속성 가치기준의 갈등. 예: 크기, 무게, 멋, 맛 등)
분배과정 (process)은 어떻게 결정하는가	경쟁: 출발 자원으로서의 기회	평등한 참여기회/다른 크기 (예: 공직 임용, 공공시설 이용 등)
	추첨: 통계적 당첨 확률의 평등	공정한 당첨기회/다른 크기
	투표: 정치적 참여기회의 평등	공정한 투표기회/다른 크기

* 평등(equality): 모든 사람에게 동일한 품목을 동일한 크기로 분배함을 의미.
* 출처: D. Stone (2002, chapter 2.)

형평성에 대한 논쟁에서 보여주는 가장 큰 격차는 분배를 결정하는 기준이 수혜자이어야 하는가, 분배 대상인 품목이어야 하는가 아니면 분배 과정이어야 하는가이다. 계층에 기반을 둔 분배에 관한 요구의 내용을 보면 계층에 따라 케이크의 양을 달리 나누자는 것이다. 다시 말해 낮은 계층에게는 적게, 높은 계층에게는 많이 주자는 것이다. 이러한 형평성의 개념은 "동등한 여건에 있는 사람을 동등하게 취급"하는 수평적 형평성과 동등하지 아니한 상황에 있는 사람들을 서로 다르게 취급"하는 수직적 형평성의 두 하위개념으로 구성되어 있다. 그러나 동등한 사람과 동등하지 않은 사람을 구분 짓는 선이 명확하게 나타나 있는가? 하는 이의가 제기된다.

모든 정책은 무엇인가 가치 있는 것들을 분배하는 것과 관계하고 있다. 여기에 정책 갈등이 발생하며 정책 간 패러독스가 나타난다. 개인적 자유와 사유재산제를 옹호하는 정치철학자 Robert Nozick는 그의 저서 <무정부, 국가, 유토피아>[7])에서 형평성의 기준으로서 과정과 절차를 옹호하는 견해를 피력하였다. 그는 자발적이고 공정한 절차를 통해 분배가 이루어졌다면 정의롭다고 주장한다. 즉, 분배되는 지분이 공정한 절차를 거쳐 획득될 때 그 분배는 공정한 것이다.

2. 효율성

1) 개념

효율성(efficiency)을 단순하게 정의하자면 "한정된 자원으로 최대의 성과를 얻는 것" 또는 "최소의 비용으로 주어진 목적을 달성하는 것"이다. 그러나 Aron Wildavsky (1979: 131)가 지적하였듯이 이와 같은 기술적 효율성(technical efficiency)의 개념은 우리가 어떤 바람직한 목적을 지향하여야 하는지는 알려 주지 않고 다만 가능한 한 최소의 노력으로 주어진 목적을 달성해야만 한다고 말하고 있다. 따라서 효율성은 그 자체가 목적은 아니다. 효율성은 우리가 원하는 목표 그 자체에 관한 것은 아니고, 다만 우리의 가치 있게 평가하는 목적을 최대로 달성하는 것과 관련된 개념이다.

효율성은 상대적인 개념이다. 효율성이란 우리가 일을 수행하는 서로 다른 방식들

---

7) Robert Nozick. Anarchy, State and Utopia (New York: Basic Books, 1974).

의 장점들을 판단하는 기준이다. 효율성은 투입과 산출, 노력과 결과, 지출과 소득, 또는 비용과 편익 사이의 비율이다. 일하는 방식의 판단 기준으로서의 효율성의 개념은 조직, 인간, 자원, 의사결정 등 다방면에 적용된다(Stone, 2002: 61).

사람들이 공정한 분배에 반대하지 않듯이 누구도 최소의 비용으로 최대의 효과를 달성하는 것을 목표로 하는 효율성을 반대하지 않는다. 누구나 최소의 비용으로 최대의 가치를 달성하기를 원한다.

정책과 관련한 갈등과 논쟁은 (1) 정책의 편익은 누가 얻으며, 정책비용은 누가 부담할 것인가?, (2) 정책의 가치와 비용을 어떻게 측정할 것인가? 그리고 (3) 인간 활동을 조직하는 데 있어서 어떠한 방식이 최대한의 효율적 결과를 가져올 것인가? 와 같은 세 가지 질문에 대하여 발생하는 것이 일반적이다.

2) 시장과 배분적 효율

최대의 사회적 후생을 얻기 위한 최선의 사회조직 방식이 시장인가, 정부인가, 아니면 또 다른 제3의 방식인가에 대한 지식인들의 논의는 끊임없이 진행되어 왔다. 이런 논의 속에서 자발적 교환(voluntary exchange)이 효율성을 얻기 위한 가장 좋은 방법이라는 시장이론[8])이 발생하였다.

시장은 재화나 서비스의 공급자와 수요자가 만나 거래가 이루어지는 공간을 말한다. 자발적 교환은 자원을 보다 가치 있는 것으로 전환한다. 사람들은 서로에게 도움이 되는 방식으로 자발적 교환을 하고자 하므로 완전정보 하의 자발적 교환은 거래당사자의 후생을 증가시킨다. '국부론'의 저자 애덤 스미스가 말했듯이 완전경쟁시장에서는 보이지 않는 손, 즉 가격의 교환 신호등 역할에 의하여 자원의 최적분배가 이루어져 효율성을 극대화할 수 있다.

분배적 형평성(distributive equity)과 배분적 효율성(allocative efficiency)의 이론은 사회적 후생에 관하여 매우 다른 시각을 보인다. 분배적 형평성은 공정하게 다 나누는 것을 의미하지만, 배분적 효율성은 수입(소득)을 다시 사용하면서 자원배분을 효율적으로 하는 것을 의미한다. 경제적 관점에서 본 효율성의 개념은 부자들의 소비행위에

8) 시장이론, 시장의 실패, 정부의 실패는 대부분의 정책논의, 행정학, 정치학, 경제학, 사회학 등에서 매우 중요하기 때문에 그것들에 대한 심도있는 논의와 연구는 충분한 가치가 있다.

대한 사회적 가치판단을 하지 않는다.[9)]

이처럼 자발적 교환이 배분적 효율성을 증가시킨다고 생각되는 이유는 세 가지가 있다. 첫째, 사람들은 교환할 때 누군가에게 해가 되거나 누군가가 이익을 얻지 못하면 절대 자발적으로 계약하지 않는다. 따라서 불확실한 정보나 예측 불가능한 재앙들이 없다면 자발적 교환은 반드시 개인적 후생의 증진을 가져온다. 둘째, 노예제도의 유지, 성 매매와 같은 육체적 자원의 교환을 제외하면 모든 교환은 자원이 갖는 시장가치를 더 높은 개인적인 주관적 가치로 전환시켜 준다. 셋째, 교환이 개인들을 부유하게 하면 그것들은 반드시 사회 전체를 부유하게 만든다.

3) 시장 안의 정부 기능

시장이론에서는 시장 내에서 정부가 하는 일을 두 가지로 본다. 하나는 계약(contract)에 대한 강제력을 부과하는 것이고 다른 하나는 소유권(ownership)에 대한 규칙을 정하는 것이다.

시장은 교환의 네트워크다. 가장 간단한 시장모형인 Robinson Crusoe형 물물교환 경제에서는 두 사람이 서로 다른 상품을 교환한다. 하지만 두 사람의 교환경제를 벗어나 더 큰 경제로 이동하면, 계약과 계약을 집행하기 위한 정부가 필수적이 된다. 계약에 대한 정부의 강제력이 없다면 사람들은 다른 사람들과의 거래를 기피하고 교환하는 것을 망설일 것이다. 그리고 그들은 바나나보다 좀 더 복잡해진 상품이나 서비스에 대하여는 어떠한 것도 구매하려 하지 않을 것이다.

정부의 또 다른 중요한 기능은 소유의 규칙(rules of ownership)을 정의하는 것이다. 소유권이란 어떤 것을 사용하고 교환할 수 있는 권리로서 국가에 의해서 보증된 것을 말한다. 실제로 어떤 물건이든 소유할 수 있는 상품이 될 수 있으며, 소유할 수 있던 물건이 순식간에 소유할 수 없는 물건이 되기도 한다. 미국에서 흑인은 시민혁명 이전에는 소유할 수 있었으나 지금은 그렇지 않다. 해변의 백사장도 나라에 따라서는 소유 가

9) 배분(allocation)과 분배(distribution)는 나눈다는 의미이지만, 배분이라는 용어는 소비보다는 생산적인 측면을 강조하고 분배는 소득, 자산, 기회, 부를 사람들 사이에 나눈다는 측면을 강조한다. 이런 이유로 시장모형에서는 분배라는 단어보다 배분이라는 말을 사용한다(Stone, 2002: 69 참조.). 자원배분(resource allocation)과 소득분배(income distribution)는 우리 언어에서 뿐만 아니라 영어에 서도 구분하여 사용되고 있다.

능 또는 소유 불가능해진다. 소유할 수 있었던 주택이 Lenin치하의 구소련 공산주의 정부 아래에서는 소유할 수 없는 것으로 바뀌었다.

이와 같이 시장이론에서는 정부의 역할이 매우 소극적이고 제한적이 된다. 왜냐하면, 시장이론에 따르면 정부의 개입은 시장에서의 효율성 극대화를 방해하는 존재이기 때문이다.

4) 시장의 불완전성

국부론(The Wealth of Nations)의 저자 애덤 스미스의 말대로 완전한 시장, 즉 완전경쟁시장 아래에서는 보이지 않는 손에 의해 자원의 최적분배가 실현된다. 하지만 현실에서는 완전경쟁시장이 존재하기가 힘들다. 아니 거의 없다고 봐야 한다. 따라서 시장의 실패가 존재하게 된다. 시장의 실패란 불완전 경쟁, 공공재, 외부효과, 불완전정보 등과 같은 원인으로 시장 메커니즘에 의해 자원의 최적배분이 실현되지 않는 것을 말한다.

공공재(public good)란 다른 사람의 소비를 배제할 수 없는 상품을 말한다. 즉 소비가 비배제적이라는 것이다. 다른 사람의 소비를 배제할 수 없을 경우, 소비자는 다른 사람의 소비에 무임승차하는 것이 이익이다. 따라서 누구도 상품에 대하여 가격을 지불하고자 하지 아니한다. 따라서 공급자는 상품을 공급하여도, 소비가 되지 않기 때문에 사회적으로 필요한 만큼 공급하지 않는다. 이때에는 불가피하게 소비자들에게 조세를 부과하여 정부가 공급하거나 민간업자에게 사회적으로 바람직한 양만큼 공급하게 하고 이에 대한 비용을 조세로 충당하게 된다.

외부효과(externalities)란 다른 사람에게 경제적으로 손해를 끼치거나 이익을 주었음에도 불구하고, 이에 대한 대가가 시장거래를 통하여 이루어지지 않는 경우를 말한다. 다른 사람에게 피해를 주는 경우 외부 불경제라 하고, 이익을 주었을 때 외부 경제라고 한다.

시장 정보가 불완전(imperfect information)하면, 시장거래가 일어나지 못하는 경우가 있다. 예를 들어 중고차 시장의 경우 구매자는 품질을 알 수 없다. 중고차의 품질을 알 수 있다면, 이를 고려하여 구매자는 가격을 지불하고자 할 것이다. 판매자와 구매자의 이익이 일치하면 거래에 참여한 당사자는 서로 이익을 본다. 하지만 구매자는 품질을 알 수 없으므로 구매자가 평가하는 품질은 판매자가 평가하는 품질보다 항상 낮게 평가한다. 그래서 시장거래가 형성될 수 없다. 그 결과 정보가 확실하다면, 이루어졌을 거래가 형성되지 못하는 경우가 발생한다.

불완전 경쟁(imperfect competition)은 시장에서 어떤 상품의 공급자 또는 수요자의 수가 극히 적어, 독점 또는 과점자의 공급량 또는 수요량의 증감에 의하여 시장가격을 좌우할 수 있는 시장형태를 말한다. 이러한 독과점이 발생하면 시장에서는 자발적 교환에 의한 자원의 최적분배가 실현되지 않아 시장이 실패하게 된다.

5) 정부부문에서의 효율성의 개념

자발적 교환에 의하여 자원의 최적배분이 실현된다는 시장이론은 그 시장 자체의 불완전성과 시장이론에서 가정하고 있는 전제들이 현실사회에는 다른 양상으로 나타남으로 인하여 시장의 실패라는 문제에 부딪힌다. 즉 시장이론에서 전제하고 있는 완전경쟁, 완전정보, 상품의 배제성과 경합성, 외부효과의 부존재 등은 현실에서는 보장되지 않으며 이러한 원인들로 시장이 실패하게 되고 정부의 개입이 발생한다. 이러한 정부의 개입에 관하여는 여러 가지 의견들이 있으나 정부의 개입에 따른 비용이 시장실패의 비용보다 큰 경우가 많고 정부의 실패 가능성도 존재하기 때문에 정부는 시장에 최소한의 개입에 그치는 것이 옳다고 생각된다.

정부부문에서 배분적 효율성은 다음의 두 가지를 의미한다. 첫째, 정부부문과 민간부문 사이의 자원배분과 관련하여 정부부문 자원배분의 효율성을 논할 수 있다. 이 경우 배분적 효율성이란 공공부문 산출에서 사용된 자원이 민간부문에서 더 유용하게 사용될 수 없는 상태를 말한다. 둘째, 배분적 효율성은 정부부문 내에서 정부기관 사이의 자원배분과도 관계된다. 즉 정부기관과 정부기관 사이에 자원을 어떻게 재배분한다고 할지라도 보다 많은 정부 산출을 낼 수 없을 때 배분적 효율성이 달성되었다고 말할 수 있다.

또한, 정부부문에는 소위 X- 비효율성이 존재한다. X-비효율성은 (1) 노동계약이 불완전하거나, (2) 조직의 생산함수 또는 생산기술이 완전하게 파악되거나 알려지지 않았거나, (3) 조직목표가 분명하지 않거나 조직목표가 여럿일 때 또는 조직목표가 자주

변동하게 될 때, (4) 조직의 생산활동에 들어가는 모든 투입요소가 시장에서 거래되는 것은 아니고, 비록 그것이 시장에서 거래된다고 할지라도 모든 조직에 동등한 조건으로 거래가 이루어지지 않을 때 나타나게 된다.[10]

제3절 대안선택의 평가기준

1. 의의

정책대안의 평가기준은 한 세트의 정책대안들 가운데서 최선의 정책대안을 식별해 내기 위하여 정책대안들을 저울질하거나 비교하기 위하여 사용하는 일종의 척도이다.

정책분석에서 고려될 수 있는 대안은 '사회적으로 가장 바람직하고, 행위자가 실행 가능한 대안'이라고 할 수 있다. 다시 말해 어떤 정책대안의 궁극적 가치는 그것이 채택되어 집행되는 경우 가져오게 될 편익의 정도와 실제로 이러한 정책대안이 실행될 수 있는 것인지의 여부에 의하여 결정된다. 그러므로 정책대안들의 평가기준은 일반적으로 소망성(desirability)과 실행 가능성(feasibility) 정도에 의하여 결정된다. 여기서 소망성이란 어떤 대안이 채택되어 수행되는 경우 그 결과가 얼마나 바람직스러운 것인가 하는 정도를 측정하는 기준이다. 그리고 실행 가능성이란 어떤 정책대안이 채택되어 집행될 수 있는 가능성의 정도를 나타낸다. 이들에 대해서는 관점과 강조점의 차이에 따라 여러 가지 개념으로 다시 세분되어 논의되고 있다. [11]

그러나 그들이 공통으로 갖추어야 할 기본적인 요건들로서는 명료성, 일관성 및 보편성을 들 수 있다.

첫째, 정책대안의 평가기준은 명료하게 정의되어야 한다. 만일 어떤 기준이 여러 의미를 포함한다면 사람들에 따라 정책선택의 준거 기준이 달라지기 때문에, 정책대안의 평가기준은 명료하게 정의되어야 한다.

---

10) X-efficiency에 대해서는 Harvey Leibenstein(1966: 143), Charles Wolf Jr.(1979: 107-139), 최병선(2004: 159-164) 참조

11) 이 절은 노화준(2002), 박병식·박종관(2003), 정정길 외(2005)를 주로 참조하였음.

둘째, 정책평가기준이 일관성 있게 적용되어야 한다. 대안의 평가기준이 일관성을 가질 때, 대안들의 선호에 관한 동일한 결론에 도달할 수 있다.

셋째, 정책평가기준은 보편성을 가져야 한다. 물론 특정한 정책문제의 해결방안들을 비교·평가하는 데에는 분야별로 특수한 정책평가기준이 적용될 수도 있으나, 광범위한 정책대안들을 비교·평가하기 위해서는 보편적으로 적용될 수 있는 평가기준이 바람직하다.

2. 실행가능성 기준

1) 의 의

실행가능성(feasibility)이란 어떤 정책대안이 실제로 채택되어 집행될 수 있는 가능성의 정도를 의미한다. 아무리 바람직한 정책대안이라고 하더라도 그것을 실제로 집행할 수 없다면 대안으로서의 기능을 상실한다. 정책대안의 채택가능성은 정치적·논리적 실현가능성을, 정책대안의 집행가능성은 기술적·경제적 실현가능성을 의미하는 것이 보통이다. 이밖에 행정적·법적 실현가능성을 첨가하기도 하는데 일반적으로는 정책의 집행가능성을 문제로 삼는다.

2) 유 형

(1) 정치적 실행가능성

이는 정책대안의 채택과 집행에서 정치적 지원 또는 지지를 받을 가능성을 의미한다. 정치적 실행가능성은 정책결정자를 포함한 이해관계집단의 정책이슈에 대한 입장, 그들의 이용 가능한 투입자원의 능력, 그리고 이들 자원의 상대적 서열 등에 의하여 결정된다. 정책결정과정이나 집행과정에서 내부적으로 또는 외부적으로 정치세력의 지원 또는 지지가 많을수록 정책대안의 실행가능성은 증가한다.

(2) 경제적·재정적 실행가능성

이는 이용 가능한 재원으로서 정책대안이 실현 가능한지를 의미하는데 대개 예산상의 제약범위를 넘을 수는 없다. 이러한 제약에는 정부기관의 예산만이 아니라 사회 전체적으로 갖는 자원의 제약을 의미하기도 한다. 경제적으로 비용이 많이 소요되는 정책의 경우 정부의 예산범위 내에서 수행할 수 있겠는가 하는 것이 일차적인 검토의 대상이 되고, 이 정책의 집행을 위하여 재원을 누가 부담하느냐 하는 것이 정책의 실현가능성에 큰 영향을 미친다. 그리고 전체의 비용을 정부예산으로 충당하는 경우 경쟁적인 다른 정책수행기회의 상실에 따른 기회비용(opportunity cost)을 경제적 실행가능성의 분석에서 검토해야 한다.

(3) 기술적 실행가능성

이는 정책대안이 현재 이용 가능한 기술로서 실현 가능한가를 의미한다. 그러나 정책목표달성과 정책대안 사이에 인과관계가 존재하는가 하는 기술적 합리성을 의미하는 경우도 있다.

(4) 기타 정책집행을 위하여 조직, 요원, 전문 인력의 이용가능성, 절차의 구비 등을 의미하는 행정적 실행가능성, 정책대안이나 정책내용이 다른 법률의 내용과 모순되지 않는가 하는 법적 실행가능성 및 법률내용의 규범적 성격과의 관계에서 본 윤리적 실행가능성 등이 있다.

3. 소망성 기준

최선의 정책대안이라고 할 때, '최선(the best)'의 개념을 어떤 대안이 가져올 결과의 소망성(desirability)의 정도라고 할 때, 누구의 입장에서 본 소망성이냐가 문제가 될 수 있다. 정책분석기준으로서의 소망성은 정책분석가나 정책결정자 개인의 이익 또는 정책결정자가 속하고 있는 집단이나 지역의 이익을 극대화하기 하기 위한 이기적인 기준이 아니라 사회 전체의 이익을 추구하는 윤리적인 기준이다. 정책대안의 분석에 있어서 어떤 정책대안의 소망성에 대한 평가가 개별이익의 관점에서가 아니라 사회 전체의 공익에 비추어 이루어 질 때, 이러한 소망성의 평가기준을 윤리적 기준이라 한다. 다시 말해 어떤 정책이 사회 전체적으로 바람직하여야 한다는 기준이다. 이에 대해서는 두 가지 다른 유형의 윤리적 기준을 적용하게 되는데, 하나는 목적론적인 기준이고, 다른 하나는 비목적론적 기준으로 나누어진다.

목적론적 기준

목적론자들은 세계는 사전에 의도를 갖고 설계되었다는 세계관을 취한다. 목적론적 기준은 행동 그 자체가 아니라 그 행동 대안이 가져올 것으로 기대하는 결과의 목적달성에 대한 절대적 또는 상대적 공헌도가 그 기준이 된다. 따라서 정책대안선택의 기준은 각 대안이 창출해낸 구체적인 결과의 상대적인 가치나 효용에 의해서 결정된다. 이러한 분석에는 정책결과와 수단 사이의 인과적 관련성에 대한 지식이 요구되기 때문에 과학적 방법과 이론이 더 중요시된다. 대안의 평가기준은 명시적이고 조작적인 성격을 띠게 되며, 대안의 평가결과는 계량적이며 연속적인 값을 취한다. 그러므로 각 대안의 결과 비교가 연속적으로 가능하여 목적달성의 극대화에 대한 판단이 가능하다. 일반적으로 사용되는 목적론적 기준은 사회복지, 욕구의 충족, 금전적 편익 등 측정 가능한 성과지표들로 구성된다.

비목적론적 기준

비목적론적 판단 기준은 하나의 정책이 절대적인 의미에서 올바른 것이냐 아니냐를 따지는 윤리, 도덕적 기준이다. 일반적으로 금지적 및 의무적인 판단 기준에 속하며 행동 대안이 가져올 결과와는 독립적인 판단 기준인 경우가 많다. "아무리 경제적 손실이 따르더라도 이러 이러한 정책은 반드시 수행되어야 한다"라고 하는 것이 좋은 예이다.

비목적론적 판단의 기준은 보통 정치적 공약에 의하여 또는 사회 제도적·윤리적 특수성, 사회적 상황의 변화, 그리고 정책문제 해결기술의 변화에 따라서 다른 결과를 가져올 수 있다. 이러한 경우에 어떤 사회에서는 소망스러운 것으로 받아들여질 수 있는 정책이라고 하더라도 다른 사회에서는 소망스러운 것으로 받아들여지지 않는 경우도 있다. 정부의 교체에 따른 집권 엘리트층의 정책 선호에 따라서 정책대안의 선택이 달라질 수 있으며, 어떤 사회에는 금지된 것이 다른 사회에서는 허용되기도 하고, 과거에는 금지되었던 것이 현재에는 허용되는 경우도 있다. 이러한 의미에서 비목적론적 판단 기준은 절대적인 것이 아니라 시간과 상황에 따라 변화하는 가변적이고 상대적인 것이라 할 수 있다.

그런데 정책대안의 선택에서 비목적론적 기준과 목적론적 기준이 동시에 적용되는 경우에 어떻게 하여야 할 것인가가 문제이다. 이때에는 어떤 정책대안에 비목적론적 평가기준을 우선으로 적용하여 사회적 적실성의 존재를 확인하고 난 다음에, 목적론적 평가기준을 적용하여 사회적 효용의 극대화를 추구하여야 할 것이다. 따라서 비목적론적 제약조건하에서 목적론적 기준의 극대화가 바람직하다.

소망성이란 정책대안이 얼마나 바람직스러운 것인가 하는 것을 의미하는데, 그것은 정책이 달성하고자 추구하는 목적이 무엇인가에 따라 달라질 수 있다. 정책대안 선택의 판단 기준들로는 민주성, 효율성, 형평성, 평등, 효과성, 위험성 또는 생활의 안전성, 환경적 친화성, 주민 만족도, 투명성, 대응성, 일관성 등 다양하게 제시될 수 있지만, 정책선택의 가장 대표적인 기준은 효율성(efficiency)과 형평성(equity)과 효과성(effectiveness)이다. 민주성과 합법성은 공공부문의 의사결정에 있어서는 선택의 여지가 없는 외생적 제약조건으로 다루어진다. 절차적 정당성, 투명성 등도 정책결정의 기준은 되지만 정책분석의 기준은 될 수 없다. 정책분석은 실체적 합리성에 따라 행해지는 정신작용이기 때문이다. 효율성과 형평성과 효과성은 정책결정 및 정책분석의 대표적인 세 가지 기준으로 주어진 의사결정 목표와 문제의 성격에 따라 기준이 달리 적용된다. 예를 들면 전쟁에서 승리하기 위한 전략 또는 전술선택 의사결정에서는 효율성보다 효과성이 의사결정의 가장 중요한 기준이 된다. 이때는 최소의 비용으로 최대의 산출을 얻고자 하는 효율성 기준보다는 비용도 중요하지만, 목표인 승리가 우선적이기 때문에 물량을 과잉소비(인해전술, 융단폭격 등)하더라도 완전한 승리를 또는 신속한 승리를 위해 의사결정을 하게 된다.

1) 효과성

효과성(effectiveness)이란 '목표달성의 정도'를 의미한다. 이 효과성은 목표달성의 정도에 의하여 정책대안의 소망성을 평가하는 기준이기 때문에 투입된 비용과 관계없이 성취한 목표달성 정도가 많을수록 더 바람직한 대안이라고 할 수 있다. 이러한 접근법의 하나가 공리주의적 접근법(utilitarian approach)이다. 이 접근방법은 '최대 다수의 최대 행복'을 그 판단의 기준으로 제시하고 있는데 여기서 최대 행복은 비용에 관계없이 증가한 행복의 총량을 의미할 수 있다.

효과성 기준은 목표와 대안의 결과가 계량화되어 있을 때에는 문제가 없으나 그렇지 않은 경우에는 적용상의 어려움이 있다. 최근에는 양적 자료수집의 향상과 성과지표 또는 산출지표의 개발로 효과성에 대한 적용 가능성이 향상되고 있다. 정책효과는 정책대안의 집행으로 산출된 행정기관의 직접적 산출(output)은 물론이고, 직접적 산출과 간접적 산출을 모두 포함하는 정책의 결과(outcome), 정책대상집단이 받는 영향으로서의 성과(performance) 또는 영향(impact)을 포함한다. 또한, 대안 작성 당시에는 예측하지 못했던 부문에서 일어난 효과도 고려해야 한다. 산출(output)은 행정체제 내의 관점에서 본 투입(input)과 대비되는 효과이고, 결과는 부수적인 산출을 포함하며, 성과는 정책대상자 또는 이해관계자의 관점에서 본 효과이다. 정책영향은 사회 전체의 관점에서 평가한 정책효과이다.

정책대안의 선택기준으로 효과성을 이용하면 목표달성을 극대화해주는 대안을 선호하게 되지만 이 기준은 목표달성을 위해 투입되는 정책비용을 고려하지 못하는 단점이 있다.

2) 효율성

효율성(efficiency)은 '산출/투입' 또는 '편익 /비용'의 비율이고 '일을 잘하는 것(doing things right)'을 의미한다. 우리나라에서는 efficiency를 보통 능률성 또는 효율성으로 번역해 사용하고 있으나 특히 자원배분과 관련해서는 '자원배분의 효율성' 과 같이 효율성이라는 용어가 더 선호되는 경향이 있다. 간혹 효과성과 효율성을 혼동해서 많이 쓰기도 하지만 엄격하게 구별되어야 한다. 투입(비용)은 정책대안을 집행하는데 소요되는 자원을 의미하며, 산출(편익)은 대안의 결과로 나타나는 긍정적 결과와 부정적 결과를 의미한다.

효율성은 경제성(economy)을 포함하지만, 그보다는 포괄적 개념으로 한정된 자원으로 최대의 산출을 가져오고자 한다. 경제성은 최저비용에 의한 투입자원의 정도로 정의할 수 있는데 절약에 의할 수도 있고 최저가에 투입요소를 구매한 결과일 수도 있다. 경제성은 최저 비용으로 구입한 투입요소 때문에 행정서비스의 질이 저하되는 경우도 있기 때문에 행정에서 지향해야 할 주요 가치기준으로서는 부적절하다.

효율성은 다시 생산적 효율성(productive efficiency), 배분적 효율성(allocative efficiency), 교환적 효율성(exchange efficiency), 파레토 효율성(Pareto efficiency)으로 나누어 볼 수 있다. 이와 관련하여 생산성(productivity)의 개념도 주요하다.

(1) 생산적 효율성

가장 가치 있는 산출의 배합을 생산하기 위하여 한정된 투입을 가장 바람직하게 사용하는 것을 의미한다. 예를 들면 우수한 노동자를 채용하든가 교육훈련을 통해서 노동자의 투입능력을 개선하여서 산출이 증가한 경우, 혹은 성능이 더 좋은 기계를 도입하던지 생산기술을 혁신하여 산출이 증가된 경우는 생산적 효율성이 증가한 것이다.

(2) 배분적 효율성

개인이 자신이 보유한 재화와 서비스를 가장 가치있도록 적재적소에 적량을 배분함으로써 자신의 효용을 극대화하는 것을 의미한다. 시장경제에서 수많은 공급자와 수요자에 의한 자원의 배분은 배분적 효율성과 관련되어 있다.

(3) 교환적 효율성

교환 당사자들이 교환하고자 하는 재화나 서비스에 대하여 동일한 한계적 가치를 부여하여 재화나 서비스의 추가적 거래에 의해 더 이상의 이득이 발생되지 않는 상태에 달성된다.

(4) 파레토 효율성

19세기 이탈리아의 경제학자 Vilfredo Pareto에 의해 수립된 후생경제학의 기초 원리인 파레토 최적(Pareto optimality)상태를 달성하는 것을 의미한다. 파레토 최적은 '더 이상 개선이 불가능한 최적의 자원배분상태'를 뜻하는 것으로, 파레토 효율성은 어떤 한 행위주체가 자신의 후생을 증가시키기 위해서 다른 사람에게 손실을 가하지 않고는 안 되는 상태를 의미한다. 만일에 사회 전체적 자원이 일정하다는 전제하에서 자원배분방식을 변경하여 다른 사람의 후생을 감소시키지 않고서 어떤 사람의 후생을 증가시킬 수 있다면[12] 그것은 아직 자원배분상태가 효율적이지 못하고 더 개선될 수 있음을 의미한다.

파레토 효율성은 생산적 효율성, 배분적 효율성, 교환적 효율성의 세 가지 개념이 충족되어야 달성된다. 예를 들어 배분적 효율성은 사람들의 재화나 서비스에 대한 소비배합을 변화시켜 사람들의 후생을 더 이상 증진할 수 없는 상태를 말하며, 생산적 효율성은 더 이상의 생산원가 감소가 불가능하거나 산출물의 증대가 불가능한 상태를 말하고, 교환적 효율성은 교환에 의하여 더 이상의 이득이 발생할 수 없는 상태를 말한다.

이론적으로는 어떤 재화나 서비스의 소비를 통해 충족되는 사회적 한계효용과 이 재화나 서비스의 생산에 필요한 사회적 한계비용과 일치하고, 이것이 시장가격과 일치하도록 생산량과 소비량이 결정될 때 파레토 효율성이 달성된다. 따라서 파레토 효율은 시장경제에 완전경쟁이 존재하면 자동으로 달성되나 시장이 불완전하면 기대할 수 없다. 정부가 개입된 정책의 경우에서는 정책대안의 특성에 달려 있겠지만 자동으로 파레토 효율이 달성된다는 보장은 없다.

3) 형평성

형평성(equity) 기준은 공정성(fairness) 기준으로 불리기도 하는데, 이 기준은 정책대상인 고객들에게 기회는 균등하게 주어졌는지, 사람들은 자신의 능력과 공헌도에 따라 대우를 받고 있는지, 부의 배분은 인간의 최소한 욕구를 충족시킬 수 있도록 배분되었는지 하는 것 등을 측정하는 기준이다. 일반적으로 형평성은 '동일한 경우는 동일하게, 다른 경우는 다르게 취급한다' 는 의미로 쓰이고 있다. 형평성은 두 가지 범주로 나누어진다.

(1) 수평적 형평성

이는 '동일한 사람은 동일하게 취급한다'는 원칙과 관련되어 있다. 기계적 형평성이

12) 이것을 보통 파레토 개선(Pareto improvement)이라고 한다.

라고도 하며, 일정한 기준에서 동일하면 기계적으로 동일하게 취급하는 것으로 각종 사회복지정책, 수익자 부담원칙 등이 좋은 예이다.

(2) 수직적 형평성

이는 '서로 다른 사람은 다르게 취급한다'는 원칙과 관련되어 있다. 인간이 인격적인 면에서는 동일하더라도 다른 면에서는 차이가 있을 수 있으므로 차이가 있는 경우에는 서로 다르게 취급해야 한다는 것으로 배분적 정의를 의미한다. 수직적 형평성에는 정책대안이 가져올 비용부담과 편익 및 효과의 배분에서 문제가 되며 실제로 소득수준 간 및 세대 간 형평성의 문제가 있다. 현실적인 정책으로 누진세 제도, 부유세 제도, 남녀차별제도 등의 운영에 수직적 형평성의 문제가 내포되어 있다.

4) 대응성과 고객만족도

대응성(responsiveness)은 정책이나 프로그램이 그 정책의 수혜자인 고객들의 소망을 어느 정도나 충족시킬 수 있는지를 검토하는 기준이다. 만일 어떤 정책이 고객들의 필요나 소망을 충족시킬 수 있다면 그만큼 그 정책은 바람직한 것이라 할 수 있다. 고객만족도(customer satisfaction)는 정책집행의 대상인 시민이 실제로 정책을 집행하는 과정이나 결과에 대하여 얼마나 만족하느냐 하는 정도에 따라 정책대안의 소망성을 판단하는 기준이다.

이러한 기준들이 강조되기 시작한 것은 신공공경영론(new public management) 또는 고객 지향적 행정이론이 등장하면서부터이다. 고객 지향적 평가모형은 정책대안의 가치와 산출의 평가기준을 고객인 주민의 목적, 기대, 관심사, 또는 프로그램 수혜자들의 필요에 두고자 하는 것이다. 따라서 정책대안의 소망성 평가기준은 프로그램이 고객의 관심사, 이익 또는 기대들을 만족하게 하는지 여부를 밝혀내는 것이다. 고객 지향적 모형은 공공 서비스의 질이 시장에서 생산되는 민간서비스의 질보다 떨어져서는 안 된다는 시장 지향적 관리철학과 행정에 대한 시민참여를 강조한다.

5) 위험성

위험성(risk)의 기준은 불확실성과 밀접하게 관련된 것으로 위험의 성격에 따라 다음 두 가지로 나누어진다. 이 평가기준에 의하면 위험의 극소화와 적정한 위험분산을 달성하는 대안이 바람직한 정책대안으로 평가된다.

(1) 결과 발생의 불확실성에 따르는 위험

정책대안이 가져올 것으로 기대하는 결과가 실제로 발생할 것인지에 대한 불확실성에 따르는 위험을 의미한다. 예로서 국제원유가의 불확실성 아래에서 원유 비축량을 얼마로 정할 것인가, 기술혁신이 급격히 이루어지고 있는 불확실한 상황에서 신규 설비투자규모를 어느 정도로 정할 것인가 하는 경우에 이슈가 된다.

(2) 결과의 사회적 위험

정책대안 집행의 결과가 인간 생활환경에 미칠 악영향과 관련된 사회적 위험이다. 예로서 자동차의 배기가스에 포함될 유해 납 성분에 대한 허용치 기준을 얼마로 정할 것인가 하는 경우에 이슈가 된다.

6) 일관성

일관성(consistency)은 모순이 없는 것을 말한다. 정책 일관성은 두 종류가 있다. 어떤 정책이 시계열적으로 보아 그 이전의 정책과 얼마나 무모순성을 유지하고 있는가, 또는 어떤 한 시점에서의 정책이 동시에 추진되고 있는 다른 정책들과 비교하여 목표 간, 목표와 수단 간, 그리고 수단과 수단들 간에 상호 보완 또는 계층제적 관련성을 가지고 있는가 가 그것들이다. 전자를 통시적 일관성이라 하고, 후자를 공시적 일관성이라 부른다. 만일 어떤 정책대안이 그 이전에 추진하였던 정책과 일관성을 유지하지 못한다든지, 또는 어떤 한 목적을 달성하기 위하여 추진하고 있는 정책의 목적이나 수단이 다른 정책의 목적이나 수단들과 상충한다든지 하면 그러한 정책의 목표달성에 대한 기여도는 그만큼 떨어지게 될 것이다.

제4절 정책대안 평가기준의 조화

앞에서 논의한 정책대안의 소망성 평가에 대한 기준들은 논리적 측면에서 또는 실제 적용상의 측면에서 많은 제약점을 가지고 있다. 그렇기 때문에 실제 정책선택을 위한 대안평가에 이들 기준을 적용할 때에는 전적으로 어느 한 가지 기준에 의하여 평가가 이루어지는 경우도 있으나 대부분 몇 가지 기준들을 조합하여 복합기준에 의하여 정책대안의 선호를 결정한다.

첫째, 파레토 최적의 평가기준은 만일 어떤 한사람이라도 정책을 실시하기 전보다 더 나빠진다고 한다면 그러한 정책은 채택되어서는 안 된다고 본다. 즉, 어떤 정책의 실시로 한 사람이라도 그 이전보다 후생이 감소해서는 안 된다고 함으로써 모든 사람에게 이익이 되는 정책이 최선이라고 간주하게 되는 것이다. 이 기준은 얼핏 보면 누구에게도 손해를 끼쳐서는 안 된다고 하는 데 매우 민감한 듯 하지만, 얼마나 많은 사람들이 최저 욕구수준 이하로 떨어지게 되어 손실을 입게 되는가 하는 데 대해서는 별 관심을 기울이지 않는다. 그리고 파레토 최적의 원칙은 사회적 합리성에 배치되는 경우도 있다. 만일 사회적 합리성이 사회적 편익에서 사회적 비용을 뺀 것이라고 한다면 이 원칙은 때로는 비합리적이거나 비생산적인 것이 될 수도 있다. 그러나 파레토 최적의 원칙을 적용하는 데 따르는 문제점을 Hicks-Kaldor의 보상기준을 적용함으로써 다소 완화할 수 있을 것이다.

둘째, Rawls의 원칙에 의하면 관련된 가치가 무엇이든 현재 가장 불리한 상황에 처해 있는 사람을 좀 더 나은 상황으로 끌어올릴 수 있다고 한다면 그러한 정책은 바람직한 것으로 평가된다. 이 원칙도 사람들을 최소한의 욕구를 충족시킬 수 있는 수준으로 끌어올린다는 아이디어에 민감한 것 같이 보이나 실제로 반드시 그러한 것은 아니다. 이 원칙에 의하면 가치배분 문제에 있어서 비록 B의 최저욕구수준이 충족된 경우라 할지라도 A보다 B의 소득수준이 상당히 낮다면 A로부터 B에게로 소득을 이전시키는 정책이 바람직한 것으로 평가된다. 이러한 정책은 단지 A로부터 B에게로 소득을 이전시킬 뿐 사회 전체의 부 또는 생산성을 증진시킬 어떤 인센티브를 제공하는 것이 아니기 때문에 비합리적이라 할 것이다. 그리고 부유한 사람으로부터 그보다 덜 부유한 사람으로 소득이나 부를 이전시키는 것은 만일 그 덜 부유한 사람이 이미 최저필요수준을 충족한 이후라고 한다면 평등성은 증진할지 몰라도 공정성은 증진시킬 수 없을 것이다.

셋째, 최대 다수의 최대 행복을 증진하는 것이 최선의 정책이라고 보는 공리주의적 원칙은 보통 최저필요수준 이하에 있는 사람들에게 둔감한 편이다. 이 원칙은 사회가 최저필요수준 밑에 있는 사람들의 복지를 향상시키는 것보다 오히려 이미 최저수준의 필요를 충족시킨 더 많은 사람들에게 더 많은 행복을 가져다줄 수 있는 정책을 더 선호하는 경향이 있다. 왜냐하면, 어떤 한 사람의 최저수준의 필요량을 충족시켜 줄 수 있는 자원으로 최저 필요수준을 약간 넘는 많은 사람들의 욕구를 충족시켜 주려고 할 것이기 때문이다. 이것은 분명히 소득이나 교육과 같이 최소한의 필요수준을 충족하여야 한다든지, 공해나 자유권 제약 등과 같이 최대한 참을 수 있는 허용치를 넘어서는 안 된다고 하는 형평성의 원칙을 벗어나는 것이라고 하겠다.

이상의 검토에서 최선의 정책은 어떤 편익이나 비용이 관련되든 간에 개인·집단·지역에 대하여 최소한의 필요수준 또는 최대한의 손상에 대한 허용범위를 충족시켜 주면서, 사회적 편익에서 사회적 비용을 뺀 차이가 가장 크도록 하는 정책이라 할 것이다. 이러한 정책의 판단을 위한 기준은 파레토 최적과 Hicks-Kaldor의 보상의 원칙, 효과성에 대한 공리주의 원칙, Rawls의 원칙 및 공정성에 대한 원칙들을 조합한 통합적 관점에 그 토대를 두어야 할 것이다.

연구 주제

1. 기회의 균등(equality of opportunity)과 결과의 균등(equality of outcome)으로서의 형평성의 개념을 예를 들어 설명하시오.
2. 소득분배의 불공평성을 측정하는 방법들을 설명하시오.
3. 교환경제에서의 자원배분의 효율성을 Edgeworth Box를 이용하여 설명하시오.
4. Pareto 효율성(Pareto efficiency)과 Pareto 우위성(Pareto superiority)를 효용가능곡선과 실행가능영역을 이용하여 2차원 공간에 나타내 보시오.
5. 효율성과 형평성을 Edgeworth Box와 Edgeworth 계약곡선(contract curve)을 이용하여 설명하시오.
6. 효율성과 형평성을 동시에 평가하기 위한 사회후생함수의 종류를 열거하고 그래프를 통하여 설명하시오.
7. 효율성과 형평성의 상충 관계를 효용지도, 효용가능경계 및 사회후생함수로서 설명하시오.

참고자료 6-1 정책평가기준으로서의 효율성과 형평성의 관계

1. 의의

정책대안의 선택에 서 소망성이란 가치 지향적인 개념이기 때문에 매우 주관적이다. 한 사람의 입장에서 바람직하다고 하더라도 다른 사람의 입장에서는 그렇지 않을 수도 있다. 이와 같이 '소망성'이란 개념은 주관적이고 상대적인 성격을 띠고 있기 때문에, 이것을 객관적으로 측정하려면 기준설정이 필요하다.

모든 공공정책은 사회 내의 희소자원의 배분(allocation)과 분배(distribution)에 중요한 영향을 미친다. 자원배분은 정부의 정책이 궁극적으로 어떠한 재화와 용역을 얼마만큼 생산할 것이며, 사적재와 공공재 간의 상대적 비율을 얼마로 할 것인가에 관한 문제이다. 자원의 분배는 정부정책이 그렇게 생산된 재화와 용역을 사람들 간에 어떻게 나눌 것인가에 관한 것이다. 어떠한 정책이라도 그것으로부터 이득을 보는 사람들이 있는가 하면 손해 보는 사람도 있게 마련이다. 이때 누가 이득을 보아야만 하고 누가 손해를 보아야만 하는가를 결정하는 것은 매우 어려운 가치판단의 문제이다.

한 사회 내의 자원은 언제나 제한되어 있고, 충족시켜야 할 사회적 수요는 많은 것이 일반적이기 때문에, 제한된 자원을 효율적으로 배분하여 사회적 후생을 극대화하는 것이 정책적으로는 중요하다. 또한, 모든 사람들은 인간다운 삶을 향유할 동등한 권리가 있기 때문에 다수 사회구성원들의 욕구를 균형적으로 충족시켜야 한다. 이와 같이 자원의 효율적 배분과 공정한 분배는 모든 사람이 소망하는 바이지만, 그것을 추구하기 위해서 효율성과 형평성이 무엇을 의미하는지, 그리고 이들 기준의 현실적 적용의 논리와 측정방법은 무엇인지를 알아야 한다.

2. 정책평가기준으로서의 효율성

1) 효율성의 개념

앞에서 살펴본 것처럼 효율성은 투입 대 산출의 비율로 정의된다. 투입이 동일하다면 산출이 많을수록 더 효율적이고, 산출이 동일하다고 하면 투입이 적을수록 더 효율적이다. 그리고 투입과 산출이 동시에 변한다면 투입 대 산출의 비율이 높을수록 더 효율적이다. 이러한 효율성의 기준을 정책대안의 평가기준으로 발전시킨 것이 파레토 최적변화의 기준이다.

자원배분에서 우리의 주된 관심은 한 사회 내의 다양한 사람들의 수많은 욕구 또는 후생을 충족시키기 위하여 한정된 자원을 어떠한 변화를 통하여 그 사회의 다른 모든 구성원의 후생감소를 초래하지 않으면서도 어떤 한 사람의 후생증진을 이룰 수 있으면, 현 상태의 자원배분은 효율적인 상태가 아니라고 할 수 있다. 즉, 효율적인 자원배분이란 다른 사람의 이익 또는 후생을 더 악화시키지 않고서는 어떤 사람의 후생상태를 더 좋게 할 수 없는 상태라고 정의한다. 이와 같은 효율성 개념을 학문적으로 파레토 효율성(Pareto efficiency)이라고 부른다.

2) 효율성과 소비자 주권

효율성의 정의는 개인의 후생이 더 좋아지거나 더 나빠지는 것과 관련된다. 그러한 정의를 좀 더 실제적인 문제에 적용하기 위해서는, 어떤 사람의 후생이 개선되었는지 또는 악화하였는지를 결정하는 방법이 있어야만 한다. 그러한 결정방법의 하나로 자원배분에 참여하는 모든 개인은 자기 자신의 복지에 대한 유일한 판단자라는 소비자 주권(consumer sovereignty)의 관점에 입각하여, 여러 가지 대안적인 자원배분 하에서 개인의 후생이 증진되었는가 또는 악화하였는가를 판단하는 데 필요한 여러 가지 분석기법들을 고안해 내었는데, 여러 기법 중에서도 비용편익분석(cost-benefit analysis)이 대표적인 기법이다. 그러나 대부분의 정책분석이 소비자주권의 원칙에 입각하여 효율성을 정의하고 있는 것만은 아니다. 예를 들면 Platon(427-347 BC)이 말하는 철학자나 정부 또는 정치권력이 개인들의 후생에 대한 재판관이 될 수도 있다. 이 경우 효율성은 직접적인 이해 당사자들의 후생에 의해서가 아니라 재판관들의 가치나 기준에 의해서 평가되는 것이다.

이와 같이 정책대안을 분석할 경우에 소비자 주권의 원칙에 기초하는 것이 일반적이지만 경우에 따라서는 정부나 권력의 특성에 따르는 것이 더 적절한 경우도 많다. 특히 개인들이 불완전하고 잘못된 정보를 가지고 있거나 이용 가능한 정보를 처리할 수 없는 경우에는 개인의 합리성보다는 사회의 전체적 합리성을 고려한다. 예를 들면, 정부가 공공장소에서 금연하도록 하거나 마약판매를 불법으로 하여 이들 행위를 규제하거나 특수한 의약품은 의사의 처방으로서만 살 수 있도록 정부가 강제하는 경우를 들 수 있다. 이러한 경우는 부적절한 판단력을 지닌 소비자들의 보호를 위해서 일종의 사회적 메커니즘이 작동되고 있는 경우로 시장의 외재적 결함에 따른 자원배분의 비효율성을 제거하고자 하는 가부장적 온정주의(paternalism)에 해당한다.

그런데 소비자주권의 원칙에 의존하는 경우에도 소비자의 판단력(judgment)과 소비자의 행동(actions)을 구분하는 것이 중요하다. 효율성의 개념은 소비자의 판단력의 주권에 관한 것이지 소비자의 행동에 관한 문제는 아니라는 점에 유의하여야 한다. 왜냐하면, 소위 죄수들의 딜레마(prisoners' dilemma) 상황에서처럼 정통한 정보를 소유하고 있는 소비자들의 주권적 행동(sovereign action)으로부터 야기되는 비효율적인 자원배분도 많이 있을 수 있다.

3) 교환경제 모형에서의 효율성

정책대안의 효율성을 분석하기 위하여 여기서는 단순화된 순수교환경제 모형을 활용한다. 이 모형에서는 두 개의 서로 다른 재화와 효용 극대화를 추구하는 두 사람의 소비자만 있을 뿐이다. 재화가 이미 생산되어 있다고 가정함으로써, 어떤 기술을 이용하여 각 재화를 얼마만큼 생산하여야 할 것인가와 같은 생산문제는 배제된다.

교환경제모형에서의 효율성 개념은 에지워스 상자(Edgeworth Box) 그림을 사용함으로써 잘 설명될 수 있다. Edgeworth 상자 그림은 무차별곡선(indifference curve)과 계약 곡선(contract curve)이라는 분석도구를 이용하여 물물교환 이론(theory of barter)을 발전시킨 19C 영국의 경제학자인 F. Y. Edgeworth의 이름을 딴 개념도이다.

어떤 소비자에게 일정한 수준의 만족 또는 효용을 주는 X, Y 두 재화의 조합은 무수히 많다. 무차별곡선이란 소비자들에게 같은 수준의 효용(만족)을 주는 두 재화의 모든 조합을 나타내는 점들의 자취이다. 그러므로 주어진 하나의 무차별곡선 상에서는 그 곡선 상의 임의의 어떤 점에서 결정되는 두 재화의 소비에 따른 전체 효용은 무차별적으로 동일하다. 그리고 이들 무차별곡선이 원점에서 멀수록 그 전체 효용은 증가하게 된다. 이러한 상이한 수준의 효용들에 대응하는 무차별곡선들의 집합을 무차별지도(indifference map)라 한다.

무차별곡선의 특징으로는 다음 세 가지가 지적된다.

① 무차별곡선은 우하향 곡선이다. 왜냐하면, 재화 X가 증가하면 재화 B가 감소하고, 재화X가 감소하면 재화 B가 증가하여야 그 전체 효용이 불변일 것이기 때문이다.

② 무차별곡선들은 서로 교차하지 않는다. 만일 이들이 서로 교차한다면 상이한 무차별곡선들이 동등한 효용의 수준을 나타내는 모순에 빠지기 때문이다.

③ 무차별 곡선은 원점에 대하여 볼록하다. 이것은 재화 x를 한 단위 가지면서 효용이 불변이기 위하여 포기하여야 할 재화 B의 양은 재화 X가 증가함에 따라서 점차로 감소하여야 한다는 것을 의미한다.

이제 A, B 두 사람과 X, Y 두 개의 재화로 구성된 교환경제를 가정하여 한 평면에 A, B 두 사람의 무차별지도를 나타내기로 하자. A, B가 보유하고 있는 재화 X, Y의 합계를 각각 하나의 변으로 할 때 <그림 6-2>와 같은 Edgeworth상자 그림을 생각해볼 수 있다.

그림 6-2 에지워스 상자

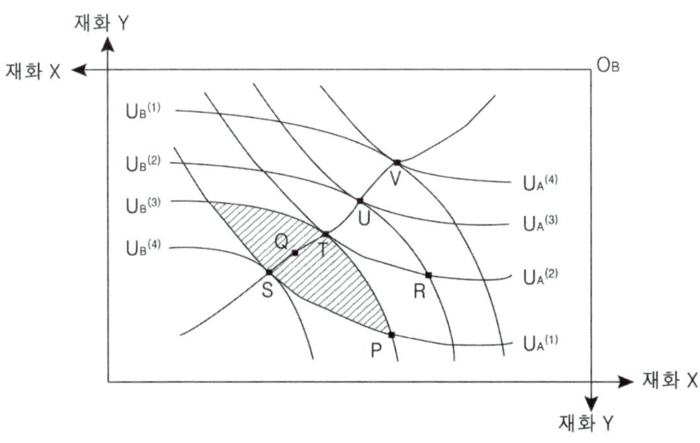

수평축과 수직축은 각각 그 사회에서 이용 가능한 두 재화 X와 Y의 총량을 나타내고, 점 OA와 OB는 각각 두 경제주체인 A, B의 원점을 나타낸다.

따라서 A의 경우는 원점 OA를 기준으로 하여 우상향으로 올라갈수록 높은 효용수준을 나타내며, B의 경우는 원점 OB를 기준으로 하여 좌하향으로 내려올수록 높은 효용수준을 나타낸다. 즉, A의 효용의 크기는 $U_A^{(4)} > U_A^{(3)} > U_A^{(2)} > U_A^{(1)}$의 순이고, B의 효용의 크기는 $U_B^{(4)} > U_B^{(3)} > U_B^{(2)} > U_B^{(1)}$순으로 나타난다.

이와 같이 A와 B 두 사람의 무차별곡선을 한 평면에 그려 넣음으로써, A와 B 두 사람 모두에게 유익한 교환행위가 발생될 수 있는 자원배분을 알아낼 수 있다. <그림 6-2>에서 개인 A와 개인 B의 무차별곡선들은 서로 반대 방향을 향하고 있기 때문에 필연적으로 서로 교차하는 점들과 교접하는 점들을 가지게 된다. 이때 두 사람의 무차별곡선들이 서로 접하는 점들을 연결한 곡선을 계약 곡선이라고 한다. 점 P를 A와 B의 초기 배분점(initial endowment)이라고 생각하면 이 점에서 A의 무차별곡선 $U_A^{(1)}$과 B의 무차별곡선 $U_B^{(3)}$이 서로 만나고, 이 때 두 무차별곡선의 기울기는 서로 다르다. 각 무차별곡선 상의 특정 지점에서의 기울기를 한계 대체율(MRS)이라고 하는데, 이것은 어떤 사람이 두 재화에 대해 가지는 가치의 교환비율을 가리킨다. <그림 6-2>에서 렌즈모양으로 생긴 빗금 친 지역 내의 어떠한 배분결과도 A 와 B 모두에게 원래의 배분점인 점 P보다 더 높은 효용수준을 가져다준다. 그러므로 점 P로부터 렌즈모양 내부로의 이동은 파레토 개선(Pareto improvement) 또는 파레토 이동(Pareto movement)을 초래하는 배분이라고 하고, 이때의 변화를 파레토 최적변화라 부른다. 따라서 어떤 정책의 집행결과로 파레토 최적변화가 일어나게 될 때, 그러한 정책은 효율성 기준에서 바람직한 정책이라 할 수 있다.

그러나 점 S, T, U, V에서와 같이 A 와 B의 두 무차별곡선이 서로 접하여 기울기가 동일할 때, 즉 두 사람이 그 두 재화에 대해서 갖는 한계대체율이 동일할 때에는 두 사람의 효용을 동시에 더 증가시킬 수가 없다. 이러한 점들에서는 한 사람의 효용을 증가시키기 위해서는 반드시 상대방의 효용을 감소시켜야만 한다. 예를 들면 점 T에서 점 P로의 이동은 A의 효용을 감소시키지만, B의 효용 증가를 초래한다. 그리고 점 T에서 점 R로의 이동은 A의 효용은 불변이지만, B의 효용을 감소시킨다. 이와 같이 A와 B의 두 무차별곡선이 접하는 점에서는 두 사람 모두의 효용을 동시에 증가시킬 수 없는데, 그러한 모든 점들을 파레토 효율적이라고 한다. 즉, 파레토 효율적 배분이란 다른 사람의 효용을 감소시키지 않고서는 어떤 사람의 효용도 증가시킬 수 없는 배분을 의미한다. 점 S, T, U, V에서의 배분은 모두 파레토 효율적이다. 파레토 효율적인 모든 점들의 집합을 우리들은 계약 곡선(contract curve)이라 한다. 따라서 계약 곡선 밖의 점들은 비효율적인 점들이라고 할 수 있다. 이와 같이 계약 곡선 밖의 배분과 계약 곡선 상의 배분은 파레토 효율성의 정의로써 비교할 수 있다. 그러나 계약 곡선 상의 모든 점들은 이미 파레토 효율적인 점들이므로, 계약 곡선 상의 두 점 간의 비교는 파레토 효율성의 기준으로는 비교될 수 없다. 즉, 점 S, T, U, V 중에서 어느 점에서의 배분상태가 더 바람직한가 하는 문제는 어떠한 해답도 줄 수 없다.

파레토 최적의 판단 기준은 두 가지 적용상의 한계점을 가지는데, 첫째는 만일 어떤 정책의 집행으로 일부의 사람들은 효용의 증가를 가져오나 다른 일부의 사람들은 효용의 감소를 가져오는 경우가 있을 수 있는데 이에 대한 적절한 판단 기준을 제공해 주지 못한다는 점과 둘째, 이 기준은 사회 내 구성원들 간의 자원분배 형평성에 대해서 적절한 판단 기준을 제공해 줄 수 없다는 점이다.

이와 같이 파레토 효율성의 기준이 바람직스러운 것이기는 하지만 그것의 가장 큰 결점은 특정적이지 못하다는 것이다. 왜냐하면, 파레토 효율은 '자원배분의 효율성' 에만 관련된 것이고 분배문제는 도외시하기 때문이다. 그래서 파레토 효율적이어야 하는 데는 쉽게 동의할 수 있지만 어떤 파레토 효율에 도달하여야 할 것인가에는 서로 다른 견해가 생길 수 있다. 이러한 문제를 해결하기 위하여 사회후생함수(social welfare function)를 알아내는 것이다. 이것은 개개인의 효용함수를 합한 사회 전체로서의 '사회적 효용함수'인데, 그것은 사회적 의사결정자가 상이한 각 개인의 효용함수를 어떻게 취급할 것인가에 따라 달라질 수 있다.

4) 상대적 효율성

파레토 효율성은 절대적인 기준으로서 어떤 가능한 대안들이 파레토 효율적이냐 아니냐만 결정해 줄 수 있을 뿐이고 현실적 정책분석에서는 유용한 기준이 되지 못한다.

실제의 정책분석에서는 어떤 한 대안이 다른 대안에 비하여 얼마나 더 효율적인가, 그리고 어떤 대안의 변화가 효율성의 증가를 가져오는지에 대해서 알고 싶어 한다. 그래서 상대적 효율성의 측정을 위한 여러 가지 기법들이 고안되어 왔는데 대표적으로 편익·비용 분석이 가장 널리 활용되고 있다.

상대적 효율성은 파레토 효율성의 개념에서 출발한다. 어떤 한 대안 M이 다른 대안 N과 비교하여 다른 모든 사람의 효용은 감소시키지 않으면서 적어도 한 사람의 효용을 증가시키는 경우, 대안 M이 다른 대안 N에 대하여 파레토 우위적(Pareto superior)이라고 부른다.

<그림 6-3>을 이용하여 상대적 효율성의 개념을 생각해 보자. 수평축은 A의 효용을, 수직축에는 B의 효용을 나타내기로 한다. 점 P는 <그림 6-2>에서의 점 P에 대응되는 점이며, 이때 A의 효용은 $U_A^{(1)}$이고, B의 효용은 $U_B^{(3)}$ 이다.

그림 6-3 파레토 우위적 대안 집합

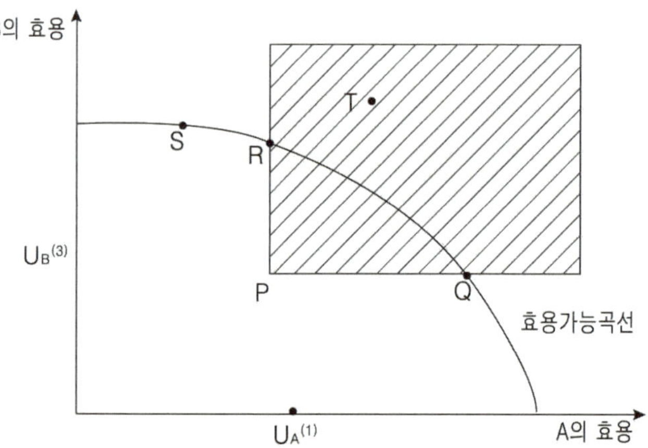

그림에서 빗금친 영역은 점 P보다 파레토 우위적인 모든 배분점들을 나타낸다. 그리고 여기에 효용가능곡선(utility possibility frontier) UU를 그려 넣는다. 효용가능곡선이란 교환경제모형에서의 파레토 효율적인 모든 점들을 연결한 궤적, 즉 <그림 6-2>의 계약곡선 상의 모든 점을 통과하는 A와 B의 효용수준의 집합을 의미한다. 이때 효용가능곡선 상의 모든 점들은 제한된 자원의 배분을 통해 A와 B의 전체효용을 극대로 만족시키는 파레토 최적상태를 나타낸다. <그림 6-3>에서 점 A, B, C들로 둘러싸인 면적 (PQR)은 <그림 6-2>에서의 빗금친 렌즈 모양의 부분에 해당하는 점들의 집합이다. 이 영역은 현재의 자원배분체계 내에서 가능한 점들로서 점 P보다 파레토 우위적인 점들이다. 점 T가 속한 효용가능곡선 바깥 부분의 점들도 점 P에 비하여 파레토 우위적이기는 하지만, 그것은 현재 자원배분체계 내에서는 가능하지 않은 점들이다. 따라서 자원제약 하의 경제체계 내에서의 효율적 자원배분이란 한계효용곡선 상의 점들 위에서 달성되고, 현실 경제체계 아래에서 더 이상의 파레토 우위적인 변화가 불가능한 배분을 의미한다.

그런데 정책평가기준으로서 파레토 우위적 개념을 적용할 때 다음과 같은 문제가 있다. 모든 정책대안이 파레토 우위적이어야 한다면 P점에서의 정책대안 개발은 빗금친 부분(PQR)로 제약된다. 어떤 정책으로 인하여 다수의 사람들이 많은 득을 보고 소수의 사람들이 다소 손해를 입게 되는 경우에도 그것은 파레토 우위적인 기준을 충족시키지 못한다. 왜냐하면 파레토 최적변화의 정의에서 보듯이 바람직한 대안은 파레토 개선이 가능한 범위인(PQR) 범위 내에서만 가능하기 때문이다. 그러나 현실적인 대부분의 공공정책은 그것의 집행으로 이득을 보는 사람과 손해를 보는 사람들이 동시에 존재하는데, 이러한 경우에 이러한 변화에 의하여 이득을 보게 되는 사람이 그 변화에 의하여 손해를 보게 되는 사람들보다 그 금전적 가치를 더 높게 평가한다면 이러한 변화를 상태의 개선이라고 한다. 이러한 상대적 효율성 개념은 파레토 효율성이나 파레토 우위성의 기준이 개인 간 효용 비교를 하지 않는 것과는 달리, 불가피하게 개인 간(interpersonal)의 효용 비교를 수반하게 된다. 따라서 상대적 효율성의 관점에서는 개인 간의 효용 비교를 전제하고 대안 간의 효율성을 평가한다. 이 기준에 의하면 정책의 결과로 편익과 비용이 동시에 발생하는 경우에, 사회 전체적 손실에 비하여 발생하는 사회 전체적 편익이 매우 크면, 사회적 관점에서는 그러한 정책대안은 정당화된다. <그림 6-3>에서 점 P에서 S로의 이동은 자원배분 체계를 비효율적 배분에서 효율적인 배분으로 이동시키는 것을 의미하며, 그러한 정책대안은 효율 개선(efficiency improvement)을 가져오는 바람직한 대안이라 할 것이다. 이것은 자원제약조건하에서 빗금친 부분인 (PQR) 범위 내에서만 효율 향상이 이루어지는 것으로 보았던 파레토 효율성 개념을 그 영역 밖의 한계효용곡선 상의 모든 점에까지 확장하여 적용될 수 있음을 의미한다.

이러한 관점에서 파레토 평가기준의 약점을 보완하기 위한 방법으로 Hicks-Kaldor

의 보상기준이라는 것이 있다. Hicks-Kaldor의 보상기준은 어떤 정책의 집행의 결과 효용의 증가를 가져오는 사람들의 효용의 합계가 효용의 감소를 가져오는 사람들의 손실을 보상하고도 남을 때 그러한 정책은 상황의 개선을 가져온 것이라 할 수 있다는 것이다. 편익·비용분석이 이러한 총량적인 편익증가를 그 판단의 기준으로 하는 평가 방법의 하나라는 점은 위에 언급한 것과 같다. 그러나 이 기준에 의하더라도 자원분배의 형평성에 대해서는 적절한 판단 기준을 제공해줄 수 없다는 한계가 있다.

3. 정책평가기준으로서의 형평성

1) 의 의

앞에서 고찰한 것처럼 효율적인 자원배분은 계약 곡선상의 수많은 점 위에서 실현될 수 있음을 보여 주고는 있으나, 실제 정책대안의 경우에 어떤 점을 선택해야만 하는 것인지에 관해서는 아무런 해답도 제시하지 못한다. 그것은 사회 구성원들 각 개인의 효용 중에서 누구의 효용을 우선시할 것이냐 하는 문제이기 때문이다. 이에 대한 해답을 제시하고자 하는 것이 형평성(equity) 또는 공정성(fairness) 기준이다. 형평성이란 경제체계 내에서의 재화와 용역의 공정한 배분을 의미하고 있으나, 어떻게 하는 것이 공정한 것이냐에 대해서 사람·시대·국가에 따라 가치판단이 다르기 때문에 임의로 정의하기가 어렵다.

그러나 많은 학자에 의하여 정책대안의 형평성을 평가하기 위한 기준이 개발되어 오고 있는데, 대표적으로 수평적 형평성과 수직적 형평성을 들 수 있다. 수평적인 형평성은 "동등한 여건에 있는 사람을 동등하게 취급하는 것"으로 정의되고, 수직적인 형평성은 "동등하지 아니한 상황에 있는 사람들을 서로 다르게 취급하는 것"을 의미한다. 전자의 예로 일정한 연령 이상의 사람에게 똑같이 한 표의 투표권을 부여한다든지, 모든 어린이에게 동일한 교육을 한다든지, 동일한 일을 하는 사람에게 동일한 보수를 지급한다든지 하는 것을 들 수 있고, 후자의 예로 서로 다른 소득수준에 있는 사람에게 서로 다른 누진율을 부과하는 누진세 제도라든지, 건강보험에서 서로 다른 소득수준에 있는 사람에게 차등보험료를 부과한다든지 하는 것을 들 수 있다. 수직적 형평성에 대한 해석에서 개인의 투입한 노력이나 능력, 그리고 필요(needs) 등에 의하여 서로 다른 취급이나 보상을 받아야 한다는 것이나, 이것은 사유재산제나 근로의욕 고취와 업적주의의 소망성과 관련하여 지속적인 쟁점사항이다. 이러한 문제를 해결하기 위하여 결과의 균등(equality of outcome)과 기회의 균등(equality of opportunity)으로 나누어 설명하는 것이 일반적이다.

2) 결과의 평등으로서의 형평성

아래 <그림 6-4>에서 보듯이 계약 곡선 상의 모든 점들이 효율적이기는 하지만, 계약곡선 상의 각 점에서 개별적 사회구성원으로서 A와 B가 향유하는 후생(효용)의 배분 수준은 서로 다르게 나타난다. 직관적으로 보더라도 같은 계약 곡선 상의 점이라 하디라도 원점 OA에서 또 다른 원점 OB로 옮겨 갈수록 전체의 재화 중 A의 몫은 증가하고, 반대의 경우에는 B의 몫은 증가한다. 극단적으로 점 OB에서는 사회체계 내의 모든 자원이 A에게 돌아가고 B의 몫이 0이고, OA에서는 그 반대 상황으로 공정한 배분이라고 할 수 없다. 반면에 계약 곡선상의 중간 부분에 속하는 Q, R과 같은 점들에서는 OA, OB에서보다는 공정한 배분상태라고 볼 수 있다.

이와 같이 형평성은 각 경제주체가 차지하는 후생(효용)의 상대적인 몫으로 정의된다. 이러한 관점에서 보면 형평성 기준은 배분결과의 균등성이라고 할 수 있고, '균등한 상대적 몫'이 가장 공정한 배분이다. 그런데 '상대적 몫'에 대한 균등 대상으로서의 개인의 복지 또는 후생, 효용 등 개념은 측정상의 한계와 개인 간 비교의 불가능성 때문에 실제 정책분석에서 많은 어려움을 야기한다. 이 때문에 현실적으로는 소득이나 부(富)와 같은 간접지표(proxy measures)를 사용하게 된다.

그림 6-4 효율성과 형평성의 비교

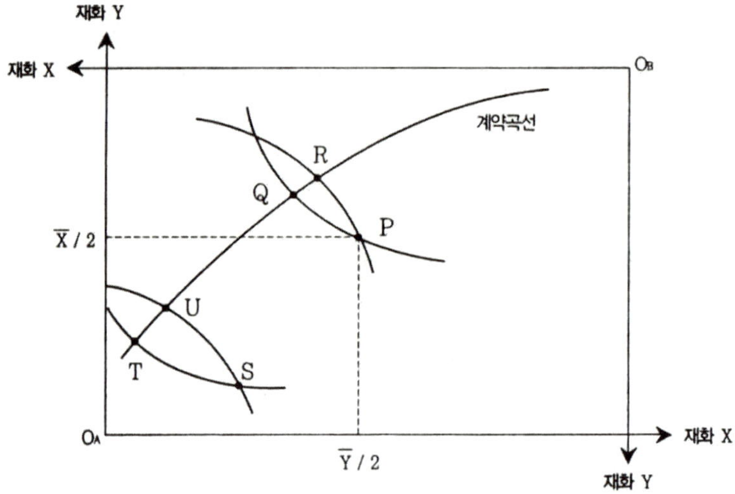

<그림 6-4>에서 점 P는 재화 X와 재화 Y로 구성된 경제체계의 전체 자원 중에서 A와 B가 각각 반씩 나누어 갖는 점이다. 효용은 측정될 수도 없고 또한 상호 비교하기도 어렵기 때문에, A와 B에게 동일한 몫을 보장해 주는 가장 최선의 방법은 점 P를 초기 배분점으로 정하는 것이다. 이와 같이 한 개인이 다른 사람들과 차별받지 않고 동등하게 취급받는 것을 단순히 개인을 고려한 평등(individual regarding equality)이라 한다. 사실은 Bentham의 "최대 다수의 최대 행복"이라고 하는 공리주의(혹은 효용론) 관점의 기준도 그 효용을 계산하는 데 개인 간의 차이를 두지 않고 있다는 점에서 결과적 평등의 원칙을 함축하고 있다.

그런데 점 P에서의 결과적 균등은 서로 다른 선호를 갖고 있는 A와 B간의 자발적 교환(voluntary exchange) 가능성을 간과하고 있다. A와 B는 초기의 배분점인 점 P로부터 자발적 교환을 통하여 계약곡선 상의 호(弧:arch) QR로 이동함으로써 명백히 파레토 효율성을 개선할 수 있다. 그러나 이 경우에서도 호 QR상의 모든 배분점들은 파레토 효율적이기는 하나 어떤 점에서 더 공정한 것이냐에 대한 해답은 제시해 주지 않는다는 점에서 이에 대한 객관적 기준이 필요하다. 분명한 점은 완전경쟁시장은 국가에 의해 부과된 점 P를 파레토 효율적인 상태인 계약곡선상의 한 점으로 다시 이동시

키는 동태적 메커니즘이다(후생경제학의 제2정리).

완전경쟁시장에서는 효율성은 보장되지만, 공정성은 보장되지 않는다. 그러나 정치는 공동체를 구성하는 개인들 사이의 결과적 형평성을 실현하려고 노력할 수밖에 없다. 정치과정을 거쳐서 결정되는 규제정책 역시 공정성 기준을 반영한다. 시장주의자나 신자유주의자들의 관점에서 보면 정치는 효율성을 저해하는 훼방꾼으로 보일 수 밖에 없지만 복지정책, 소득재분배정책, 그리고 사회정책의 목적을 달성하기 위하여 존재하는 정책수단들은 공정기준을 반영할 수밖에 없다.

3) 기회의 균등으로서의 형평성

많은 사람들은 바람직한 형평성의 기준으로 결과의 균등성 보다는 그러한 결과에 이르는 과정의 공정성(fairness)을 강조함으로써 기회의 균등을 형평성의 기준으로 삼는다.

<그림 6-4>에서 A와 B 간의 현실적인 자원배분은 점 P와 같은 균등배분이 아니라 B가 A보다 유리한 배분결과를 나타내는 점 S와 같은 다른 초기 배분에서 시작하는 것이 일반적이다. 만일에 B가 A에 비해 경제의 생산 활동에서 더 근면하고 많은 노력을 기울인다고 가정하자. 그리고 양자 간에는 근면성과 노력 이외의 다른 모든 조건들, 즉 능력, 기회, 지식 및 행운은 동일하다고 가정하자. 이러한 경우에 점 5와 같은 배분결과는 오직 A와 B의 근면성과 노력의 차이로 인한 결과이기 때문에 매우 공정하며, 또한 그것으로부터의 자발적 교환의 결과인 호 TU상의 점들도 모두 공정하다고 평가할 수 있다. 그러나 만약 어떤 정책이 점 S와 같은 양자 간의 균등배분을 달성하기 위하여 추진된다면, 기회균등의 기준에서 볼 때 그러한 정책은 결코 공정하다고 할 수 없다. 또한 정반대로 A와 B 두 사람은 똑같이 열심히 노력하는 데도 불구하고 성이나 종교 및 지역이나 부모의 재산과 같은 차별성 때문에 점 S에서와 같은 배분결과가 발생하고 있다면, 점 S에서 점 P로의 이동을 가져오는 정책은 공정한 것이라고 생각할 수 있다.

따라서 기회균등 기준으로서의 형평성 기준은 그와 같은 차별성의 원인에 대하여 경제주체인 A와 B가 분배결과에 대하여지게 되는 책임도에 따라 결정된다. 즉, 전자의 근면성과 같은 차별성은 자기 자신의 노력 부족에 기인하는 것이기 때문에 순전히 자

기 자신의 책임이지만, 후자와 같은 차별성은 자신이 어떻게 할 수 없는 불가항력적인 다른 요인에 의하여 결정되는 것이기 때문에 자기 자신의 책임이라고는 할 수 없다. 이와 같이 기회의 균등기준은 자신의 책임이 아닌 불가항력적인 요인으로 인하여 정당한 기회를 제공 받지 못한 경우에 대해서 공정한 기회를 제공하여야 한다는 원칙을 나타내는 것이다.

4) 형평성의 측정방법

현실적인 정책대안의 평가를 위해서는 형평성을 측정할 수 있는 기준설정이 중요한데 아직 만족할 만한 방법이 개발되어 있지 못한 실정이다. 그러한 시도의 하나로 Nagel의공정성 지수를 들 수 있다.

일반적으로 형평성 내지 공정성은 개인, 집단 또는 지역들의 어떤 최소한의 필요를 충족하거나 체면을 유지할 수 있는 최저수준의 가치를 배정받으며, 그 이상에 대해서는 비례적으로 어떤 가치를 배정받는 것이라 할 수 있다. 이러한 공정성에 대한 정의에 기초를 둔 공정성의 측정방법에는 개인, 집단 또는 지역의 최저수준의 필요량이 반영되어야 하고, 공정성의 정도는 이들에게 실제로 배정된 가치의 양과 최저수준의 양과의 차이로 나타내는 것이 바람직하다.

A를 개인, 집단 또는 지역에 대한 실제의 배정량이라 하고, M을 이들에 요구되는 최저수준의 배정량이라 하며, D를 실제 배정과 최저수준의 배정 간의 차이라 한다. 그리고 Z를 배정이 하나도 없는 경우를 나타낸다고 한다면 공정성의 정도 EQ는 식 (6.1)과 같이 나타낼 수 있다.

$$EQ = 1 - [\Sigma(A - M)^2 \;/\; \Sigma(Z - M)^2]$$
$$= 1 - \Sigma D^2 / \Sigma M^2 \quad \cdots\cdots (6.1)$$

식 (6.1)에서 실제 배정(A)과 최저수준의 배정(M)간의 차이가 없는 경우에는 EQ = 1이 되고, 완벽히 공정한 배정이 이루어짐을 의미한다. 그러나 A = Z일 때, 즉 하나도 배정이 없는 경우에는 EQ = 0이 되어 완전히 불공정한 배정을 의미한다. 그러므로

EQ의 값이 1에 접근할수록 평등한 배정을 의미하며, 0에 가까울수록 불평등한 배정이 이루어지고 있음을 의미한다. 이러한 공정성 척도는 같은 종류의 가치 배정에 대한 집단 간 또는 지역 간의 특정 시점에서 또는 시계열적 비교가 가능할 뿐만 아니라 서로 다른 종류의 가치에 대한 배정의 공정성도 비교할 수 있는 장점이 있다. 그러나 최저수준의 배정 M에 대한 결정이 주관적으로 이루어질 수밖에 없기 때문에 그 측정값이 완전히 객관적으로 이루어지기 어렵고, 특히 누가 어떤 가치의 배정에 대한 최저수준을 결정해야 하는 것이 문제점으로 남는다. 이러한 의사결정은 민주주의 사회에서 국민의 대표기관인 의회에서 결정해야 할 것으로 본다.

4. 효율성과 형평성의 상충 관계

상충 관계(tradeoff)[13]란 두 개의 정책목표 가운데 하나를 달성하려고 하면 다른 목표의 달성이 늦어지거나 희생되는 경우의 양자 사이의 관계를 뜻한다. 예를 들어 완전고용의 실현과 물가의 안정이라는 두 목표는, 실업률을 낮추기 위하여 성장정책을 쓰면 물가가 상승하고, 물가를 안정시키려 하면 실업률이 증가하는 이율배반의 관계가 만들어지는 것과 같다. 두 가지 목표가 양립할 수 없다는 주장이 나오는데, 이 경우 어느 한쪽을 위해 다른 쪽을 희생시키는 것을 상충 관계(tradeoff)라고 한다. 효율성과 형평성이 tradeoff 관계라는 것을 긍정하는 사람과 부정하는 사람으로 나뉜다.

1) 상충긍정론과 구멍난 양동이

형평성과 효율성은 종종 하나를 더 얻으면 하나를 덜 가져야 하는 제로섬 관계(zero-sum)라고 할 수 있다. 그러므로 많은 정책 논쟁은 효율성과 형평성의 최선의 혼합(the best mix)이 무엇이냐는 형태를 띠거나 또는 두 개의 정책목표 가운데 하나를 더 얻기 위하여 다른 목표를 얼마만큼 더 희생하여야 하느냐 하는 문제를 둘러싸고 일어난다. 세금과 복지정책은 상충 관계를 가진 대표적인 두 정책영역이다. 만약에 국민복지를 빈민들의 편익으로 해석하면 세금을 많이 거두어 빈민들에게 분배하면 결국 국

13) 영어 tradeoff는 상충 관계 외에도 교환관계, 모순관계, 경쟁관계, 심지어는 반비례관계 등으로도 번역된다.

민복지가 커지는 것이므로 세금과 국민복지는 비례한다고 볼 수 있다. 그러나 국민복지를 빈민들과 부자들의 편익의 합계가 가장 큰 균형점으로 해석하면, 세금이 증가하는 경우 국민복지가 커지다가 일정시점에 다다르면 오히려 줄어든다. 형평성과 효율성이 상충 관계라고 할 수 있다.

그렇다면 형평성과 효율성이 상충 관계라고 생각하는 이유는 무엇일까? 그 이유에는 동기부여 이론, 형평성의 유지를 위한 행정력 낭비 이론의 두 가지로 나누어 볼 수 있다.

동기부여 이론 중에서 대표적인 이론이 매슬로우(A. Maslow)의 욕구 5단계설이다. 매슬로우는 인간에게는 다섯 종류의 욕구가 있고 이들은 서로 계층을 이루고 있다고 주장한다. 계층화된 다섯 종류의 욕구는 생리적 욕구, 안전 욕구, 사회적 욕구, 존경 욕구, 자아실현 욕구가 그것이다. 매슬로우에 의하면, 생리적 욕구가 결핍된 사람에게 이를 충족시킬 수 있게 해 주면 의욕이 솟고, 존경 욕구가 결핍되어 있는 경우는 또 이를 채워주면 동기가 유발된다고 했다. 그리고 또 하위 욕구가 채워지면 그다음에는 상위 욕구를 충족시켜 주어야 의욕이 솟는다고 했다. 이러한 동기부여 이론에 따르면 형평성은 사람들이 생산적인 노력을 하도록 동기를 부여하는 차별적인 보상의 가능성을 제거해야 한다고 주장한다. 예컨대 복지혜택, 조세감면, 보수의 재조정 등을 통한 수입의 평준화는 개인적 노력, 저축, 심지어는 생산적인 투자의 수준까지 낮추어 버린다고 한다. 동기부여 이론은 18세기 T. R. Malthus의 인구론(1798)과 가난에 관한 논의로 거슬러 올라가는데, 그는 누구든지 자신을 스스로 고무하거나 삶의 조건을 개선하기 위해서는 인간의 게으름을 극복하는 것이 필요하다고 주장했다. 그래서 가난한 자에 대한 소득의 재분배를 통한 더 많은 형평성의 추구는 필연적으로 노동의 감소와 생산량의 감소를 가져온다고 주장한다. 또한, 형평성을 유지하기 위해서는 많은 자원이 소모되는 관료적 행정장치가 필요하다. 재정부, 복지부, 노동부, 그리고 형평성을 둘러싸고 발생하는 갈등들을 해결하기 위한 사법적 장치는 귀중한 자원의 상실을 가져올 것이다. 미국의 린든 존슨 대통령 시절 대통령 경제자문위원장이었던 아서 오쿤(Arthur Okun)은 형평과 효율성이라는 논문에서 형평과 효율 간의 당연한 상충 관계의 본질을 간파하면서 어떠한 재분배 정책도 구멍 난 양동이로 부를 부자로부터 가난한 사람들에게 옮기는 것과 같다며 재분배 주장을 구멍 난 양동이에 비유하였다.

2) 상충부정론과 양자상생론

지금까지는 형평성과 효율성이 상충 관계에 있다는 긍정론에 대하여 살펴보았다. 그러나 이러한 주장에 맞서서 형평성과 효율성이 상충 관계에 있지 않다는 주장도 존재한다. 상충하지 않는다는 학자들의 주장에 의하면 사람들은 만족, 자부심, 소속감, 일체감 등에 의해서도 일을 하기 위한 동기부여를 받으며, 행정은 자원을 낭비하는 장치가 아니라 그 자체로 생산적인 활동이라는 것이다. 또한 공동체는 정책을 선택함으로써 형평성과 효율성을 동시에 성취할 수 있다고 주장한다.

이러한 형평성과 효율성의 상충 관계를 반박하는 사례는 다른 나라의 연구에서 발견된다. 예를 들어 1980년대까지 일본은 높은 개인소득세율, 공정한 상속세제도의 유지, 낮은 간접세 제도를 시행하였다. 그럼에도 불구하고 일본은 당시 세계에서 개인저축이 최고의 수준에 있었으며, 기술혁신을 이끌고, 생산성 향상에서 다른 경쟁국가들을 선도해왔다. 또한, 1990년 통일 독일 이전의 서독은 높은 법인세를 부과하고, 관대한 연금시스템을 운영하며, 보편적인 건강보험시스템을 성공적으로 운영한 적이 있었다.

이와 같이 효율성과 형평성의 관계에 관한 다양한 의견과 주장들에 대하여 어떤 것이 정확히 옳고 그르다고는 판단할 수 없다. 과거 냉전시대에는 자본주의 체계와 공산주의 체계가 극명히 나누어져 시장경제와 계획경제의 구분이 분명하였지만, 현대의 세계 각국은 세계화의 흐름 속에서 성장과 복지를 동시에 추구하고 있기 때문에 효율성만을 강조할 수 없으며, 그렇다고 형평성에 지나치게 치우쳐서도 안 된다. 인간의 이기심과 합리적 행동을 고려하면 형평성과 효율성의 상충 관계는 일반적으로 존재한다고 볼 수 있으나, 예외적인 상황도 존재하기 때문에 양자 관계에 대한 극단적인 평가는 적절하지 않다. 효율성과 형평성이 제로섬 관계가 아닌 상호보완적이고 상생적인 win-win의 관계로 발전할 수 있도록 지혜로운 정책적 처방이 필요하다.

5. 효율성과 형평성 평가기준의 조화

<그림 6-4>에서 A와 B의 배분점이 현재 점 U에 있다고 간주하자. 점 U가 효율적

이기는 하지만, 그것은 P의 배분점에 비해 덜 공정한 것으로 판단된다. 반면에 점 P는 파레토 최적 바깥 선에 위치하므로 U에 비해 비효율적이기는 하지만 공정하다고 할 수 있다.

그렇다면 점 P와 점 U 중에서 어떤 상태가 사회적으로 바람직한 대안일 것인가? 그리고 계약 곡선 상에 있는 모든 효율적인 점 중에서 어느 것이 더 바람직한가? 이런 물음에 답하기 위해서는 효율성과 형평성 간의 상충 관계를 반영해 주는 사회적 판단이 필요한데, 그에 대한 이론적 기준으로 사회후생함수 접근방법이 알려져 있다.

사회후생함수는 사회구성원들 간의 효용수준의 분배와 그러한 분배로써 얻을 수 있는 사회전체의 만족기준에 해당하는 사회적 효용수준 간의 관계를 나타내는 것이다. 그것은 (6.2)와 같이 표시되는데, i는 그 사회 내의 개인들 (i=1, 2,⋯, m)을 지칭하며, U^i는 그러한 개인들 중 제 i번째 개인의 효용수준을 나타낸다.

$$W = W(U^1, U^2, \cdots, U^i) \quad \cdots\cdots (6.2)$$

사회후생함수에 대한 개념을 좀 더 명확하게 하기 위하여 A와 B의 두 사람만으로 구성된 사회를 가정하기로 하자. 이 경우의 사회후생함수란 A와 B의 두 사람의 효용수준의 함수로 식 (6.3)으로 나타낼 수 있다.

$$W = W(U_A, U_B) \quad \cdots\cdots (6.3)$$

이제 이처럼 단순화된 사회후생함수를 이용하여 효율성과 형평성의 평가기준을 통합하는 문제를 검토해 보자.

<그림 6-5>에서 횡축에는 A의 효용을 표시하고, 종축에는 B의 효용을 표시하고, 각각의 효용은 측정할 수 있으며 서로 비교 가능한 것으로 가정한다. <그림 6-5>에는 세 가지 서로 다른 모양의 사회적 무차별곡선이 그려져 있다. 사회적 무차별곡선이란 사회의 총량적 효용(aggregate utilities)과 사회구성원들 사이의 균등한 효용배분 간 상충관계(tradeoff)를 반영하는 상이한 윤리적 선택을 나타내주는 사회효용함수이다. 사회 내의 총량적 효용은 앞에서 논의한 상대적 효율성(relative efficiency)의 측정치로써

사용되고, 구성원들 간의 효용배분 균등성은 형평성의 측정치로써 사용된다.

그림 6-5 효율성과 형평성 평가를 위한 사회후생함수

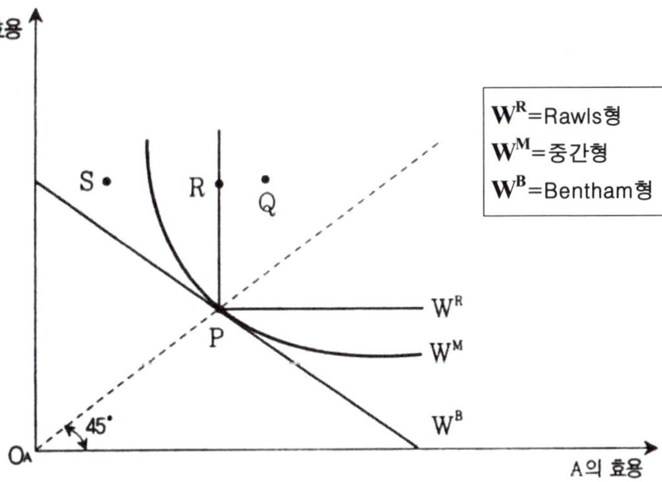

<그림 6-5>에 있는 세 가지 유형의 사회적 무차별곡선은 점 P와 동일한 사회적 효용을 가져다주는 A와 B 간의 효용조합에 대한 서로 다른 윤리적 기준을 나타내는데, 이에는 Bentham형, Rawls형, 그리고 중간형으로 나누어진다.

1) 공리주의(Utilitarianism)의 사회후생함수

공리주의란 19세기 전반에 Jeremy Bentham에 의해 주장된 소위 "최대 다수의 최대 행복"을 추구하는 것이 사회적 최선이라고 하는 사고철학이다. 이때 모든 사회구성원의 효용증가가 모두 동일한 것으로 평가된다.

<그림 6-5>에서 W^B는 사회 전체의 총량적 효용만이 중요시되고 그러한 효용이 사회구성원들 간에 어떻게 균등하게 배분되는지에는 무관심한 사회후생함수를 나타내는 무차별곡선이다. 이러한 입장의 사회적 후생함수는 Jeremy Bentham의 이름을 따서 Bentham 후생함수라고 불린다. 왜냐하면, Jeremy Bentham은 사

회적 목표로서 효용 합의 극대화를 생각하였기 때문이다. Bentham형의 사회후생함수는 $W = U^A + U^B$로 표시된다. 따라서 Bentham형의 사회후생함수의 무차별곡선은 -1의 기울기를 갖는 직선이다. 이런 형태의 사회후생함수가 의미하는 바는 사회 전체의 효용의 크기가 일정할 때에는 A와 B의 효용 간에는 상충 관계가 있으며, 이들 간에 어떤 식으로 효용을 주고받든지 그것은 사회적 효용에 전혀 영향을 주지 않는다는 것이다. 사회적 총량의 측면에서 효율성의 증가는, 그것이 누구에게 귀속 되는가 에는 관계없이, 곧 사회적 효용의 증가를 뜻한다.

경제 이론적으로는 정책에 의하여 어떤 한 집단에서 다른 집단에게로 아무런 비용 없이 소득을 이전할 수 있다면, 사회 후생의 증진을 위해서는 이 양 집단 간의 소득에 대한 한계효용이 같아질 때까지 소득이전을 하여야 한다. 가난한 사람들이 부자들에 비하여 단위 자원에 대한 한계효용이 높다면, 부유한 사람들로부터 가난한 사람들에게로의 자원이전을 통해서 사회 전체의 후생을 증진시킬 수가 있기 때문이다. 예를 들면 <그림 6-5>에서 점 P에서 점 S로의 이동은 위와 같은 형태의 사회후생함수에 의하여 사회적 효용의 증가를 가져오는 경우라 할 수 있다.

2) 롤즈 사회정의론의 사회후생함수

John Rawls(1971)는 어떤 사회의 후생은 그 사회에서 가장 어려운 입장(worst-off)에 있는 사람의 후생에 달려 있다고 보고, 사회에서 가장 어려운 입장에 있는 사람들의 후생증진이 없이는 다른 사람들의 후생을 아무리 증진시킨다고 하더라도 사회후생은 증진될 수 없다고 본다. 이 견해에 의하면 공리주의에서와 같은 사회구성원 간의 후생의 상충 관계를 부정한다.

John Rawls의 사회정의(social justice)에 대한 견해를 사회후생함수로 표시하면 $W = \min(U_A, U_B)$로 나타낼 수 있다. 예를 들어, $W = \min\{100, 200\}$일 때 가장 작은 값인 100이 W의 값이라는 의미이다. 이것은 흔히 맥시민(maximin) 기준이라고 불린다. 왜냐하면 이 사회후생함수를 극대화하기 위해서는 가장 어려운 입장에 있는 사람의 효용을 극대화하여야 하기 때문이다.

이 같은 유형의 사회후생함수로부터 얻을 수 있는 대표적인 사회적 무차별곡선은 45°선 위에 꼭지점을 갖는 L자형으로 나타난다. <그림 6-5>의 W^R은 J. Rawls의 이름을 따서 롤즈형 후생함수라고 한다. A와 B가 동일한 크기의 효용을 갖는 점 P에서 시작하여, 두 사람 중 어느 한 사람에게만 아무리 큰 효용을 부여한다고 해도 사회적 전체 효용은 증가하지 않는다. 사회적 효용을 증가시키는 유일한 방법은 W^R 바깥쪽에 있는 점 Q와 같이 두 사람 모두의 효용을 증가시키는 것이다. A와 B의 효용이 서로 다른 점인 R로부터 사회적 효용을 증가시키려면, 그 사회의 구성원 중 가장 어려운 입장에 처해 있는 사람, 즉 여기서는 A의 효용을 증가시키는 정책을 실행하여야만 한다. 즉 <그림 6-5>에서 점 P에서 점 S로의 이동은 J. Bentham의 기준에 의하여 사회후생이 증가하지만, John Rawls의 기준에 의하면 사회후생은 감소한다. 왜냐하면 S라는 배분점은 L자 모양의 W^R의 경계 또는 바깥쪽에 속하는 점이 아니기 때문이다. 이와 같이 점 P에서 점 S로의 동일한 이동에 대해서도 사회적 가치판단기준, 즉 사회후생함수의 형태가 다름에 따라 해석이 서로 다르게 나타난다.

롤즈 이론은 맥시민의 기준을 선택하게 되는 논거로서 '본래적 지위(original position)'와 '무지의 장막(veil of ignorance)'이라는 개념을 사용하였다. 본래적 지위란 사회구성원들이 그 사회에서 성, 인종, 능력 등 자신이 향유할 수 있는 지위를 뜻하며, 무지의 장막이란 그 사회에서 자신이 차지할 수 있는 지위가 어떨 것인가에 대해서 전혀 모르고서 자기의 미래 상황을 매우 불확실하게 인식하기 때문에 위에 언급한 맥시민의 기준을 선택한다는 것이다. 즉, 원래적 지위와 무지의 장막이라는 기본원칙에 입각해 있는 John Rawls의 사회정의관에서는 개인은 보수적이며 위험회피적(risk-averse)으로 가정된다. 예를 들면, 사람들은 장차 자기가 부자가 될지 또는 가난한 사람이 될지 전혀 알지 못한다. 그래서 그들이 가장 가난한 사람이 될 수 있다는 가능성에 매우 신경을 곤두세우며 결국 가장 어려운 입장에 있는 사람의 소득수준향상을 사회의 가장 바람직한 목표로 정한다는 것이다.

3) 중간형태의 사회후생함수 = 효율성과 공정성의 조화

<그림 6-5>에서 W^M은 벤덤의 기준과 롤즈 기준을 절충한 중간형태의 사회후생함수이다. 이러한 함수의 사회적 무차별곡선은 통상적인 형태를 띠는데, 곡선 위의 각 점에 따라서 기울기가 달라지고 특히 45°선에서는 그 크기가 -1이 된다. 이런 형태의 사회후생함

수의 경우, 총량적 후생(aggregate utilities)이 충분히 증가하면 비록 그것이 약간의 분배적 공정성을 해친다고 해도 사회후생의 증가를 가져올 수 있다. 이러한 경우가 점 P에서 점 Q로의 이동이다. 그러나 총량적 후생의 증가가 분배상의 불공정성을 해소할 만큼 충분히 크지 못하면 사회후생은 감소하는데, 그것이 곧 점 P에서 점 S로의 이동이다.

이제 사회후생함수가 효율성과 형평성의 상충 관계를 어떻게 판단해주는가를 살펴보기로 하자. <그림 6-6>에는 효용가능곡선과 더불어 Jeremy Bentham과 John Rawls의 중간형태의 사회후생함수를 나타내는 무차별곡선이 그려져 있다. 사회후생은 그림의 오른쪽 위로 올라감에 따라서 증가하므로 $W_S > W_R > W_E = W_Q > W_P$ 의 관계가 성립된다.

그림 6-6 효용가능성 곡선과 사회효용함수

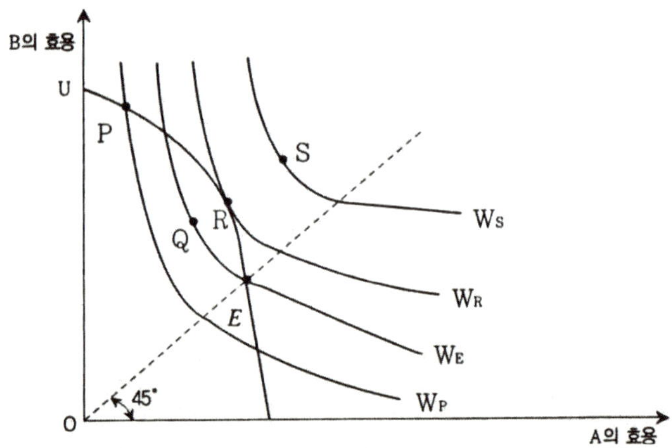

만약 A와 B 사이의 자원배분상태가 효율적인 점 P에 있을 경우 그 점에서의 사회적 후생은 W_P이다. 그러나 점 Q는 효용가능곡선 내부에 있기 때문에 파레토 효율성은 낮지만, 반면에 사회후생함수는 W_P보다 바깥에 위치한 W_E상에 있기 때문에 사회적 효용은 오히려 점 P보다 크다. 이 결과는 점 Q가 점 P에 비해 배분의 균등성에 더 많은 사회적 중요성을 부여하고 있음을 반영하는 것이다.

그림에서 이 사회체계에서 얻을 수 있는 최대의 사회적 후생 W_R은 효용가능곡선과 사회적 무차별곡선이 서로 접하는 점 R에서 이루어진다. 무차별 곡선 W_S가 가장 높은 사회효용을 나타내 주지만 그것은 활용가능한 제한된 자원을 지닌 현실 경제의 능력을 초월하고 있기 때문에 가능한 점이 아니다. 그리고 가능한 최대의 사회적 효용의 달성은 균등한 효용을 나타내는 45°선 위의 점에서 이루어지지 않는다는 것이다. 그 이유는 효용가능곡선과 사회적 효용함수의 형태가 일치하지 않기 때문이다.

따라서 가장 바람직한 정책대안은 파레토 효율성을 실현하면서, 즉 효용가능곡선상의 점 위에 있으면서, 동시에 사회후생을 최대로 하는 대안, 즉 높은 수준의 사회적 후생함수를 나타내는 사회적 무차별곡선이 만나는 점에서 결정된다. <그림 6-6>에서 가장 바람직한 달성가능한 점은 점 E에서 점 R로 이동함으로써 겪게 되는 평등성의 손실보다도 그러한 이동으로부터 얻게 되는 총 사회적 효용의 증가를 더 높이 평가한다.

4) 정책분석에서의 사회후생함수 적용의 한계

정책분석에서 후생함수를 이용하는 데는 다음과 같은 몇 가지 제약이 따른다.

첫째, 효용은 측정 가능하지도 않을뿐더러 또한 대안 간 비교도 어렵기 때문에 각 개인의 상대적 만족수준을 경험적으로 확인하는 것이 불가능하다.

둘째, 무엇이 적절한 사회후생함수인가에 대한 의견의 일치를 구하기가 어렵다는 것이다. 왜냐하면 사회구성원 각자는 자기 고유의 선호와 입장을 갖는데, 그러한 각 개인의 입장과 선호를 모두 반영할 수 있는 사회후생함수는 개념적으로 구하기가 어렵기 때문이다. 수많은 철학자와 경제학자들이 사회 전체의 후생측정을 위하여 두 사람 이상의 효용을 측정하고 합하는 방법을 개발하고자 하였으나, 전체로서의 선호체계를 얻기 위하여 개인들의 선호를 통합하는 어떠한 만족스러운 방법도 발견할 수 없다는 사실이 알려졌다. 이를 애로우의 불가능성의 정리(Arrow's Impossibility Theorem)라고 한다. 그러나 특정한 사회적 가치기준을 전제로 하여 민주적 여론조사를 하면 거기에 상응하는 사회적 선호의 모습과 방향의 도출이 불가능한 것만은 아니다.

제7장

정책대안의 탐색과 창출

제1절 정책대안의 탐색

정책대안의 탐색은 정책과정의 초기 단계들에 기초하고 있다. 제시되는 각종 정책대안들은 앞선 분석단계들에 의하여 영향을 받는다. 문제의 인식, 이해관계자들의 파악 등 문제 상황의 인식, 규범적이며 정치적인 정책목표의 규정 등이 정책대안의 지침이 된다. 정책대안들로는 아무 조치도 취하지 않는 대안(doing nothing, inaction)과 급격한 정책대안 사이의 무한대의 대안들이 있을 수 있다.

무조치도 중요한 정책 대안으로 처음부터 무시하여서는 안 된다. 무조치가 때로는 적절한 대안이 될 수 있다. 환경적 외생변수의 힘에 맡겼을 때 오히려 바람직한 효과를 가져올 수도 있는 경우가 있다. 무조치는 우선 추가적 비용이 들지 않으며, 외부로부터 오는 적대적 저항으로부터 조직을 보호할 수도 있는 장점이 있다.[1] 조치를 취하지 않을 경우 시간이 지나면서 조직은 흥분상태로부터 냉정해질 수도 있고, 새로운 상황의 발생이나 문제에 의해 현존의 문제가 대체되거나 문제 해결에 충분한 정보를 수집할 수도 있다.[2] 결국 무조치는 최소의 비용으로 시간과 정보를 확보하는 하나의 전략이

1) Garry D. Brewer and Peter deLeon. *The Foundations of Policy Analysis* (Chicago: The Dorsey Press, 1983), p. 64.

2) Anthony Downs. "Up and Down with Ecology: The Issue-Attention Cycle," *Public Interest* 28, no.1 (1972), pp. 38-50.

다. 정치적으로 명확한 지지나 반대를 즉시 표명하는 정책보다는 아무 조치를 취하지 않는 경우, 또는 상대방으로 하여금 적극적 의사표시를 하도록 기다리는 대안이 보다 안전한 경우가 많다. 그러나 무조건 기다리는 것과 합리적인 분석을 통하여 아무 조치를 취하지 않는 대안을 선택하는 것과는 전혀 다른 것이다. 의사결정과정을 거친 무조치는 정책대안의 부족과 부재, 흠결과 동일하게 취급되어서는 안 된다.

반대로 매우 극단적인 대안이 필요한 상황도 있다. 미국의 1929년 대공황을 극복하기 위한 F. Roosebelt 대통령의 경제사회 개혁조치, 2차 세계대전 후의 마샬 플랜, 우리나라의 1997년 외환위기를 극복하기 위한 IMF 조치 등이 그 예이다. 매우 혁신적인, 급격한 대안을 마련하지 못하거나 수용하지 못하는 조직이나 의사결정자에게는 심각한 무능력의 문제가 있다. 컴퓨터와 같은 신기술에 대한 인식과 수용을 못 하는 조직은 심각한 위기에 처할 수 있다. 특히 군대조직은 더욱 그러하다. 환경이 급격히 변할 때에 현실에 안주하여 조용히 아무 조치도 취하지 않는 전략은 조직에 치명적인 결과를 초래할 수 있다.

대부분의 정책은 이 두 가지 정책의 중간에 위치한다. 정책대안의 형성은 반복적인 과정이다. 즉, 최초의 아이디어는 연구가 거듭될수록 풍요로워지고 새로운 대안으로 발전한다는 의미이다. 최종 정책대안이 결정되기 이전에 제시된 정책대안들은 그 영향이 측정, 평가 비교되는 과정을 거친다. 또한 정책분석가는 정책대안을 창출할 때에 그 집행전략도 함께 고려하여야 한다. 정책분석가는 기술적으로, 경제적으로, 정치적으로 실현 불가능한 대안을 제시하여서는 안 된다. 이만큼 정책대안의 제시는 광범위하고 어려운 일이다. 정책결정은 여러 정책대안을 지속적으로 선별하는 과정(winnowing process)이며, 정책분석가는 정책결정자의 대안 선별작업을 도와주는 체의 역할(sifting role)을 하여야 한다(Brewer and de Leon, 1983: 65).

제2절 정책대안의 창출

정책문제의 진단과 정책대안의 창출은 전형적인 정책분석가의 업무이다. 정책대안의 모색과 제시는 정책분석가가, 정책대안의 선택은 정책결정자가, 결정, 선택된 정책대안의 집행은 관료기구가 담당하는 것이 정책과정에 있어서의 전통적인 분업형태였다. 정책과정 전반에 걸친 정책성과는 이들 세 정책담당 주체들 사이 의사소통의 원활에 의존하기 때문에 업무상의 전문적 분업을 이유로 정책 과정의 주체들 간의 독립 또는 소외현상이 나타나서는 안 된다. 정책과정에 있어서의 분업과 통합 조정이 함께 조화되어야 한다. 신중하게 탐색 되고 합리적으로 제시된 품질 높은 정책 대안들 없이는 정책결정자는 소수의 제한적 대안 중 선택하거나 거의 속수무책인 상태에서 요행을 바라고 의사결정을 할 수밖에 없기 때문에 정책분석가의 대안창출 역할은 매우 중요하다. 일반적으로 대안의 창출은 대안이 가져올 효과와 장점에 대한 추정, 평가와 함께 이루어지는 것이 보통이다.

정책대안의 창출(generation)과정은 대안의 형성(formulation), 대안의 평가(assessment), 대안의 비교(comparison)와 대안의 제시(presentation)의 4단계로 이루어진다. 대안의 비교와 제시단계는 논리적 편의상의 구분일 뿐 의미 있는 이론적 탐구대상은 아니기 때문에 여기에서는 대안의 형성과 대안의 평가 단계에 중점을 두어 설명한다.

창의성(Creativity)과 혁신(Innovation)

대안의 창출은 창의성과 혁신을 필요로 하는 정신적 작업이다. 창의성과 혁신은 때때로 혼돈적으로 섞여서 사용되지만 개념적으로 구분 가능하며 구분하여 사용하는 것이 바람직하다. 창의성은 사전적으로는 "완전히 새로운 것을 고안하는 능력"을 의미하며, 혁신은 "새로운 것 또는 새로운 방법"을 의미한다. L. Mohr는 창의성은 "새로운 것을 존재하게 하는 것을 의미하며, 혁신은 새로운 것을 사용하게 하는 것"[3]이라고 정의한다. 컴퓨터 칩의 발명과 칩을 이용한 각종 계산기 등 수 많은 과학기술의 발명품과 그것을 이용한 새로운 방법과 제품 등을 창의성과 혁신의 예로 들 수 있다. 과학기술상의 창의성과 혁신개념이 정책 활동에도 마찬가지로 적용될 수 있다. 정책대안의 창출에 있어 창의성은 사회문제에 대한 완전히 새로운 개념과 방법들을 만들어 내는 것이고, 혁신은 새롭게 창조된 개념이나 이론, 방법을 문제해결을 위하여 새로운 방법으로

3) Creativity "implies bringing something new into being; innovation implies bringing something new into use." Lawrence B. Mohr, "Determinants of Innovation in Organizations," *American Political Science Review* (1969. March), p. 112.

써 사용하는 것을 의미한다.

Lasswell은 정책적 맥락에서 창의성을 "가치 있는 혁신들을 만들어내고 인식하는 성향"으로 정의하며, 창조적 거버넌스로서의 미국 사법제도의 도입과 이 제도가 세계 각국에서 복제되어 사용되는 것을 그 예로서 들고 있다. Brewer and de Leon(1983)은 정책학의 맥락에서 "문제를 보고 대안을 제시하는 능력과 방법으로서 유사한 문제를 해결하고자 했던 이전의 어떠한 시도들과는 다른 독특한 것"으로 정의하며, 무엇인가 새롭고, 신선하고, 비상한 점을 강조한다. 문제에 대한 완전히 새로운 인식과 새로운 질문을 통해 새로운 방법으로 정책문제를 해결하는 것은 창의적이라고 말할 수 있다. 한편, 혁신은 다른 분야에서 증명된 방법을 새로운 분야의 문제에 적용하는 것을 의미한다. Brewer and de Leon(1969: 62)은 Rand Corporation의 랜드 군사기지 선정연구(Rand basing study)를 창의성의 예로서, 기획 사업 예산제도(PPBS)의 국방부에의 도입을 혁신의 예로 들고 있다.

정책분석가에게 창의성이 요구되는 것은 조직구성원이 생각하는 수준 이상의 창의성이 필요하기 때문이다. 정책과정에서 일반적으로 창의성의 발휘가 부족한 것은 관료들은 창의적 대안의 개발에 자원을 사용하기보다는 보다 안전하고 빠르고 쉽게 사용할 수 있는 대안을 선호하기 때문이다. 정부관료제 내에서의 창의성은 존폐위기에 처한 조직이 생존 가능한 대안을 찾기 위해 필사적인 노력을 하는 경우에 주로 발견된다는 사실은 안타까운 일이다(Kaufman, 1976). 그것은 창의성이 관료 조직의 생존과 이익을 위해서만 발휘될 수도 있기 때문이다. 이렇게 볼 때 관료제 내에서 발휘된 창의성이 언제나 사회적으로 바람직한 결과를 가져오는 것은 아니다. 대규모 조직이 갖고 있는 많은 속성은 조직 구성원의 창의적 문제 해결을 억압하는 기제로 작용하는 경향이 있다. 표준운영절차(standard operating procedure)에 대한 강한 신뢰와 선호, 충분한 시간과 인센티브의 부족에 의해 창의적인 대안의 창출이 제약받는 것이다.

창의성이 제대로 발휘되도록 하기 위하여 조직은 어떠한 자극과 인센티브를 제공하여야 하는가? 창의성은 기본적으로 매우 개인적인 속성이기 때문에 배우거나 가르치기 힘든 것이다. 지능, 다양한 경험, 광범위한 연상능력, 경쟁 등의 개별적 요소들이 창의성을 촉진한다. 일반적으로는 높은 수준의 교육, 다 학문적 접근방법, 조직의 유연성과 수용성 등이 개인의 창의성, 정책분석과 정책대안의 설계에 있어서의 혁신성을 촉진시킨다고 여겨진다. 이러한 개인적 창의성을 촉진하는 요소들을 조직의 창의성을 촉진하는데 그대로 복제하여 사용할 수 있는 유용한 지침은 거의 없지만, 브레인스토밍 방법을 이용하여 특정 정책문제에 초점을 맞추어 창의적 해결 대안을 탐색해 볼 수는 있다.[4)]

제3절 대안창출의 원천과 방법

1. 정책아이디어의 원천

관점의 변화(changes in perspective)

아이디어의 원천과 아이디어를 만드는 방법은 다르다. 동일한 요리 재료를 가지고도 요리 방법에 따라 여러 가지 다양한 요리들이 나오듯이 여러 아이디어를 가지고도 새로운 창의적 아이디어를 만들어 낼 수 있다. 새로운 아이디어를 발견해 내는 방법을 알기 위해서는 창의적이거나 혁신적인 아이디어들을 수집하여 이들이 지니고 있는 속성들을 먼저 범주화시켜 보는 것이 필요하다. 범주화의 최상위 개념은 관점이다. 관점[5)]은 사물을 일관되고 체계적으로 조망해주는 논리의 출발점이기 때문이다. 관점에도 다양한 차원이 있다. 이들을 구체적으로 구분하여 살펴보자.

1) 가정(assumption)의 변화

창의적인 아이디어는 현상을 바라보는 관점 또는 문제를 규정해왔던 기존의 가정(assumption)을 바꿔보는 데에서 출발한다. 가정은 사물을 보는 가장 기본적인 관점(perspective)이다. 소위 통념(conventional wisdom)으로 간주해 왔던 생각들이나 이론들의 오류증명과 폐기는 모두가 그것들이 근거하여 왔던 가정의 부정으로부터 출발하

---

4) H. Lasswell(1960)은 이를 의사결정 세미나(decision seminar)라고 부른다.

5) 철학이나 미술에 있어서의 관점과 초점을 이해하면, 정책문제에 대한 관점의 이해와 적용이 용이하게 가능할 수도 있다.

였다. 물론 가정의 부정은 기존의 이론으로는 이해하고 설명할 수 없는 새로운 사실과 현상의 인식과 발견으로부터 출발한다. 인류 정신사에 지대한 변화를 가져오게 되었던 천동설에 대한 지동설, 창조론에 대한 진화론 등이 그 예이다. 사회과학에서의 패러다임 전환(paradigm shift)도 역시 그러하다. 의사결정론에 있어서의 합리성에 대한 제한적 합리성, X 이론적 조직인간관에 대한 Y 이론적 조직인간관의 도입을 통한 새로운 조직이론의 발전, 규제정책의 공익이론으로부터 사익이론으로의 변화 등이 예이다. 개인의 이기성과 합리성에 기초한 고전파 경제이론에 대한 새로운 이론들은 개인의 이기심 또는 합리성에 대한 부정의 정도에 따라 그 창의성의 정도가 달라지게 될 것이다. 사회학에서 사회제도의 변화를 이해하고 설명하는 경쟁이론, 진화이론, 갈등이론 등 여러 이론들 역시 그러하다. 합리성뿐만 아니라 확실성과 불확실성에 대한 가정의 변화도 많은 이론체계의 변화를 가져왔다.

2) 질적인 측면의 아이디어

핵심변수의 질적 조작이나 문제구조의 변화를 통한 아이디어의 창출방법이다.

3) 양적인 측면의 아이디어

예산, 인력 등의 자원의 증가를 통한 문제 해결방법으로 모든 공공조직이 선호하는 방법이다.

4) 공급측면의 아이디어

모든 사회문제는 수요공급의 양 측면에서 분석할 수 있듯이 그 해결 대안들도 수요공급의 두 가지 측면에서 제시되곤 한다. 공급측면의 해결 대안들이 사회문제의 해결을 책임지고 있는 모든 공공조직에서 우선적으로 선호되어 왔다.[6] 마약문제, 범죄문

6) 왜 공공부문이 공급측면의 정책대안을 선호하는가에 대해서는 공공조직이 시장의 논리와는 다른 정부의 논리에 의해 운영되고 그 핵심에는 공공재 이론과 공급자원이 국민의 세금에 의하여 조달되기 때문이라는 정부의 실패에 관한 많은 이론들이 현상을 잘 설명해 준다.

제, 빈곤문제, 교육 문제, 에너지 문제, 환경문제, 교통문제, 주택문제 등 대부분의 현대 사회문제들에 대한 수많은 기존의 정책 대안들이 그 예이다.

5) 수요측면의 아이디어

기존의 공급측면의 정책수단으로는 해결에 한계가 있어 마약문제, 교육 문제, 에너지 문제, 환경문제, 교통문제 등을 해결하기 위한 정책대안으로서 최근에 새롭게 조명받고 있다.

2. 정책아이디어를 만드는 실용적 방식

1) 시넥틱스

시넥틱스(synectics)는 유사한 문제에 대한 인지를 증가시키기 위해 설계된 창조적 문제해법이다. 시넥틱스는 어원적 의미로 "분명하게 서로 다른 것을 함께 연계시켜 이해하는 것"이다. 즉, 유추로부터 아이디어나 힌트를 얻는 발상법이다. 시넥틱스는 문제들 사이의 유사성에 대한 인지가 분석가들의 문제해결능력을 상당히 증가시키게 될 것이라는 생각에 근거하고 있다. 유추는 사고를 연계의 과정으로 보고, 그 과정에서의 심리적 상태를 네 단계로 나눈다.

(1) 탈리(脫離: detachment): 문제를 그 상황에서 떼어놓고 좀 더 멀리 초월하여 통찰하는 행위로 분리, 이탈, 초연 등으로 불린다.
(2) 거치(据置: deferment): 처음에 얻은 해결책에 일시적인 저항을 느끼면서 잠시 유예 또는 연기하고 보는 마음의 상태
(3) 성찰(省察: speculation): 해결책을 찾기 위하여 마음을 자유롭게 하는 것으로 심리적인 자유를 얻어 사색하는 과정
(4) 자율(自律: autonomy): 대상의 자율성 획득으로 해결책이 구체화되는 것

유사성의 탐구와 관련이 깊은 시넥틱스는 정책문제구성에 있어 분석가들이 유추를 창조적으로 사용할 수 있게끔 해준다. 많은 연구결과들을 보면 새로운 문제인 것처럼 보이는 것이 실질적으로는 과거의 문제에 불과할 따름이며, 과거의 문제는 새로운 것처럼 보이는 문제의 잠정적인 해결책을 포함하고 있을지도 모른다는 사실을 사람들은 흔히 간과하고 있음을 보여준다.

정책문제 구성에 있어서는 다음과 같은 네 가지 유형의 유추가 사용된다.

(1) 인적 유추(personal analogies)

인적유추를 하기 위해서 분석가들은 그들 자신이 정책관계집단들, 예를 들어 정책결정자나 이해관계집단 등과 같은 상태에서 문제 상황을 경험했던 것처럼 하려고 노력한다. 인적유추는 어떤 문제 상황의 정치적 측면을 파헤치기 위해서 특히 중요하게 쓰여진다. 역할연습(role playing)에 있어서와 같이 "우리가 정치적으로 생각하려고 하지 않는다면, 정책결정자의 현상세계 속으로 들어갈 수 없고 정책과정을 결코 이해할 수 없게 된다."

(2) 직접적 유추(direct analogies)

직접적 유추를 하기 위해서 분석가들은 둘 이상의 문제 상황 사이의 유사한 관계를 찾게 된다. 예를 들어 약물중독의 문제를 구성하기 위하여 전염병 억제 경험으로부터 직접적 유추를 하는 경우를 들 수 있다.

(3) 상징적 유추(symbolic analogies)

상징적 유추에서 분석가들은 주어진 문제 상황과 어떤 상징적 과정 사이의 유사한 관계를 발견하고자 노력하게 된다. 예를 들어 정책과정을 자동온도조절장치나 자동운항장치와 같은 자동제어장치에 비교한다면 이는 상징적 유추이다.

(4) 공상적 유추(fantasy analogies)

공상적 유추에서는 분석가들이 문제상황과 어떤 상상적인 상태 사이에 일정한 유사성이 있다고 자유롭게 생각해 보는 것이다. 예를 들어 안보정책에 있어서 분석가들이 가상적인 핵 공격 상태를 전제로 문제를 구성하는 경우를 들 수 있다.

시넥틱스는 앞에서 예로든 문제구성 기법들처럼 적절한 유추를 실제로 행하는 개개의 분석가들에게 의존하고 있다. 그래서 시넥틱스는 주어진 상황에 대하여 다양한 유추를 이끌어 낼 수 있는 역량에 따라 활용범위가 달라진다. 문제가 얼마나 잘 개념화되었는가를 판단하는 주요 평가기준으로서 비교의 적절성 여부를 들 수 있는데 이는 주어진 문제상황과 유추된 상황이 얼마나 일치하고 있는가에 대한 것이다. 시넥틱스는 인적, 직접적, 상징적, 공상적 유추의 사용이 문제를 적절하게 개념화시켜 줄 수 있는 것인가에 대하여 아무런 보장도 해주지 못한다.

2) 집단토의(Brainstorming)

집단토의는 문제 상황을 확인하고 개념화하는데 도움을 주는 사고나 목적, 전략 등을 개발해내는 방법이다. 처음에는 창의성을 높이기 위한 방법으로 Alex Osborn에 의하여 계획됐는데, 오늘날에는 이것을 문제에 대한 잠정적인 해결책들을 개발해내는 한 방법으로 사용하고 있는 것이다. 자유토론은 몇 가지 간단한 절차를 통해 이루어진다.

(1) 토의집단은 조사하는 문제 상황의 성격과 일치하도록 구성하여야만 한다. 이는 주어진 상황에 대하여 확실하게 이해하고 있는 사람 즉, 다양한 분야의 전문가들을 선발해야 함을 의미하는 것이다.
(2) 아이디어의 개발과 이에 대한 평가는 엄격히 구분되어야 하는데, 그것은 성급한 비평론이나 논쟁에 의해 진지한 집단토의가 저지당할 수가 있기 때문이다.
(3) 아이디어 개발단계에서 자유토론 활동의 분위기는 가능한 개방적이고 자유롭게 해야 한다.
(4) 아이디어의 평가단계는 첫 번째 단계에서 모든 아이디어가 완전히 연구된 후에 시작해야만 한다.
(5) 아이디어의 평가단계에서는 모든 아이디어에 우선순위를 부여하고 이들을 문제의 개념화와 그 잠정적 해결책을 포함하는 제안 속으로 통합시켜야만 한다.

집단토의는 분석가의 목적이나 현실적인 제약적 상황에 따라 상당히 유동적인 절차를 밟게 된다. 비교적 비구성적인 집단토의 활동은 정부기관이나 공적 · 사적 두뇌집단에서 자주 일어난다. 정책문제에 관한 토론은 여러 학문분야의 전문가들과 일반행정가들의 비공식적이고 자발적 참여에 의해 이루어진다. 집단토론을 상호협조 상태로 유도하거나 초점을 모으기 위해 여러 가지 방법을 사용한다.

집단토의 활동을 통합화하고 초점을 모으기 위한 또 다른 방법이 시나리오의 작성이다. 시나리오는 어떤 문제 상황을 변화시킬지도 모르는 미래의 가상적인 사건의 윤곽을 의미한다. 잠정적인 군사적, 정치적 위기를 탐구하기 위하여 이용되어온 시나리오 작성은 미래 상황을 나타내기 위하여 상상을 구성적으로 사용한다. 시나리오 작성에는 무정형적 유형과 전략 분석적 유형의 두 가지가 있다. 무정형적 시나리오 작성에 있어서 분석가는 우상파괴주의자나 모형 파괴자, 기본적 가정에 대한 회의론자인 경우가 있고 드물긴 하지만 새로운 평가기순에 내한 맹신지인 경우도 있다. 이와는 달리 전략 분석적 시나리오는 일관된 초점을 가지고 있다.

집단토의가 다른 문제구성방법들과 다른 점은 이것이 개개인의 전문가를 지향하는 것이 아니라 창의력 있는 집단 전체에 초점을 맞추고 있다는 점이다. 아울러 자유토론 활동은 윤리적 일관성이나 비교의 적절성에 의해 평가하기보다는 집단토의집단 내 각 구성원 사이의 의견일치 정도에 의해 평가한다. 문제구성에 있어서 성과의 평가기준으로서 '의견일치'가 지닌 한계점은 문제의 본질에 대한 갈등을 억압하여 적절한 아이디어나 목적, 전략들이 창안되고 평가될 수 있는 기회를 미리 박탈하는 수가 있다는 것이다. '2000년대 사업계획'이 비록 개방적이고 허심탄회한 분위기 속에서 창의된 것이긴 하지만, 이 사업의 성공 여부에 대한 최종적인 평가는 권위적 결정권자와 전문가들 사이의 의견일치에 근거하고 있다. 간단히 말해서 이 계획이나 그 밖에 구성적 집단토의 활동들은 정책문제 구성에서 나타나는 갈등을 창조적으로 활용할 수 있는 절차를 마련해 주지 못하고 있는 것이다.

3) 아이디어들의 조합(combination)

제시된 또는 과거에 존재하였던 여러 대안의 다양한 선형조합(linear combination)을 통한 새로운 아이디어의 창출이다. 단 2가지의 다른 아이디어만으로도 조합비율에 따라서는 수학적으로는 무한대의 조합이 가능하다.

> ◆ 참고 자료: 발명에도 공식이 있다
>
> 발명에도 방법과 전략이 있다. 수학 공식처럼 주위를 둘러싼 수많은 물건을 더하고 빼고 나누면 새로운 발명품이 태어나게 된다.
>
> 용도를 바꿔보자: 신경통 치료를 위해 스케이트를 즐기던 외판원 출신 플림톤이 날이 따스해져 스케이트를 탈 수 없게 되자 날을 떼어내고 바퀴를 달아 롤러스케이트를 만들어냈다. 천막용으로 쓰던 천 소재를 바지로 만든 리바이스 스트라우스도 대표적인 예이다.
>
> 재료를 바꿔보자: 미국의 대학생 휴그 무어가 생수 자판기의 자기 컵이 자꾸 깨지는 것을 보고 만든 종이컵은 재료를 바꿔 만든 발명품이다. 새의 깃털을 사용해 가격이 비쌌던 배드민턴 공을 플라스틱으로 개조해 가격을 낮춘 것도 여기 속한다.
>
> 반대로 해보자: 어린이들이 즐겨 쓰는 벙어리장갑은 양말에서 따온 것이고 발가락 양말은 장갑에서 따온 것이다. 깔끔하게 만드는 것에만 주력하던 전기 콘센트 줄을 길게 뺀 마쓰시타 전기주식회사 제품도 발상의 전환을 통해 만들어졌다.
>
> 폐품을 이용해보자: 이 방법은 우리 조상이 많이 이용했던 방법이다. 못 쓰는 종이를 모아 물에 불려 종이죽을 만들고 깨진 기와로 화단을 둘렀다. 옷을 만들고 남은 천을 모아 만든 퀼트도 폐품 이용 발명품이다.
>
> 불가능한 발명은 피하자: 발명이란 꿈과 이상만 갖고 되는 것이 아니며 반드시 실용적이어야 한다. 날아다니는 양탄자나 소원을 들어주는 마법의 램프 같은 무모한 발명에 매달리는 것은 시간 낭비다. <출처: www.hankooki.com>

3. 정책대안의 개발방법

잠재적인 대안을 개발하고 구성하는 몇 가지 구체적인 방법들에 대하여 살펴보자.[7)]

1) 시작은 종합적으로 하고, 종료는 초점을 맞추어라.

분석가는 최적의 대안이 검토대상 대안들의 세트에 포함되지 않는 잘못을 저질러서는 안 된다. 그러므로 대안을 개발하는 초기 단계에서는 가능한 모든 대안의 리스트를 작성하되, 본격적인 분석을 시작하기 전의 검토과정에서는 명백하게 열등한 대안들은 폐기하고, 유사한 대안들은 함께 통합해 나가야 한다. 대안을 개발하는 초기에는 다음과 같은 점에 착안하면 실행 가능성이 높은 대안을 개발하는데 도움을 받을 수 있다.

7) Eugene Bardach. *A Practical Guide for Policy Analysis* (New York: Chatham House Publishers, 2000), pp. 12-14.

(1) 정책문제와 관련된 주요 정치적 행위자들이(key political actors) 적극적으로 제안하거나 그들의 마음속에 가지고 있다고 생각되는 대안들에 주목한다.

(2) 주요 정치적 행위자들에 의하여 현재 논의되고 있는 대안들보다 더 우수한 대안들을 개발하도록 노력한다.

(3) 항상 현재의 추세가 방해받지 않고 계속되도록 하는 무조치 대안(no-action alternatives)을 분석의 초기 단계에 포함하도록 한다. 그리고 정책환경에 자연적이고 공통적인 변화를 가져오는 ① 선거 이후의 정치적 변화, ② 경기순환(business cycle)에 수반되는 실업과 인플레이션 비율의 변화, ③ 전반적인 조세정책이나 지출정책에 의하여 기인되는 예산의 긴축(tightness) 또는 완화(looseness), ④ 인구의 전출입이나 연령구조의 변화와 같은 인구학적 변화 등을 검토한다.

2) 무조치 대안의 분석

대안들은 의사결정 주체들이 다른 정책대안이나 행동들이 채택되어 시행된다면 사회문제를 완화할 수 있다고 하는 믿음이 있기 때문에 탐색 된다. 어떤 정책대안을 선택할 것인가를 결정하기 위해서는 제시된 제안들이 현상(status quo)을 변화시키는데 얼마나 효과적인가를 추정하여 비교, 평가하여야 한다. 정책결정자와 분석가는 특정 정책대안을 채택하면 상황이 어떻게 변화할 것이며, 그러한 조치가 없으면 상황이 어떻게 될 것 같은가를 알고 싶어 한다. 이와 같은 판단을 내릴 수 있기 위하여 분석가는 다른 대안들을 분석하는 것과 같이 무조치 대안(no-action alternative)을 분석하는데 많은 시간을 투자하여야 한다.[8)]

무조치 대안을 구체적으로 발전시키고, 그의 결과들을 예측함으로써 다른 모든 대안의 결과를 측정하고 평가할 기준(benchmark)을 제공할 수 있다. 즉, 무조치 대안을 분석하는 중요한 이유 중의 하나는 유용한 기저 대안(baseline alternative)을 만들기 위한 것이다.

어떤 계획이나 프로그램 대안들을 사전에 평가할 때에는, 어떤 변화들이 제안된 조

8) Amy Helling, Michael Matichich and David Sawicki. "The No-Action Alternative: A Tool for Comprehensive Planning and Policy Analysis", *Environment Impact Assessment Review*, Vol.2 No. 2 (June 1982), pp. 141-158.

치의 직접적인 결과인지를 평가할 필요가 있다. 이러한 영향들(impacts)은 두 가지 경우에 의한 상태들, 즉 제안된 조치를 취함으로서 오는 미래 상태와 기저선(baseline)의 기준 상태 사이의 차이로서 정의된다. 이들 기저선의 기준 상태에는 다음과 같은 것들을 포함한다.[9)]

(1) 어떤 조치가 취해지기 전에 존재하고 있는 원래 상태, 이 상태를 현재의 상태(status quo) 또는 현존하는 조건이라 부른다.
(2) 어떤 계획이나 프로그램이 없는 경우 발전하여 도달하는 상태, 이것을 무조치 대안에 의한 미래 상태라고 부른다.
(3) 어떤 목표나 target 상태
(4) 이상적인 상태

위의 상태들 가운데 두 번째가 분석을 위한 기준점으로서의 이점들을 제공한다. 왜냐하면, 이 상태가 제안된 대안들의 시나리오와 정확하게 비교되어야 하기 때문이다.

3) 연구분석과 실험

정책대안을 개발하는 중요한 방법의 하나는 연구방법들을 사용하여 조사연구(survey research)를 실시하는 것이다. 조사연구를 함으로서 정책에 의하여 영향을 받는 사람들의 태도, 여론, 신념들을 조사하여 여러 가지 행동 대안들에 대한 제안과 선호들을 탐색할 수 있으며, 다른 분석가들이나 전문가들이 개발한 가능한 대안들에 대한 자료들을 수집할 수 있다. 또한, 실험집단과 통제집단을 사용하는 진 실험적 방법이나 준 실험적 방법과 같은 실험적 방법들을 사용하여 어떤 대안들이 더 효과적인지를 검토하고, 여러 상황 하에서 좀 더 효과적인 것으로 만들기 위하여 이미 개발된 대안들을 수정할 수 있다.

9) Donald M. McAllister. *Evaluation in Environmental Planning: Assessing Environmental, Social, Economic and Political Tradeoffs* (Cambridge, M.A.: MIT Press, 1980).

4) 신속한 조사

실용적인 관점에서 볼 때 분석가가 정책분석을 시작하는 경우에는 다른 분석가나 친구들에게 자기가 새로운 문제에 대하여 분석할 과제를 가지고 있다는 것을 알리는 것이 바람직하다. 왜냐하면, 그들은 새로 분석을 시작하는 분석가에게 새로운 대안들을 제안하거나 아이디어들을 전달할 수도 있기 때문이다. 분석가는 신속한 조사를 위하여 전화를 걸고 아이디어들을 테스트하고, 새로운 아이디어들을 공유하기 위하여 네트워크를 발전시키기도 한다. 정책대안들을 산출해내기 위한 첫걸음은 이 네트워크에 있는 사람들과 접촉하는 것이다. 좀 더 공식적인 접근방법은 아이디어를 산출해내거나, 가능한 소스나 접촉할 다른 사람들을 찾아내기 위하여 같은 분야에 있는 다른 분석가나 전문가들에 대한 체계적인 전화조사를 실시하는 것이다.

신속한 조사(quick survey)의 결과로 제안된 새로운 대안들, 유사한 문제들을 경험한 다른 지역이나 조직들, 적절한 문헌, 다른 유형의 권고(advice)나 자문(counsel) 등에 관한 리스트를 선출해 낼 수 있다. 이러한 신속한 조사의 접근 방법에는 대중 집회, 공청회, 신문의 사설과 칼럼, 독자의 소리 등에 제안된 대안들을 기록하고 분류하는 것도 포함할 수 있다.

5) 문헌조사

문헌조사를 통해서도 대안들에 대한 아이디어를 얻을 수 있다. 기획 및 정책분석과 관련된 책들과 학술지들은 대안들을 탐색하는 것을 설명하는 사례들을 포함하고 있을 수 있다.

6) 문제의 유형화

만일 문제가 몇 개의 유형으로 그룹 지어질 수 있다면, 범주화가 더욱 분명해질 것이다. 특히, 문제에 의하여 영향을 받는 이해관계자 집단이나 조직들을 유형화하면 대안을 식별하는 데 도움이 된다. 어떤 유형들을 범주화하는 것은, 분석가가 정책에 의하여 영향을 받는 집단들을 식별하고, 각 대안에 대한 그들의 가능한 반응들을 인식하여, 이것을 토대로 이해관계자 집단들이 수용할 가능성이 높은 구체적인 수단들을 발전시켜 나가는 접근방법이라 할 수 있다.10)

7) 피해야 할 함정

대안개발에 있어서 염두에 두어야 할 가장 중요한 사항은 기술적으로 가능하고 좋은 아이디어가 평가되어야 할 대안의 세트에 포함되어 있지 않는다면, 아무리 어려운 모형을 사용해서 세련된 분석을 한다 해도 그것은 시간의 낭비에 불과하다는 것이다. 물론 문제 해결에 효율적이고 건전하며, 적절한 대안들을 식별하는 것을 보증하는 방법은 찾기 어렵지만, 다음과 같은 함정들을 피한다면 좋은 대안을 산출할 가능성은 그만큼 더 높아질 수 있을 것이다.11)

첫째, 과거의 경험에 너무 지나치게 의존하지 말라는 것이다. 이는 현존하는 정신적 모형들(mental models)에 너무 의존함으로써 적절한 대안보다 익숙한 대안을 채택할 가능성을 높이고, 우리의 시야를 너무 좁혀서 새로운 가능성을 놓치게 할 수 있기 때문이다.

둘째, 아이디어나 통찰력이 생길 때 기록하는 것을 놓치지 말라는 것이다.

셋째, 문제정의에는 너무 빨리 변경 불가능하게 고착화(locking in) 되어서는 안 된다는 것이다. 문제정의는 고정된 것이 아니라 평가기준을 구체화하고 대안들을 식별하는 과정에서 새로운 차원이 발견될 수도 있으며, 그에 따라 적절하고 최적화한 대안들을 식별하는 데 실패할 수도 있기 때문이다.

넷째, 선호(preference)를 너무 일찍 서둘러 형성하지 말라는 것이다. 분석의 초기에 선호를 확정해 놓으면, 가능한 대안들을 기각하거나 고려하지 못하게 될 가능성을 높일 것이기 때문이다.

다섯째, 아이디어가 제시될 때 그것을 비판하지 말라는 것이다. 아이디어에 대한 비판은 사람들이 잠재적으로 유용한 아이디어를 제안할 용기를 저하하고, 결과적으로 좋은 아이디어들이 발견될 가능성을 낮출 것이기 때문이다.

---

10) Carl V. Patton and David S. Sawicki. *Basic Methods of Policy Analysis and Planning*, (Englewood Cliffs, N.J.: Prentice-Hall, 1993), p. 239.

11) Patton and Sawicki. *op.cit.*, pp. 251-253.

여섯째, 조건이 변했는데도 한번 폐기한 대안들을 영원히 폐기해서는 안 된다. 분석 과정에서 상황이나 조건이 변화하면, 분석의 초기에 폐기했던 대안들이 후에는 바람직한 대안이 될 수도 있기 때문이다.

제4절 정책수단의 종류

정책대안은 정부가 정책을 시행하기 위해 고려하는 잠재적 해결책이다. 정책대안은 정책목표를 달성하기 위한 꾀(策)이고 지혜이다. 학자들에 따라서는 정책수단(policy instrument)을 정책 도구(policy tool)로도 부른다. 정책대안은 정부가 정책을 시행하기 위하여 재량적으로 선택한 수단이나 제도이며, 정부는 여러 정책수단 중에서 최선의 수단을 선택하여야 한다. 예를 들어 정부는 수질오염 문제에 대하여 무엇을 해야 할 것인지를 결정함에서 사람들이 오염 활동을 하지 못하도록 촉구하는 대중 캠페인을 통하여, 또는 오염을 일으키는 모든 활동을 금지하는 규제를 통하여, 또는 오염 유발 기업에 보조금을 지원하여 이들이 더 안전한 생산 기술로 전환하도록 하는 장려를 통하여, 또는 다른 수단의 조합을 통하여 문제를 해결할 것인지를 결정해야 한다(Gunningham 외, 1998; Gunningham and Young, 1997). 어떤 정책수단을 사용할 것인지를 선택하는 것은 정책결정 그 자체만큼 이론이 분분하며, 정책 과정의 참여자들 사이의 토론과 논쟁의 주된 주제가 된다.

1. 통치자원별 정책수단의 유형

학자들은 정책문제를 다루기 위해 정책결정자가 이용할 수 있는 다양한 수단들을 파악하고 의미 있는 범주로 분류하였다. 여기에서는 정보, 권위, 자금, 조직 등 네 가지 주요한 통치자원을 기준으로 정책수단들을 설명한다. <표 7-1>은 통치자원별 정책수단을 유형화한 것이다.

표 7-1 통치 자원별 정책수단의 유형

정보	권위	자금	조직
정보 감시 및 제공(information monitoring and release)	명령 통제적 규제	보조금(grants), 대부금(loans)	상품과 재화의 직접 공급과 공기업 설립
조언 및 권고	자율 규제	사용자 부담금	가족, 공동체 및 자발적 조직의 활용
홍보	기준설정 및 위임규제	조세 및 조세지출	시장 형성
위원회와 조사	자문위원회 및 협의	이익집단 구성 및 자금지원	정부 재조직

* 출처: Christopher Hood, *The Tools of Government* (Chatham, NJ: Chatham House, 1986), pp. 124-5, M. Howlett & M. Ramesh, *Studying Public Policy*, (Oxford: Oxford University Press, 2003), p. 92, Figure 4.1 재인용

1) 조직지향적 정책수단

(1) 재화와 서비스의 직접 공급

정부는 정부가 원하는 어떤 것을 민간부문이 하는 것을 기다리거나 규제하지 않고 정부가 공적자금을 조달하여 공무원을 통해 재화와 서비스를 직접 전달할 수 있다. 국가방위, 외교관계, 치안유지, 소방업무, 사회보장, 교육, 공유지의 관리, 공원과 도로의 관리, 인구조사 및 지질조사 같은 활동이 그 예이다.

(2) 공기업

국유기업(State owned enterprises), 공사(crown corporation) 준국가조직(parastatal organizations) 등으로 알려진 공기업(public enterprises)은 국가가 전체 또는 일부를 소유한 기업이지만, 정부로부터 어느 정도의 자율성을 보장받는다. 공기업을 식별하는 명확한 방법은 없다. 말 그대로 "공적인" 기업이라 불리기 위해서는 어떤 기업이 "얼마만큼 공적인가"를 결정하는 것이 문제이다. 극단적으로, 정부 소유지분이 아주 작은 공기업은 사기업처럼 보일 수 있으며, 정부 소유지분이 100%에 가까운 기업은 통상적인 관료기구로 보일 수 있다.

(3) 시장 형성

지금까지 가장 중요하고 가장 이론이 분분한 자발적 수단의 유형은 시장 조직이다. 제한된 금액으로 될 수 있는 한 많이 사려고 하는 소비자와 최고의 이익을 얻으려고 하는 생산자 간의 자발적 상호작용은 양쪽이 모두 만족할 수 있는 성과에 이를 것으로 기대할 수 있다. 최소한 이론적으로, 양쪽의 각 부분에서 1차 동기가 자기 이익이지만, 전체적인 상호작용으로 사회는 이익을 얻는다. 이론적으로, 의료나 교육 같은 중요한 재화를 원하는 사람들은 수익을 위해 운영되는 병원과 학교에서 서비스를 간단히 구매할 수 있다.

(4) 정부 새조직

사회에서 제공되는 재화와 서비스의 구성을 변경하려고 하는 수단과 달리, 정부 조직자원의 사용에 의존하는 “절차적” 수단이 있다. 이 수단의 목적은 정부가 정당성이나 행동 능력을 보유할 수 있는 방법으로 절차를 변경하기 위한 것이다. 조직개편으로 인해 정부는 기능을 수행하는 구조나 절차를 개편함으로써 정책목적을 달성하고자 한다. 이러한 활동은 인사관리 및 기타 조직 자원을 활용하여 정책 행위자들이 상호작용하는 방법을 변경하거나 재구성하기 때문에 종종 “네트워크 관리”로도 불린다.

2) 권위지향적 수단

(1) 명령통제적 규제

규제의 정의는 수없이 많지만, 대부분은 제약적인 특성이 있다. 규제는 일반적으로 “정부가 특정 정책목적을 위하여 개인 또는 기업의 권리를 제약하거나 의무를 부과하는 행정행위”로 정의할 수 있다. 이러한 유형의 수단은 흔히 “명령 및 통제” 규제라고 한다.

(2) 위임 또는 자율 규제

규제 수단의 또 다른 형태는 위임 규제이다. 명령 및 통제 규제처럼 정부가 직접 규제하는 상황과 달리, 정부는 민간 행위자가 자신을 스스로 규제하게 할 수도 있다. 이것은 "자율 규제" 또는 "자기 규제"라고도 한다. 비정부적 실체들이 자신들을 사실상 규제하지만, 이는 더 직접적이고 강제적인 방법으로 규제하지 않고자 하는 정부의 묵시적 또는 명시적인 허용에 의한 것이다.

(3) 자문위원회와 준자율적인 비정부기구(Quangos)

정부는 특정 정책행위자에게 권한의 부여와 지위를 높여줌으로써 정책과정에 영향을 미칠 수도 있다. 즉, 특정 정책분야에 있어 자문위원회, 임시조직, 어느 정도 자율성을 갖는 준자율적인 비정부기구(quasi-autonomous NGOs) 등의 정책 과정상의 지위를 인정해 줌으로써 정책목적을 달성하는 수단이다.

3) 자금지향적 수단

세 번째 범주의 정책수단은 정부 또는 공무원의 권위에 의존하는 것이 아니라 자금을 조달하고 지출할 수 있는 재정적 자원과 자금 동원 및 지출 능력에 의존한다. 이는 정부의 명령에 의하여 개인, 기업, 조직에서 다른 개인, 기업, 조직으로 자금을 이전하는 모든 형태의 수단을 말한다. 자금이전은 개인들이 정부의 의도를 따를 수 있는 동기부여의 역할을 할 수 있다. 즉, 이 수단은 경제적 동기부여를 통하여 정책목적을 달성하는 정책수단이다. 최종적인 선택은 개인과 기업에 남겨져 있지만, 정부가 원하는 선택을 할 가능성은 보조금 때문에 높아진다. 공사립학교, 대학교 등에 지급하는 보조금이 그 예이다. 물론 세금과 사용자 부담금을 통하여 특정한 행위 유형을 처벌하는 경우도 많다.

4) 정보지향적 수단

정책수단의 네 번째 범주는 정보의 활용이다. 공공 정보 캠페인과 연구 조사 및 조사 위원회의 활용이 구체적인 수단이다.

정부가 원하는 방식으로 개인과 기업이 행동을 변경하리라는 기대를 갖고 정보를 공개하는 수동적인 수단이다. 이 수단은 시민들이 더 많은 정보에 근거하여 정통한 선택을 할 수 있도록 의도된 특성을 갖는다. 예를 들면, 관광 정보, 프로그램 정보, 경제사회적 통계 정보가 홍보 캠페인을 통해 공개되고, 시민은 이에 따라 판단하고 반응하도록 하는 것이다. 그러나 이 정보는 흡연의 악영향에 대한 정보를 공표하는 경우처럼 특정한 반응을 유도하기 위해 더욱 정확하게 대상을 정할 수도 있다. 그러나 어느 경우에나 일반 대중들은 특정한 방식으로 반응할 의무는 없다.

2. 규제적 수단과 비규제적 수단

규제수단은 명령 통제적인 규제적 정책수단과 피규제자의 선택의 폭을 인정해 주는 비규제적 정책 수단으로도 구분된다.

1) 전통적인 명령통제적 규제수단

전통적 규제수단으로는 가격규제, 이윤규제, 인·허가에 의한 진입 또는 신규사업의 규제, 인플레이션의 방지나 기타 사회적 목적을 위한 재화 또는 서비스의 수요공급규제, 투자 규제, 환경기준 또는 안전기준 등 기준의 설정(standard setting) 등을 들 수 있다. 이들 규제수단들은 정부가 시장의 실패를 직접적으로 치유하기 위하여 도입한 경쟁대체적인 수단이라 할 수 있다. 이들 수단은 장점이 있긴 하지만 그 문제점 또한 많다.

2) 비규제적 정책수단

1990년대 이후, 특히 세계화의 급속한 진전과 더불어 전통적인 명령통제적 규제의 폐해에 대한 인식이 점점 높아지고 있어 이에 대한 새로운 정책수단이 활발하게 모색되고 있다. 명령통제적 규제방식이 아닌 새로운 정책수단들에 대하여 알아보자.

(1) 독과점금지제도에 의한 비규제시장의 관리

규제받고 있지 아니한 시장(unregulated market)은 유효경쟁을 유지하기 위하여 공정거래법 또는 독점금지법의 적용을 받고 있다. 공정거래질서의 유지 역시 정부규제의 한 형태이긴 하지만 전통적 규제와는 그 목적과 방법에 있어 많은 차이가 있다. 독점금지제도의 목적은 경쟁의 결과를 복제하거나 경쟁시장의 결함에 따른 폐해를 직접 시정하는 것이 아니라 경쟁적 시장조건이 파괴 또는 저해될 가능성이 있을 때 경쟁조건을 형성 또는 유지하여 경쟁의 성과를 실현하고자 하는 데에 있다. 즉, 불공정거래행위 또는 담합행위 등 민간의 경쟁 제한적 행위를 일반적으로 금지하는 규정에 의하여 규제받고 있지 아니한 시장을 감시함으로써 유효경쟁시장(workably competitive markets) 또는 잠재적 경쟁시장(contestable markets)의 조건을 확보하여 경쟁의 성과를 실현하고자 하는 데에 그 목적이 있는 것이지 경쟁의 실패에 따른 사회적, 경제적 폐해를 직접적으로 시정하는 데 그 목적이 있는 것은 아니다.

(2) 정보의 공개

특정 정보의 공개를 요구하는 규제는 매우 보편적이어서 전통적 규제의 한 형태로 생각할 수도 있지만, 이 방식이 생산과정, 생산량, 가격 또는 제품의 분배를 규제하는 것은 아니기 때문에 전통적 규제에 대한 하나의 대안으로 볼 수 있다. 또한 이 방식은 전통적 규제방식들과는 달리 개인의 선택을 제약하는 것도 아니다. 더구나 적절한 정보의 공개에 의하여 자유경제시장은 더욱 활성화되기 때문에 정보의 공개는 독점금지정책과 마찬가지로 경쟁 대체적 규제가 아닌 경쟁시장의 조건을 강화하는 수단이라 할 수 있다. 예컨대, 소비자 안전의 확보에는 제품의 잠재적 위험에 대한 많은 정보의 소비자에의 제공이 제품생산의 금지나 기존 제품의 변경에 많은 비용이 드는 제품안전기준의 설정보다 더욱 효과적인 경우가 있다. 제품안전에 관한 정보의 제공을 의무화함으로써 기업은 그들이 판매하는 제품의 설계단계에서부터 보다 많은 주의를 기울이게 될 것이다.

정보의 제공방식을 통한 간접적 규제방식은 소비자 욕구의 다양성과 소비자의 능력을 전제로 하고 있다. 물론 정보공개의 강제 역시 규제의 한 형태이지만, 적어도 부분적으로는 보다 나은 정부개입의 방식이 될 수 있다. 왜냐하면, 정보제공의 의무화는 생산과정에 직접 간섭하지도 아니하며 소비자의 선택을 제약하는 것도 아니며, 풍부한 정보의 흐름에 의하여 시장이 보다 경쟁적으로 기능할 수 있기 때문이다. 그러나 정부가 정보의 제공을 시장의 자율적 기능에 맡기지 아니하고 정보에 대한 기준을 마련하는 방법은 불필요한 정보를 소비자에게 과도하게 제공하게 되어 오히려 비효율적일 가능성이 있다.

모든 정보의 공개가 경쟁적 시장을 보다 효과적으로 기능하도록 제도화된 것은 아니지만 경제적 목적을 위하여 제도화 될 경우 공급자와 소비자는 정보의 제공에 의하여 보다 현명한 선택을 할 수 있게 된다. 식품 및 의약품의 내용물과 그 효과에 관한 정보를 공개하도록 규정하고 있는 상표법은 하나의 예이다. 규제 당국이 정보공개의 규정을 집행하기 위하여서는 공개되어야 할 정보의 내용, 장소 및 방법에 관한 기준을 제시하여야 한다. 전통적 규제방식은 판매제품 또는 생산공정의 지정 또는 금지에 의하여 소비자와 생산자의 자유를 제한하지만 정보공개의 기준은 특정정보의 공개강제를 제외하고는 그렇지 아니하다는 점에 양자의 차이가 있다.

이와 같은 장점에도 불구하고 정보가 단순하고 의미 있는 방식으로 전달되지 아니할 때는 정보공개제도는 그 기능을 충분히 발휘할 수 없게 된다. 정보공개의 또 다른 단점은 공개된 정보가 실제의 선택에 그다지 큰 도움을 주지 못하는 경우가 있다는 것이다. 따라서 정보의 공개제도가 효과적인 것이 되기 위하여는 공개된 정보가 이해하기 쉬워야 하며, 선택의 자유가 보장되어 있어야 하며 또한 정보가 실제 선택에 도움을 줄 수 있는 적절한 것이어야 한다.

(3) 조세제도의 활용

일반적으로 조세는 세수의 증가 또는 특별한 경우의 조세감면이나 손비의 인정에 의하여 특정 행위를 유인하는 데에 그 목적이 있다. 지금까지 조세가 규제수단의 대안으로서 인식되어 활용된 경우는 드물다고 하겠다. 그러나 규제가 소득의 이전, 가격 또는 이윤의 통제를 목적으로 사용되는 경우 조세제도는 전통적 규제수단에 대한 하나의 대안으로 고려될 수 있다. 또한 환경오염과 같이 사회적으로 바람직하지 못한 행위의 억제에도 조세는 이용될 수 있다. 즉, 조세제도는 전통적 규제방식에 대한 대체 또는 보완수단이 될 수 있다. 원칙적으로 이윤의 규제와 소득재분배의 문제는 여타의 규제수단에 의하는 것보다 조세제도의 활용에 의하여 그 목적이 보다 직접적으로 달성될 수 있다.

또한, 정부는 조세제도를 이용함으로써 시장에 강력한 신호를 전달할 수 있다. 바람직한 환경조건의 유지를 위한 오염방지세(공해세)는 기존의 기준설정(환경기준 또는 배출기준 등)방식보다 더욱 효과적이며 저렴한 방식이 될 수 있다. 예컨대 공해유발산업에 대한 세금인상과 공해 유발적 소비에 대한 가격인상을 통하여 환경적으로 보다 바람직한 생산 및 소비유형을 간접적으로 유도할 수 있기 때문이다. 즉, 환경을 오염시키는 것이 기업과 소비자 모두에게 실질적으로 도움이 되지 않는다는 것을 가격기구를 통하여 인식시키는 가장 기본적인 방식이다. 가격체계는 환경오염기업으로 하여금 오염제거비용을 고려하게 하는 반면에 기준설정방식은 비록 오염의 완전방지(zero pollution)와 같은 비현실적인 기준은 아니라 할지라도 매우 비효율적인 기준을 채택하기 쉽다. 배출부과금제는 기업으로 하여금 부담금보다는 저렴한 비용으로 오염수준을 줄이는 방법을 찾도록 유인하는 장점이 있다. 즉, 배출부담금보다 저렴한 비용으로 오염방지의 방법을 찾아낼 수 있는 기업은 오염방지시설을 하고자 할 것이며, 오염방지의 비용보다 배출부과금을 부담하는 쪽이 보다 유리하다고 생각하는 기업은 오염물질을 배출하고 배출부과금을 부담하려 할 것이다. 배출기준의 설정은 기업 간의 이러한 차이를 고려하지 않는 획일적 특성 때문에 동일수준의 환경적 목적을 달성하는데 배출부과금제에 비하여 비효율적이라 할 수 있다. 또한 기술개발 및 소비자 선택에의 제약 없이도 기업과 소비자의 행동을 사회적으로 바람직한 방향으로 유인할 수 있다는 점이 배출부과금제도의 가장 큰 장점이다

따라서 가능한 한 기업이 오염방지수단을 폭넓게 선택할 수 있는 규제의 방식을 택하여야 할 것이다. 하나의 규제방식에 의해 다양한 수단의 선택이 제약될 때에는 가능한 한 여러 수단을 제공하여 기업선택의 폭을 넓혀야 할 것이다. 물론 이때 여러 수단 사이의 환경적 목표에 대한 상대적 효과성의 고려는 필수적이다. 가격체계를 이용한 유인제도는 항상 추가적 오염의 제거에 대하여 보상적이다. 기업이 환경오염을 덜 시키면 세액도 줄게 된다. 전통적 방식에 따른 구체적 기준의 설정에 의해서는 기업이 보다 효과적인 공해방지의 노력을 할 유인이 없다.

(4) 매매가능한(marketable) 권리의 신설

외부효과의 문제에 조세제도를 이용할 수도 있으나 바람직한 결과를 얻기 위한 적정 조세를 산정하기란 쉽지 않다. 예컨대 오염세 제도 하에서는 어떤 기업들은 오염방지시설을 하기도 하지만 또 다른 기업들은 오염물질을 배출하고 오염세를 부담하기도 한다. 이론적으로는 오염방지시설의 한계비용이 오염세의 세율보다 낮은 한 기업은 오

염방지시설을 하고자 할 것이다. 그러나 현실적으로 조세당국은 많은 정보의 제약 때문에 사회적으로 적정한 세율을 결정하기가 거의 불가능하다.

이 문제는 시장을 이용한 인센티브제도에 의하여 부분적으로 극복할 수 있다. 즉, 어떠한 행위, 예컨대 오염물질 배출행위를 할 수 있는 일정한 범위의 권리를 신설하여 이 권리를 시장에서 매매 가능하게 하는 것이다. 이러한 조건이 갖추어지게 되면 오염권을 가장 필요로 하는 자가 이 권리를 살 것이다. 이 권리의 수효는 사회적으로 적정한 만큼 제한되어 있기 때문에 규제자는 오염의 정도를 미리 알 수 있다. 조세제도와는 달리 이 제도하에서의 규제기관은 어느 기업이 얼마에 이 권리를 살 것이며, 또는 오염방지비용이 얼마인지에 대해 알 필요가 없다. 왜냐하면, 사회적으로 적정한 수준의 환경질의 유지가 공해규제기관의 궁극적인 관심사항이기 때문이다.

전통적 규제에 대한 대안으로서의 매매 가능한 소유권의 신설은 환경규제 또는 외부효과 일반의 문제에만 한정되는 것은 아니다. 공급의 부족시, 시장이 존재하지 아니한 경우, 또는 권리의 분배가 공익이나 비경제적 요인에 의하여 결정될 필요가 없는 경우에도 적용 가능하다. 광산채굴권, 공항시설의 이용권, 전력, 수도, 가스 등 에너지가 공급부족일 경우에 우선 사용권 거래 및 미국 캘리포니아 주에서 시행된 대기오염물질의 배출권에 대한 경매거래(auction)가 그 예이다.

(5) 보험 및 책임규정(liability rules)의 변경

전통적인 직접 규제방식에 대한 또 다른 대안으로 사법제도를 통한 개인적 권리의 보호를 들 수 있다. 학자들은 제품안전과 직업안전 및 환경오염의 경우 보다 안전한 제품의 생산이나 환경보전에 보다 유익한 생산기술의 사용을 유도할 수 있도록 불법행위법(tort law)의 개정을 제안하고 있다. 이 제안의 기본 취지는 책임의 가능성(risk of liability)을 높여 기업의 부담을 높인다는 것이다. 그러나 위험의 종류에 따라서는 소송비용이 엄청나게 비싸 위험방지의 효과가 기준설정방식이나 기타 규제방식에 비하여 불충분한 경우도 있다.

공해와 사고유발적 행위는 시장에 결함이 있을 때 발생할 가능성이 높다. 공해의 피해자가 오랫동안 가장 효과적으로 사용했던 수단은 "사적 권리의 침해 (trespass)" 또는 "불법방해(nuissance)"를 이유로 오염 유발자를 고소(sue)하는 방법이었다. 금지명령(injunction) 또는 피해의 구제를 구하는 소송에 의하여 오염발생행위는 어느 정도 억제 또는 금지되어 왔다.

공해는 제품생산의 외부비용으로 규정할 수 있으며, 사고 또한 외부비용을 발생시킨다. 어떤 제품(예: 각종 전기제품)에 의한 사고는 그 제품의 구매자 뿐만 아니라 局外者, 피해자의 가족 및 보험제도 등에 의하여 간접적으로 치료비를 부담하는 일반 대중에까지 영향을 미친다. 사고는 또한 정보의 부족 때문에 발생하는 경우도 있다. 어떤 제품의 구매자가 제품 구입 시 제품의 안전도에 대한 정보가 부족하여 약간 비싸지만 보다 안전한 제품을 구입하지 않았을 수도 있다.

소비자는 일반적으로 어느 정도의 위험을 감수한다고 할 수 있다. 제품의 안전도는 사용자의 자발적 감내 정도와 위험제거비용의 크기에 달려있다. 이상적으로 말하자면, 모든 잠재적 피해자가 제품의 사용에 따른 위험 수준을 정확히 알고 있고 또한 제품을 보다 안전하게 생산하는데 드는 비용을 정확하게 알고 있다면 소비자와 생산자 간의 협상이 가능할 것이다. 예컨대, 소비자가 보다 안전한 제품을 구입함으로써 생산자로 하여금 제품의 안전성을 개선하게 하거나 불매운동을 전개하여 사업을 그만두게 할 수 있다. 이러한 과정을 통하여 사회적으로 가장 적절한 안전수준의 제품이 생산될 것이다. 그러나 현실적으로 소비자는 제품안전에 대하여 적절한 정보를 가지고 있지도 못하며 설사 정보를 보유하고 있다 하더라도 이해하지 못하는 경우가 많다. 따라서 가부장적(paternalistic)인 이유에서 정부는 소비자가 원하는 수준 이상으로 제품안전기준을 정하는 경우도 있다.

제품안전과 관련된 법률은 생산자의 과실에 의한 사고에 대해서만 생산자에게 책임을 지우는 "과실책임제도(negligence rule)"로부터 제품 또는 제조과정의 결함에 기인한 모든 사고에 대하여 생산자에게 책임을 묻는 "엄격책임제도(strict liability rule)"로 변화되었다. 이러한 책임제도의 변경에 의하여 기업으로 하여금 보다 안전한 제품을 생산케 하여 제품안전사고의 위험과 비용을 줄일 수 있게 되었다.

하지만 실제로 책임규정을 바꾼다는 것은 어려운 일이다. 첫째, 모든 책임규정 자체는 아주 복잡한 유인체계라 할 수 있다. 따라서 책임규정을 바꾼다는 것은 곧 인센티브의 체계를 바꾸는 것이 된다. 새로운 책임제도에 의하여 인센티브가 구체적으로 어떻게 형성되는가에 대한 정보를 얻기란 어려운 일이다. 예컨대, 엄격책임제도하에서의 생산자는 보다 안전한 제품을 생산할 인센티브가 있지만, 소비자로서는 보다 주의를 기울여 제품을 안전하게 사용할 인센티브가 없다. 이러한 이유를 들어 몇몇 학자들은 엄격책임제도에 의하여 사고율이 더욱 증가할 우려가 있다고 주장하기도 한다. 둘째, 사법제도의 기능 자체가 불완전하다. 대부분 소비자는 그들의 권리를 알지도 못할 뿐만 아니라, 알고 있다 하더라도 소송비용의 부담, 재판의 지연 등 여러 가지 이유로 그들의 권리사용을 주저한다. 법원으로서도 사고책임의 귀속과 보상액 등을 결정하기 위해서는 수많은 법적 쟁점들을 결정하여야 하는데 그 결정이 매우 어려우며 재판관에 따라 판결이 달라지기도 한다. 셋째, 책임규정의 변화에 의하여 당사자 간의 부의 분배상태가 달라진다. 예컨대 환경오염의 경우 오염유발자와 피해자간의 권리유무(예: 기업의 오염권 또는 주민의 환경권)의 차이에 따라 책임의 귀속 여부가 달라지며, 이들 권리는 자본주의 시장경제체계 하에서 부(wealth)로 전환 가능하기 때문이다. 넷째, 책임제도의 변경은 권리의무관계의 변화를 통하여 의도하지 않았던 사회적 영향을 초래할 수도 있다.

책임제도의 개선노력에 의하여 실제로 많은 문제가 성공적으로 해결되기도 하였지만, 재판에 의하여 집행이 보장되는 책임제도만으로는 모든 환경문제나 제품안전문제를 해결할 수 없다. 피해 정도의 결정, 생산자의 행위에 관한 기준의 제시, 획일적으로 적용 가능한 기준의 개발, 소송절차의 간소화 및 소송비용문제의 해결 등은 결국 행정절차에 의하여 해결하는 것이 바람직하다. 결론적으로 말하여 새로운 책임제도가 사전통제 위주 방식의 전통적 규제에 대한 보완 또는 부분적 대체수단이 될 수 있다고 할 수 있다.

(6) 협상(bargaining)

이해관계자들 사이의 협상은 전통적 방식의 직접규제에 대한 대안이 될 수 있다. 협상의 장점으로는 다음과 같은 것들을 들 수 있다. 첫째, 기준설정방식에 비하여 협상 참여자들이 스스로 이익을 극대화할 기회를 보다 많이 가질 수 있다. 협상의 참여자들은 서로 다른 욕구와 목표를 가지고 협상에 임하게 된다. 참여자들은 여러 가지 개인적 목표들을 명확히 하여 그들 사이의 우선순위를 정하여야 한다. 참여자들의 서로 상충하는 목표들은 협상과정에서 조정되어 합의점을 찾게 된다. 협상에 의한 결과는 외생적으로 주어지는 기준에 의한 결과에 비하여 이해관계자들의 만족도를 높이게 된다. 둘째, 협상은 분권적 의사결정에 적합하다. 셋째, 협상에 의한 합의는 집행이 용이하다. 협상의 참여자들은 합의된 규칙을 보다 잘 이해할 수 있게 되며 자발적으로 준수할 가능성이 많다.

이러한 장점에도 불구하고 협상이 기존의 규제에 대한 적절한 대안이 되기에는 다음과 같은 문제가 있다. 첫째, 불균등한 협상능력의 문제이다. 勞使간의 임금교섭에서 노동자들이 보유하는 파업이라는 협상무기에 의하여 노동자들의 요구조건중심으로 합의가 이루어질 경우가 있다. 반대로 노동자들의 단결력이 협상을 승리로 이끌 만큼 강력하지 못할 경우 협상은 사용자에 의하여 일방적으로 마무리 지어질 경우도 있다. 불균등한 협상능력의 문제를 해결하기 위하여 정부는 법률로써 협상무기의 사용조건을 제한함으로써 당사자 사이의 협상능력을 균등화하려고 노력하지만, 정부의 능력과 그 효과에는 한계가 있다. 합의에 이르지 못할 때 정부는 스스로의 판단에 의하여 합의를 강제할 수도 있지만 공정하고 적절한 강제수단의 확립은 매우 어려운 문제이다. 둘째, 협상에 의하여 협상당사자들은 이익을 볼 수 있지만, 협상과정에 대표자를 참여시킬 수 없는 집단은 피해를 감수하게 되는 경우가 있다.

결론적으로 당사자들의 협상능력이 균등할 때, 분권적 의사결정이 중요하며 타협 및 우선순위의 확정이 가능할 때, 비대표집단에의 영향이 미미할 때, 그리고 합의의 구체적 내용보다는 합의 자체가 중요할 때 협상의 효과가 크다. 이들 조건이 충족되는 경우 협상은 전통적 규제방식에 대한 매우 의미 있는 대안이 될 수 있다.

(7) 국, 공유화(nationalization)

규제에 대한 대안으로서의 국, 공유화는 정도의 차이가 있을 뿐 세계 각국에서 공통으로 사용되는 수단이다. 국, 공유화는 자연독점에 의한 시장의 실패문제를 극복하기 위한 수단으로 사용되는 것이 일반적이지만, 외부효과에 따른 사회적 비용의 내부화를 위해서도 사용할 수 있다. A.C. Pigou, W. Baumol, O. Lange 등의 후생경제학자들은 국, 공유화가 반드시 자유경제체계의 기능을 왜곡시키는 것은 아니라는 것을 이론적으로 증명하였다. 정부는 공기업의 경영자에게 경제적으로 가장 효율적인 한계비용가격(marginal cost pricing) 또는 제약조건하의 램지가격(Ramsey pricing)을 계산하여 시행하게 할 수 있다는 것이다. 즉, 국, 공유화된 공기업이 자원을 언제나 비효율적으로 배분하는 것만은 아니라는 것이다.

그러나 산업의 국, 공유화에 반대하는 논리도 다양하다. 첫째, 사회적으로 가장 효율적인 한계비용가격 또는 램지가격의 계산이 이론적으로는 가능하나 실제에는 이의 계산이나 계산된 결과의 현실적 적용에 따르는 문제가 많다. 둘째, 공기업의 인사는 경영능력보다는 정치적 고려에 의하여 결정되는 경우가 많아 최선의 경영을 보장하기 어려울 뿐만 아니라 정치인의 보호자 또는 후견인의 개인적 이익을 국민이 부담하게 되는 부당한 결과를 초래한다는 것이다. 셋째, 공기업은 국민 일반에 특정의 공공서비스(전기, 수도, 가스 등)를 계속하여 제공할 의무가 있기 때문에, 공기업의 노조가 파업을 무기로 임금 기타 근로조건에 관한 협상을 할 경우 일반 사기업에 비하여 공기업의 협상능력에 제약이 있다는 것이다. 넷째, 공기업은 경제적 목적 이외의 다양한 사회적 목적의 달성을 위하여 설립되는 경우도 있다. 이 때문에 공기업의 가격 또는 투자의 결정이 비경제적으로 이루어질 수 있다. 인플레이션을 우려하여 공기업이 제공하는 공공서비스의 가격이 저렴하게 책정되어 수요구조가 왜곡되고 공기업의 적자가 누적될 수도 있다. 다섯째, 공기업에 필요한 투자재원의 원활한 조달을 위하여 특혜를 주게 될 경우가 많다. 이 때문에 사기업은 자본시장에서 불공정한 경쟁에 직면하게 될 뿐만 아니라 공공서비스의 가격 또한 비효율적으로 산정될 우려가 많다. 여섯째, 공기업은 독점적 사업 영역을 구축하게 되거나 일반 사기업에 비하여 정부규제를 덜 받게 되어 통제 불가능한 소왕국을 건설하게 될 우려가 있다. 이외에도 공기업 경영자의 사적 인센티브와 행태문제 등이 특정 산업의 국, 공유화에 비판적인 학자들로부터 제기되었다. 1980년대 이후의 세계적인 민영화 추세는 이들 비판에 대한 대응이라 할 수 있다. 이러한 문제점에도 기업의 국, 공유화나 기업경영에의 정부참여방안은 전통적 규제에 대한 하나의 대안이라 할 수 있다.

(8) 산업 자율규제

자율규제는 대개 어떤 산업 내의 기업들이나 어떤 직업의 구성원들이 상호 의무의 수용을 의미한다. 이 의무들은 종종 행위나 사업규약의 형태로 나타난다. 전형적으로 이러한 합의하에 조직된 집단이 그 자신 구성원들의 행동을 규제한다. 피규제 산업의 구성원들에 의하여 규칙이 만들어지기 때문에 보다 잘 준수될 가능성이 높다. 또한 보다 신속하게 개정되고 피규제자들의 전문성을 반영할 수 있는 장점이 있다. 이 방식은 정부가 갖지 못하는 기술과 전문성을 어떤 산업체나 조직이 보유하고 있을 때 적절하다. 그러나 정부는 그 규칙의 세부 내용을 통제할 수 없는 단점이 있다. 또한, 과도한 규제의 가능성과 진입규제의 위험이 있다. 자율규제는 전문직업과 금융 영역에서 보편적으로 존재한다. 자발적 규정과 마찬가지이기 때문에 공동체의 이익을 위하여 정부의 감독이 필요하다.

(9) 공동 규제(co-regulation)

정부는 산업체나 전문직종 종사자들 스스로의 자율규제만으로는 원하는 결과를 얻을 수 없을 때 자율규제를 강요하는 경우가 있으며 이것이 소위 "공동규제"이다. 공동규제는 협회가 만든 규칙이나 기준들을 정부가 감독하거나 비준하는 것을 의미하기도 한다. 예를 들면 방송사업 기준들은 일단 규제자에 의해 결정되지만, 이 기준들은 방송사업 협회가 만든 사업규칙(예: 폭력장면 묘사의 자제 등)에 의하여 부분적으로 대체되기도 한다. 공동 규제는 자율규제의 신축성 같은 장점과 보다 높은 수준의 준수율도 확보할 수 있는 장점이 있다.

연구 주제

- 정책선택의 종류들에 대하여 조사, 연구하여 보자.
- 정책수단을 유용한 기준에 따라 분류하여 보자.

제8장

정책대안의 영향 추정

제1절 추정

정책 분석과정의 시작

우리는 정책과정의 초기 단계인 문제 인식과 목표의 정의 및 정책대안의 창출 단계가 정책과정 전반에 미치는 영향에 대하여 이해하게 되었다. 초기 단계는 바로 다음 단계인 정책대안의 결과 추정단계에 가장 많은 영향을 준다. 문제선정의 기준과 정책목표의 정의는 제안된 정책대안들의 평가척도가 되기 때문이다. 정책분석에 이용 가능한 시간도 정책분석의 범위와 품질에 영향을 주는 주요한 변수이다.

정책결정단계뿐만 아니라 정책집행과 정책평가도 정책분석 초기 단계의 영향을 받는다. 초기단계로부터 정책과정 각 단계가 받는 영향의 정도는 차이가 있다. 또 정책단계들은 서로 영향을 주고받지만 정책 과정의 각 단계가 순차적이고 단일 방향으로 영향을 주는 것만은 아니다. 초기 단계도 초기에 확정되는 것은 아니고 정책과정이 진전되어 가면서 변화과정을 겪는 것이 보통이다. 정책목표나 정책대안이 정책대안의 결과 추정과 비교평가의 과정에서 변화를 겪고 새롭게 창출되기도 한다.

추정(estimation)은 정책분석의 네 번째 단계로 문제 해결을 위한 여러 가능한 대안으로부터 발생할 모든 비용과 편익을 가능한 한 정확히 추계하는 과정이다. 추정은 여러 가지 기본적 이론과 방법론에 따라 문제를 부분들로 분해하고 일정한 질서에 따라 재배열함으로써 문제에 대한 해답을 구하는 작업이다. 각종 대안의 선택에 따르는 미래 비용과 미래 편익의 추정작업은 주어진 시간과 지적능력과 기타 자원의 제약하에서 대안으로부터 발생할 불확실성을 가능한 한 최소화하는 것을 목표로 한다. 결국, 철저한 비용편익분석 절차가 이 과정의 핵심이다. 추정작업의 질은 정책분석의 질을 결정하는 중요한 과정이다. 그러나 각 분야의 전문가들이 수행하는 과학적 단순화 속에는 각자의 윤리적 가치가 전제되어 있고 이러한 윤리적 전제들은 언제나 가능한 결과들을 왜곡한다.

아동학대 문제에 대한 분석을 예로 들어 보자. 의사는 아동의 건강에, 법률가는 아동의 법적 보호 제도에, 심리학자는 보다 근원적인 심리적 치료에 관심을 보인다. 즉, 전문가들의 전문적 관점은 각자의 개성, 경험, 교육받은 내용, 훈련 등에 근거한 윤리적 속성(ethical attributes)이 내포하고 있다. 이러한 윤리적 속성들은 문제를 보는 시각과 문제에 대한 접근방법 및 해결책을 다양하게 제공한다. 무엇이 옳고, 무엇이 최선이며, 또는 무엇이 가장 적절한가에 대한 최종적인 결정은 각자의 윤리적 속성에 따라 다르며, 그 결정들은 왜곡될 수밖에 없다. 전문가들이 제시하는 정책대안들의 평가에 있어 이 점을 인식하는 것은 매우 중요하다.

추정작업은 가치 탐구에 기반한 가치부여(valuation)의 과정이다. 그러나 이 과정은 윤리적, 도덕적 가치판단의 과정은 아니다. 문제의 정의와 목표의 설정단계에 윤리적, 도덕적, 정치적 판단이 충분히 고려되는 것이 바람직하다. 문제의 정의 단계에 과학 기술적인 판단에 치중하고 사회적, 환경적, 정치적 가치판단 등이 종합적으로 이루어지지 않으면, 대안의 평가와 대안의 선택이 반대에 부딪혀 위험에 처하게 될 수가 있다. 이러한 것을 문제의 잘못된 설정(mis-specification problem)이라 할 수 있다. 다양하고 적절한 관련 관점들이 제대로 반영되지 않고 정책문제가 편협하고 불완전하게 정의되었기 때문이다.

정책문제와 목표설정단계에서의 윤리적, 도덕적, 정치적 가치판단은 다양한 이해관계자의 참여에 의하여 가능하다. 다양한 이해관계자의 참여는 문제를 보는 다양한 시각과 가치판단에 따른 문제의 다양한 해석을 보장하기 때문이다. 방사성폐기물 처리를 위한 입지선정문제가 1980년대 안면도 사태 이후 수십 년 동안 해결되지 못하다가

2005년도에 실마리를 풀게 된 것도 이러한 이유 때문이다. 동강 댐 건설문제나 새만금 간척사업 등에 대한 지역주민과 환경운동 단체 간의 갈등 역시 초기에 문제의 정의과정이 완벽하지 못했기 때문이다. 정책문제와 정책수단에 대한 정치지도자, 정부관계자, 해당 지역주민 및 환경단체 간의 인식과 가치관, 가치 평가 등은 서로 동일한 경우가 드물다. 더구나 시간이 흐를수록 이해관계자들의 가치평가도 유동적으로 변화하는데 원활한 정책관리의 어려움이 있다. 정책실패의 책임을 정책분석가에게 묻고 비판하기는 쉽지만 불공정한 경우가 많다. 이러한 모든 문제를 고려하여 정책대안의 추정작업의 한계와 약점을 충분히 지적하는 것은 정책분석가의 의무이다.

추정단계는 기술적이고 정치적으로 실현 가능한 대안들의 경제적 가치판단에 중점을 두고 있다. 정책문제와 정책대안에 대한 평가는 초기 단계와 둘째 단계에서 대부분 이루어진다. 정책문제와 대안에 대한 분석평가의 나머지 부분은 이 이후 단계인 대안선택과 정책결정을 위한 최종 협상과정에서 보완되고 환류되면서 완성된다. 정책대안이 가져올 각종 영향에 대한 추정과정은 복잡성과 불확실성과 대결하는 지적 작업이다. 이론과 지식과 통찰력과 분석 방법을 갖춘 정책분석가의 능력이 가장 많이 발휘되는 영역이 바로 추정과정이다.

이 장에서는 대안들에 대한 체계적 선호, 대안평가에 관한 공식화되고 계량화된 방법과 이론을 이용한 합리적 분석방법을 먼저 소개한 후 추정작업의 전략과 약점 등을 논의한다.

제2절 분석적 관점과 접근방법

세계를 보는 관점이 분석적 지향과 접근방법을 결정한다. 상위의 관점 또는 접근방법 아래에는 하위의 다양한 관련 기법들이 있다. 추정 상의 지배적 지향들에 대한 관점, 지향의 배후에 내재하여 있는 관점, 세계관을 이해한다. 세계관은 교육훈련, 가치관, 경험, 개성 기타의 요인에 의해 결정된다.

분석가의 세계를 이해하는 눈, 문제를 보는 눈은 어떠한가? 공학자라면 세계를 각자의 방식대로 단순화한다. 즉, 그는 세계가 비선형적이며 결정론적 방식으로 구성된 소수의 중요한 요소들로 단순하게 구성되어 있다고 인지할 것이다. 그는 이러한 관점에 따라 특정의 분석적 방법과 절차들을 추정에 사용할 것이다. 만약에 통계학자나 보험학자라면 세계를 선형적이며 질서 있고 정적인 것으로 인지하여 문제를 구성하고 미래를 그가 인지하는 세계에 적합한 방식대로 추정할 것이다. 이 관점에서는 비록 변수의 수가 많고, 각각의 변수들의 행태가 무작위적이고 알 수 없다 하더라도 전체로서의 시스템이 질서를 유지하며, 그 평균적 특성들을 분석 가능할 수 있다.

분석적 세계관을 세 가지 관점으로 분류한 W. Weaver(1948: 536-44)[1]는 첫째의 관점을 단순(simplicity)지향으로, 둘째의 관점을 비조직적 복잡성(disorganized complexity)지향으로 명명하고, 셋째 관점으로 조직화 된 복잡성(organized complexity)지향을 제시하였다. 셋째 관점의 특징은 하나의 유기체와 상호 관련 있는 수많은 요인을 동시에 취급하는 문제인식에 있다. 이 관점은 사회문제의 복잡성에 대한 학자들의 일반적 인식과 유사하다. 정책분석에서 다루는 대부분 정책문제는 셋째 관점에 보다 적합하다.

1. 단순한 관점과 접근방법

세계를 단순하게 보는 관점에는 크게 두 가지의 지향 즉, 기계적 지향(mechanistic orientation)과 이상향적 지향(utopian orientation)이 있다. 이 두 가지 관점 중에서 단순-기계적 접근방법이 보다 많이 사용된다. 이 방법은 시스템의 분해를 통한 문제의 이해방법이며, 분해를 위해서 강력한 가정들이 도입된다. 단순-기계적 접근방법의 주장가능성(tenability)은 설정된 가정의 옹호 가능성에 달려있다. 자료 재구성 문제, 자료집계와 정보손실의 문제, 다양한 분석수준에서 고려된 요소들의 의미를 상호 비교하기 곤란하다는 점들 때문에 단순-기계적 방법이 성공적으로 적용되는 데에는 한계가 있다. 즉, 환원주의적 관점의 한계가 있는 것이다. 이 방법은 명백히 분해가 가능한 문제들에 적용될 수 있다. 그러나 이 방법이 복잡한 사회문제들을 다루는 수단으로서 자주 사용되고 있는 데에 문제가 많다. 예컨대, 특정 문제에 대한 체계분석(systems analysis)의 적용은 시스템을 정확한 용어로 묘사하고 규정하는 주요 변수들에 대한 지식을 전제로 하고 있다. 또한, 이 시스템의 최적 운영과 성과와 관련된 변수들의 값을 정확하

1) Warren Weaver. "Science and Complexity," American Scientist 36 (1948).

게 알고 있다는 인식에 근거하고 있다. 그러나 복잡한 사회문제에 있어서 시스템을 구성하고 있는 주요 변수들과 그 값들에 대해 논란의 여지가 없이 정확하고 또 명확하게 알고 있는 경우는 거의 없다.[2)]

전기공학적 방법론을 이용한 단순-이상향적 접근방법의 한계는 더욱 그러하다. 각종 체계 공학(systems engineering), 체계 동학(systems dynamics), 시뮬레이션을 이용한 예측기법들과 단순화된 체계분석 등이 이에 해당한다. 나름대로의 한계가 있는 과학적 방법론의 적용이 반드시 문제에 대한 해결책을 제대로 제시해주지는 못한다. 때로는 이러한 방법론들이 문제의 일부분이 되거나, 문제를 일으키는 요인이 되기도 한다.

2. 비조직적-복잡성 관점과 접근방법

세계를 비조직적 복잡성의 관점(a disorganized-complexity view of the world)에서 보는 사회적 분석들의 예는 매우 많지만 크게 소박한 접근(the naive approach)과 회귀적 접근(the regressive approach)의 두 가지 유형으로 나눌 수 있다.

소박한 접근방법의 대표로는 D. Easton의 정치체계 분석이 있다. 소박한 접근방법에 의하면 매우 복잡한 세계가 고도로 집약된 소수의 요소로 구성되는 단순한 모형으로 축소된다. 요소들 사이의 상호작용은 보통은 횡단면적 자료들로부터 추론된 단순한 상관계수표로서 축소되고 추상화된다. 시스템의 근본적인 현상들이 규칙적인 통계적 속성을 지니고 있는 것으로 취급되어 고려되는 소수 변수들의 행태는 많은 구성요소의 평균값의 결과로서 해석된다.

회귀적 접근방법은 경제학자들에 의하여 계량경제학(econometrics)의 주 모형으로 가장 많이 사용되고 있다. 회귀방정식에 근거한 통계적 추정 값을 이용하여 수많은 방정식의 계수 값을 정하는 수요-공급모형들이 이에 해당한다. 최근에는 컴퓨터를 이용한 대규모 수리모형들이 이용된다. 시스템 또는 주요 변수들의 평균적 속성이나 대표적 경향을 가장 잘 나타내기 위하여 수많은 자료 또는 추정치 속에서 대표적 곡선을 도출한다. 이 방법의 대표적 한계는 미래의 추세를 예측하는데 과거의 경험들이 매우 중요하게 취급되는 데 있다. 따라서 급격한 변화는 거의 고려되지 못한다. 또한, 회귀적

2) Ida Hoos. "Can Systems Analysis Solve Social Problems?" *Datamation* (1974, June).

접근방법은 평균적이며 총계적인 개념과 행태들(aggregate concepts and behaviors)을 과도하게 강조하기 때문에 기초적인 기여요인들(underlying contributing factors)에 대한 고려가 부족하다. 이 방법이 안고 있는 이러한 보수적이며 통계적 왜곡(bias) 때문에 기존 규범과는 매우 다른 미래지향적 창조적 변화와 분배적 변화가 중요시되는 정책연구에서는 한계가 있다. 그러나 새로운 정책적 변화가 없이 특정 정책을 계속 시행할 경우의 미래 추세를 예측하는 데에는 도움이 된다.

이러한 한계에도 불구하고 회귀분석의 보편적 사용의 이유는 어디에 있는가? 이 이유는 예측의 정확성이 어느 정도 확보된 경우에는, 예측에 사용된 모형보다는 분석가의 기술과 판단능력이 더욱 중요하기 때문이다. "정확성은 분석가가 합리적이라고 판단하는 예측값을 산출할 때까지 외생변수와 상수에 대한 예비적 가정들을 변화시킴으로써 얻어진다"(Hickman, 1972: 17). 이 말은 예측과 분석에 있어 분석가의 전문성과 기술, 판단이 무엇보다도 중요하다는 의미이다.

위의 두 가지 관점과 접근방법에는 각각의 세계관 또는 현실세계에 대한 독특한 가정이 있다. David Berlinski(1972)는 현실세계와 이에 대한 가정의 차이를 다음과 같이 정리한다.

(1) 세계는 비선형적이며, 비연속적이고, 확률적이며, 불안정하고, 본질적으로 복잡하다. 그러나 세계의 여러 측면에 관한 전형적인 모형들은 전혀 그러하지 아니하다.
(2) 모형들은 취급 가능하고 이해 가능하기 때문에 사용된다. 그러나 세계는 거의 그러하지 아니하다.
(3) 모형은 특정한 방식으로 행태를 보이기 때문에, 모형작성자가 세계도 비슷한 방식으로 행태할 것이라고 믿는 강한 성향이 있다. 그러나 세계는 그러하지 아니하다.
(4) 사회체계는 공학적 체계와는 다르다. 공학자는 그들이 수용할 수 있는 목적을 달성하기 위하여 그들이 만들고 이해하는 시스템을 최적화하도록 훈련받고 있다. 정책분석가 역시 존재하는 시스템을 이해하여야 한다. 그러나 시스템의 목적들은 신비로워서 알 수가 없고, 이해할 수 있는 요소들 또한 거의 없다.

따라서 조직화한 복잡성에 대한 완벽한 이해를 보여 주는 분석이 거의 없다고 할 수 있다. 결국, 분석의 효용은 의사결정자에 의해 분석의 결과가 채택되고, 고려되며, 다양한 방법에 의해 사용되는 데에 있다.

> **◆ 분석의 한계**
> 모든 분석은 단순화되고 추상화되고 불완전하며 부적절한 세계관을 가지고 있다. 어느 분석도 언제나 또 어느 상황에서나 적절하거나 최선의 것일 수 없다. 다음의 표현으로 이러한 입장을 대신한다. "절대적인 지식은 없다. 그 절대적인 지식이 있다고 주장하는 사람이 과학자이건 교조주의자이건 그들 앞에는 비극으로 가는 문이 열려 있다. 모든 정보는 불완전하다. 우리는 겸손함으로 그것을 다루어야 한다. 그것이 인간의 조건이다"(Bronowski, 1973: 353).

제3절 추정의 문제와 장애물

1. 자료의 문제

분석을 잘하는 문제는 이해하고자 하는 주제만큼이나 복잡하다. 자료와 분석과 이론 사이의 순환회로는 닭과 달걀의 문제(chickens and eggs)와 유사한 것처럼 여겨진다. 혹자는 이용 가능한 이론이 부족하기 때문에 좋은 분석을 할 수 없다고 주장한다. 좋은 이론이 부족한 것은 확실한 정보와 자료가 부족하기 때문이라는 것이다. 그러나 다른 사람들은 어떤 자료를 수집할 것인가를 알려 주는 좋은 분석과 이론이 없기 때문에 적절한 자료를 얻지 못한다고 주장한다. 즉, 자료와 이론과 분석과 자료의 악순환 회로(vicious circularity) 또는 이론과 분석과 자료와 이론의 악순환 회로가 있다. 이 악순환 회로를 선순환 회로(virtuous circularity)로 만들기 위해서는 자료의 문제를 먼저 이해하여야 한다.

대부분의 정책분석에 있어서의 일반적 문제들은 다음과 같다.

(1) 분석에 적합한 자료는 엄청나게 부족하다. 입수된 자료는 대부분 애매하고, 모르거나 알 수 없는 경험적 근거를 갖고 있고, 자료의 시스템 효과성에 대한 타당성은 알 수 없다.

(2) 분석적 모형들과 모형들이 포함하고 있는 행태적 가정과 공리들(propositions)은

제대로 검증되지 않은 경우가 자주 있고, 전혀 타당하지 않은 경우도 많다.

(3) 이론적, 기술적, 제도적, 그리고 개념적 결함들이 많고, 이 결함들이 사회시스템을 이해하고 관리하고자 하는 노력을 심각하게 제약한다.

사회체계의 모집단 규모, 구성, 공간적 분포에 관한 정확한 자료 즉, 가장 기초적인 인구학적 정보는 효율적인 의사결정과 관리 및 수많은 사회문제의 효과적인 이해에 필수적이다. 인구사회학적 정보는 모든 사회분석에 가장 기본적인 요소이다. 그러나 이러한 정보들이 부적절하고, 시대에 뒤떨어졌거나 이용 불가능한 경우가 많다. 정보통신기술이 오늘날처럼 발전하기 전인 1990년대까지만 해도 5년 주기로 조사하는 인구센서스 자료가 조사 시점과 자료의 이용 가능시점까지 보통 2~3년의 시차가 있었다.

인구학적 정보도 정책연구에 매우 중요하다. 이 정보는 공공서비스의 수요와 공급수준을 결정하는 데 필요하며, 공급되는 공공서비스의 효과성을 평가하는 기준이 되기도 한다. 또한 미래의 사회문제를 예측하는 자료로서도 이용된다. 인구학적 특징은 공공정책의 목표를 달성하는 데 동원 가능한 인적, 물적 자원의 규모를 알려주는 기초적인 정보이다. 정책결정자들은 인구사회학적 특징이 공공서비스의 수요 또는 미래의 사회문제와 깊은 관계가 있다는 것을 잘 인식하지 못하는 경우가 많다. 결과적으로 동시대의 인구학적 정보는 정책분석가와 정책결정자 모두에게 충분하게 이용되지 못하고 있다. 정책 관련 정보를 인식하고 수집하고 활용하는데 필요한 기초적인 사회적 관계에 대한 이해 없이는 정책분석과 정책결정이 제대로 이루어질 수 없다. 자료문제에 기인하여 실패로 돌아간 사례를 경제정책분야뿐만 아니라 교육정책, 도시정책 분야에서도 많이 확인할 수 있다.

자료문제에 대한 두 가지 극단적인 해결책이 있다. 첫째는 자료문제를 무시하고 적절하다고 생각되는 이론에만 치중하는 방법이다. 둘째는 정치적 선호를 유지하기 위하여 출처가 불명확하거나, 타당하지 않은 정보를 선택적으로 활용하는 방법이다. 즉, 질이 낮은 정보를 선택적으로 이용하여 정책결정자가 선호하는 정책을 도출해내는 방법이다. 이 두 방법 모두 합리적이고 과학적인 정책분석은 못되어 권고할 수 없다. 자료문제가 있을 때 어떤 대안이 있을 수 있을까.

가장 간단한 방법은 정책분석을 아예 하지 않는 것이다. 이 방법은 당면한 정책문제의 중요성, 우선순위, 해결 가능성에 대한 합리화 노력을 시도하지 하는 방법이다. 정책분석가들은 자주 자료의 빈곤문제를 겪는다. 일반적인 연구자들은 스스로 원하는 연구 주제를 택하거나, 자료가 충분히 이용 가능한 주제의 연구를 수행할 수 있는 여유가 있지만, 정책분석가는 정책결정자가 필요로 하는 정책문제를 분석해야 하기 때문이다. 정책결정자의 요구에 의하여 정책분석가의 전문적 역할이 필요한 정책문제들은 대부분 자료가 충분하지 못한 문제를 내재하고 있다. 충분하고, 적절하고, 또 타당한 정보와 자료가 있었다면 그 문제는 이미 쉽게 다루어지고 있거나 해결책이 제시되었을 것이기 때문이다. 정책분석은 또한 시간이 충분히 주어지지 않는 경우가 많다. 정책결정자들은 사소한 문제를 느긋하게 처리하는 사람들이 아니기 때문이다. 타당하고 충분한 증거의 유무와 관계없이 결정은 이루어져야 한다. 정책분석가들은 정책결정자의 시계에 맞추어 그 역할을 수행해야 하기 때문에 빈곤하나마 약간의 자료라도 확보하는 것이 아예 자료가 없는 상황보다는 낫다.

보다 바람직한 해결책은 정책분석가가 그에게 주어진 전문적 책임을 회피하지 않는 것이다. 자료가 빈곤하더라도 주어진 상황에서 최선을 다하는 것이다. 정책결정자도 자료의 빈곤과 분석적 결함에 대하여 충분히 보고받고 또 이해하여야 한다. 실제로 자료수집과 사용의 적절성, 편의성 및 오류성은 현실적 조건을 고려하여 판단하여야 할 상대적인 개념이다(Brewer and de Leon, 1983: 131-133). 주어진 상황에서 다른 분석가라면 더욱 잘할 수 있었을까? 모든 연구와 분석은 정도의 차이가 있을 뿐 부적절성, 불충분성, 사용상의 오류성 등의 자료 문제를 갖고 있다. 자료가 불충분하다는 이유로 분석을 아예 하지 말아야 한다는 절대적 기준을 적용할 수는 없다. 주어진 시간과 상황 속에서 오류의 정도와 수용가능한 부적절성의 정도를 결정하는 것이 필요하다. 예컨대, 역사적 관점에서 사회문제(예: 실업, 빈곤)의 본질(예: 빈곤과 실업의 구조, 원인, 영향, 고통, 불행 등)을 확인하고 미래지향적으로 문제를 해결할 수 있는 정책대안을 제시해야 하는 정책분석가에게 자료의 문제는 그의 운명이라고 말할 수 있다.

자료의 문제에도 불구하고 정책분석은 이루어져야 한다. 그렇다면, 없는 자료(missing data)는 정책분석에 반드시 필요한가? 만약 현재 없는 자료가 필요하다면, 입수 가능한가 아니면 다른 자료를 대신 사용할 수 있는가? 정책연구를 위한 자료의 수집과 새로운 자료의 생산에는 시간과 기타 비용이 필요하다. 이 문제에 대한 실용적인 해답은 당면한 정책연구의 수요공급적 성격에 달려 있다. 그 성격을 다음의 질문을 통하여 살펴보자.

(1) 정책연구의 진정한 목적은 무엇인가? 정책대안의 특정 측면에 대한 전문가적 견해의 단순제공인가 아니면 보다 근본적인 과학적 정보를 제공하는 것인가?

(2) 문제는 얼마나 긴급한 것인가? 정책결정자는 어느 정도로 타당하고 신뢰할만한 자료를 원하는가?

(3) 필요한 자료가 독특한 것인가 아니면, 다른 유사한 자료(substitutes 또는 proxies)에 의해 대체 가능한가?[3)]

필요한 정보자료의 양과 질에 관한 판단은 자료의 전체적인 이용맥락에 비추어서 정책분석가가 전문적으로 판단해야 한다. 일반적으로 정보의 수집과 처리와 생산과 해석에는 시간과 정보가 소요된다. 특히 완전한 정보를 얻기 위해 소요되는 시간과 정보는 엄청나다. 따라서 정보의 수집, 처리와 생산노력은 경제적으로 합리적인 수준에서 멈추어야 한다. 어느 정도의 시간과 비용을 투입하여 어느 정도의 질 높은 정보를 생산해내느냐의 문제는 정보경제학에서 주로 취급된다. 경제학적으로는 추가적인 정보생산의 한계 비용과 한계편익이 일치하는 점에서 추가적인 정보의 생산노력을 중단하는 것이 가장 효율적이다. 질 높은 정보의 생산 못지않게 피상적이거나 오류가 많은 질 낮은 정보의 인식과 폐기 역시 중요하다. 이는 시간에 쫓기는 정책결정자에게 진실하고 기초적이며 필수적인 정보를 제공함으로써 의사소통의 효과성을 높이기 위해 필요하다.

이러한 모든 노력과 판단에도 불구하고 여전히 중요하고 적절한 자료가 부족한 상황에서는 어떻게 하여야 할까? 부족한 자료 대신에 의심스러운 대체변수를 사용하는 것 보다는 자료의 한계를 솔직히 인정하는 태도가 바람직하다. 자료의 한계에도 불구하고 적절히 수행된 연구결과는 앞으로 필요한 자료가 무엇인지를 인식해 주고, 불필요한 자원의 추가적인 낭비를 방지하며, 앞으로의 자료수집 방향에 지침이 되기 때문

3) 대체가능한 자료를 대신 사용하는 경우의 가장 큰 위험성은 그 자료의 단순한 해석에 있다. 대체적인 자료를 이용하여 문제를 인식하거나 정책대안을 평가할 때 매우 유의하여야 한다. 예컨대, 결혼제도의 만족성 정도를 이혼율 변수로 대신 측정한다고 가정해 보자. 이 경우 이혼율의 증가는 결혼제도의 불만족 또는 가족제도의 붕괴를 의미한다고 해석할 수 있는가? 그렇지는 않을 것이다. 왜냐하면 이혼율의 증가를 초래하는 다른 사회경제적 긴장, 좌절 등의 결과일 수도 있기 때문이다. 이러한 오류를 제대로 인식하기 위해서는 허위의 논리구성과 변수의 종류에 대한 이해가 있어야 한다.

이다.

◈ 기타 자료문제들

정책연구와 분석시에 주의해야 할 기타 자료문제들도 많다. 몇 가지 예를 들어 보자.

1. 대부분의 사회적 현상은 기본적으로 복잡하며 다차원적인 접근이 필요하다. 단순하고 추상적인 지표, 예를 들어 "삶의 질" 지표만으로는 대부분의 사회적 측면을 대표하는데 불충분하다.

2. 특정 목적으로 수집한 자료를 다른 목적으로 사용하여 재해석하는 것은 위험하다. 이 경우 자료의 유의성(significance)에 관한 문제가 발생하기 때문이다. 예를 들면, 행정적 목적으로 수집된 자료를 순수 학문연구의 목적으로 사용하는 경우이다.

3. 사회지표에도 조직적, 제도적 왜곡(institutional biases) 또는 통계적 오염(statistical contamination)이 있을 수 있다. 예컨대, 사회복지사업관련 자료들은 복지대상자들의 개인적 관점보다는 행정기관의 행정적 필요와 편의성을 더 많이 반영하기도 한다.

2. 추정의 장애물들

추정에는 골치 아픈 장애물들(troublesome impediments)이 있다. 정책대안의 결과를 추정하는 작업에 있어 질적인 가치요소들을 다루지 않을 수 없다. 질적인 요소의 추정이 필요할 경우 많은 전문가들은 문제를 단순화하여 계량화하는 기법을 적용한다. 질적인 요소를 완화하기 위하여 주로 의존하는 방법은 의사결정 분석이나 선호분석에서처럼 질적인 가치를 화폐적 또는 기타 측정 가능한 단위로 표현하는 것이다(Raiffa, 1968). 정치적 선호와 같은 질적인 지표들을 계량화하기 위하여 전문가들은 지지도 조사 등 여러 가지 대담한 방법들을 사용하지만, 한계와 오류의 가능성이 있다. 문제의 단순화와 질적인 요소의 양적 전환에 사용된 조잡한 분석 도구들뿐만 아니라, 분석적 편의를 위하여 도입된 대담한 가정(heroic assumptions)들에 문제가 많기 때문이다.

이러한 비관적 경고에도 불구하고, 수많은 경험을 통해 우리는 문제의 질적 특징들이 분석 가능하다는 것을 알 수 있다. 가치, 선전, 상징, 목표 등의 연구를 위하여 전문화된 추정기법들이 고안되고 사용됐다. 문제는 더욱 건설적으로 발전할 수도 있었던 질적인 분석 기법들이 서로 거리가 먼 다른 학문분야에서 소수 전문가들에 의해서만 사용되다 보니 연구업적의 축적이 제대로 이루어지지 못하고 오늘날 의사결정기법으로 압도적으로 주목을 받고 있는 기술적이고 계량적인 분석들과 통합되지 못한 데 있다.

> "지난 수십 년간 인간은 인간의 예측과 통제능력을 엄청나게 증대시켜 온 지식을 습득해 왔다. 그리고 인간은 이러한 지식을 사용하여 세계를 더욱 더 예측할 수 없고 통제 불가능한 사회로 만들었다. 그럼에도 불구하고 환경을 변화시킬 수 있는 능력의 증대는 환경을 더욱 잘 통제할 수 있게 한다는 믿음이 지속되고 있다. 이 믿음은 아직 완전히 죽지 않은 명백한 환상이다... 강력한 도구는 언제나 그것이 사용되는 과정을 변경시킨다. 시간이 흐르면서, 전체 활동은 새로운 도구가 할 수 있는 것과 할 수 없는 것에 적합하도록 수정된다. 이것이 산업기술의 역사이며, 확실히 정치적 과정에 적용될 기술의 미래역사가 될 것이다."4)

의사결정에서 계량화가 어려운 질적인 측면을 고려하지 않고 계량화가 가능한 양적인 측면만 고려하여 의사결정을 하는 것은 매우 잘못된 일이다. 다루기 어렵다는 이유로 질적인 변수들이 의사결정의 사각지대로 남아 있어서는 안 된다. 왜냐하면, 질적인 요소 역시 중요한 변수로서 의사결정의 결과에 영향을 미치기 때문이다. 고품질의 의사결정을 위해서는 통제 가능한 질적인 변수는 의사결정에 반드시 고려되어야 한다.

정책분석의 핵심인 추정을 가장 곤란하게 하는 질적 요소들은 개인 간 선호의 다양성, 개인들 사이의 갈등, 그리고 이러한 선호에 대한 인식상의 어려움이라 할 수 있다. 각종 정책영향분석이나 환경영향평가 등 각종 정책영향분석에 있어 겪게 되는 많은 문제점들이 개인 간 선호갈등과 관련되어 있다. 선호의 측정을 위한 척도들도 불확정적이어서 완전히 신뢰하기 어렵다. 정책분석의 시작단계에 요청되는 명확한 목표의 설정도 실제로는 그렇지 못한 경우가 대부분이다. 우리에게 익숙한 민주정치과정을 통하여 제시되는 목표의 설정이나 합의의 형성이 분명한 것도 아니다. 명확하게 제시된 목표가 진실한 것이 아닌 명목적일 수도 있다. 정치인들은 자신의 선호도 분명히 표시하지 않을 뿐만 아니라 반대하는 자의 선호도 분명히 모른 채 정치과정을 통하여 집단적 선

4) Geoffrey Vickers, *Value Systems and Social Process* (New York: Basic Books, 1968), pp. 41-42, 103. See also, Barett, Illusion of Technique, chap.1.

호를 만들어내기 때문이다. 이렇게 제시된 집단적 선호들이 애매모호한, 불투명한, 추상적인 것들일 수밖에 없다. 물론 이러한 목표의 애매모호함이 정치인에게 어느 정도 여유 있고 신축성 있는 입장을 제공해주는 편익이 있지만 불투명한 정책 목표 하에 고품질의 분석이 이루어질 수는 없다.

정치과정과 정책과정에 적용되는 기술의 한 형태인 정책분석의 한계와 실패가 있다 하더라도 그것들을 무시해서는 안 된다. 정책분석의 약점과 결점들을 정직하게 평가하고, 정책분석의 기술들을 더욱 개선하려는 노력이 뒤따라야 한다.[5)]

제4절 전문가적 판단의 중요성과 위험성

정책분석에서 아주 중요한 자료의 문제들을 살펴보았다. 자료의 문제가 심각할수록 정책분석가 개인의 전문가적 판단과 기술의 중요성은 더욱 분명해진다. 주제의 선택, 방법의 적용, 분석결과의 해석 등은 궁극적으로 작업을 수행하는 정책분석가의 판단과 지식과 기술에 크게 의존한다.[6)] 그동안 전문가적 판단의 중요성이 무시되고, 기법의 중요성에 압도됐다. 사회적 구조와 과정에 대한 공식적 모형과 이론의 구성과 해석은 기본적으로 판단의 영역이다. 채택된 접근방법은 주제를 다루는 기법을 제시해주지만 타당한 결과까지 보장해주지는 못한다. 예컨대, 조직화한 복잡성의 속성을 가진 문제에 적용된 방법들은 많은 통찰력을 제시해줄 수 있지만 완전한 해결책을 제공해주지는 못한다. 더욱 긍정적이고 더욱 유익한 결과는 사용된 방법론의 강점이나 완벽성보다는 전문가의 역량에 기인하는 경우가 많다. 이를 분석의 수준문제와 관련하여 살펴보자. 분석의 수준문제는 결국 부분과 전체의 연계와 개체와 집합체 간의 구분에 관한 문제이다. 만약 한 차원 높은 수준의 현상 또는 속성(예: 조직화한 복잡성 세계)이 이를 구성하는 부분들의 분석에 의해 설명 또는 연역될 수 없다면 예측 또한 불가능하다. 이런 경우에는 전문가도 별수 없이 추측할 수밖에 없지만 그의 책임이 면제되지는 못한다.

5) 정책분석은 그 범주 전체를 하나의 기술(a technology)로서 정의 할 수도 있고, 다른 한편으로는 수많은 기술, 기법, 절차, 방법 등을 포괄하는 이론적 틀로서 개념화 할 수도 있다.

6) David Novick. “Mathematics: Logic, Quantity, and Method,” *Review of Economics and Statistics* (November 1954), pp. 357~358.

전개되는 현상들은 언제나 그것들이 관계 짓고 있는 상황으로서의 전체적 맥락에 의존한다. 비록 전체적 맥락은 독특할지라도 예측은 언제나 위험하다. 특정 사건의 재현 가능성은 확률적으로 존재하지만 똑같은 상황의 재전개는 결코 일어나지 않는다. 과거에 발생한 것과 유사한 사건이 미래에 발생할 것인지를 예측하는 문제는 불확실성의 문제로서 다룬다. 자료가 빈곤할 때 분석가가 자주 직면하는 곤란한 문제는 자료의 이용 가능성에 맞게 그가 만든 모형을 수정할 것인가, 아니면 빈약한 자료에도 불구하고 모형을 계속 유지할 것인가에 관한 선택이다. 이 경우에도 모든 선택은 전략적인 점을 생각해 보자.

모형을 수정하는 전략도 완벽하지는 못하다. 특정 자료의 한계는 주어진 시간과 자원 제약 하에서 추가적인 자료 또는 대체적인 자료의 입수에 의해 개선될 수 있다. 가변수(proxies)가 사용되면 분석에 사용되는 기본적인 모형이나 이론이 실제는 그렇지 않지만, 겉으로는 개선된 것처럼 보일 수 있다. 부적절한 자료를 추가하면 분석의 범위가 왜곡될 수 있다. 자료의 부족으로 수정된 자료를 대신 사용하면 분석의 수준이 달라질 수도 있고, 약간 수정된 자료가 모델 내에서는 크게 작용하여 매우 엉뚱한 결과 값을 산출할 수도 있다. 연구에 필요한 목표 인구집단의 자료 대신에 행정적 또는 정치적 단위로 구분, 집계된 자료를 사용하면 연구모형의 경험적 인식이 제대로 이루어질 수 없다. 또는 이러한 대변수 자료를 이용하여 개발된 이론이나 모형도 대변수 자체에 관한 적실성 이상의 타당성과 보편성이 없다고 할 수 있다.

자료의 한계를 극복하기 위해 추측값(guesstimates)의 사용, 가정의 추가(adding assumptions) 또는 미지의 값을 과거의 역사적 자료에 근거하여 추정한 추정값을 대신 사용하는 외삽법(extrapolating historical data) 등이 동원된다. 그러나 추측값의 사용은 일반적으로 모형을 정당화하기 위해 사용되며, 무엇보다 심각한 문제는 그것이 비경험적 자료로서 검증이 불가능하다는 데 있다. 가정의 추가는 모형을 실제 맥락의 본질적 특성에 더욱 근접하게 함으로써 분석적 타당성을 높여 줄 수 있다. 그러나 모형에 사용된 각각의 가정들은 그 적절성이 검증되어야 한다. 적절하지 못한 가정의 사용은 모형의 현실성과 타당성을 떨어뜨리기 때문이다. 가정의 적절성을 높이기 위해 전문가 인터뷰, 전문가 회의, 판단적 기법, 보다 직접적 측정 방법 등이 사용된다. 외삽법은 사회체계가 안정적인 경우 비교적 짧은 기간의 자료의 생산에는 유용하다. 그러나 외삽법에 과도하게 의존하면, 급격한 변화 또는 불연속성이나 서서히 축적되는 효과에 관한 인식을 분석가가 놓치게 된다.

빈곤한 자료에도 불구하고 모형을 계속 유지하는 전략은 함정이 많다. 분석가가 모형의 한계를 적극적으로 알리고, 그 한계 내에서 최선의 대안을 권고한다 할지라도 그 권고는 역시 좋은 대안이 못 된다. 정책결정자가 한계가 있는 대안을 수용한다 하더라도 잘못된 의사결정에 대한 비난까지 감수하지는 않을 것이다. 이 경우 정책분석가는 모든 책임을 지는 속죄양이 되기 쉽다.

정책분석가가 하나의 문제에 대한 한 가지 분석결과나 모형에만 과도하게 의존하는 것은 기대하지 않거나 원하지 않은 결과를 낳을 수도 있다. 특히 전쟁에서의 전략 선택의 문제처럼 매우 중요한 의사결정문제에 대한 한 가지 분석 또는 시뮬레이션의 의도하지 않은 결과는 파국을 초래할 수도 있다. 중요한 결정이 소수의 전문가들의 검증이 곤란한 판단에만 과도하게 의존하게 되기 때문이다.[7] Bracken은 제 1~2차 세계대전 시 영국, 독일, 소련의 전쟁연구와 작전 수립 상의 오류로부터 얻은 여러 가지 교훈들을 다음과 같이 제시하고 있다.

- 어느 누구도 연구와 의사결정이 기초하고 있는 가정들에 대하여 의문을 제기하지 않았다. 가정들에 대해서는 끊임없이 의문을 제기하여야 한다.
- 어느 누구도 기초적 자료들을 검토하지 않았다. 기초적 자료들을 검토하였더라면 많은 숫자들이 특정 결론을 지지하도록 주의 깊게 선정되었음을 알 수 있었을 것이다.
- 영국 공군참모본부에서 사용된 모형들이 극비로 다루어져서, 모형의 구조와 모형으로부터 어떤 결과가 산출될 것인지에 대한 분석이 제대로 이루어지지 않았다.
- 무엇이 분석에 포함 또는 생략되었으며, 무엇이 포함 또는 생략될 수 있고 그럴 수 없는지에 대하여 공군참모본부 외부의 의사결정자들은 전혀 보고받지 못했다.

프랑스의 경우는 또 다른 교훈을 제공한다. 제2차 세계대전 당시 마지노 선(Maginot Line)의 구축이라는 전략적 선택이 이루어진 후 대부분 분석가들은 요새 시스템의 기

7) 이러한 예로써 1922 39년 사이, 독일의 전략적 공습 위협에 대한 영국의 분석 사례, 두 차례의 세계대전 사이의 프랑스의 방위 계획 사례, 러시아 서부전선에 대한 독일군의 공격에 대비하는 러시아 사례 등이 있다. Paul Bracken, "Unintended Consequences of Strategic Gaming," *Simulation & Games* (1977, September), pp. 283~318.

술적 세부사항들에만 관심을 기울였다. 이동 가능하고 유연한 적군에 의해 제기될 수 있는 현실적 문제들을 정면으로 부딪치기를 회피하는 의사결정자들에게는 사정거리의 계산, 콘크리트 두께, 사격 각도 등이 보다 이해가 쉬운 분석대용물이 되었고, 실제 분석이 필요한 문제들을 인식하지 못하게 만드는 마취제가 되었다. 이 분석들은 프랑스 군사전략가들이 실제로 당면하고 있는 문제들로부터 관심을 분산시켰다. 교훈은 분석들이 특정 사실들과 불확실한 가능성을 정밀하게 검토하지 못하도록 하는데 이용될 수 있다는 것이다. 1930년대 2차 세계대전에 대비하는 전쟁연구에 있어서 소련은 더욱 가혹한 방식으로 동일한 교훈을 배웠다. 스탈린 독트린을 기본적인 전략적 가정으로서 인정하지 않는 것은 개인적으로 매우 위험하다고 생각되었고, 실제로 이와 약간 다른 가정을 했다는 이유로 매우 영리한 장군 한 명이 숙청당했다.[8] 결국, 전략연구가 제대로 이루어질 수 없었고 소련은 예정된 운명의 길을 걷게 되었다. Bracken은 이를 "의도하지 않은 억압(unintended suppression)"으로 부른다.[9]

역사적 경험을 일반화하는 것은 위험하지만, 과거로부터 교훈을 얻지 못하는 것은 더욱 위험하다. 하나의 관점, 모형 또는 분석으로부터 발생할 수 있는 문제들에 대한 여러 가지 일반적인 처방 중에서도, 문제맥락에 대한 다양한 관점들의 창조와 고려야말로 잘못을 부분적이라도 교정해주는 보장책이 된다. 이 방법은 문제를 다르게 보는 기회를 제공하고, 그럼으로써 정보와 자료를 풍부하게 하고, 고려할만한 대안들을 증가시키며, 하나의 모형이나 이론의 상대적 강점과 약점을 더욱 분명하게 대비시켜 주는 비교 대상을 제공한다.

결론적으로 복잡한 사회문제에 대한 다양한 접근방법과 관점 또는 이론과 모형과 주장이 필요하며, 다양한 방법적 기법들과 다양한 분석수준이 요구된다.

성공적 의사결정을 위한 갈등해소 방법

분석가들과 의사결정자들이 동일한 문제 상황에서도 매우 다른 여러 가지의 해결대안들을 제시하는 이유는 그들이 서로 다른 동기, 또는 다른 인생경험, 또는 다른 가

8) John Erickson. *The Road to Stalingrad* (London: Weidenfeld and Nicholson, 1975), chap.1.

9) Brewer and deLeon. *The Foundations of Policy Analysis* (Chicago: The Dorsey Press, 1983), p. 137.

치관과 다른 목적, 또는 다른 지적 능력이나 다른 교육훈련 경험 등을 가지고 있기 때문이다.[10] 만약에 의사결정을 방해하거나 시스템의 작동에 걸림돌이 될 정도로 개인들 사이의 차이가 크다면 이 문제는 매우 중요하다. 목표의 차이는 조직이 관심을 기울여야 할 문제에 대한 인식의 차이를 가져온다. 제도적 구조와 개인들이 조직 내에서 수행하는 역할이 다르면 문제와 기회가 평가되는 상황의 차이를 가져온다. 왜 유사한 문제들이 서로 다른 조직들 사이에 매우 다르게 인식되고 취급되는가를 설명해 주는 요인들로는 의사전달 경로, 복잡성, 불확실성, 조직의 연령 등이 있다. 이러한 요인들은 조직 상황적 요인들로 상황이 달라지면 동일 조직 내에서도 유사한 문제들이 다르게 인식되고 다르게 취급받을 수 있다.

집단적 인식오류와 인간 이성의 한계에도 불구하고 분석가와 의사결정자들은 조직의 성과를 지속적으로 평가하여 그들의 선택을 바람직한 방향으로 고쳐나가야 한다.

표 8-1 성공적 의사결정을 위한 갈등해소 방법

◆ 문제의 이해

- 맥락에 완전몰입(full immersion in the context)
- 전체적 전략(wholistic strategies): 부분보다는 전체적 상황의 우선적 이해
- 분명한 관점의 사용: 모든 관련자의 관점들로부터 문제관찰
- 전술적 대안의 창출과 유지: 바람직한 목표를 달성하기 위하여 여러 대안의 창출, 하나의 특정 대안만을 선호해서는 안 된다. 한번에 완전히 문제를 해결하고자 또는 최적으로 문제를 해결하고자 하는 분석의 거부

◆ 타협

- 전략적 목표의 성취를 위한 다양한 전술의 개발: 다양한 보상조건이 가능한 상황의 유도
- 다양한 보상계획의 탐구: 게임이론에 입각하여 실험, 분석, 여론의 반응을 알아보기 위한 시안(trial balloons)의 적용
- 협상상황과 기회의 예측: 시나리오기법, 세미나 기반 게임, 기타 발견적 학습기법
- 제3자의 참여기회와 보상 가능성의 보장: 자신의 전술 속에 협상에 도움이 되는 제3자의 참여 가능성 부여

10) 이 문제에 대해서는 Robert Axelrod. "Schema Theory: An Information Processing Model of Perception and Cognition," *American Political Science Review* (1973, December), pp. 1248-1266 참조.

통합

- 잠재적 반대자와 갈등상황의 예측: 의사결정상황의 게임화
- 상징적 또는 미약한 반대자들을 대안결과 추정과정에 통합: 연구모임, 위원회, 기타 추정회의 이용

주의분산과 회피(Diversion and Avoidance)

- 문제의 분할과 순차적 집행: 실현 가능한 대안 실행, 최소의 비용 또는 최대의 편익을 주는 대안부터 우선적 실행, 최종적으로 선택할 대안에 투입될 매몰비용의 지출.
- 문제의 세부화를 통해 상대적으로 덜 민감하고 덜 중요한 측면으로 논의의 범위를 좁힘: 점령군의 지속적 유지
- 심사숙고할 문제와 쉬운 문제의 분류: 절차적 규칙 등 이용
- 통제 가능한 연구집단에 문제분석 위임
- 과도한 사실과 정보의 제공
- 문제로부터 관심을 돌리도록 주의분산 수단 사용: 여행, 중대발표 등
- 새로운 동정적 참여자의 투입: 반대의 가능성을 희석
- 행동을 요구하는 새 위기가 발생할 때까지 아무 일도 안하기(do nothing)

위기의 창조와 최대한 이용

- 위기 촉진을 위하여 반대자 소외시키기
- 일반대중의 불안을 고조하기 위하여 가장 위협적인 방법으로 문제를 상징화: 국가안보를 이유로 올림픽 게임 불참
- 매우 어려운 선택(hard choices, draconian choices) 이라도 기꺼이 받아들일 환경, 또는 상황이 될 때까지 분석적 결과를 보류하기

<표 8-1>은 성공적인 의사결정을 위한 여러 가지 갈등 해소방법들을 정리해 놓은 것이다. 의사결정 시점에 가까워질수록 대안들을 실제 의사결정상황에 적합하도록 조절하는 작업이 매우 필요하다. 특정 대안이 아무리 합리적이고 바람직하더라도 이 과정을 소홀히 하면 그 결과는 상상할 수 없을 정도로 심각해질 수 있다. 경제논리에 의한 경제정책들(예: 다자간 FTA 협상, 적극적 세계화 정책, 신자유주의 경제정책, 규제완화정책 등)이 경제학자들에 의하여 아무리 강하게 주장된다 하더라도 정치적 실현 가능성과 이해집단 간의 갈등 해소 수단이 확보되지 않으면 그 정책은 실패로 귀결된다. 좋은 분석이 매우 나쁜 정치의 원인이 될 수 있다. 과학적이고 합리적인 논리는 의

사결정에 도움은 되지만 성공적인 의사결정을 보장하지는 못한다. 합리적인 분석에 의한 대안의 선택이 사람들에게 옳은 결정이라는 확신을 주지는 못하기 때문이다. 현실의 정책결정은 이처럼 어려운 문제이다.

PART III

정책분석을 위한 기법들

제9장

정책분석방법의 분류

제1절 정책분석의 일반적 절차

여러 학자들의 견해를 종합하여 볼 때 정책분석의 일반적 절차와 적용기법은 <표 9-1>과 같이 정리할 수 있다.

표 9-1 정책분석절차와 적용 기법

<table>
<tr><th colspan="2">정책분석 절차</th><th colspan="2">정책분석 기법</th></tr>
<tr><td rowspan="5">문제의 분석</td><td rowspan="2">정책문제의 인식:
- 문제의 증상 수집
- 문제의 중요성과 긴급성의 객관적 평가</td><td>현상파악을 위한 계량적 및 질적 연구조사방법들</td><td>- 서베이
- 정책지표
- 기타 조사</td></tr>
<tr><td>미래예측을 위한 계량적 및 질적 연구조사방법들</td><td>- 서베이
- 정책지표
- 미래예측 방법</td></tr>
<tr><td>정책문제의 분석: 시장의 실패와 정부의 실패 점검</td><td colspan="2">- 다학문적 접근: 이론 모형의 활용
- 추구 가치의 명확화
- 시장의 실패와 정부의 실패 점검</td></tr>
<tr><td>문제의 모형화: 인과관계 및 정책변수의 확인</td><td colspan="2">- 모형화의 방법들
- 경제적 모형 활용 예: 독과점 모형, 외부효과 모형, 공공재 모형, 정보경제학 모형 등
- 인과관계, 상관관계 등의 확인: 실험적, 통계적 방법</td></tr>
<tr><td>정책목표의 설정</td><td colspan="2">- 효율성, 형평성, 결과의 평등 제고
- 인간의 존엄성 확보: 기회균등 및 최저생활의 보장 등
- 목표간의 갈등 조정과 통합 방법: 사회후생함수 활용 등</td></tr>
</table>

	정책분석방법의 선택	- 비용편익분석, 비용효과분석, 기타 분석기법 등
해결책의 분석	목표의 구체화를 통한 대안평가 기준의 결정	- 상위목표의 구체화 기법 - 하위목표들의 조작화 기법 - 하위목표의 제약조건화 기법
	정책대안의 탐색과 구체화	- 정책대안의 탐색방법 - 정책대안의 특성별 분류
	정책대안의 분석 및 평가	- 추정기법 - 미래예측기법 - 시뮬레이션 기법들
	대안의 결정 및 권고	- 정치적, 전략적 결정방법

* Weimer and Vining(1999), Brewer and de Leon(1983), 노화준(2001) 등 참조.

제2절 정책분석방법의 분류

1. D. L. Weimer와 A. R. Vining의 분류

다음 <표 9-2>는 계량화 및 화폐화의 가능성에 따른 정책분석방법의 분류이다.

표 9-2 계량화 및 화폐화의 가능성에 따른 정책분석방법의 분류

분석 목적	계량화 가능성	화폐가치 환산 가능성	적용 분석방법
효율성 분석	가능	가능	일반적 비용편익분석
		불가능	질적 비용편익분석
효율성 + 1 기타 목적	가능	가능	수정 비용편익분석: 소득분배적 측면에서 가중치 부여된 비용편익분석
		효율성 이외의 정책목적에 대한 화폐가치 환산 불가능	비용효과분석, 위험편익분석, 위험위험분석
효율성 + 2 이상의 기타 목적	불가능	다목적 분석(multi-goal analysis)	

* 다른 분석목적의 예: 소득분배의 형평성 제고, 지역균형발전 실현 등
* 출처: D. L. Weimer and A. R. Vining (1999), p. 271, Figure 10.4 Choosing a Solution Method. 그림을 표로 변형한 후 저자 보완.

2. W. Kip Viscusi의 분류

다음 <표 9-3>은 W. Kip Viscusi(1997: 176)의 자료를 부분적으로 수정하여 작성한 것이다.

표 9-3 정책분석 방법의 분류

개념	내용	장점	단점
비용 편익분석	- 추정된 순편익이 양(+)인 정책은 바람직함	- 정책의 호의적, 비호의적 효과반영 - 결과적으로 사회 전체에 도움이 되는 정책의 확인	- 편익 계량화 및 가중치 부여의 어려움 - 정책비용 부담자들에게 실제적 보상이 이루어지지 않을 경우 분석기준의 설득력 저하
비용 효과분석	- 달성된 편익 단위당 비용이 계산 - 동일한 비용으로 보다 많은 편익을 발생하는 정책 선택	- 비효율적인 정책대안의 제거 - 정책대안들의 상대적 편익 발생 지수의 제시	- 최적 편익수준의 결정문제는 해결 못함 - 기준의 불완전성: 한 정책에 의해 여러 종류의 편익이 발생할 경우와 한 정책이 적은 비용으로 적은 편익을 산출할 경우
위험분석	- 정책에 의해 영향 받는 위험 및 관련 건강, 안전 영향의 계량적 평가	- 정책의 위험감소 효과에 관한 정보의 제공	- 정책의 위험영향은 다양하여, 위험들 간 직접 비교 곤란 - 위험감소 비용의 평가와 위험외의 다른 영향평가는 하지 않음
위험 위험분석	- 정책유발 위험의 종합적 평가. - 위험이 결과적으로 증가하는 일이 없도록 비용 반응적 위험도 평가	- 보다 완전한 형태의 위험 분석 - 정책유발 비용에 따른 기타 정책영향의 부분적 인식	- 위험과 관계없는 정책의 기타 효과 인식은 하지 않음 - 정책의 위험 영향은 다양하고 위험들 간 직접적 비교 곤란
비용 평가	- 기업, 소비자, 근로자에 미치는 정책준수비용평가	- 정책에 의해 사회가 부담하는 총 비용의 종합적 평가 시도 - 정책의 경제적 실현가능성 점검	- 정책의 편익평가는 하지 않음 - 정책편익에 의해 정당화될 수 있는 특정 비용수준의 미확인

* 출처: W. Kip Viscusi, "Improving the Analytical Basis for Regulatory Decision-Making," in OECD, PUMA (1997). p. 176.

<표 9-3>의 정책은 정책 대안을 의미하며, 정책비용 부담자는 정책에 의해 불리한 영향을 받는 정책 희생자 집단을 의미한다. 비용효과분석의 불완전성은 고정비용 -효과비교 또는 고정효과-비용비교 중 하나의 기준적용만을 적용하기 때문이다. <표 9-3>에

분류된 방식 중 비용편익분석 외의 방법들은 최적 정책대안의 선정을 위한 직접적 방법이라고 할 수는 없다. 이 분석방법들은 정책적으로 관심 있는 정책영향을 중점적으로 분석, 평가함으로써 정책대안의 정당화 또는 비판을 가능케 해준다. 최적 정책 대안의 선택에는 부분적 또는 간접적인 정보를 제공해 주는 방법이라고 할 수 있다.

제3절 다양한 정책분석방법들의 이해

이 절에서는 정책분석을 위한 다양한. 방법들의 개념을 설명한다. 또한, 이러한 다양한 방법들이 적절히 적용될 수 있는 조건들에 대하여도 설명한다.

1. 일반적 비용편익분석

일반적 비용편익분석(formal cost-benefit analysis)은 정책분석과 정책평가를 위한 가장 기본적 방법으로 이미 자세히 설명하였다.

2. 질적 비용편익분석

수행하는 비용편익분석이 효율성의 추구 하나의 목적만을 위한 것이라 하더라도 효율성에 미치는 정책의 모든 영향이 화폐가치로 환산 가능한 것인지의 여부를 판단하여야 한다. 만약 화폐가치로 환산이 불가능한 영향이 있을 경우에는 질적 비용편익분석(qualitative cost-benefit analysis)을 수행하는 것이 적절하다(<표 9-2> 참조). 일반적인 비용편익분석의 절차와 마찬가지로 영향의 예측(prediction of impact)이 분석의 출발선이다. 정책의 영향 중에는 화폐화는 어렵지만, 계량화는 가능한 영향과 계량화조차 어려운 질적 영향들이 있다. 화폐화가 어려운 영향들(예: 시간의 지체, 환경오염물질의 양, 인명의 손실과 건강에 미치는 위험 영향 등)은 물질적 또는 자연적 단위(예: 일로 표현된 기간, ppm으로 표현된 오염물질의 양 등)로 표현하고, 자연적 단위로도 계량화가 어려운 영향(예: 아름다운 경치의 손상 등)은 질적인(언어적) 표현으로 묘사한다. 이러한 영향요소들이 있는 경우에는 화폐가치로 환산된 순편익을 계산할 수 없다. 대신에 다양한 질적 영향들의 크기의 순서에 대한 질적 논증(qualitative arguments)을 하여야 한다.

질적 영향을 화폐가치로 환산하는 이론적, 기술적 방법이 있는 경우에도 이러한 방법들을 활용하여 실제로 화폐 가치부여(valuation)를 할 수 없는 경우도 있다. 화폐화가 현실적으로 불가능하거나 부적절한 것은 자료의 부족, 시간의 부족 및 기타 자원의 부족 때문이다. 계량화와 화폐화에 아주 뛰어난 기술을 가진 전문가라 할지라도 시간과 자원이 많이 소비되는 화폐화의 노력을 직접 시도하기보다는 이론에 근거하여 간접적인 시도 또는 질적인 판단을 하는 경우가 있다.

간접적 화폐화 또는 질적 판단은 어떻게 할까? 이를 위하여 다양한 정책분야에서 이미 계량화가 이루어진 비용편익분석의 연구결과들을 활용하는 방법이 자주 이용된다. 다른 연구분야의 결과들이 비용편익분석의 계량적 추정을 위한 자료원으로 사용하거나 질적 영향의 크기를 추정하기 위한 지침으로 사용될 수 있다. 따라서 새로운 정책분야의 비용편익분석을 위해서는 유사한 분야의 비용편익분석들을 잘 이해하는 것은 매우 현명하다.

이러한 방법으로도 중요한 정책의 영향들을 화폐화할 수 없을 때에는 비화폐적 영향들을 효율성 분석 목적과는 다른 목적으로 분리하여 분석하는 것이 낫다. 이러한 경우의 정책분석방법이 다목적 분석(multi-goal analysis)이다. 확실한 비용과 불확실한 편익 비교의 경우도 구분된 목적으로 취급할 수 있다.

3. 수정 비용편익분석

정책분석의 목적이 형평성인 경우 또는 효율성이 아닌 다른 목적인 경우도 있다. 정책의 목적이 효율성 추구가 아닌 경우에는 언제나 어느 정도의 효율성 손실 즉, 사중손실(deadweight loss)을 발생시킨다. 따라서 효율성이 아닌 목적을 추구하는 정책의 경우에도 사중손실을 최소화하는 것이 요구된다. 형평성을 추구하는 복지정책이나 소득재분배정책을 설계하는 경우에도 가장 효율적인 정책, 즉 사중손실을 최소화하는 정책의 발견이 요청된다. 이렇게 볼 때 효율성 추구를 제외한 다른 정책목적의 추구는 최소한 둘 이상의 분석목적을 가진다.

수정 비용편익분석(modified cost-benefit analysis)의 대표적인 예가 분배적으로 가중화된 비용편익분석(distributionally weighted benefit-cost analysis) 또는 사회적 비용편익분석이다. 이 두 방법은 이름만 다를 뿐 그 방법은 같다. 이 방법은 정책영향을 받는 집단들을 서로 다른 소득집단들로 구분한 후, 각 집단들에 발생하는 비용과 편익을 가중화하여 비용편익분석을 수행한다. 이처럼 집단별로 가중화된 분배적 고려를 비용편익분석에 포함하여 정책대안 비교를 직접적으로 할 수 있게 하는 것이 이 방법의 장점이다. 단점은 효율성과 형평성을 직접 비교 가능하게 하기 위하여 가중치 또는 비교단위를 강제적으로 사용한다는 점이다. 수정 비용편익분석의 위험은 가중치의 사용에 있기 때문에 가중치를 산정할 때 매우 조심하지 않으면 안 된다. 또한 정책분석가는 분석에서 사용된 가중치의 의미를 정책결정자에게 분명히 알려야 한다.

4. 비용효과분석

비용효과 분석(cost-effectiveness analysis)은 복잡한 국방 및 우주계획의 경제성 평가에 기원을 두고 있다. 현재는 비용효과 분석이 갖고 있는 기초 개념들이 국방 및 공공사업의 민간부문 모두에서의 문제 해결에 널리 이용되고 있다.

비용효과 분석을 정책/사업에 적용하기 위해서는 세 가지 전제조건이 충족되어야 한다.

첫째, 평가될 정책/사업은 공통의 목표 또는 목적을 가져야 한다.

둘째, 목표를 달성하기 위한 또 다른 대안이 존재하여야 한다.

마지막으로, 평가될 각 정책/사업의 비용과 효과가 평가될 수 있어야 한다.

비용-효과 분석의 다음 단계는 고정비용기법(fixed cost approach) 또는 고정효과기법(fixed effectiveness approach)을 선택하는 것이다. 고정비용기법에서 선택기준은 특정 비용기준에서 얻어질 효과의 크기가 되며 고정효과 기법에 있어서의 선택기준은 주어진 효과 수준을 이루기 위해 발생할 비용이 된다. 즉, 동일한 서비스를 제공한 다수의 대안을 비교함에 있어서는 고정효과 기법이 채택된다. 비용효과 연구의 최종단계는 목적, 가정, 방법론, 및 결론에 관한 문서화 단계이다. 이는 의사교환의 단계이며 결코 가볍게 처리되어서는 안 된다. 현명한 의사결정자라면 막대한 자본을 단지 분석가에게만 의존하여 지출하지는 않을 것이다.

정책분석에서 비용효과분석은 투입물 또는 비용은 화폐(금전적)가치로 환산되나, 산출물 또는 효과는 화폐(금전적)가치로 환산될 수 없는 경우, 비용편익분석 대신 사용하는 분석방법이다. 이점이 비용효과분석과 비용편익분석의 기본적 차이이다.

비용효과분석은 효율성 정책목적과 형평성 등 다른 정책목적의 둘이 있고 두 목적이 모두 계량화는 가능하지만, 효율성 아닌 정책목적의 화폐화가 어려운 경우에 적절한 정책분석의 방법이다. 즉, 두 정책목적이 동일한 단위로 비교할 수 없는 경우에 사용된다.

2) 장단점

장점: 일반적으로 정부의 정책과 사업은 대개의 경우 목표가 특정화되어 있고 잘 이해할 수 있는 반면에 편익과 비용을 정확하게 인식하고 측정하기는 어려운 경우가 많다. 이러한 경우 대안적인 사업들 가운데 어느 사업이 주어진 목표를 달성하는 데 가장 효과적인가에 따라 그 대안적인 사업들을 평가할 때에도 사용되는 방법이 비용효과분석이다. 비용효과분석은 비용편익분석의 한 변형으로 편익과 비용 측정의 어려움에서 오는 문제점을 해소하는 방안의 하나로서, 편익을 화폐로 변환시켜야 하는 분석가들의 부담을 경감시켜 주는 장점이 있다. 즉, 비용효과분석은 편익이 비 화폐적 단위로만 측정될 수 있거나 혹은 경쟁적인 대안들의 편익 크기와 유형이 비교될 수 있으리라고 가정되는 경우 이용한다.

비용편익분석은 (1) 대안들이 사회적으로 수행할 가치가 있는가에 대한 판단 근거를 제공하고 (2) 여러 대안의 우선순위를 결정해주는 두 가지 기능을 수행한다.

단점: 비용과 편익의 측정단위가 다르기 때문에 특정 정책의 비용이 편익보다 큰지는 알 수 없다. 즉, 비용과 효과가 서로 다른 단위로 측정되기 때문에 총 효과가 총비용을 초과하는 지의 여부에 대해서는 직접적인 증거를 제시하지 못하는 단점이 있다. 마찬가지 이유로 비용효과분석은 특정 대안이 사회적으로 바람직한 가의 여부에 대한 판

단근거는 제공하지 못한다.

비용효과분석은 이미 특정 정책목표를 수행한다는 정책결정이 이루어진 후에 여러 대안 중 가장 비용 효과적인 대안을 결정하는데 도움을 준다는 점이 비용편익분석과 다르다.

3) 비용효과분석의 두 접근방법

(1) 고정효과 접근법

목표달성도 또는 편익이 사전에 정해져 있을 때 가장 저렴한 비용 또는 예산으로 이를 실현할 수 있는 정책대안을 최선의 대안으로 선택하는 방법이다. 최소비용기준으로도 불린다.

(2) 고정예산 접근법

사전에 주어진 비용 또는 예산 하에서 정책목표 또는 편익을 최대로 달성할 수 있는 대안을 최선의 대안으로 선택하는 방법이다. 최대효과기준으로도 불린다.

비용편익분석과 비용효과분석은 분석기법이다. 이 기법들은 의사결정을 하는 것이 아니고 의사결정에 도움을 주는 수단이다. 즉 훌륭한 판단의 전제조건이다. 이들 분석기법의 목적은 대안이 초래하는 사회적 비용과 편익을 평가함으로써 더 나은 판단의 기초를 제공하는 데 있다.

5. 비용효용분석과 위험편익분석

비용편익분석의 기본적 틀 속에서 편익을 효용으로 측정하는 경우가 비용효용분석(cost-utility analysis)이며, 비용을 위험으로 측정하는 경우가 위험편익분석(risk-benefit analysis)이다. 그러나 화폐가치로 표현된 비용과 편익의 측정보다 위험과 주관적 효용을 정확하게 측정하는 것이 더욱 어렵다. 위험편익분석은 특정 행위의 위험과 그 행위의 편익의 경제적 가치를 비교하기 위한 기법이다. 위험편익분석은 생명이나 신체의 상실과 같은 인간적 비용처럼 확립된 평가기법이 없는 경우의 특수한 형태의 비용편익분석의 하나이다. 편익은 사소하지만 심각한 위험을 초래하는 정책에 대한 의사결정은 쉽다. 그러나 많은 경우 정책이 하나의 위험을 감소시키는 편익을 주는 대신에 또 다른 위험을 증가시키기 때문에 대부분 어려운 선택상황에 처한다. 이러한 위험과 편익이 모두 화폐적 가치로 평가될 수 있을 때는 비용편익분석이 된다.

6. 위험위험분석과 건강건강분석

1) 위험위험분석(risk-risk analysis: RRA)

RRA는 특정 정책을 준수함으로써 야기되는 간접적인 위험을 측정하는 것으로, 어떤 위험을 피하고자 하는 정책조치가 또 다른 위험을 가져올 수 있다는 인식에 근거하고 있다.

2) 건강건강분석(health-health analysis: HHA)

HHA는 사람들의 부(wealth)와 건강 간의 체계적인 관계에 근거를 둔 분석방법이다. 시민의 건강을 증진하기 위해서 집행과 준수비용이 많이 소모되는 정책을 시행할 경우 이는 곧 이용 가능한 자원과 부의 감소를 가져오게 된다. 자원과 부의 감소는 위험을 감소시켜 주는 또 다른 재화와 용역의 소비에 불리한 영향을 주며, 정책준수에 따른 자원의 소비는 건강에 도움을 줄 수 있는 다른 모든 재화와 용역에 소비될 수 있는 자원을 필연적으로 감소시킨다. 이것이 건강-건강분석의 개념적인 기초이다.

7. 다목적 분석

<표 9-2>에서 알 수 있듯이, 다목적 분석(multi-goal analysis, multi-attribute analysis)은 셋 이상의 정책목적이 있을 경우에 적절한 해결 대안의 선택방법이다. 또한, 둘 이상의 정책목표 중 계량화가 불가능한 목표가 있는 경우에도 적절히 이용할 수 있는 방법이다. 다목적 분석은 가장 일반적인 방법으로 비용편익분석을 포함한 다른 모든 방법은 이 방법의 특수한 형태로 볼 수 있다. 따라서 <표 9-2>에서 제시된 여러 방법들 중 하나의 방법의 사용조건들이 확인될 때까지는 다목적 분석의 사용이 전제

된다. 합리주의적 의사결정모형에 입각한 다목적 분석의 방법은 상위 정책목적들의 하위 정책목표와 정책기준과 제약조건으로의 전환 방법 및 정책대안의 형성과 질적인 대안들의 비교방법을 포함한다. 다목적 문제의 분석을 위한 방법 또는 다속성 문제의 처리기법들에 대해서는 따로 다룬다.

제4절 정책분석방법의 적용상 쟁점들과 해소방법

비용편익분석 방법을 정책분석에 실제로 적용하는 데에는 많은 어려움이 있음을 우리는 알고 있다. 여기에서는 비용편익분석의 실제 적용상 쟁점들[11]과 해소 방법에 대하여 간단히 살펴보자.

1. 계량화의 문제와 정성적 방법의 활용

비용편익분석의 한계 가운데 가장 보편적인 것이 비용과 편익의 계량화의 문제이다. 특히 정부 사업과 정책이 발생하는 유형, 무형의 사회적 비용과 편익을 화폐가치로 계산함에 있어서는 시장가격에 의한 계산이 어려운 경우가 많다.

2. 형평성의 문제: 소득분배적 효과의 고려

Kaldor-Hicks 기준에 의하면 사회 전체적으로 이익이 되는 정책은 정당화되지만, 정책 희생자집단(비용부담 집단)에게 개별적, 실질적인 보상을 보장해 주지는 않는다. 사회적 순편익이 0보다 큰 정책은 비용편익분석의 논리상 사회 전체적으로는 정당화될 수 있지만, 정책희생자집단에 개별적으로 충분한 보상을 해 주지 못하는 정책의 채택은 정치적 또는 도덕적으로까지 정당화되지는 못한다. 여기에 Kaldor-Hicks 기준적용의 한계와 문제점이 있다.

---

11) Rex Deighton-Smith(1997: 223. Box 5)는 계량화, 분배적 영향, 불확실성 및 학습효과를 비용편익분석 실행상의 주요 쟁점들로 열거하고 있다.

3. 다속성 문제

다속성 문제에는 두 가지 종류가 있다. 첫째, 추구하는 정책목적이 여러 개인 경우 둘째, 주관적 선호와 관련된 것으로서 비용편익분석에 사람들의 다양한 주관적인 선호가 반영되어야 할 경우로서 다양한 이해관계집단의 문제와 관련되어 있다. 다속성 문제의 처리기법들에 대해서는 따로 장을 달리해서 다룬다.

표 9-3 정책분석상의 문제들과 해소 방법

문제의 종류	해소 대안	적용 기법들
계량화와 화폐화 문제	- 질적 요소의 측정 및 계량화 - 비화폐적 요소의 화폐화	- 정성적 측정 및 예측 - WTP, option value, hedonic price 방법 등 다양한 분석방법의 활용
형평성 문제	- 분배 효과 고려	- 사회적 비용편익분석
다속성 문제	- 다속성, 다목적의 일관성 있는 체계화	- 다목적 분석 기법 - 다속성 문제 처리기법
불확실성 문제	- 불확실성 대처 - 불확실성 해소	- 불확실성 모형화 기법 - 불확실성 예측 기법 - 시뮬레이션 기법
복잡성 문제	- 복잡성 해소 - 복잡성 단순화	- 복잡성 해소 기법 - 시뮬레이션 기법

4. 불확실성 문제

미래예측 상의 불확실성이다. 어떤 정책이나 사업이 미래에 미칠 영향을 빠짐없이 판단하는 것과 유형, 무형의 직접적이거나 간접적인 효과 등을 모두 파악하는 것은 현실적으로 매우 어려운 일이다. 불확실한 상황하의 의사결정기법은 제13장에서 자세하게 다룬다.

제10장

비용편익분석

제1절 개념과 역사

비용편익분석(cost-benefit analysis)은 공공사업의 시행에 따라 예상되는 사회경제적 편익과 비용을 화폐적 가치로 계량화하여 비교함으로써 해당 사업의 투자 여부를 결정하는 경제적 분석방법이다. 비용편익분석은 정책대안의 선택기준과 공공투자사업의 타당성 판단 기준으로서 가장 기본적 기준인 효율성과 형평성 기준 중에서 특히 효율성 판단에 매우 효과적인 방법이다.1)

1950년대 이후 예산 및 공공투자의 효율성 문제가 주요한 사회적 관심 대상이 되면서 정부부문의 효율성을 높여야 한다는 요청 아래 투자효율에 대한 분석이 활발하게 전개되었으며 여기에 적용된 대표적인 경제적 분석방법이 비용편익분석이다. 그러나 비용편익분석은 최근의 것이 아니라 1844년 프랑스의 J. Dupuit가 교량 건설 작업을 하면서 이를 적용한 것을 시초로 보고 있다. 미국의 경우 정부가 비용과 편익을 검토하기 시작한 것은 홍수조절법에서 비용편익분석을 명문화한 후의 일이다. 1950년에는 Federal Interagency Committee에 의해 비용편익분석의 일반적 원칙을 수록한 녹서

1) 때로는 형평성을 중시하여 개개인 또는 여러 집단들 사이의 소득과 후생수준의 차이를 고려하는 사회적 비용편익분석도 이루어진다. 사회적 비용편익분석에 있어서도 효율성 기준은 기본적으로 적용된다. 사회적 비용편익분석에 대해서는 절을 달리하여 따로 설명한다. 비용편익분석에 대한 보다 자세한 이해를 위해서는 김동건(2000), 노화준(2001), 이성우(1995) 등을 참조.

(Green Book)이 만들어진 바 있다. 세계은행이나 아시아 개발은행 등에서도 개발도상국의 개발계획에 대하여 자금지원 여부를 결정할 때 비용편익분석을 실시할 것을 요구하는 경우가 일반적이다. 1960년대 이후 우리나라의 경제개발과정에서도 공공사업의 타당성 검증을 위하여 비용편익분석이 다양하고 폭넓게 활용되었다.

「비용편익분석」은 「정책」에 의해 야기된 사회상황의 모든 변화를 화폐가치로 환산한 가치(사회적 편익)와 정책실시에 소요된 모든 비용을 화폐가치로 환산한 가치(사회적 비용)의 차이를 계산한 것이다. 비용편익분석을 비용성과평가(cost -performance analysis)라고도 한다. 다리(橋)나 도로건설 등의 인프라 건설사업의 비용편익분석은 비교적 계산하기 쉽고, 보건, 복지, 교육 프로그램의 분야에서는 계산이 어렵다. 또, 편익의 화폐가치 환산을 하지 않고, 단순히 비용만을 비교한다거나, 한 단위당 비용을 비교한다거나 해서 더 저렴한 안을 선택하는 「최소비용분석」도 곧잘 이용된다.

정책영향평가(policy impact evaluation)에서 예기된 개선 효과가 있는지 없는지를 우선 판정한 다음 비용편익분석에서 투입된 세금에 의해 얼마만큼의 사회적 편익이 생산되었는지를 평가하는 것이 이상적인 흐름이다. 비용편익분석의 성과물로서, 계산에 사용된 전제조건, 계산방법, 사회편익과 사회비용의 체계적 일람표로 구성된 「사회적 손익계산서」가 작성된다.

오늘날 비용편익분석의 범위는 대단히 넓다. 시간적 측면에서 볼 때는 사업 추진 이전과 사업 추진 이후 모두에 가능하며, 적용범위 측면에서 볼 때는 사회간접자본투자, 규제정책, 인력개발 분야 등 다양한 정책 및 사업분야에서 활용할 수 있다. 우리나라에서 현재는 환경영향평가, 교통영향평가, 규제영향분석, 지역균형발전 영향분석 등 다양한 정책영향분석에 비용편익분석 기법이 이용되고 있다.

제2절 공공부문에서의 필요성과 악용가능성

공공정책의 결정에 있어 비용과 편익을 분석하는 주된 이유는 공공부문의 의사결정에도 민간부문의 그것과 마찬가지로 계량적인 제약조건을 가함으로써 정부가 결정하는 자원배분의 효율성을 도모하는 데 있다. 즉, 정부의 정책이 가져올 이익과 손해가 비용편익분석에 의하여 비교되어 순편익이 음(陰)인 정책조치를 취소 또는 폐지하게 할 뿐만 아니라 정부 정책목표의 달성에 가장 효과적인 정책수단의 발견에도 도움이 된다는 것이다. 정부기관들은 사회적 비용이 그 편익을 초과한다 하더라도 정책담당 부처에 즉각적으로 불리한 영향이 발생하는 것은 아니므로 스스로 목적달성에 필요한 비용은 과소평가하며 편익은 과대평가함으로써 자신들의 정책과 활동을 정당화시키는 경향이 있다. 그래서 비용편익분석 같은 종합적 분석은 정부정책의 편익을 강조하고 그 비용을 과소평가하는 정부기관 및 정부정책 찬성론자들의 정책에 대한 과잉 의존논리에의 효과적 제어장치가 될 수 있다.

그러나 비용편익분석이 정치적으로 결정된 사업결정을 정당화하는 경제분석기법의 수단으로 이용되어 왔다는 비판도 있다. 경제학자들은 공공사업의 기획과 승인과정에서 비용편익분석의 조작 되었다는 비판을 오래 전부터 하여 왔다. 즉, 적절한 분석이 이루어졌다면 타당성이 없어 승인될 수 없는 공공사업들을 정부관료들은 사업 비용은 과소평가하며 편익은 과대평가함으로써 정당화하는 논리로서 비용편익분석기법을 악용한 경우가 있었다(Margolis, 1957; Hirshleifer et. al, 1960 외 다수). Hanke and Walker (1983: 329)는 미국의 개간사업(reclamation project)에서 비용편익분석을 잘못한 구체적 사례로서 1) 사업목적에 이용된 수자원 기회비용의 생략, 2) 이차적 효과의 부적절한 산입, 3) 낮은 할인율의 적용, 4) 농업생산물의 가치평가에 있어 일차적 편익의 과대계상 4) 노동-자본 등 투자요소 기회비용의 과소계상 등을 지적하고 있다.

제3절 비용편익분석의 이론적 배경

공공투자사업의 타당성 판단 및 최적 정책대안의 선택을 위한 기본적 기준들로는 다음과 같은 것들이 있다.

1. 파레토 기준

정책 및 사업 선택의 기준이 되는 파레토 기준(Pareto Criterion)을 이해하기 위해서는 파레토 최적 개념과 파레토 개선의 개념을 먼저 이해하여야 한다. 파레토 기준은 자원배분상태에 관한 파레토 최적의 개념과 파레토 개선의 개념을 근거로 하고 있다.

1) 파레토 최적(Pareto optimality)

파레토 최적의 자원배분상태는 '사회의 구성원 중 어느 한 사람의 효용을 감소시키지 않고는 다른 사람의 효용이 더 이상 증진될 수 없는 자원배분상태'를 의미한다. 이 개념에서는 소득분배문제는 전혀 고려되지 않는다.

2) 파레토 개선(Pareto improvement)

파레토 개선은 '사회의 구성원 중 어느 누구의 효용을 감소시키지 않고도 적어도 한 사람 이상의 효용을 증진시키는 자원배분상태의 변화'를 의미한다.

3) 파레토 기준(Pareto Criterion)

파레토 기준은 파레토 개선의 충족 여부에 의하여 특정 사업 또는 정책의 사회적 정당성을 판단하는 기준이다. 이 기준은 두 상황을 비교하는 방법으로서 가장 애매모호함이 없는 명확한 방법이다. 파레토 기준에 의하면 구성원 중 어느 한 사람의 효용을 감소시키지 않으면서 적어도 한 사람 이상 효용의 증가를 가져오는 공공정책은 바람직한 것으로 판단된다.

이 기준의 적용상 문제점은 두 가지이다. 첫째, 구성원들 사이의 소득 분배상태의 공평성에 대한 가치판단은 전혀 고려하지 않는다. 둘째, 대부분 정책은 구성원들 간에 손해와 이득을 주고받는 변화를 가져오기 때문에 '구성원 중 어느 한 사람의 효용도 감소시키지 않는' 변화에만 적용되는 파레토 기준의 적용에는 매우 큰 한계가 있다. 즉, 대부분의 정책은 손해와 이득을 주고받는 변화를 만들어낸다는 점에서 파레토 기준을 비용편익분석의 판단 기준으로 삼기에는 적용상의 한계가 많다. 이러한 약점을 보완하기 위한 기준이 칼도-힉스의 보상기준(Kaldor-Hicks compensation criterion)이다.

2. 칼도-힉스 보상기준

만약 어떤 변화를 통해 발생한 사회 전체적 이득의 규모가 사회 전체적 손실의 규모보다 크다면 그 변화는 사회 전체적으로 보아 개선이라고 할 수 있다. 보상의 의미는 사회 전체의 입장에서 본 보상의 의미이며, 따라서 개개인들 간의 실제적 보상이 이루어지는 것을 요구하는 기준은 아니다. 사회 전체적으로 보아 보상의 가능성이 충분하다면 이 변화는 사회적으로 바람직한 것으로 판단되기 때문에 오늘날 정부 사업과 정책의 타당성 판단의 기준으로 사용된다. 개개인에게 적용되는 파레토 개선 여부가 사회 전체 수준으로 확대되었다는 의미에서 볼 때 칼도-힉스 보상기준(Kaldor-Hicks compensation criterion)은 파레토 기준의 적용상의 한계가 완화된 기준이다. 따라서 이 기준의 적용에 의하여 가난한 사람은 더욱 가난해지는 경우도 있다. 그러나 정부 사업이나 정책에 의해 손해를 보게 된 개인들에게 실제적인 보상이 이루어진다면 이 기준은 파레토 기준과 동일한 기준이 된다.

3. 시토프스키의 반전역설과 이중기준

시토프스키(1941)는 칼도-힉스 보상기준을 적용한다 하더라도 어떤 상황 S_1으로부터 다른 상황 S_2로의 변화뿐만 아니라 상황 S_2로부터 상황 S_1로의 변화 역시 효율적인 경우가 있는 것을 발견하였다. 즉, 어떤 방향으로의 변화의 경우에도 상황의 변화에 의한 수혜자 집단이 피해자 집단에 보상을 하여 주고도 자신들의 후생이 증가하는 경우를 발견한 것이다. 이러한 역전 상황의 발생이 가능한 원인은 두 상황 사이의 소득분배가 달라지기 때문이다. 다시 말하자면, 자원의 재분배 과정 또는 소득재분배과정에서 원래의 효용가능경계가 반드시 그대로 유지된다는 보장은 없기 때문에 반대방향으로의 역전가능성이 발생할 수 가 있다.

시토프스키는 이러한 애매한 상황을 배제하기 위해서 또는 상황 반전의 가능성을 봉쇄하기 위해서 칼도-힉스 보상기준을 이중으로 적용해볼 것을 제의한다. 시토프스키는 칼도-힉스 보상기준을 수정한 자신의 이중기준(double criterion) 또는 반전기준(reversal criterion)을 다음과 같이 제시하였다.

"어떤 사업의 수혜자들이 피해자들을 보상할 수는 있지만, 피해자들이 그 사업의 추진을 봉쇄하기 위하여 수혜자들에게 뇌물을 제공할 수 없는 경우, 상황 S_1에서 상황 S_2로의 변화는 사회 후생을 증가, 즉 효율적인 것으로 본다."

또는 "어떤 변화에 대해 칼도 기준을 적용하여 그것이 개선임이 판명되고 동시에 그 반대의 변화는 칼도 기준에 의해 개선이 아니라는 것이 확인되었을 때에 한해서 그 변화를 개선이라고 할 수 있다"(이준구, 1995: 89).

즉, 이중의 판정기준을 모두 통과하는 변화에 한해서 개선이라고 평가해야 하며, 애매한 상황에 대해서는 평가를 유보해야 한다는 것이 그의 주장이다. 그러나 시토프스키의 기준은 단지 두 대안만이 존재할 경우에만 적용가능한 단점이 있다. 둘 이상의 대안적 상황이 존재하고, 그들 사이에 선택의 일관성(consistency 또는 transitivity)이 없는 경우(예: $S_1 > S_2 > S_3 > S_4 > S_1$)에는 적용될 수 없다.[2)]

이러한 한계에도 불구하고 많은 경우 공공사업은 현재의 상황과 변화될 상황의 두 대안 사이에서 비교와 선택이 이루어지고 있기 때문에 사업 대안의 선택에 있어 통찰력을 제공해 준다.

4. Little's 3중 기준

Little(1957)은 소득분배는 명백한 윤리적 변수로 인정되어야만 하며, 모든 사람들은 형평의 문제를 스스로 결정하여야 한다고 주장하면서 정책 또는 사업의 바람직성에 대하여 다음의 3중 기준을 제시하였다.

a) 칼도-힉스기준을 충족하는가?

b) 시토프스키의 이중기준을 충족하는가?

c) 가능한 재분배는 바람직한가?

만일 a) 또는 b)와 c)의 조건이 충족되면 그 정책은 바람직하다고 본다.

만약, 계층 간 분배에 관한 사회적 가중치만 분명하게 제시된다면 사회적 비용편익분석에 의하여 a)와 c)의 조건은 충족될 수 있고, 따라서 Little의 3중 기준(Little's

2) ibid, p. 56.

three-fold criterion)에 비추어 보아 정책정당성은 확보될 수 있다.

그러나, 재분배에 관한 주관적 가치판단의 조건이 추가된 Little의 기준은 본질적으로 과학의 영역을 벗어난 정치적 결정 또는 사회적 선택의 영역이다. 효율성과 형평성 간의 선택 또는 효율성과 환경적 가치간의 갈등문제는 자주 등장하는 공공정책의 문제이며, 그들 사이의 갈등관계는 정치적으로 해소되어야 할 문제이다.

5. 사회후생함수 기준(social welfare criterion)

여러 대안을 비교하기 위해서는 단지 파레토 원칙 하나만의 기준으로는 불충분하다. 완전하고 일관된 사회적 상태들(정책 또는 사업들)에 대한 사회적 선호서열이 사회후생순서(social welfare ranking)이다. 만일 이 순서가 연속적이라면 이 순서의 함수로의 전환이 가능하며, 이렇게 전환된 함수를 사회후생함수(SWF)라 한다. 사회후생함수는 사회 모든 구성원의 효용수준의 함수로서 함수의 큰 값이 함수의 낮은 값보다 사회적으로 선호된다. (10-1)은 구체적인 식의 예이다.

$$SWF = W[U_1(q_1),\ U_2(q_2),\ ....,\ Un(q_n)] \qquad (10\text{-}1)$$

U_i는 개인 i의 효용으로 그가 향유하는 소비수준 q_i의 함수이다. 개인들이 향유하는 소비수준에는 공공정책과 공공사업 또는 공공재가 개인에게 미치는 영향이 포함된다.

사회후생함수는 사회정의(social justice)에 대한 철학적 입장에 따라 여러 가지의 형태를 취할 수 있다. 일반적 또는 경제적 비용편익분석에서는 개인들 간의 소득분배문제는 고려하지 않고 모든 사람의 후생을 동일하게 취급하는 극단적인 사회후생함수를 취한다. 즉, 사회를 구성하는 개개인들이 생산자이건, 소비자이건, 부자이건, 가난한 사람이건 구분하지 않고 그들의 효용을 동일하게 취급하여 정책대안 선택의 기준으로 삼는다. K. Arrow(1951)는 민주정치와 자본주의 경제와 관련된 기본적 요건들[3])을 충족하는 일관성 있는 사회후생함수의 구성이 불가능하다는 불가능성 정리(Impossibility Theorem)를 증명한 바 있다. 따라서 사회후생함수는 특정의 가치판단에 입각하여 선험적으로 또 규범적으

3) K. Arrow가 불가능성의 정리를 도출하는데 사용한 기본적 가정들에 대하여 알아보자.

로 제시된다. 다양한 종류의 사회후생함수에 대한 보다 자세한 논의는 따로 다룬다.

제4절 비용편익분석의 절차

1. 비용편익분석의 8단계 절차

비용편익분석에서 사용되는 테크닉은 실현가능성 연구(feasibility study)라고 불리는 공공사업의 입안단계의 조사에서도 이용되고, 실현된 사회적 순편익을 프로그램 실시 후에 평가하는 데에도 이용된다. 비용편익분석 기법에는 크게 「비용편익분석」과 「비용효과분석」의 2종류가 있다. 또한, 사업 타당성을 판단하는 기준들과 계산 기법에는 비교적 간단한 방법부터, 편익비용비율, 재무내부수익률, 경제내부수익률 등의 세련된 분석 테크닉까지 폭이 넓다. 이러한 계산에는 전문적인 지식을 요하기 때문에 통상 경제학자들이 실무적인 계산을 담당했지만, 각각의 방법의 기본적인 구조는 비교적 단순하다. 본서에서는 여러 학자들의 견해를 종합적으로 고려하여 비용편익분석 단계를 <표 10-1>과 같이 8단계로 구분한다.

표 10-1 비용편익분석의 절차와 적용기법

세부 절차	기본 개념	적용 기법
1) 정책대안의 인식	정책대안의 이해와 개발	- 사업주체, 사업단위별 인식
2) 분석기간의 결정	사업 수명 또는 영향기간	- 비용편익의 발생기간 추정
3) 비용편익의 추정	비용, 편익의 개념	- 다양한 비용편익 추정기법
4) 화폐가치로 환산	화폐가치화	- WTP(willingness to pay)기준 - WTA(willingness to accept)기준
5) 할인율 결정과 현재가치화	미래가치의 현재가치로의 환산율	- 사회적 할인율 - 현재가치의 계산법
6) 대안평가의 기준 선택	대안의 비교, 평가 기준들	- NPV, B/C 비율, IRR 등
7) 민감도 분석	주요 가정들이 불확실한 상황의 처리방법	- 사업수명, 할인율 등 조절
8) 대안의 선택	최선의 대안 선택	- 정책결정자의 목적을 고려

1) 분석대상이 되는 사업 또는 정책대안들의 인식

사업 또는 정책은 중첩되지 않게 상호 독립적 또는 상호 배타적(mutually exclusive)으로 구분한다. 하나의 주된 사업 대안과 보완적인 관계가 있는 대안들은 하나의 패키지에 묶어 하나의 대안으로 본다. 실현 가능한 대안의 탐색과 발굴은 매우 중요하다. 사업 대안의 개발 시에는 경쟁적 대안과 보완적 대안을 개발한다. 하나의 대안이 다른 대안과 대체관계에 있을 때는 두 대안이 경쟁적이다. 하나의 대안이 다른 대안을 전제조건으로 요구하거나 일부분을 구성할 때 두 대안은 보완적이다. 상호 독립적인 경쟁적 대안들은 개별적으로 구분하여 고려한다. 보완적 대안들은 하나의 대안 묶음(package)으로 고려한다.

2) 분석범위와 분석기간의 결정

정책분석의 기본적 방법인 비용편익분석은 사회 전체적 관점에서 정부 사업의 바람직함을 평가하기 위한 기법이다. 따라서 정책이 시행되는 관할범위 내의 구성원들의 복지에 미치는 모든 영향을 평가하여야 하며, 사업 관할범위를 벗어난 외부인에 대한 사업효과는 분석의 대상에서 배제한다.

분석대상인 정책대안 또는 사업의 수명은 분석기간이 된다.

3) 각 대안들의 편익과 비용의 추정

편익과 비용을 분류하는 데 있어 중요한 문제점은 "정책의 모든 결과를 어떠한 범위까지 파악해야 할 것인가?"라는 것이다. 특정 정책이나 사업의 공공복리에 대한 기여도를 정량화하는 데 있어서 이 질문에 대한 대답이 결정적일 뿐만 아니라, 이는 비용편익 분석을 실시하는 비용에도 상당한 영향을 미칠 수 있다.

비용과 편익의 추정에서 정책의 일차적 효과(primary effect, 또는 주된 효과)와 이차적 효과(secondary effect, 또는 부수적 효과)를 구별한다. 일차적 효과는 가격, 생산량, 수익성, 자본이용 가능성, 고용의 변화로 구성된다. 이차적 효과는 관련 시장에 대한 영향, 이차적 고용, 에너지 소비와 무역수지에 대한 영향이 포함된다. 이차적 편익을 총편익의 계산에 포함할 때에는 이중계산이 되지 않도록 상당한 주의가 필요하다.

편익을 예로 들어 설명하여 보자. 1차적 편익은 사업수행의 활동에 의하여 실현되는 직접적인 생산품 또는 서비스의 가치를 나타낸다. 2차적 편익은 사업의 활동 또는 이로 인한 자극에 의하여 부수적으로 얻어지는 생산품 또는 서비스의 가치를 나타낸다. 대부분의 공공사업은 1차적 편익과 2차적 편익을 모두 제공한다. 관개사업은 농촌 지역을 향상시키는 동시에(2차적 편익) 수익의 증대(1차적 편익)를 가져온다.

비용편익분석은 항상 1차적 비용과 편익을 고려하여야 하며 필요한 경우에는 언제나 2차적 비용과 편익도 고려해야 한다. 2차적 비용편익의 고려 여부는 1차적 비용편익과 비교하여 이것의 영향 및 이를 산정하는 데 소요될 비용에 따라 결정된다.

4) 편익과 비용을 가능한 한 화폐가치로 환산한다.

정책대안이 전체 사회에 미치는 현재와 미래의 모든 호의적(favorable)이며 비호의적인(unfavorable) 영향들을 추정한다. 호의적인 영향은 편익으로 비호의적인 영향은 비용으로 구분한다. 직접, 간접, 유형, 무형의 편익과 비용들을 모두 반영한다. 이를 위하여 공공프로그램의 「사회적 편익」(social benefit) 을 구체화한다. 이 때 「직접」과 「간접」, 「화폐가치로의 변환 가능」과 「변환 어려움」으로 각각 나눠서 아래 표와 같이 기입한다. 또한, 프로그램의 「사회적 비용」(social cost) 을 구체화한다. 이 경우에도 「직접」과 「간접」, 「화폐가치로의 변환 가능」과 「변환 어려움」으로 각각 나눠서 아래 표에 기입한다. 아래 <표 10-2>는 가장 단순한 예시이므로 필요에 따라 표의 형식을 변환하여 사용할 수 있다.

표 10-2 사회적 편익과 사회적 비용의 추정표

사회적 편익(social benefit)	화폐가치로 변화가능	변화어려움
직접편익		
간접편익		
사회적 비용(social cost)	화폐가치로 변화가능	변화어려움
직접비용		
간접비용		

* 출처: Ryu Yoshiaki and Sasaki Ryo. (2000). 「政策評價の 理論と技法」. p.95.

화폐가치로 환산이 어려운 항목은, 플러스, 마이너스(+/-)의 기호 기입만으로도 괜찮다. 그리고 그 항목수를 더해서 플러스 몇 항목, 마이너스 몇 항목이라고 하는 정보를 「순사회적 편익」액수에 첨부하면 된다. 정책적 견지에서 항목마다 중요도를 가중하는 것도 하나의 방법이다. 단 분석가는 가능한 한, 이것들의 항목에 대해서도 가정(assumption)을 분명히 밝힌 다음에 화폐가치 환산을 실시해야 한다.

(1) 편익의 측정

정책의 모든 편익은 물리적 단위(예: 영향받는 사람의 수, 무게, 거리, 부피, 화폐적 이익 등)로서 계량적으로 표현한다. 가능하다면 편익을 화폐적 단위(예: 원, 달러 등)로 측정하는 것이 바람직하다. 생명이나 신체적 가치처럼 화폐적 단위로 평가하기 어려운 편익이 정책의 주된 편익일 때는 비용효과분석을 활용한다.

공공사업 역시 상당히 다양한 편익을 제공하므로 이를 언제나 화폐액으로 평가하는 것은 불가능하다. 공공사업의 평가에 관련된 사람들의 입장에서 볼 때 사업의 편익과 비용 모두가 가장 큰 의미를 가질 수 있는 측정치로 표시되어야 한다는 것은 중요한 일이다. 편익-비용 분석이 올바르게 적용되려면 정량화할 수 있는 결과를 비교할 뿐만 아니라, 전환 불가능한 특성까지도 가능한 한 어떤 단위로 표시하여야 한다.

어떤 편익과 비용에 대해서는 시장가격은 존재하지 않지만, 경제적 가치로는 계산될 수 있는 편익도 있다. 이러한 종류의 편익을 평가하는 방법의 하나는 동일한 서비스를 제공하기 위한 최소 비용수단을 생각하는 것이다. 또 다른 한 가지 방법은 이러한 서비스를 제공받는 대가로 사용자가 기꺼이 지불하려는 액수로부터 추정하는 것이다.

마지막으로 경제적 가치를 결정하기가 불가능한 편익과 비용이 있다. 만약 어떤 편익이 실제적이고 의미를 갖는 단위로 정량화될 수 있다면 정량화되어야 한다. 한편 적당한 측정수단이 없는 편익에 대해서는 정성적 설명만으로도 충분하다. 그러나 정량화될 수 있는 정도에 관계없이 중요한 편익과 비용이 모두 다루어져야 하는 것은 중요한 일이다.

(2) 비용의 측정

단순한 공적 또는 사적 준수비용(public or private compliance cost)이 아닌 전체 사회에 대한 총비용에 초점을 맞춘다. 사회적 비용은 정책의 집행과 준수에 사용된 자원과 정책에 기인하는 생산량의 감소에 의하여 상실된 재화와 서비스의 가치이다. 사업과 관련된 위험 또는 불확실성에 대한 정당한 고려와 함께 비용을 평가한다

(3) 세금과 불확실성에 대한 고려

많은 공공사업은 과세대상에서 특정재산을 제외하거나 판매세를 면제하므로 세수의 감소를 가져온다. 자유시장 경제체제의 국가에 있어 어떤 사업을 수행하는 데 소요되는 비용을 평가함에 있어서는 민간 사기업이 이 사업을 수행할 때의 비용에 기초를 두어야 한다. 따라서 공공사업이 사기업과 경쟁상태에 있을 때에는 비용편익 분석에 세금을 고려하는 것이 합리적이다. 정부는 세금을 내지 않기 때문에 어떤 경우에는 이러한 항목들을 고려하지 않을 수도 있다. 예를 들면, 정부가 단독으로 여러 제안을 서로 비교할 때에는 공공복리의 순 변화에는 아무런 차이가 없다. 왜냐하면, 세금 지출은 어떤 한 집단에서 다른 집단으로 경제적 가치가 단순히 이전된 것에 불과하기 때문이다.

비용과 편익의 크기를 측정함에 있어 사업과 관련된 위험(risk) 또는 불확실성(uncertainty)에 대한 정당한 고려와 함께 민감도 분석이 필요하다. 정책의 미래 효과는 불확실하기 때문이다. 즉 불확실한 상황을 인정하고 이를 의사결정에 성실히 반영하여야 한다는 것이다.

정책이나 사업의 계량화된 효과는 각각의 확정동등치(certainty equivalent)로 평가하여야 한다. 확정동등치는 기댓값에서 위험비용(cost of risk)을 차감한 것이다. 위험비용은 동일한 기댓값을 갖는 확실한 대안에 비해 불확실한 대안을 저평가(차감)하는 정도를 의미한다. 비용편익분석서 작성자는 불확실성의 정도와 각각의 내용을 가능한 한 상세히 기술하여야 한다.

비용분석에 포함되어야 할 구성요소들

1. 기저선(baseline): 현재의 상태를 계속 유지할 경우(let-present-trends-continue)를 기저선으로 삼아 새로운 정책대안들이 초래할 상태들과 비교하는 것이 매우 중요하다.

   1) 신설 사업의 경우: 현 상황이 계속될 경우(no action) 어떤 일이 발생할 수 있는가?
   2) 사업 변경의 경우: 현재의 사업을 계속 유지할 경우(status-quo: 현상유지) 미래에 어떤 상황이 발생할 수 있는가?

2. 주된 비용: 민간부문의 준수비용

3. 기타 비용
   1) 정부의 사업관리비용
   2) 생산량 감소에 의한 사중 후생손실(dead-weight welfare losses)
   3) 대체 자원의 조정비용 (실업자원, 이전비용(transition costs), 정책에 의한 실업 감소를 위한 비이전적 지출 등)
   4) 제품 품질, 생산성, 기술 변화, 시장구조에 대한 역효과

참고: 기저선(Baseline)으로서 "현재의 조치를 유지하는 대안"의 분석 필요성

1. 정책대안들은 정부 당국 또는 정책 이해관계자들이 사회문제가 존재하고, 다른 정책 대안이 채택되어 시행된다면 사회문제를 완화 또는 해결할 수 있을 것이라는 믿음이 있기 때문에 탐색 된다.

2. 어떤 정책 대안을 선택할 것인가를 결정하기 위해서는 제시된 제안들이 현상(status quo)을 변화시키는데 얼마나 효과적인가를 추정하기 위하여 평가를 시행하여야 한다. 정책분석가는 이 새로운 정책조치를 채택하면 상황이 어떻게 변화할 것이며, 그러한 조치가 없으면 그 상황이 "자연적 변화(natural change)의 결과" 어떻게 될 것인지에 대한 정보를 알고 싶어 한다. 그러한 판단을 내릴 수 있기 위하여, 분석가는 다른 행동 대안들을 분석하는 것과 같이 추가적 조치를 행동을 취하지 않는(no-action alternative) 현상유지의 대안을 분석하는데 많은 시간을 투자하여야 한다.[4] 아무런 행동도 취하지 않는 대안을 구체적으로 발전시키고, 그 결과들을 예측함으로써 다른 정책 대안들의 결과를 측정할 기준점(benchmark)을 제공할 수 있다. 아무런 행동도 취하지 않는 대안을 분석하는 중요한 이유 중의 하나는 유용한 기저선 대안(baseline alternative)을 창안하기 위한 것이다.

3. 이들 기저선의 기준 상태에는 다음과 같은 것들을 포함한다.[5]

   1) 어떤 행동이 취해지기 전에 존재하고 있는 원래 상태, 이 상태를 현재의 상태 또는 현존하는 조건이라 부른다.
   2) 어떤 계획이나 프로그램이 없는 경우 발전하여 도달하는 상태, 이것을 아무런 행동도 취하지 않는 대안이라 부른다.
   3) 어떤 목적이나 타겟(target)상태
   4) 이상적인 상태

위의 네 가지 기저선 기준 상태들 가운데 두 번째가 분석을 위한 벤치마크로서의 이점들을 제공한다. 왜냐하면, 이 상태가 제안된 행동이 없는 경우의 행동 대안들의 시나리오와 정확하게 일치하기 때문이다.

5) 사용될 사회적 할인율의 결정과 비용과 편익의 현재가치화

비용 또는 편익이 서로 다른 시점에서 발생한다면 비용과 편익을 직접 대응시켜 비교하기 전에 할인하는 과정을 거쳐야만 한다.

할인율(discount rate)은 상이한 시점에서 발생하는 편익 또는 비용을 동일한 시점에서의 가치로 전환하는 데 이용하는 환산율을 말한다. 비용편익분석에서는 미래가치를 현재가치로 전환해 주는 환산율로 사용되는 경우가 일반적이다. 즉, 할인율은 미래에 발생할 비용과 편익의 가치를 현재화하기 위하여 필요한 것으로서 '미래의 자원에 대한 현재 자원의 교환비율'을 의미한다. 이는 결국 돈의 시간적 가치(time value of money)를 반영하게 되며, 가치환산은 흔히 평가시점을 기준시점으로 정하여 이루어진다.

할인율을 이용한 현재가치 계산 공식은 다음과 같다.

$$\text{편익 또는 비용의 현재가치}(PV) = \frac{B_i \text{ 또는 } C_i}{(1+r)^i} \qquad (10-2)$$

r: 할인율
i: 경과년수
B_i 또는 C_i: i 시점의 편익 또는 비용

할인율은 주로 투자 대안의 경제성을 평가하기 위해 이용되는데, 중요한 점은 이의 크기에 따라 최적 대안이 달라질 수 있다는 것이다. 할인율은 실질할인율과 명목할인율의 두 가지로 분류되는데, 평가하고자 하는 대안의 수입/지출금액을 경상가격으로 표시하였을 경우에는 명목할인율을 사용하고, 불변가격으로 표시하였을 때에는 실질할인율을 사용한다. 따라서 할인율을 결정할 때는 인플레이션을 반드시 고려해야 한다. 편익과 비용이 불변가격으로 추정되었다면 할인율도 인플레를 반영하지 않은 실질

---

4) Amy Helling, Michael Matichich and David Sawicki "The No-Action Alternative: A Tool for Comprehensive Planning and Policy Analysis", *Environment Impact Assessment Review*, Vol. 2 No. 2, (June 1982) pp. 141-158.

5) Donald M. McAllister. *Evaluation in Environmental Planning: Assessing Environmental, Social, Economic and Political Tradeoffs* (Cambridge, MA: MIT Press, 1980).

적 할인율을 사용하고, 편익과 비용이 경상가격으로 추정되었다면 할인율도 인플레를 반영한 명목상의 할인율을 적용해야 한다는 것이다. 할인율 결정에서 고려해야 할 두 번째 요인은 위험이다. 민간경제 부문에서는 할인율을 결정할 때 위험에 대한 프리미엄을 포함하기 때문이다.

할인율을 이용한 경제성 평가에 있어 흔히 범하기 쉬운 오류로서는 실질할인율과 명목할인율 간의 구분, 그리고 물가인상률과 관련된 불변가격 또는 경상가격의 구분을 할인율을 적용한 것으로 혼동하는 것 등을 들 수 있다. 특히, 경제성 평가에 있어 불변가격으로 표시된 연도별 비용은 단순히 더할 수 있다고 생각하는 경우가 있는데 이는 잘못된 평가방법이다.

예를 들어, 동일한 성능을 가진 기계 A와 기계 B가 있는데, 기계A는 현재의 "불변" 가격으로 첫 해 말에 100만 원, 두 번째 해 말에 100만 원이 소요되고, 기계 B는 첫해 말에 50만 원, 두 번째 해 말에 150만 원이 소요된다고 가정해 보자. 이 두 대안은 절대 금액 상으로는 모두 현재 시점의 불변가격으로 동일하게 200만 원이 소요되나 경제성 평가 측면에서는 기계 B의 비용이 투자기간 후반부에 많이 지출되므로 기계 A보다 더 경제적인 대안이다.

그림 10-1 할인율에 따른 서로 다른 현금흐름의 현재가치: 이자율이 연 10%일 때

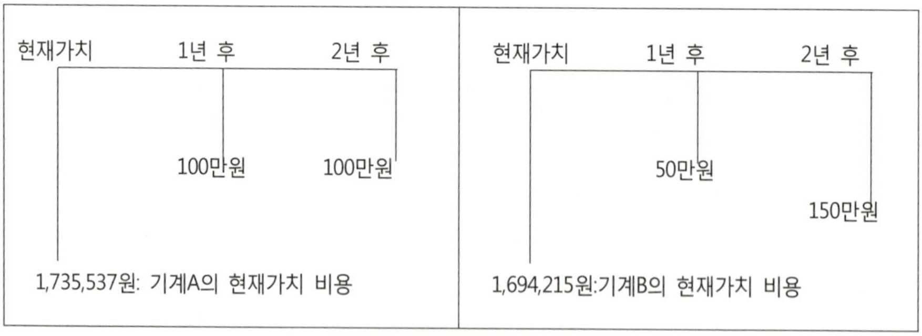

사회적 할인율은 공공사업에 적용할 적정할인율을 말한다. 이론적으로는 적정할인율을 결정할 때, 검토 중인 투자대안과 편익/비용 발생형태 및 불확실성 정도 등에서 유사한 기존의 투자안에 요구되고 있는 수익률을 적용한다. 이는 동 투자 대안을 선택

함으로써 여타 투자 대안에 투자할 기회를 잃게 된다는 것을 반영한 것으로서, 할인율은 결국 의사결정자의 기회비용으로 해석될 수 있다. 자본/금융시장이 잘 발달하여 있을 경우, 투자자들이 자본 또는 금융시장에서 요구하는 수익률이 자금의 기회비용을 적정히 반영하게 되므로 계산상의 편이성을 이유로 흔히 가중평균 자본비용(weighted average cost of capital)을 할인율로 사용하기도 한다. 따라서 할인율은 자금조달 방법, 조달 규모, 사업의 특성, 기타 국가의 경제여건 등에 영향을 받게 된다. 문제는 이러한 자본시장이 잘 발달하여 있지 않거나, 어떤 기업의 자금조달이 경쟁적 요건을 갖추지 못할 경우, 적정 할인율의 선택에 어려움이 발생한다는 것이다.

저개발국의 경우 공공사업의 투자 효과가 큰 점을 고려하여 가급적 높은 할인율을 적용하는 경향이 많다. 사회적 할인율(social discount rate)의 결정에는 두 가지 방법이 있다. 첫째, 정부가 수행하는 정책 또는 사업에 소비 또는 투자되는 자원은 민간경제부문에 의하여 소비되거나 투자될 자원으로부터 조달된 것이므로 정부사업의 할인율은 기회비용 개념을 적용하여 자원이 조달된 민간부문의 수익률의 가중치로 계산된다. 실제로는 투자위험으로부터 상대적으로 안전한 정부공채의 이자율을 하한선으로 하여 그 이상의 할인율을 적용하는 경우가 많다. 둘째, 가치판단에 의한 것으로서 할인율의 선택은 그 사회가 보유한 가치에 의하여 서로 다른 소득집단, 그리고 현재의 세대와 미래의 세대의 사람들 사이에 비용과 편익을 할당하는 것이기 때문에 의도적으로 이루어져야 한다는 것이다.

어떤 수준의 할인율을 적용할 것인가를 고려해야 한다. 일반적으로 할인율이 높으면 미래의 편익과 비용의 현재가치가 하락하게 된다. 따라서 할인율이 높다는 것은 현재의 비용과 편익이 미래의 비용과 편익보다도 상대적으로 더 중요함을 의미한다. 비용편익분석에서 활용되는 할인율은 정부에서 특정 공공사업에 얼마를 지불할 것인가를 계산할 때 사용하는 재무적 할인율(financial discount rate)과는 다르다. 비용과 편익에 대해서는 사회적 할인율(social discount rate)이 사용되어야만 한다. 사회적 할인율을 사용하여 비용과 편익을 할인한다는 것은 사회의 시간에 대한 선호(society's time preference)를 분석에 반영하는 것을 의미한다. 즉 사회가 미래의 소비를 현재 소비에 비해 어느 정도 할인하는가 하는 사회의 시간적 선호구조가 고려되는 것이다. 사회적 할인율의 선택에는 사회의 시간 선호 반영 등에 따라 결정될 수 있는 것으로 분석담당자들은 분석대상에 맞는 할인율을 선정하여 적용할 수 있으나 그 선정근거를 제시하여야 한다. 경우에 따라서는 수년간의 이동가중 평균물가상승률에 2~4% 내외를 가산한 수준이 무난할 수도 있다. 이때 할인율의 상한과 하한을 상정하여 민감도 분석을 행하는 것이 타당할 것이다. 민감도 분석은 상한과 하한의 할인율을 채택해 순현재가치를 각각 계산해 보는 기법으로서, 규제의 순편익이 얼마나 할인율에 민감한지를 나타내는 귀중한 정보를 제공해 줄 수 있다.

할인율이 결정되면 순현재가치(net present value)를 계산하는데, 순현재가치란 각 사업연도의 편익에서 각 사업연도의 비용을 차감한 각 사업연도의 순편익이 현재가치로 전환되어 종합계산된 것이다. 현재가치로의 전환은 현가분석에 의하며 민간투자 의사결정의 경우와 마찬가지이다.

정부부문에서의 권장 할인율

미국의 경우 관리예산처(OMB)의 공공사업 및 규제평가를 위한 비용편익분석지침(A-94, 1992)은 최근 몇 년간의 민간 투자의 세전 한계수익률에 근거하여 7% 정도의 할인율을 규제영향분석서 작성의 기준으로 제시하였다. 1996년에 개정된 OMB의 규제영향분석서에도 A-94의 지침에 따르고 있다.

영국에서는 정부투자사업에는 6%의 할인율을 원칙으로 하고 있다.

캐나다 Treasury Board의 비용편익 분석지침(1976: 26)은 결과들의 민감성을 검증하는 데 쓰일 5%와 15%의 할인율과 함께 10% 할인율을 사용할 것을 권장하고 있다. 그러나 모든 사업부문에 동일한 할인율을 적용하는 것은 무리가 따르기 때문에 미국이나 영국에서도 사업부문별로 서로 다른 값의 할인율을 적용하고 있다(KDI, 1999: 276-278).

우리나라의 사회적 할인율에 대한 적용 사례는 다음과 같다.

- 1980년대 이후의 공공투자 사업에는 8~10%를 적용하였다.
- KDI(1999: 282)는 예비타당성 조사에 적용되는 사회적 할인율로 7.5% 정도(최대 8%)를 제안.

● 2000년대 이후에는 세계경제의 침체와 과잉 유동성 공급에 따라 시장이자율이 5% 이하로 유지되고 있다. 이러한 경제상황하에서는 더 낮은, 때로는 0%에 가까운 사회적 할인율이 적용되어야 한다.

현재가치의 계산방법

할인율을 이용한 현재가치의 계산공식은 다음과 같다.

1. 편익의 현재가치(PVB: Present Value of Benefit)

$$\text{편익의 현재가치} = \sum_{i=1}^{n} \frac{B_i}{(1+r)^i}$$

r: 할인율
i: 경과년수($i = 1, 2, ..., n$)
B_i: i 시점의 편익
n: 사업의수명년수

2. 비용의 현재가치(PVC: Present Value of Cost)

$$\text{비용의 현재가치} = \sum_{i=1}^{n} \frac{C_i}{(1+r)^i}$$

r: 할인율
i: 경과년수($i = 1, 2, ..., n$)
C_i: i 시점의 비용 또는 편익
n: 사업의수명년수

3. 순편익의 현재가치 또는 순 현재가치(NPV: Net Present Value)

$$\text{순현재가치}(NPV) = \sum_{i=1}^{n} \frac{B_i - C_i}{(1+r)^i} \quad (10-3)$$

r: 할인율
i: 기간 또는 경과년수($i = 1, 2, ..., n$)
C_i: i 시점의 비용 또는 편익
n: 사업의수명년수

〈현재가치 계산 例〉

어떤 정부 프로그램에 있어서 아래의 좌측 표와 같이 향후 10년 간의 편익과 비용이 예상된다고 한다. 그리고 할인율 10%가 선택되었다고 한다. 그러면 우측 표처럼 현재가치로 각각 환산되게 된다.

통상의 화폐가치		
	편익	비용
1년차	10,000	5,000
2년차	10,000	5,000
3년차	10,000	5,000
4년차	10,000	5,000
5년차	10,000	5,000
6년차	5,000	2,500
7년차	5,000	2,500
8년차	5,000	2,500
9년차	5,000	2,500
10년차	5,000	2,500

할인율 10%를 사용 →

현재가치(소수점 이하 반올림)		
	편익	비용
1년차	9,091	4,046
2년차	8,264	4,132
3년차	7,513	3,757
4년차	6,830	3,415
5년차	6,209	3,105
6년차	2,822	1,411
7년차	2,566	1,283
8년차	2,333	1,166
9년차	2,120	1,060
10년차	1,928	964
합계	49,676	24,838
	↓	↓
	10년간의 편익의 합계액	10년간의 비용의 합계액

6) 대안 선택기준의 결정과 대안 비교

다양한 대안선택기준을 활용할 수 있지만, 현재가치로 환산된 순편익인 순현재가치 극대화(maximize net present value) 기준이 가장 보편적으로 사용되는 기준이며, 동시에 가장 신뢰할만한 의사결정 기준이다. 이는 할인율로 할인된 총 현재편익 가치에서 총 현재비용 가치를 뺀 값이다(NPV = PVB - PVC). 즉, 편익의 현재가치와 비용의 현재가치의 차를 말하는 것으로 편익과 비용이 모두 화폐적 단위로 측정되었을 경우 최선의 척도가 된다. 적절한 사회적 할인율이 적용되고 그 순현재가치가 0보다 큰 경우에는 그 사업은 일단 이론적으로 받아들여질 수 있는 정책이며 사업이다. 그러나 화폐적 가치로 측정되거나 환산될 수 없는 편익 또는 비용은 순현재가치의 계산에 포함될 수 없는 한계가 있다.

7) 민감도 분석(sensitivity analysis)의 실행

일반적인 민감도 분석은 비용편익 수행 시 택했던 주요한 가정들의 변화에 따른 순편익의 변화를 따로 계산하여 의사결정 시에 참고하기 위함이다. 주요한 가정에 대한 불확실성이 존재하는 경우에 민감도분석이 반드시 필요하다. 특히 할인율(5% and 15%)에 대한 NPV의 민감도 분석은 필수적이다. 어떤 경우에는 불확실성이 존재하더라도 특정 대안이 최선인 경우도 있다.

민감도 수행의 다른 방법은 측정되지 않은 비용 또는 편익의 가치에 대한 최대치 및 최소치의 범위를 합리적으로 정하고, 최종적인 순편익의 계산에 두 한계치가 미치는 영향을 확인하는 것이다. 이러한 "민감도 분석" 접근법은 무형의 효과를 명확한 비용편익의 분석 틀 안에 포함하는 장점이 있다.

민감도 분석(sensitivity analysis)

민감도 분석은 비용편익분석을 실시하기 위해 필요한 가정들과 주요 변수들의 측정치와 관련하여 매우 높은 불확실성이 있을 경우에 순현재가치, 편익비용비 또는 내부수익률이 얼마나 변화하는가를 보여주는 식으로 이루어지는 경우가 많다. 이와 같이 민감도분석의 목적은 어떤 사업변수의 변화에 대하여 사업의 가치 또는 이익이 얼마나 민감하게 반응하는가를 결정하는 것이다. 이것은 대부분 '가정에 대한 변화(what if)' 질문으로 구성된다.

민감도 분석의 단계는 다음과 같은 내용을 포함한다: (1) 기본적인 케이스에 대한 NPV의 계산; (2) 사업의 결과에 대해 영향을 주는 요인의 결정(예: 최초의 현금흐름, 사업의 경제적 수명, 순현금흐름 및 할인율); (3) 각 주요변수의 가치 또는 량의 변화 정도의 결정; (4) 변수의 변화의 사업가치의 최종측정치(NPV, IRR 또는 B/C Ratio 등)에 미치는 효과분석; 및 (5) 전 단계의 결과와의 비교 해석.

민감도 지수(sensitivity indicators: SI)는 민감도 분석의 하나로서 제시되고 있다. 민감도지수는 어떤 변수의 변화율에 대한 IRR의 민감정도를 나타내는 측정치로서 변수들간의 민감도의 순위를 판별할 수 있다.

$$SI = \frac{IRR\text{의 변화율}}{\text{변수의 변화율}} \qquad (10\text{-}4)$$

하지만 민감도 분석에는 다음과 같은 한계점이 있다: (1) 한 시점에서 둘 이상의 파라미터값 변화에 대한 사업의 민감도를 제공하지 못한다. 다른 변수들은 일정하게 두고 한 가지 변수의 변화만을 고려할 경우, 여러 변수가 서로 독립적이 아닌 이상 위험을 제대로 반영하지 못할 우려가 있다는 점이다; (2) 각 변수에 대한 확률분포가 고려되지 않기 때문에 공식적인 위험분석이 아니다; (3) 의사결정자가 따라야 할 공식적인 의사결정기준이 아니다; (4) 고려된 변수의 변화분 혹은 계산된 전환값이 얼마나 실현 가능성이 높은지에 대한 아무런 정보가 제공되지 않는다는 것이다. 이에 대한 해결로는 각 전환값에 대하여 그 값 혹은 그보다 더 나쁜 값이 실현될 확률을 개략적으로 제시하여 준다거나 변수들의 변화에 대한 민감도의 경우 고려되는 변수의 변화분을 해당 표준편차에 따라 설정해준다거나 하는 방법을 생각해 볼 수 있다. (참고: 한국해양수산개발원, 2001).

8) 대안의 선택

최선의 사업 대안을 미리 설정된 선택기준에 의하여 선택한다. 대안선택의 기준들과 적용 예는 본 장 제5절에서 따로 다룬다.

2. 비용편익의 계산방법

1) 사회적 비용(social cost) 의 화폐가치 환산방법

표 10-3 사회적 비용의 화폐가치 환산방법

사회적 비용의 종류	비용의 성질에 관한 설명	화폐가치로의 환산시 유의사항
민간부문에 부과된 비용	정부의 「정책」이나 프로그램은 민간부문에 비용을 부과하는 것이 보통이다. 특히 정책의 도입에 의해 민간의 부담이 발생하게 된다. 예를 들면, 산성비를 줄이기 위해 전력회사에 저유황 석탄의 이용을 의무화하는 정책의 도입에 따라, 전력회사는 비용증감분을 부담한다. 하지만 이것은 최종적으로는 일반 소비자가 부담하게 된다.	• 정책의 도입에 따라 발생한 소비자 잉여(consumer surplus)의 감소 개념은 특수한 것이다. 통상 소비자 잉여의 계산은 훈련이 잘된 컨설턴트나 경제학자가 담당한다. • 물론 정책에서 실현된 사회편익도 있으므로, 이것도 사회적 손익계산서에 포함되어야 한다.
자본이용 비용	투입된 자본은, 민간기업의 회계처리와 동일하게 감가상각비를 계상할 필요가 있다. 감가상각의 방법에는 매년 동일한 액수를 상각하는 정액법 계산방법 외에 동일한 비율로 상각하는 정율법 계산 방법 등이 있다. 또한, 투입된 자본은 형식적으로 정부의 소유권으로 등기되어 있어도, 실제로는 일반 소비자(국민, 지방자치단체 주민, 시민)의 공유로 있어, 사회적 비용/편익계산에 포함할 필요가 있다.	• 토지는 원가 상각할 필요가 있는가? 민간기업에서는 감가상각하지 않는다. 사회적 비용편익계산에서는, 자본이용 비용으로서, 다음의 방법이 이용된다. • (토지의 시장가격) × (정부투자의 투자이율: 예를 들면, 미국에서는 미국 재무성 증권의 장기이율이 이용되고 있다.) 투자이율은 편의적으로, 민간은행이 제시하는 장기금리로 대체해도 좋다.
공공 프로그램이 일으키는 피해	불행히도, 공공 프로그램은 사회편익만이 아니라 사회에 의도하지 않은 피해를 가져온다. 이 피해는 사회비용으로 계산에 포함해야 할 것이다. 예를 들면 새로운 댐 건설은, 야생지역을 수몰시킨다. 야생지역도 (비록 국립공원내에 있더라도) 실제로는 일반 국민(소비자)의 공유이다.	야생지역이 수몰되는 비용 등은 어떻게 계산할까? 사회적 비용의 계산에 있어 아래의 방법이 이용된다. 만약 수몰이 불가피한 경우 자연환경에 가져오는 영향을 완화하기 위해 필요하다고 여겨지는 모든 조치, 그리고 소비자(국민)에 지불될 것이라고 여겨지는 모든 보상조치의 비용 합계를 비용으로 계상한다.
기타 비용	• 민간기업과 마찬가지로, 연구개발비에 관한 부담도 계산에 포함해야 할 필요가 있다. • 민간기업과 마찬가지로, 만일 프로그램이 기채(국채, 지방채, 그 외의 채권)에 의해 자금이 투입된 경우에는, 그 금리부담도 비용으로 계상하지 않으면 안 된다.	

* 출처: Ryu Yoshiaki and Sasaki Ryo. (2000). 「政策評價の 理論と技法」. p.96. 수정.

2) 사회적 편익(social benefit)의 화폐가치 환산방법

표 10-4 사회적 편익의 화폐가치 환산방법

사회적 편익의 종류	화폐가치로의 변환 방법	화폐가치로의 환산상 유의사항
생명	1. 개인의 생애적금에서 남은 연수분(年數分)을 계산한다. 2. 비행기사고, 자동차사고, 화재사고 등에 있어서 타인의 사망에 대해서 일률적으로 지불된 보상금액을 이용한다. 3. 화폐가치로의 계산이 어려운 항목으로서 다루는 기타 정보와 함께 중요 체크를 한다.	• 각 개인의 생명은 평등한 화폐가치환산을 해야 하는지? 아니면 젊은 사람(노동년수가 많이 남은 사람) 및 생산성이 높은 사람(급여가 높은 사람)은 더욱 높게 화폐가치 환산을 해야 하는지? • 각 개인의 생명을 직접 화폐가치환산을 하지 않고 비용만을 비교해서 비용효과평가 하는 편이 더 훌륭한 분석접근일지도 모른다.
절약시간	1. 과세 후의 시간당 임금×절약된 시간 2. 시간을 절약하기 위해 얼마만큼 지불할 의사가 있는가? 지불의사액 × 절약된 시간	• 시간에 대해서 각 개인의 화폐가치환산의 가치는 다르다. • 어떤 개인은, 다른 개인보다도 시간을 절약하기 위해 보다 많은 비용을 지불한다.
절약 비용	1. (정부의 경우) 프로그램의 실시 전과 실시 후에 비용을 비교해서 차이점을 계산한다. 2. (사회일반의 경우) 일반적인 개인의 절약비용분 × 사람수	• 고정비 부담은 다른 사회 프로그램의 실시에 의해 다르게 된다. • 일부 사람의 비용부담의 감소는 다른 일부 사람의 비용부담의 증가를 의미하는 경우가 있다.
생산량 증가분	1. 생산량 한 단위를 얻기 위해 얼마만큼의 지불의사가 있는가? 지불의사액×증가된 생산량(단위로 표시) 2. 시장가격, 혹은 유사상품의 시장가격×증가된 생산량(단위로 표시)	• 민간기업의 생산량은 다른 여러 가지 요인에 의해 변화한다. • 공공부문의 생산량증가는, 민간기업 생산량 증가의 경우와 다르다. • 공공부문의 생산에 관한 가격을 어떻게 계산하는가?
생산성 향상분	1. 민간부문에 있어서 증가한 생산량×시장가격 2. 개인의 생애적금 증가분의 합계	• 稅收의 증가는, 단순히 개인에서 정부로의 자금의 이동이라는 견해가 있다.
고용 증가분	1. 대상지역내의 주민의 생애적금의 증가분의 합계 2. 대상지역외의 주민이 지역 내에서 새롭게 일함으로써, 당해지역에 가져다주는 수입의 합계	• 대상 지역외의 주민이 새롭게 일을 함에 따른 편익에 대응해서, 사회보험 등의 비용측면을 계산에 넣어야 할 필요가 있다.
레크리에이션 증가분	1. 레크리에이션의 일수×하루당 지불의사액 2. 외부파급효과 예: 건강의 향상, 범죄율의 저하, 지역경제의 파급효과 등	• 유사한 민간시설이 제공하는 레크리에이션에서 설정되어 있는 가입활동자금은 지불의사액을 측정한 다음 참고한다. • 각각, 다양한 금전가치를 환산할 필요가 있다. 기본은 한 단위당의 화폐가치 환산량×개선에 의한 신규증가(감소)한 그 증가분(감소분)

* 출처: Ryu Yoshiaki and Sasaki Ryo. (2000). 「政策評價の 理論と技法」. p.97. 수정.

제5절 대안선택의 기준들과 적용 예

비용편익분석을 수행하는 전문가들 사이에서도 그 적용기준들의 장단점을 제대로 이해하지 못하고 사용하는 경우가 종종 있어 주의를 필요로 한다.

1. 기본 법칙

어떤 선택상황하에서나 순편익을 극대화하는 대안을 선택하라(In any choice situation, choose the alternative that maximizes net benefit).[6]

현재가치로 환산된 순편익인 순현재가치(Net Present Value: NPV) 극대화(Maximize NPV) 기준이 가장 보편적으로 사용되는 기준이며, 동시에 가장 신뢰할만한 의사결정 기준이다. 이는 할인율로 할인된 총 현재편익가치에서 총 현재비용 가치를 뺀 값이다(NPV = PVB - PVC). 이 기준은 편익의 현재가치와 비용의 현재가치의 차를 말하는 것으로 편익과 비용이 모두 화폐적 단위로 측정되었을 경우 최선의 척도가 된다. 적절한 사회적 할인율이 적용되고 그 순현재가치가 0보다 큰 경우에는 그 사업은 일단 이론적으로 받아들여질 수 있는 정책 또는 사업이다. 그러나 화폐적 가치로 측정되거나 환산될 수 없는 편익 또는 비용은 순현재가치의 계산에 포함될 수 없는 한계가 있다.

예산제약(budget constraints)이 있고, 둘 이상의 프로젝트를 선택해야 하는 공공사업의 경우에도 일반적으로 적용 가능하게 순편익 극대화기준을 다음과 같이 수정할 수 있다.

가장 높은 순현재가치를 제공하는 사업 믹스를 선택하라(choose the mix of projects that offers the highest present value).[7]

---

6) Stokey and Zeckhauser(1978: 137).

7) Stokey and Zeckhauser(1978: 167).

2. 기타의 선택기준 들

1) 편익비용비(Benefit/Cost Ratio: B/C Ratio) 기준

공공사업의 경제적 타당성을 결정하는 데 흔히 쓰이는 방법의 하나는 편익-비용의 비율을 계산하는 것이다. 이 비율은 다음 식과 같이 표시될 수 있다.

$$B/C(i) = \frac{\text{사회적 편익의 현재가치}}{\text{공공사업 비용의 현재가치}} \quad (10\text{-}5)$$

여기에서 편익과 비용은 이자율을 사용하여 계산된 현재액 또는 시간적 등가액을 나타난다. 따라서 이 B/C비율은 화폐액으로 표시된 등가편익과 화폐액으로 표시된 등가비용을 반영한다. 이 비율이 1이면 등가편익과 등가비용은 같다. 이것은 정부기관의 지출을 정당화시킬 수 있는 최소한의 값을 나타낸다. 대안의 분석에 적절한 사회적 할인율이 적용되었다면, 편익비용비가 1보다 큰 투자사업은 편익의 현재가치가 비용의 현재가치보다 큰 것을 의미하기 때문에 일단 받아들여질 수 있는 사업이라는 것을 의미한다. 그러나 편익비용비 기준을 적용하여 사업 대안을 선택하면 오류를 범할 가능성이 있다.

비용편익 분석과 관련하여 편익과 비용을 설명하는 데에는 세심한 주의가 기울여져야 한다. 편익은 사용자에게 돌아가는 모든 이익에서 모든 불이익을 뺀 것을 의미한다고 정의된다. 가치 있는 편익들을 가져오는 제안들은 흔히 피할 수 없는 불이익을 낳기도 한다. 사용자가 추구하는 것은 순편익이다. 마찬가지로, 비용은 부담자에게 돌아가는 모든 비용에서 모든 절약액을 뺀 것을 의미한다고 정의된다. 이러한 절약은 사용자에게 돌아가는 편익은 아니고 사업을 시행하는 정부에 돌아가는 비용의 절감이 된다. B/C 비율을 계산하는 데 분자에 어떤 숫자를 더하는 것과 분모에서 같은 수를 빼는 것과는 차이가 있음을 알아야 한다. 따라서 편익과 비용을 잘못 설명하면 B/C 비율이 잘못 계산될 것이다.

2) 내부수익률(Internal Rate of Return: IRR) 기준

내부수익률 또는 수익률이란 수익성 지수(index of profitability)로서 일련의 수입과 지출의 현재가치액을 영으로 만드는 이자율이다. 비용편익분석의 맥락에서 보면, 편익의 현재가치와 비용의 현재가치가 동일하게 되도록 하는 할인율 또는 순편익의 현재가치를 0으로 만들어 주는 할인율이 내부수익률이다. 즉, PVB = PVC 또는 NPV = 0로 하는 할인율을 말한다. 할인율을 사전에 적절히 정하기 어려운 경우 정책결정자는 정치적 또는 기타의 고려에 의해 바람직하다고 생각되는 최저 한계선으로서 한계수익률을 미리 설정해 놓고 사업의 평가 결과 내부수익률이 한계수익률을 넘을 경우 이 사업을 바람직한 것으로 받아들일 수 있다.

투자대안 j의 내부수익률은 다음 식에서 i의 값이다.

$$0 = PV(i_j) = \sum_{t=0}^{n} F_{jt}\,(1+i_j)^{-t} \qquad (10\text{-}6)$$

이때 투자대안 j의 내용년수는 n이며, 경제적 의미를 갖는 수익률은 -1< i < ∞사이에 존재하지만 실제문제에 있어 수익률은 0 < i < ∞의 사이에 존재한다고 보아도 무방하다. 어떤 사업의 내부수익률은 현금흐름의 순 현재가치 = O 을 만족시킨다.

내부수익률 계산에는 시행착오법이 사용되는데 다음에 제시된 현금흐름에 있어서 내부수익률을 계산하려면 현금흐름의 현재가치액을 0으로 만드는 어떤 i*를 찾아내야 한다.

표 10-5 내부수익률 계산을 위한 현금흐름의 예

연말	현금흐름 Ft
0	-1.000
1	-800
2	500
3	500
4	500
5	1200

이것은 다음 식을 만족시키는 어떤 i를 찾아내는 것이다.

$$0 = PV(i)$$

$$= -1{,}000 - 800[\frac{1}{(1+i)^1}] + 500[\frac{(1+i)^4 - 1}{i(1+i)^4}][\frac{1}{(1+i)^1}]$$

$$+ 700[\frac{1}{(1+i)^5}]$$

위 식에 i = 0을 대입하면

$$PV(0) = -1{,}000 - 800(1) + 500(4)(1) + 700 = 900$$

PV(0) > 0 이므로, 현금흐름을 검토해 보면 양의 현금흐름이 음의 현금흐름보다 뒷쪽에 많이 존재하므로 이자율 i를 증가시키면 초기 지출의 현재가치가 감소되는 것보다 수입흐름의 현재가치가 더 많이 감소된다. 따라서 i의 증가에 따라 현재가치액이 영으로 접근될 것이다. 여기에서 i를 12%로 하여 계산해 보면,

PV(12) = -1,000 - 800(0.8029) + 500(3.0374)(0.8021) + 700(0.5674) =39

PV(12) 〉 0이므로, 더 큰 이자율 i = 15% 에 대해서 계산해보면

PV(15) = -1,000 - 800(0.8696) + 500(0.8550)(0.8696) + 700(0.4972) = -106

PV(15) 〈 0

따라서, 보간법(interpolation)을 이용하여 i*의 개략치를 구하면,

$$i^* = 12\% + 3\%[\frac{39-0}{39-(-106)}] = 12\% + 3\%[\frac{39}{145}] = 12.8\%$$

IRR기준의 장단점

다른 비교기준인 현재가치액, 연간동등가치, 미래가치 등과는 달리 내부수익률의 계산에는 이자율을 미리 알 필요가 없기 때문에 미래에 대한 인식 및 미래의 이자율이 아주 불확실할 때에는 내부수익률에 의한 투자대안의 비교방법이 대단한 매력을 갖는

다. 그러나 언제나 정확한 의사결정을 보장하는 타당한 기준은 아니다.

<표 10-6>의 프로젝트 X와 프로젝트 Y를 비교하여 보자. 프로젝트 X의 IRR은 약 20%이고 프로젝트 Y의 IRR은 약 16.5%이다. 프로젝트 X의 IRR이 더 높기 때문에 IRR기준으로 보면 프로젝트 X가 선택된다. 그러나 만약 적정할인율이 0% ~ 13%의 범위에서 결정된다면 프로젝트 Y의 순현재가치가 더 크기 때문에 프로젝트 Y가 더 나은 대안이 된다.

표 10-6 X, Y 두 Project의 비교 (단위: $1,000)

Project	년도					
	0	1	2	3	4	5
X	-10	+5	+4	+3	+2	+1
Y	-10	-5	+6	+6	+6	+6

또한, 의사결정자가 내부수익률 기준을 채택하면 현상을 유지하는 대안(doing nothing)이 새로운 프로젝트를 추진하는 것보다 더 나은 대안일 가능성을 간과하게 할 수도 있다. 만일 할인율이 20% 이상일 경우(그럴 가능성은 거의 없겠지만)에는 프로젝트 X와 프로젝트 Y는 음(陰)의 순현재가치를 갖기 때문에 현상유지의 대안보다 열등한 대안이 된다.

뿐만 아니라 순현재가치를 0으로 만드는 IRR이 한 사업내에서 두개가 나올 경우가 있다. 이는 어떤 사업의 비용과 편익 발생구조에 따라 <그림 10-2>와 같이 낮은 IRR과 높은 IRR이 나타날 수 있기 때문이다. 이 경우 의사결정자는 어떤 내부수익률을 선택하여 다른 프로젝트의 내부수익률과 비교하여야 하는지에 대해서 IRR기준은 아무런 해답을 주지 못한다. <표 10-7>의 프로젝트 Z가 그 예이다. <그림 10-2>를 보면 PVz의 함수가 수평축을 가로지르는 i의 값 즉, 순현재가치를 0으로 만드는 두 개의 i의 값이 내부수익률이다(Stokey and Zeckhauser, 1978: 163-167).

표 10-7 내부수익률이 2개인 프로젝트의 예 (단위: $1,000).

Project	년도				
	1	2	3	4	5
Z	-2	+10	+30	+20	-40

그림 10-2 Project Z의 현재가치와 내부수익률의 관계

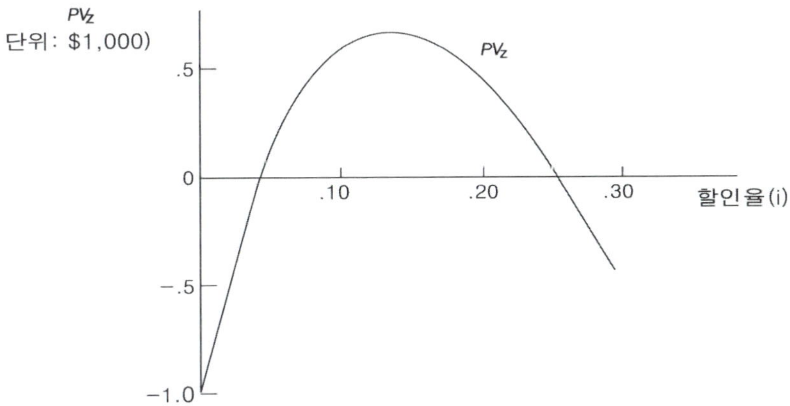

3) 연간동등가치(equivalent annual value: EAV) 기준

연간동등가치 기준은 변동하는 매년의 편익, 비용, 순편익을 연간 동등가치[8]의 흐름으로 판단하는 것이다. 연간동등가치는 현재가치액과 유사한 성격을 띠고 있는 비교기준으로서 어떤 현금이 있을 때, 먼저 이 현금흐름의 현재가치를 구한 다음 이자율 계수를 현재가치에 곱하면 일련의 연간동등가치를 구할 수 있다.

연간동등가치

$$EAV(i) = PV(i) \cdot (A/P\ i, n) = [\sum_{t=0}^{n} F_{jt}\ (1+i)^{-t}\ ][\frac{i(1+i)^n}{(1+i)^n - 1}] \qquad (10\text{-}7)$$

EAV(i)와 PV(i)의 관계에서

8) 연간동등가치를 연간등가액(annual equivalent amount)이라고도 한다.

(1) i와 n이 유한할 때 EAV(i) = PV(i)×(상수), 따라서 i와 n으로 평가한 두 개의 현금흐름이 있을 때 연간동등가치로 비교하는 것과 현재가치액으로 비교한 것과 동일한 결과를 얻는다. 즉, 두 개의 현금흐름의 연간동등가치 비율과 두 개의 현금흐름의 현재가치액 비율은 같다.

(2) i와 n의 값이 유한인 이상 EAV(i)와 PV(i)의 값은 동일한 i의 값에 의하여 0(零)이 된다. 따라서 두 가지 비교기준 자료 중 어느 하나를 이용해서 판단 기준을 삼아도 i와 n이 고정되어 있으면 대안의 선택은 같은 결과를 가져온다. 비교기준으로서는 AE(i)가 PV(i)보다 우선적으로 쓰이게 되는데 그 이유는 현금흐름의 형태가 n년마다 반복될 때 PV(i)의 경우보다 계산이 용이하기 때문이다.

의사결정을 위해서 먼저 이 책 마지막 부분에 있는 [부록] 불연속 복리표를 이용하여 연간동등가치를 구하고 이 연간동등가치를 다시 현재가치로 고치면 된다.

4) 미래가치 기준(future value approach)[9)]

현재가치로 할인하는 것이 아니라 사업이 끝나는 최종기에 맞추어 복리로 계산한 값을 대안 선택의 기준으로 삼는 방법이다. 미래가치는 어떤 이자율로서 미래시점에서 본 현금흐름 가액이다. 투자대안 j의 현재부터 n년 후의 미래가치는

$$FV(i)_j = F_{j_0}(F/P\ i,\ n) + F_{j_1}(F/P\ i,\ n-1) + \cdots + F_{j_{n-1}}(F/P\ i,\ 1) + F_{j_n}(F/P\ i,\ 0)$$

$$FV(i)_j = \sum_{t=0}^{n} F_{jt}\,(F/P\ i,\ n-t)$$

그런데, (F/P i, n-t) = $(1+t)^{n-t}$ 이므로 FV(i)j 는 다음과 같다.

$$FV(i)_j = \sum_{t=0}^{n} F_{jt}\,(1+i)^{n-t}$$

9) 최종가치(terminal value approach) 기준이라고도 한다.

미래가치 계산방법의 다른 하나는 먼저 현금흐름의 현재가치를 계산한 후 이를 n년차의 미래가치로 고치는 방법이다. 주어진 i와 n에 관하여 미래가치는 현재가치액에 어떤 상수를 곱한 결과가 되므로 i와 n이 고정되어 있으면 미래가치에 의한 두 가지 투자대안의 상대적 가치에 의한 것과 똑같은 결과를 가져온다. 만약 투자대안 A의 현재가치가 투자대안 B의 현재가치의 3배이면 미래가치도 3배가 된다.

결국 투자대안의 비교에 있어서 연간동등가치, 미래가치 및 현재가치액은 서로 일관성이 있는 비교기준이 된다. 따라서 i와 n이 고정되어 있는 한 A 안과 B 안의 비교에 있어 다음 식이 성립한다.

$$\frac{PV(i)_A}{PV(i)_B} = \frac{AE(i)_A}{AE(i)_B} = \frac{FV(i)_A}{FV(i)_B} \qquad (10\text{-}8)$$

결국 같은 투자기간 n 및 주어진 이자율 i에 대하여 미래가치, 현재가치액 또는 동일 연간동등가치 중 어느 비교기준을 적용하여도 똑같은 선택결과를 가져온다.

현실에서 많이 사용되는 이자율로 미래가치를 계산하기 위해서는 이 책 마지막 부분에 있는 [부록] 불연속 복리표를 이용할 수 있다.

5) 자본회수기간(payback period) 기준

자본회수기간 기준은 가장 짧은 자본회수기간을 갖는 대안이 선택되는 기준이다. 자본회수기간이란 초기투자비용인 원금을 순 현금흐름(net cash flow)으로서 회수할 수 있는 기간을 뜻하며, 이 때 이자율은 0으로 가정된다. 즉, 초기 투자원금을 P, t년도에 있어서 순 현금흐름을 Ft라고 하면 투자 자본회수기간은 다음 식을 만족하는 n으로 정의된다.

$$P = \sum_{t=1}^{n} F_t \qquad (10\text{-}9)$$

이 기준은 ㉮ 돈의 시간적 가치, ㉯ 현금흐름의 크기 및 발생 시간이 자본회수기간 이후에도 투자에 영향을 미친다는 사실과 ㉰ 투자의 예상 수명기간들을 고려하지 못하는 결점이 있다. 따라서 자본회수기간 기준은 경제적 타당성을 결정짓기는 곤란하지만 초기 투자비가 얼마나 빨리 회수될 것인가 하는 척도로써 이용될 수 있다. 또한, 미래에 대한 예측이 불확실하고 투자자가 많은 현금을 빌려서 사업을 해야 할 경우 유용한 정보를 제공할 수 있다. 그러나 이 기준은 순편익을 극대화하고자 하는 기본규칙과 일치하지 않는 기준이기 때문에 실제 적용에 있어서는 세심한 주의가 필요하다. 다음 표의 프로젝트 A와 B를 고려해 보면 쉽게 이해할 수 있을 것이다.

Project	년도(할인율 0% 적용)						
	0	1	2	3	4	5	6
A	-130	50	50	50	0	0	0
B	-130	40	40	40	40	40	40

3. 선택기준 적용 시의 주의점

1) B/C 비율은 순편익극대화기준보다 더 자주 인용되는 의사결정기준이지만 문제가 있다. 비용편익비의 값은 비용과 편익을 어떻게 정의, 구분하느냐에 따라 민감하게 변하기 때문이다. 즉, B/C 비율을 계산하는 데 분자에 어떤 숫자를 더하는 것과 분모에서 같은 수를 빼는 것과는 차이가 있음을 알아야 한다. 따라서 편익과 비용을 잘못 설명하면 B/C 비율이 잘못 계산될 것이다. 이것이 비용편익비(benefit/cost ratio)의 적용 한계문제이다.

2) 내부수익률(IRR)기준은 순편익의 흐름에서 부호의 변화가 두 번 이상 나타나는 경우에 두 개의 서로 다른 내부수익률 값이 계산되는 경우가 있으므로 이 기준을 채택하는 것은 잘못된 의사결정을 하게 될 위험이 있다. 또한, 의사결정자가 내부수익률 기준을 채택하면 현상을 유지하는 대안(doing nothing)이 새로운 프로젝트를 추진하는 것보다 더 나은 대안일 가능성을 간과하게 할 수도 있다.

3) 자본회수기간 기준은 초기 투자비가 얼마나 빨리 회수될 것인가 하는 척도로써 이용된다. 자본회수기간 기준은 순편익을 극대화하고자 하는 기본규칙과 일치하지 않는 기준이기 때문에 경제적 타당성을 결정짓는 실제 적용에 있어서는 세심한 주의가 필요하다.

4) 순편익극대화의 법칙은 언제나 일의적으로 결정되기 때문에 명확하다. 이 때문에 언제, 어느 상황에서도 순편익 극대화의 법칙을 기본 법칙으로 사용하여야 한다. 한편, 예산제약(budget constraints)이 있고, 둘 이상의 프로젝트를 선택해야 하는 공공사업의 경우에는 순편익 극대화기준을 다음과 같이 수정할 수 있다. "가장 높은 순현재가치를 제공하는 사업 믹스를 선택하라."

연간동등가치기준, 미래가치기준 등은 현재가치로 환산된 순편익극대화 기준과 본질적으로 동일하다. 한편, 제대로 계산되고 이해된 다른 기준들도 질이 다른 의사결정 정보들을 제공해 주기 때문에 보완적인 의사결정기준으로 조심스럽게 사용할 수는 있다.

4. 여러 가지 선택상황에 따른 기본적 법칙의 구체적 적용

대안의 수와 예산제약 조건을 기준으로 보면 선택상황은 크게 다음의 4가지 경우로 나뉜다.

① 하나의 대안: 단일사업을 채택 또는 기각하는 경우

② a) 다수의 대안: 여러 개의 독립적인 대안들 중에서 최선의 단일 대안을 채택하는 경우

b) 한 사업의 최적 규모를 결정하는 경우

③ 자원(예산) 제약의 조건에서 다수 대안을 채택 또는 기각하는 경우

④ 자원(예산)제약조건과 다수 대안 하에서 대안들의 최적 배합을 결정할 뿐만 아니라 각 대안들의 최적 수준을 결정하는 경우

Case 1: 단일사업의 채택 또는 기각

- 선택기준: B - C = NB〉 0

즉, 현재가치로 환산된 순편익(NB: net benefit)이 0보다 큰 경우 채택한다.[10)]

---

10) 이하의 순편익(NB)은 현재가치화한 순편익(Net Present Value)을 의미한다.

〈예제 10.1〉 낡은 공공건물을 첨단 공공건물로 신축하는 문제

주어진 자료:

건물 신축비용 = 100억 원

신축건물의 총 에너지 비용 절감액 = 50억 원

유지관리비용의 절감액 = 40억 원

계산: 순편익 (NB = B - C) = 50억 원 + 40억 원 − 100억 원 = -10억 원

결론: 순편익이 0 보다 크다면 채택한다는 원칙에 따라 신축하지 않기로 결정한다.

Case 2a: 다수의 독립적인 대안들 중 최선의 대안 채택

- 투자대안들이 상호 독립적이며 비연속적 대안들로 구성되는 경우에 적용한다.
- 선택기준: 순편익이 최대(Maximum NB)인 대안이 최선의 대안으로 채택된다.

〈예제 10.2〉 8가지 대안들 중 최선의 대안 선택 문제

자료:

신축건물 대안	신축비용	편익			순편익
		에너지비용절감	유지관리비용절감	총편익	
A	100	100	500	600	500
B	500	400	850	1250	750
C	200	200	600	800	600
D	75	25	150	175	100
E	150	50	325	375	225
F	200	150	250	400	200
G	50	75	100	175	125
H	150	175	275	450	300

* 단위: 억원

* 가정: 각 건물대안들은 서로 독립적이며 비 연속적이다.

0 선택기준에 따라 순편익 최대대안인 B를 선택한다.

Case 2b: 한 사업의 최적 규모결정

- 투자대안들이 상호독립적이지만 연속적인 대안들의 경우에 적용한다.
- 선택기준: Max NB = Max(B - C)일 때 최선의 대안으로 채택된다.
- 기법: 목적함수를 독립변수(통제가능한 정책대안 변수)로 미분해서 그 값을 0으로 만들어 줌으로써 사업의 최적 규모를 계산해낼 수 있다. 최적 규모에서는 투자사업의 한계편익(marginal benefit)이 한계비용(marginal cost)과 일치하게 된다.

즉, 채택원칙: Max NB = Max(B - C)에 따라 미분원리를 적용하면

$$\Longrightarrow \partial NB/\partial X = \partial B/\partial X - \partial C/\partial X = 0$$

$$\Longrightarrow MB = MC$$

- 해석: 한계편익이 한계비용과 일치하는 수준, 즉 한계순편익(MNB: marginal net benefit)이 영(zero)인 수준까지 사업규모를 확대하라.

〈예제 10.3〉 대규모 산림 관리자의 비료 투입결정의 비용편익분석

- 자료는 아래 표 (1) -(3)항목만 주어졌다. 총비용, 총편익 자료로부터 순편익, 한계편익, 한계비용, 비료의 순한계편익 등을 계산하여 표에 제시된 값과 일치하는지 확인하여 보시오.
- 사업의 비분할성: 나무의 성장을 촉진하는 비료는 5톤 단위로만 적재, 관리, 투입 가능하다.
- 비료투입에 있어 수확체감의 법칙(law of diminishing returns)이 작용한다.

(1) 톤 (tons)	(2) 총편익 (TB)	(3) 총비용 (TC)	(4) 순편익 (NB)	(5) 한계편익 (MB_F)	(6) 한계비용 (MC_F)	(7) 한계순편익 (MNB_F)	(8) 한계순편익 (MNB₩)
5	2.5	1.0	1.5	.50	.2	.30	1.50
10	4.1	2.0	2.1	.32	.2	.12	0.60
15*	5.3	3.0	2.3	.24	.2	.04	0.20
20	6.1	4.0	2.1	.16	.2	-.04	-0.20
25	6.7	5.0	1.7	.12	.2	-.08	-0.40
30	7.2	6.0	1.2	.10	.2	-.10	-0.50
35	7.5	7.0	0.5	.06	.2	-.14	-0.70
40	7.8	8.0	-0.2	.06	.2	-.14	-0.70
45	8.0	9.0	-1.0	.04	.2	-.16	-0.80

* 단위: TB, TC, NB, MNB는 1억 원, MBF, MCF, MNBF는 ton.

* 해법: (4) = (2) - (3), (5) = △(2) / 5톤, (6) = △(3) / 5톤 , (7) = (5) - (6)
(8) = △(4) / △(3) = MNB/MC. (△는 증분).

Case 3: 예산 제약 하의 다수 대안 중 일부 대안의 채택

- 원칙: 순편익의 극대화
- 선택 방법

i) 단위 비용당 순편익 지수(지수 = NB /Cost)를 계산한 후 이 지수에 따라 대안의 서열을 정한다.

ii) 서열화된 대안들의 비용이 전체 예산을 초과하지 않는 최후의 대안까지 선택한다.

〈예제 10.4〉 예산 제약 하에서 쓰레기 소각시설을 여러 지역에 분산설치하는 문제

- 총 예산 : 500억 원
- 원칙: 순편익의 극대화
- 해법: 단위비용당 순편익 지수를 계산한 후 이 지수에 따라 대안의 서열을 정한다.
- 의사결정 index(또는 ratio) = NB/Cost

(단위 : 억 ₩)

소각로 설치 예정지역	신축비용	NB	지수: NB/Cost	누적 예산
성북구	100	500	5.0	100
서초구	200	600	3.0	300
노원구	50	125	2.5	350
동작구	150	300	2.0	500
송파구	150	225	1.5	650
강남구	500	750	1.5	1150
서대문구	75	100	1.3	1225
영등포구	200	200	1.0	1425

• 대안 4개를 NB/Cost 지수의 순서에 따라 차례대로 선택하면 된다.
  - 결정된 소각로 입지 지역: 성북구, 서초구, 노원구, 동작구 선택

• 만일 예산 제약 조건이 없었다면 강남구가 최선의 입지 대안이다.
  그러나 예산 제약 때문에 「순편익을 극대화(Max NB)」하기 위해서는 강남구 대안이 제거될 수밖에 없다.

* 예산 제약조건이 있을 때에는 예산 단위당 기회비용 또는 잠재가격(NB/C)의 개념이 뚜렷이 작용한다. 이 문제의 경우에는 예산 1원의 한계가치는 1.5원이다. 왜 그러한지에 대해서는 독자들이 논리적으로(경제학적 사고) 생각해 보기 바란다.

Case 4: 자원제약 조건 하의 최적대안들 및 대안들의 최적수준 결정문제

- 선택 기준: 각 대안의 한계 순편익 균등의 법칙
  즉, $MNB_1 = MNB_2 = ... = MNB_n$

〈예제 10.5〉 예산제약 아래 장학금 지원의 최적수준 결정문제

학습능력과 연구의지의 차이, 따라서 연구성과의 차이를 예측할 수 있는 한국대학교 정책대학원 원생 김미래 양과 최대충 군이 있다. 두 사람 몫으로 총 3,000만 원이 책정된 장학금 예산을 김미래 양과 최대충 군에게 얼마씩 지급해야 할 것인가에 관한 비

용편익 의사결정 문제를 자료 없이 개념적으로만 생각하여 본다.

- 해법: 최종적으로 사용된 장학금 1단위의 한계순편익이 두 대학원생에게 동일하도록 장학금의 액수를 지급한다. 즉, (MNB김 = MNB최)가 되도록 3,000만원의 장학금을 각각에게 수여한다.

5. 요약: 선택상황에 따른 의사결정기준 표

1) 단일한 정책대안의 선택과 기각

단일의 정책대안 또는 프로그램이 수행할 가치가 있는가 없는가를 판단하기 위해서는 위에서 제시한 기준을 적용하여, NPV > 0, B/C > 1, 내부수익률(IRR) > 한계수익률(MRR: marginal rate of return) 등의 조건이 충족되면 된다. 가장 기본적이며 언제나 오류가 없는 선택기준은 순편익 극대화기준이다. <표 10-8>은 이러한 기준적용의 경우들을 종합적으로 구성한 것이다.

표 10-8 선택상황에 따른 판단기준

상황	① 대안 간의 의존성 ② 예산의 제약성	평가 및 판단기준
어느 특정대안의 선택여부	①과 ②가 모두 없음	NPV>0 이면 선택
많은 사업들 가운데 하나만 선택할 때	①과 ②가 모두 없음	최대의 NPV를 가진 대안을 선택
	②자원의 제약만 있음	예산제약하에 NPV를 최대화하는 대안선택
많은 사업들 가운데 여러 대안을 선택할 때	①과 ②가 모두 없음	NPV>0 인 모든 대안을 선택
	①은 있고, ②는 없음	NPV>0 이 되도록 하는 모든 대안조합(package)들을 선택
	①은 없고, ②가 있음	예산제약하에 NPV를 최대화하는 여러 대안의 세트를 선택
	①과 ②가 모두 있음	예산제약하에 NPV를 최대화하는 대안조합의 가능한 세트를 선택

* 출처: 노화준(1997), 정책분석론, 표 일부 수정.
* 대안 간 의존성이 있을 경우에는 상호의존적인 대안들을 따로따로 취급하지 말고 하나의 독립적 대안 패키지로 묶어서 취급해야 한다.

2) 다수의 정책대안의 선택기준과 대안 간의 우선순위 결정

상호배타적인 대안들이 다수 존재할 경우에는 현재가치화된 순편익 극대화 원칙이 가장 기본적 원칙이다. 다수 대안-자원제약 하에서 기본적 원칙의 적용을 위한 파생적 기준이 한계순편익 균등의 법칙과 순편익/비용 비율이다. 특히 순편익/비용비는 단순한 B/C 비율과는 다른 개념이며, 자원제약-복수 대안 선택상황 하에서 순편익 극대화 법칙의 구현을 위한 기준이다. B/C 비율이나 IRR은 순편익과 최대 순편익에 관한 정보를 제공하지 않아 순현재가치 기준과 모순될 가능성이 있다. 예산상의 제약이나 기타 제약조건들이 존재할 경우에는 순편익/비용 비율을 계산하여 대안들을 순위별로 나열하고 예산제약이 허용하는 범위 안에서 선택하는 것이 적절하다.

제 11 장

다속성 문제의 분석과 사회후생함수

제1절 다속성 문제의 의의

정책의 속성(attribute)은 정책이 산출하는 산출물 또는 영향들을 특성화하여 표현한 것이다. 하나의 속성, 하나의 선택기준 만으로 표현된 대안들의 비교는 아주 간단하다. 가장 바람직한 대안(예: 비용 최소화 대안 등)을 선택하면 되기 때문이다. 그러나 현실은 이처럼 단순하지 않다. 일반적으로 정책대안은 정책에 수반되는 유형, 무형의 비용과 편익의 종류만큼 다양한 영향을 낳기 때문에 다속성을 갖는다.

정책대안들이 각각 여러 가지 속성들을 가지고 있을 때, 대안들을 서로 비교하고 선택하는 문제가 다속성 문제(multi-attribute problem)이다. 다속성 문제에 직면하여 합리적, 계량적 의사결정모형을 활용하기 위해서는 대안의 속성들이 반드시 측정 가능한 단위로 표현되어야 한다. 각각의 대안들의 다양한 영향들이 계량적으로 측정 가능한 단위로 통일되어 있을 때에만 정책대안들의 비교가 가능하기 때문이다. 측정 단위는 물리적 단위이든 화폐적 단위이든 관계없다.

본 장에서 사용하는 용어들에 대하여 알아보자. 속성의 사전적 의미는 사람 또는 사물이 갖는 특징(feature) 또는 특성(characteristic)이다. 의사결정이론에서 사용되는 속성의 개념은 "잘 정의된 측정 가능한 특성 값(a well-defined measurable value of a characteristic"[1])이다. 특성은 사물의 성격을 지칭하는 특징 또는 질적 성격(quality)이다. 자동차의 성능이 차의 특성이라면, 차의 성능을 일정 거리에 도달하는 시간 또는 특정 속도에 이르기까지 소요되는 시간 등의 속성으로 측정할 수 있을 것이다. 의사결정기준(decision criterion)은 바람직하다고 인정되는 속성을 대안 비교의 측정 도구로서 선택하여, 선택된 속성에 의하여 목표달성의 정도를 측정하거나 평가하는 기준이다. 최대최소기준(a maximin criterion) 또는 기댓값 기준(an expected value criterion) 등의 의사결정기준에 의하여 편익극대화 또는 비용최소화의 목표를 실현하는 대안을 선택할 수 있다. 한편, 목표들 사이의 상충 관계는 특정 목표(순편익 최대화 등)를 달성하고자 하는 의사결정기준 내에서의 속성 간의 교환관계를 의미한다. 기준, 특징, 속성, 목표 등의 용어는 이처럼 상호 연결되어 있어 종종 혼란스러울 때가 있다. 또한, 산출, 영향 등도 속성, 기준 등과 마찬가지로 정책대안이 낳는 결과들의 특성에 관한 용어들이며 맥락에 따라 달리 쓰인다. 산출(output)은 투입(input)과 대비되는 용어로서 체계론적 관점에서 사용된다. 따라서 정책 산출은 정책목표와 관련된 실질적 효과만을 의미한다. 정책영향(policy impact)은 사회 전체에 미치는 모든 효과를 포함한 광범위한 의미로 사용된다.

제2절 다속성 의사결정 문제의 처리 방법

1. 다속성 의사결정문제의 구조

정책결정을 할 때 정책대안이 다수의 속성을 지니고 있고 따라서 다수의 비교기준을 갖는 경우의 문제가 다속성 문제이다. 다속성 문제는 다기준 문제(multi-criteria problem)이기도 하다. 다기준 문제에 있어 최선의 대안선택에 관한 의사결정이 어려운 이유는 두 가지이다. 첫째는 기준들의 속성이 달라 기준들 간의 직접적인 비교가 어렵기 때문이다. 둘째는 대부분의 경우 기준 간에 상충 관계가 있기 때문이다. 기준들이 서로 다른 속성을 갖는다 하더라도 서로 상충 관계가 없다면 선택은 보다 단순해질 것이다. 이 상충 관계 때문에 기준 간의 최적 배합문제가 발생한다. 효율성 기준과 형평

1) Marshall and Oliver(1995: 35).

성 기준의 두 기준으로 정책대안을 선택하는 경우를 생각하면 이해가 쉬울 것이다. 다기준 분석은 대안들의 비교에 중점을 두고 있기 때문에 미래 상황 전개에 대한 예측에 중점을 두고 있는 델파이 방법과는 다르다.

하나의 속성 또는 하나의 기준을 가진 대안들의 비교는 간단하다는 사실을 우리는 잘 알고 있다. 따라서 다양한 속성들을 단일 속성으로 통합하여 단일 속성문제로 만들면 된다. 단일 속성은 여러 속성 중 대표적인 속성 하나일 수도 있고 전혀 다른 성격의 제3의 속성일 수도 있다. 여러 종류의 물리적 속성, 추상적 속성들을 단일의 화폐적 속성으로 통합하는 것은 제3의 속성으로 단일화하는 대표적 경우이다.

표 11-1 다속성 의사결정문제의 구조(확실한 상황의 경우)

대안 (Alternatives)	속성(Attributes)				
	X_1	X_2	X_3	....	Xn
A_1	C_{11}	C_{12}	C_{13}	....	C_{1n}
A_2	C_{21}	C_{22}	C_{23}	....	C_{2n}
A_3	C_{31}	C_{32}	C_{33}	....	C_{3n}
.					
.					
.					
.					
.					
.					
.					
A_m	C_{m1}	C_{m2}	C_{m3}	....	C_{mn}

* Ai: 대안 i (i=1,2...,m), Xr: 대안이 갖는 속성 j (j=1,2,...,n), Cij: 대안 i의 속성 j 값
* 출처: Kleindorfer et al. (1993), p.117, Figure 4.2.

다속성을 갖는 여러 대안들은 어떤 속성을 비교기준으로 적용하느냐에 따라서 대안의 우선순위가 달라진다. 비교기준에 따라 최선의 대안이 달라진다는 의미이다. 대안 비교기준의 선택은 가치판단의 문제이다. 정책대안의 선택에 있어서는 언제나 추구하는 가치를 명확히 하여야 한다. 다속성 문제의 처리방법들(ways to attack the multi-attribute problem)에 대하여 알아보자.

2. 다기준 분석기법 분류체계

다기준 분석 또는 다기준 의사결정(MCDM: multi-criteria decision making)은 "여러 개의 기준을 지닌 복잡한 의사결정을 최적화하는 방법"이라 할 수 있다.[2] MCDM의 문제가 적극적으로 다루어지기 시작한 것은 1970년대 초반부터이다. 1940년대에 개발된 선형계획법(linear programming)을 기초로 하여 1960년대에 Charnes와 Cooper에 의해서 선형목표계획법(linear goal programming)을 개발하면서 본격적으로 생산관리(operation research, OR)의 분야 등에서 논의되기 시작하였다(곽노균·최태성, 1999: 324). 또한 Von Neumann-Morgenstern에 의해서 제시된 효용함수(utility function)를 바탕으로 여러 가지 속성을 갖는 효용함수들을 활용하여 의사결정을 수행하는 다속성효용함수법(multi-attribute utility method)이 Keeney & Raiffa에 의해서 1976년에 제안되면서 이론적인 발전을 거듭하게 되었다(이창효, 1999: 28). 이러한 이론들의 개발과 발전과정을 통해서 다기준 분석은 다변량분석기법 등 매우 다양한 방향으로 발전되어 왔다. 다변량 분석기법의 분류체계를 보면 <그림 11-1>과 같다.

그림 11-1 다변량 분석기법의 분류

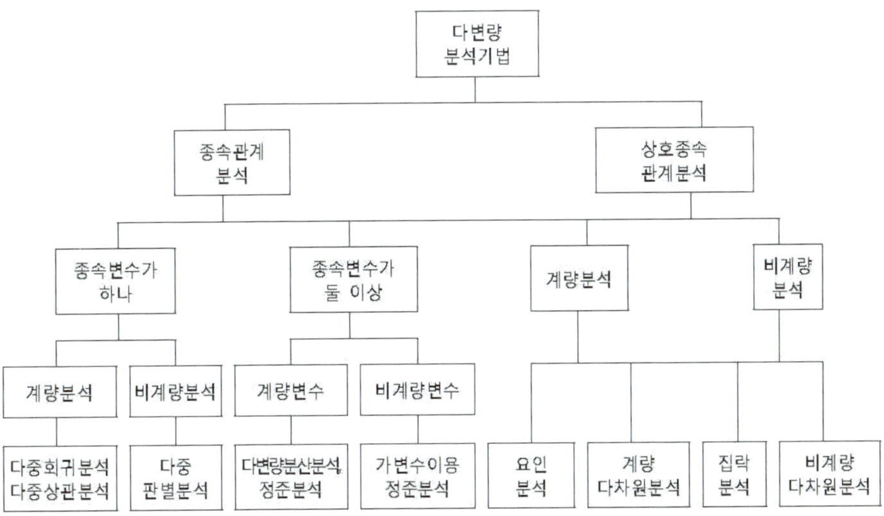

* 출처: 이용준 (2005).

2) 한국개발연구원, (2000), 「예비타당성조사 수행을 위한 다기준분석 방안 연구」. 이용준(2005.12).

다기준분석의 유형을 단순하게 분류하기는 어렵지만, 다음과 같은 두 가지 유형으로 구분할 수 있다. 첫 번째 유형은 다목적의사결정법(MODM: multiple objective decision making)이다. MODM은 제약조건에 의해 함축적으로 정의된 무한개의 대안 집합에서 설정한 목적을 가장 잘 만족하는 최적의 대안을 찾는 방법이다. MODM은 대안들의 집합이 사전적으로 미리 결정되어 있는 것이 아니라 주어진 목적들을 가장 잘 만족하는 대안들을 탐색하는 방법이라 할 수 있다.

의사결정의 목표는 상호 갈등관계에 있을 수 있는 다양한 목표들을 일정 수준 달성하면서 의사결정자를 가장 잘 만족하게 하는 대안을 발견하는데 있다. 예를 들면, 효율성과 형평성을 동시에 가장 잘 만족시키는 공공투자사업 대안을 마련하는 것이다. 이러한 MODM의 방법들로서는 유효해를 찾는 방법에 따라 가중치 부여법, θ-제약법, 다목적 선형계획법 등이 있다.

두 번째 방법은 다속성 의사결정법(MADM: multiple attribute decision making)이다. MADM은 유한개의 대안들의 집합에서 하나의 대안이나 그 외 선호도가 같은 몇 개의 대안을 선정하는 방법을 말한다. MODM과 MADM을 구분하는 가장 큰 차이점은 후자가 이미 정해진 유한개의 대안 중에서 선호의 순위를 설정하는데 주안점을 두고 있다는 것이다. 즉, MODM이 정해지지 않은 무한개의 가능한 대안들 중에 바람직한 대안을 탐색하는 기법이라고 하면 MADM은 이미 결정된 유한의 몇 개 대안들에 대해 우선순위를 결정하는 방식이라고 할 것이다. 이러한 MADM기법의 유형으로는 목표달성평가법(GAM: goal achievement method), 다속성 효용함수법(MAUT: multi-attribute utility theory), 평점모형(scoring method), 우선순위 매기기 방법(ranking method) 등이 있다.

MODM기법은 대안들을 무한개로 가정하고 이 무한개의 대안 집합 가운데 주어진 목표들과의 편차[3)]를 최소화하는 대안을 찾아내는 것이다. 반면에 일반적인 공공투자 의사결정에서는 대안의 수가 유한개일 뿐 아니라 이러한 유한개의 대안 중에서 우선순

3) 다목적 선형계획법에서는 이러한 편차의 유형은 크게 두 가지로 나뉘어진다. 하나는 목표치를 초과하는 편차변수인 초과편차변수(positive deviational variable)이고 목표치에 미달하는 편차변수인 부족편차변수(negative deviational variable)이다. 목표에서 벗어나는 편차가 큰 것은 바람직하지 않으므로 다목적 선형계획법의 최적화 문제는 이러한 편차를 최소화하는 것이 의사결정의 핵심적인 목표가 된다(곽노균·최태성, 1999: 324~325).

위나 선호를 가장 잘 반영하는 대안을 찾아내는 것이 의사결정의 핵심 목표이기 때문에 MODM기법과 같은 다기준 분석 유형은 적합하지 않다고 할 것이다.

3. 다속성-다수 대안의 비교 방법4)

1) 쌍 비교법(pairwise comparisons)

쌍비교법은 여러 대안들을 임의로 둘 씩 짝지어 순차적으로 비교하는 방법이다. 예를 들어 A, B, C, D, E의 다섯 대안이 있다고 가정하자. 첫째 단계에서는 A 대안을 B 대안과 비교하여 둘 중에서 더 나은 대안을 선택한다. 둘째 단계에서는 첫째 단계에서 선택된 대안을 C 대안과 비교하여 더 나은 대안을 선택한 후 그 다음 단계로 진행한다. 언제나 두 대안만 비교하여 보는 대안을 비교해본 후에 최선의 대안을 고르기 때문에 쌍비교법으로 명명되었다. 가장 원시적인 방법으로 비교를 위하여 여러 차례의 순환적 과정(cyclic process)을 거치게 되기 때문에 시간과 비용이 많이 소비되는 비효율적 방법이다. 또한, 최선의 대안(King-of-the-Mountain)은 찾아낼 수 있지만, 전체 대안의 서열은 알 수 없는 단점이 있다. 그럼에도 불구하고 실제로는 상당히 많은 정책이 이 방식처럼 결정된다. 그 이유는 언제나 현존 대안(the status quo)을 대체하기 위하여 새로운 대안을 찾기 때문이다. 이 방법이 단점은 많지만 단순하고 분석적 노력이 많이 요구되지 않아 쉽게 적용 가능한 장점도 있다.

2) 만족화 기법(satisficing method)

의사결정자는 의사결정을 하기 전에 일부(반드시 전체일 필요는 없음)의 속성들에 대하여 미리 만족수준을 설정해 놓음으로써 의사결정 문제를 단순화시킬 수 있다. 이 경우, 최선의 대안은 일부의 속성들에 대하여 미리 설정해 놓은 만족수준을 1차적으로 충족시키는 대안 중에서 선택되기 때문에 만족화 기법은 2단계 접근방법(two-step approach)으로 구성된다. 실제 의사결정문제에 있어서는 반드시 충족되어야 할 만족

4) 다속성 대안의 비교방법들을 쉽게 설명하는 사례들에 대해서는 Stokey and Zeckhauser (1978: 121-130) 참조.

수준은 제약조건으로 설정되고, 제약조건을 충족하면서 목적함수를 최대(또는 최소)로 달성시켜주는 대안을 선택하는 것이 일반적이다.

예를 들어, 대규모 하천 정비사업, 신공항 건설사업 또는 해저터널 건설과 같은 공공사업의 결정문제에 있어 환경보전과 미래 수익성도 중요하지만 '총예산은 20조 원을 초과해서는 안된다' 는 조건을 부여할 수 있다. 또는 시의회가 저소득층을 위한 임대주택을 공급함에 있어서 '적어도 5,000세대가 입주할 수 있는 규모로 건설하여야 한다'는 조건을 부과할 수도 있다. 이 경우, 이들 조건들을 만족시키는 대안 중에서 최종적인 대안을 선택하여야 한다. 선형계획법의 경영의사결정 문제가 이러한 선택구조를 갖는 대표적인 예이지만, 경제학에도 제약조건(constraints)하에서 목적함수(objective function)의 최적해(optimal solution)를 구하는 의사결정문제가 빈번히 나타난다.

3) 사전편찬식 서열매기기(lexicographic ordering)

이 기법은 만족화 기법의 극단적인 형태로서, 한 번에 하나의 속성에 관해서만 대안들을 서열화하는 방법이다. 이 기법은 대안을 서열화하는 방법이 사전의 단어 배열방식과 같기 때문에 붙여진 이름이다. 영어사전을 예로 들면 알파벳 a부터 z까지의 단어들을 순서대로 배열하는 데 있어서 각 자리에 a가 들어간 단어가 다 소진되지 않으면 b로 시작되는 단어가 들어설 수 없는 방식이다. 예컨대, qa........qz>ra.......rz>sa.......sz의 순서로 단어가 서열 지어지는 방식이다.

형평성, 효율성, 안전성의 세 가지 속성을 가진 정책대안들을 서열화함에 있어 정책목표의 우선순위가 형평성, 효율성, 안전성의 순서라면 형평성에 입각한 대안 비교가 끝난 다음에야 효율성 기준을 적용하고, 맨 마지막으로 안전성 기준에 입각하여 대안을 서열매기는 방법이다.[5)]

4) 지배되지 않는 대안만들기(reducing the search to nondominated alternatives)

어떤 대안에 비해서 모든 면(속성, 기준)에서 더 우수하지 않은 대안을 지배받는 대

5) 이 방법을 적용하여 만들어진 효율적인 대안집합 곡선인 등량선(isoquant)은 미시경제학에서 다루는 Leontief 생산함수 또는 Leontief 효용함수처럼 직각선과 같은 모양을 한다.

안 또는 피지배 대안(dominated alternative)이라 하며, 모든 면에서 다른 대안보다 더 나은 대안을 지배하는 대안 또는 지배대안(dominating alternative)이라 부른다. 만약 대안 A가 대안 B를 지배한다(A dominates B)면 A는 모든 속성에서 적어도 B보다 같거나 낫다는 의미이다.

지배되지 않는 대안 만들기의 방법은 다수 대안 중 지배되는 대안들을 제거하여 더 적은 수의 대안들로 비교대안을 축소하여 비교하는 방법이다. 이러한 과정을 거쳐 지배대안들로만 이루어진 대안 집합은 효율적이다. 왜냐하면 어느 대안도 다른 대안을 지배하지 못하며, 따라서 적어도 하나의 속성에 있어서 손해를 보지 않고는 다른 속성에서 이득을 얻을 수 없는 대안들의 구성이기 때문이다. 그러나 이 방법만으로는 최선의 대안을 골라낼 수 없는 단점이 있다. 이 책의 게임이론에 관한 부분에서 자세히 다룬다.

5) 동등 대안의 계산을 통한 비교(comparison through the computation of equivalent alternatives)

지배되지 않는 대안 집합을 만든 후에는 비교 기준이 되는 여러 속성을 하나의 속성과 동일한 측정 단위(예: $ 또는 ₩과 같은 화폐단위)로 전환하여 대안들을 비교하는 방법이다. 다속성을 갖는 다수대안들을 동등가치화 하기 위해서는 공통의 척도가 필요하다. 이 경우 주관적 효용인 자발적 지불의사(willingness to pay: WTP) 또는 자발적 수용의사(willingness to accept: WTA)를 측정하여 대안들의 가치를 화폐단위로 환산한 후 대안들을 비교하는 것이 일반적이다. 다속성 대안들을 하나의 동일한 속성을 갖는 동등대안들(equivalent alternatives)로 재구성하기 위해서 화폐가치가 아닌 효용단위(utility), 사람 수, 시간 등을 의사결정 맥락에 따라 공통기준으로 다양하게 사용할 수 있다.

4. Salo et al.의 다속성, 다기준 분석절차

Salo et al.(2003: 237-238)은 다기준 분석절차(phases in multi-criteria analysis)를 다음과 같이 6단계로 제시하고 있다.[6]

1) 이해관계자의 식별(identification of stakeholders)

의사결정문제와 관련된 이해관계자들이 누구인가를 식별하는 것이 첫 단계에 해당한다.

2) 목적, 기준 및 대안의 개발(development of goals, criteria and alternatives)

목적(goal)은 정책에 의하여 추구되는 바람직한 사회적 상황이나 상태이다. 추상적인 목적은 특정의 기준에 의하여 계량적으로 측정 가능한 다수의 구체적인 목표들로 세분화되어야 한다. 개별 목표(objective)는 정책에 의하여 달성되기를 기대되는 특정적인 또는 구체적인 항목이다. 따라서 목적은 가장 기본적인 최상위 목표라 할 수 있다. 우리나라에서는 목적과 목표가 혼용되어 구분 없이 사용되는 경우가 많지만, 개별 목표는 어떤 기준에 의하여 계량적으로 측정 가능하도록 설정되는 조건을 충족하여야 한다. 기준(criterion)은 목표 달성 정도를 측정하는 척도이며, 대안은 목표달성을 위하여 선택 가능한 수단들이다. 기준은 하위기준들(subcriteria)로 분해 가능하다. 기준들은 상호배타적이어야 하며 집합적으로 완전 망라적(mutually exclusive and collectively exhaustive)이어야 한다.

3) 모형 개발(model development)

목적, 개별목표, 기준과 대안들이 계층적 형태로 구조화되어야 한다. 목적은 최상위에 위치하는 요소이며, 낮은 단계에는 목표와 하위기준들이 위치한다. 대부분의 경우, 측정 척도(measurement scale)는 최하위 기준들로 정의된다. 이 척도는 대안들의 목표달성 성과를 측정한다. 일반적으로는 수치로 측정되지만, 의미적 개념인 명목척도에 의해서도 측정되기도 한다.

---

6) Ahti Salo et al., "Multi-criteria Method for Technology Foresight," *Journal of Forecasting*, 22, pp. 235-255, 2003.

4) 점수 도출(score elicitation)

대안들이 최하위 기준에 의해 평가된다.

5) 가중치 도출(weight elicitation)

기준들의 상대적 중요도를 평가하기 위한 기준 가중치(criteria weights)를 도출한다. 다양한 다기준 방법들의 차이는 바로 이 가중치 결정방법에 따라 현저하게 달라진다. 기준 가중치는 개인별 또는 집단별로 부여될 수 있다. 개인들의 판단을 집단의 견으로 전환하는 또 다른 방법들이 있다. 기준 가중치들은 합이 1이 되도록 정규화되는(normalized) 것이 일반적이다.

6) 종합 성과척도의 계산(computation of overall performance measures)

점수부여와 가중치 도출 결과에 따라 각 대안에 대한 종합성과 점수(aggregate performance measure or value)를 계산한다. 이 값이 대안의 상대적 우선순위를 결정한다.

<표 11-2>는 다수 대안의 비교를 위한 대표적인 기법들을 비교한 표이다.

표 11-2 다속성 의사결정기법의 비교

구분	단순다속성평가기법(SMART)	계층화분석법(AHP)	선호비율법(PRIME)	자료포락법(DEA)
적용 영역	대안평가	대안평가	대안평가	효율적 대안의 인식
선호정보(preference information)	완전 정보	완전정보	불완전정보	정보 불필요
추출 절차	점수부여	기준과 대안 간 쌍비교	대안 간 가치비율	투입산출에 의한 대안 평가
결과	대안의 가중된 총점수	대안의 가중된 총점수	대안의 총점수 범위	가중된 투입-산출비
해법 절차	대수학(algebra)	고윳값(eigenvector)계산	선형계획(LP)	선형계획(LP)

장점	단순, 투명	이해 용이, 지원 소프트웨어 프로그램 이용 가능	불확실성 취급 가능	객관적 효율성 평가
단점	이론적 기초 약함	순위 역전 가능, 다수의 쌍비교 필요	가치차이의 개념화와 추출 곤란	각 대안들이 유사한 투입-산출 자료 사용

* 출처: Ahti Salo et. al, (2003), "Multicriteria Method for Technology Foresight," Journal of Forecasting, 22, p. 242, Table I.
* 단순 다속성 평가기법 (SMART: simple multi-attribute rating technique)
* 계층화 분석법 (AHP: analytic hierarchy process)
* 선호비율법 (PRIME: preference ratios in multi-attribute evaluation)
* 자료포락법 (DEA: data envelopment analysis)

5. 종합적 방법: 사회후생함수의 구성

다양한 정책목표들을 각각의 차원에서 보면 복잡하여 다루기 곤란하다. 그러나 이들 목표를 입체적으로 통합하여 보면 쉽게 다룰 수 있다. 수많은 일차원 선들과 이차원 평면들이 결합된 삼차원의 입체를 생각하여 보자. 정책분석가는 수많은 정책목표를 사회적 후생함수(SWF) 또는 사회적 목적함수에 통합하여 이를 최대화 또는 최소화하고자 한다.

K. Arrow는 사회후생함수가 민주사회에서는 존재할 수 없다는 것을 보여주는 것으로 해석되는 명제를 매우 흥미있고 엄밀하게 수학적으로 증명했다.[7]

애로우는 그가 규약(constitution)이라고 부르는 것, 즉 어떤 문제에 응용될 때 항상 일관된 해답을 주는 의사결정규칙을 발견하려고 했다. 민주주의 사회에서 용인될 수 있는 어떤 규약은 다음의 여러 가지 조건을 충족시켜야 한다고 애로우는 추론했다. ① 그것은 개인의 합리성과 모순되지 않아야 한다. ② 개인의 합리성은 사회의 합리성으로 변형되어야 한다(예를 들어, 만약 가능한 여러 가지 방안 중의 어떤 하나에 대하여 어떤 다른 개인이 매긴 서열은 내려가지 않고 한 개인이 매긴 서열이 올라간다면 그것의 사회적 서열은 올라가거나 적어도 내려가지 않아야 한다). ③ 개인뿐만 아니라 사회의 선호서열은 관련되지 않는(즉, 선택이 이루어져야 할 기회 집합의 요소가 아닌) 방안에 의하여 영향을 받지 않아야 한다. ④ 사회적 선호서열이 사회의 외부에서부터 가해져서는 안 된다. ⑤ 어떤 개인도 독재자가 아니어야 한다(독재자의 선호서열은 다른

7) Arrow, Kenneth J., 1951, *Social Choice and Individual Values*, New York: John Wiley and Sons 참조.

모든 사람의 선호와 관계없이 항상 사회적 선호서열이라고 정의된다).

애로우는 세 명의 개인 1·2·3이 세 가지 대안 A·B·C의 서열을 매긴다는 매우 간단한 분석을 사용하여 민주적인 다수결과정이 다섯 가지 조건의 어떠한 것도 결코 위배하지 않는 결정규칙을 만들어 낼 수 없다는 것을 보여 주었다. 만약 개인이 다음과 같은 선호서열을 가진다면(선호되는 방안이 먼저 언급되고 가장 덜 선호되는 것은 마지막에 언급된다), 즉

개인 1: A B C
개인 2: B C A
개인 3: C A B

이라면, 단순한 다수결 원칙은 다음과 같은 결과를 초래할 것이다. A는 2(개인 1과 3) 대 1(개인 2)의 다수에 의하여 B보다 선호된다. B는 마찬가지의 다수에 의하여 C보다 선호되고, C는 마찬가지의 다수에 의하여 A보다 선호된다. 따라서 A B C A라는 사회적 선호서열이 초래되는데 이것은 분명하게 합리성의 조건에 위배된다. 만약 A가 B보다 선호되고 B가 C보다 선호된다면 어떻게 C가 A보다 선호될 수 있겠는가?

애로우의 정리, 즉 「불가능성의 정리」는 두 가지 일반적인 근거에서 논쟁의 여지가 있다.

첫째, 어떤 학자들은 규약의 개념에 회의를 품었다. 아마 사회가 규약에 대한 엄격한 기준을 충족시키지 않으면서도, 사회적 복지의 의미에 관하여 바람직한 합의에 도달하는 것은 가능할 것이다. 사뮤엘슨은 애로우의 규약이 사회적 후생함수와 매우 다른 논리적 구성이라고 주장했다.[8)]

둘째, 많은 학자들은 애로우가 요구한 조건에 회의를 품었다. 합리적인 사회적 결정규칙이 필연적으로 그러한 모든 조건을 충족시켜야 하는가? 거의 30년간 그 문제에 관한 논쟁이 있었고 애로우 정리의 새롭고 더욱 정교화 된 형태들은 각각 애로우의 다섯 가지 조건 중의 어느 하나를 제외했다.

---

8) Samuelson, Paul A., 1967, "Arrow's Mathematical Politics," in *Human Values and Economic Policy*, Sidney Hook (ed.), New York: New York University Press (Part Ⅰ, C.) 참조.

많은 분석가들은 투표과정 그 자체에 초점을 맞추어 애로우의 역설을 피할 수 있는 것을 찾기 위하여 여러 가지 종류의 투표과정을 고려했다.[9] 어떤 분석가들은 서열을 매길 대안이 많고, 투표하는 사람이 많으면 애로우의 역설은 매우 드물게 발생한다는 것을 증명하였다. 다른 분석가들은 비록 개인들이 대안들의 각각에 대하여 매우 다른 선호를 가진다고 하더라도 거의 모든 사람들이 어떤 객관적인 척도(예를 들어 미터로 표시된 높이, 또는 원화로 표시된 비용)에 의하여 대안들을 대개 같은 방식으로 인식할 때 애로우의 역설은 관찰되지 않을 것이라는 것을 보여 주었다. 또 다른 이론적 분석은 실세계에서의 정치적 의사결정과정에서 일반적으로 관찰되는 여러 가지 투표전략(예를 들어, 게임이론적 원리에 기초된 투표협상과 투표전략)은 애로우의 역설을 성공적으로 회피하리라는 것을 보여 주었다.

애로우 정리와 더욱 최근에 발전된 특수화된 많은 불가능성정리는 논리적으로는 인상적인 것들이지만, 이러한 종류의 정리가 사회적 후생함수는 존재할 수 없다는 것을 결론적으로 증명하는가는 분명하지 않다. 그럼에도 불구하고 학자들은 사회적 후생함수의 존재가능성에 관하여 논의하지만, 어떤 사회에 대하여 사회적 후생함수를 정확하게 안다고 진지하고 그럴듯하게 주장할 수 있는 학자는 아무도 없다. 사회적 후생함수

9) Black, D., 1948, "On the Rationale of Group Decision Making," *Journal of Political Economics*, 56 (Feb.): 23-34.
Black, D., 1958, *The Theory of Committees and Elections,* Cambridge: Cambridge University Press.
Buchanan, J. M., and G. Tullock, 1962, *The Calculus of Consent,* Ann Arbor: University of Michigan Press.
Coleman, J. S., 1966, "The Possibility of a Social Welfare Function," *American Economic Review,* 56 (Dec.): 1105-1122.
Coleman, J. S, 1970, "Political Money," *American Political Science Review,* 64(Dec.): 1074-1087.
Tullock, G., 1959, "Problems of Majority Voting," *Journal of Political Economics,*. 67 (Dec.):571-579.
Tullock, G., 1967, "The General Irrelevance of the General Impossibility Theorem," *Quarterly Journal of Economics*, 81 (May):256-270.
Tullock, G., 1970, "A Simple Algebraic Logrolling Model," *American Economic Review,* 60 (June): 419-426.
Tullock, G. and C. D. Campbell, 1970, "Computer Simulation of a Small Voting System," *Economic Journal,* 80 (Mar.): 97-104.

는 최대 사회적 복지의 이론적 원리를 발전시키기 위한 유용한 장치이지만 미시경제학자는 실제 경제문제의 정량분석을 수행할 때 사회적 후생함수를 사용할 수 없다.

제3절 사회후생함수의 정의

사회후생함수는 사회후생을 종속변수로, 사회후생에 영향을 주는 사회구성원 개개인들의 후생을 독립변수로 하여 함수화한 수학공식이다. 함수의 구체적 형태는 사회후생에 대한, 또는 분배적 정의(distributive justice)에 대한 철학적 입장에 따라 여러 가지의 형태를 취할 수 있다. 특별한 가치판단에 입각하여 선험적으로 또 규범적으로 제시되는 다양한 종류의 사회후생함수에 대하여 알아보자.

1. 공리주의적 사회후생함수

최대다수의 최대행복을 주장하는 공리주의(utilitarianism)는 한 사회의 생산가능곡선에 의해서만 제약받는 극대화된 사회후생함수를 주장한다. 그러나 일반적인 공리주의적 사회후생함수에서는 개인들간의 효용비교를 고려한다. 사회 전체 후생수준의 결정에 영향을 주는 개개인들의 효용비교(가중치)는 그 사회의 소득분배에 대한 가치판단에 달려있다(Kooten and Bulte, 2000: 57). 개인들간의 효용비교에 대한 사회적 가치판단이 사회후생함수의 한계대체율을 결정한다. 따라서 부자로부터 가난한 사람으로의 소득재분배에 의해서도 사회 후생은 증가할 수 있다.

공리주의적 사회후생함수는 다음 식 (11-1)과 같이 나타낼 수 있다.

$$SWF = W[U1(M1), U2(M2), ..., Un(Mn)] \qquad (11\text{-}1)$$

* SWF: 사회후생함수(Social Welfare Function)

W: 후생(Wlefare)을 표현하는 함수

U: 효용(Utility)

M: 소득(Money)

SWF는 사회 전체의 후생수준이다. U_i는 개인 i (i=1,2,...,n)의 효용으로 그가 얻는 소득 M_i의 함수이다.

2. J. Rawls의 사회후생함수

계약이론을 이용하여 공정성으로서의 정의(justice as fairness)개념을 제시한 J. Rawls(1971)는 사전편찬식 사회후생함수(lexicographical SWF)를 제시한다. J. Rawls가 제시하는 사회후생함수의 모양은 Leontief 생산함수의 모습과 같이 직각의 형태를 띠고 있다. J. Rawls의 사회정의론에서는 사회에서 가장 불우한 사람의 후생이 증가될 경우에만 사회 전체의 후생이 증가하는 최대최소의 원리(maximin principle)에 따르기 때문이다. 일반적인 개인들 사이의 후생 교환에 의해서는 사회전체의 후생은 증가하지 않는 경우가 많다.

3. 비용편익분석상의 사회후생함수

비용편익분석과 관련된 사회후생함수는 공리주의적 후생함수의 극단적인 형태를 취하고 있다. 이는 Kaldor-Hicks 보상기준의 적용에 기인한다. 비용편익분석이 전제하는 사회후생함수를 경제학적으로 표현하면 사회후생함수의 강한 가법적 분리가능성(additive strong separability of the social welfare function)의 속성을 갖는다. 가법성 때문에 개인들의 후생이 가중화되지 않고(unweighted) 단순 집계되어 사회후생함수의 크기를 결정한다. 따라서 개인들 사이의 소득격차 문제는 고려하지 않고 모든 사람들의 후생을 동일하게 취급하는 극단적인 사회후생함수를 취한다. 즉, 사회를 구성하는 개개인들이 생산자이건, 소비자이건, 부자이건, 가난한 사람이건 구분하지 않고 그들의 효용을 동일하게 취급하여 정책대안선택의 기준으로 삼는다. 이는 일반적 또는 경제적 비용편익분석에서의 정책선택기준과 동일하다. 그러나 이 후생함수는 공리주의적 사회후생함수와는 다르다.

<표 11-3>은 사회적으로 어떠한 정책이 가장 바람직하냐는 사회후생함수를 어떻게 정의하느냐에 달려있음을 보여주는 예이다. <표 11-3>은 또한 사회후생함수는 사회정의(social justice)에 대한 철학적 입장의 차이에 따라 달리 구성될 수 있음을 보여 준다.

표 11-3 다양한 후생함수의 구성과 최적 정책대안의 선택

구분	개인별 효용			다양한 사회후생함수의 구성		
	개인1 (U_1)	개인2 (U_2)	개인3 (U_3)	공리주의자 ($U_1+U_2+U_3$)	롤즈의 정의론자 (U_1, U_2, U_3) 중 최소값선택	승수적 효용 ($U_1 \times U_2 \times U_3$) /1000
정책 A	80	80	40	200	40	256
정책 B	70	70	50	190	50	245
정책 C	100	80	30	210	30	240
정책대안의 선택(최대값)				정책 C	정책 B	정책 A

* 출처: Weimer and Vining(1999: 136), Table 7.1.

민주주의는 사회선택(social choice)의 장치로서 보통, 평등, 직접, 비밀 투표에 의한 다수결 결정방식(majority rule)을 택하고 있다. 민주주의적 투표의 방식에 의해서도 정책 A, 정책 B, 또는 정책 C가 그 사회의 선택으로 결정될 수 있다. 결국 사회구성원의 분배적 정의에 대한 가치판단에 달린 것이다. 공리주의적 사회후생함수와 승수적 사회후생함수는 효율성 목적의 정책대안의 선택기준으로, J. Rawls의 사회후생함수는 소득분배에 초점을 둔 형평성 목적의 정책대안의 선택기준으로 사용될 수 있다.

제4절 사회적 비용편익분석

1. 정부정책의 소득분배적 효과

정부정책은 본질적으로 사회구성원 간에 권리와 이해관계를 변화시키는 속성을 갖고 있기 때문에 거의 모든 경우에 직·간접적으로 소득재분배기능을 수행한다고 할 수 있다. 정책의 소득재분배적 효과가 정부정책의 직접적인 목적이 되어있는 경우가 있는가 하면 전혀 의도하지 않은 결과로서 소득 재분배적 효과를 나타내게 되는 경우도 있다. 그런가 하면 정부정책의 소득재분배적 효과가 명시적으로 드러나 있기보다는 은폐되어 있거나 잘 인식되지 못하는 경우도 많다.

경제정책 가운데 수입정책, 직업면허, 관허 독점사업 등과 같은 진입규제 정책의 경

우, 정책이 시장경쟁을 제한하는 결과 해당 업계나 개인이 독과점적 이득을 향유하게 되는 경우가 바로 그것이다. 이에 비해 가격정책은 소득재분배적 속성을 갖고 있으나 일반 국민이 이 사실을 잘 인식하지 못하고 있는 경우이다. 예를 들어 시내버스, 택시, 지하철처럼 보편적 서비스(universal service)의 공급을 목적으로 획일적으로 정해지는 공공요금의 경우는 이용자 간에 소득이 교차보조(cross subsidization) 되는 효과가 나타난다. 항공요금, 화물 운송요금, 가스 요금 등 공공요금에 대한 정부정책은 세계적으로 거의 공통적인 가격정책의 예이다. 우리나라는 경제개발과정에서 다른 나라들과는 매우 다른 가격정책들을 경험하여 왔다. 농산물가격 지지정책과 이중곡가제, 저소득층에게 유리한 공공아파트 분양정책, 석유 가격정책, 공공요금 서비스 가격정책, 최저임금제 등이 그것이다. 이들 가격정책의 자원배분 왜곡효과와 소득재분배 효과는 상당히 컸으리라고 짐작된다. 가격/진입/이윤 정책이 종종 "소비자 보호", "공정하고 합리적인 이윤", "부당한 차별의 방지", "저렴한 가격으로 보편적 서비스를 공급" 등의 미사여구로 표현되었지만, 그 정책 효과는 궁극적으로 집단간 소득 분배를 변화시켜 민간부문 내에서 승자 집단(정책수혜 집단)과 패자 집단(정책비용부담 집단)을 창출해 낸다. 사회적 정책의 재분배 효과는 일반적으로 경제적 정책의 재분배 효과보다 더 크다. 환경 정책, 근로자 안전 정책 등 사회적 정책의 기업 간, 지역 간 및 소득계층 간의 차등효과는 널리 알려진 사실이다. 문제는 이 효과들이 투명하게 인식되어 합리적 정책기준에 의해 판단되지 못한 채 결정되고 집행됐다는 데에 있다.

2. 정부정책의 소득분배적 효과를 고려할 것인가?

정책의 소득분배적 효과를 전통적인 비용편익분석에서 함께 다룰 것인지의 여부에 대한 두 가지 상반된 입장이 있다. 이를 먼저 살펴본 후 효율성과 형평성을 하나의 비용편익분석의 틀 속에 통합하는 방법에 대하여 알아보자.

1) 효율성과 형평성의 분리 입장

정부정책의 분배적 효과를 고려할 것인가? 대부분 경제학자들은 정책결정을 할 때 효율성과 형평성을 엄격하게 분리하는 것이 바람직하다고 주장한다. Scitovsky (1951: 60)는 분리의 일반원리를 다음과 같이 말하고 있다.

> "객관적이고 입증할 수 있는 진술들을 주관적인 감정에만 근거한 주장으로부터 매우 신중하게 분리하는 것이.....바람직한 것처럼 여겨진다. 이것이 우리가 효율성과 형평성을 구분하는 근본적인 이유이다. 우리들은 주관적인 판단에 기초하고 있는 모든 주장들을 형평성의 문제로 간주하며, 효율성이라는 용어는 증명될 수 있는 진술들과 연계해서만 사용한다."

비교적 최근의 경제학자들은 분배에 관한 쟁점들이 특정 개인이나 집단의 '수혜자격(deservingness)'에 관한 가치 판단을 요구한다는 이유로 이런 쟁점들을 회피하려고 노력해왔다. 분배문제에 관해서는 경제학자들은 전문가로서가 아닌 일반 시민의 입장을 취하고자 한 것이다. 그러나 Lionel Robbins(1932)가 과학으로서의 경제학을 논하기 이전에는 경제학자들이 소득 분배에 대한 논의를 자신들의 전문분야라고 강력하게 선언하는 경우가 매우 많았다.[10)]

정부정책의 소득재분배 효과의 측정이 곤란한 이유, 또는 무시되어 온 근거

Weisbord(1972: 400)는 비용편익분석에서 전통적으로 분배적 효과를 무시하는 것은 보통 다음 주장들 중 적어도 하나에 의해 정당화된다고 말한다.

- 화폐의 한계 효용은 본질적으로 모든 개인에게 똑같다.
- 어떤 한 사업이나 정책이 소득 분배에 미치는 효과는 미미하기 때문에 분배적 효과는 무시되어질 수 있다.
- 경제학자들은 전문가임에도 불구하고 서로 다른 사람들의 소득의 한계 효용에 관해 분명한 입장을 밝히지 않는다.

---

10) 예를 들면, 영국의 공리주의자였던 Henry Sidgwick는 1883년에 "사회가 부의 평등 분배에 더 근접하면 할수록 그 사회는 자신이 소유하고 있는 부로부터 얻을 수 있는 총체적 만족도 더욱 더 커진다"고 주장했다.

- 어떤 부정적인 분배적 효과도 럼프섬세(lump-sum tax)[11]와 이전적 지출같은 조치들에 의해 효율적으로 해소될 수 있다. 같은 맥락에서 아무리 바람직한 소득 재분배도 같은 수단들에 의해 영향 받을 수 있다.

Weisbrod(1972, p. 401)는 분배적 고려 사항들을 무시하는 분석가들은 자신들의 제안이 정책결정자들에게 거의 영향을 미치지 못하는 것을 발견하더라도 놀래서는 안된다고 말한다. 즉, 정책결정자는 정책수단의 분배적 영향을 매우 중시한다는 의미이다.

2) 효율성과 형평성의 통합 입장

Weisbrod(1972, p. 397)는 효율성이 어떤 프로그램이나 정책의 이점(편익)과 손실(비용) 사이의 차이에 의해 측정되는 것이라면, 긍정적이든 부정적이든 형평성에 미치는 효과들도 편익과 비용의 계산에 각각 포함되어야 한다고 주장한다. 그는 "경제적 비용 및 편익들과 동일한 단위로 나타내질 수 있도록 유리하거나 불리한 배분적 효과들에 화폐적 가치를 부여하는 일이 문제이다"라고 말한다. 즉, 직·간접적으로 비배분적 결과들에 화폐적 가치를 부여하는 것을 의미한다. 사회 후생의 극대화를 위해서는 분배적 고려가 효율성과 함께 고려되어야 한다는 입장이다. 그는 그 이유를 다음과 같이 제시한다.

> "... 파레토 최적(즉 자원 배분상의 최대 효율성)은 사회적 후생이 극대화되었는지의 여부에 관해서는 아무런 언급도 하지 않는다. 그 이유는 파레토 최적점은 최초의 부존자원의 집합과 이런 부존자원 분배의 각각에 대해 존재하기 때문이다. 사회적 후생의 최적점을 결정하기 위해서 우리들은 모든 파레토 최적점들을 찾아내야 할 뿐만 아니라 사회 안의 각 개인의 후생에 가중치를 부여하는 사회후생함수를 만들어내는 것이 필요하다."

---

11) 민간부문의 의사결정과정에서 중립적인 위치를 지켜 왜곡을 일으키지 않는 조세를 럼프섬 세라고 한다. 어떤 조세가 럼프섬 세의 성격을 갖게 되는 것은 그 조세가 부과되었을 때 사람들이 자신의 경제행위를 변화시키더라도 조세부담은 전혀 변화하지 않는다는 특성과 직결되어 있다. 현실에서 완벽한 럼프섬세의 성격을 갖고 있는 조세의 예를 찾는 것은 거의 불가능에 가깝다. 럼프섬 세에 가장 가깝다고 생각할 수 있는 것이 인두세(poll tax)이지만, 이것 역시 완벽한 의미의 럼프섬 세는 아니다(이준구, 1995: 357).

Haveman 과 Weisbrod(1977, p. 146)도 대안적인 소득분배 유형들이 바람직스럽거나 받아들일 수 있는 것인가에 대한 판단은 개념상 사회 편익평가와 분리할 수 없다고 주장한다. 그 이유를 다음과 같이 제시한다.

첫째, 자발적 지불의사(WTP: willingness to pay)에 기초한 편익의 가치는 부분적으로 그 이전의 소득 분배에 의존한다.

둘째, 편익의 가치는 특수한 수요의 유형에 의존하지만, 그것 역시 이전의 소득 분포에 의존한다.

셋째, 효율성과 분배적 고려 사항들을 통합할 때 분석가들은 그들 자신의 분배에 관한 "평가" 즉 다양한 집단, 지역 등의 구성원들의 상대적인 "비중" 에 대한 자신의 생각을 사용할 필요가 없다. 이런 것들은 사회가 이런 일을 하도록 위임한 사람들 즉 정치인들로부터 얻어질 수 있기 때문이다.

넷째, 소득재분배에서의 효율성을 말하는 것은 합리적이다. 즉, 정부의 분배적 선호가 주어지면, 이론적으로 비용이 들어가지 않는 일괄 세금과 이전 소득이 정치적인 이유로 배제되었을 때, 분배적인 면에서 적은 비용으로 목표를 달성하는 프로젝트들을 찾아내는 일이 가능하다.

다섯째, 정치인들과 시민이 분배적 효과, 특히 "누가 무엇을 얻는가"에 관해 매우 많은 관심을 두고 있는 것은 명백하다. 어떤 나라들에서는 지역적인 고려가 큰 중요성을 갖는다. 지방화와 분권화가 이루어진 나라들에서는 순 국내총생산(GDP: Gross Domestic Product)이 극대화되어야 한다는 중앙집권적인 국가의 전통적인 가정은 더 이상 의미가 없다. 지역총생산(GRDP: Gross Regional Domestic Product)의 개념이 중요해진 것이다.

3) 어떠한 종류의 비배분적 효과들(non-allocational effects)을 분석에 포함할 것인가?

비배분적 효과들은 자원배분의 효율성에 관한 배분적 효과 아닌 기타의 효과들을 총체적으로 포함하여 표현한 용어이다. 정부정책의 비용편익 분석가들은 정책 정책결정자들이 가장 중요하게 생각하는 정책목표들에 관심을 집중하여야 함은 물론이지만 동시에 정책의 소득분배적 효과를 포함한 비배분적 효과들에 관한 계량적 정보를 제공하도록 노력하여야 한다. 효율성 기준에 의한 배분적 효과가 아닌 비배분적 효과들의 예로는 다음과 같은 것들이 있다.

(1) 소득분배

소득분배적 가치와 형평적 가치가 정부정책에 의하여 영향을 받는다면 정책자는 정책의 비용과 편익이 사회내의 각 집단들 사이에 어떻게 분포되는가를 명확히 하여야 한다. 왜냐하면 정책의 비용부담자와 정책 수혜자가 일치하지 않는 경우가 많기 때문이다. 예컨대, 근로조건의 향상이나 근로시간의 단축을 위한 정책은 직장을 가진 근로자들에게는 혜택을 주지만 실업자가 직장을 구하는 일을 매우 어렵게 만든다. 또한 주5일 근무제의 시행은 중소기업 또는 특정 산업에 속한 기업주들에게는 불리한 영향을 주기도 한다. 이러한 차등적 효과가 있다고 해서 정책이 사회 전체적으로 보아 바람직스럽지 못하다는 것을 의미하는 것은 아니다. 다만 정책 결정자들은 정책의 비용부담자들을 위하여 보상이 필요한지의 여부를 결정하기 위하여 분배적 문제들을 분명하게 고려하여야 한다.12)

분배적 고려 사항들이 정부의 의사결정에서 중요하기 때문에 대부분의 비용편익분석들이나 비용효과 분석들은 정책의 소득분배적 효과를 측정해야만 한다. 문제는 이러한 정보들을 어떠한 방식으로 표현하느냐이다. 예를 들면 정보는 소득 수준, 지역/장소, 시간(세대간 영향), 선거구 등의 단위로, 또는 어떤 특수 집단(원주민, 여성, 장애인 등)을 기준으로 표현될 수 있다. Haveman과 Weisbrod는 이런 접근법은 "의사 결정자로 하여금 결정될 정책의 총체적 영향을 이해하도록 만들 것" 이라고 주장한다.13)

다양한 개인들과 집단들의 상대적 가치 또는 중요도를 결정하는 것은 명백한 가치

12) 정부정책의 소득재분배 효과를 명확히 인식하여야 한다는 것과 소득재분배를 위한 정책목적을 위하여 정책수단을 사용하여야 한다는 것은 서로 다른 문제이다. 어떤 학자들은 공익적 목적의 실현을 위하여 정책의 소득재분배기능의 활용이 불가피하다고 주장한다. 그러나 정책이 경제적 효율성과 형평성 측면에서는 많은 문제를 안고 있기 때문에 일반적으로 경제학자들은 정부정책을 소득재분배를 주된 목적으로 하는 정책수단으로 직접 활용하는 것에 대해 반대한다(최병선, 1998).

13) Leone(1986: 114)은 정부가 형평성에 관심을 집중할 때 정부는 이득보다는 손실에 더 많은 관심을 기울인다고 강조한다. 왜 그러는가? 정부 조치의 수혜자들은 불평하지 않을 것이기 때문이다. 자신들의 일자리를 잃어버린 사람들은 그 사실을 알고 그 손실에 분노한다. 하지만 새로운 잠재적인 일자리를 얻는데 실패한 개인은 그 이유를 알지 못한다. 정부정책을 만들어내는 과정과 절차들이 현 상태를 유지하는 방향으로 편향(status quo bias)되어 있는 것은 놀랄만한 일이 아니다.

판단영역으로 정치가 또는 최고 정책결정자가 결정하여야 한다. 비용편익 분석가는 정책결정자가 효율성과 형평성 사이의 상충 관계를 결정하는데 도움이 될 수 있는 정보를 제공하여야 한다. 비용편익분석을 준비하는 초기 단계에 분석가는 정책을 책임지고 있는 정책결정 책임자가 추가적인 정보를 원하지도 확인하여야 한다.

(2) 기업들에 미치는 차별적 영향

정부정책이 기업에 미치는 영향은 현재 또는 잠재적 경쟁 기업들의 경쟁적 행태의 역동성(dynamics)을 조사한 다음에야 인식된다. 참고로 수질오염 비용이 미국의 종이 제조업자들 사이에 얼마나 다양하게 나타났는지를 보자.

이 산업의 평균 경쟁업체들이 환경정책을 준수하기 위해 1톤의 산출당 $ 6.74를 소비한 반면, 어떤 공장은 불과 $1.52/톤의 비용만 지출하였다. 평균비용이 높은 것은 낙후된 시설들과 생산기술 때문이었다. 또 어떤 공장은 EPA의 수질정책을 준수하기 위하여 $21.04/톤의 비용을 지출해야만 했다(Leone, 1986: 43).

정책이 기업들에 차별적으로 미치는 영향의 인식은 매우 중요하다.

기업들로 하여금 생산과정 또는 시설 일부를 새롭게 바꾸도록 요구하는 정책 조치는 두 가지 문제를 발생시킨다. 첫째, 처음부터 정책을 받아들여 설계한 새로운 공장들보다 기존의 공장들이 거의 언제나 더 많은 비용을 지불한다. 둘째, 새로운 시설투자 때문에 어떤 설비들은 비경제적인 것이 되어 폐쇄되기 쉽다(Leone, 1986: 72-73). 일반적으로 가장 오래된 기업 또는 생산비용이 가장 높은 한계 생산기업의 정책준수비용이 가장 높기 때문에 신규 정책의 가격 효과에 가장 영향을 많이 주는 기업들도 바로 한계 생산자들이다.

그러므로 비배분적 효과의 면에서는 제안된 정책의 비용이(편익이) 회사의 크기(소기업들이 더 큰 손실을 입는가?), 공장의 나이(오래된 공장이 새로운 공장보다 정책준수 비용이 많이 드는가?) 등을 아는 것이 정책결정자들에게는 유용할 수 있다. 공장들의 수가 적은 경우에는 자료를 지역 단위로 분할하는 것이 쉬운 방법이 될 것이다.

(3) 시장구조 및 경쟁에 미치는 영향

시장구조란 어떤 산업의 특성들, 특히 경쟁자들의 수와 산출(또는 판매) 점유율, 규모의 경제, 그리고 진입 장벽 등을 말한다. 정책은 시장구조를 경쟁을 약화시키는 방향으로 변화시킬 수도 있다. 경쟁제한적 정책의 결과 비용절감 및 가격 인하의 압력과 인센티브가 약하게 된다. 정책의 진입 장벽에 대한 효과의 인식이 특히 중요하다. 예를 들면, 정책의 준수에 규모의 경제가 작용한다면, 큰 회사들은 유리하고 작은 회사들은 그 산업에 진입하기가 더 어렵게 된다. 어떤 경우에는 정책이 어떤 산업에서 사업을 시작하는 데 필요한 자본의 양을(예: 오염통제 장비가 요구되는 산업) 증가시키기 때문에, 또는 요구된 정책기준에 맞춰 기존의 회사들이 이미 획득한 기술을 새로운 진입자들은 이용할 수 없는 등의 이유로 정책이 진입 장벽으로 작용한다. 신규 정책에 의한 진입 장벽의 강화는 잠재적 경쟁기업의 수를 줄여 기존의 회사들에게는 유리한 결과가 된다. 이 때문에 기존의 회사들은 종종 공동으로 진입 장벽을 높이기 위해 새로운 정책을 만들어내는 일에 정부와 협력하는 것이 자신들에게 이익이 되는 것을 알고 있다(Leone, 1986; Oster, 1982).

(4) 국제수지에 미치는 영향

많은 사람들은 수출의 증가 또는 국내 생산으로 대체함으로써 생기는 수입의 감소를 자국 산업의 활력을 나타내는 지표로 믿고 있다. 분석가들은 새로운 정책이 경상수지에 미치는 영향들도 기술해야만 한다. 정책(예를 들면, 새로운 절연 요구들)에 의해 영향을 받게 될 생산품이나 물질(예: 덜 환경친화적인 제품들)이 주로 국내에서 생산되거나, 절약된 에너지가 수출되거나, 수입이 줄어든다면 경상수지는 유리하게 변화할 것이다. 반면에 수입의 증가를 야기하는 정책도 있을 것이다. 새로운 정책이 자국 제품의 가격을 상승시킨다면 이는 당해 제품의 수출에 불리하게 작용하여서 한 나라의 국제경쟁력을 약화시킬 것이다.

(5) 지역별 영향

정책은 모든 지역에 결코 비슷한 긍정적 또는 부정적 영향을 미치지 않는다. 산업들은 일반적으로 특정 지역(예: 자동차 산업, 전자, 조선, 철강, 석유화학 산업들)에 집중되어 있기 때문이다. 국가 전체적으로는 플러스의 순편익을 가질 수 있어 바람직하지만, 정책준수비용이 전국 평균보다 높은 특정 지역에 집중되는 정책의 분배적 효과의 인식이 특히 중요하다. 분석해 보면 새로운 정책들이 지역별로 미치는 분배적 영향은 직관에 反하는 결과들을 보여줄 수도 있다. 미국의 경우를 예를 들면, 북부 캐나다와 대륙붕에서의 석유 및 가스 개발에 대한 더 엄격한 통제는 훨씬 북쪽에 살고 있는 에스키모들의 일자리를 줄일 뿐만 아니라 장비가 대여되고 만들어지는 에드먼턴, 캘거리, 그리고 남부 온타리오에서의 고용을 감소시키게 될 것이다. 일반적으로 정부는 편익이 어느 지역에 집중되는가 보다는 비용이 어느 지역에 더 많이 집중되는가에 대한 정보에 더 관심을 갖게 된다.

(6) 인플레이션 효과

정책의 순현재가치가 플러스인 경우에도, 제안된 정책을 준수하기 위해 필요한 자본비용, 운영·유지비용은 가격상승과 소비자 물가지수의 상승을 초래할 수 있다.

(7) 생명과 신체의 손상과 관련된 위험 효과

Leonord와 Zeckhauser(1986: 38)는 사람들의 소득 또는 부에 대한 위험보다는 생명에 대한 위험이 문제가 될 때 분배적 고려가 더욱 민감해질 수 있다고 주장한다. 어떤 자산(예를 들면, 주택과 개인적 보물들)의 손실이 완전히는 보상될 수 없지만, 화폐소득이나 부의 변동은 금전적 보상에 의해 전부 또는 부분적으로 상쇄될 수 있다. 그러나 생명의 손실을 보상해주는 것은 거의 불가능하다. 더군다나 남편, 부인, 또는 아이들을 잃은 것에 대해 나머지 가족들에게 현금을 지불해 주는 것은 차가운 위안에 불과하다. 사망 또는 부상의 위험을 줄이기 위한 정책들은 종종 그 비용부담자들의 수보다 더 적은 수의 사람들에게만 혜택을 준다. 예를 들면, 직업병을 통제하는 어떤 특수한 정책은 어떤 한 지역의 소수 공장에서 일하고 있는 수백 명의 노동자에게만 혜택을 준다. 그러나 그 비용은 그 생산품을 인상된 높은 가격으로 사는 수많은 소비자가 부담한다. 또는 소수의 사람이 암 때문에 빨리 죽는 것을 방지하는 것이 편익인 반면, 그보다 훨씬 많은 수의 소비자들은 그 비용을 충당하기 위해 제품 가격의 인상을 부담하여야 할 것이다. 중요한 것은 정책 의사결정을 하는 책임자들은 위험관련 정책의 분배적 효과를, 비록 그 평가가 매우 조잡하고 필연적으로 "통계적 생존자들"을 포함한다 할지라도, 알아야 할 필요가 있다는 것이다.

3. 어떻게 다룰 것인가?: 사회적 비용편익분석의 수행절차

여기에서는 소득 분배적 효과(distributional effects)를 피영향 집단별로 구분, 귀속시키는 사회적 비용편익분석의 절차만을 소개한다. 기타의 비배분적 영향들에 대한 분석 절차도 유사하다.

1) 소득분배 효과의 인식

거의 대부분의 정책조치는 소득분배 효과를 가지고 있음을 우리는 앞에서 보았다. 정책대안의 분배적 효과는 대안의 바람직함을 판단하는데 매우 중요하다. 특정 정책대안이 사회 전체에 상당한 정도의 순편익을 발생시켜 효율성 기준으로 보면 타당하지만, 그것의 분배적 효과가 바람직하지 못한 경우도 있다. 엄청난 규모의 편익이 소수에게 집중되고 그 비용은 수많은 사람이 부담하거나 또는 혜택을 입지 못하는 소수 사람들이 모든 비용을 부담하는 경우가 그러하다. 특정 지역, 집단에게만 편익 또는 비용이 집중되는 특혜적 정책이나 사회적 혐오시설 입지정책이 대표적인 예이다.

예: 有鉛 휘발유에 과세하는 정책의 분배적 효과

차는 대기중 납방출의 주요 오염원이다. 대기 중 납 방출을 감소시키기 위하여 유연 휘발유에 높은 세금을 부과함으로써 무연(unleaded) 휘발유 차의 구입을 촉진하는 정책을 생각해 보자. 환경적으로 타당한 이 정책은 다음과 같은 분배적 차원의 문제가 있다. 구형 차들은 유연 휘발유를 사용하고 주로 저 소득층 사람들이 소유한다. 따라서 납에 대한 추가적 과세는 저소득층에 가장 불리한 영향을 미친다. 이 경우 새 차를 사기 어려운 저소득층에게 큰 비용을 부담시키지 아니하면서 새로운 무연 휘발유 차로 바꾸는 것을 권장하는 균형 있는 정책을 모색하는 것이 정책적 과제이다.

2) 수혜자 집단과 비용부담자 집단의 구분 인식

이 단계에서는 누가 현재의 문제에 의하여 영향을 받는 이해관계자이며, 누가 제안된 정책 대안들에 의하여 영향 받을 가능성이 있는 이해관계자들인가에 관한 질문과 대답이 이루어진다. 이는 문제와 그 해결 대안에 의하여 직간접적으로 영향을 받는 사회 내의 모든 집단이 파악되어야 함을 의미한다. 이해관계자 집단은 수혜자 집단과 비용부담자 집단으로 크게 구분된다. 영향분석은 종합적으로 이루어지는 것이 가장 바람직하기 때문에 경제 전체의 관점에서의 분석이 요구된다. 분배적 효과에 대한 정보는 정부가 여러 대안 중 특정 대안을 선택하는 데 유용하다. 타 부서, 기업 및 다른 지역사회들과 협의를 하면 대안의 다양한 효과에 관한 유용한 정보를 얻는 데 많은 도움이 될 것이다. 이해관계집단들은 일반적으로 소비자, 기업 및 정부로 구분된다. 그 후 이들 집단은 하위집단들로 세부화된다. 이보다 낮은 수준의 하위집단의 범위와 유형은 문제와 대안에 따라 다양하게 구성될 수 있다. 다음은 그 예이다.

(1) 지리적 위치, 연령, 문화적 배경 또는 소유정보의 수준별로 소비자 집단 구분
(2) 산업별 또는 부문별 기업 구분, 규모별 또는 수출입별 기업 구분
(3) 중앙정부, 지방정부, 정부부처, 행정기관별 구분

3) 인식된 소득분배적 효과를 인식된 피영향 집단별로 구분하여 귀속시킨다.

4) 각 영향별 가중치를 부여한다.

소득수준별, 지역별 영향에 대한 가중치 부여시 소득분배에 대한 정책적 입장을 결정한다. 이는 곧 사회후생함수의 정의문제이다. 다양한 사회후생함수의 정의와 최선의 정책대안이 사회후생함수의 정의에 따라 어떻게 결정되는가에 대하여는 이미 설명하였다.

5) 대안들의 우선순위를 정한다. 우선순위는 대안들이 초래하는 비용과 편익의 크기 및 분배형태에 의하여 결정한다.

6) 영향분석에 사용된 자료원(data sources)과 주요한 가정들(assumptions)을 설명한다.

정책영향분석시 사용된 자료원과 가정은 훗날 대안의 효과를 평가할 때에 참조할 수 있도록 기록한다. 이 정보는 가정의 변경이 어떻게 그 제안의 바람직함에 영향을 미치는가를 판단하기 위해서도 이용된다.

7) 각 대안의 검토 결과를 요약하고 특정 대안의 선택 이유를 설명한다.

이 정보는 검토된 각각의 대안들과 주요 결과들을 열거한 표로 제시되면 좋다. 평가에 사용된 주요 가정들의 개요와 결과에 영향을 미치는 주요 변수들도 다시 언급한다. 또한 이 단계에서는 왜 특정 대안이 선택되었으며 다른 대안들은 기각되었는가를 요약, 언급한다.

제12장 정책문제의 복잡성 모형화

제1절 복잡성의 의의와 일반적 해소방법

정책 대안이 가져올 각종 영향에 대한 추정과정은 복잡성과 불확실성과 대결하는 지적 작업이다. 복잡성과 불확실성은 서로 다른 개념으로 여기에서는 복잡성을 해소하기 위한 방법 중 모형화를 위한 논의를 전개한다. 이 부분은 정책문제의 정의와 분석을 위한 모형화 단계에 해당하는 부분이기도 하다. 불확실성 문제는 복잡성 문제와 마찬가지로 그 자체가 하나의 주요한 주제이기 때문에 장을 따로 하여 다룬다.

1. 복잡성의 개념

복잡성(complexity)은 특정 체계를 전제한 것이기 때문에 체계적 관점에서 복잡성을 설명한다. 체계의 복잡성(system complexity)은 체계의 특성과 그것을 보는 사람의 두 가지 요소에 달려 있다. 복잡성은 체계를 바라보는 사람의 정신모형에 달려 있기 때문에 상대적 개념이다. 어떤 사람에게는 일상적이어서 매우 쉽게 이해되는 조직이 이 조직을 처음으로 접하는 사람에게는 이해하기 어려운 경우가 있다. 복잡한 체계는 "단순하지 않은 방법으로 상호 작용하는 수많은 부분들로 구성되어 있는 실체"로 정의할 수 있다. 따라서 복잡한 체계를 "인간의 이해능력을 벗어나는 체계"로 정의 가능하다.

현상이나 체계가 복잡하기 때문에 이해하기 어렵거나, 이해하기 어렵기 때문에 복잡하다고 규정하는 것 모두 타당하다.[1)]

일반적으로 복잡성은 세 가지 주요 요인들에 의해 결정된다. 인지적 요인(perceptual factors), 구조적 요인(structural factors)과 내재적 요인(intrinsic factor)이 그것들이다. 인지적 요인은 체계를 바라보는 개인의 정신모형과 관련된 요인이다. 내재적 요인은 체계에 의해 달성될 수 있는 여러 가능한 상황들에 의해 결정되는 요인이다. 즉, 체계 자체의 작용에 의해 발생할 수 있는 요인이다. 구조적 요인은 체계의 환류 메커니즘에 의해 지배되는 요인이다. 시장을 통제하는 수요의 힘과 공급의 힘은 가격을 중심으로 하는 환류 회로(feedback loop)에 의해 작동되는 것을 예로 들고 있다(Cavaleri and Obloj, 1993: 164-166).

복잡성을 통제하는 통제체계가 효과적이기 위해서는 "오직 다양성만이 다양성을 흡수할 수 있다"(Beer, 1985: 35)는 관점을 반영하여야 한다. 효과적인 통제체계를 만드는 방법들로는 1) 통제조직의 다양성을 증가시키는 방법, 2) 통제조직의 다양성 수준을 피 통제조직의 다양성 수준과 일치시키는 방법, 3) 피 통제체계의 다양성 수준을 낮추는 방법 등 여러 가지가 있다. 이들 원리를 복잡한 정책관리에 어떻게 적용할 수 있을까? 개방체계적 모형을 가진 사이버네틱 통제체계가 그 해답이 될 수 있다.

2. 복잡성과 인간의 정보처리능력의 한계

복잡한 체계는 수많은 요소 간의 중첩적 상호 작용, 정방향 또는 역방향의 환류 통제 회로(feedback control loops), 비선형적 관계와 지속적인 구조변화의 특성을 갖고 있다. 정책체계와 정책체계 내의 행태적 다양성은 이러한 특성에 기인한다. 우리의 지적 능력의 한계는 복잡한 현상을 제대로 이해하지 못한 채 단순하게 정리된 규칙성을 추구하게 한다. 복잡한 세계에 대한 우리의 이미지는 빈약한 이미지일 수밖에 없다. 인간 정신, 의식, 기억, 학습에 관한 심리학의 연구결과들을 보면 인간의 인식적(perceptual), 인지적(cognitive) 능력의 한계와 왜곡은 복잡한 현상 추정의 정확성(accuracy)과 적절

1) 복잡성 과학과 카오스 이론(chaos theory)은 정책분석에 많은 시사점을 주고 있는데 가장 근본적인 점은 복잡성과학과 카오스이론이 종래의 결정론적이며, 선형적이고, 평형론적 패러다임에서 비결정론적이고, 비선형적이며, 비평형론적 패러다임의 변화를 가져온 것이라 할 수 있다(노화준, 2002).

성(pertinence)을 제약하는 요인들임을 잘 알 수 있다.

정책영향분석도 이처럼 약점 많은 이미지를 반영하고, 정책적 대안 역시 약점투성이일 수 있다. 그럼에도 불구하고, 인간은 복잡한 것을 이해하기 위하여 추상화와 단순화라는 매우 영리한 방법을 사용한다. 그것은 복잡한 현상 중 이해할 수 없는 것은 무시하고 이해할 수 있는 요소 중 핵심적인 요소들을 추상화시키고 이를 쉽게 이해할 수 있도록 단순화시키는 방법이다.

3. 복잡성 해소의 일반적 방법

복잡성은 정책분석 또는 정책영향분석의 모든 단계에서 발생할 수 있다. <표 12-1>은 단계별로 발생하는 복잡성에 대한 일반적 처리방법들을 정리한 것이다. 여기에 제시된 방법들이 완전 망라적인 것은 아니다. 어느 방법을 어떤 상황에 선택하느냐는 매우 중요한 판단영역이다. 제시된 방법들을 문제 상황에 따라 현명하게 선택, 조합 또는 변용하여 사용하여야 한다. 때로는 새로운 방법이나 기법의 창조도 필요할 것이다. 정책영향분석가가 잘 아는 어느 한 방법만을 고수하여 모든 상황에 적용하는 것은 잘못이다.2)

복잡성의 해소를 위한 기법들과 불확실성을 해소하기 위한 기법들이 중복적일 수 있다. 복잡성과 불확실성은 서로 다른 차원의 개념이지만 복잡성의 해소 결과 우연히 불확실성도 해소되는 경우가 있다. 관련 변수가 많고 변수들 사이의 상호관계가 다양하여 인간의 지적 능력으로 이해하기 어려운 상황이 복잡한 상황이다.

불확실한 상황은 신뢰할 수 없는 상황이다. 동전이나 주사위를 던졌을 때 나오는 결과들처럼 여러 가지 상황이 발생할 가능성이 있는 상황이다. 의사결정이론에서는 여러 가지 상황의 발생 가능성이 있는 무작위 변수들의 확률 분포함수를 정확하게 아는 경우와 모르는 경우를 구분하여 위험한 상황과 불확실한 상황으로 구분하여 다루기도 한다. 의사결정자에게 불리한, 원하지 않은 경우가 발생할 가능성이 있기 때문에 위험한 상황으로 명명한 것이다. 복잡한 상황 속에 있는 중요한 변수들과 중요한 변수들을

2) Kaplan(1964: 305)은 이를 '어린이 손에 망치를 쥐어 주면 그는 보이는 모든 사물을 망치로 때려 보는 상황'에 비유하여 "방법론적 망치(methodological hammer)"로 표현한다.

제대로 구분하여 복잡한 상황을 단순화시키면 독립변수 또는 매개변수들과 관련된 불확실성도 줄어드는 경우가 있다. 모든 중요한 변수가 모두 불확실성이 큰 변수는 아니기 때문이다. 잘못 설정된 모델에서는 복잡성이나 불확실성이 과도하게 높을 수도 또는 낮을 수도 있다. 의사결정과 관련된 다양한 참여자들의 선호들을 모두 따로 고려하는 것은 복잡하지만, 참여자들을 이해관계가 비슷한 집단별로 나누어 집단별 선호함수를 도출하면 복잡성을 상당 부분 해소된다. 문제 상황을 제대로 다룰 수 있는 분석적 판단과 기법을 갖춘 전문가의 중요성과 필요성은 여기에 있다.

표 12-1 복잡성 해소를 위한 일반적 방법

복잡성 발생 단계	해소방법
복잡성 모형화	- 분해, 순차적 처리 및 재구성: 시뮬레이션, 인과모형, 수학적 모형화를 통한 분석 - 투입/산출 모형: 거시경제학적 투입/산출모형
대안의 형성	- 형태학적 분석: 구조/기능 모형, 그래프 이론 - 정책과 비교 모형: 집합이론 모형, 논리학, 의미학 - 대안 미래모형: 시나리오 구성, 이상적-반이상적 이야기 구성
문제의 진단과 재진단	- 구조적 확실성에 중점을 둔 방법: 습관, 관습(customs), 절차적 제약조건의 연구, 법학적, 인류학적, 사회학적 탐구 - 변화에 중점을 둔 방법: 한계적 분석(marginal analysis), 독립적 사건 분석 - 경쟁적 문제들 간의 우선순위 결정: 시장 연구, 여론 조사, 지도층 인터뷰, 심리학적 조사 연구, 기타 심층연구, 집단의견 기법
정보의 수집	- 데이터 은행법: 사회회계이론, 센서스 조사, 기타 자료수집방법 활용 - 의사소통 구조와 네트워크 확립: 도서관, 문서보관소, 연구모임 등 활용 - 전문가 의견수집: 델파이, 교차영향 매트릭스(cross-impact matrices), 서베이, 인터뷰 등 - 외부인 참여의 보장: 공청회, 학술회의, 인터뷰 - 정보처리능력의 확보: 컴퓨터 네트워크, 전용 컴퓨터시스템, 조기경보체계
선호의 집계	- 선호 모형: 효용이론, 의사결정 이론, 공공선택모형 - 전략적 선택상황하에서의 상황분석: 게임이론 - 최적화: 선형계획, 상호작용적 프로그래밍 - 실험: 원형, 데모, 사회실험 - 선전활동: 대중매체 활용

* 출처: Brewer and de Leon(1983), Table 4-1, p.103.

제2절 복잡성의 모형화

1. 모형화의 세 가지 패러다임

문제를 분석하고, 문제의 복잡성으로부터 해방되기 위해서는 문제를 단순화하여야 한다. 문제를 단순화하기 위해서는 몇몇 중요한 변수들을 문제에서 고려하지 않는 방법을 사용하거나 문제의 맥락을 좁히는 방법을 사용할 수 있다. 전자보다는 후자의 경우가 일반적이다. 모든 사회문제의 분석에 있어 단순화는 보편적이며, 따라서 정도의 차이는 있지만 모든 분석은 오류 내재적이며 부정확하다.

Ralph Strauch(1975: 175-184)는 추정과정에 관한 모형화의 세 가지 패러다임을 다음과 같이 제시하였다.

첫째는 수학적 패러다임(mathematics paradigm)이다. 이는 상징체계로서의 수학을 이용하여 수학적 모형을 만들고, 적절한 절차적 규칙을 적용하여 결과를 산출하는 방법이다. 개념적으로는 수학적 모형에 의해 수학적 결과가 산출되는 단순한 모형이다. 이 모형에 사용된 수학을 잘 이해하고 있는 분석가는 모형의 형성과 적용상의 오류를 잘 파악할 수 있고 도출된 결과를 쉽게 이해하고 해석할 수 있다. 이 방법은 매우 산뜻하며 또 합리적이다.

그림 12-1 수학적 패러다임

* 출처: Brewer and de Leon (1983: 122)

둘째 패러다임은 일반적 분석모형으로 수학적 모형에 실질적 문제와 실질적 결론의 두 요소가 추가된 수학적 모형의 파생물이다. 수학적(또는 공식적) 모형화의 전제로서 모형의 외부에 존재하는 외적 현실에 중점을 두고 있다.

이 패러다임에서는 <그림 12-2>에서 보는 바와 같이 실질적 문제를 수학적으로 모형화하고(A 과정), 수학적 모형으로부터 얻은 수학적 결과를 해석하여 실질적 결론을 얻는(B 과정) 형식을 취한다. 이 모형은 물리학과 통계적 실험에 적합하다. 그러나 문제의 명확한 정의가 어려운 복잡한 사회체계의 모형화에는 덜 적합하다.

그림 12-2 분석 패러다임의 상식적 개념도

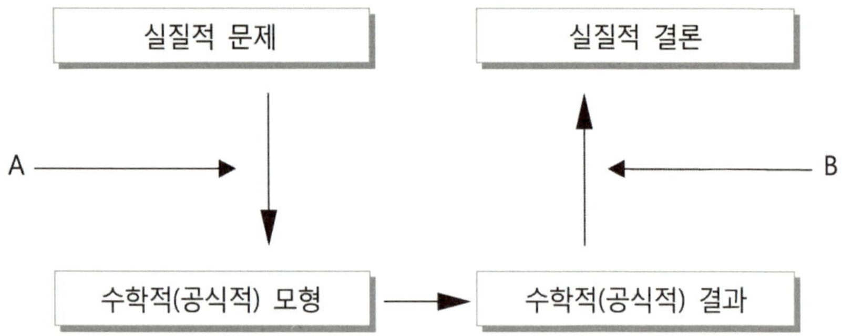

* 출처: Brewer and de Leon(1983: 122)

셋째 패러다임은 매우 중요하다. 문제의 명확한 정의가 어려운 복잡한 문제의 모형화 패러다임으로 많은 설명과 시사하는 바가 많다. <그림 12-3>은 이 패러다임을 나타낸 것이다.

<그림 12-3>의 왼쪽 세로 행(column)에서 아래로 내려가는 과정은 모형 형성과정(formulation process)으로서 단순화의 과정이며 동시에 추상화의 과정이다. 아래로 내려갈수록 문제를 공식적으로 또는 분석적으로 묘사하기 위하여 문제의 주요한 요소들만이 선별되고 기타의 수많은 정보들은 제거된다. A와 A' 단계에서는 의사결정자와 전문가와의 상호 접촉이 필요하다. B와 B'단계는 해석의 과정(interpretation)으로서 결정의 의사결정의 과정이다. 문제의 공식적 정의와 공식적 결론(formal conclusion)단계에서는 보통 언어적 표현을 사용한다. 이 과정에서는 매우 기술적이고 전문적인 능력이 요구되는 단계로 분석 전문가와 수학자, 컴퓨터 프로그래머 등이 주도한다. 각 단계마다 오류가 개입하여 분석과 해석의 왜곡을 낳을 수도 있다.

그림 12-3 복잡한 또는 다루기 곤란한 문제의 모형화: 하나의 패러다임

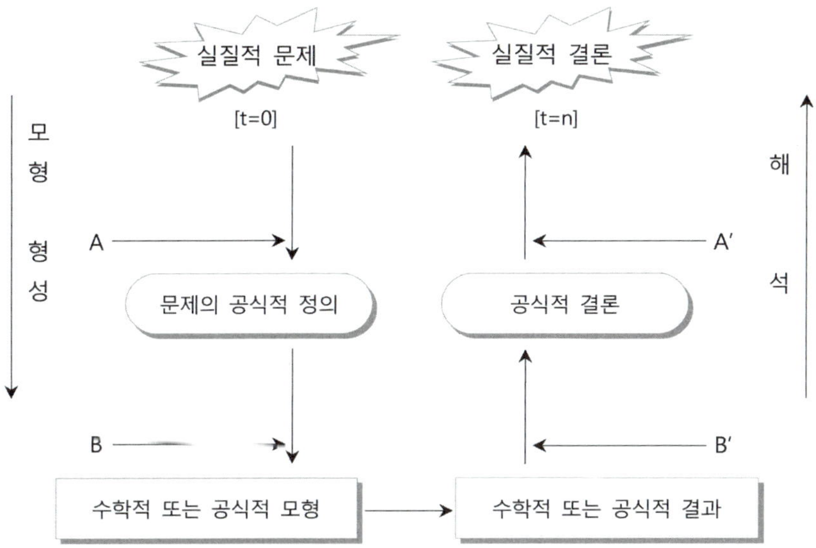

* t=0: 초기 단계, t=n: 최종 단계
* 출처: Brewer and de Leon(1983: 123)

2. 모형의 구성요소

모형의 구성요소는 크게 종속변수, 독립변수, 매개변수의 셋이다.

1) 종속변수(dependent variable)

평가 기준변수라고도 하며 종속변수에 의하여 얻어진 값은 조직에 대한 성과달성의 수준을 나타낸다. 한편, 이러한 종속변수의 값은 모형 내의 독립변수에 따라서 달라진다. 연구문제의 설계에 있어서는 특정 투입변수(input variable)의 결과(outcome), 효과(effect), 산출(output) 또는 영향(consequence, impact)으로서 가설화된 현상 또는 특성을 말한다. 종속변수의 발생은 시간적으로 그보다 선행하는 다른 변수들에 의존한다. "y는 x에 의존한다"는 가설에 있어서 y는 x의 추정 효과로서의 종속변수이다. 연구문제는 종종 종속변수가 된 현상을 고려하는 문제, 예컨대 "왜 y 현상이 발생하였을까?"의 형태로도 제시된다.

2) 독립변수(independent variable)

모형 내에서 다른 변수들로부터 영향을 받지 않는 변수를 의미한다. 독립변수는 통제 가능한 의사결정변수와 통제 불가능한 외생변수로 나누어진다. 의사결정변수는 가장 중요한 경영과학모형의 요소로서 모형의 성과는 의사결정변수에 대한 값으로 표시된다. 외생변수는 조직이나 모형의 결과에는 영향을 미치지만, 조직이 통제할 수 없는 변수들이다. 연구문제의 설계에 있어서는 투입 또는 선행변수로 가정된 현상 또는 특성이다. 종속변수의 원인변수로 가정되어 종속변수의 측정 이전에 조작, 측정 또는 선택된다. 독립변수에 초점을 맞추어 연구문제를 설정하는 경우 오류를 범할 가능성이 많다. "왜 어떤 현상이 발생하였을까?"라고 연구문제의 설정하는 대신에 "만일 이런 조치를 취하면 어떻게 될까?"라고 연구문제를 설정해서는 아니 된다. 두 번째의 문제설정은 원인변수를 확인하기보다는 미래의 결과를 알고자 하는 설정이기 때문이다. 연구가설의 설정은 인과관계적 발견에 그 목적이 있지 어떤 행위의 미래 결과의 예측에 있는 것은 아니다.

독립변수와 종속변수를 이용하여 가설을 설정할 때의 오류를 방지하기 위한 실용적인 방법으로는 Kerlinger(1979)가 제시한 방법이 있다. 즉, "if x then y"의 설정처럼 "if then"의 언명(statement)을 사용하는 방법이다.[3] "if" 변수는 독립변수로, "then" 변수는 종속변수가 된다. [4]

3) 매개변수(parameter)

독립변수와 종속변수를 제외한 변수로서 변수 사이의 상호관계를 규명하는데 중요한 역할을 한다.[5] 대안의 선택 범위에 영향을 미치는 환경적 제약조건들이다. 매개변

---

3) F. N. Kerlinger, *Behavioral Research: A Conceptual Approach*, (New York: Holt, Rinehart & Winston, 1979), N. L. Sproull(1995: 31) 재인용.

4) 독립변수와 종속변수의 용어는 실험적 연구에서만 사용되는 것이 보통이다. 그 이유는 그것들이 원인과 결과를 의미하며, 진실험(true experimentation) 설계에서 원인과 결과가 추론되기 때문이다. 인과관계가 추론될 수 없는 비실험적 연구에서 독립변수와 종속변수의 용어를 사용하는 것은 어떤 변수가 다른 변수의 원인이 된다는 오해를 불러일으킬 수 있기 때문에 사용을 안 하는 것이 좋다는 엄격한 입장이 있다. 그럼에도 불구하고 독립변수와 종속변수의 형식으로 연구를 시작하는 것은 유용하다.

수는 상수와 무작위 매개변수로 나뉘어진다.

(1) 상수(constant)

매개변수의 값이 일정하게 고정된 경우를 말하며 주로 단기간의 환경이나 조직에 변화가 없다는 조건에서 유효하다.

(2) 무작위 매개변수(random parameter)

동적이고 불확실한 상황에서 매개변수들이 일정한 값보다는 특정한 확률분포에 따라 변화할 때, 이를 무작위 매개변수라 한다.

3. 독립변수의 다양한 취급

실제적인 연구문제의 검증을 위한 모형에서는 원인변수인 독립변수들을 다양하게 취급하여 모형화한다. 독립변수의 다양한 취급을 보다 잘 이해하기 위해서는 과학적 인과관계에 대하여 알아 두어야 한다.

1) 조절변수(moderator variable)

독립변수와 종속변수의 관계를 수정하는 것으로 가정된 또 다른 독립변수이다. 이 변수는 독립변수와 종속변수의 주된 관계에 변화를 초래할 수도 있는 제3의 요인의 영향에 대한 인식과 연구를 위하여 설정된 것이다. 조절변수 역시 독립변수이기 때문에 어느 변수를 독립변수와 조절변수로 구분 선택하는가는 연구자의 결정에 달려 있다. 조절변수가 여러 개 있을 경우에는 독립변수와 종속변수의 관계에 가장 많은 영향을 미치는 변수를 하나 또는 두 개를 선정하여 조절변수로 삼아야 한다. 조절변수의 수가 둘 이상이 되면 연구수행이 매우 어려워지기 때문이다. 조절변수들을 고려하는 대신에 이 변수들을 통제변수로 선택할 수도 있다.

---

5) 복잡성 모형화에 있어서의 매개변수와 통계분석 모델에 있어서의 매개변수는 다른 개념으로 사용된다. 통계분석에서는 parameter가 모수(母數)로 번역된다.

2) 통제변수(control variable)

독립변수와 종속변수의 관계에 영향을 미칠 수 있는 변수를 제거, 상수화 또는 통계적 방법을 이용하여 통제함으로써 그 효과를 제거한 변수이다. 변수 통제의 목적은 연구 결과에 영향을 미칠 수도 있는 수많은 변수들의 잠재적 효과를 최소화 또는 제거하기 위함이다. 다음의 가설을 살펴보자. "가설: 유연근로시간제(flextime)[6]하의 남성근로자의 이직률은 비 유연근로시간제(non-flextime)하의 남성근로자의 이직률 보다 낮을 것이며, flextime하의 동일한 직위(job position)라면 나이 먹은 근로자가 젊은 근로자에 비하여 이직률이 낮을 것이다." 이 경우 종속변수는 근로자의 이직률, 독립변수는 근로 시간제, 조절변수는 근로자의 연령, 통제변수는 직위와 근로자의 성(sex)이다.

조절변수와 통제변수의 차이는 조절변수의 경우 그 효과가 연구대상이지만, 통제변수의 효과는 최소화, 제거 또는 상수로서 취급되는 데에 있다. 연구의 대상이 된 모집단은 남성근로자이며, 동일 직위의 근로자들로서, 성별과 직위가 일정한 상수로서 통제되었으며, 근로시간제와 이직률 간의 관계에 영향을 미치지 않도록 가설이 설정되었다. 모두 독립변수로서 고려된 조절변수와 통제변수와 독립변수의 구분은 오직 연구자의 결정사항이다.

3) 개입변수(intervening variable)

존재하지만 관찰 불가능한 것으로 가정되며, 독립변수와 종속변수의 관계를 설명할 수 있는 것으로 가정된 변수이다. 개입변수의 도입 목적은 독립변수와 종속변수 간의 관계를 설명하기 위한 것이다. 위의 가설을 예로 들어 보면, 신축적인 유연근로시간제(flextime)가 관찰 불가능한 동기(motivation) 요인에 영향을 미치고, 동기요인이 이직률에 영향을 준 것으로 가설 설정된 것으로 볼 수 있다. 변수들은 어떤 연구에서는 종속변수로 또 다른 연구에서는 독립변수, 조절변수, 통제변수로 설정 가능함을 독자들은 알아야 한다.

---

6) 우리나라에서는 변형 근로시간제로 번역되어 사용되는 경우가 많다.

4. 모형화의 과정

모형과 이론은 분석의 틀(analytical framework)로서 기능하며, 분석의 틀은 참조의 틀(framework of reference)로 사용된 이론 또는 모형이다.

의사결정 문제의 모형화와 해결책에 대한 통찰력을 얻기 위한 절차를 살펴보자. 여기에서 소개하는 모형화의 방법은 모든 의사결정문제에 대한 즉시적 적용이 가능한 방법이 아니라 문제해결을 위한 논리적 사고의 과정을 도와주기 위한 구조적 절차에 관한 내용이다. 독자들의 학문적 배경에 따라서 이해가 어려울 수도 있지만, 모형화 또는 모형 형성(model building)이라는 매우 중요한 내용을 다루지 않고 정책분석론 교재를 쓴다는 불완전한 것이 될 수밖에 없다. 해결해야 할 정책문제를 이해하고 파악하여 모형화하는 방법을 아는 것은 주어진 정책문제에 대한 수학적 분석과 알고리즘과 통계분석기법 및 경영과학적 기법들을 배우는 것 못지않게 중요하다.

모형화에 있어 가장 중요한 것은 가능한 한 단순하게 문제의 중요한 측면을 파악하여 묘사하는 것이다. 단순한 것이 아름답다는 말은 모형화에 직접 적용되어 모형화의 효율성으로 표현된다. 모형의 효율성은 과학적 방법의 중요한 특징이며 이는 Tukey (1961)가 말한 "상황에 실제적으로 존재하는 복잡성을 분석에서 묘사하지 않는 것이 나을 수 있다."라는 검약의 원리(principle of parsimony)로서 요약된다. 단지 적은 수의 변수들로 구성된 단순한 모형으로 현실세계의 문제를 잘 나타낼 수 있는 경우가 있다. 의사결정문제의 모형화에는 특히 검약의 원리가 매우 중요하다. 정책모형은 정책결정자의 의사결정행위를 돕기 위한 것이다. 정책결정자가 이해할 수 없는 복잡한 모형은 의사결정에 도움이 되지 못한다.

모형화의 방법이 다양한 것은 모형의 분류를 보면 쉽게 알 수 있다. 그림으로 모형화하면 문제에 대한 전체적 이해에 매우 도움이 된다. 모형을 먼저 그림으로 작성하고, 다음에 수학적 또는 계량적 풀이 기법을 적용하여 최선의 행동 경로를 계산해내는 것이 실용적인 방법이다.

1) 문제의 규정

(1) 문제의 분석을 위한 오리엔테이션을 시행한다.

여기에서는 분석에 필요한 시간이나 행정적 자원, 소요자원 및 적용의 범위 등과 같은 모든 조건에 대한 규정이 이루어지면서 이러한 오리엔테이션을 통해 조직이 처한 환경, 조직의 배경과 목표 그리고 그에 따른 경영과학 분석목표 등에 관하여 전반적인 이해를 하게 된다.

(2) 문제의 핵심요소를 정의한다.

문제의 중요 구성요소에는 해결하고자 하는 문제와 관련된 의사결정자, 문제분석을 통해 달성하고자 하는 의사결정자의 목표, 그리고 문제와 관련된 의사결정 환경 및 의사결정자가 선택할 수 있는 여러가지 대안 등이 있다.

2) 모형의 개발

모형의 개발은 문제의 과학적 해결을 위한 접근방법에 있어서 가장 중요한 요소로서 문제의 복잡성이나 독특한 성격 및 불확실한 상황 등이 논리적 표현을 통하여 종합적으로 분석되는 과정이다. 논리적 표현이란 조직의 요소 간에 상호관계를 나타내는 수학적인 공식을 뜻한다.

모형은 간단하면서도 정확한 방법으로 복잡한 실제의 문제점을 분석하는데 도움을 주는 편리한 도구의 역할을 한다. 아울러 모형은 실행 가능한 문제에 대한 의사결정의 최적 대안을 명확하게 제시하게 된다. 그러나 이러한 시스템적 접근방법은 그 요소 간의 상호관계와 그들의 목표에 대한 평가기준이 객관적이거나 통제 가능한 수리적 모형으로 표현되어 있을 때에만 가능하다.

3) 모형의 타당성 검증 및 자료의 수집

모형의 타당성(validity)이란 모형이 묘사하고자 하는 실제를 제대로 반영하고 있는가의 정도를 의미한다. 모형이 얼마나 타당한지를 판단하는 데에는 주관이 개입되며 그 판단이 쉬운 것은 아니다. 일단 모형이 개발되면 모형개발에 설정된 모든 가정의 타당성에 대해 검증을 하여야 한다. 일반적으로 시간의 경과에 따라 의사결정 환경이 변화하므로 모형의 요소 및 이들의 상호관계, 그리고 목표에 관한 평가기준 등은 계속적으로 수정되며, 이에 대한 타당성을 지속해서 평가 및 수정하는 것은 꼭 필요하다. 그리고 비록 모형이 단순하다 할지라도 이를 수정하는 것이 어려울 수 있으므로 여러 차례에 걸친 모형의 타당성 검증과정을 되풀이하면서 필요한 자료를 찾는 노력을 계속해야 한다.

4) 최적해결안의 도출

최적해란 문제에 대한 의사결정결과를 최적화할 수 있는 모형의 해결안을 의미한다. 앞에서 언급한 바와 같이 수리적 모형이 문제와 관련된 모든 특성을 나타내도록 개발된 경우에는 모형의 구성이 너무 복잡하여 해를 구하기 어려운 반면, 모형이 너무 간단하게 구성된 경우에는 해를 구하기는 용이하나 문제와 관련된 주요 특성을 잃어버릴 우려가 있다. 이 단계는 문제의 특성에 비추어 모형의 크기에 대한 적합성을 평가할 수 있어야 하며, 만족한 해가 구해질 때까지 문제의 규정, 모형의 개발, 해결안의 도출, 타당성의 측정과 같은 과정을 지속적으로 통제하는 역할을 하게 된다.

5) 해결 대안의 시행

이 단계에서는 실제로 작업을 행하는 조직구성원이 시행하기에 편리하도록 모형의 해결안을 업무 등에 적용하게 된다. 그러나 무엇보다도 중요한 것은 모형의 대상조직이 계속 변화하기 때문에 모형이 현시점의 상황에 적합하게 수정 및 보완될 수 있도록 모형의 해결책에 대한 일종의 통제과정을 계속하여 마련하는 것이다. 모형은 다만 실제 문제를 바탕으로 작성된 모형 자체에 대하여 최적해 혹은 최적해의 근사치만을 산출하기 때문에 모형의 해가 제시하는 것과 같은 결과를 현실문제로부터 기대해서는 안 되며, 모형의 해를 도출하는 절차는 주어진 문제에 대하여 작성된 모형의 형태에 따라 달라질 수 있다.

제13장 불확실성하의 의사결정기법

제1절 머리말

정책대안으로부터 발생할 모든 미래 비용과 미래 편익의 크기와 발생확률 등을 추정하는 과정은 정책분석의 가장 핵심적인 단계이다. 정책분석의 질은 추정작업의 질에 달려 있다. 정책의 미래 비용과 미래 편익은 불확실성의 지배를 받기 때문에 완전히 정확하게 또는 결정론적으로 예측할 수 없다. 관심대상인 무작위 변수의 발생 확률 또는 무작위 변수의 미래 값의 크기를 확률적으로만 추정할 수 있다. 정책대안의 선택에 따르는 미래 비용과 미래 편익의 추정작업은 주어진 시간과 지적 능력과 기타 자원의 제약하에서 대안으로부터 발생할 불확실성을 가능한 한 최소화하는 것을 목표로 한다.

불확실성 아래의 의사결정이론은 크게 모형론, 확률론, 예측론으로 구성되며, 대표적인 기법들로는 의사결정분석(decision analysis), 의사결정나무분석(decision tree analysis), 미래예측 기법(forecasting technique), 시뮬레이션(simulation)과 민감도 분석(sensitivity analysis)로 구성된다. 모형론은 불확실한 상황의 모형화에 관한 방법이다. 확률론은 불확실한 변수의 확률추정에 관한 베이지안 방법을 소개한다. 의사결정분석은 불확실한 상황과 위험한 상황에서 대안을 선택하는 다양한 기준들과 이러한 기준들에 따른 최선의 대안을 선택하게 한다. 의사결정분석은 정책영향분석의 틀 안에서 하위문제의 의사결정분석기법으로 이용된다. 의사결정나무 분석을 이용하면 위험한 상황 하에서 최선의 대안을 직접 선택할 수 있다. 그러나 의사결정분석과 의사결정나무 분석을 하기 위해서는 먼저 무작위 변수들이 취할 확률값 또는 무작위 변수의 미래 값에 대한 추정이 이루어져야 한다. 이 장에서는 무작위 변수 값에 대한 미래예측기법도 소개한다.

제2절 불확실성과 관련된 기본적 개념들

1. 의사결정의 4가지 상황

정책분석을 위한 의사결정은 미래의 정책목표를 달성하기 위한 여러 가지의 정책대안 중에서 최선의 대안을 선택하고자 하는 행위이다. 의사결정에 의해 최선의 대안이 선택된다는 보장은 없다. 의사결정자는 결정이라는 행위(making)를 하는 것이지 최적의 대안(optimal solution)을 반드시 선택하는 것은 아니다. 의사결정 상황은 다음과 같이 네 가지의 상황으로 구분된다.[1)]

1) 확실한 상황

확실한 상황에서의 의사결정(decision making under certainty)이란 의사결정에 필요한 모든 정보를 알 수 있는 상황에서의 의사결정을 뜻한다. 확실성 하의 의사결정은 모든 가능한 선호, 대안, 결과, 기준에 대한 완전한 정보(perfect information)을 가지고 의사결정을 하는 것이다.[2)] 현실에 있어 확실한 완전정보를 가지고 미래지향적인 의사결정을 한다는 것은 매우 예외적인 일이다. 정책 결정자가 정책대상집단의 선호와 능력과 행태에 대한 모든 정보를 가지고 정책수단을 설계하는 것은 생각하기 힘들다. 아

1) 이상문 (1994), 경영과학론, 법문사.

2) 완전 정보, 불완전 정보의 개념과는 다른 비대칭 정보(asymmetric information)의 개념이 있다. 비대칭정보는 둘 이상의 거래 상대방 간에 보유하고 있는 정보의 질과 양이 차이가 있는 경우와 관련된 개념이다. 중고차, 골동품 등 거래 대상인 물건에 대한 수요자와 공급자간의 보유 정보의 차이가 예이다. 규제자인 정부와 피규제자인 기업사이의 주-대리인 관계에서는 일반적으로 가정되는 개념이다.

주 단기적으로 매우 단순한 문제에 대한 의사결정을 하는 경우에는 가능하다. 판매, 생산, 구매 등과 관련된 경영 의사결정의 경우가 그 예이다. 또는 미래의 상황은 불확실하지만 확실성을 가정하고 의사결정을 하는 방법은 있다.

2) 불확실한 상황(uncertain situation)

불확실한 상황에서의 의사결정(decision making under uncertainty)이란 확실한 상황과는 달리 의사결정에 필요한 확실한 정보를 구하지 못하거나, 또는 각 상황이 발생할 확률에 대한 정보조차 알 수 없는 경우의 의사결정을 뜻한다. 대부분의 의사결정자는 어떤 행위의 미래 효과에 대하여 완전히 알지 못하는 불완전한 정보(imperfect information) 상태에서 의사결정을 하게 된다.

3) 위험한 상황(risky situation)

위험한 상황에서의 의사결정(decision making under risk)은 수집된 정보가 완전하고 확실하지는 않지만, 과거의 기록이나 기타 여러 자료를 바탕으로 앞으로 있을 상황 및 그 발생확률에 관한 정보를 가지고 있으며, 이에 따른 각 대안의 결과를 구할 수 있는 경우의 의사결정을 뜻한다. 그러므로 위험한 상황에서의 의사결정문제에서는 확률이 대단히 중요한 역할을 하게 된다.

4) 상충하는 상황(conflict situation)

마지막으로 상충하는 상황에서의 의사결정(decision making under conflict)은 둘 이상의 의사결정자들이 협상을 통하여 각자에게 최선이 되는 전략을 선택하는 의사결정을 말하며, 게임이론(game theory)이 그 대표적인 예이다. 상충하는 상황은 다시 확실한 상황, 불확실한 상황 그리고 위험한 상황에서의 상충하는 상황으로 구분할 수 있다.

2. 예측의 역할과 중요성

관심 있는 사건의 미래 상태(future state)에 대한 현재의 예측은 크게 다음의 두 가지 이유 때문에 필요하다. 첫째, 미래는 불확실하며, 둘째, 현재 이루어지는 수많은 의사결정의 결과 또는 영향은 나중에야 완전히 나타나기 때문이다.

예측(forecasting)은 그 자체가 목적이 아니라 좋은 의사결정에 필요한 미래 정보의 생산을 위한 것이다. 따라서 미래에 대한 정확한 예측은 의사결정과정의 효율성을 개선한다(Holden, 1994: 3). 일기예보를 예로 들어 보자. 내일, 며칠 후 또는 1개월 후 날씨는 일반 국민, 농어민, 관광객뿐만 아니라 심지어는 의류, 전자, 전력 등 산업종사자와 정부 재난 관계자들에게도 많은 관심의 대상이다. 만일 날씨가 언제나 똑같다면 또는 확실히 알 수 있다면 예측은 불필요하다. 날씨가 변화하고 우리는 미래의 날씨에 대해 완전한 정보를 갖고 있지 못하기 때문에 예측이 필요한 것이다.

대부분의 의사결정은 미래의 상태를 개선할 목적으로 이루어진다. 회사는 자기 회사 제품에 대한 미래수요를 충족시키기 위하여 새 공장을 짓는다. 근로자들은 미래의 휴가 또는 은퇴 후에 쓰기 위하여 그들의 현재 수입의 일부를 저축할 의사결정을 한다. 학생들은 미래 인생의 행복을 위하여 오늘 열심히 공부한다. 주식 투자자들은 미래에 더 많은 수입을 얻기 위하여 장래성 있는 주식을 사 둔다. 이러한 모든 의사결정행위들은 주요한 환경적 변수들의 미래 행태에 대한 예측을 필요로 한다. 예측에 의해 만일 아무 행위를 취하지 않거나 특정 행위를 취했을 경우 어떤 일이 미래에 발생할 것인가에 대한 평가가 가능하다. 정부 정책의 성과 또는 개인이나 기업조직의 성공은 미래를 얼마나 잘 예측하고 미래에 얼마나 잘 대비하느냐에 달려 있다. 신뢰할만한 미래 정보는 합리적인 계획에 기초를 둔 적시의 의사결정을 가능하게 한다.

요약하자면 의사결정은 미래를 향한 것이며 미래는 불확실하다. 의사결정의 질은 예측의 정확성에 달려있으며, 의사결정의 미래 결과에 의하여 평가된다. 예측은 의사결정의 필요에 맞게 이루어져야 한다. 의사결정의 질을 높이는데 예측이 얼마나 중요한지에 대하여 아무리 강조하여도 지나치지 않는다. 의사결정에 있어 예측의 기능은 이처럼 중요하지만 모든 예측은 완벽할 수 없는데 그 본질적 한계가 있다.

3. 확률개념

일반적으로 미래에 대한 예측의 결과가 그대로 실현될 가능성은 낮다. 이것은 실행의 과정에서 여러 가지 경제요소 등이 우연한 원인으로 인하여 추정치와 다르게 나타나기 때문이다.

비용의 추정은 그 자체가 확실하지 않다. 또한 대부분의 사업 수행에 대한 예상되는 수익도 정확하게 알 수 없으며, 다만 확실성 정도에 대한 판단을 행할 수 있을 뿐이다. 이러한 미래에 대한 확실성의 결여는 개인이나 산업체, 정부 등, 의사결정자의 판단을 어렵게 하는 요인이 되고 있다.

여기에서는 의사결정에 있어서 위험요소를 정량적으로 다루기 위해 먼저 확률이론을 이해하는 것으로부터 출발한다. 의사결정에 있어서 확률기법을 도입하기 위해서는 먼저 미래에 발생할 사건을 확률로써 표시할 수 있다는 것을 전제로 한다. 또한, 이러한 전제 아래에서 이루어지는 의사결정은 위험한 상황 하에서의 의사결정으로 분류된다.

1) 확률의 개념과 이론

미래의 사건에 관련된 불확실성을 의사결정 과정에 반영하기 위하여 확률이론이 이용된다. 확률이론은 불확실성의 양적인 처리에 관련된 이론으로서, 수학적으로 엄격히 정의되고 잘 발달하여 있어 불확실성이 포함된 의사결정 문제에 적용하기에 적합하다.

확률이론을 이용하면 사건들을 모호함이 없이 적절히 정의할 수 있고, 이론을 적용한 각각의 표현들은 확실하며 분명히 이해될 수 있다. 확률은 불확실성을 숫자(number)로 표시하며 따라서 서로 다른 사건들의 불확실성을 직접 비교할 수 있다. 또한, 확률론의 구조는 의사결정자가 완전히 이해하지 못하는 무리한 생각의 도입을 방지하는 효과도 있다.

확률의 개념

어떤 사상(event)이 일어날 확률은 발생의 가능성을 표시하는 숫자로 표시된다. 이 가능성은 사상의 발생에 관련된 모든 가능한 증거를 조사하여 정해진다. 따라서 확률은 "마음의 상태(state of mind)"로 보일 수 있다. 왜냐하면, 어떤 사건의 발생 가능성에 관한 한 사람의 믿음을 표시하기 때문이다.

미래의 사건발생에 관한 우리의 믿음들이 투자결정의 근거가 되는 것이므로 '마음의 상태'로서의 확률 개념은 경제적인 대안 평가에 상당히 유용한 것이다. 일부에서는 확률이 주관적인 것이 될 수 있고 주장하기도 한다. 그럼에도 불구하고 의사결정 문제에서 이러한 개념의 유용성은 이미 정립되었기 때문에 주관적인 확률은 경제적 의사결정에 있어서 중요한 부분의 하나가 되었다. 우리는 기존의 확률이론을 이용하기 위하여 주관적 확률도 고전적인 확률론의 법칙들에 따른다고 가정한다.

(1) 확률의 공리(probability axioms)

① 어떠한 사상을 A라 할 때 A가 일어날 확률 $P(A) \geq 0$.

② S를 고려 중인 상황에서 일어날 수 있는 모든 가능한 사상들로 이루어진 집합이라 하면, $P(S) = 1$.

③ $A \cap B = \phi$ 이면 $P(A+B) = P(A) + P(B)$이다. 즉, 상호배반적(mutually exclusive) 사상 A 또는 B가 일어날 확률은 이들 각자가 일어날 확률의 합으로 표시된다.

④ 사상 B가 일어났을 경우에 사상 A가 일어날 조건부확률 $P(A \mid B)$는

$$P(A \mid B) = \frac{P(AB)}{P(B)} \qquad (13\text{-}1)$$

로 주어지고 여기서 P(AB)는 사상 A와 B가 동시에 일어날 확률이다. 사상 A와 B가 서로 독립적이면

$$P(AB) = P(A) \cdot P(B) \qquad (13\text{-}2)$$

즉, 사상 A와 B가 동시에 일어날 확률은 A가 일어날 확률과 B가 일어날 각각의 확률의 곱이다. 사상 A와 B가 독립이면 사상 B가 일어났다는 가정아래 사상 A가 일어날 확률은 사상 A가 혼자서 일어날 확률과 같다. 이를 식으로 나타내면
이 된다.

$$P(A \mid B) = \frac{P(AB)}{P(B)} = \frac{P(A) \cdot P(B)}{P(B)} = P(A) \qquad (13\text{-}3)$$

(2) 확률함수(probability functions)

두 개의 주사위를 던지면, 나타나는 두 눈의 합 X는 틀림없이 2 이상 12 이하의 정수 중의 하나로 되지만 그 다음의 시행에서는 X가 어떤 값을 취할지 예언할 수 없다. 즉 X의 값은 우연에 의하여 결정된다고 말할 수 있다.

이렇게 우연에 의하여 결정되는 값을 확률변수라 한다. 확률변수를 통계학적으로 정의하면, "표본공간 S를 정의역으로 하고 실수 전체의 집합 R의 어떤 부분집합을 치역으로 갖는 함수 X를 확률변수라 한다".

확률변수에는 이산확률변수와 연속확률변수가 있다. 확률변수 X가 취할 수 있는 값의 개수가 유한 또는 번호를 부여할 수 있는 무한일 때 X를 이산확률변수라 한다. 확률변수 X의 치역공간 Rx가 하나의 구간 또는 몇 개의 구간의 집합족일 때 X를 연속확률변수라 한다.

확률함수는 가능한 모든 사상의 집합 안의 모든 사건에 어떤 값을 주는 함수를 말한다. 예를 들어 흠이 없는 두 개의 주사위를 던지는 실험에서는 표본공간을 이루는 36개의 표본점에 모두 같은 확률 1/36을 주는 것이 합리적이다. 두 눈의 합을 확률변수 X로 나타내면 확률변수가 취하는 값은 2, 3, 4, 5, 6, 7, 8, 9, 10, 11,12이다.

동전 던지기나 주사위 던지기와 같이 어떤 확률변수가 이산형(discrete)이면 확률함수는 각 확률변수에 어떤 확률 값을 준다. 확률의 계산은 첫 번과 두 번째 던지기가 서로 독립이기 때문에 쉽게 이루어진다. 이산형 확률함수 p(x) 및 누적분포함수 P(x)는 다음 <표 13-1>, <그림 13-1>, <그림 13-2>와 같다.

표 13-1 주사위를 두 번 던질 경우의 확률변수 "두 눈의 합"의 p(x)와 P(x)

x	2	3	4	5	6	7	8	9	10	11	12
p(x)	1/36	2/36	3/36	4/36	5/36	6/36	5/36	4/36	3/36	2/36	1/36
P(x)	1/36	3/36	6/36	10/36	15/36	21/36	26/36	30/36	33/36	35/36	1

그림 13-1 주사위를 두 번 던졌을 때 두 눈의 합의 확률함수

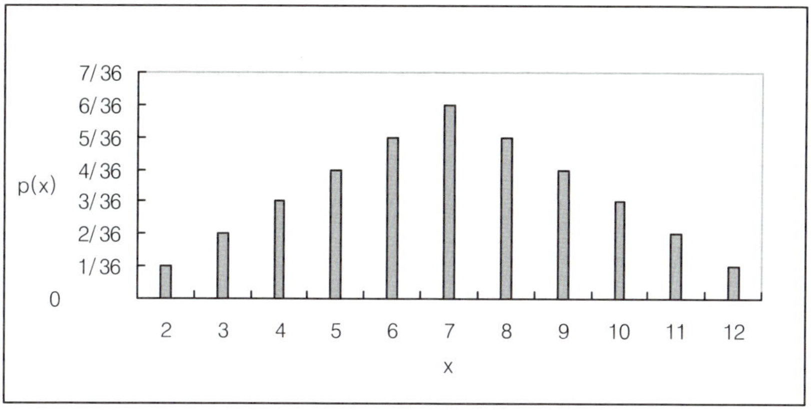

두 번의 던지기 후에 두 눈의 합의 특정 수가 나올 확률을 가리키는 확률함수가 <그림 13-2>에 나타나 있다. 어떠한 확률함수이건 모든 가능한 결과의 확률의 합은 1이 되어야 하며 각 결과의 확률 하나하나는 0 이상이며 1 이하이다. 따라서 한 확률변수 x에 대하여

$$0 \leq p(x) \leq 1, \qquad \sum_{x} p(x) = 1. \tag{13-4}$$

그림 13-2 주사위를 두 번 던졌을 때 두 눈의 합의 누적분포함수

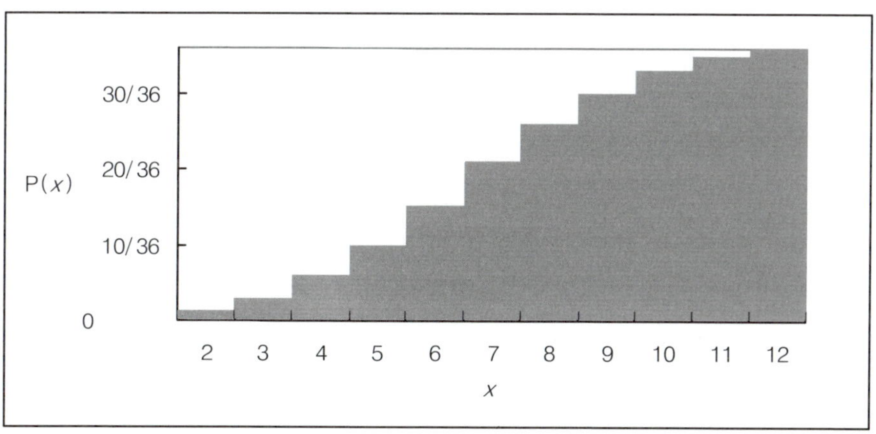

확률변수가 연속형(continuous)일 경우에는 확률함수는 어떤 사상의 확률과 확률변수의 값이나 그 값이 속하는 범위를 연결하는 데 사용된다.

연속형의 경우 확률의 공리를 만족시키기 위해 확률함수는 다음과 같은 성질들을 가져야 한다.

$$0 \leq f(x) < \infty \quad \text{과} \quad \int_{-\infty}^{\infty} f(x)\, d(x) = 1 \tag{13-5}$$

이고, 어떤 사상에 해당하는 확률변수의 값의 범위가 $a \leq x \leq b$라면 그 사상이 일어날 확률은

$$F(a \leq x \leq b) = \int_{a}^{b} f(x)\, d(x) \tag{13-6}$$

이다.

그림 13-3 f(x) = 2x (0<x<1; 0, 그 외에서)의 확률함수

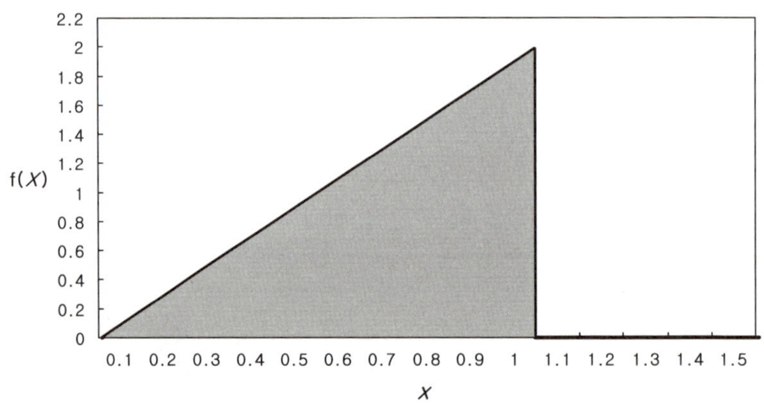

<그림 13-3>은 연속확률변수 X의 확률함수 f(x) = 2x (0<x<1; 0, 그 외에서)의 값이 0에서 2 사이의 값을 가지는 사상일 때의 확률함수(*p.d.f.*)를, 그리고 <그림 13-4>는 누적분포함수(*c.d.f.* cumulative distribution function) F(*x*)를 보여준다.

그림 13-4 확률함수 f(x) = 2x (0<x<1; 0, 그 외에서)의 누적분포함수

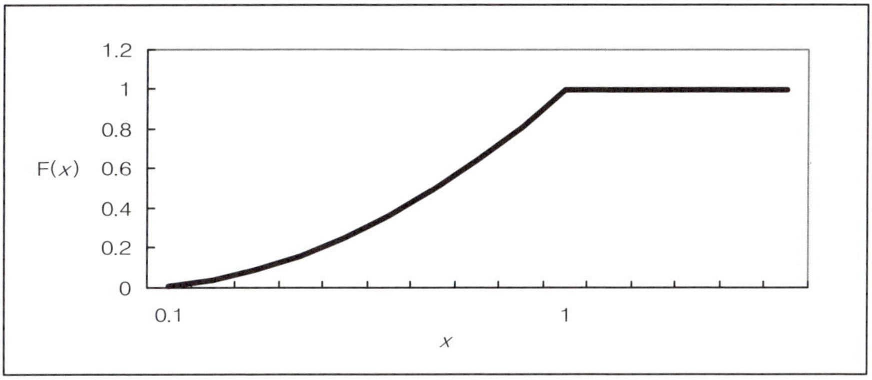

(3) 평균값과 분산(mean and variance)

확률함수의 특성을 표시하는 데 특히 유용한 2가지의 파라미터(parameter)가 있다. 그 첫 번째 것은 확률변수의 평균값 또는 기댓값(expected value)이다. 이산형 확률변수 x의 경우 기댓값은

$$E(x) = \sum_{x} x\,P(x) \tag{13-7}$$

로 정의되고, 연속형의 경우는

$$E(x) = \int_{-\infty}^{\infty} f(x)\,d(x) \tag{13-8}$$

로 정의된다. 확률분포의 평균값은 분포의 중심을 표시한다.

두 번째 파라미터는 분포의 정도를 재는 척도로서 분산을 들 수 있다. 어떤 확률변수이든 변수 x의 분산 정의는 다음과 같다.

$$Var(x) = E\{[x - E(x)]^2\} = E(x^2) - [E(x)]^2 \tag{13-9}$$

이산형 확률변수의 경우에는

$$E(x^2) = \sum_{x} x^2\,P(x) \tag{13-10}$$

이고

$$[E(x)]^2 = [\sum_x P(x)]^2 \tag{13-11}$$

이다.

또 연속형 확률변수에서는

$$E(x^2) = \int_{-\infty}^{\infty} x^2 f(x)\, d(x) \tag{13-12}$$

이고

$$[E(x)]^2 = [\int_{-\infty}^{\infty} x\, f(x)\, d(x)]^2 \tag{13-13}$$

이다.

확률변수 "앞면의 수"를 N이라고 하면 평균값과 분산을 구하면 다음과 같다.

$$E(N) = \sum_N NP(N) = 0(0.25) + 1(0.50) + 2(0.25) = 1$$

$$Var(N) = E(N^2) - [E(N)]^2 = 0^2(0.25) + 1^2(0.50) + 2^2(0.25) - 1^2$$
$$= 0.5$$

2) 기댓값에 의한 의사결정

투자대안을 형성하고 있는 경제적인 요소들을 나타내는 데 확률분포가 사용되고 있다면 비용이나 이익의 기댓값은 대안들을 비교하는 적당한 근거가 될 수 있다. 여기서 기대이익이나 비용이 의미하는 것은 확률분포가 변하지 않는 조건에서 어떤 투자를 계속 반복하여 여러 번 행할 경우에 장기간에 걸쳐 나타날 결과의 평균값이다. 따라서 투자를 여러 번 반복할 경우에는 각 제안의 평균 또는 장기간의 결과에 바탕을 두고 결정을 내리는 일은 타당한 것이 된다. 물론 장기적인 효과가 별 의미가 없는 한 번의 독특한 투자나 평상적이 아닌 프로젝트들을 비교하는 근거로 기댓값을 사용할 경우에는 이의 한계를 확실히 알고 있어야 한다.

의사결정에서 기댓값의 유용성을 보기 위해 다음과 같은 게임을 생각해 보자. 동전을 두 번 던져서 앞면이 안 나오면 $100을 잃는다. 앞면이 한번만 나오면 $40을 받고 두 번 나오면 $80을 받게 된다. 게임에서 따는 돈을 G라고 하면 확률변수 G의 기댓값은 얼마인가?

$$E(G) = -\$100(0.25) + \$40(0.50) + \$80(0.25) = \$15.0$$

만일 이와 같은 게임을 충분히 오래 계속한다면 결국은 한 번 게임당 얻는 이익의 평균값 또는 기댓값은 대략 $15가 된다.

대부분의 기업이나 정부는 일반적으로 투자가 오래 지속되기 때문에 기댓값을 위험하의 투자 대안을 평가하는 기준으로 삼는 것은 적절한 방법이라 볼 수 있다. 이러한 기관들의 장기 목표에는 기대이익을 극대화하거나 경비를 극소화하는 일들이 포함되게 된다. 위험이 따를 경우에 돈의 시간에 따른 가치의 효과를 포함하기 위해서는 기대이익이나 경비를 기대현가, 기대 연간등가 또는 기대 미래가치를 사용하면 된다.

여기에서는 홍수를 대비한 댐의 높이를 결정하는 문제와 신제품 생산을 위한 의사결정에 있어서 기댓값을 이용하는 방법에 대하여 구체적인 예를 들었다.

① 홍수를 대비한 설계

어떤 지역에서 강의 홍수발생 지점에 수자원 처리 설비를 가지고 있다. 현재의 처리시설을 보호하기 위하여 댐을 쌓는 문제가 고려중이다. 건설비용과 기대되는 홍수피해가 <표 13-2>에 주어져 있다.

과거 50년간의 강의 최고수위의 기록으로부터 B 항목의 빈도는 확인되었다. 이러한 빈도를 이용하여 어떤 해에 강이 특정수위에 도달할 확률이 계산되었다. 각각의 수위에 대한 확률은 그 높이가 최고 수위였던 연수를 50으로 나누어주어 계산된다.

표 13-2 댐의 적정 높이 결정을 위한 정보

댐의 높이(m) A	최고수위가 정상에서 x m 이상 높은 연수 B	정상보다 x m 이상 높을 확률 C	강이 댐을 넘을 경우의 피해액($) D	댐 높이가 x m 일 때의 초기 댐 건설비용($) E
0	24	0.48	0	0
5	12	0.24	100,000	100,000
10	8	0.16	150,000	210,000
15	3	0.06	200,000	330,000
20	2	0.04	300,000	450,000
25	1	0.02	400,000	550,000

수위가 댐의 높이를 넘으면 홍수피해가 생기고 이는 D 항목에 표시되어 있다. 수해의 정도는 댐의 높이와 물의 높이의 차이에 따라 정하여진다. 만일 수위가 15 m이고 댐 높이가 10 m이면 예상 피해액은 $100,000 이고 같은 댐 높이에 수위가 20 m이면 피해액은 $150,000이 되는 것이다. 댐을 쌓는 데 들어가는 예상 경비는 E 항목에 나와 있다. 이 지역에서는 12%를 최저수익률로 생각하고 있고 15년 후에는 수자원 처리 설비를 안전지역으로 옮겨갈 계획이다. 이 지역에서는 전체경비를 최소로 하는 대안을 찾으려고 한다. 확률들은 주어진 해에 어떤 특정 수위의 가능성으로 정의되기 때문에 대안 비교 시 연간등가비용 기댓값의 적절한 근거가 된다. 연간등가액 계산은 이 책의 맨 뒷부분에 있는 [부록]을 참조하면 된다.

다음은 댐의 높이가 5m와 15m일 때의 필요한 계산들을 보여주고 있다.

■ 5m의 댐

- 연간 투자비용:
  $100,000 (A/P 12,15) = $100,000 · (0.1468) = $14,682
- 연간 기대피해액:
  (0.16) · ($100,000) + (0.06) · ($150,000) + (0.04) · ($200,000)
  + (0.02) · ($300,000) = $39,000
- 연간 총기대비용: $14,682 + $39,000 = $53,682

■ 10m의 댐

- 연간 투자비용:
  $210,000 (A/P 12,15) = $210,000 · (0.1468) = $30,828
- 연간 기대피해액: (0.06) · ($100,000) + (0.04) · ($150,000)
  + (0.02) · ($200,000) = $16,000
- 연간 총기대비용: $30,828 + $16,000 = $46,828

이와 같은 계산에 의하여 댐의 각 높이에 대한 관련 비용이 계산되며 이는 <표 13-3>에 정리되어 있다.

표 13-3 년간 건설 및 피해액

댐의 높이(m)	연간 투자액($)	연간 기대피해액($)	연간 총기대비용($)
0	0	80,000	80,000
5	14,682	39,000	53,682
10	30,828	16,000	46,828
15	48,450	7,000	55,450
20	66,069	2,000	68,069
25	80,751	0	80,751

<표 13-3>에서 보면 연간 총기대비용을 최소화하는 댐의 높이는 10 m이다. 더 낮은 댐은 건설비가 적게 드는 반면에 수해에 의한 손해가 크며, 더 높은 댐은 추가되는 건설비보다 수해 방지로부터 얻어지는 이익이 적다. 수해피해액을 결정할 때 기댓값을 사용하는 것은 15년이라는 기간이 장기적인 효과를 나타내기에 충분히 긴 기간이라는 점에서 정당성을 부여할 수 있다.

3) 기댓값과 분산에 의한 의사결정

의사결정을 내려야 하는 많은 상황에서 비교의 근거로 기댓값 뿐만 아니라 확률분포의 산포도(dispersion) 정도를 재는 척도를 쓰는 것이 바람직한 때가 많다. 일반적으로 자료의 특징을 기술함에 있어서 기댓값만으로서는 부족하고, 자료가 그의 평균값 둘레에 어느 정도 흩어져 있는가를 계량하는 척도가 필요하다. 이 척도를 산포도라고 한다. 산포도는 평균값이 그 자료를 대표할 때의 오차(error)의 종합치를 가리키는 척도이기도 하다. 편차의 제곱의 평균으로 정의되는 분산(variance)이 그러한 역할을 하게 되며 아래의 예에서 분산의 가치가 잘 나타내어져 있다.

〈예제 13.1〉 공기업의 투자의사결정

어떤 공기업에서 4개의 상호 독립적인 대안 중 하나를 선택하려고 한다. <표 13-4>에는 각 대안에 따르는 현재가치로 환산된 손익이 발생할 가능성을 나타내는 확률함수가 표시되어 있다. 예를 들면 대안 A_2가 $60,000의 현금 흐름을 유발시킬 확률은 0.4

이며 \$110,000일 확률은 0.2이다. 각 확률분포의 기대손익과 분산은 <표 13-4>에 나타나 있다. 대안 A_2의 경우, 이 값들은 다음과 같이 계산된다.

$$E(PV_{A_2}) = (0.1)(-\$40,000) + (0.2)(\$10,000) + (0.4)(\$60,000) + (0.2)(\$110,000) + (0.1)(\$160,000) = \$60,000$$

분산은 아래와 같다.

$$Var(PV_{A_2}) = E(PV_{A_2})^2 - [E(PV_{A_2})]^2$$
$$= (0.1)(-\$40,000)^2 + (0.2)(\$10,000)^2 + (0.4)(\$60,000)^2 + (0.2)(\$110,000)^2 + (0.1)(\$160,000)^2 - (\$60,000)^2$$
$$= \$2,680,000,000$$

<표 13-4>의 기대 손익들을 살펴보면 각 대안간의 차이는 거의 없지만 가능한 손익들의 분포를 조사하면 각 대안의 적절함에 대한 추가적인 분석을 할 수 있다.

첫째로 각 대안의 이익이 0보다 작아 손해를 볼 확률은 상당히 중요하다. 이는 확률이 '투자의 수익률이 최저수익률보다 낮아질 가능성'을 표시하기 때문이다.

표 13-4 4 가지 대안의 손익 확률분포

대 안	손익 (\$)					기대 손익(\$)	분산(\$)
	-40,000 A	10,000 B	60,000 C	110,000 D	160,000 E	F	G (단위: 억)
A_1	0.2	0.2	0.2	0.2	0.2	60,000	43.60
A_2	0.1	0.2	0.4	0.2	0.1	60,000	26.80
A_3	0.0	0.4	0.3	0.2	0.1	60,000	25.00
A_4	0.1	0.2	0.3	0.3	0.1	65,000	29.05

<표 13-4>의 항목 A로부터 다음과 같은 값을 얻을 수 있다.

$$P(PV_{A1} \leq 0) = 0.2$$

$$P(PV_{A2} \leqq 0) = 0.1$$

$$P(PV_{A3} \leqq 0) = 0.0$$

$$P(PV_{A4} \leqq 0) = 0.1$$

이러한 확률을 최소화하는 것이 바람직하다는 면에서 볼 때, 대안 A_3이 가장 바람직하다.

두 번째로 중요한 고려사항은 이 확률분포들의 분산이다. 분산은 확률변수의 산포도의 정도를 나타내며 통상 이를 줄이는 것이 바람직하다. 그 이유는 분산이 적을수록 확률변수에 관련된 변화나 불확실성이 적기 때문이다. 대안 A_3이 이 경우에도 분산이 제일 적다.

이제 A_3이 A_1이나 A_2보다 바람직함을 쉽게 알 수 있는데 이는 손익으로서의 기댓값은 모두 같고 나중의 2 가지 기준에 의하면 A_3이 우수하기 때문이다. 그러나 대안 A_3과 A_4를 비교할 때 결정은 명확히 되지 않는다. 기대손익으로 볼 때는 대안 A_4가 더 큰 값을 보이나 분산 측면이나 손익이 0보다 적을 확률이라는 기준에서 보면 A_3이 더 바람직하다. 이와 같은 경우에 의사결정자는 각 요소의 중요성을 따지게 된다. 즉, 더 높은 기댓값을 얻기 위하여 더 많은 결과의 변화 가능성(분산)을 허용할 수 있는 것인지 또는 손익이 0 이하일 가능성이 낮은 것이 정말 중요한지 등을 결정하여야 한다. 만일 이들 세 가지 요소의 상대적 중요성을 양적으로 표시할 수 있다면 비교를 위한 단일 척도가 각 대안을 비교하기 위하여 만들어질 수도 있다.

〈예제 13.2〉 방위사업청의 무기 구매의사결정

기댓값과 분산에 의한 의사결정의 또 다른 예로서 방위사업청에서 신형 대공방어시스템의 구매계획이 있다고 하자. 방위사업청은 두 가지 대안을 고려 중이다. 첫 번째 대안은 초기비용은 높으나 운영유지비가 싸고 두 번째 대안은 낮은 초기비용을 가지지만 높은 운영유지비용(O&M 비용: operation and maintenance cost)이 든다. 이 경우, 시스템을 구입할 때의 초기비용은 확실히 알 수 있으나 운영유지비용은 계약기간 동안에 얼마가 소요될지 불확실하다.

<표 13-5>에는 각 대안의 운영유지비용과 확률이 주어져 있다.

표 13-5 운영유지비의 확률

대 안 A		대 안 B	
운영유지 비용	확 률	운영유지 비용	확 률
$2,000	1/6	$12,000	1/6
$3,000	1/2	$25,000	1/3
$5,000	1/3	$30,000	1/3
		$40,000	1/6

높은 자동화 수준 때문에 대안 A의 초기비용은 $70,000이 들고 운영자의 주의가 필요한 대안 B는 초기비용이 $20,000이다. 어떤 투자대안을 사든지 계약기간 이후의 잔존가치는 없고 이자율은 10%이다. 계약기간은 확실치 않아서 1, 2, 3년으로 추정되고 있다. <표 13-6>에 이들의 확률 및 각 대안에 대한 계약기간의 함수로 자본회수비용이 표시되어 있다.

표 13-6 계약기간의 확률 및 자본회수비용

계약기간 (年, n)	기간별 확률	자본회수비용	
		대안 A $70,000(A/P 10, n)	대안 B $20,000(A/P 10, n)
1	0.25	$77,000	$22,000
2	0.50	$40,334	$11,524
3	0.25	$28,147	$8,042

이 예에서 두 개의 이산형 확률요소들은 기대비용과 비용의 분산을 계산하기 위하여 결합하여야 한다. 여기서 두 요소인 운영유지비용과 계약기간은 상호 영향을 미치지 않기 때문에 독립이라고 볼 수 있다.

xi = 대안 x의 i번째 운영유지비용

yj = 계약기간이 j일 때 대안 y의 연간 자본회수비용

Pxi = 결과가 xi일 확률

Pyj = 결과가 yj일 확률

AEx = 대안 x의 연간 등가비용

연간 등가비용에는 자본회수와 운영유지비용이 포함될 것이다. 각 대안의 기댓값과 분산을 구하기 위하여 각각의 가능한 결과들이 고려되어야 한다. 각 사건의 독립성에 의하여

$$E[AE_x] = \sum_i \sum_j (x_i + y_j) Px_i Py_j \tag{13-14}$$

$$Var[AE_x] = E[(x_i + y_j)^2] - E[AE_x]^2 \tag{13-15}$$

이고,

$$E[(x_i + y_j)^2] = \sum_i \sum_j (x_i + y_j)^2 Px_i Py_j \tag{13-16}$$

이다.

현재 고려 중인 예의 경우, 대안 A의 평균값과 분산은

$$\begin{aligned} E[(x_I + y_i)^2] = \; & (2,000+77,000)^2 \tfrac{1}{6}\cdot\tfrac{1}{4} + (2,000+40,334)^2 \tfrac{1}{6}\cdot\tfrac{1}{2} \\ & + (2,000+28,147)^2 \tfrac{1}{6}\cdot\tfrac{1}{4} + (3,000+77,000)^2 \tfrac{1}{2}\cdot\tfrac{1}{4} \\ & + (3,000+40,344)^2 \tfrac{1}{2}\cdot\tfrac{1}{2} + (3,000+28,147)^2 \tfrac{1}{2}\cdot\tfrac{1}{4} \\ & + (5,000+77,000)^2 \tfrac{1}{3}\cdot\tfrac{1}{4} + (5,000+40,334)^2 \tfrac{1}{3}\cdot\tfrac{1}{2} \\ & + (5,000+28,147)^2 \tfrac{1}{3}\cdot\tfrac{1}{4} \\ & = \$2,832,405,430 \end{aligned}$$

$$\begin{aligned} E[AE_A] = \; & (2,000+77,000) \tfrac{1}{6}\cdot\tfrac{1}{4} + (2,000+40,334) \tfrac{1}{6}\cdot\tfrac{1}{2} \\ & + (2,000+28,147) \tfrac{1}{6}\cdot\tfrac{1}{4} + (3,000+77,000) \tfrac{1}{2}\cdot\tfrac{1}{4} \\ & + (3,000+40,334) \tfrac{1}{2}\cdot\tfrac{1}{2} + (3,000+28,147) \tfrac{1}{2}\cdot\tfrac{1}{4} \\ & + (5,000+77,000) \tfrac{1}{3}\cdot\tfrac{1}{4} + (5,000+40,334) \tfrac{1}{3}\cdot\tfrac{1}{2} \\ & + (5,000+28,147) \tfrac{1}{3}\cdot\tfrac{1}{4} \\ & = \$49,954 \end{aligned}$$

$$Var[AE_A] = 2,832,405,430 - (49,954)^2 = \$337,000,000$$

대안 B의 경우도 평균값과 분산은 위와 같은 계산방법으로 구한다.

$$E[AE_B] = \$39,773$$

$$Var[AE_B] = \$89,400,000$$

위에서 볼 수 있듯이 대안 B의 연간 등가비용이 대안 A보다 적다. 또한 대안 B의 분산이 더 작으므로 이 대안을 방위사업청 조달본부에서 선택하게 된다.

4) 몬테칼로 시뮬레이션

몬테칼로(Monte Carlo)란 경제적 요소들이 확률분포들로 표시되어 있는 상황에서 의사결정을 하기 위한 모의실험 방법에 주어진 이름이다. 대개 이러한 상황에서 다루어지는 확률적 방법이 너무 복잡하여 수식에 의한 결론을 내리기가 힘든 경우가 매우 흔하다. 또 어떤 경우에는 몬테칼로 방법이 결론을 제시할 때 매우 상세하다는 점에서 많이 쓰이기도 한다.

몬테칼로 분석이 적용되는 의사결정 환경은 경험적 또는 이론적 분포에 의하여 특징 지워진다. 몬테칼로 방법은 이 환경을 표시하는 확률변수의 값을 이들 분포로부터 만들어 내고, 이렇게 만들어진 값들은 손익의 분포, 연간 등가비용의 분포 등을 발견하기 위한 경제적인 분석방법에 따라 결합하게 된다.

문제의 파라미터들을 표시하는 분포로부터 확률변수의 값들을 만들어 내는 방법은 기계적인 방법, 수학적인 방법, 컴퓨터에 의한 방법 등 다양하다. 여기에서는 <예제 13.2>의 예를 이산형 분포의 경우, 기계적인 방법을 이용하는 예로서 다시 한 번 거론하기로 한다.

여기에서는 2개의 동전 던지기를 이용하여 확률분포를 만들어 낼 수 있다. 이러한 방법으로 모의 계약기간을 계속하여 만들어 내는 것은 기계적이라 할 수 있다. 대안에 대한 모의 운영유지 비용의 발생도 기계적인 방법으로 만들어 낼 수 있다. 또한, 주사위 한 개를 던져 어떤 값이 나오면 그에 따라 어떤 특정 비용이 결정된다고 가정해 주면 대안 A의 경우를 표시할 수 있다. 같은 방법을 대안 B에도 사용할 수 있다.

표 13-7 모의실험 값 만들기

실험대상 항 목	가능한 결과 (경우의 수)	결과의 확률	실험 방법	항 목 별 실험 결과
계약기간 n	1 2 3	1/4 1/2 1/4	동전 2개 던 지 기	HH HT또는 TH TT
대안 A의 유영유지 비용	\$2,000 \$3,000 \$5,000	1/6 1/2 1/3	주사위 1 개 던 지 기	1 2, 3 또는 4 5 또는 6
대안 B의 운영유지 비용	\$12,000 \$25,000 \$30,000 \$40,000	1/6 1/3 1/3 1/6	주사위 1 개 던 지 기	1 2 또는 3 4 또는 5 6

<표 13-7>은 앞의 방법들을 사용할 때 실험의 결과가 어떠한지를 보여 준다. 계약기간과 운영유지비용을 모의실험을 통하여 발생시키는 과정을 여러 번에 걸쳐서 경제성 분석의 기법들과 함께 적용할 수 있다.

<표 13-8>에서는 100번 시행 시 매 실험마다 발생하는 여러 가지 비용들을 계산할 때 처음 10번의 시행결과로 대안 A의 연간 등가비용은 \$48,630, 대안 B는 \$41,623로 계산되었다. 따라서 <표 13-8>의 제일 뒤 칸에서 볼 수 있듯이 두 대안의 연간 등가비용의 차이는 \$7,007이다.

비록 대안 B가 좋은 것으로 판명되었지만, 이는 단지 10번의 시행으로 얻어진 결론이라는 점을 잊어서는 안 된다. 표본의 크기가 커지면 다른 결과가 나올 가능성은 충분히 있다. 초기실험에서 평균 연간등가비용이 기복이 심하게 변했으나 시행의 수가 증가함에 따라 안정되어 가는 모양을 알 수 있다. 따라서 비교의 근거가 될 수 있는 충분한 안정된 결과를 얻기 위해서는 최소한 100번의 시행이 필요하다고 말할 수 있겠다.

표 13-8 몬테칼로에 의한 대안비교

(a) 대안 A

시 행 횟 수	동전 던지기 결과	계약 기간 n	(a) 자본회수비용, $70,000 (A/P 10, n)	주사위 던지기의 결과	(b) 연간 O&M 비용	(c) 연간 등가비용 (a+b)
1	HH	1	$77,000	2	$3,000	$80,000
2	HT	2	$40,334	4	$3,000	$43,334
3	TH	2	$40,334	1	$2,000	$42,334
4	TH	2	$40,334	5	$5,000	$45,334
5	TT	3	$28,147	2	$3,000	$31,147
6	HH	1	$77,000	3	$3,000	$80,000
7	TH	2	$40,334	6	$5,000	$45,334
8	HT	2	$40,334	1	$2,000	$42,334
9	TT	3	$28,147	3	$3,000	$31,147
10	TH	2	$40,334	6	$5,000	$45,334
.	.	.	.	.	.	486,300
.	.	.	.	.	.	평균등가비용= 48,630
.	.	.	.	.	.	
100	HT	2	$40,334	2	$3,000	$43,334

(b) 대안 B

시 행 횟 수	(d) 자본회수비용, $20,000 (A/P 10, n)	주사위 던지기의 결 과	(e) 연간 O&M 비 용	(f) 연간 등가비용 (d + e)	(c)-(f) 연간등가비용의 차이, 대안A- 대안 B
1	$22,000	3	$25,000	$47,000	$33,000
2	11,524	3	25,000	36,524	6,810
3	11,524	6	40,000	51,524	-9,190
4	11,524	2	25,000	36,524	8,810
5	8,042	1	12,000	20,042	11,105
6	22,000	5	30,000	52,,000	28,000
7	11,524	4	30,000	41,524	3,810
8	11,524	5	30,000	41,524	810
9	8,042	6	40,000	48042	-16,895
10	11,524	4	30,000	41,524	3,810
.	.	.	.	416,228	$70,070
.	.	.	.	평균등가비용 = 41,623	평균 차이 = $7,007
100	$11,524	4	$30,000	$41,524	$1,810

모의실험에서 얻어진 <표 13-8>의 데이터는 대안 A와 대안 B의 비용에 관한 추가의 정보를 끌어내는 데 쓰일 수 있다. <표 13-9>에는 가능한 연간 등가비용과 이 값들

이 나타내는 빈도와 확률이 표시되어 있다.

표 13-9 각 대안별 연간 등가비용의 빈도분포

대안 A			대안 B		
연 간 등가비용	100번 시행시 빈 도	확 률	연 간 등가비용	100번 시행시 빈 도	확 률
$30,147	4	0.04	$20,042	4	0.04
31,147	13	0.13	23,524	9	0.09
33,147	9	0.09	33,042	9	0.09
42,334	8	0.08	34,000	4	0.04
43,334	22	0.22	36,524	17	0.17
45,334	18	0.18	38,042	8	0.08
79,000	5	0.05	41,524	17	0.17
80,000	13	0.13	47,000	7	0.07
82,000	8	0.08	48,042	4	0.04
-	-	-	51,524	8	0.08
-	-	-	52,000	8	0.08
-	-	-	62,000	5	0.05
	100	1.00		100	1.00

이들 표의 빈도로부터 각 대안의 연간 등가비용의 평균값과 분산이 추정될 수 있다.

대안 A의 평균값은

$$0.04(\$30{,}147) + 0.13(\$31{,}147) + \cdots + 0.08(\$82{,}000) = \$50{,}229$$

분산은

$$0.04(\$30{,}147)^2 + 0.13(\$31{,}147)^2 + \cdots + 0.08(\$82{,}000)^2 - \$50{,}229$$
$$= \$346{,}802{,}000$$

대안 B의 평균값과 분산은 각각

$$0.04(\$20{,}242) + 0.09(\$23{,}524) + \cdots + 0.05(\$62{,}000) = \$40{,}158$$
$$0.04(\$202427)^2 + 0.13(\$23{,}524)^2 + \cdots + 0.05(\$62{,}000)^2 - \$40{,}158$$
$$= \$101{,}232{,}300$$

이제는 대안 A와 대안 B의 연간 등가비용의 차가 더욱 정확히 구해지게 되어 \$50,229 - \$40,158 = \$10,071이 되고 10 번의 시행 결과인 \$7,007과 차이를 보인다. 따라서 대안 B가 기댓값 기준에 근거하여 우월하다는 판정이 내려진다.

또 한 가지 알 수 있는 것은 연간 등가비용에서 대안 B가 대안 A보다 분산이 적다는 점이다. 이제 기댓값과 분산이라는 관점에서 대안 B는 대안 A보다 우수하다는 것이 명확하여 졌다. 100회 이상으로 시행을 계속한다 하더라도 이 몬테칼로 분석의 결론이 바뀔 가능성은 없는 것으로 보인다.

4. 베이지안 확률추정

불확실한 상황하의 확률추정 이론은 어떤 사건의 발생 확률에 관한 예측이론이다. 만약에 관심 있는 사건의 발생 확률을 알게 되면 불확실한 상황이 위험한 상황으로 전환되게 되어 위험한 상황하의 의사결정기법들을 적용할 수 있는 유리함이 있다.

무작위 변수가 취하는 확률 추정의 방법은 변수들의 미래 값에 대한 계량경제학적 예측방법이나 통계적 예측방법들과는 다르다. 계량경제학적 또는 통계적 예측방법들은 예측대상인 종속변수의 미래 값은 인과관계가 있는 독립변수 또는 상관관계가 있는 예측변수의 값에 의하여 확정적(deterministic)으로 결정되거나, 무작위 변수(random variable)의 작용이 포함된 확률적(stochastic)으로 결정된다고 본다. 즉, 종속변수의 값은 통제 가능한 독립변수와 통제 불가능한 무작위변수의 공동작용에 의하여 종속변수의 값이 결정된다. 이에 대해서는 본 장의 미래예측 방법 부분에서 따로 다룬다.

1) 전통적 접근법과 베이지안 접근법

(1) 전통적 확률 추정의 방식과 베이지안 방식의 차이

두 확률 추정방식의 차이는 사용하는 확률개념의 차이[3], 즉 객관적 확률(objective

3) 확률개념에 대해서는 정통적 확률학파(classical school of probability), 빈도 확률학파(frequency school of probability)와 주관적 확률학파(subjective school of probability)의 세 학파의 견해가 있다 (Kleindorfer et al., 1993: 100-103). 정통학파와 빈도학파(이 두 학파를 합쳐서 전통적 방식으로 부른다)의 경우 객관적 확률개념을 주장하고 베이지안학파는 주관적 확률개념을 주장하기 때문에 확률추정의 방식에 관한 논의를 하는 여기에서는 전통적 방식(traditional school)과 베이지안 방식의 둘로 구

probability)과 주관적 확률(subjective probability)의 차이에서 발생한다. 베이지안들은 확률을 합리적인 믿음의 정도로 간주한다. 따라서 베이지안들에게 있어서 확률값은 경험적 현상에 대해 연구자가 가진 주관적 확신의 정도 또는 확률의 주관적 평가치이다. 베이지안이 아닌 전통적 확률론자들 또는 빈도주의자(frequentist)들은 확률을 어떤 사건이 여러 차례의 반복시험에서 발생할 객관적 빈도를 나타내는 것으로 본다.

(2) 베이지안 추정 방식

베이지안 방식은 데이터 수집으로 얻은 정보로서 사전 확률 또는 사전 밀도함수(prior density function)를 수정하여 사후 확률 또는 사후 밀도함수(posterior density function)을 얻는 방법이다. 사전확률은 자료수집 이전부터 연구자가 믿고 있는 추정대상 모수의 확률에 대한 주관적 확률이다. 사후확률은 자료가 주어진 조건하의 추정대상 모수에 대한 조건부 확률이다. 사후의 의미는 '수집된 객관적 자료를 반영하여 사전의 주관적 확률을 수정한 이후'의 의미이다. 베이지안 방식은 어떤 사건의 미래 발생확률을 객관적 빈도로서 예측하는 전통적 또는 기본적 확률이론과 다르다.

베이지안 접근방법의 장점은 추가적인 새로운 정보가 입수되면 이를 이용하여 사전확률을 사후확률로 전환하여 사용할 수 있는 점에 있다. 현재의 사후 확률도 추가적인 정보를 이용한 새로운 추정에는 사전확률로서 이용된다. 따라서 베이지안 접근방법은 공식적이며 분명한 학습모형(a formal and explicit learning model)을 포함하고 있어 연구에 있어 학습이 가능하다. 비 베이지안인 전통적 확률론자들은 연구자의 믿음을 베이지안식 사전확률로 표현하는 것이 부정확하고 어렵다는 이유로 전통적인 객관적 빈도확률의 사용을 주장한다.

베이즈 이론

베이즈 이론(Bayes' theorem)은 18세기 영국의 수학자인 베이즈(R. T. Bayes)에 의해 소개되었으며 위험상황하에서의 각 상황이 발생할 확률을 기초로 하여 조사 및 시험 그리고 추가정보 등에 의하여 미래에 발생할 상황 또는 이에 대한 발생확률을 수정

분한다.

해 나감으로써 더 좋은 의사결정을 하기 위한 기법이다. 이와 같은 경우에 수정 이전의 확률을 사전확률(prior probability)이라 하고, 추가정보로 인하여 수정된 확률을 사후확률(posterior probability)이라 한다. 베이즈 이론은 이러한 사전확률을 수정하는 과정에서 사용되는 통계학적 기법을 의미하며, 다음은 베이즈 이론에 의하여 수정된 확률을 구하는 일반적인 식을 나타낸다.

$$p(\mathrm{Ai/B}) = \frac{p(A_i)\times p(B/A_i)}{\sum_{i=0}^{n}[p(A_i)\times p(B/A_i)]} \qquad (13\text{-}17)$$

여기서 A_i=가능한 모든 상황
B=추가정보에 의하여 예상되는 결과
$p(A_i)$=상황 Ai에 대한 사전확률
$p(B/A_i)$=상황 A_i하에서 결과 B가 발생할 조건부 확률

위의 공식에서 우리는 $p(A_i/B)$를 사후확률, 수정확률 또는 베이지안 확률(Bayesian probability)이라고 부른다. 상황 A_i 하에서 추가정보에 의하여 예상되는 결과(B)에 대한 조건부 확률을 나타내는 $p(B/A_i)$를 알고 있으면 위의 공식을 사용하여 상황 A_i에 대한 사후확률 $p(A_i/B)$를 구할 수 있게 된다. 다음의 <예제 13.3>을 통하여 베이즈 이론을 자세히 살펴보도록 한다.

〈예제 13.3〉 조달청의 품질관리

조달청은 개인용 컴퓨터의 각 부품을 여러 중소 하청업체로부터 공급받아 조립한 후 정부 각 기관에 제공하고 있다. 특히 여러 부품 중에서 컴퓨터의 가장 중요한 부품인 주기억장치는 A, B 그리고 C 세 업체로부터 구입하고 있다. 현재 이 세 업체 중 A업체로부터는 이 회사의 전체 구입량의 55%를, B업체로부터는 25%를, 그리고 C업체로부터는 나머지 구매량인 20%를 구입하고 있다. 최근 많은 컴퓨터 제조회사의 설립으로 컴퓨터 시장에 대한 판매 경쟁이 치열해지기 시작하였으며, 조달청은 이에 대한 대책으로 장기적인 구매계획을 수립하였다. 이 장기구매계획의 첫 단계는 공무원들에게

좋은 품질의 개인용 컴퓨터를 공급함으로써 조달청의 이미지를 부각시키는 것으로 각 하청업체들로부터 공급받는 부품에 대한 품질관리를 철저히 하기로 하였으며 또한 만일 계속하여 불량품을 많이 공급하는 업체에는 더 이상 부품하청을 주지 않기로 결정하였다. 조달청의 품질관리국에서 갖고 있는 과거의 자료를 분석한 결과, 다음과 같은 구매량에 대한 업체별 불량품 제조율을 알아냈다.

하청업체	불량품 제조업(%)
A	3
B	1
C	2

A 업체의 부품에 관심이 있는 품질관리 책임자가 창고에 있는 재고품 중에서 무작위로 한 개를 추출하여 조사한 결과 이 제품이 불량품으로 판정되었다고 할 때 이 책임자가 발견한 불량품이 A 업체에서 제조되었을 확률을 구하려고 한다. 이때 이 문제에서 각 업체에 대한 사전확률 및 조건부확률을 정리하면 다음과 같다.

하청업체	사전확률	조건부확률
A	$p(A)=0.55$	$p(D/A)=0.03$
B	$p(B)=0.25$	$p(D/B)=0.01$
C	$p(C)=0.20$	$p(D/C)=0.02$

여기서 $p(A)$, $p(B)$, $p(C)$는 이 제품이 각 업체에서 제조되었을 사전확률을 나타내며, $p(D/A)$, $p(D/B)$, $p(D/C)$는 각 업체에서 불량품이 제조되었을 조건부확률을 나타낸다. 이와 같이 주어진 확률을 이용하여 조달청의 품질관리 책임자는 그가 뽑은 불량품이 A공장에서 나올 사후확률을 베이즈 이론의 식을 사용하여 다음과 같이 계산하였다.

$$
\begin{aligned}
p(A/D) &= \frac{p(A)\times p(D/A)}{p(A)\times p(D/A)+p(B)\times p(D/B)+p(C)\times p(D/C)} \\
&= \frac{0.55\times 0.03}{(0.55\times 0.03)+(0.25\times 0.01)+(0.20\times 0.02)} \\
&= \frac{0.0165}{0.0230} \\
&= 0.7174
\end{aligned}
$$

조달청의 품질관리 책임자는 이전에는 단지 55%의 제품이 A 업체에서 구입된다는 것과 구매량 중에서 3%가 불량품이라는 것만을 알고 있었다. 그러나 이제는 베이즈이론을 사용하여 그가 무작위로 추출한 제품이 불량품일 때, 이 불량품이 A 공장에서 제조되었을 확률이 0.7174라는 것을 알 수 있게 되었다.

이와 같이 제품의 조사나 무작위 추출에 의한 표본조사는 사전확률을 이용하여 다른 방향에서 확률을 구함으로써 새로운 정보를 구할 수 있다. 그리고 베이즈 이론에 의하여 구하여진 사후확률은 의사결정자가 의사결정을 할 때 아주 유용한 정보를 제공한다.

5. 불확실성 해소의 일반적 방법

불확실성은 문제 해결에 필요한 정보와 이용가능한 정보 사이에 차이가 있을 때에 존재한다(Galbraith, 1977). 불확실성이 존재할 때 특정 행위가 특정 상황에 미치는 효과를 명확히 결정할 수 없다(March and Simon, 1958). 체계 내의 인과관계가 불명확할 때 불확실성은 보편화한다. <표 13-10>은 불확실성의 해소에 관한 방법, 절차, 기법들을 정리해 놓은 표이다.

표 13-10 불확실성 해소를 위한 일반적 방법

불확실성발생단계	해소방법
불확실성 모형화	- 예측(forecast): 시계열 모형, 경로분석 - 계산: 확률이론, 통계학 - 전략화: 게임이론, 위험분석, 효용이론, 의사결정이론 및 모형
대안의 형성과 테스트	- 자기 발견적 해결방법(heuristics): 브레인스토밍, 시나리오 분석, 자유 연상(free association)과 기타 심리학적 기법, 유추(synectics) - 모의실험: 시뮬레이션(simulation), 민감성 분석 - 실험(experiment): 소규모 실험, 원형화(prototyping), 실연(demonstrations), 사회실험(social experiments)
정보의 수집	- 자료수집 - 계산: 정보수집의 기대비용 계산, 정보경제학 - 조사탐구(investigate)
집행 관리	- 환경과의 조화: 시장통제, 잠재적 적의 흡수(coopt), 권한 위임 - 다양화: 목표달성을 위해 다양한 전술 사용, 무차별 분석(indifference analysis) - 목표 세련화(refine objectives): 목표-수단분석, 목표명확화 기법 등

* 출처: Brewer and de Leon(1983), Table 4-2. p. 104.

제3절 불확실성 하의 의사결정

1. 불확실성의 모형화와 영향도

1) 예측의 역할

예측의 역할은 우리의 지식을 예리하게 하는데 이용 가능한 모든 정보를 활용하여 의사결정과 최종 결과에 영향을 미치는 무작위 변수에 대한 불확실성을 감소시키는 데에 있다. 예측에 이용되는 정보는 역사적 관찰치의 형태를 보이거나 또는 의사결정문제의 형성에 사용된 변수에 영향을 주거나 받는 기타 변수의 형태를 갖는다. 무작위 예측변수 F에 대한 지식은 의사결정문제에서 중요한 값인 무작위 변수 X의 결과치를 예측하는 데 큰 도움이 될 수 있다.

그림 13-5 불확실한 결과를 예측하는 영향도

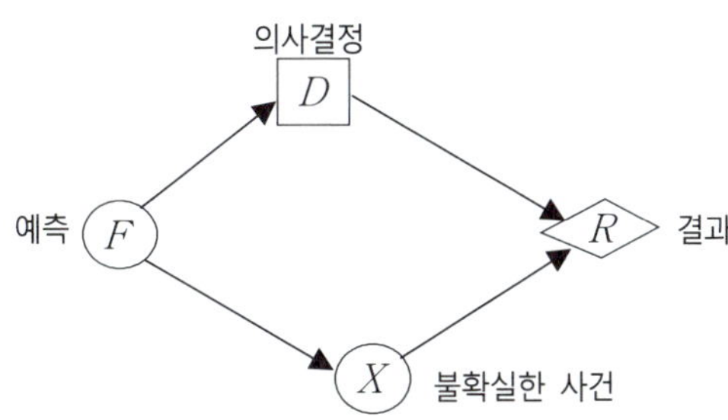

* 출처: Marshall and Oliver(1995: 84-85)

<그림 13-5>는 무작위 변수 X와 예측변수(F)로 표시된 전형적인 영향도(a typical influence diagram)이다(Marshall and Oliver, 1995: 84-85). 이 영향도를 활용한 일련의 사건과 행위를 시간의 경과에 따라 순서화시켜 보면 (1) 예측하기, (2) 의사결정하기, (3) 무작위 결과 관찰하기, 마지막으로 (4) 결과 계산하기이다. F에서 D로 가는 화살표는 예측치가 의사결정 전에 의사결정자에게 알려졌음을 의미하며, F에서 X로 가는 화살표는 X의 확률분포는 예측 F에 의존함을 의미한다. 그리고 D와 X를 거쳐 R로 가는 화살표는 결과치 R값이 의사결정 D와 불확실한 사건 X 모두에 의존함을 나타내고 있다.

2) 영향도 만들기

영향도는 의사결정문제에 있어 불확실한 사건과 결과들이 어떻게 상호 연결되어 있는가를 시각적으로 보여주는 그림이다.4) 영향도는 의사결정문제의 묘사기법들인 의사결정 나무, 결과 나무 또는 오류 나무(fault trees) 기법들보다 먼저 등장한 기법이다. 영향도는 의사결정문제의 확률적 구조를 간단하고 종합적인 모습으로 보여주는 그림이다. 영향도는 전문가들이 수학적 또는 통계학적 부호들에 의존하지 않고 불확실성 아래의 의사결정문제에 대해 논의할 수 있게 해주는 장점이 있다.

영향도를 설계하고 작성하는 데에는 논리(logic)와 부호(notation)가 필요하다. (1) 불확실한 사건을 나타내는 원 결절점(circular nodes), (2) 의사결정을 나타내는 정사각형 결절점(square nodes), 그리고 (3) 결과를 나타내는 마름모 결절점(diamond nodes)이 그것들이다.

의사결정문제의 구조를 묘사하는 영향도를 작성하는 간단한 절차는 다음과 같다.

① 의사결정의 예비적 목록(list)과 문제형성에 중요하다고 생각하는 무작위 변수 또는 무작위 값들의 목록을 작성한다. 의사결정의 결과(비용 또는 편익)를 측정하는데 사용될 속성과 목표들에 대하여 인식한다.

② 각각의 무작위 변수들과 의사결정에 대하여 간단하고 명확한 이름 붙이기.

③ 원과 정사각형 부호를 이용하여 시간적 발생 순서에 따라 왼쪽에서 오른쪽으로 무작위 값과 각각의 의사결정을 표현하기

④ 무작위 값과 의사결정 사이의 영향 또는 의존관계를 식별하기. 수단-결과, 원인-결과간의 관계를 명확히 표시하기. 영향관계가 있는 결절점 사이에 방향 있는 호(directed arc) 또는 화살표를 그려 넣기

⑤ 조건부 영향관계는 화살표로 직접 연결하지 않는다. A 사건이 C의 존재 하에서만 B와 조건부로 독립적인 경우를 생각해 보자. 이 경우 비록 C와 B 그리고 C와 A를 직접적 화살표로 연결하더라도 A와 B 사이에 화살표를 그려서는 안 된다.

⑥ 자신에게 되돌아오는 순환적 화살표가 있어서는 안 된다.

⑦ 시간적으로 선행하는 모든 의사결정은 선행 의사결정점으로부터 후행 의사결정

4) 영향도에 대한 설명과 영향도를 이용한 다양한 불확실한 상황의 모형화에 대해서는 K. T. Marshall and R. M. Oliver (1995), chapter 4 참조.

점으로 향하는 화살표를 갖는다. 선행 의사결정점에 알려진 모든 우연 가지(any chance node: 상황가지)들은 후행 의사결정점에도 반드시 알려져야 한다. 이는 일관성의 원칙(principle of coherence)의 당연한 요구이다.

분석가가 문제 구조, 요소들 간의 상호 의존관계, 시간적 선후관계를 이해하기 어려워 영향도를 제대로 그릴 수 없는 경우에는 의사결정자 또는 조직 책임자와 상의하여 영향도를 그리면 된다. 영향도는 문제를 재구성해감으로써 더욱 세련화시켜 나가야 한다. 모형화의 과정은 다양한 설계와 다양한 가정들과 다양한 검증을 통한 반복과 실험의 과정이다. 결절점들의 수와 화살표의 수를 최소화하여 가능한 한 단순한 영향도를 그리도록 노력하여야 한다. 영향도에 대한 이해는 의사결정나무분석에 대한 이해와 유사하다.

2. 불확실성 하의 의사결정분석

1) 의사결정표의 작성

불확실성 하의 의사결정 문제는 여러 가지 대안 및 각 상황에 따른 결과가 각각 다르므로, 의사결정자가 효율적으로 의사결정을 하기 위해서는 특정한 형태의 표로 작성하여 일목요연하게 정리할 필요가 있다. 이러한 표를 의사결정표(decision table) 혹은 성과표(payoff table)라고 하며, 일반적으로 다음의 각 요소를 포함한다.

(1) 대안(alternative: Ai)

의사결정을 위한 대안 혹은 의사결정자가 특정한 결과를 얻기 위한 일련의 과정 혹은 이러한 일련의 과정에 대한 결과를 의미하며 의사결정 대안이라고도 한다.

(2) 상황(situation: Sj)

특정한 결과를 갖게 되는 여러 가지 의사결정대안들은 정치, 경제, 기후, 국제정세 등과 같은 여러 가지 조건에 의하여 영향을 받게 되는데, 이러한 조건들을 상황이라고 한다.

(3) 확률(probability: Pr)

각 상황이 발생할 확률은 과거의 자료 및 기타 여러 가지 방법에 의하여 구할 수 있으며, 항상 0과 1사이의 값을 갖게 된다. 그리고 각 상황이 발생할 확률의 합은 언제나 1이 되어야 한다.

(4) 조건부 값(conditional payoff: Cij)

의사결정문제에서 각 상황은 각 대안의 결과를 변화시키게 되는데, 이렇게 변화된 각 대안의 결과를 조건부 값 혹은 성과라 한다. 이러한 조건부 값은 이미 주어지거나 혹은 추측으로 얻게 되며, 앞으로 발생할 이익 혹은 손실을 나타낸다.

표 13-11 일반적인 의사결정표

대안 (Alternatives)	상황(States) 및 발생확률(Probability)				
	S1 P1	S2 P2	S3 P3	....	Sn Pn
A1	C11	C12	C13	....	C1n
A2	C21	C22	C23	....	C2n
A3	C31	C32	C33	....	C3n
.	.	.	.	. . . .	.
.	.	.	.	. . . .	.
.	.	.	.	. . . .	.
Am	Cm1	Cm2	Cm3	....	Cmn

* A_i: 대안 i (i=1,2...,m), S_j: 상황 j (j=1,2,...,n),
P_j: 확률 j (j=1,2,...,n), C_{ij}: 대안 i의 상황 j하에서의 조건부 값.

앞에서 살펴본 각 요소를 사용하여 일반적인 의사결정표를 작성하면 <표 13-2>와 같다.

2) 불확실성 하의 의사결정

의사결정자는 발생가능한 여러 가지의 상황을 고려하여 특정한 결과를 갖는 대안들 중에서 항상 최선의 값(최대의 총 이익 혹은 최소의 총 비용)을 갖는 대안을 선택함으로써 최적의 의사결정을 하려고 한다. 이 때 의사결정자는 과거의 통계자료 및 기타정보를 통하여 각 상황이 발생할 확률을 예측하여 보다 정확한 의사결정을 하게 된다. 그러나 다음에서 설명하고자 하는 불확실한 상황 하에서의 의사결정은 정보의 부족으로 인하여 미래의 상황을 예측할 수는 있으나, 각 상황이 발생할 확률을 구하기 어려운 경우로써 앞으로 설명할 다섯 가지의 의사결정기준을 사용하여 효율적으로 최적의 의사결정대안을 선택하게 된다. 다음의 <예제 13.4>를 통하여 미래의 경기변동에 대한예측이 불확실한 상황에서 최적의 투자대안을 선택하는 방법을 각 기준을 적용하여 자세히 알아보도록 한다.[5)]

〈예제 13.4〉 경기변동에 빠른 투자대안의 선택

정부에서 재정자금을 관리하는 김재정 씨는 최근 2천억 원의 자금을 관리하게 되었다. 그는 이 자금을 수익성이 높은 한 가지의 투자대안을 선택하여 앞으로 1년 동안 투자하려고 한다. 김재정 씨가 현재 고려하고 있는 세 가지 투자대안들은 미래의 경기변동으로 인하여 투자수익률이 서로 다르며, 앞으로의 경기변동은 지금으로서는 예측이 불가능한 상황이다. 그러므로 김재정 씨는 우선 앞으로의 경기변동을 하락, 안정, 그리고 성장으로 구분하여, 과거의 경기변동에 따른 각 투자대안의 수익률에 대한 자료를 기초로 각 투자대안에 대한 예상수익률을 다음의 <표 13-12>와 같이 구하여 의사결정표를 작성하였다.

표 13-12 경기변동에 따른 각 투자대안의 예상수익률표

(단위: %/년)

투자대안	경 기 변 동		
	하 락	안 정	상 승
A(주식)	9	12	21
B(정기예금)	15	15	15
C(채권)	13	16	19

5) <예제 13.4>는 이상문(1994) 참조.

(1) 라플라스 기준

<표 13-12>의 의사결정표에서 보는 바와 같이 <예제 13.4>는 각 상황(경기변동)이 발생할 확률에 대한 정보가 전혀 없는 경우이므로 불확실한 상황에서의 의사결정문제에 속하게 되며, 최적대안의 선택은 간단하게 각 조건부 값(예상수익률)을 합한 값을 평균하여 구한 평균조건부 값을 비교하여 최선의 대안을 택하게 된다. 이러한 의사결정기준을 라플라스 기준(Laplace criterion) 혹은 불충분 이유의 기준(criterion of insufficient reason)이라 하며, 이 때 각 대안에 대한 평균조건부 값을 각 대안에 대한 기댓값(expected value)이라 한다. 그러므로 라플라스 기준은 각 상황이 발생할 확률이 서로 같다는 가정 아래에서 각 대안을 서로 비교하여 최적대안을 찾는 방법과 같은 의미를 갖게 된다. <예제 13.4>의 각 대안에 대한 기댓값을 계산한 결과는 다음과 같다.

기 대 값(투자대안 A) = (9+12+21)÷3=14
기 대 값(투자대안 B) = (15+15+15)÷3=15
기 대 값(투자대안 C) = (13+16+19)÷3=16 ← 최대

앞의 결과에서 보는 바와 같이 투자대안 C에 대한 기댓값(16%)은 다른 대안의 기댓값보다 크므로 라플라스 기준을 통한 최적의 투자대안은 C가 된다. 한편 의사결정표의 조건부 값이 비용으로 나타나는 문제에서는 최소 기댓값을 택하는 것이 최적의사결정이 된다.

(2) 낙관적 기준

낙관적 기준(criterion of optimism)에 의한 의사결정에서는 낙관적이라는 단어가 의미하는 바와 같이 앞으로 가장 좋은 상황만이 발생한다는 가정 하에서 각 대안에 대한 최선의 조건부 값을 서로 비교하여 최적대안을 선택하게 된다. 이 때 각 대안의 조건부 값이 이익을 나타내는 의사결정문제에서는 먼저 대안별로 최대 조건부 값을 찾은 후, 이 값들을 서로 비교하여 이 중에서 가장 큰 값을 갖는 대안을 택하게 되는데, 이러한 방법을 맥시맥스 기준(maximax criterion)이라고도 한다.

maximax법의 낙관적인 견해는 maximin법의 비관적인 생각과 완전히 상반되게 된

다. 이 방법을 적용하면 가장 좋은 것 중에서 가장 좋은 결과를 주는 대안을 찾게 된다. 앞에서와 마찬가지로 C_{ij}를 i번째 대안의 j번째 환경상태 하에서의 보상이라 하면 필요한 계산은

$$\max_{i}\left[\max_{i} C_{ij}\right]$$

이 된다.

그러나 각 조건부 값이 비용 혹은 손실을 나타내는 의사결정문제에서는 각 대안별로 최소 조건부 값을 찾은 후, 이 값 중에서 가장 적은 값을 갖는 대안을 택하게 되는데, 이러한 방법을 미니민 기준(minimin criterion)이라고도 한다.

<표 13-13>에서 보는 바와 같이 낙관적 기준을 사용하여 <예제 13.4>에 대한 최적의 투자대안을 구하면 각 대안의 최대 예상수익률 중에서 최대값(21%)을 갖는 투자대안 A가 된다.

표 13-13 낙관적 기준

(단위: %/년)

대 안 \ 상 황	하 락	안 정	상 승	최 대 예상수익률
A	9	12	21	21 ← 최대
B	15	15	15	15
C	13	16	19	19

(3) 비관적 기준

비관적 기준(criterion of pessimism)은 낙관적 기준에 의한 의사결정과는 달리 앞으로 비관적인 상황만 발생할 것이라는 가정 하에서 각 대안에 대한 최악의 조건부 값을 서로 비교하여 최적대안을 선택하는 방법이다. 비관적 기준은 왈드(Abraham Wald)에 의하여 처음 소개되었기 때문에 흔히 왈드(Wald) 기준이라고도 한다. 각 대안의 조건부 값이 이익을 나타내는 의사결정문제에서는 먼저 각 대안별로 최소 조건부 값을 찾은 후, 이 값들을 서로 비교하여 이 중에서 최대값을 갖는 대안을 택하게 되는데, 이러한 방법을 맥시민 기준(maximin criterion)이라고도 한다.

maxmin법은 비관적인 견해에 기초하므로 이 방법을 적용하면 각 대안의 가능한 결과 중 가장 나쁜 경우를 보았을 때 이 중에서 제일 좋은 결과를 주는 대안을 선택하게 된다. 만일, Cij를 i번째 대안의 j번째 환경상태 하에서의 보상이라 하면 우리가 계산하는 것은

$$\max_{i}\left[\min_{i} C_{ij}\right]$$

이다.

반대로 각 대안의 조건부 값이 비용 혹은 손실을 나타내는 의사결정문제에서는 대안별로 최대 조건부 값을 찾은 후, 이 값들을 서로 비교하여 최소값을 갖는 대안을 택하게 되며, 이러한 방법을 미니맥스 기준(minimax criterion)이라고도 한다.

<표 13-14>는 비관적 기준을 사용하여 <예제 13.4>에 대한 최적의 투자대안을 구하기 위하여 각 투자대안별로 최소 예상수익률을 구한 결과이며, 이 최소 예상수익률 중에서 최대값(15%)을 갖는 투자대안 B를 선택하는 것이 비관적 기준에 의한 최적의 사결정이 된다.

표 13-14 비관적 기준

(단위: %/년)

상황 / 대안	하 락	안 정	상 승	최소 예상수익률
A	9	12	21	9
B	15	15	15	15← 최대
C	13	16	19	13

(4) 허위츠 기준

의사결정은 항상 낙관적 혹은 비관적 측면에서만 이루어지는 것이 아니며, 어느 정도는 두 가지 측면을 동시에 고려하게 된다. 이러한 가정하에서 허위츠(Leonid Hurwicz)는 의사결정의 낙관도(degree of optimism)를 나타내는 낙관계수(coefficient of optimism)의 개념을 도입하여 의사결정 기준을 정립하였으며, 이러한 의사결정 기준을 허위츠 기준(Hurwicz criterion)이라 한다. 여기서 낙관계수는 낙관적인 상황이 발생할 정도를 의미하며 α로 표시된다. 이러한 낙관계수는 확률분포와 같이 항상 0과

1 사이의 값을 갖게 되며, 만일 낙관계수가 0인 경우는 의사결정이 가장 비관적인 측면에서 이루어지게 되므로 앞에서 설명한 비관적 기준에서의 최적의사결정과 같은 결과를 가져온다. 반면에 낙관계수가 1인 경우에는 가장 낙관적인 측면에서 의사결정이 이루어지므로 낙관적 기준에서와 동일한 결과를 예상할 수 있었다.

일단 α가 선택되면 허위츠 기준에서의 계산은

$$\max_i \left\{ \alpha \left[\max_j C_{ij} \right] + (1-\alpha) \left[\min_j C_{ij} \right] \right\}$$

가 되고 여기서 Cij는 j번째 환경상태 하에서의 i번째 대안의 보상을 표시한다.

> 조건부 값이 이익을 니타내는 경우:
>
> 가중치= α ×(최대의 조건부 값)+(1- α)×(최소의 조건부 값)
>
> 조건부 값이 손실을 나타내는 경우:
>
> 가중치= α ×(최소의 조건부 값)+(1- α)×(최대의 조건부 값)

여기서 α는 낙관계수를 의미하므로, 이와는 정 반대의 의미인 비관계수는 (1- α)로 표현된다. 이때 조건부 값이 이익을 나타내는 의사결정문제에서는 최대 가중치를 갖는 대안을 택하는 것이 최적 의사결정이 되지만, 조건부 값이 비용 혹은 손실을 나타내는 의사결정 문제에서는 최소가중치를 갖는 대안을 택하는 것이 최적의사결정이 된다. <표 13-15>는 허위츠 기준을 사용하여 의사결정을 하기 위하여 <예제 13.4>의 각 투자에 대한 최대 및 최소 예상수익률을 구한 결과이다.

김재정 씨는 지난 몇 년간의 경기변동지수를 참고하여 앞으로의 경기변동이 약간의 하락세를 탈피하지 못할 것으로 추측하고, 허위츠 기준을 사용하여 최적의 투자대안을 선택하기 위하여 낙관계수(α)의 값을 0.4로 가정하였다.

표 13-15 각 투자대안에 대한 최대 및 최소 예상수익률

(단위: %/년)

대 안	최대 예상수익률	최소 예상수익률
A	21	9
B	15	15
C	19	13

다음은 <표 13-15>의 각 투자대안에 대한 최대 및 최소 예상수익률을 참조하여 각 대안에 대한 가중치를 계산한 결과이며, 여기서는 최대 가중치를 갖는 투자대안 C가 낙관계수를 0.4라고 가정한 상태에서 허위츠 기준에 의한 최적의 의사결정이 된다.

가 중 치(투자대안 A) = 21×0.4+ 9×0.6=13.8
가 중 치(투자대안 B) = 15×0.4+15×0.6=15.0
가 중 치(투자대안 C) = 19×0.4+13×0.6=15.4← 최대

허위츠 기준을 사용하여 불확실한 상황 하에서의 의사결정을 하는 경우, 의사결정자가 정확한 낙관계수 값을 구한다는 것은 거의 불가능하다. 그러므로 의사결정자는 0과 1 사이의 여러 낙관계수 값 중에서 임의로 몇 개의 값을 택하여, 각 경우의 최적대안에 대한 결과를 분석·검토하여 최선의 결과를 갖는 대안을 선택하는 것이 가장 바람직한 방법이라 하겠다. 이와 같은 낙관계수 값을 변동시키면서 의사결정을 할 경우에는, <그림 13-6>에서 보는 바와 같이 특정한 낙관계수의 범위 내에서는 항상 동일한 최적의 의사결정을 하게 된다. 그러므로 이러한 낙관계수의 범위를 미리 파악하는 것은 허위츠 기준을 사용하여 효과적으로 의사결정을 하는 데 매우 중요하다. 그리고 <그림 13-6>과 같은 도표를 사용하면, 의사결정자는 낙관계수의 변화에 따른 허위츠 기준에 의한 최적의사결정의 변화를 쉽게 알 수 있다. <그림 13-6>에서 보는 바와 같이 X축의 좌측(α=0)에는 최소 예상수익률을 나타내는 Y축이, 그리고 X축의 우측(α=1)에는 최대 수익률을 나타내는 다른 Y축이 있으며, 이 때 각 투자대안은 각 대안의 최소 및 최대 예상수익률을 연결한 직선으로 표시된다. 또한 도표에서 각 투자대안을 나타내는 선이 교차하는 지점에 대한 낙관계수 값은 서로 교차하는 두 투자대안에 대한 가

중치를 구하는 방정식의 값을 서로 동일하게 하여 구하게 된다. 먼저 투자대안 B와 투자대안 C선이 서로 교차하는 지점의 낙관계수 값을 구하기 위해서는 두 투자대안에 대한 가중치가 동일한 값을 갖는다는 가정하에서 다음과 같이 α에 대하여 방정식을 풀면 되며, 이 때 α의 값은 1/3이다.

투자대안 B의 가중치 = 투자대안 C의 가중치

$$15\times\alpha+15\times(1-\alpha)=19\times\alpha+13\times(1-\alpha)$$

$$2\times(1-\alpha)=4\times\alpha$$

$$\therefore\alpha=1/3$$

이와 동일한 방법으로 투자대안 A와 투자대안 C선이 서로 교차하는 지점의 낙관계수 값을 구하면 2/3가 되는데, 이렇게 하여 구한 낙관계수 값의 변화에 따른 최적의사결정의 변화를 정리하면 <표 13-16>과 같다.

그림 13-6 낙관계수값의 변화에 따른 최적의사결정의 변화

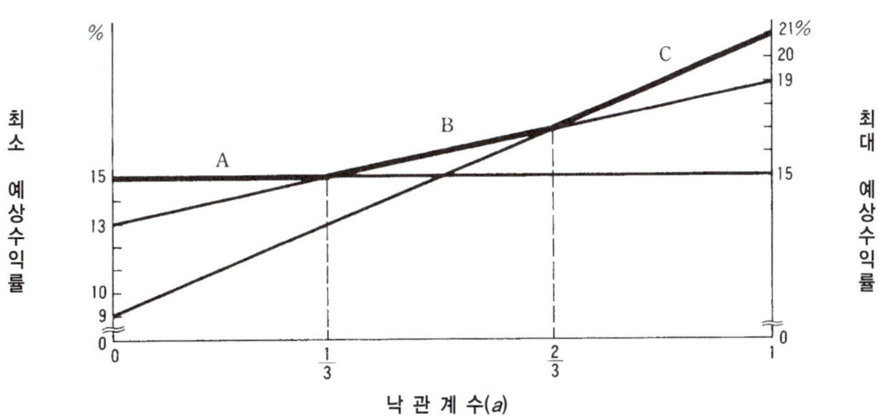

<표 13-16>에서 보는 바와 같이 의사결정자는 낙관계수값이 0과 1/3 사이 인 경우에 는 항상 투자대안 B를 최적대안으로 선택하게 되며, 낙관계수 값이 1/3과 2/3 사이인 경우에는 투자대안 C를 선택하게 된다. 그리고 낙관계수의 값이 2/3와 1 사이의 값을 갖는 경우에는 투자대안 A를 최적대안으로 택한다. 그러나 만일 낙관계수 값이 1/3

인 경우에는 투자대안 B와 투자대안 C가 모두 최적대안이 되며, 그리고 낙관계수의 값이 2/3인 경우에는 투자대안 A와 투자대안 C가 모두 최적대안으로 선택될 수 있다.

표 13-16 낙관계수 값의 변화에 따른 최적의사결정의 변화

최적의사결정	낙관계수의 범위
투자대안 B	$0 \leq \alpha \leq 1/3$
투자대안 C	$1/3 \leq \alpha \leq 2/3$
투자대안 A	$2/3 \leq \alpha \leq 1$

앞에서 설명한 허위츠 기준에 의한 의사결정에서는 의사결정자가 미래에 예상되는 상황을 낙관계수 값에 따라 다르게 예측하여 의사결정을 할 수 있으므로, 이론상으로는 매우 합리적인 의사결정기준처럼 보인다. 그러나 세 가지 이상의 상황이 존재하는 의사결정문제에서는 최대 및 최소 조건부 값에 속하지 않는 다른 조건부 값들을 전혀 고려하지 않는 의사결정기준이므로 바람직한 의사결정이라고는 할 수 없지만, 불확실한 상황에서의 다른 의사결정기준보다는 훨씬 합리적인 의사결정기준이라 하겠다.

(5) 최대후회의 최소화 기준

기회손실(opportunity loss) 및 기회비용(opportunity cost)의 개념을 이용한 최대후회의 최소화법 또는 미니맥스 리그렛 기준(minimax regret criterion)은 의사결정자가 미래의 상황을 잘못 판단함으로써 가져오는 손실 혹은 비용을 최소화하려는 데 그 목적을 두며, 흔히 새비지 기준(Savage's criterion) 이라고도 한다. 최대후회의 최소화법은 의사결정자가 후회의 양을 없애거나 아니면 자기 자신의 의사결정에서 유발된 후회의 최대량을 최소화시키자는 방법이다.

각 대안의 조건부 값이 이익을 나타내는 의사결정문제에서는 먼저 의사결정표를 참조하여 기회손실표(opportunity loss table)를 작성하여야 하는데, 기회손실표는 의사결정표에서 상황별로 최대 조건부 값을 찾은 후, 이 값에서 대안의 조건부 값을 뺀 값으로 작성한다.[6] 이러한 기회손실표를 참조하여 다시 각 대안별로 최대 기회손실 값을

6) 기회손실표를 후회행렬이라고도 부른다. 이는 각 상태(행)에 대한 최대 보상을 발견하여 만들어진다. 다음 각 행마다 그 행의 최대 보상값으로부터 각각의 보상값을 뺀 결과를 원래의 보상값이 있던 자리에

구한 후, 이 중에서 최솟값을 갖는 대안을 택하면 된다. 그러나 대안의 조건부 값이 비용 혹은 손실을 나타내는 의사결정문제에서는 각 상황별로 최소 조건부 값을 찾은 후, 그 값을 대안의 조건부 값에서 빼어 기회비용표(opportunity cost table)를 작성한다. 이러한 기회비용표를 참조하여 각 대안별로 최대 기회비용 값을 구한 후, 이 중에서 최솟값을 갖는 대안을 택하면 된다. 즉, R_{ij}를 i번째 대안의 j번째 상태 하에서의 후회를 표시한다고 하면 최대후회의 최소화법 계산은 다음 식과 같다.

$$\min_{i} \left[\max_{j} R_{ij} \right]$$

표 13-17 기회손실표 및 각 대안의 최대 기회손실 값

상황 / 대안	하 락	안 정	상 승	최 대 기회손실값
A	6	4	0	6
B	0	1	6	6
C	2	0	2	2← 최소

새비지 기준을 사용하여 최적의 의사결정대안을 구하기 위하여 <예제 13. 4>에 대한 기회손실 표를 작성한 후, 각 대안에 대한 최대 기회손실값을 구하면 <표 13-17>과 같으며, 여기서는 투자대안 C가 최소값을 가지므로 새비지 기준에 의한 최적의사결정이 된다.

3. 위험한 상황에서의 의사결정

위험한 상황에서의 의사결정이란 불확실한 상황에서의 의사결정과는 달리 각 상황이 미래에 발생할 확률을 여러 가지의 정보를 통하여 알 수 있는 상황에서의 의사결정을 말하며, 불확실한 상황에서의 의사결정보다는 좀 더 정확한 의사결정을 할 수 있게 된다. 불확실한 상황에서의 의사결정문제인 <예제 13.4>는 김재정 씨가 전문가의 자

적는다.

문을 받아서 <표 13-18>에서 보는 바와 같이 각 경기변동에 대한 발생확률을 구할 수 있다면 위험한 상황에서의 의사결정문제로 전환될 수 있게 된다.

표 13-18 경기변동에 따른 각 투자대안의 예상수익률표

(단위: %/년)

투자대안	경기변동 및 발생확률		
	하 락 p=0.2	안 정 p=0.5	상 승 p=0.3
A	9	12	21
B	15	15	15
C	13	16	19

그러므로 다음에서는 이러한 위험한 상황에서 최적의사결정을 효율적으로 하기 위한 의사결정기법으로 기댓값 기준 및 기대기회손실기준에 대하여 자세히 알아보도록 한다. 또한 의사결정자에게 다른 유용한 정보를 제공하게 되는 완전정보의 기댓값에 대해서도 알아보도록 한다.

1) 기댓값 기준

위험한 상황 하에서의 의사결정문제의 대표적 의사결정기준인 기댓값 기준(expected value criterion)은 우선 각 대안에 대한 기댓값(expected value: EV)을 구한 후, 이 값들 중에서 최선의 값을 갖는 대안을 선택함으로써 최적대안을 결정하는 방법이다. 이때 각 대안에 대한 기댓값은 의사결정표를 이용하여 각 상황에 대한 조건부 값에 이 상황이 발생할 확률을 곱하여 구한 모든 값의 합계이다. 다음은 각 대안에 대한 기댓값을 구하는 방법을 수리적으로 표현한 식이다.

$$EV(대안_i) = \Sigma[p(상황_j) \times 조건부값(대안_i, 상황_j)]$$

여기서 EV(대안$_i$)는 각 대안의 기댓값, p(상황$_j$)는 각 상황이 앞으로 발생할 확률, N

은 상황의 수, 그리고 조건부 값(대안$_i$, 상황$_j$)은 대안 i의 상황 j로 인한 조건부 값을 나타낸다. 기댓값 기준에 의한 최적의사결정은 조건부 값이 이익을 나타내는 의사결정문제에서는 최대 기댓값을 갖는 대안을 택하는 것이며, 비용이나 손실의 문제에서는 최소 기댓값을 갖는 대안을 택하는 것이다.

<표 13-18>의 의사결정표를 참조하여 기댓값 기준에 의한 의사결정을 하기 위하여 각 대안에 대한 기댓값을 계산하면 다음과 같다.

EV(투자대안A)=(0.2× 9)+(0.5×12)+(0.3×21)=14.1
EV(투자대안B)=(0.2×15)+(0.5×15)+(0.3×15)=15.0
EV(투자대안C)=(0.2×13)+(0.5×16)+(0.3×19)=16.3 ← 최대

앞의 계산 결과에서 보는 바와 같이 투자대안 C에 대한 기댓값이 다른 투자대안에 대한 기댓값보다 크므로 기댓값 기준에서의 최적의 투자대안은 C가 된다.

2) 기대기회손실기준

기대기회손실기준(expected opportunity loss criterion)은 불확실한 상황에서의 의사결정기준인 새비지 기준과 마찬가지로 의사결정자가 미래의 상황을 잘못 판단함으로써 발생하는 손실을 최소화하는 데 그 목적을 둔다. 기대기회손실기준을 사용하여 의사결정을 하기 위해서는 먼저 의사결정표를 참조하여 각 상황별로 최대 조건부 값을 찾은 후, 그 값에서 각 대안의 조건부 값을 뺀 새로운 값으로 기회손실표를 작성한다. 그런 후, 앞에서 설명한 기댓값 기준에서와 동일한 방법으로 각 대안에 대한 기대기회손실을 계산하여 최소 기대기회손실 값을 갖는 대안을 택하면 된다.

표 13-19 기회손실표

투자대안	경기변동 및 발생확률		
	하 락 p=0.2	안 정 p=0.5	상 승 p=0.3
A	6	4	0
B	0	1	6
C	2	0	2

<표 13-18>에 대한 기회손실표는 <표 13-19>과 같이 작성되며, 각 대안에 대한 기대기회손실(expected opportunity loss: EOL)은 각 상황에 대한 기회손실에 이 상황이 발생할 확률을 곱하여 구한 모든 값의 합계이다. 다음은 각 대안에 대한 기대기회손실 값을 구하는 방법을 수리적으로 표현한 식이다.

$$\text{EOL}(\text{대안}_i) = \Sigma\,[p(\text{상황}_j) \times \text{기회손실}(\text{대안}_i,\ \text{상황}_j)]$$

여기서 EOL(대안$_i$)은 각 대안에 대한 기대기회손실, p(상황$_j$)는 각 상황이 앞으로 발생할 확률, 은 상황의 수, 그리고 기회손실(대안$_i$, 상황$_j$)은 대안 i의 상황 j로 인한 기회손실을 나타낸다. 기대기회손실기준에 의한 최적의사결정은 각 대안의 기대 기회손실을 서로 비교하여 최소 기대기회손실을 갖는 대안을 택하는 것이다.

<표 13-19>의 기회손실 표를 참조하여 각 대안에 대한 기대기회손실을 앞의 식을 사용하여 계산하면 다음과 같다.

EOL(투자대안A)=(0.2×6)+(0.5×4)+(0.3×0)=3.2
EOL(투자대안B)=(0.2×0)+(0.5×1)+(0.3×6)=2.3
EOL(투자대안C)=(0.2×2)+(0.5×0)+(0.3×2)=1.0←최소

기대기회손실기준에 의한 최적의사결정은 최소 기대기회손실 값을 갖는 대안을 택하는 것이므로 투자대안 C가 된다. 이 결과는 앞에서 설명한 기댓값 기준에 의한 결과

와 같게 되는데, 위험한 상황에서의 의사결정에서는 기댓값 기준과 기대기회손실기준에 의한 결과가 항상 동일하게 된다. 참고로 각 대안의 조건부 값이 비용을 나타내는 의사결정문제에서는 각 상황별로 최소 조건부 값을 찾은 후, 그 값을 각 대안의 조건부 값에서만 새로운 값으로 기회비용 표를 작성한다. 그런 후, 각 대안에 대한 기대기회비용을 구하여 이 중에서 최소값을 갖는 대안을 택하면 된다.

3) 완전정보의 가치(The Value of Perfect Information)

의사결정자는 여러 가지 방법을 통하여 완전한 정보를 얻음으로써 좀 더 확실한 상황에서 의사결정을 하기를 원한다. 예측은 의사결정자에게 경제적 가치를 부여하기 때문이다. 이를 위해서는 전문가의 자문 등과 같은 비용의 요소가 발생하게 된다.

위험한 상황에서의 의사결정은 확실한 상황에서의 의사결정보다는 부족한 정보를 갖고 의사결정을 하게 되므로 항상 덜 바람직한 결과를 가져오게 된다. 따라서 의사결정자는 여러 가지 방법을 통하여 완전한 정보를 얻음으로써 즘 더 확실한 상황에서 의사결정을 하기를 원하게 되는데, 이를 위해서는 전문가의 자문 등과 같은 비용의 요소가 발생하게 된다. 그러므로 의사결정자가 이러한 비용의 최대 한계를 미리 알 수 있다면 지나친 비용의 지출로 인한 손실을 미연에 방지할 수 있게 된다.

완전한 정보를 얻기 위하여 지출될 수 있는 최대 비용은 확실한 상황에서의 기댓값에서 위험한 상황에서 선택된 최적대안의 기댓값을 뺀 값이며, 이 값을 완전정보의 기댓값(expected value of perfect information: EVPI)이라 한다.

<표 13-18>에서 만일 김재정 씨가 미래의 경기변동을 확실하게 알 수 있다면, 경기변동에 따른 최고의 수익률을 갖는 대안을 택하여 투자함으로써 최고의 수익을 보장받게 된다. 즉, 앞으로의 경기가 하락하면 투자대안 B, 안정 상태이면 투자대안 C, 그리고 상승세이면 투자대안 A에 투자하여 최고의 수익을 얻게 된다. 그리고 각 상황이 발생할 확실한 확률은 각각 0.2, 0.5, 그리고 0.3이므로, 이러한 확실한 상황에서의 기댓값은 다음의 확실한 상황에서의 기댓값에 대한 일반식을 사용하여 쉽게 계산될 수 있다.

$$EV(\text{확실한 상황}) = \Sigma [p(\text{상황}_j) \times \text{최대조건부 값}(\text{대안}_i, \text{상황}_j)]$$

EV(확실한 상황)=(0.2×15)+(0.5×16)+(0.3×21)=17.3

투자수익률에 대한 본 문제는 완전정보의 기댓값이 수익률로 나타나므로 이를 금액으로 환산하기 위해서는 확실한 상황에서의 기댓값인 17.3%에서 위험한 상황에서의 최적대안인 투자대안 C에 대한 기댓값인 16.3%를 뺀 완전정보의 기댓값 1.0%의 수익률에 투자금액인 2천억 원을 곱하게 되며, 이 때 금액은 2십억 원이 된다.

EVPI=EV(확실한 상황) - EV(불확실한 상황)

EVPI= (17.3% -16.3%) × 2,000억(원)=20억(원)

이 20억 원은 김재정 씨가 확실한 상황에서 의사결정을 하기 위해서 지출할 수 있는 최대의 금액을 의미하며, 기대기회손실기준에서의 최적대안인 투자대안 C의 기대기회손실과 동일한 값임을 알 수 있다. 즉, 기대기회손실기준에서의 최적대안에 대한 기대기회손실은 확실한 상황에서 의사결정을 하지 못함으로써 발생하는 기대기회손실을 고려하여 계산한 것이므로, 항상 완전정보의 기댓값과 동일한 값을 갖게 된다.

4. 의사결정나무 분석

실제로 많은 의사결정문제들은 한 시점에 대한 의사결정분석으로는 최적의 결과를 얻기 어려우며 연속되는 여러 번의 의사결정을 하여야 하는 경우가 발생하기도 한다. 즉, 미래의 의사결정이 현재의 의사결정으로 인하여 영향을 받게 되므로 최적의사결정을 하기 위해서는 계획하고 있는 범위 혹은 시간 내에 있는 모든 경우의 의사결정흐름(decision path)을 면밀히 분석하여 최선의 의사결정흐름을 선택하게 된다. 의사결정나무분석(decision tree analysis)은 이러한 경우에 유용하게 사용되는 경영 및 정책분석 기법으로서 다음의 세 가지 이점을 갖고 있다.

① 연속된 의사결정이 도식적으로 표현되기 때문에 문제를 쉽게 이해할 수 있다.

② 계산과정을 의사결정나무의 각 가지 위에 바로 기입할 수 있기 때문에 쉽게 각 의사결정대안의 기댓값을 산출할 수 있다.

③ 각 단계의 의사결정이 도식적으로 표현됨으로써 의사결정자가 쉽게 각 과정을 조정하여 보다 나은 결과를 구할 수 있다.

1) 의사결정나무의 작성

<그림 13-7>은 일반적인 의사결정나무를 작성한 예이며, 다음과 같은 요소를 포함하게 된다. 일반적으로 의사결정나무는 의사결정시점과 상황시점을 기점으로 여러 의사결정대안 및 상황이 나무의 가지처럼 뻗어 있어서 전체적으로는 마치 나무를 옆으로 뉘어놓은 것과 같은 형태를 갖는다. 또한 <그림 13-7>에서 보는 바와 같이 의사결정나무는 의사결정의 과정 및 시간의 흐름이 좌측에서 우측으로 진행되지만, 이에 대한 분석은 편의상 가장 우측으로부터 좌측으로 각 시점에 대한 기댓값을 계산하여 나감으로써(backward induction) 최적의 의사결정흐름 및 그 기댓값을 쉽게 구할 수 있다.

그림 13-7 일반적인 의사결정나무

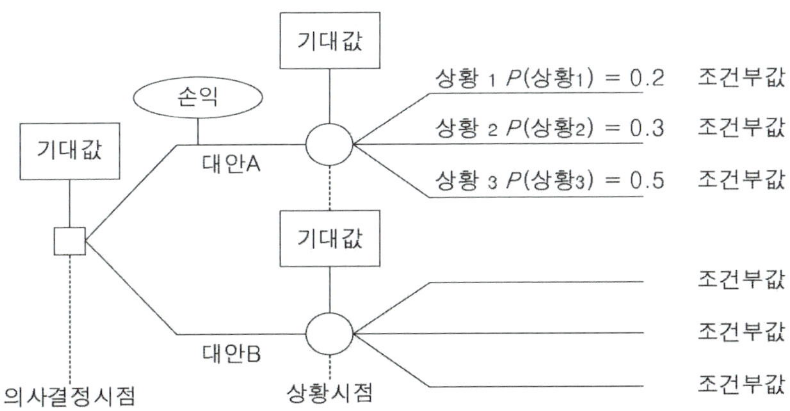

(1) 의사결정시점

의사결정시점(decision point)은 사각형(□)으로 표시되며 어떠한 의사결정을 반드시 하여야 하는 단계이다. 또한 이 의사결정시점을 기점으로 우측으로 뻗어 나가는 가지들은 각 의사결정대안을 표시한다.

(2) 상황시점

의사결정시점과는 달리 원(○)으로 표시되는 상황시점(event point)의 각 가지는 각 의사결정대안에 대한 각 상황을 의미한다.

(3) 확 률

각 상황의 발생확률(probability: p)은 상황시점으로부터 뻗어 나간 각 가지 위에 기입되며, 한 상황시점에서 뻗어 나간 모든 가지(상황)에 대한 발생확률의 합은 반드시 1(100%)이 되어야 한다.

(4) 조건부 값

조건부 값(conditional payoff)은 더 이상의 의사결정시점이나 상황시점이 우측에 나타나지 않는 가지에 대한 값(이익, 손실, 혹은 확률 등)이며 특정한 의사결정흐름의 값을 의 미 한다.

(5) 손익

특정한 의사결정대안을 택함으로써 발생하는 이익 혹은 비용은 각 의사결정대안을 나타내는 가지 위에 기입된다.

(6) 기댓값

최선의 의사결정흐름을 찾는 과정 중에 계산되는 기댓값(expected value)은 일반적으로 각 시점위에 기입되며, 이 때 각 시점에 대한 기대 값은 우측에서부터 좌측으로 계산되는 값 중에서 가장 최선의 값을 의미한다.

2) 의사결정나무의 적용

다음에서는 <예제 13.5>와 <예제 13.6>을 통하여 이러한 의사결정나무를 작성하는 요령 및 분석하는 방법에 대하여 자세히 알아보도록 한다.

〈예제 13.5〉 교통사고 피해자의 의사결정 문제

<그림-13-8>은 어떤 교통사고 피해자가 고소를 할 것인지 고소를 하지 않고 합의를 하여 합의금 $40,000을 받을 것인지에 관한 의사결정나무이다. 고소를 할 경우, 승소할 수도 있고 패소할 수도 있다. 승소한다 하더라도 사고보상금액은 변호사의 능력과 재판관의 판단에 달려 있다. 전형적인 불확실성 문제이다. 다음 문제를 생각해 보자.

그림 13-8 고소-합의 의사결정나무

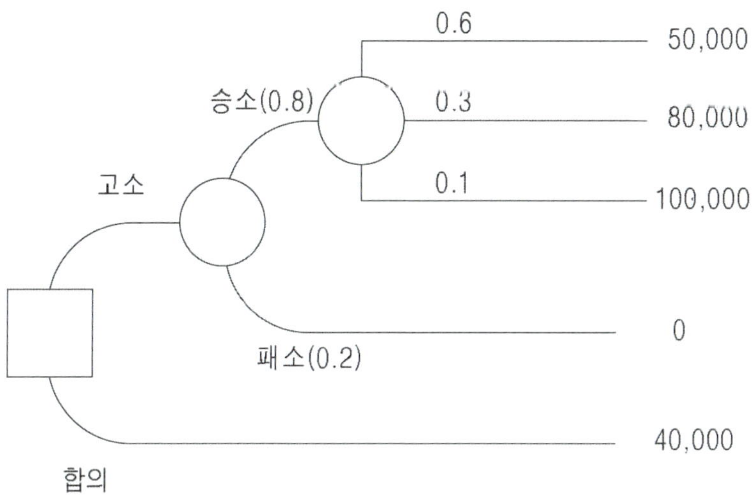

1) 교통사고 피해자가 선택할 최선의 대안은 어떤 것인가? 그리고 그 이유는 무엇인가?

답: 고소한다.

이유: 고소할 경우의 기대 보상금액은 $51,200로서 합의금액 $40,000보다 크기 때문이다.

2) 고소를 취하시키기 위한 최소 보상금액은?

답: 최소한 합의금액으로 $51,200을 주어야 고소하지 않는다.

3) 합의금액 $40,000을 거절하고 법원에 고소하기에 필요한 최대패소확률은?

답: 0.375이다.

이유: 패소확률을 p라 하면 승소확률은 (1-p)이다. 따라서 승소의 기대 보상금액이 합의금액 $40,000보다 크다면 피해자는 반드시 고소할 것이다. 즉, (1-p) 64,000 ≧ 40,000의 식을 풀면 p ≤ 3/8이다.

4) 이 문제에 있어서 완전정보(EVPI)의 기댓값은 얼마인가? 또는 피해자가 고소 또는 합의를 선택하기 위하여 교통사고 전문변호사에게 자문료로 지급할 최대의 금액은 얼마인가?

답: $8,000.

계산:

EVp = 64,000(0.8) + 40,000(0.2) = 59,200

EVpi = EVp - EV = $59,200 - &51,200 = $8,000

문제: 만약 교통사고 피해자의 효용함수가 $U(x) = x^{1/2}$ (x: $)이라면

가) 최선의 대안을 구하시오.

나) 고소를 취하시키기 위한 최소 합의보상금액을 구하시오.

다) 고소를 선택하게 하는 최대 패소확률을 구하시오.

라) 완전정보의 기댓값을 구하시오.

마) 화폐액인 $로 계산할 경우와 효용함수를 이용하여 계산할 경우 두 문제의 답이 다른 이유는 무엇인가?

바) 위험 프리미엄(risk premium)은 얼마인가?

〈예제 13.6〉 의사결정나무를 통한 투자방법의 결정

2천억 원의 투자책임을 맡고 있는 김재정 씨는 향후 2년간 수익성이 높은 투자방법을 선택하여 투자할 계획이며, 다음의 두 종류의 투자 상품을 고려 중이다.

첫 번째 투자 상품인 투자 A에 대한 금년도의 예상수익률은 20%이고, 다음 해의 예상수익률은 경기가 상승할 경우는 20%, 하락할 경우는 10%라고 한다. 그리고 두 번째 투자 상품인 투자 B의 경우는 향후 2년 동안 매년의 예상수익률이 각각 15%이지만, 만약 2년 만기로 장기 투자할 경우에는 추가로 매년 1%의 수익을 제공받아 매년의 예상수익률이 16%가 된다고 한다. 이와 같은 투자 상품에 대한 예상수익률을 기초로 하여 김재정 씨는 매년 투자 A와 B 중에 하나를 택하여 투자하는 단기적 투자방법과 2년 만기로 투자 B에 장기적으로 투자하는 방법 중 한 가지를 선택하고자 한다. 이때 단기적인 투자방법에서 첫 해에 투자 A 혹은 B를 선택할 확률은 각각 0.5이며, 두 번째 해에는 임의로 한 투자 상품을 선택하게 되므로 확률은 존재하지 않는다. 여기서 예상수익률은 편의상 단리로 계산하기로 한다.

그림 13-9 투자방법결정을 위한 의사결정나무 및 각 시점에 대한 기댓값

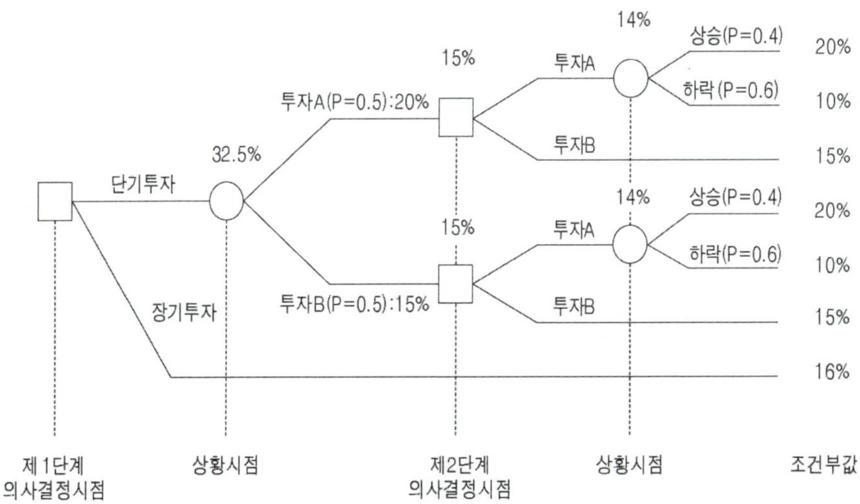

<그림 13-9>는 <그림 13-8>을 참조하여 각 시점에 대한 기댓값을 계산하여 기입한 의사결정나무이며, 이 때 단기투자에 대한 기대 예상수익률이 32.5%로 장기투자의 32%보다 높으므로 김재정 씨는 단기투자방법을 택하게 된다.

제14장

게임이론

제1절 개요

1. 머리말

우리가 살아가는 실제 생활에서 개인이나 조직, 국가들은 서로 다른 목적을 달성하기 위해서 상대방과 경쟁하는 경우가 많이 있다. 예를 들면, 정당의 지도자들은 상대정당의 정책에 따라 정책을 조정하여 상대 정당을 이기려고 한다. 게임이론은 이와 같은 경쟁적인 상황 또는 목표가 서로 상충하는 상황에서 최적대안을 선택하는 의사결정이론이다. 이러한 게임이론은 의사결정자가 이성적이고 합리적인 상대방과 경쟁한다는 전제하에 상대방과의 경쟁에서 이길 수 있는 계획을 수립하는 것이다.

게임이론은 1944년 폰 노이만(John Von Neumann)과 모르겐슈테른(Oscar Morgenstern)의 저서 「게임의 이론과 경제적 행위」(Theory of Games and Economic Behavior)에 의해 처음 소개되었으며 그 후 많은 학자들에 의해 발전되어 왔다.

게임은 참가자, 게임규칙, 전략, 그리고 게임의 보수(payoff) 등의 요소들로 구성된다. 참가자는 어느 한 개인 또는 단체로서 전략의 결정단위이다. 전략이란 참가자의 선택변수로서 참가자가 취할 수 있는 행동을 의미한다. 게임규칙은 사용가능한 전략의 종류, 게임의 진행 및 승부의 판정방법을 말한다. 게임의 보수는 게임 참가자가 게임의 결과 얻는 성과, 즉 보수의 크기이다. 보수는 각 참가자가 어떤 전략을 선택하느냐에 의해서 결정된다. 따라서 게임 참가자 수와 게임규칙이 정해지면 게임은 전략과 보수에 의하여 묘사된다.

게임의 전략과 보수를 묘사하는 방법에는 정규형(normal form)과 확장형(extensive form)의 두 가지가 있다. 정규형은 선택된 전략의 결과로서 나타나는 모든 보수체계를 정리해 놓은 표, 즉 보수행렬(payoff matrix)을 사용해서 게임을 나타내는 방법으로서 전략형(strategic form)이라고 한다. 확장형 또는 전개형은 의사결정상황을 분기점 또는 의사결정 마디(decision node)로 나타내고 서로 다른 전략수단을 나뭇가지 모양으로 나타내는 방법을 말한다. 양자는 나름대로의 장점과 단점을 가지고 있으며 용도도 다르다(신봉호,1999. 453 454).

일반적으로 게임이론은 (1) 경쟁자의 수와 (2) 각 경쟁자의 늑실로 계신된 게임의 결과에 의해 분류된다. 즉, 경쟁자의 수가 2인인 경우의 게임을 2인 게임이라 하며, 경쟁자가 2인 이상인 경우의 게임을 n명 게임(n-person game)이라 한다. 2인 게임의 예로는 전쟁게임, 노사관계의 협상 등을 들 수 있으며, n명 게임의 예로는 여러 사람이 참가하는 카드게임을 들 수 있다. 한편 게임의 결과 모든 경쟁자의 이득과 손실의 합이 0이 되는 경우를 영합게임(zero-sum game)이라 하며, 그렇지 못한 경우의 게임을 비영합게임(nonzero-sum game)이라고 한다. 예를 들면, 두 사람이 내기바둑을 하였을 경우 이긴 사람이 10,000원을 땄다면 상대방은 10,000원을 잃게 된다. 이와 같이 이득과 손실의 합이 궁극적으로 0(10,000-10,000=0)이 되는 경우를 영합게임이라 하며, 마이크로컴퓨터의 시장을 확장시키는 경우와 같이 여러 회사 간의 시장점유율의 득실의 합이 0이 되지 않는 경우를 비영합 게임이라고 한다. 게임이론은 경쟁자의 수와 여러 가지 예상되는 결과에 따라 복잡해질 수 있다. 게임이론의 가장 간단한 형태는 2인 영합게임(two-person, zero-sum game)이다.

본 장에서는 2인 영합게임과 정규형 게임만을 다룬다. 더욱 복잡한 상황에서의 게임이론에 대해서는 참고문헌들을 참조하기 바란다.

2. 게임의 균형

게임의 균형을 논하기 위해서 우선 균형상태(equilibrium state)의 정의를 하여 보자. 균형상태란 외부의 충격이 없는 한 지속하는 상태를 말한다. 이와 같은 균형의 개념을 게임에도 적용할 수 있다. 게임의 균형상태란 외부적 충격이 없는 한 게임의 모든 참가자들이 선택한 전략이 변하지 않고 유지되는 상태를 말한다. 게임의 균형에는 크게 지배전략 균형, 맥시민전략 균형, 내쉬 균형이 있다.

1) 지배전략 균형

게임 참가자의 최선의 전략이 상대방의 전략이 무엇이냐에 상관없이 항상 선택되는 전략을 지배전략(dominant strategy)이라고 한다. 각 참가자는 주어진 상황에서 자신이 선택한 전략을 바꿀 유인을 전혀 갖지 않는다. 만약 모든 게임 참가자에게 하나씩의 지배전략이 존재한다면 게임의 균형상태는 게임 참가자들이 지배전략을 선택하고 있는 상황이다. 이렇게 각 게임 참가자들의 지배전략들이 결합하여 나타나는 균형을 지배전략균형(dominant strategy equilibrium)이라 한다. 제4절에서 지배전략과 지배전략균형에 대하여 좀 더 자세히 학습하여 보자.

2) 맥시민전략 균형

앞에서 지배전략에 대하여 설명하였다. 그런데 이러한 지배전략이 존재하는 경우는 매우 드물다. 지배전략이 존재하지 않는 상황에서 게임 참가자들은 각 전략에 상응한 최소보수 중에서 최대값을 선택하는 것이 최선의 전략이라고 생각할 수 있다. 이와 같이 참가자들이 각 전략에 상응한 최소보수 중에서 최대치를 선택하는 기준을 맥시민 기준(maximin criterion)이라고 한다. 맥시민 기준에 의하면, 각 경기 참가자는 비관적이기 때문에 이용할 수 있는 각 전략 중에서 가능한 최소의 이득이 되는 값을 선택한 다음, 이들 중에서 이득을 최대화시키는 전략을 선택하는 것이다(최소이익 최대화 전략). 물론 경쟁자는 예상되는 최대의 손실 중에서 가장 적은 것을 선택하려 할 것이다(최대손실 최소화 전략).

맥시민 기준 하에서 선택된 전략을 맥시민 전략이라고 한다. 또한, 참가자들의 맥시민 전략들이 결합되어 나타나는 균형을 맥시민전략 균형(maximin strategy equilibrium)이라 한다. 제3절에서 맥시민전략과 맥시민전략 균형에 대하여 좀 더 자세히 학습하여 보자.

3) 내쉬 균형

지배전략은 상대방의 전략이 무엇이건 항상 선택되는 전략이다. 지배전략은 상대방이 선택할 수 있는 모든 전략에 대해 최선의 전략이다. 현실에서 지배전략이 존재하는 경우는 매우 드물다. 세상에서의 삶은 그리 만만하지 않기 때문이다. 따라서 지배전략 균형의 예도 드물다. 그러면 지배전략이 존재하지 않는 경우 균형점은 존재하지 않는 것일까? 그렇지 않다. 이제 상대방의 모든 전략에 대해 항상 선택되는 최선의 전략은 존재하지 않지만, 상대방의 '주어진 전략'에 대해서는 최선의 전략이 존재하는 게임의 균형을 생각해 보자. 이를 위해 게임 참가자가 상대방의 전략을 고정된 것으로 예상한다고 하자. 이러한 예상을 꾸르노-내쉬 가정(Cournot-Nash assumption) 또는 단순히 내쉬가정이라고 한다. 내쉬가정 하에서 성립하는 균형을 내쉬 균형(Nash equilibrium)이라 한다.[1] 내쉬 균형 상태 하에서는 다음의 두 가지 조건이 동시에 충족되어야 한다.

첫째, 상대방의 전략에 대한 예상 하에서 모든 경기자는 최선의 전략을 선택한다. 이는 게임의 상대방도 자신과 같이 정교하게 계산된 합리적 의사결정을 한다는 것을 반영한다.

둘째, 상대방의 전략에 관한 각 경기자의 예상이 모두 적중해야 한다. 상대방의 전략에 대한 어느 한 참가자의 예상이라도 적중하지 않았다면 당연히 그 참가자는 상대방의 전략을 알고 난 후 전략을 바꿀 것이다. 따라서 모든 참가자들의 예상이 적중하지 않는 상태는 균형이 아니다. 내쉬 균형 상황 하에서는 어느 한 경기자의 최선의 전략이 상대방이 선택할 수 있는 모든 전략에 대해서 항상 최선은 아니지만 상대방의 최선의 전략에 대해서는 최선이다.

내쉬 균형은 유일하지 않을 수도 있다. 또한, 내쉬 균형이 존재하지 않을 수도 있다. 이 경우에는 혼합전략이 유효하다. 또한 내쉬 균형이 반드시 파레토 효율적인 결과를

1) 내쉬 균형이라는 명칭은 비협력게임(noncooperative game)의 균형 해(equilibrium solution)를 찾아낸 John Nash를 기념하기 위하여 명명된 것이다.

가져다 주지는 않는다(신봉호, 1999: 466-470). 죄수의 딜레마 게임과 제4절의 혼합전략에서 이를 살펴보자.

제2절 2인 영합게임

2인 영합게임(two-person, zero-sum game)은 새로운 노사계약을 위한 노사 간의 협상, 선거에서 득표율 제고를 위한 정당들 사이의 경쟁, 두 지방자치단체 간의 기업유치 경쟁, 공기업과 대기업 간의 시장점유율확대 경쟁 등과 같은 경쟁적인 상황에서 최적 전략을 얻는 데 적합하다.

1. 2인 영합게임의 공식화

두 명의 경쟁자 -경쟁자 A와 경쟁자 B- 만이 존재하는 게임의 상황을 살펴보면, 경쟁자 A는 경쟁자 B의 현재 전략을 생각하면서 전략대안을 세운다. 여기서 두 경쟁자의 보수를 합한 값은 항상 일정하다. 다시 말하면, 경쟁자 A가 얻게 되는 몫만큼 경쟁자 B는 잃게 된다. 즉 경쟁자 B는 일정한 보수의 합 중에서 A가 취한 몫을 제외한 나머지 부분을 얻게 되는 셈이다. 예를 들면, A와 B 정당이 전체 100%가 되는 득표율을 놓고 경쟁을 한다면, 정당 A가 차지하는 득표율은 정당 B가 잃게 되는 득표율과 동일하게 된다. 즉 득표율은 100%를 넘을 수 없기 때문에 두 정당 득표율의 합은 항상 100%로 일정하게 된다. 여기서 영합(zero-sum)란 정당 A의 양의 보수(이득)와 정당 B의 부의 보수(손실)의 합이 영(0)이 됨을 의미한다.

2. 보수표

게임이론에서 각 경쟁자들은 그들의 가능한 모든 전략에 대한 보수 혹은 결과를 정확하게 안다고 가정을 한다. 또한, 보수의 형태는 동일한 값으로 서로에게 이전이 가능하며, 보수에 대한 효용이 경쟁자들 모두에게 같다고 가정을 한다.

아래의 표는 선거를 앞둔 A, B 두 정당의 모든 전략들의 가능한 조합인 A 정당의보수를 나타내는 간단한 형태의 보수표(payoff matrix)이다. 이 보수표는 A 정당의 이득만을 표시하고 있다. 그러나 A 정당의 이득은 그 만큼 B 정당의 손실이 되며, 두 정당의 득실의 합은 0이 된다. 위의 A, B 정당의 예에서 A 정당이 전략 1을 선택하고 B 정당이 전략 *x*를 선택하면, 처음 B 정당의 득표율이 100%(독점)라는 가정 하에서 A 정당은 전체 득표율의 80%를 차지하고 B 정당은 전체 득표율 중 80%를 잃게 되어 그 합은 0이 된다. 일정한 합이라는 측면에서 보면, A 정당은 전체 득표율의 80%를 얻고, B 정당은 전체 득표율의 20%를 얻으며, 그 결과로 전체 점유율의 합은 100%가 되는 셈이다. 아래 표에서 보는 바와 같이 표의 좌측에는 경쟁자의 이득을, 상단에는 다른 경쟁자의 손실을 표시하는 보수표는 가장 전통적인 분석방법이다.

		B 정당의 전략		
		x	y	z
A 정당의 전략	1	80	55	75
	2	70	35	30

여기서 B 정당의 전략을 평가할 때, A 정당이 전략 1을, B 정당이 전략 *x*를 각각 선택한다면, B 정당은 전체 득표율 중 80%를 잃게 된다는 사실을 알 수 있다. 그리고 A 정당이 전략 1을 선택했을 때 B 정당이 전략 *y*를 선택한다면 55%의 득표율을 잃게 되며, B 정당이 전략 *z*를 선택한다면 75%의 득표율을 잃게 된다. 그러므로 B 정당이 합리적으로 의사결정을 한다고 가정하면 *x*, *y*, *z* 의 세 전략 중 득표율 55%만 상실하는 전략 *y*를 선택할 것이다. 이러한 선택의 결과는 아래의 표에서 보는 바와 같다. 여기서 55%를 게임 값(value of the game)이라고 한다.

		B 정당의 전략			
		x	y	z	
A 정당의 전략	1	80	55	75	← A 정당의 선택
	2	70	35	30	
			↑ B 정당의 선택		

제3절 맥시민과 미니맥스의 원리

게임이론에서 이득의 맥시민(maximin)원리와 손실의 미니맥스(minimax)원리는 불확실성 하의 의사결정론에서 설명한 의사결정기준과 근본적으로 같다. 즉 맥시민 원리에 의하면, 의사결정자 A는 비관적이기 때문에 이용할 수 있는 각 전략 중에서 가능한 최소의 이득이 되는 값을 선택한 다음, 이들 중에서 이득을 최대화시키는 전략을 선택하는 것이다(maximin). 동시에 경쟁자 B는 예상되는 최대의 손실 중에서 가장 적은 것을 선택하려 할 것이다(minimax).

예를 들면 다음의 보수표에서, 경쟁자 A는 두 가지 이용 가능한 한 각각의 전략 (1과 2) 중에서 최소의 이득을 규명하고, 이러한 최솟값 중에서 최댓값을 갖는 전략을 선택한다. 다음의 표에서 알 수 있듯이 전략 1의 최솟값은 55이고 전략 2의 최솟값은 30이다. 이들 중에서 최댓값은 55이기 때문에 경쟁자 A는 전략 1을 선택한다. 또한, 경쟁자 B의 경우, 전략 x, y, z 의 손실은 각각 80, 55, 75이다. 이러한 손실 중에서 최솟값은 55이므로 경쟁자 B는 전략 y를 선택한다(이상문, 1993 참조).

		경쟁자 B의 전략			
		x	y	z	경쟁자 A의 행의 이득 중 최솟값
경쟁자 A의 전략	1	80	55	75	55 (최대)
	2	70	35	30	30
경쟁자B의 열의 손실 중 최댓값		80	55 (최소)	75	

위 예에서는 경쟁자 A와 B가 선택한 전략을 분석함으로써, 두 경쟁자 모두를 만족시키는 결과를 구했다. 다시 말하면, 경쟁자 A는 경쟁자 B가 A의 이득을 최소화시키려고 한다고 가정하며, 경쟁자 B는 경쟁자 A가 B의 손실을 최대화시키려고 한다고 가정한다. 그러므로 경쟁자들은 더 좋은 결과를 얻기 위해 모험을 하면서 그들이 이미 선택한 전략을 바꾸려고 하지는 않을 것이다.

어떠한 경쟁자도 선택한 전략을 바꾸려는 위험을 택하지 않을 경우, 이러한 전략을 순수전략(pure strategy) 또는 균형전략(equilibrium strategy)이라고 한다. 이러한 순수전략은 해가 균형(equilibrium) 혹은 안정 상태(steady state)에 도달했을 때만 존재하게 되는데, 게임이론에서는 안점(saddle point)이라고 부른다. 안점은 상대방이 선택한 전략을 관찰함으로써 경쟁자들이 전략을 바꾸지 않으려고 할 때만 존재한다. 만일 경쟁자 B가 전략 y를 선택한다면, 경쟁자 A의 최대 이득은 전략 1을 선택함으로써 얻어진다. 마찬가지로 경쟁자 A가 전략 1을 선택하면, 경쟁자 B의 손실은 전략 y를 선택함으로써 최소화될 수 있다는 것을 알 수 있다. 그러므로 어떤 경쟁자도 전략을 바꾸어야 할 이유가 없게 되는 것이다.

일반적으로 맥시민(미니맥스)원리는 상대방이 이러한 원리를 따라 행동하는 한 각 경쟁자는 최적해를 갖는다. 그러나 경쟁자 중 어느 한 사람이라도 이 원리를 따르지 않으면 어떤 해도 최적대안이 될 수 없다.

제4절 지배의 원리

앞의 예제에서 경쟁자 A는 전략 1을 선택함으로써 경쟁자 B가 어느 전략을 선택하든 상관없이 최대의 이득을 얻을 수 있다는 것을 알았다. 이러한 경우에, 전략 1은 전략 2를 지배(dominance)한다고 말한다. 어떤 특정한 전략이 다른 전략에 완전히 지배될 때, 경쟁자는 그 전략을 선택의 대상에서 제외하기 때문에 피지배 전략은 보수표에서 없앨 수 있다.

그리고 경쟁자 B의 경우에는, 전략 x의 손실이 전략 y의 손실보다 항상 크기 때문에 경쟁자 A가 선택하는 전략에 관계없이 전략x는 전략 y에 지배된다. 같은 이유로 전략 x는 전략 y에도 지배된다. 그러므로 전략 x는 고려의 대상에서 제외될 수 있다. 아래의 보수표에서 피지배 전략은 색으로 표시하여, 보수표를 쉽게 평가할 수 있도록 하였다. 즉, 경쟁자 A는 전략 1만 선택할 수 있고, 경쟁자 B는 전략 1에서 75의 손실보다는 55의 손실인 전략 y를 선택할 것이다(이상문, 1993).

		경쟁자 B의 전략		
		x	y	z
경쟁자 A의 전략	1	80	55	75
	2	70	35	30

이러한 지배의 개념은 규모가 큰 보수표를 분석하는 데 효과적이며 최적해를 결정하기 위한 최종 분석 이전에 지배의 원리를 적용하면 보수표의 규모를 상당히 줄일 수 있다. 예를 들면, 아래의 표에서 각 경쟁자는 네 가지의 전략을 갖고 있으나 경쟁자 A의 경우, 전략 1과 4는 전략 2에 지배되므로 보수표에서 없앨 수 있다.

		경쟁자 B의 전략			
		w	x	y	z
경쟁자 A의 전략	1	40	80	35	60
	2	65	90	55	70
	3	55	40	45	75
	4	45	25	50	50

그리고 경쟁자 B의 경우 남은 전략 2와 3만 가지고 비교해 보면 전략 w와 z는 전략 y에 지배된다. 그러므로 이러한 열들은 더 이상 최적대안이 될 수 없으므로 아래 표에서 보는 바와 같이 제외된다.

		경쟁자 B의 전략			
		w	x	y	z
경쟁자 A의 전략	2	65	90	55	70
	3	55	40	45	75

마지막으로, 남은 2×2 행렬의 보수표를 검토해 보면, 행 2가 행 3을 지배함을 알 수 있다. 아래 표에서 보듯이 최종 보수표는 경쟁자 A의 유일한 전략과 경쟁자 B의 두 가지 전략만으로 구성되게 된다. 여기서 경쟁자 B는 손실을 최소화하기 위해서 전략 y를 선택할 것이다. 그래서 경쟁자 A는 순수전략 2를 선택하고, 경쟁자 B는 순수전략 y를 선택함으로써 게임값 55에서 안점을 얻게 된다.

		경쟁자 B의 전략	
		x	y
경쟁자 A의 전략	2	90	55

제5절 혼합전략

2인 영합게임에는 순수전략을 선택할 수 없는 경우가 많이 있다. 왜냐하면, 균형상태를 이루는 안점이 존재하지 않는 경우가 자주 발생하기 때문이다. 이러한 종류의 게임 상황에서는 경쟁자들이 혼합전략(mixed strategy)을 선택한다고 가정을 함으로써 균형상태의 해를 구할 수 있다.

혼합전략을 사용하는 경우에는 어느 경쟁자도 상대방이 선택할 전략을 알지 못한다고 가정하기 때문에, 각 경쟁자는 상대방의 전략과 상관없이 전략을 세우게 된다. 즉 미리 정해진 계획에 따라 여러 전략 중에서 무작위로 하나를 선택하게 되는 것이다. 이러한 무작위에 의한 전략선택은 경쟁자의 이득(또는 손실)이 상대방이 선택한 전략과는 상관없이 같아지게 하는 혼합전략 비율을 정하는 것이다. 그리고 혼합비율에 의하여 전략을 선택한다는 것은 매번 주어진 확률에 기초하여 전략을 선택함을 의미한다.[2)]

제6절 동시게임 사례

동시게임(simultaneous-move game)은 게임에 참가하는 각 참가자가 상대방 참가자들이 어떤 전략을 선택했는지에 대해 전혀 알지 못하는 상태에서 최선의 전략을 결정해야 하는 게임을 의미한다. 게임의 모든 참가자는 상대방의 전략을 전혀 모르는 상태에서 각자의 최선의 전략을 선택해야 하기 때문에 종종 불완전정보게임(imperfect information game)이라고도 부른다. 동시게임은 대부분 보수표(payoff table)에 쉽게 나타낼 수 있으며, 이 보수표는 전략적 형태(strategic form) 또는 게임의 정규형 형태

2) 혼합전략의 해법에 대해서는 이상문(1993: 407-413)참조.

(normal form)라고 불린다. 이 때문에 동시게임은 정규형 게임(normal -form game) 또는 전략적 게임(strategic-form game)이라고도 불린다.[3)]

이 절에서는 유명하고 의미 있는 게임 사례들을 통하여 지배의 전략과 맥시민 전략을 활용하는 기회로 이용함으로써 전략적 사고를 학습하여 보자.

1. 죄수의 딜레마 게임

2인 게임 중 전통적으로 가장 유명한 예가 죄수의 딜레마 게임(the prisoners' dilemma game)이다. 죄수의 딜레마 게임은 영합게임 또는 비영합 게임으로 설정될 수 있다.

1) 스탈린 시대 이야기: 차이코프스키의 고민

스탈린 시대 소련의 어느 오케스트라 지휘자는 연주회장으로 가는 전차 안에서 그날 밤 지휘할 곡의 악보를 대강 훑어보고 있었다. 두 사람의 KGB 요원이 그것을 지켜보고 악보 속에 무언가 비밀 암호가 있는 것은 아닐까에 대해 의심하였다. 그들은 그를 간첩 혐의로 체포하였다. 그는 단순히 차이코프스키의 바이올린 협주곡이라고 항의하였지만 받아들여지지 않았다. 감옥에 갇힌 지 이틀째 되는 날 조사 요원이 들어와서 말하였다. "숨김없이 말하는 것이 좋을 거야! 당신 친구 차이코프스키도 우리에게 체포됐어. 그리고 이미 다 털어놓았으니까."

이렇게 하여 죄수의 딜레마라고 하는 저 유명한 게임 이야기가 시작된다. 윤리적인 결론까지 이야기를 진행해보자. KGB는 이름이 그저 차이코프스키라는 이유만으로 체포된 다른 사람에 대해서도 지휘자를 다루었던 때와 똑같은 심문을 다른 방에서 하였다. 만약 이 죄 없는 두 사람이 심문을 잘 견디어 낸다면 두 사람은 3년형을 선고받을 것이다. 만약 지휘자가 공범자가 있다고 거짓 자백하고 차이코프스키는 어떤 자백을 하지 않으면 지휘자는 1년 형(그리고 KGB의 감시)이 되고 차이코프스키는 반항적이라 하여 25년의 중형을 선고받는다. 반대로, 지휘자가 자백하지 않고 차이코프스키가 거짓 자백을 한다면 투옥 기간은 반대로 된다. 또한, 두 사람 모두가 자백하면 양자 모두 10년형을 선고받는다.

그렇다면 여기에서 지휘자는 어떻게 생각할까? 차이코프스키가 자백한다고 생각할까 그렇지 않다고 생각할까? 자백하는 것을 전제로 한다면 자신이 자백하면 10년, 그렇지 않으면 25년형이 되기 때문에 자신은 자백하는 편이 좋다고 생각한다. 차이코프스키가 자백하지 않는 것을 전제로 하고 자신이 자백하면 1년, 자백하지 않으면 3년형이 되기 때문에 역시 자백하는 편이 좋다고 생각한다. 따라서 지휘자 입장에서는 자백하는 것이 최선의 대책이 되는 것은 자명한 일이다. 체르젠스키 광장의 KGB의 어느 다른 방에서는 차이코프스키도 똑같은 것을 생각하고 동일한 결론

3) 대표적인 게임 사례들은 전상경(2005) 제6장과 제7장 참조.

에 도달하였다. 결국, 두 사람 모두 자백하고 말았다. 뒤에 그들은 수용소에서 만나게 되었고 서로의 이야기를 비교해 본 결과 자신들이 실수했음을 알아차렸다. 두 사람 모두 자백하지 않았으면 가장 짧은 투옥 기간으로 끝마칠 수 있었다.

만약 심문받기 전에 서로 만나 이야기를 나눌 기회가 있었다면 두 사람 모두 자백하지 않을 것을 약속할 수가 있었을 것이다. 그러나 결국 이와 같은 합의는 그다지 잘 지켜지지 않으리라는 것을 알 수 있다. 일단 그들이 따로따로 다른 방에 나뉘어 심문을 받게 되면 상대야 어찌 되든 짧은 감옥살이로 끝내려는 자신만의 이기주의가 발동하게 되는 것이다. 그들이 다시 수용소에서 만나면 역시 서로의 배신을 억지로 참아 넘기는 결과가 될 것이다. 과연 서로의 입장에 따른 가장 좋은 결과를 가져오는 신뢰를 달성시킬 수 있을까? (Dixit and Nalebuff, 1993: 11-13, Go Directly To Jail 사례).

2) 고전적인 죄수의 딜레마 게임

어떤 범죄를 공동으로 저지른 혐의를 받고 있는 둘 사람이 경찰에 체포되어 각기 독방에 감금되어 있다. 각 용의자는 자백하든가, 부인하든가 둘 중의 하나를 택해야 하고, 각기 자신의 행동이 초래할 결과를 알고 있다. 결과란, (1) 만약 용의자 한명이 자백하고 파트너가 자백하지 않으면, 자백자는 공범 증언을 하고 자유롭게 된다. 그리고 부인하는 용의자는 20년형을 받는다. (2) 만약 두 용의자가 자백하면, 그들은 모두 5년형에 처해진다. (3) 만약 두 용의자가 부인하면 그들은 둘 다 1년 교도소에 수용된다 — 이것은 상대적으로 가벼운 형이다. "도적의 명예심"이 없고, 각 용의자의 유일한 관심사가 이기심뿐이라고 가정하자. 이런 조건을 토대로 용의자들은 어떻게 해야 할까?

이 게임은 <표 14-1>에 나타나 있다. 이것은 A. W. 터커(A. W. Tucker)에 의해 최초로 정식화되었다. 게임이론의 짧은 역사에 있어서도 이것은 고전적인 문제의 하나가 된 유명한 죄수 딜레마이다(홍영의 역, 1995: 132-134).

표 14-1 죄수의 딜레마 게임

		용의자 B의 전략	
		자백	부인
용의자 A의 전략	자백	(5년, 5년)	(석방, 20년)
	부인	(20년, 석방)	(1년, 1년)

죄수의 딜레마를 용의자 한 사람의 관점에서 바라보자. 그는 파트너가 어떻게 나올지를 알지 못한 채 결정을 내려야 하기 때문에, 그는 파트너가 어떻게 선택할지를 생각하여 선택의 각각이 자신에게 미칠 영향을 예상하지 않으면 안 된다.

그의 파트너가 자백한다고 상정하자. 그는 침묵을 지켜 20년간 교도소 생활을 하든지, 아니면 자백하여 5년간 교도소에서 가든지 둘 중 하나다. 혹은 만약 파트너가 부인한 채라면, 그도 부인해서 1년의 복역으로 끝내거나, 자백하여 자유롭게 되거나 둘 중 하나이다. 어떤 경우든 얼핏 자백하면 좋아질 것처럼 보인다. 그렇다면 문제는 무엇일까?

여기에 패러독스가 있다. 두 죄수가 천진난만하다면, 이 흥미를 일으키는 논의를 전개하기에는 너무나도 무지하지만, 둘 다 부인하면 단 1년간의 복역을 하게 된다. 죄수들이 약삭빨라 게임이론의 분석에 의해 지혜를 짜낸다면, 두 사람 모두 자백하여 5년 형에 처해지고, 거기에서 자신들의 지능을 명상할 수밖에 없다.

이 게임을 특징짓는 본질적인 요소를 생각해 보자. 각 플레이어는 두 가지의 선택권을 가지고 있다. 즉 각 플레이어는 「협력적」이든가 혹은 「비협력적」으로 행동하는 수밖에 없다. 모든 플레이어가 협력적으로 행동할 때, 모든 것이 비협력적으로 행동할 때보다 각각의 사람은 잘 해나갈 수 있다. 다른 플레이어의 여러 전략이 무언가에 고정되어 있을 때, 플레이어하는 편이 항상 잘 해나갈 수 있는 것이다.

3) 공공재와 죄수의 딜레마: 홍수방지시설 게임

한 마을에 살고 있는 김소심 씨와 박대식 씨 두 사람이 그 마을 주변에 홍수방지시설을 해야 할 것인가를 두고 논의하고 있는 상황을 다음과 같이 게임이론의 틀에 넣어 생각해 보기로 하자. 각자는 홍수방지시설을 하는 데 드는 비용을 1,000만 원씩 부담하거나 전혀 부담을 하지 않는 두 가지의 전략을 가지고 있다. 두 사람이 각각 1,000만 원씩 부담하여 홍수방지시설을 완벽하게 갖추었을 때 각자에게 돌아가는 혜택, 즉 홍수피해 방지액은 1,500만 원어치씩이라고 가정하자. 그 중 한 사람만 1,000만 원을 부담하여 불완전한 홍수방지시설을 갖추면 각자는 750만 원어치씩의 홍수피해를 줄일 수 있다고 한다. 만약 둘 다 비용을 부담하지 않는다면 홍수의 피해는 조금도 줄일 수 없고 따라서 각자에게 돌아가는 혜택도 0이 된다(이준구, 1995: 120 발췌).

분석의 편의를 위해 이와 같은 상황을 <표 14-2>와 같은 보수표(payoff matrix)로 정리해 보자. 이 표의 보수행렬에서 괄호 속의 숫자는 각자가 어떤 전략을 쓰느냐에 따라 달라지는 순편익을 보여 주고 있다. 순편익이라 함은 홍수피해 방지액에서 자신이 부담한 비용을 차감한 것을 의미하는데, 괄호 속의 두 숫자 중 첫 번째 것은 김소심 씨가 얻는 순편익이고 두 번째 것은 박대식 씨가 얻는 순편익을 의미한다.

표 14-2 홍수방지시설 게임

		박대식의 전략: 부담	박대식의 전략: 부담 않음
김소심의 전략	비용 부담	(500, 500)	(-250, 750)
	부담 않음	(750, -250)	(0, 0)

이 보수행렬을 유심히 관찰하면 지금 우리가 보고 있는 예는 게임이론에서 죄수의 딜레마(prisoners' dilemma)라고 부르는 게임유형의 전형적인 특성을 가지고 있음을 발견할 수 있다.

그러므로 이 게임의 균형으로서 실현가능성이 매우 높은 것은 둘 다 비용을 전혀 부담하지 않아 아무런 홍수방지시설도 갖추지 못하는 상황이다. 이 결과보다는 두 사람이 모두 1,000만 원씩 부담하여 완벽한 홍수방지시설을 갖추는 쪽이 두 사람 모두에게 더 큰 순편익을 가져다준다. 그럼에도 불구하고 두 사람이 서로 대화와 협조를 통해서 상호이득이 되는 해결책을 적극적으로 모색하지 않는 한, 아무 홍수방지시설도 갖추지 못하고 결국 500만 원어치의 잠재적 순이익을 희생하고 마는 결과가 나타날 가능성이 크다. 정부의 개입은 이와 같은 죄수의 딜레마상황을 타개하고 협조적 해결책을 모색한다는 점에서 의미를 가질 수 있다.

4) 이란-이라크의 석유생산 게임

OPEC에서 일어났던 일을 죄수 딜레마 관점에서 살펴보기로 하자. 물론 많은 역사적인 상세한 부분은 생략하고 죄수 딜레마를 부각시키는 데에 초점을 맞춘다. 먼저 이란, 이라크 두 나라만을 예로 들어 원유 생산량을 어떻게 결정하는가를 고찰해 보자. 좀 더 단순화시켜 두 나라의 각 원유 생산량은 하루 2백만 또는 4백만 배럴 중 어느 것을 선택하는 것으로 하자. 따라서 두 나라의 결정에 의한 하루 세계 원유 총생산량은 400만, 600만, 800만 배럴이 될 것이다. 가격은 생산량에 따라 각각 25달러, 15달러, 10달러로 변한다고 가정하자. 원유 생산비용은 배럴당 이란이 2달러, 이라크가 4달러이다. 그 때 두 경쟁국의 이익(일일 백만 달러 기준)을 <표 14-3>으로 나타낼 수 있다. 각 칸에서 칸 오른쪽은 이라크의 하루당 이익이고 왼쪽은 이란의 이익이다(Dixit & Nalebuff, 1993: 89-93; 류성렬 역, 1994: 115-117).

표 14-3 이란-이라크의 석유생산 게임

		이라크의 생산량 (단위: 백만 배럴) 2	4
이란의 생산량 (단위: 백만 배럴)	2	(46, 42)	(26, 44)
	4	(52, 22)	(32, 24)

두 나라는 각각 지배전략을 가지고 있다. 즉 가능한 생산량 수준에서 보다 많은 양을 생산하는 것이다. 예를 들어 이란은 400만 배럴 생산량 수준, 말하자면 4,600만 달러, 3,200만 달러 칸의 이익이 2백만 배럴 생산량 수준, 말하자면 4,600만 달러, 2,600만 달러 칸보다 언제나 크다는 것을 알고 있다. 두 나라가 모두 지배전략을 선택했을 때 각각의 이익은 하루 3,200만 달러, 2,400만 달러가 된다. 만약 두 나라가 좀 더 협조 관계를 발전시키면 4,600만 달러, 4,200만 달러가 되어 더욱 큰 이익을 얻을 수 있을 것이다.

이런 상황을 죄수 딜레마라고 부른다. 죄수 딜레마의 두드러진 특징은 각자가 자신의 이익을 최대가 되도록 지배전략을 취하면 결국 각자가 자신의 이익이 최소가 되도록 전략을 취한 경우보다 나쁜 결과가 생긴다는 것이다. 그러면 왜 각자는 자신의 이익을 최소로 하는 전략을 취하지 않는 것일까? 독자들은 그 이유를 스스로 찾아보라.

5) 죄수의 딜레마 해결법

죄수의 딜레마 이야기는 일반적으로 유용한 점을 시사한다. 죄수의 딜레마 게임은 대부분의 경제적, 정치적 또는 사회적인 게임은 미식축구나 포커 같은 한쪽의 득점은 다른 쪽의 실점이 되는 제로섬 게임과는 다르다. 죄수 딜레마에 있어서와 같이 모두 자백하는 것보다는 모두 자백하지 않는 편이 좋은 경우에는 양자의 이해관계가 충돌하는 면과 일치하는 면이 동시에 존재한다. 또한, 경영자와 노조와의 교섭에서는 한쪽은 낮은 급여를 주려고 하고 한쪽은 높은 급여를 바라는 점에서 충돌하지만, 교섭 결렬에 따라 파업을 하면 양자 모두 손해를 입는 면에서는 이해가 일치한다. 실제로 이와 같은 상황은 예외적인 경우가 아니고 오히려 일반적이다. 게임 이론에 의해 이해관계의 충돌과 일치의 혼합을 분석하는 것도 가능하다. 게임의 상대 참가자를 "적"이라고 표현하지만, 경우에 따라서는 적이 아군이 될 수도 있다.

많은 사람들 그리고 회사 심지어 국가마저 죄수 딜레마에 직면한다. 생사에 관계되는 문제인 핵무기 통제에 대하여 살펴보기로 하자. 초강대국은 서로 자국이 유사시에 공격받을 것에 대비하여 핵무기를 보유하며 상대방이 핵무기를 폐기하는 것이 가장 좋은 일이라고 생각한다. 또한, 상대방이 보유하고 자국이 폐기하는 것이 가장 나쁜 경우라고 생각한다. 따라서 상대방이 나아가는 방향이 어떻든 자국은 핵을 보유하는 편이 좋다. 그렇지만 두 나라가 동시에 공동으로 핵을 폐기할 수 있다면 두 나라 모두 보유하는 경우보다 더 나은 상황이라고 생각하는 점에서는 일치한다. 4)

죄수의 딜레마의 근원적인 문제는 어떤 합의사항을 교묘히 깨뜨리면, 깨뜨리는 사람이 이득을 취한다는 사실에 있다. 카르텔 협정과 같은 반복협력게임에서도 배반이 지배전략이기 때문이다(cheating is a dominant strategy). 그러면, 어떻게 이 약속 파기를 간파하고, 어떤 처벌을 하는 것이 배반을 막는데 효과적일까? 이 방법들을 알면 죄수의 딜레마에 빠져있는 참가자들은 서로가 만족하는 협력적 결과를 찾게 될 것이다.

반복적 비협력게임을 협력게임으로 만들기 위해서는 협력(cooperation)을 촉진시키는 방법들이 시행되어야 한다. 협력을 촉진하는 방법들에는 언제나 배반자를 처벌하는 몇 가지 절차가 있다. 대표적인 처벌 전략으로 Robert Axelrod 교수가 주장한 주고받기(tit-for-tat)전략이 있다. tit-for-tat 전략은 남이 네게 하듯이 너도 남에게 하라는 행동, 즉 "눈에는 눈, 이에는 이, 생명에는 생명"이라는 고대 바빌로니아의 렉스 탈리

4) 지혜있고 안전한 삶을 위해서 죄수 딜레마로부터 벗어나는 방법을 알아 두면 좋을 것이다. 그 방법이 언제 어떻게 기능하는가에 대해서는 Dixit & Nalebuff(1993: 89-118) 또는 류성렬 역 (1994), 제4장 참조.

오(Lex Talionis)의 법칙이 변화된 것이라 할 수 있다. 반복적 게임상황 하에서의 tit-for-tat 전략은 처음 단계에서는 협력을 하고 그 다음 단계부터는 앞 단계의 상대행동을 흉내내어 협력하는 것이다. 그러나 tit-for-tat 전략은 결함도 많은 전략이다. 아주 사소한 오인(misperception)에 의하여 tit-for-tat 전략이 무너질 수 있다. 현실세계에서는 오인을 피할 수 없다. tit-for-tat전략의 또 다른 문제는 어떠한 실수라도 앞뒤로 반향(echoes)을 일으키는 것이다. 이 전략은 한번 배반했다고 처벌하면 상대방도 뒤따라 보복함으로써 처벌에 대항한다. 끊임없는 처벌과 보복의 악순환이 계속된다. 싸움이 지속되면 문제를 해결할 가망은 거의 보이지 않고 처벌과 보복의 원인을 찾을 수도 없는 닭과 계란의 문제(the chicken-or-egg problem)에 빠지게 된다(Dixit and Nalebuff, 1993: 106-109).[5)][6)]

2. 담력 게임

담력 게임(chicken game)은 새로운 전략적 고려사항이 발생하는 대표적 보기이다. 영국의 철학자이자 수학자인 러셀(Bertrand Russel)은 10대들이 상대가 물러서기를 기다리면서 서로 겁을 주면서 도전하는(playing chicken) 대담한 장난 속에서 그 당시 미·소간의 핵 교착 상태에 관한 메타포를 보았다. 비록 그는 게임 이론가는 아니었지만 1959년에 출간한 그의 저서 「상식과 핵전쟁」(Common Sense and Nuclear Warfare)에서 10대들의 담력게임을 각색함으로써, 오늘날 가장 많이 분석되는 게임 중 하나인 담력게임의 기본적 골격을 고안한 후 그것을 '겁쟁이 딜레마'(chicken dilemma)라고 명명하였다고 한다(박우석 역, 2004: 107).

담력게임은 다음과 같이 설명된다. 즉 두 운전자가 좁은 도로의 반대편에서 각자의 왼쪽 바퀴를 도로의 중앙선에 물리게 한 상태에서 출발하여 고속으로 상대방을 향하여 돌진하게끔 한다. 이 때 각 경기자는 비켜서서 정면충돌을 피하거나 돌진하는 두 가지 선택을 갖는다. 이러한 상황은 다음과 같은 네 가지 결과를 발생시킬 수 있고, 이것을

5) 그러나 현실에서는 이처럼 처벌과 보복이 악순환되는 현상 뿐만 아니라 지속적 협력관계의 유지현상도 자주 나타난다. 그 이유들에 대하여 생각해 보자.

6) Dixit and Nalebuff (1993: 113-115)는 tit-fot-tat 전략에 비해 정밀성과 관용도는 높고 제재의 실행가능성은 낮은, 협력을 연장하는 대안전략을 제시하였다.

정리한 것이 <표 14-4>의 보수표이다 .

표 14-4 담력 게임

		B의 전략 회피	B의 전략 돌진
A의 전략	회피	(3, 3)	(2, 4)
	돌진	(4, 2)	(1, 1)

① 상대방이 비켜설 때 비켜서지 않는 경기자는 그의 용맹스러움의 대가로 가장 높은 보상인 4를 얻지만, 비켜섬으로써 꽁무니를 빼게 되는(chicken out) 겁많은 경기자는 불명예를 덮어쓰고 2의 보상을 얻는다. 이것은 <표 14-4>에서 (2, 4)와 (4, 2)에 해당된다.

② 만약 두 경기자 모두 최악의 결과인 충돌로 돌진할 의사가 부족하면, 두 사람 모두 약간의 위신의 손상을 입게 되어 3의 보상을 얻게 된다. 이것은 <표 14-4>에서 (3, 3)에 해당된다.

③ 만약 두 경기자가 타협하기를 거부하면, 두 경기자는 모두 상호파멸의 길로 돌진하게 되며 가장 적은 1의 보상을 사후(死後)에 받게 된다. 이것은 <표 14-4>에서 (1, 1)의 보상으로 나타난다.

이 보수표로부터 우리는 담력게임을 정의할 수 있는 다음과 같은 네 가지 요소를 도출할 수 있다. 첫째, 각 경기자는 강한 전략(돌진하는 전략)과 약한 전략(비켜서는 전략)을 갖는다. 둘째, 두 개의 순수전략 내쉬 균형이 존재하는데, 이 균형에서 두 경기자 중 한 사람은 약한 전략을 택하는 겁쟁이(chicken)가 된다.[7] 셋째, 각 경기자는 상대방 경기자가 겁쟁이가 되는 균형을 더 선호한다. 넷째, 두 경기자 모두 강한 전략을 택할 때 그들 각자에게 돌아가는 보상은 가장 나쁘다.

담력게임은 국가 간의 협상전략에서 군사력을 사용하려는 위협이 현저하게 나타나

7) 이 균형은 위협에 취약하다 (Nicholson, 1990: 496). (회피, 돌진)의 경우 만약 A가 "너 죽고 나 죽자"는 식으로 B에게 위협을 가한다면, (1, 1)의 보상을 두려워하는 B는 결국 원래의 돌진전략 대신에 회피전략을 택할 수도 있기 때문이다. (돌진, 회피)의 경우도 마찬가지로 논리로 설명될 수 있다.

는 국제정치분야에서 그 유사성을 찾을 수 있다. 이와 같은 상황을 가장 잘 묘사하는 것이 1962년 10월 쿠바문제를 둘러싸고 13일간에 걸쳐서 일어난 미국과 소련 간의 대치상황이다(전상경, 2005: 391-392).

3. 미군-일본 양군의 지혜겨루기

표 14-5 미군-일본군의 지혜겨루기(the battle of the Bismarck Sea)

		일본군의 전략	
		북쪽	남쪽
미군의 전략	북쪽	2일	2일
	남쪽	1일	3일

1943년 2월, 남서 태평양 연합 공군 사령관 조지 처칠 케네장군은, 매우 어려운 문제에 빠졌다. 일본군은 뉴기니아의 병력을 증강하려고 뉴브리텐섬으로 가는 남, 북 두 개의 루트 가운데 하나를 선택할 것이 틀림없었다. 뉴브리텐섬의 북쪽은 비가 잦고, 섬의 남쪽은 항시 개어있다. 어느 쪽이건 항해는 사흘이 걸린다. 케네장군은 다수 정찰기를 어느 곳에 집결시켜야 할지를 결정하지 않으면 안 되었다. 일본군은 자국의 선단이 적의 폭격에 당할 가능성을 최소화하고자 했으며, 케네장군은 물론 그 반대 입장이었다(홍영의 역, 1995: 38).

이 문제는 <표 14-5>에 나타나 있다. <표 14-5>의 일수는 미군이 정찰기를 배치한 루트로 일본군이 병력배치 선단을 이끌고 들어올 경우의 폭격당할 기간을 말한다. 외견상 북쪽의 루트는 분명 일본군에게 있어서 유리한 상황이다. 연합군에게 있어서 어느 쪽 루트가 합리적 전략일까? 케네장군은 고민하였지만, 독자들은 이 문제의 해를 맥시민전략을 통해 쉽게 발견할 수 있음을 확인하여 보라.

4. 두 정당의 선거 공약게임

전국 규모의 총선거가 있는 해에 이르러, 양대 정당이 선거공약을 구상 중이다. X도와 Y도 사이에는 대규모 지역개발계획에 대한 분쟁이 있어, 두 정당은 X를 지지할 것인지, Y를 지지할 것인지, 또는 이 쟁점을 피할 것인지를 결정하지 않으면 안 된다. 각 정당은 각기 당내의 집회를 연 후, 결정을 동시에 공표하기로 되어 있다. 이 두 도 이외의 시민은 이 쟁점에는 무관심하다. X도와 Y도에 대해서는 과거의 경험으로 선거민의 투표 행동을 알 수 있다. 고정표는 어떤 경우라도 자신의 지지 정당에 투표한다. 부동표는 자기 도의 이익을 지지하는 정당에 넣거나, 또는 만약 두 정당이 모두 이 쟁점에 대해 같은 태도를 취한다면 기권할 뿐이다. 두 정당의 지도자들은 각각의 환경에 있어서 어떤 결과가 일어날 것인지를 산정하여 <표 14-6>과 같은 행렬에 이르렀다. 행렬의 각 항은 거기에 지시된 전략에 따를 경우, 정당 A가 얻게 될 득표율을 표시하고 있다. 만약 A가 X를 지지하고, B가 쟁점에 애매한 태도를 취한다면 A는 득표의 40퍼센트를 얻을 것이다.

표 14-6 두 정당의 선거 공약 게임 (%는 A 정당의 득표율)

		B 정당의 전략		
		X	Y	Z
A 정당의 전략	X	45%	50%	40%
	Y	60%	55%	50%
	Z	45%	55%	40%

이런 유형 게임의 가장 단순한 예가 이것이다. 두 정당이 모두 선거인이 어떻게 투표할지 종합 정리하는 데에 익숙해 있기는 하지만, 다른 당이 어떻게 나올까 하는 데까지는 예상할 방도가 없다. A가 어떻게 나오건 B는 쟁점을 어물어물 넘겨버리는 것이 상책이다. B가 어떻게 나오건 A는 Y를 지지하는 것이 상책이다. 결과는 공평하게 50%씩 나누어 갖게 될 것이다. 만약 어떤 이유로 한쪽 정당이 지시한 전략에서 벗어나도, 이것은 다른 정당의 행동에 어떤 영향도 미치지 않을 것이다.

그런데 <표 14-7>과 같이 득표율을 살짝 변경시키면 약간 복잡한 상황이 벌어진다.

표 14-7 두 정당의 선거 공약 게임 (%는 A 정당의 득표율)

		B 정당의 전략		
		X	Y	Z
A 정당의 전략	X	45%	10%	40%
	Y	60%	55%	50%
	Z	45%	10%	40%

B 정당의 결정은 이제 다소 어려워진다. 만약 A 정당이 Y를 지지하리라고 생각한다면, B 정당은 쟁점을 얼버무려야 한다. 그 이외의 경우 B 정당은 Y를 지지해야 한다. 그러나 이 문제에 대한 대답은 실제로 그리 어려운 것은 아니다. A 정당의 결정은 지극히 명료하여 Y를 지지하는 것이라고 B 정당이 간파하기는 수월하다. A 정당에게는 Y 전략이 지배전략이기 때문이다. A 정당이 어리석지 않다면 B 정당은 투표의 90퍼센트를 얻을 기회가 전혀 없다는 것을 깨달아야 할 것이며, B 정당은 쟁점을 얼버무리는 것이 상책이 된다.

표 14-8 두 정당의 선거 공약 게임 (%는 A 정당의 득표율)

		B 정당의 전략		
		X	Y	Z
A 정당의 전략	X	35%	10%	60%
	Y	45%	55%	50%
	Z	40%	10%	65%

<표 14-8>에서는 어떤 플레이어에게 있어서도 지배전략이 없다. 이 경우 양 정당은 다소간 생각하지 않으면 안 된다. 어느 정당의 결정도 상대 정당의 결정을 어떻게 기대하느냐에 달려 있다. 만약 B 정당이 쟁점을 얼버무리면 A 정당도 그렇게 해야 하는 것이다. 만약 B 정당이 얼버무리지 않으면 A 정당은 Y를 지지해야 한다. 한편, 만일 A 정당이 Y를 지지한다면, B 정당은 X를 지지해야 한다. 그 밖의 경우에는 B 정당은 Y를

지지해야만 한다.

기초적인 게임논리를 알아내는 것은 어렵지 않다. 당초 B 정당은 어떻게 하면 좋을지 확실하지 않았지만, 어떻게 하면 안 되는지는 명확했다. 즉 B 정당은 결코 쟁점을 얼버무려서는 안 된다. 왜냐하면 A가 어떻게 나오건, 만약 B 정당이 쟁점을 얼버무리지 않고 X를 지지하면 B는 계속 좋아지기 때문이다. 즉, Z전략은 B 정당에게는 피지배전략으로서 고려할 가치가 없는 전략이다. 이점이 확실해지면 곧바로 A는 Y를 지지해야 하며, 최후에 B는 X를 지지해야 한다. A는 아마도 45퍼센트의 득표로 끝날 것이다.

이 두 개의 전략 — A정당이 Y를 지지해야 하며, B정당은 X를 지지하는 것 — 은 극히 중요하며, 「균형전략」(equilibrium strategy)이다. 이 두 가지의 전략을 이용하여 발생하는 결과 — A에 대해서 45퍼센트의 득표율 — 를 「균형점」(equilibrium point)이라고 일컫는다.

균형전략이나 균형점이란 무엇일까? 두 개의 전략이 있어, 어느 플레이어가 자신의 전략을 일방적으로 바꾸어도 득이 되지 않을 때, 이 전략은 균형을 이룬다고 한다. 이 전략들은 각 플레이어에게 하나씩 짝이 되어 나타난다. 이 한 쌍의 전략에 대응하는 결과(종종 이득, 보수 또는 성과라고 일컬어진다)는 균형점이라고 정의된다. 그 이름이 시사하듯이 균형점은 대단히 안정되어 있다.

어쨌든 「2인·제로섬게임」에 있어서는 플레이어들이 일단 균형점에 위치를 정하면 그들은 그 곳을 떠날 이유가 없다. 앞의 예에서 만약 B가 X를 지지한다는 것을 A가 미리 알고 있었다면 A는 역시 Y를 지지할 것이다. 그리고 마찬가지로 만약 A가 Y를 지지한다고 B가 알고 있었다 하더라도 B는 그 전략을 바꾸지 않을 것이다. 균형점은 한 개 이상 존재할지도 모르지만, 만약 한 개 이상 있다면 균형점은 모두 이득을 취하게 된다.[8]

5. 이성 간의 투쟁

게임이론가들인 Luce and Raiffa(1957: 91)는 확신게임(assurance game)과는 달리 조정적 요소뿐만 아니라 경쟁적인 요소도 포함하는 게임을 '성의 대결'(Battle of

8) 홍영의 역,(1995: 42-46 일부 수정).

Sexes)이라는 이름으로 구성하였다. 우리는 조정과 경쟁이 동시에 이르게 되는지 고찰하기 위하여 이성간의 투쟁게임을 소개한다.

이 게임은 토요일 저녁을 함께 보내려는 젊은 남녀 간의 이야기를 이용하여 구성된다. 남자(B)는 권투시합을 구경하고 싶어 하지만 여자(A)는 발레를 구경하고 싶어 한다. 만약 A, B 모두 자신이 가장 선호하는 권투 또는 발레만을 고집한다면 두 사람은 즐거운 시간을 함께 보낼 수 없게 된다. 또한, 두 사람은 상대방이 자신이 원하는 것을 따른다면 3의 보상을 얻지만, 상대방은 2의 보상을 얻을 뿐이다. 이것을 보수표로 나타낸 것이 <표 14-9>이다(홍영의 역, 1995: 104-105; 전상경, 2005: 394-395).

표 14-9 이성 간의 투쟁

		남성(B)	
		권투	발레
여성(A)	권투	(2, 3)	(1, 1)
	발레	(1, 1)	(3, 2)

위의 보수표를 자세히 보면 그림자로 표시된 두 개의 결과는 내쉬균형이다. 이 게임이 담력게임과 비슷한 점은 두 사람이 선호하는 균형이 서로 다르다는 점이다. 그렇지만 담력게임과의 근본적인 차이는 두 경기자들이 다른 어떤 결과보다도 두 균형을 더 선호한다는 점이다. 뿐만 아니라 이 게임에서는 균형이 아닌 결과의 보수가 그렇게 매우 나쁘지 않다. 즉 서로 협조하지 못하여 균형에 이르지 못했을 때 받게 되는 벌칙이 담력게임에서만큼 심각하지는 않다는 것이다.

그렇지만 이 경우에도 조정의 필요성은 여전히 중요하다. 확신게임에서와 같이 이 경우에도 규칙(예를 들면 두 사람이 한 번씩 번갈아 가면서 자신의 주장을 관철하기)이나 역사(예를 들면 지금까지 두 사람간의 관계) 및 관심의 초점(예를 들면 사회적 규범) 등이 균형을 찾는데 도움을 준다. 그럴 뿐만 아니라 두 사람은 의견의 합의점을 찾지 못할 경우에 발생할 수 있는 바람직스럽지 않은 결과를 두고서 협상을 벌일 수도 있다.

6. 2인-비영합 게임

1965년 6월 28일 자 뉴욕 타임즈에 상세하게 보도되었던 기사 중에 생생한 실례 하나가 있다. 교도관 두 명이 인질이 된 감옥소동이 거기에 실려 있었다. 교도소장은 교도관이 잡혀있는 한 죄수와 협상하기를 거부했다. 그리고 교도관들은 결국 상처 없이 풀려났다. 교도소장의 담화가 다음과 같이 인용되어 있다.「그들은 협정을 맺고 싶다고 요청했습니다. 나는 협정을 맺기를 거부했습니다. 나는 그것을 귀담아듣지 않았기 때문에 협정이 어떤 것이었는지도 모릅니다.」<표 14-10>은 이「게임」을 분석하고 있다(홍영의 역, 1995: 131).

표 14-10 교도소상과 죄수의 대결

		교도소장	
		죄수 석방	죄수 체포
죄수	교도관 상해	A	B
	교도관 안전	C	D

합리적인 전략을 도출하는 논리는 먼저 A를 제외하는 것에서부터 출발할 수 있다. 왜냐하면 만약 죄수들이 석방되려면 교도관을 다치게 해서는 얻는 것이 없기 때문이다. 남은 세 가지의 가능성에 대해, 죄수들은 C를 가장 선호하고, 다음으로 D, 마지막으로 B를 선호한다(C > D > B). B는 어떤 이득도 없이 처벌만이 추가되게 된다. 교도소장은 D를 가장 바라고, 아마도 다음으로 B, 그리고 마지막으로 C를 바라고 있었다(D > B > C).

죄수들이 석방될 유일한 기회는 만약 석방되지 않는다면 교도관을 반드시 다치게 하겠다고 협박하여, 그 협박이 믿어지도록 바라는 것이다. 그러나 교도소장은 딱 잘라 협상을 거절했다. 그는 죄수들이 제시하는「협정이 어떤 것인지」듣기를 거부했다. 그는 죄수들을 석방하지 않는 전략을 짜서, 죄수들이 B와 D 중 하나를 선택하도록 강요한 것이다. 그의 희망은 죄수들이 B보다 D를 골라 나쁜 상황 속에서 최선을 만드는 것이었다. 그리고 죄수들은 그렇게 했던 것이다.

그러나 만약 그들이 계속 고집을 꺾지 않았다면 그들의 행동은 달랐을 것이다. 교도소장이 적절한 선택을 했는지 어떤지 하는 의문은 이성 있는 사람들 사이에서도 제각각일 것이다. 교도소장과 인질범들이 취한 행동은 그럴 가능성이 높은 합리적 전략이라고 말할 수 있다.

제15장

마아코브 분석

제1절 개요

마아코브 분석(Markov Analysis)기법은 특정변수에 대한 현재 상태의 움직임을 분석함으로써 동 변수의 미래 추세를 예측하는 확률적 분석에 속하는 기법이다. 예를 들어, 현재의 득표율과 시민의 정당선호도를 바탕으로 미래의 득표율을 예측할 때 이 기법은 유용하게 사용될 수 있다.

마아코브 분석은 러시아의 확률이론가인 마아코브(A. A. Markov)에 의해 최초로 소개되었으며 그 후 많은 학자들에 의하여 단순하고 설득력 있는 미래예측 모형으로 발전되어 왔다. 마아코브 분석의 기본적인 목표는 의사결정자에게 주어진 문제 상황에 대하여 확률적인 정보를 제공하는 데 있다. 마아코브 모형을 잘 이해하면 수많은 정책적 이슈에 대한 통찰력을 얻을 수 있다.

마아코브 진행(Markov process)은 시스템 상태(system state)와 전이확률(transition probability)에 의하여 이루어지는데, 여기서 시스템 상태란 주어진 시점에서의 시스템 상태를 가리키며 전이확률은 일정 기간에 한 시스템이 어떤 상태에서 다른 상태로 이전되는 확률을 말한다. 이러한 마아코브 진행은 다음과 같은 가정들을 전제로 한다.

(1) 현시점을 기준으로 그 바로 다음 시점에 나타나는 시스템 상태는 현재 시스템상

태에 의해서만 결정된다. 1)

(2) 전이확률은 변하지 않으며, 그 합은 1이어야만 한다.

이 장에서는 마아코브 분석의 기본 개념들을 소개하고 전이확률을 이용한 해법과 마아코브 분석의 특수한 경우 등에 대하여 살펴보기로 한다.

제2절 전이 행렬의 작성

전이확률(transition probability)에 대한 기본적인 이해는 마아코브 진행을 이해하는 데 필수적이다. 다음의 부와 빈곤의 변화에 관한 예제를 통하여 전이확률의 개념과 그 작성과정에 대해 살펴보기로 한다.

〈예제 15.1〉 부와 빈곤의 순환2)

대한민국의 국민은 누구나 그의 전 인생에 걸쳐서 가난해지거나 부자가 될 가능성을 갖고 있다. 개개인들의 빈부교대 과정을 통해 우리는 대한민국의 사회적 이동성(social mobility)과 소득 불평등(income inequality)에 대하여 장기 예측할 수 있다.

서구의 많은 경제학자와 사회학자들은 사회적 이동성에 대하여 상당히 낙관적인 경험적 증거들을 제시하였다. 특히 Becker와 Tomes(1986)은 부자 부모를 둔 아이들은 그들의 부모에 비하여 덜 부자로 살 가능성이 높고, 가난한 부모를 둔 아이들은 그들의 부모에 비하여 더 잘 살 가능성이 높아 삼 세대 이후에는 세대 간 소득격차가 실질적으로 소멸한다는 연구결론을 내렸다. 사회적 이동성에 대한 이와 같은 낙관적 견해를 간단한 마아코브 모형으로 나타내 보자.

현재 가난한 사람의 소득기회는 불리하며, 현재 부자인 사람의 소득기회는 유리한 상황을 가정한다. 그리고 이러한 기회들이 시간이 진행됨에 따라 어떻게 변화하는지

1) 즉, 미래에 발생하게 될 일련의 사건들은 바로 전 시점의 사건들에 의해 조건지어진다. 이러한 마아코브 진행의 특성은 조건부 확률에 의해 결정된다는 점에 있다.

2) 이 예는 Victorio(1995) chapter 12에서 발췌, 각색하였음.

알아보자. 만약 어느 개인 P가 어떤 특정 시점에서 가난하다면, 다음 시점에도 그가 계속 가난할 확률을 0.7로 가정하자. 따라서 다음 기에 P가 부자가 될 확률은 0.3이다. 만약 어느 개인 R이 어떤 특정 시점에서 부자이면, 다음 시점에 그가 가난해질 확률을 0.1로 가정하자. 따라서 다음 기에도 R이 계속 부자일 확률은 0.9이다.

이와 같은 조건부 확률들을 일기간 전이행렬(a single-period transition matrix)로 다음<표 15-1>과 같이 나타낼 수 있다.

표 15-1 전이행렬

		차기 상태	
		가난	부자
현재 상태	가난	0.70	0.30
	부자	0.10	0.90

제3절 미래상태의 예측

전이확률은 미래 상태를 예측할 수 있게 해준다. 즉, 앞의 예제에서 어떤 관심 있는 변수나 시스템의 초기상태와 전이확률이 주어지면 어떤 관심 있는 변수나 시스템의 미래 상태를 예측할 수 있다.

전이확률을 이용하여 미래 상태를 예측하는 방법에는 크게 두 가지가 있는데, 단기간의 한정된 시스템 상태를 예측하는 데는 의사결정나무모형(tree diagram)이 주로 사용되며, 장기간 후의 시스템 상태를 예측하는 데는 전이확률행렬을 이용한 행렬 접근법(matrix approach)이 일반적으로 이용된다. 우선 나무모형을 이용하여 마아코브 체인(Markov chain), 즉 마아코브 진행의 반복상태를 분석해 본 후에 일반적인 전이확률 행렬을 이용한 행렬접근법에 대하여 살펴보기로 한다.

1. 나무모형 접근법

2기간 전이행렬(a two-period transition matrix)은 나무모형을 구성함으로써 용이하게 도출할 수 있다. 예를 들어 개인 P가 최초에 가난하였을 경우 그가 각 기간별로 부자 또는 가난하게 살 확률을 생각해 보자. 다음 기에 그가 가난할 확률은 0.7, 부자가 될 확률은 0.3이다. 그리고 그 다음 기에 그가 부자 또는 가난하게 살 확률은 그 이전 기의 그의 상태에 전적으로 의존한다. 이를 나무모형으로 나타내면 <그림 15-2> 와 같다.

그림 15-1 2년 후의 확률 나무모형

2기간 전이 행렬은 가능한 일련의 사건들을 나무모형에 표시함으로써 용이하게 만들 수 있다. 어떤 사람이 최초에 가난했다고 가정해 보자 그렇다면 내년에 그가 가난 또는 부자일 확률이 각각 0.70, 0.30이다. 그리고 2년 후에 그가 가난 또는 부자일 확률은 1년 후의 상태에 결정적으로 의존 또는 조건 지워짐을 알 수 있다.

2년 후의 어떤 상태에 있을 확률인 결합확률이 나무모형에 나타나 있다. <그림 15-2>를 통해서 만약 어떤 사람이 가난한 상태에서 출발하였다면, 2기 후에 그가 여전히 가난하게 살 확률은 0.52(0.49+0.03)이며 부자가 될 확률은 0.48(0.21+0.27)임을 알 수 있다. 만약 어떤 사람이 금년에 부자였다면 2년 후에 그가 가난해지거나 또는 계속 부자일 확률이 각각 0.16, 0.84임을 또 다른 나무모형을 만들어 확인해 보자. 이 두 가지 결과를 모아서, <표 15-2>의 2년 후의 전이행렬을 얻을 수 있다.

표 15-2 2년 후 전이행렬

		2년 후 상태	
		가난	부자
현재 상태	가난	0.52	0.48
	부자	0.16	0.84

이러한 방법으로 우리는 3년 후, 5년 후, 8년 후 또는 16년 후의 전이행렬을 만들 수 있다. <표 15-3>은 16년 후의 전이행렬이다.

표 15-3 16년 후 전이행렬

	16년 후 상태	
현재 상태	가난	부자
가난	0.25	0.75
부자	0.25	0.75

16년 후의 전이행렬에서 알 수 있듯이 시간이 장기간 계속되면 최초의 상태가 서로 다름에도 불구하고, 가난해질 확률이 0.25로 수렴하고, 부자가 될 확률도 0.75로 수렴함을 알 수 있다. 이를 장기균형 행렬(long-run equilibrium matrix)이라 부른다. 16년 후에는 최초의 출발상태는 25%의 가난할 확률과 75%의 부자일 확률에 아무런 영향을 미치지 못한다.

정책적 시사점

이 단순한 예로부터 우리는 사회적 이동성(social mobility)에 관한 정책적 시사점을 다음과 같이 얻을 수 있다(Victorio, 1995: 129).

1) 사회적 불평등을 개선하기 위한 정부의 개입정책의 필요성은 완화된다. 왜냐하면, 장기적으로는 모든 사람이 동일한 처지에 처할 수 있기 때문이다. 좀 더 냉소적으

로 말하자면, 한 사회의 구성원들이 서로 "부러움 없는(envy-free)" 정의로운 부의 분배상태(심리적으로 공평한 상태)를 달성하기 위해 모든 사람이 처음부터 평등한 자산을 가져야 할 필요조차 없다. 장기적으로 부의 분배는 "공평"해질 것이다.

2) 만약 정부의 개입이 긴급하게 필요하다면, 그 이유는 수용 가능한 단기간에는 장기균형 확률을 얻을 수 없거나, 또는 1기 전이행렬이 사회적 지위향상을 추구하는 사람들에게 명백히 불리할 경우이다.

3) 정부가 적극적으로 부의 분배 정책을 추진하거나, 가난한 사람들의 부의 축적 기회를 효과적으로 제고시키는 경우에는 개개인들이 직면하는 1기간 확률을 유사하게 만드는 효과가 있기 때문에 장기균형에 이르는 기간을 단축할 수 있다.

장기확률의 계산법

1기 전이행렬을 알면 장기 확률을 계산할 수 있다. <그림 15-3>은 장기균형에 도달한 전이행렬이다.

그림 15-3 가난-부자 마아코브 나무모형

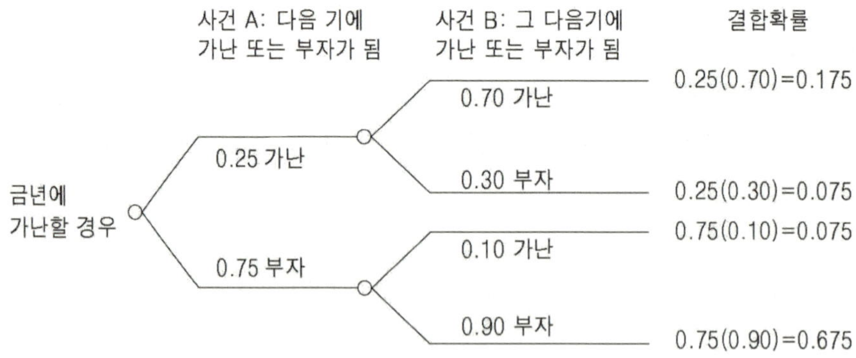

수렴한 장기행렬에는 다음과 같이 두 가지 특성이 있다. (1) 장기 전이확률에 추가된 다음 기의 확률도 장기확률과 동일하다. (2) 확률은 언제나 합이 1이다. 이러한 두 가지 장기확률 속성을 이용하여 장기확률을 직접 구할 수 있는 방법이 있다.

첫째 속성에 대하여 알아보자. <그림 15-3>의 사건 A에는 최초에 가난하게 출발했던 사람이 일정 기간 후에 가난 또는 부자가 될 확률이 각각 0.25와 0.75이다. 사건 B에는 사건 A에 1기 추가된 시점의 경우와 확률이 주어져 있다. 사건 A와 사건 B이후에 개인이 가난할 확률은 두 결합확률의 합(0.175+0.075)인 0.25이다. 이 확률은 가난의 장기확률인 0.25와 동일하다. 즉, 장기 이후의 시점에서의 가난 또는 부자일 확률은 장기확률과 동일하다.

위의 두 속성을 이용하여 장기균형확률을 구해 보자. 우리는 가난한 사람이 1기 후에도 가난할 확률 0.70과 부자가 1기 후에 가난해질 확률 0.10을 알고 있다. 만약 빈자를 P로, 부자를 R로 표기하면

P = P(0.70) + R(0.10)의 식을 얻을 수 있다. 이 식은 P(어떤 개인이 다음 기에 가난해질 확률) = P(가난할 경우 다음 기에 가난할 확률) + R(부자일 경우 다음 기에 가난할 확률)을 의미한다.

또한, 확률에 관한 두 번째 속성은 P+ R = 1임을 알고 있다.

P = P(0.70) + R(0.10)과 P+ R = 1을 연립방정식으로 풀면 P=0.25, R=0.75라는 장기확률을 용이하게 구할 수 있다.

〈예제 15.2〉 박성실 씨의 건강유지 확률

한 개인-박성실 씨-의 건강문제를 가지고 마아코브 모형을 생각해 보자. 박성실 씨는 현재 건강할 수도 있고 환자(가벼운 감기환자도 포함)일 수도 있다. 만약 그가 현재 건강하다면 내일 건강할 확률이 80%라고 가정해 보자. 만약 그가 오늘 환자라면 내일 건강해질 확률을 50%로 가정하자. 미래 확률들은 오로지 현재의 상태에 결정적으로 의존한다. 즉, 과거 5년 전 또는 10년 전의 그의 병력은 전혀 고려하지 않는다. 박성실 씨의 제1기, 제2기, 제3기, 제7기의 건강인-환자 상태 문제를 마아코브 전이행렬로 나타내면 다음과 같다.[3)]

3) 이 문제는 Stokey and Zeckhauser(1978:99-102) 참조.

		제2기	
		건강	환자
제1기	건강	0.80	0.20
	환자	0.50	0.50

다음은 제3기 전이행렬이다. 독자들은 이 확률이 도출되는 과정을 보여주세요.

		제3기	
		건강	환자
제1기	건강	0.74	0.26
	환자	0.65	0.35

다음은 제7기 행렬이다. 독자들은 마찬가지로 이 확률이 어떻게 도출되었는가를 확인하여 주세요.

		제7기	
		건강	환자
제1기	건강	0.714	0.286
	환자	0.714	0.286

제7기 이후 미래에 박성실 씨가 건강하게 살 확률이 얼마인가요. 제7기 이후의 미래 상태는 박성실 씨의 초기 건강상태에 더 이상 의존하지 않음을 확인하기 바랍니다. 독자들은 제7기 행렬의 추가적 의미와 정책적 시사점이 무엇인지에 대하여 논의하여 보세요.

〈예제 15.3〉 광장시의 실업문제

이제 광장시에 사는 대표적 근로자 -신노동 씨-의 경우에서 광장시의 장기 실업률을 예측해 보는 문제를 생각하여 보자. 신노동 씨는 현재 직장인일 도 있고 실업자일 수도 있다. 신노동 씨가 현재 취업자라면 내년에도 직장을 갖고 있을 확률이 90%이다. 신노동 씨가 현재 실업자라면 내년에도 실업자로 남아있을 확률은 60%이다. 이러한 전이 행렬은 다음과 같다.

		1년 후	
		취업	실업
현재	취업	0.90	0.10
	실업	0.40	0.60

만약 광장시의 현재 실업률이 30%라면 2년 후 광장시의 실업률은 얼마나 될까요?

		2년 후	
		취업	실업
현재	취업	0.85	0.15
	실업	0.60	0.40

(답) 위 전이행렬을 보면 광장시 거주 인구의 70%인 현재 취업자가 2년 후 실업할 확률은 15%이다. 또한, 전체 인구의 30%인 현재 실업자가 내년에도 실업상태에 있을 확률은 40%이다. 따라서 (0.70)(0.15)+(0.30)(0.40) = 22.5%이다. 22.5%는 광장시의 내년 실업률 예측치이다.

2. 행렬 접근법

행렬 접근법(matrix approach)은 장기간 후의 시스템 상태를 예측하는 데 매우 유용하게 사용된다.

(1) 시스템 상태

일반적으로 어떤 시점 n의 시스템 상태는 다음과 같이 표시된다.

$$P(n) = \{P_1(n), P_2(n), P_3(n)\}$$

여기서 $P(n)=P_i(n)$값들의 벡터

$P_1(n)$=시점 n에서 상태 1의 확률

$P_2(n)$=시점 n에서 상태 2의 확률

$P_3(n)$=시점 n에서 상태 3의 확률

만일 시점 0에서 시스템의 상태가 1일 경우는 P(0)=[1 0 0]으로 표시되며, 마찬가지로 상태 2와 상태3일 경우에는 각각 P(0)=[0 1 0], P(0)=[0 0 1]으로 표시된다.

(2) 전이확률행렬

3×3 전이확률행렬은 일반적으로 다음과 같이 표시된다.

현재 상태		차기 상태 1	차기 상태 2	차기 상태 3
P=	1	P_{11}	P_{12}	P_{13}
	2	P_{21}	P_{22}	P_{23}
	3	P_{31}	P_{23}	P_{33}

예를 들면, P_{13}은 현재 상태 1에서 차기상태 3으로 이동할 확률을 나타낸다.

(3) 전이확률행렬을 이용한 미래상태 예측

어떤 시점 n-1에서 그 다음 시점인 n의 상태를 예측하기 위해서는 일반적으로 다음과 같은 식이 이용된다.

$$P(n) = P(n-1)P$$

여기서 P(n)=시점 n에서의 상태확률 벡터

P(n-1)=시점 n-1에서의 상태확률 벡터

P=전이확률행렬

위 식을 자세히 나타내면 다음과 같다.

$$[P_1(n)\ P_2(n)\ P_3(n)]=[P_1(n-1)\ P_2(n-1)\ P_3(n-1)]\times \begin{bmatrix} P_{11} & P_{12} & P_{13} \\ P_{21} & P_{22} & P_{23} \\ P_{31} & P_{32} & P_{33} \end{bmatrix}$$

또한, $P(2) = P(1)\mathbf{P} = [P(0)\mathbf{P}]P = P(0)\mathbf{P}^2$, $P(3) = P(2)\mathbf{P} = [P(0)\mathbf{P}^2]\mathbf{P} = P(0)\mathbf{P}^2$ 임을 알 수 있다.

일반적으로 최초 시스템 상태를 p(0)이라 하고 전이확률행렬을 P라 하면, n기간 후의 시스템 상태 P(n)은 다음과 같이 나타낼 수 있다.

$$P(n) = P(0)\mathbf{P}^n$$

제4절 안정상태와 특수 사례

1. 안정상태

많은 경우에 있어서 마아코브 진행은 기간이 길어질수록, 즉 n값이 커질수록 시스템의 상태 값들이 일정한 값에 가까워지는데 이를 안정상태(steady state 혹은 equilibrium)에 도달한다고 말한다. 즉, 안정상태란 두 시점 사이에 시스템의 상태변화가 일어나지 않는 경우를 의미한다.

우리는 사회적 이동성에 관한 예를 통하여 어떻게 안정상태에 도달하는가를 살펴보았다. 즉, 기간 n이 커질수록 장기 확률이 일정한 값으로 수렴함을 알게 되었다. 이러한 안정상태에 도달할 수 있는 조건을 행렬식으로 표현하면 다음과 같다.

$$P(n) = P(n-1)\mathbf{P}$$

여기서 P(n)=시점 n에서의 상태확률 벡터

P(n-1)=시점 n-1에서의 상태확률 벡터

P=전이확률행렬

또한 안정상태 벡터는 다음의 식으로 구할 수 있다.

$$\pi = \pi \cdot \mathbf{P}$$

여기서 π =상태확률 벡터

$\mathbf{P}$=전이확률행렬

일반적으로 안정상태에 도달한 경우란 현재 상태와 그 직전의 상태가 동일한 것으로 정의되므로, 안정상태를 P(n)이라 하면,

$$P(n) = P(n\text{-}1)\mathbf{P} = P(n\text{-}1)$$

인 관계가 성립한다.

2. 마아코브 분석의 특수 사례

마아코브의 진행과정에는 지금까지 언급한 분석기법으로는 쉽게 분석할 수 없는 경우들이 많이 발생할 수 있는데, 여기서는 그 중 몇 가지만 살펴보자.[4)]

1) 흡수상태

시스템이 특정 상태를 벗어나는 것이 불가능한 경우를 흡수상태(absorbing 혹은 trapping state)라 한다. 이러한 흡수상태는 전이확률행렬의 주 대각선상 어느 한 원소가 1의 값을 가지는 경우에 발생한다. 즉, 다음의 예에서는 P_{22}=1이므로 상태 B가 곧 흡수상태 가 된다.

4) 더 자세한 논의를 위해서는 Stokey and Zeckhauser(1978:98-114), 이상문(1993: 430-433)를 참조하시오.

	A	B	C
P = A	0.50	0.25	0.25
B	0.00	1.00	0.00
C	0.33	0.33	0.34

상태 B는 상태 A, C로부터 일정한 확률을 받기만 하고 주지는 않는다. 이런 상황이 계속 지속하면 상태 B에서 상태 A, C로의 이동은 불가능하게 된다. 이런 경우 상태 B는 흡수상태에 있다고 한다.

이 경우 안정상태 조건을 구해보면 π=[0 1 0]이 됨을 알 수 있다. 위의 경우와 같이 1개의 흡수상태만이 존재할 경우에는 간단히 π_i=1(단, i=흡수상태) 혹은 π_i=0(단,i=흡수상태가 아닌 경우)으로 나타낼 수 있으나 여러 개의 흡수상태가 존재하는 경우에는 최초상태에 따라 안정상내 조긴이 달라진다

2) 임시 경과상태

자기 자신 이외의 다른 상태로부터의 이동확률이 0인 상태를 임시 경과상태(transient state)라고 한다. 다음의 전이확률행렬을 통하여 임시 경과상태를 살펴보기로 한다.

	A	B	C
A	0.750	0.25	0.250
B	0.200	0.60	0.200
C	0.333	0.33	0.667

상태 B는 자기 자신 이외에 상태 A, C에 일정한 확률을 주기만 하고 받지는 못한다. 이런 경우 상태 B는 임시 경과상태에 있다고 하며, 궁극적으로 π_2(상태 2의 안정상태의 확률)는 0이 됨을 알 수 있다.

임시 경과상태가 존재하는 경우에 안정상태 확률벡터(π)는 임시 경과상태의 행과 열을 제외시킨 잔여벡터만으로 계산된다. 즉, 위 예의 경우 안정상태 확률벡터(π)는 다음과 같이 계산된다.

$\pi_1 = 0.75\pi_1 + 0.333\pi_3$ (1)

$\pi_3 = 0.25\pi_1 + 0.667\pi_3$ (2)

$\pi_1 + \pi_2 + \pi_3 = 1$ (3)

위 3개의 등식을 풀면 π_1, π_2, π_3의 값은 각각 0.571, 0, 0.429가 된다.

3) 순환마아코브 진행

순환마아코브 진행(cycling 혹은 periodic Markov process)은 시스템 상태가 일정한 패턴을 가지고 순환되는 경우를 의미한다. 즉, 다음의 전이확률행렬들에서 보는 바와 같이 행렬 내의 주 대각선 상에 위치한 원소들의 값이 모두 0이고 나머지 원소들의 값이1 혹은 0인 경우에는 시스템의 상태가 특정 순서에 따라 주기적으로 바뀌게 된다.

$$P_x = \begin{array}{c} \\ A \\ B \end{array}\begin{array}{c} A\ B \\ \begin{bmatrix} 0 & 1 \\ 1 & 0 \end{bmatrix} \end{array} \qquad P_y = \begin{array}{c} \\ A \\ B \\ C \end{array}\begin{array}{c} A\ B\ C \\ \begin{bmatrix} 0 & 1 & 0 \\ 0 & 0 & 1 \\ 1 & 0 & 0 \end{bmatrix} \end{array} \qquad P_z = \begin{array}{c} \\ A \\ B \\ C \\ \\ \end{array}\begin{array}{c} A\ B\ C\ D \\ \begin{bmatrix} 0 & 1 & 0 & 0 \\ 0 & 0 & 1 & 0 \\ 0 & 0 & 0 & 1 \\ 1 & 0 & 0 & 0 \end{bmatrix} \end{array}$$

가령, P_y 의 경우 시스템의 상태는 처음 A로부터 B, C로 순차적으로 바뀌게 되며 이와 같은 상태의 변동은 주기적으로 반복된다. 따라서 순환마아코브 진행의 경우에는 안정상태 조건이 존재할 수 없다.

연구 주제

1. 마아코브 분석기법의 적용을 위해 충족되어야 할 기본가정들을 서술하시오.
2. 어떤 경우에 안정상태에 도달했다고 할 수 있는가?
3. 흡수상태란 무엇인가? 예를 들어 설명하시오.
4. 서울특별시의 인구는 2013년 현재 1,000만 명이고, 서울을 제외한 수도권 지역의 인구는 1,500만 명이다. 한 조사에 의하면 매년 서울특별시의 인구 10%가 수도권 지역으로 이동하고 수도권 지역의 인구 5%가 서울특별시로 이동한다고 한다.
   1) 2014년과 2015년의 전이확률행렬을 구하시오.
   2) 안정상태에서 두 지역의 인구를 계산하시오.

제16장

시뮬레이션

제1절 시뮬레이션의 의의

1. 시뮬레이션의 개념

시뮬레이션이란 우리가 관찰하고자 하는 실제 시스템에서 실제 시스템의 성질을 나타내는 모델을 만들고 그 모델로써 실험을 하는 것을 뜻한다. 이러한 실험을 통해서 우리는 실제 시스템이 갖게 되는 앞으로의 행위를 예측하거나 평가, 또는 정확히 분석하는 자료 등을 얻는 것을 목적으로 하는 것이다.

그림 16-1 시뮬레이션의 기본요소

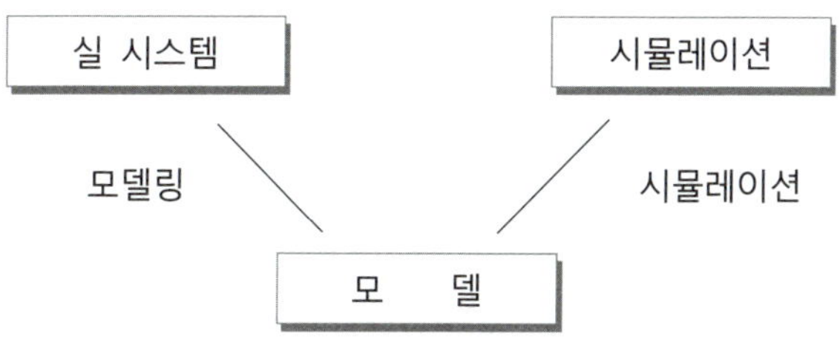

시뮬레이션의 3가지 기본요소는 1) 관찰대상인 실제 시스템, 2) 실제 시스템을 묘사

한 분석적 모델, 3) 모델을 가지고 실험(보통 컴퓨터 언어나 소프트웨어 프로그램 이용)하여 원하는 자료를 출력해 분석하기 위한 기계인 시뮬레이터이다.

2. 시뮬레이션의 특징

시뮬레이션의 특징은 다음과 같다.

1) 실제 시스템의 실질적인 구축 없이도 분석·평가할 수 있다.

2) 실제 실험이 위험성을 내포한 경우 유용하다.

3) 해석적인 해를 구하기 어려운 경우 사용한다.

4) 모델에 대한 반복실험 등으로 인해 비용이 많이 든다.

5) 날씨 예측, 경제시스템 등 분석·예측할 때 자주 사용한다.

시뮬레이션을 행하는 이유는 실제 시스템에서는 직접적인 실행이 불가능한 경우, 위험부담이 많은 경우 또는 구성요소들 간의 상호 관계가 복잡한 경우이다. 실제 시스템의 구성요소들이 복잡하거나 정확히 분석되지 않아서 수학적인 방법으로 공식을 유도하기가 곤란한 경우이다. 이 경우 실험모델을 구성하여 실험적인 기법으로 시뮬레이션을 하게 된다.

제2절 시뮬레이션의 논리와 방법

1. 시뮬레이션의 논리

시뮬레이션의 일반적 논리는 모형실험이라고 할 수 있다. 보통 시뮬레이션을 모의실험으로 번역하여 사용하고 있지만, 실제로는 모형을 작성하여 이를 실험해보는 기법이다. 정책분석에서 시뮬레이션을 통하여 알아내고자 하는 것은 주로 불확실한 상황에서 무작위 변수의 추출과 확률 밀도함수의 추정이다.

2. 무작위 변수 산출방법

난수의 산출은 확률적 시뮬레이션에 있어서 가장 필수적인 요소가 된다. 일반적으로 간단한 시뮬레이션 모형에서는 주사위나 카드 등을 사용하여 난수를 산출하나 대부분의 시뮬레이션 모형에서는 보다 체계적인 난수산출방법을 사용하고 있다.[1)]

1) 난 수 표

일반적인 난수표에 표기된 난수는 산술적 계산 기법에 의하여 산출된 것이다. 산술적 계산기법에 의해 산출된 난수는 주기성을 갖고 있어서 일정한 수의 난수가 동일한 형태로 반복·산출되기 때문에 엄밀한 의미에서는 난수라고 하기 어렵다. 따라서 이와 같은 방식으로 산출된 난수를 (가난수)(pseudo-random number)라고 하기도 한다. 일반적으로 난수표를 이용하는 방법으로는 다음의 두 가지를 들 수 있다. 첫째는 무작위적인 방법으로 난수표의 수를 선택하는 방법이고, 둘째는 정해진 방식에 의해 수를 선택하는 방법이다. 여기서 첫째 방법의 예로는 눈을 감은 채 연필로 찍은 숫자를 정하는 것을 들 수 있고, 둘째 방법의 예로는 매 5번째 숫자를 선택하는 방법을 들 수 있다.

2) 중위수 제곱법

중위수 제곱법(mid-square method)은 폰 노이만(John von Neumann)에 의해 고안된 것으로 특정 숫자를 기본수(seed)로 사용하여 이를 제곱한 숫자의 중간에서 기본수의 자릿수만큼을 추출하여 난수로 정하는 방식이다. 예를 들어, 4567을 기본수로 사용한다고 가정하면 4567을 제곱한 수의 중간에서 네 자리수를 취하여 난수로 사용하는 것이다. 다음 단계에서도 마찬가지로 그 난수를 다시 제곱한 후 난수를 산출하게 되며 이와 같은 과정을 반복하여 필요한 수 만큼의 난수를 산출하게 된다. 예를 들어 기본수가 4567인 경우에 3개의 4자리 수 난수를 구해 보면 다음과 같다.

---

1) 이상문 (1993) 제17장 참조.

$$(4567)^2 = 20\boxed{8574}89 \ ; \quad r_1 = 8574$$

$$(8574)^2 = 73\boxed{5134}76 \ ; \quad r_2 = 5134$$

$$(5134)^2 = 26\boxed{3579}56 \ ; \quad r_3 = 3579$$

(r_i: 난수)

만약 0에서 1 사이의 소수점으로 나타내는 난수를 얻고자 한다면 산출된 난수를 10,000으로 나누면 된다.

3) 중위수적법

중위수적법(mid-product method)은 중위수 제곱법과 마찬가지로 특정수를 기본수로 사용하며 그와 함께 일정한 값의 상수를 사용하는 방법이다. 여기서 난수의 산출은 기본수와 상수를 곱한 숫자의 중간에서 기본수의 자릿수만큼의 수를 취하여 난수로 삼게 된다. 예를 들어 기본수가 4567이고 상수가 123이라면 난수는 다음과 같이 산출할 수 있다.

$$123 \times 4567 = 5\boxed{6174}1 \ ; \quad r_1 = 6164$$

$$123 \times 6174 = 7\boxed{5940}2 \ ; \quad r_2 = 5940$$

$$123 \times 5940 = 7\boxed{3062}0 \ ; \quad r_3 = 3062$$

4) 역전환법

역전환법은 과거의 기록자료에 의거한 누적 확률분포로부터 난수를 산출하는 방법이다. 예를 들어 주어진 누적 확률분포함수를 F(X)라 하고 균등분포의 형태로 산출된 난수를 r이라 하면 F(X) = r의 관계로부터 F(X)의 분포에 따르는 난수의 값 X를 구할 수 있다. $X = F^{-1}(X)$이다.

지금까지 살펴본 바와 같이 난수를 산출하는 방법은 그 사용 목적이나 기술적인 측면에서 다소 차이는 있으나 기본적인 접근방법에는 거의 차이가 없다.

3. 사례: 비용편익분석을 위한 몬테칼로 시뮬레이션[2)]

불확실성 아래의 비용편익분석을 위한 몬테칼로 시뮬레이션(Monte-Carlo Simulation)은 관심 있는 무작위 확률변수의 확률분포를 모의실험을 통하여 도출함으로써 제안된 정책의 기대 순현재가치(expected NPV)의 계산을 할 수 있게 한다.

몬테칼로 시뮬레이션의 단계는 다음과 같다.

1) 순현재가치에 중요한 영향을 미치는 불확실성 요인들의 목록을 작성한다.

2) 각 요인들의 기댓값을 구한다.

3) 각 요인들의 결과 범위를 산정한다.

4) 결과 범위 안에서 가능하며 대표적인 범위들(시나리오 또는 확률변수)을 찾아낸다.

비용 시나리오들을 서술하는 방법의 예로서 다음을 생각해 볼 수 있다. 상당한 정도의 비용초과(예를 들면, 20% 이상), 중간 정도의 비용초과(10%에서 20% 사이), 기대비용(±10%), 중간 정도의 비용 과소평가(10%에서 20% 사이), 상당한 정도의 비용과소평가(20% 이상).

5) 각각의 시나리오들이 발생할 확률을 추정하기 위하여 전문가의 자문을 구하거나 또는 스스로 추정해 볼 수 있다. 예를 들면, 10~20% 범위의 비용초과가 발생할 확률은 얼마인가? 이런 추정을 통해 이산확률분포를 작성한다(<그림 16-2>). 어떤 사건(변수)의 확률이 분석에 도입된 다른 변수와 상호 의존적인 경우에는 단계 6을 참조한다.

---

2) Treasury Board of Canada Secretariat(1994) 사례의 이해를 위하여 필자가 약간 수정.

6) 각 요인의 분포로부터 하나의 값을 무작위로 선택한다. 무작위적 선택을 위한 하나의 방법은 룰렛에서처럼 회전판을 사용하는 것이다.3) 회전판의 설계는 각 요인의 상이한 결과(확률변수)들의 확률에 따라 구분된다. 회전판의 회전 결과 어떤 값이 선택된다. 다른 요인(변수)들의 확률값의 선택과정도 같은 방식으로 계속된다.

그림 16-2 비용예측 시나리오

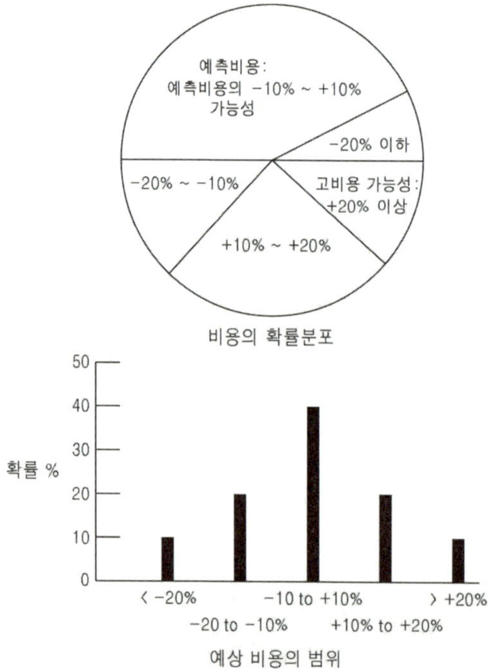

변수들 간의 상호의존성은 다른 요인에 어떤 값이 선택되느냐에 따라 특정 요인에게 상이하게 발생하는 조건확률분포에 의해 표현된다. 예를 들면, 집행비용이 매우 과소평가되었다면 다른 범주의 비용에서는 비용초과가 발생할 것임을 알 수 있다. 일단 비용과 편익에 영향을 미치는 요인들의 특수한 결합이 결정되면, 그 결합의 결과로써 생긴 순현재가치(NPV)를 계산해낼 수 있다. 이런 실험이 시뮬레이션 실행이다.

3) 무작위 수(난수, random number)의 추출방법에는 이외에도 난수표 이용, 컴퓨터 프로그램 이용 등 다양한 방법이 있다.

7) 단계 2-6을 계속해서 실시함으로써, 즉 많은 시뮬레이션 실행결과들을 만들어냄으로써 각각의 가능한 NPV가 발생할 확률을 정의하고 평가한다. 여러 차례의 실행으로부터 빈도함수 즉, 일정한 범위 내의 NPV값을 산출하는 시뮬레이션 결과들을 도출할 수 있다. 또한, 기댓값이나 분산 같은 위험척도들을 계산할 수 있다. 기대 NPV와 확률분포함수를 통해 의사결정자들은 어떤 정책의 순현재가치에 대한 점 추정치(point estimator)보다 더 유용한 정보들을 얻게 된다.

〈예제 16.1〉 비용편익분석에의 응용

단지 두 개의 상호 의존변수만을 갖고 있는 예를 생각해 보자. 비용편익분석은 제안된 정책과 아무 조치도 취하지 않을 경우(doing nothing)를 비교해서 평가한다. 아무 조치도 취하지 않았기 때문에 발생한 공장오염 때문에 1,000만 달러의 손실을 입었다고 가정하자. 제안된 정책계획은 틀림없이 이 오염과 그에 따른 비용을 제거하고자 할 것이다. 비용편익분석에 의한 정책결정을 위해서는 이 정책프로그램에 들어가는 총비용을 계산하여 아무 조치도 취하지 않았을 때 발생하는 1,000만 달러의 확실한 손실과 비교하면 된다.

환경오염에 대한 정책이 단지 두 종류의 불확실한 비용요소, 즉 집행비용(implementation costs)과 강제비용(enforcement costs)만을 가지고 있다고 가정하자. 집행비용은 4백만 달러로 가정하자. 그러나 어떤 외부환경(예를 들면, 인플레이션 압력하의 극단적 경기과열)하에서는 비용초과가 발생할 것이며, 다른 상황(경기침체)에서는 실제 비용이 추정 비용보다 작을 것이다. 안정된 경제 환경에서는 비용 추정이 정확하다고(즉, 추정평가액의 10% 범위 내) 가정한다. 외부의 불확실한 환경적 요인들은 강제비용의 추정에도 영향을 미친다. 예컨대, 호경기에는 한계기업들도 생산활동에 참여하기 때문에 오염원의 수가 많아진다. 고도성장 경제 하의 기대 강제비용은 6백만 달러이고, 나머지 다른 시기의 기대 비용은 1백만 달러이다. 그러나 이런 비용들 역시 매우 불확실하다. 전문가들은 50만 달러의 과대평가와 과소평가가 똑같이 발생할 가능성이 있으며, 그 확률은 30%라고 한다. 전문가들은 분석 기간 동안 고도 경제성장이 발생할 확률은 10%인 반면, 경기침체의 가능성은 같은 기간에 20%라고 한다. (평균

비용초과는 5백만 달러이며, 평균 과다추정은 250만 달러이다.) 단순화를 위하여 할인의 필요가 없도록 모든 비용과 편익이 한 기간 동안에 발생하였다고 가정하자.

시뮬레이션을 위한 첫째 단계는 각각의 불확실한 요소(확률 변수)들을 찾아내서 확률변수의 확률분포를 추정하는 것이다. 경제성장 시나리오와 시나리오별 집행비용 예측치 및 확률분포함수는 <그림 16-3>에 나타나 있다. <그림 16-4>는 강제비용추정치에 대한 시나리오와 시나리오별 확률분포함수를 나타내고 있다.

그림 16-3 경제성장시나리오와 집행비용의 확률분포

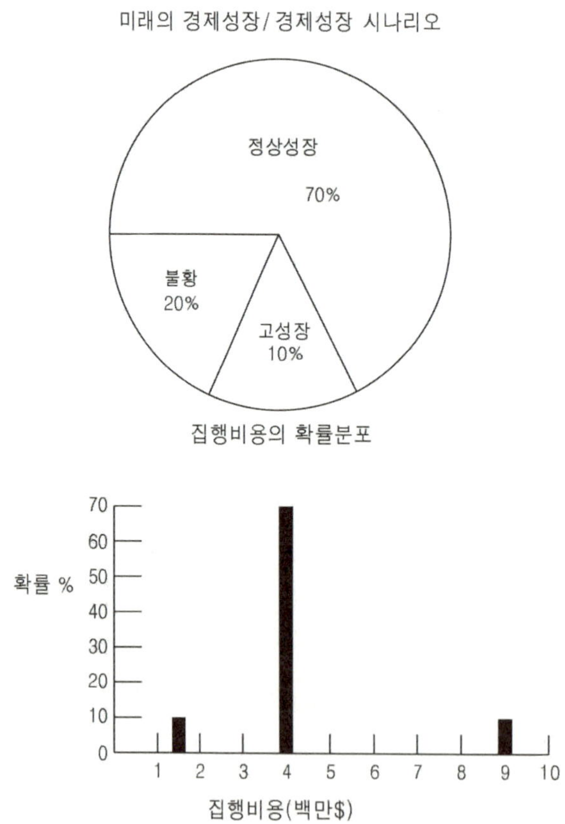

그림 16-4 강제비용 추정 시나리오와 확률분포

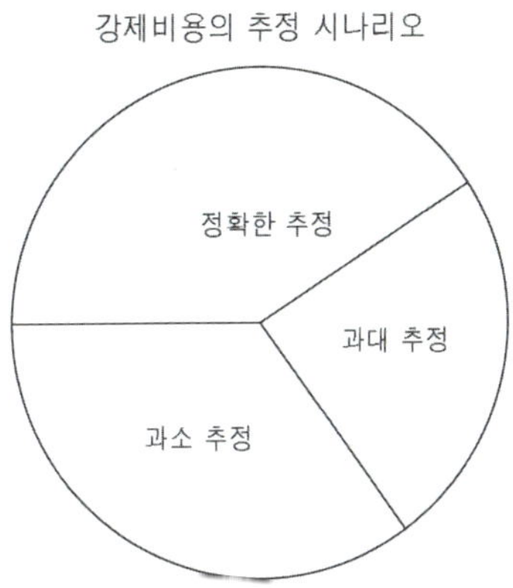

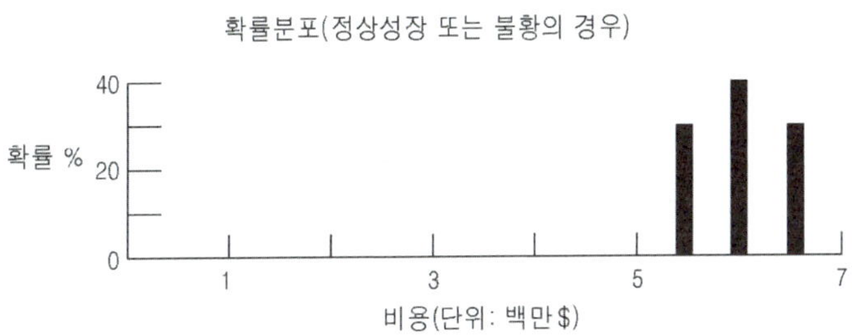

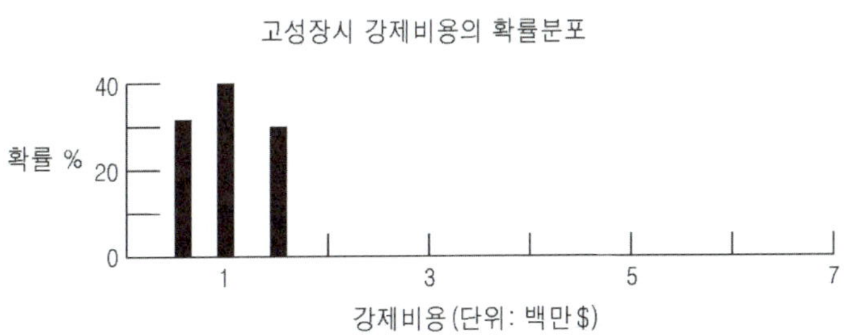

최초의 시행에서 회전판을 회전시키는 또는 적절한 컴퓨터 프로그램을 사용하는 과정은 지금이 고도 경제성장기인지의 여부를 결정할 것이다. 회전판의 회전이 정상적인 성장을 가리키는 부분에 멈춘다면, 집행비용은 예상한 대로(즉, 4백만 달러)이다. 이제 우리는 강제비용을 결정하기 위해 회전판을 사용한다. 회전판의 회전이 비용 과소평가

를 산출했다면, 즉 강제비용이 1백만 달러에서 50만 달러를 뺀 50만 달러라고 가정하자. 이 시뮬레이션 실행의 총비용은 450만 달러이다(집행비용 400만 달러와 강제비용 50만 달러가 합해진 것). 아무 조치도 취하지 않은 경우(1,000만 달러의 경제적 손실 초래)에 비해 이 프로그램의 시뮬레이션 실행은 550만 달러의 정책 순편익을 예상한다.

이처럼 회전판을 돌리고 계산하는 과정을 여러 차례 반복하고, 수많은 시뮬레이션 실행의 결과들을 도수 또는 확률분포표에 요약, 정리한다. 기댓값은 그 표에 있는 모든 비용을 각각의 빈도수(확률)로 곱해 나오는 숫자들을 합함으로써 계산된다.

참고문헌

강신택. (1981). 「사회과학 연구의 논리」. 서울: 박영사.

김명수. (2000). 「공공정책평가론」. 서울: 박영사.

김승현 외 옮김. (2001). 「사회과학방법론」. 서울: 일신사. (Donald Polkinghorne. *Methodology for the Human Sciences: Systems of Inquiry).*

김종석·김일중·이성우. (1997. 7). 「규제영향평가제도의 도입 및 활용방안」. 서울: 대한서울상공회의소.

노화준. (2002). 「정책분석론」. 서울: 박영사.

노화준. (2006). 「정책평가론」. 서울: 법문사.

노화준. (2012). 「정책학원론」. 서울: 박영사.

박병식·박종관. (2003). 「조사방법론」. 서울: 시대고시기획.

신봉호. (1999). 「미시경제학」. 서울: 박영사.

유성렬 옮김. (1994). 「전략적 사고: 예일대학식 게임이론의 발상」. 서울: 다음세대. (Avinash Dixit, and Barry Nalebuff. 1991. Thinking Strategically: The Competitive Edge in Business, Politics and Everyday Life).

이기돈 외. (2004). 「현대경영학」. 서울: 형설출판사.

이상문. (1997). 「경영과학론: MS Keyware의 활용」. 서울: 법문사.

이성우. (1995). 「정부규제의 비용편익분석기법 연구」. 서울: 한국행정연구원.

이성우. (2003). 「규제영향분석방법론의 실용적 체계화」. 서울: 한국행정연구원.

이용준. (2005). 「공공부문사업평가」. 국회예산정책처.

이준구. (1995). 「재정학」. 서울: 다산출판사.

전상경. (2005). 「정책분석의 정치경제」. 서울: 박영사.

정정길·최종원·이시원·정준금·정광호. (2011).「정책학원론」. 서울: 대명출판사.
정주택 외. (2007).「정책평가론」. 서울: 법문사.
최병선. (2004).「정부규제론」. 서울: 법문사.
한국개발연구원. (1999).「예비타당성조사 수행을 위한 일반지침 연구」.
한국개발연구원. (2003).「예비타당성조사 수행을 위한 다기준 분석방안 연구」.
홍영의 역. (1995).「게임의 이론」. 서울: 팬더북. (Morton Davis. *Game Theory)*.

Abelson, Peter. (1980). *Cost benefit analysis and environmental problems*. Hampshire, England: Gower Company Ltd.

Allison, G. T. (1971). *Essence of Decision: Explaining the Cuban Missile Crisis*. Boston: Little, Brown and Company.

Almond, Gabriel A and Stephen J. Genco. (1977). "Clouds, Clocks and the Study of Politics," *World Politics* 29: 489-522.

Andrew, Clinton J. (2007). "Rationality in Policy Decision Making" in F. Fischer, G. J. Miller and M. S. Sidney (ed.), pp. 161-171.

Arrow, Kenneth J., (1967). "Public and Private Values," in Human Values and Economic Policy, Sidney Hook (ed.). New York: New York University Press, Part Ⅰ, A: 3-21.

Arrow, Kenneth J., (1976). *Social Choice and Individual Values* (2nd ed.). New York: Wiley.

Atkinson, Michael, and William Coleman. (1992). "Policy Networks, Policy Communities and the Problems of Governance," *Governance* 5, 2: 154-80.

Axelrod, R. A. (1973). "Schema Theory: An Information Processing Model of Perception and Cognition," *American Political Science Review*.

Baldwin, G. R. & C. G. Veljannovski. (1984). "Regulation By Cost-Benefit Analysis," *Public Administration* Vol. 62.

Bardach, Eugene. (1981). "Problems of Problem Definition in Policy Analysis," in John P. Crecine (ed.), *Research in Public Policy Analysis and Management* Vol.1: 161-171.

Bardach, Eugene. (2000). *Practical Guide for Policy Analysis*. New York: Chatham House Publishers.

Barett, William. (1978). *The Illusion of Technique*. N.Y.: Doubleday/Anchor.

Bator, F. M., (1957). "The Simple Analytics of Welfare Maximization," *American Economic Review* 47 (Mar.): 52-59.

Baumol, William J. (1965). *Welfare Economics and the Theory of the State (2nd ed.)*. Cambridge: Harvard University Press.

Baumol, W. J. (1961). *Economic Theory and Operation Analysis.* Englewood Cliffs, N.J.: Prentice-Hall.

Baybrooke, D. and C. E. Lindblom. (1963). *A Strategy of Decision*. New York: Free Press.

Becker, G. and Tomes N. (1986). "Human Capital and the Rise and Fall of Families," *The Journal of Labour Economics* 4, No.3: S1-S39.

Bennett, J. L. (1983). *Building Decision Support Systems*. Reading, Mass.: Addison-Wesley.

Beer, S. (1984). "The Visible System Model: Its Provenance, Development, Methodology, and Pathology," *Journal of the Operational Research Society* 35: 7-26.

Bell, Daniel, (1975 April), "The Revolution of Rising Entitlements," *Fortune*.

Berlinsky, D. (1972). *On Systems Analysis*. Cambridge, Mass.: MIT Press.

Bhaskar, R. (1975). *A Realist Theory of Science*. Leeds, England: Leed Books.

Bhat, U. N. (1984). *Elements of Applied Stochastic Processes* (2nd ed.). New York: John Wiley & Sons.

Blaikie Norman. (2000). *Designing Social Research: The Logic of Anticipation*. Maiden, M.A: Blackwell Publishers Inc.

Bobrow, Davis and John Dryzek. (1987). *Policy Analysis by Design.* University of Pittsburgh Press, Pittsburgh.

Boulding, K. (1961). *The Image*. Ann Arbor: Ann Arbor Paperbacks, 1961.

Bracken, Paul, (1977, September). "Unintended Consequences of Strategic

Gaming," *Simulation & Games*.

Brewer, Garry D. and Peter deLeon. (1983). *The Foundations of Policy Analysis*. Chicago: The Dorsey Press.

Bronowski, Jacob. (1973). *The Ascent of Man*. Boston: Little, Brown.

Brunner, Ronald D. (1997). "Introduction to the Policy Sciences," *Policy Science* Vol. 30, o. 4.

Buchanan, J. M., and G. Tullock. (1962). *The Calculus of Consent*. Ann Arbor: University of Michigan Press.

Buchanan, Leigh. (2006 Spring). "A Brief History of Decision Making," *Harvard Business Review*.

Buckley, Walter. (1967). *Sociology and Modern Systems Theory*. Englewood Cliffs, N.J.: Prentice-Hall.

Cavaleri, Steven and K. Obloj. (1993). *Management Systems: A Global Perspective*. Belmont, Calif: Wadsworth Publishing Company.

Churchman. C.W. (1948). *Theory of experimental inference*. Macmillian.

Clark, A. B. and R. L. Disney. (1970). *Probability and Random Processes for Engineers and Scientists*. New York: John Wiley & Sons.

Cobb, Roger W., & C. D. Elder.(1983). *Participation in American Politics: The Dynamics of Agenda-Building* (2nd ed.). Baltimore: The Johns Hopkins University Press.

Cobb, Roger W., J.K. Ross, and M.H. Ross. (1976). "Agenda Building as a Comparative Political Process," *American Political Science Review* 70, 1: 126-38.

Cobb and Marc Howard Ross (eds.). (1997). *Cultural Strategies of Agenda Denial: Avoidance, Attack and Redefinition*. Lawrence: University Press of Kansas.

Cohen, M., J. March, and J. Olsen. (1972). "A Garbage Can Model of Organizational Choice," *Administrative Science Quarterly* 17, 1: 1-25.

Cohen, M. R., and E. Nigel. (1934). *An introduction to logic and scientific method.*

Harcourt.

Collingwood, R.G. (1940). *An Essay on Metaphysics*. Oxford, England: Clarendon Press.

Collins Cobuild. (2001). *English Dictionary for Advanced Learners.*

Considine, M, (1994). *Public Policy: A Critical Approach*. South Melbourne: Macmillan

Consulting and Audit Canada, Treasury Board Secretariat. (1995 May). "Benefit-Cost Analysis Guide for Regulatory Programs," Regulatory Affairs Series. Number 3.

Cooke, R. M. (1991). *Experts in Uncertainty: Opinion and Subjective Probability in Science*. Oxford: Oxford University Press.

Cook, Thomas D. & Donald T. Campell. (1979). *Quasi-Experimentation: Design & Analysis Issues for Field Setting*. Chicago: Rand McNally Publishing Co.

Crocker, Thomas D. (1975), "Cost-Benefit Analysis of Cost-Benefit Analysis" in H. M. Peskin and E. P. Seskin (eds.) *Cost Benefit Analysis and Water Pollution.* Washington, D.C.: The Urban Institution.

Cuff, E. C. and G.C.F. Payne (eds). (1979). *Perspectives in Sociology.* London: Allen & Unwin.

Cyert, R. M. and James G. March. (1963). *A Behavioral Theory of the Firm*. N.Y.: Prentice Hall.

Daugbjerg, Carsten, and David March. (1998). "Explaining Policy Outcomes: Integrating the Policy Network Approach with Macro-Level and Micro-Level Analysis," in March, (ed.) *Comparing Policy Networks*. Buckingham: Open University Press. 52-71

Davis, M. D. (1970). *Game theory, A Nontechnical Introduction.* New York: Basic Books.

Davis, 0. A. and A. B. Whinston. (1965 Jan). "Welfare Economics and the Theory of Second Best," *Review of Economic Studies* 32: 1-14.

DeLeon, Peter. (1992). "Policy Formulation: Where Ignorant Armies Clash By Night," *Policy Studies Review* 111, 3/4: 389-405.

Deutsch, Karl W. (1966). *The Nerves of Government*. New York: Free Press.

Dewey, John. (1948). *Reconstruction in Philosophy.* Boston: Beacon Press.

Dixit, Avinash and Barry Nalebuff. (1993). *Thinking Strategically: The Competitive Edge in Business, Politics, and Everyday Life*. New York: W.W. Norton & Company.

Doron, Gideon. (1986). "A Comment: Telling the Big Stories - Policy Responses to Analytical Complexity," *Journal of Policy Analysis and Management* Vol. 5 No. 4: 798-802.

Downs, Anthony. (1972). "Up and Down with Ecology-the Issue-Attention Cycle," *The Public Interest* 28: 38-50.

Drissen, T. (1988). *Cooperative Games, Solutions, and Applications.* Norwell, Mass.: Kluwer Academic Press.

Dunn, William. (1981). *Public Policy Analysis.* Englewood Cliffs, N.J.: Prentice - Hall Inc.

Duverger, Maurice. (1970). *The Idea of Politics.* Chicago: Henry Regnery.

Dye, Thomas R. (1978). "Politics Versus Economics: The Development of the Literature on Policy Determination," *Public Studies Journal* 7: 652-62.

Dye, Thomas R. (2005). *Understanding Public Policy* (11th ed.). Englewood Cliffs, N.J.: Prentice-Hall, Inc.

Easton, David. (1964). *A Systems Analysis of Political Life*. New York: John Wiley $ Sons.

Easton, David. (1965). *A Framework for Political Analysis*. Englewood Cliffs, N.J.: Prentice - Hall Inc.

Edwards, G. C. Jr, M. P. Wattenberg and R. L. Lineberry. (2006). *Government in America: People, Politics, and Policy*. N.Y.: Pearson.

Ethier, S. N. (1986). *Markov Processes.* New York: John Wiley & Sons.

Erickson, John, (1975). *The Road to Stalingrad.* London: Weidenfeld and

Nicholson.

Evans, James R. and Olson D. L. (2002). *Introduction to Simulation and Risk Analysis.* New Jersey: Prentice-Hall.

Etzioni, Amitai. (1967). "Mixed-Scanning: A 'Third' Approach to Decision-Making", *Public Administration Review* 27: 385-92.

Fischer, F. G. J. Miller and M. S. Sidney (ed.). (2007). *Handbook of Public Policy Analysis: Theory, Politics, and Methods*. Boca Raton:CRC Press

Forester, John. (1984). "Bounded Rationality and the Politics of Muddling Through," *Public Administration Review* 44: 23-30.

GAO. (1989). *Regulatory Review: Information on OMB's Review Process*. Fact Sheet for the Chairman of the Committee on Government Operation. House of Representative.

Gasking, D. (1959). "Causation and Recipes," *Mind* Vol. 64.

Gill, John and Phil Johnson. (1997). *Research Methods for Managers.* London: Paul Chapman Publishing Ltd.

Goff. Brian. (1996). *Regulation and Macroeconomic Performance.* Boston: Kluwer Academic Publishers.

Goldblum, Naomi. (2001). *The Brain-Shaped Mind.* New York: Cambridge University Press.

Goldstein, Martin and Inge F. Goldstein. (1978). *How We Know: An Exploration of the Scientific Process.* New York: Plenum Press.

Good, I. J. (1964). "Measurements of Decisions," in *New Perspectives in Organization Research* by W. W. Cooper, H. J. Leavitt and M. W. Shelly II (ed.). New York: John Wiley & Sons, Inc.

Governor's Office of Regulatory Reform. (1996). *Cost-Benefit Handbook: A Guide for New York State's Regulatory Agencies.*

Gramlich, Edward. (1981). *Benefit-Cost Analysis of Government Programs.* Englewood Cliffs, New Jersey: Prentice-Hall Inc.

Habermas, J. (1979). *Communication and the Evolution of Society.* Boston:

Beacon Press.

Hall, Peter A. (1993). "Policy Paradigms, Social Learning and the State: The Case of Economic Policy Making in Britain," *Comparative Politics* 25, 3: 275-96

Hanke, S. H. and R. A. Walker. (1977). "Benefit-Cost Analysis Reconsidered: An Evaluation of the Mid-State Project." in R. H. Haveman and L. Margolis. (1977). *Public Expenditure and Policy Analysis*. Chicago: Rand McNally College Publishing Company, pp. 329-354.

Harrison, Lisa. (2001). *Political Research: An Introduction.* London and New York: Routledge.

Haveman, R. H. and L. Margolis. (1977). *Public Expenditure and Policy Analysis.* Chicago: Rand McNally College Publishing Company.

Heclo, Hugh. (1978). "Issue Networks and the Executive Establishment," in A. King (ed.). *The New American Political System.* Washington: American Enterprise Institute for Public Policy Research, 87-124.

Heinz, John P., et al. (1993). *The Hollow Core: Private Interests in National Policy Making. Cambridge.* Mass: Harvard University Press.

Helling, Amy, Michael Matichich and David Sawicki. (1982 June). "The No-Action Alternative: A Tool for Comprehensive Planning and Policy Analysis," *Environment Impact Assessment Review* Vol. 2, No. 2.

Henderson, James Mitchell, and Richard E. Quandt. (1971). *Microeconomic Theory: A Mathematical Approach* (2nd ed.). New York: McGraw-Hill.

Henry, Nicholas. (1989). *Public Administration and Public Affairs*. 4th ed. Englewood Cliffs, New Jersey: Prentice-Hall Inc.

Hernandez-Lerma,0. (1988). *Adaptive Markov Processes.* New York: Spring-Verlag.

Hickman, Bert G. (1972). "Introduction and Summary," in Hickman (ed.) *Econometric Models of Cyclical Behavior*. N.Y.: NBER.

Hood, Christopher. (1986). *The Tools of Government.* Chatham, N.J.: Chatham

House.

Howlett, Michael and M. Ramesh. (2003). *Studying Public Policy: Policy Cycles and Policy Subsystems* (2nd ed.). Oxford University Press.

Hume, David. (1739). *Treatise of Human Nature*.

Jantch, E. (1975). *Design for Evolution*. New York: Braziller.

Jordan, A. Grant. (1981). "Iron Triangles. Woolly Corporatism and Elastic Nets: Images of the Policy Process," *Journal of Public Policy* 1,1: 95-123.

Kaplan, Abraham. (1964). *The Conduct of Inquiry*. San Francisco: Chandler.

Kaufman, Herbert. (1976). *Are Government Organizations Immortal?* Washington D.C.: The Brookings Institution.

Kingdon, John W. (1984, 1995). *Agendas, Alternatives and Public Policies*. Boston: HarperCollins.

Kleindorfer P. R., H. C. Kunreuther, and P. J. H. Schoemaker. (1993). *Decision Sciences: An Integrative Perspective*. New York: Cambridge University Press.

Knight, Jack. (1998). *Institutions and Social Conflict*. New York: Cambridge University Press.

Knoke, David. (1993). "Networks as Political Glue: Explaining Public Policy-Making," in W.J. Wilson (ed.). *Sociology and the Public Agenda*. London: Sage, 164-84.

Kolb, Jeffrey A. and Joel D. Scheraga. (1990). "Discounting the Benefits and Costs of Environmental Regulations," *Journal of Policy Analysis and Management*. Vol. 9 No. 3: 381-390.

van Kooten, G. Cornelis, and Bulte, E. H. (2000). *The Economics of Nature*. Malden, M.A.: Blackwell Publishers.

Kuhn, T. S. (1970). *The Structure of Scientific Revolutions* (2nd ed.). Chicago, Ill.: Chicago University Press.

Lasswell, Harold D. (1951). "The Policy Orientation," in Daniel Lerner and Harold D. Lasswell (eds). *The Policy Science*. Stanford, Calif.: Stanford

University Press.

Lasswell, Harold D. (1958). *Politics: Who Gets What, When, and How*. New York: Meridian.

Lasswell, Harold D. (1960). *Psychopathology and Politics.* New York: Viking Press.

Lasswell, Harold D. (1971). *A Pre-view of Policy Sciences.* New York: American Elsevier.

Lasswell, H. D. and A Kaplan, (1950). *Power and Society.* New Haven: Yale University Press.

Lave, Lester B. (1992. 11/12). "Risky Business: Thinking About the Benefits and Costs of Government Regulation," in *The American Enterprise.*

Lee, S. M. and Shim, J. p. (1990). *Micro Management Science: Microcomputer Applications* (2nd ed.). Needham Heights, Mass.: Allyn and Bacon.

Lee, S. M., Moore, L. J., and Taylor, B. W. (1990). *Management Science* (3rd ed.). Needham Heights, Mass.: Allyn and Bacon.

Leibenstein, Harvey. (1966 June). "Allocative Efficiency vs. X-efficiency," *American Economic Review.*

Lindblom, Charles. (1959). "The Science of Muddling Through," *Public Administration Review* 19: 79-88.

Lindquist, Enert A. (1992). "Public Managers and Policy Communities: Learning to Meet New Challenges," *Canadian Public Administration* 35, 2: 127-59.

Lipsey, R. G. and R. K. Lancaster. (1956-l957). "The General Theory of Second Best," *Review of Economic Studies.* 24 (1): 11-33.

Lowi, Theodore J. (1964). "American Business, Public Policy, Case Studies and Political Theory," *World Politics.* Vol. 16: 689.

Luce, R. D., and Raiffa H. (1957). *Games and Decisions*, New York: John Wiley & Sons.

Lutter, Randall and John F. Morrall III. (1993. 7). "Health-Health Analysis: A New Way to Evaluate Health and Safety Regulation," *The Journal of Risk and Uncertainty.*

Majone, Giandomenico. (1975). "On the Nation of Political Feasibility," *European Journal of Political Research* 3: 259-74.

Majone, G. (1989), *Evidence, Argument and Persuasion in the Policy Process.* Yale University Press, New Haven.

March, James G. (1994). *A Primer on Decision-Making: How Decisions Happen.* New York. Free Press.

March, J. G. and H. A. Simon. (1958). *Organizations.* New York: John Wiley & Sons.

Marin, Bernd, and Renate Mayntz (eds.). (1991). *Policy Networks: Empirical Evidence and Theoretical Considerations.* Boulder, Colo: Westview Press.

May, Peter J. (1991). "Reconsidering Policy Design: Policies and Publics," *Journal of Public Policy* 11: 187-2006.

Milward, H. Brinton, and Gary L. Walmsley. (1984). "Policy Subsystems, Networks and the Tools of Public Management," in Robert Eyestone (ed.). *Public Policy Formation.* Greenwich, Conn.: JAL Press, 3-25.

Marshall, Kneale T. and R. M. Oliver. (1995). *Decision Making and Forecasting: With Emphasis on Model Building and Policy Analysis.* N.Y.: McGraw-Hill Inc.

Mautner, Thomas. ed. (2000). *The Penguin Dictionary of Philosophy.* London: Penguin.

McAllister, Donald M. (1980). *Evaluation in Environmental Planning: Assessing Environmental, Social, Economic and Political Tradeoffs.* Cambridge, M.A.: MIT Press.

Merton, R. K. (1968). *Social Theory and Social Structure.* Glencoe, Ill.: Free Press.

Mohr, Lawrence B. (1969 March). "Determinants of Innovation in Organizations," *American Political Science Review.*

Mishan, E. J.. (1969 Oct). "Second Thoughts on Second Best," *Oxford Economic*

Papers (New Series) 14: 205-217.

Mucciaroni, Gary. (1992). "The Garbage Can Model and the Study of Policy Making: A Ctitique," *Polity* 24, 3: 460-82.

Murray, Williamson, MacGregor Knox, and Alvin Bernstein (eds.). (1994). *The Making of Strategy - rulers, states, and war -*. Cambridge: Cambridge University Press.

Von Neumann, J. and O. Morgenstern. (1944). *Theory of Games and Economic Behavior*. Princeton, N.J.: Princeton University Press.

Newton, Trevor. (1972). *Cost-Benefit Analysis in Administration.* London: George Allen & Unwin Ltd.

Novick, David, (1954, November). "Mathematics: Logic, Quantity, and Method," *Review of Economics and Statistics.*

Nozick, Robert.(1993). *The Nature of Rationality.* N.J.: Princeton University Press.

Olsen, J. P. (ed.). (1976). *Ambiguity and Choice in Organization.* Bergen, Norway: Universitetsforlaget.

O'Shea, Robert P. (2002). *Writing for Psychology* (4th. ed.). Australia: Thompson.

Owen, G. (1982). *Game Theory* (2nd ed.). New York: Academic press.

Patton, Carl V. and David S. Sawicki, (1993). *Basic Methods of Policy Analysis and Planning.* Englewood Cliffs, N.J.: Prentice-Hall.

Pinker, Stephen. (2002). *How the Mind Works.* Penguin Books.

Popper, Karl R. (1998). *The Open Universe: An Argument for Indeterminism.* London and New York: Routledge.

Quade, E. S. and W. I. Boucher (eds). (1968). *Systems Analysis and Policy Planning.* New York: American Elsevier.

Raiffa, Howard, (1968). *Decision Analysis: Introductory Lectures on Choices under Uncertainty.* Reading, Mass.: Addison-Wesley.

Rapoport, Anatol. (1966). *Two-person Game Theory.* Ann Arbor, Mich.: University of Michigan Press.

Rawls, John. (1971). *A Theory of Justice*. Cambridge, Mass.: Harvard University

Press.

Rhodes, R.A.W. (1997). *Understanding Governance: Policy Networks, Governance, Reflexivity, and Accountability*. Buckingham: Open University Press.

Ryu Yoshiaki and Sasaki Ryo. (2000). 「政策評價の 理論と技法」. 多賀出版.

Sabatier, Pual. (1988). "An Advocacy Coalition Framework of Policy Change and the Role of Policy-Oriented Learning Therein," *Policy Sciences* 21, 2/3: 129-68.

Schon, Donald. (1967). *Technology and Change*. New York: Dell.

Schofield, J. (1987). *Cost-Benefit Analysis In Urban & Regional Planning*. London: Unwin Hyman.

Selltiz, C. et al. (1967). *Research Methods in Social Relations*. New York: Holt, Rinehart and Winston.

Selltiz, C., M. Jahoda, M. Deutsch and S.W. Cook. (1981). *Research Methods in Social Relations* (4th ed.). New York: Holt, Rinehart and Winston.

Shubik, M. (1957). *The Uses and Methods of Game Theory*. New York: American Elsevier.

Simon, H. A. (1995). "A Behavioral Model of Rational Choice," *Quarterly Journal of Economics* 69, 1: 99-118.

Simon, H. A. (1957). *Administrative Behavior*. New York: Free Press.

Simon, H. A. (1960). *The New Science of Management Decision*. New York: Harper and Bros.

Simon, H. A. (1965). "The Architecture of Complexity," *General Systems Yearbook* vol.10.

Simon, H. A. (1978). "On How to Decide What to Do," *Bell Journal of Economics* 9.

Siu, R. G. H. (1979). *The Craft of Power*. New York: John Wiley & Sons.

Smith, Gilbert, and David May. (1980). "The Artificial Debate between Rationalist and Incrementalist Models of Decision-Making," *Policy and Politics* 8:

147-61.

Smith, Nicholas M. (1956, April). "A Calculus of Ethics: A Theory of the Structure of Value," *Behavioral Science*.

Sproull, Natalie L. (1995). *Handbook of Research Methods: A Guide for Practitioners and Students in the Social Sciences*.

Steinbruner, John D. (1974). *The Cybernetic Theory of Decision.* Princeton, N. J.: Princeton University Press.

Stokey, E. and R. Zeckhauser. (1978). *A Primer for Policy Analysis*. New York: W. W. Norton & Company.

Stone, Deborah A. (1998). *Policy Paradox and Political Reason*. Glenview, Ill.: Scott, Foresman.

Stone, Deborah A. (2002). *Policy Paradox: The Art of Political Decision Making*. New York: W.W. Norton & Company.

Strauch, Ralph. (1975. 6). "'Squishy' Problems and Quantitative Methods," *Policy Sciences*.

Suppe, P. (1970). *A Probabilistic Theory of Causality*. Amsterdam: North Holland.

Teisman, Geert R. (2000). "Models for Research into Decision-Making Processes: On Phases, Streams and Decision-Making Rounds," *Public Administration* 78, 4: 937-56.

Thompson, J. D. (1964). "Decision-Making, The Firm, and the Market," in *New Perspectives in Organization Research.* ed. by W. W. Cooper, H. J. Leavitt and M. W. Shelly II. New York: John Wiley & Sons, Inc.

Thompson, J. D. and W. J. McEwen. (1958). "Organizational Goals and Environment: Goal Setting as an Interaction Process," *American Sociological Review* 23.

Thompson, J. D. and A. Tuden. (1959). "Strategies, Structures and Processes of Organizational Decision," in J. D. Thompson et al. (eds). *Comparative Studies in Administration.* Pittsburgh: University of Pittsburgh Press.

Treasury Board of Canada Secretariat. (1994.5). *Technical Guide to Regulatory*

Impact Analysis.

Turner, J. H. (1991). *The Structure of Sociological Theory* (5th ed.). Belmont, C.A.: Wadsworth.

Vickers, Geoffrey. (1968). *Value Systems and Social Process.* New York: Basic Books.

Victorio, Andres G. (1995). *Applied Models in Public Policy.* Wellington, N.Z.: Victoria University of Wellington.

Viscusi, W. Kip. (1997). "Improving the Analytical Basis for Regulatory Decision-Making," in OECD, PUMA. pp. 195-208.

Waters, M. (1994). *Modern Sociological Theory.* London: Sage.

Weimer, D. L. and Aidan. R. Vining. (1999). *Policy Analysis: Concepts and Practice* (3rd. ed.). N.J.: Prentice-Hall, Inc.

Weiner, Nobert. (1961). *Cybernetics*. Cambridge, Mass.:MIT Press.

Weiss, Carol H. (1980). "Knowledge Creep and Decision Accretion", *Knowledge: Creation, Diffusion, Utilization* Vol 1, 3: 381-404.

Wilensky, Harold L.(1967). *Organizational Intelligence.* N.Y.: Basic Books.

Wilson, James Q. (1980). *American Government: Institutions and Politics.* Lexington, Mass.: D.C. Heath and Co.

Willer, D. (1967). *Scientific Method: Theory and Method.* Englewood Cliffs, N.J.: Prentice- Hall, Inc.

Winter, Gibson. (1969). *Toward a Comprehensive Science of Theory.* Cambridge, Mass.: Harvard University Houghton Lecture.

Wolf Jr., Charles. (1979 April). "A Theory of Nonmarket Failure: Framework for Implementation Analysis," *The Journal of Law and Economics*.

Wolf, Amanda. (1999). "Building Advice: The Craft of the Policy Professional," *Working Paper* No. 7. http://www.ssc.govt.nz/display/document.asp?

Zerbe, Richard O. Jr. (1991). "Comment: Does Benefit Cost Analysis Stand Alone? Rights and Standing," *Journal of Policy Analysis and Management* Vol. 10, No. 1: 96-105.

부 록

[부록] 불연속 복리표: i=3/4%

n	Single payment		Uniform series				Gradient series	
	Compound amount factor	Present worth factor	Compound amount factor	Sinking fund factor	Present worth factor	Capital recovery factor	Uniform series factor	Present worth factor
	To find F given P $F \mid P\ i, n$	To find P given F $P \mid F\ i, n$	To find F given A $F \mid A\ i, n$	To find A given F $A \mid F\ i, n$	To find P given A $P \mid A\ i, n$	To find A given P $A \mid P\ i, n$	To find A given G $A \mid G\ i, n$	To find P given G $P \mid G\ i, n$
1	1.0075	0.9926	1.0000	1.0000	0.9926	1.0075	0.0000	0.0000
2	1.0151	0.9852	2.0075	0.4981	1.9777	0.5056	0.4981	0.9852
3	1.0227	0.9778	3.0226	0.3308	2.9556	0.3383	0.9950	2.9408
4	1.0303	0.9706	4.0452	0.2472	3.9261	0.2547	1.4907	5.8525
5	1.0381	0.9633	5.0756	0.1970	4.8894	0.2045	1.9851	9.7058
6	1.0459	0.9562	6.1136	0.1636	5.8456	0.1711	2.4782	14.4866
7	1.0537	0.9490	7.1595	0.1397	6.7946	0.1472	2.9701	20.1808
8	1.0616	0.9420	8.2132	0.1218	7.7366	0.1293	3.4608	26.7747
9	1.0696	0.9350	9.2748	0.1078	8.6716	0.1153	3.9502	34.2544
10	1.0776	0.9280	10.3443	0.0967	9.5996	0.1042	4.4384	42.6064
11	1.0857	0.9211	11.4219	0.0876	10.5207	0.0951	4.9253	51.8174
12	1.0938	0.9142	12.5076	0.0800	11.4349	0.0875	5.4110	61.8740
13	1.1020	0.9074	13.6014	0.0735	12.3423	0.0810	5.8954	72.7632
14	1.1103	0.9007	14.7034	0.0680	13.2430	0.0755	6.3786	84.4720
15	1.1186	0.8940	15.8137	0.0632	14.1370	0.0707	6.8606	96.9876
16	1.1270	0.8873	16.9323	0.0591	15.0243	0.0666	7.3413	110.2973
17	1.1354	0.8807	18.0593	0.0554	15.9050	0.0629	7.8207	124.3887
18	1.1440	0.8742	19.1947	0.0521	16.7792	0.0596	8.2989	139.2494
19	1.1525	0.8676	20.3387	0.0492	17.6468	0.0567	8.7759	154.8671
20	1.1612	0.8612	21.4912	0.0465	18.5080	0.0540	9.2516	171.2297
21	1.1699	0.8548	22.6524	0.0441	19.3628	0.0516	9.7261	188.3253
22	1.1787	0.8484	23.8223	0.0420	20.2112	0.0495	10.1994	206.1420
23	1.1875	0.8421	25.0010	0.0400	21.0533	0.0475	10.6714	224.6682
24	1.1964	0.8358	26.1885	0.0382	21.8891	0.0457	11.1422	243.8923
25	1.2054	0.8296	27.3849	0.0365	22.7188	0.0440	11.6117	263.8029
26	1.2144	0.8234	28.5903	0.0350	23.5422	0.0425	12.0800	284.3888
27	1.2235	0.8173	29.8047	0.0336	24.3595	0.0411	12.5470	305.6387
28	1.2327	0.8112	31.0282	0.0322	25.1707	0.0397	13.0128	327.5416
29	1.2420	0.8052	32.2609	0.0310	25.9759	0.0385	13.4774	350.0867
30	1.2513	0.7992	33.5029	0.0298	26.7751	0.0373	13.9407	373.2631
31	1.2607	0.7932	34.7542	0.0288	27.5683	0.0363	14.4028	397.0602
32	1.2701	0.7873	36.0148	0.0278	28.3557	0.0353	14.8636	421.4675
33	1.2796	0.7815	37.2849	0.0268	29.1371	0.0343	15.3232	446.4746
34	1.2892	0.7757	38.5646	0.0259	29.9128	0.0334	15.7816	472.0712
35	1.2989	0.7699	39.8538	0.0251	30.6827	0.0326	16.2387	498.2471
40	1.3483	0.7416	46.4465	0.0215	34.4469	0.0290	18.5058	637.4693
45	1.3997	0.7145	53.2901	0.0188	38.0732	0.0263	20.7421	789.7173
50	1.4530	0.6883	60.3943	0.0166	41.5664	0.0241	22.9476	953.8486
55	1.5083	0.6630	67.7688	0.0148	44.9316	0.0223	25.1223	1128.7869
60	1.5657	0.6387	75.4241	0.0133	48.1734	0.0208	27.2665	1313.5189
65	1.6253	0.6153	83.3709	0.0120	51.2963	0.0195	29.3801	1507.0910
70	1.6872	0.5927	91.6201	0.0109	54.3046	0.0184	31.4634	1708.6065
75	1.7514	0.5710	100.1833	0.0100	57.2027	0.0175	33.5163	1917.2225
80	1.8180	0.5500	109.0725	0.0092	59.9944	0.0167	35.5391	2132.1472
85	1.8873	0.5299	118.3001	0.0085	62.6838	0.0160	37.5318	2352.6375
90	1.9591	0.5104	127.8790	0.0078	65.2746	0.0153	39.4946	2577.9961
95	2.0337	0.4917	137.8225	0.0073	67.7704	0.0148	41.4277	2807.5694
100	2.1111	0.4737	148.1445	0.0068	70.1746	0.0143	43.3311	3040.7453

[부록] 불연속 복리표: $i=1\%$

n	Single payment		Uniform series				Gradient series	
	Compound amount factor	Present worth factor	Compound amount factor	Sinking fund factor	Present worth factor	Capital recovery factor	Uniform series factor	Present worth factor
	To find F given P $F\mid P\ i, n$	To find P given F $P\mid F\ i, n$	To find F given A $F\mid A\ i, n$	To find A given F $A\mid F\ i, n$	To find P given A $P\mid A\ i, n$	To find A given P $A\mid P\ i, n$	To find A given G $A\mid G\ i, n$	To find P given G $P\mid G\ i, n$
1	1.0100	0.9901	1.0000	1.0000	0.9901	1.0100	0.0000	0.0000
2	1.0201	0.9803	2.0100	0.4975	1.9704	0.5075	0.4975	0.9803
3	1.0303	0.9706	3.0301	0.3300	2.9410	0.3400	0.9934	2.9215
4	1.0406	0.9610	4.0604	0.2463	3.9020	0.2563	1.4876	5.8044
5	1.0510	0.9515	5.1010	0.1960	4.8534	0.2060	1.9801	9.6103
6	1.0615	0.9420	6.1520	0.1625	5.7955	0.1725	2.4710	14.3205
7	1.0721	0.9327	7.2135	0.1386	6.7282	0.1486	2.9602	19.9168
8	1.0829	0.9235	8.2857	0.1207	7.6517	0.1307	3.4478	26.3812
9	1.0937	0.9143	9.3685	0.1067	8.5660	0.1167	3.9667	33.6959
10	1.1046	0.9053	10.4622	0.0956	9.4713	0.1056	4.4179	41.8435
11	1.1157	0.8963	11.5668	0.0865	10.3676	0.0965	4.9005	50.8067
12	1.1268	0.8874	12.6825	0.0788	11.2551	0.0888	5.3815	60.5687
13	1.1381	0.8787	13.8093	0.0724	12.1337	0.0824	5.8607	71.1126
14	1.1495	0.8700	14.9474	0.0669	13.0037	0.0769	6.3384	82.4221
15	1.1610	0.8613	16.0969	0.0621	13.8651	0.0721	6.8143	94.4810
16	1.1726	0.8528	17.2579	0.0579	14.7179	0.0679	7.2886	107.2734
17	1.1843	0.8444	18.4304	0.0543	15.5623	0.0643	7.7613	120.7834
18	1.1961	0.8360	19.6147	0.0510	16.3983	0.0610	8.2323	134.9957
19	1.2081	0.8277	20.8109	1.0481	17.2260	0.0581	8.7017	149.8950
20	1.2202	0.8195	22.0190	0.0454	18.0456	0.0554	9.1694	165.4664
21	1.2324	0.8114	23.2392	0.0430	18.8570	0.0530	9.6354	181.6950
22	1.2447	0.8034	24.4716	0.0409	19.6604	0.0509	10.0998	198.5663
23	1.2572	0.7954	25.7163	0.0389	20.4558	0.0489	10.5626	216.0660
24	1.2697	0.7876	26.9735	0.0371	21.2434	0.0471	11.0237	234.1800
25	1.2824	0.7798	28.2432	0.0354	22.0232	0.0454	11.4831	252.8945
26	1.2953	0.7720	29.5256	0.0339	22.7952	0.0439	11.9409	272.1957
27	1.3082	0.7644	30.8209	0.0324	23.5596	0.0424	12.3971	292.0702
28	1.3213	0.7568	32.1291	0.0311	24.3164	0.0411	12.8516	312.5047
29	1.3345	0.7493	33.4504	0.0299	25.0658	0.0399	13.3044	333.4863
30	1.3478	0.7419	34.7849	0.0287	25.8077	0.0387	13.7557	355.0021
31	1.3613	0.7346	36.1327	0.0277	26.5423	0.0377	14.2052	377.0394
32	1.3749	0.7273	37.4941	0.0267	27.2696	0.0367	14.6532	399.5858
33	1.3887	0.7201	38.8690	0.0257	27.9897	0.0357	15.0995	422.6291
34	1.4026	0.7130	40.2577	0.0248	28.7027	0.0348	15.5441	446.1572
35	1.4166	0.7059	41.6603	0.0240	29.4086	0.0340	15.9871	470.1583
40	1.4889	0.6717	48.8864	0.0205	32.8347	0.0305	18.1776	596.8561
45	1.5648	0.6391	56.4811	0.0177	36.0945	0.0277	20.3273	733.7037
50	1.6446	0.6080	64.4632	0.0155	39.1961	0.0255	22.4363	879.4176
55	1.7285	0.5785	72.8525	0.0137	42.1472	0.0237	24.5049	1032.8148
60	1.8167	0.5504	81.6697	0.0122	44.9550	0.0222	26.5333	1192.8061
65	1.9034	0.5237	90.9366	0.0110	47.6266	0.0210	28.5217	1358.3903
70	2.0068	0.4983	100.6763	0.0099	50.1685	0.0199	30.4703	1528.6474
75	2.1091	0.4741	110.9128	0.0090	52.5871	0.0190	32.3793	1702.7340
80	2.2167	0.4511	121.6715	0.0082	54.8882	0.0182	34.2492	1879.8771
85	2.3298	0.4292	132.9790	0.0075	57.0777	0.0175	36.0801	2059.3701
90	2.4480	0.4084	144.8633	0.0069	59.1609	0.0169	37.8724	2240.5675
95	2.5735	0.3886	157.3538	0.0064	61.1430	0.0164	39.6265	2422.8811
100	2.7048	0.3697	170.4814	0.0059	63.0289	0.0159	41.3426	2605.7758

[부록] 불연속 복리표: $i=3/2\%$

n	Single payment		Uniform series				Gradient series	
	Compound amount factor	Present worth factor	Compound amount factor	Sinking fund factor	Present worth factor	Capital recovery factor	Uniform series factor	Present worth factor
	To find F given P $F\mid P\ i, n$	To find P given F $P\mid F\ i, n$	To find F given A $F\mid A\ i, n$	To find A given F $A\mid F\ i, n$	To find P given A $P\mid A\ i, n$	To find A given P $A\mid P\ i, n$	To find A given G $A\mid G\ i, n$	To find P given G $P\mid G\ i, n$
1	1.0150	0.9852	1.0000	1.0000	0.9852	1.0150	0.0000	0.0000
2	1.0302	0.9707	2.0150	0.4963	1.9559	0.5113	0.4963	0.9707
3	1.0457	0.9563	3.0452	0.3284	2.9122	0.3434	0.9901	2.8833
4	1.0614	0.9422	4.0909	0.2444	3.8544	0.2594	1.4814	5.7098
5	1.0773	0.9283	5.1523	0.1941	4.7826	0.2091	1.9702	9.4229
6	1.0934	0.9145	6.2296	0.1605	5.6972	0.1755	2.4566	13.9956
7	1.1098	0.9010	7.3230	0.1366	6.5982	0.1516	2.9405	19.4018
8	1.1265	0.8877	8.4328	0.1186	7.4859	0.1336	3.4219	25.6157
9	1.1434	0.8746	9.5593	0.1046	8.3605	0.1196	3.9008	32.6125
10	1.1605	0.8617	10.7027	0.0934	9.2222	0.1084	4.3772	40.3675
11	1.1779	0.8489	11.8633	0.0843	10.0711	0.0993	4.8512	48.8568
12	1.1956	0.8364	13.0412	0.0767	10.9075	0.0917	5.3227	58.0571
13	1.2136	0.8240	14.2368	0.0702	11.7315	0.0852	5.7917	67.9454
14	1.2318	0.8118	15.4504	0.0647	12.5434	0.0797	6.2582	78.4994
15	1.2502	0.7999	16.6821	0.0599	13.3432	0.0749	6.7223	89.6974
16	1.2690	0.7880	17.9324	0.0558	14.1313	0.0708	7.1839	101.5178
17	1.2880	0.7764	19.2014	0.0521	14.9076	0.0671	7.6431	113.9400
18	1.3073	0.7649	20.4894	0.0488	15.6726	0.0638	8.0997	126.9435
19	1.3270	0.7536	21.7967	0.0459	16.4262	0.0609	8.5539	140.5084
20	1.3469	0.7425	23.1237	0.0432	17.1686	0.0582	9.0057	154.6154
21	1.3671	0.7315	24.4705	0.0409	17.9001	0.0559	9.4550	169.2453
22	1.3876	0.7207	25.8376	0.0387	18.6208	0.0537	9.9018	184.3798
23	1.4084	0.7100	27.2251	0.0367	19.3309	0.0517	10.3462	200.0006
24	1.4295	0.6995	28.6335	0.0349	20.0304	0.0499	10.7881	216.0901
25	1.4509	0.6892	30.0630	0.0333	20.7196	0.0483	11.2276	232.6310
26	1.4727	0.6790	31.5140	0.0317	21.3986	0.0467	11.6646	249.6065
27	1.4948	0.6690	32.9867	0.0303	22.0676	0.0453	12.0992	267.0002
28	1.5172	0.6591	34.4815	0.0290	22.7267	0.0440	12.5313	284.7958
29	1.5400	0.6494	35.9987	0.0278	23.3761	0.0428	12.9610	302.9779
30	1.5631	0.6398	37.5387	0.0266	24.0158	0.0416	13.3883	321.5310
31	1.5865	0.6303	39.1018	0.0256	24.6461	0.0406	13.8131	340.4402
32	1.6103	0.6210	40.6883	0.0246	25.2671	0.0396	14.2355	359.6910
33	1.6345	0.6118	42.2986	0.0236	25.8790	0.0386	14.6555	379.2691
34	1.6590	0.6028	43.9331	0.0228	26.4817	0.0378	15.0731	399.1607
35	1.6839	0.5939	45.5921	0.0219	27.0756	0.0369	15.4882	419.3521
40	1.8140	0.5513	54.2679	0.0184	29.9158	0.0334	17.5277	524.3568
45	1.9542	0.5117	63.6142	0.0157	32.5523	0.0307	19.5074	635.0110
50	2.1052	0.4750	73.6828	0.0136	34.9997	0.0286	21.4277	749.9636
55	2.2679	0.4409	84.5296	0.0118	37.2715	0.0268	23.2894	868.0285
60	2.4432	0.4093	96.2147	0.0104	39.3803	0.0254	25.0930	988.1674
65	2.6320	0.3799	108.8028	0.0092	41.3378	0.0242	26.8393	1109.4752
70	2.8355	0.3527	122.3638	0.0082	43.1549	0.0232	28.5290	1231.1658
75	3.0546	0.3274	136.9728	0.0073	44.8416	0.0223	30.1631	1352.5600
80	3.2907	0.3039	152.7109	0.0065	46.4073	0.0215	31.7423	1473.0741
85	3.5450	0.2821	169.6652	0.0059	47.8607	0.0209	33.2676	1592.2095
90	3.8189	0.2619	187.9299	0.0053	49.2099	0.0203	34.7399	1709.5439
95	4.1141	0.2431	207.6061	0.0048	50.4622	0.0198	36.1602	1824.7224
100	4.4320	0.2256	228.8030	0.0044	51.6247	0.0194	37.5295	1937.4506

[부록] 불연속 복리표: $i=2\%$

n	Single payment		Uniform series				Gradient series	
	Compound amount factor	Present worth factor	Compound amount factor	Sinking fund factor	Present worth factor	Capital recovery factor	Uniform series factor	Present worth factor
	To find F given P $F \mid P\ i, n$	To find P given F $P \mid F\ i, n$	To find F given A $F \mid A\ i, n$	To find A given F $A \mid F\ i, n$	To find P given A $P \mid A\ i, n$	To find A given P $A \mid P\ i, n$	To find A given G $A \mid G\ i, n$	To find P given G $P \mid G\ i, n$
1	1.0200	0.9804	1.0000	1.0000	0.9804	1.0200	0.0000	0.0000
2	1.0404	0.9612	2.0200	0.4950	1.9416	0.5150	0.4950	0.9612
3	1.0612	0.9423	3.0604	0.3268	2.8839	0.3468	0.9868	2.8458
4	1.0824	0.9238	4.1216	0.2426	3.8077	0.2626	1.4752	5.6173
5	1.1041	0.9057	5.2040	0.1922	4.7135	0.2122	1.9604	9.2403
6	1.1262	0.8880	6.3081	0.1585	5.6014	0.1785	2.4423	13.6801
7	1.1487	0.8706	7.4343	0.1345	6.4720	0.1545	2.9208	18.9035
8	1.1717	0.8535	8.5830	0.1165	7.3255	0.1365	3.3961	24.8779
9	1.1951	0.8368	9.7546	0.1025	8.1622	0.1225	3.8681	31.5720
10	1.2190	0.8203	10.9497	0.0913	8.9826	0.1113	4.3367	38.9551
11	1.2434	0.8043	12.1687	0.0822	9.7868	0.1022	4.8021	46.9977
12	1.2682	0.7885	13.4121	0.0746	10.5753	0.0946	5.2642	55.6712
13	1.2936	0.7730	14.6803	0.0681	11.3484	0.0881	5.7231	64.9475
14	1.3195	0.7579	15.9739	0.0626	12.1062	0.0826	6.1786	74.7999
15	1.3459	0.7430	17.2934	0.0578	12.8493	0.0778	6.6309	85.2021
16	1.3728	0.7284	18.6393	0.0537	13.5777	0.0737	7.0799	96.1288
17	1.4002	0.7142	20.0121	0.0550	14.2919	0.0700	7.5256	107.5554
18	1.4282	0.7002	21.4123	0.0467	14.9920	0.0667	7.9681	119.4581
19	1.4568	0.6864	22.8406	0.0438	15.6785	0.0638	8.4073	131.8139
20	1.4859	0.6730	24.2974	0.0412	16.3514	0.0612	8.8433	144.6003
21	1.5157	0.6598	25.7833	0.0388	17.0112	0.0588	9.2760	157.7959
22	1.5460	0.6468	27.2990	0.0366	17.6580	0.0566	9.7055	171.3795
23	1.5769	0.6342	28.8450	0.0347	18.2922	0.0547	10.1317	185.3309
24	1.6084	0.6217	30.4219	0.0329	18.9139	0.0529	10.5547	199.6305
25	1.6406	0.6095	32.0303	0.0312	19.5235	0.0512	10.9745	214.2592
26	1.6734	0.5976	33.6709	0.0297	20.1210	0.0497	11.3910	229.1987
27	1.7069	0.5859	35.3443	0.0283	20.7069	0.0483	11.8043	244.4311
28	1.7410	0.5744	37.0512	0.0270	21.2813	0.0470	12.2145	259.9392
29	1.7758	0.5631	38.7922	0.0258	21.8444	0.0458	12.6214	275.7064
30	1.8114	0.5521	40.5681	0.0246	22.3965	0.0446	13.0251	291.7164
31	1.8476	0.5412	42.3794	0.0236	22.9377	0.0436	13.4257	307.9538
32	1.8845	0.5306	44.2270	0.0226	23.4683	0.0426	13.8230	324.4035
33	1.9222	0.5202	46.1116	0.0217	23.9886	0.0417	14.2172	341.0508
34	1.9607	0.5100	48.0338	0.0208	24.4986	0.0408	14.6083	357.8817
35	1.9999	0.5000	49.9945	0.0200	24.9986	0.0400	14.9961	374.8826
40	2.2080	0.4529	60.4020	0.0166	27.3555	0.0366	16.8885	461.9931
45	2.4379	0.4102	71.8927	0.0139	29.4902	0.0339	18.7034	551.5652
50	2.6916	0.3715	84.5794	0.0116	31.4236	0.0318	20.4420	642.3606
55	2.9717	0.3365	98.5865	0.0101	33.1748	0.0301	22.1057	733.3527
60	3.2810	0.3048	114.0515	0.0088	34.7609	0.0288	23.6961	823.6975
65	3.6225	0.2761	131.1262	0.0076	36.1975	0.0276	25.2147	912.7085
70	3.9996	0.2500	149.9779	0.0067	37.4986	0.0267	26.6632	999.8343
75	4.4158	0.2265	170.7918	0.0059	38.6771	0.0259	28.0434	1084.6393
80	4.8754	0.2051	193.7720	0.0052	39.7445	0.0252	29.3572	1166.8968
85	5.3829	0.1858	219.1439	0.0046	40.7113	0.0246	30.6064	1246.0241
90	5.9431	0.1683	247.1567	0.0040	41.5869	0.0240	31.7929	1322.1701
95	6.5617	0.1524	278.0850	0.0036	42.3800	0.0236	32.9189	1395.1033
100	7.2446	0.1380	312.2323	0.0032	43.0984	0.0232	33.9863	1464.7527

[부록] 불연속 복리표: i=5/2%

n	Single payment		Uniform series				Gradient series	
	Compound amount factor	Present worth factor	Compound amount factor	Sinking fund factor	Present worth factor	Capital recovery factor	Uniform series factor	Present worth factor
	To find F given P $F \mid P\ i, n$	To find P given F $P \mid F\ i, n$	To find F given A $F \mid A\ i, n$	To find A given F $A \mid F\ i, n$	To find P given A $P \mid A\ i, n$	To find A given P $A \mid P\ i, n$	To find A given G $A \mid G\ i, n$	To find P given G $P \mid G\ i, n$
1	1.0250	0.9756	1.0000	1.0000	0.9756	1.0250	0.0000	0.0000
2	1.0506	0.9518	2.0250	0.4938	1.9274	0.5188	0.4938	0.9518
3	1.0769	0.9286	3.0756	0.3251	2.8560	0.3501	0.9835	2.8090
4	1.1038	0.9060	4.1525	0.2408	3.7620	0.2658	1.4691	5.5269
5	1.1314	0.8839	5.2563	0.1902	4.6458	0.2152	1.9506	9.0623
6	1.1597	0.8623	6.3877	0.1565	5.5081	0.1815	2.4280	13.3738
7	1.1887	0.8413	7.5474	0.1325	6.3494	0.1575	2.9013	18.4214
8	1.2184	0.8207	8.7361	0.1145	7.1701	0.1395	3.3704	24.1666
9	1.2489	0.8007	9.9545	0.1005	7.9709	0.1255	3.8355	30.5724
10	1.2801	0.7812	11.2034	0.0893	8.7521	0.1143	4.2965	37.6032
11	1.3121	0.7621	12.4835	0.0801	9.5142	0.1051	4.7534	45.2246
12	1.3449	0.7436	13.7956	0.0725	10.2578	0.0975	5.2062	53.4038
13	1.3785	0.7254	15.1404	0.0660	10.9832	0.0910	5.6549	62.1088
14	1.4130	0.7077	16.5190	0.0605	11.6909	0.0855	6.0995	71.3093
15	1.4483	0.6905	17.9319	0.0558	12.3814	0.0808	6.5401	80.9758
16	1.4845	0.6736	19.3802	0.0516	13.0550	0.0766	6.9766	91.0801
17	1.5216	0.6572	20.8647	0.0479	13.7122	0.0729	7.4091	101.5953
18	1.5597	0.6412	22.3863	0.0447	14.3534	0.0697	7.8375	112.4951
19	1.5987	0.6255	23.9460	0.0418	14.9789	0.0668	8.2619	123.7546
20	1.6386	0.6103	25.5447	0.0391	15.5892	0.0641	8.6823	135.3497
21	1.6796	0.5954	27.1933	0.0368	16.1845	0.0618	9.0986	147.2575
22	1.7216	0.5809	28.8629	0.0346	16.7654	0.0596	9.5110	159.4556
23	1.7646	0.5667	30.5844	0.0327	17.3321	0.0577	9.9193	171.9230
24	1.8087	0.5529	32.3490	0.0309	17.8850	0.0559	10.3237	184.6391
25	1.8539	0.5394	34.1578	0.0293	18.4244	0.0543	10.7241	197.5845
26	1.9003	0.5262	36.0117	0.0278	18.9506	0.0528	11.1205	210.7403
27	1.9478	0.5134	37.9120	0.0264	19.4640	0.0514	11.5130	224.0887
28	1.9965	0.5009	39.8598	0.0251	19.9649	0.0501	11.9015	237.6124
29	2.0464	0.4887	41.8563	0.0239	20.4535	0.0489	12.2861	251.2949
30	2.0976	0.4767	43.9027	0.0228	20.9303	0.0478	12.6668	265.1205
31	2.1500	0.4651	46.0003	0.0217	21.3954	0.0467	13.0436	279.0739
32	2.2038	0.4538	48.1503	0.0208	21.8492	0.0458	13.4166	293.1408
33	2.2589	0.4427	50.3540	0.0199	22.2919	0.0449	13.7856	367.3073
34	2.3153	0.4319	52.6129	0.0190	22.7238	0.0440	14.1508	321.5602
35	2.3732	0.4214	54.9282	0.0182	23.1452	0.0432	14.5122	335.8868
40	2.6851	0.3724	67.4026	0.0148	25.1028	0.0398	16.2620	408.2220
45	3.0379	0.3292	81.5161	0.0123	26.8330	0.0373	17.9185	480.8070
50	3.4371	0.2909	97.4843	0.0103	28.3623	0.0353	19.4839	552.6081
55	3.8888	0.2572	115.5509	0.0087	29.7140	0.0337	20.9608	622.8280
60	4.3998	0.2273	135.9916	0.0074	30.9087	0.0324	22.3518	690.8656
65	4.9780	0.2009	159.1183	0.0063	31.9646	0.0313	23.6600	756.2806
70	5.6321	0.1776	185.2841	0.0054	32.8979	0.0304	24.8881	756.7643
75	6.3722	0.1569	214.8883	0.0047	33.7227	0.0297	26.0393	818.1152
80	7.2096	0.1387	248.3827	0.0040	34.4518	0.0290	27.1167	878.2181
85	8.1570	0.1226	286.2786	0.0035	35.0962	0.0285	28.1235	934.0269
90	9.2289	0.1084	329.1543	0.0030	35.6858	0.0280	29.0629	1036.5499
95	10.4416	0.0958	377.6642	0.0026	36.1692	0.0276	29.9382	1082.8381
100	11.8137	0.0846	432.5487	0.0023	36.6141	0.0273	30.7525	1125.9747

[부록] 불연속 복리표: $i=3\%$

n	Single payment		Uniform series				Gradient series	
	Compound amount factor	Present worth factor	Compound amount factor	Sinking fund factor	Present worth factor	Capital recovery factor	Uniform series factor	Present worth factor
	To find F given P $F\mid P\ i, n$	To find P given F $P\mid F\ i, n$	To find F given A $F\mid A\ i, n$	To find A given F $A\mid F\ i, n$	To find P given A $P\mid A\ i, n$	To find A given P $A\mid P\ i, n$	To find A given G $A\mid G\ i, n$	To find P given G $P\mid G\ i, n$
1	1.0300	0.9709	1.0000	1.0000	0.9709	1.0300	0.0000	0.0000
2	1.0609	0.9426	2.0300	0.4926	1.9135	0.5226	0.4926	0.9426
3	1.0927	0.9151	3.0909	0.3235	2.8286	0.3535	0.9803	2.7729
4	1.1255	0.8885	4.1836	0.2390	3.7171	0.2690	1.4631	5.4383
5	1.1593	0.8626	5.3091	0.1884	4.5797	0.2184	1.9409	8.8883
6	1.1941	0.8375	6.4684	0.1546	5.4172	0.1846	2.4138	13.0762
7	1.2299	0.8131	7.6625	0.1305	6.2303	0.1605	2.8819	17.9547
8	1.2668	0.7894	8.8923	0.1125	7.0197	0.1425	3.3450	23.4806
9	1.3048	0.7664	10.1591	0.0984	7.7861	0.1284	3.8032	29.6119
10	1.3439	0.7441	11.4639	0.0872	8.5302	0.1172	4.2565	36.0388
11	1.3842	0.7224	12.8078	0.0781	9.2526	0.1081	4.7049	43.5330
12	1.4258	0.7014	14.1920	0.0705	9.9540	0.1005	5.1485	51.2482
13	1.4685	0.6810	15.6178	0.0640	10.6350	0.0940	5.5872	59.4196
14	1.5126	0.6611	17.0863	0.0585	11.2961	0.0885	6.0210	66.0141
15	1.5580	0.6419	18.5989	0.0538	11.9379	0.0838	6.4500	77.0002
16	1.6047	0.6232	20.1569	0.0496	12.5611	0.0796	6.8742	88.3477
17	1.6528	0.6050	21.7616	0.0460	13.1661	0.0760	7.2936	96.0280
18	1.7024	0.5874	23.4144	0.0427	13.7535	0.0727	7.7081	106.0137
19	1.7535	0.5703	25.1169	0.0398	14.3238	0.0698	8.1179	116.2788
20	1.8061	0.5537	26.8704	0.0372	14.8775	0.0672	8.5229	126.7987
21	1.8603	0.5375	28.6765	0.0349	15.4150	0.0649	8.9231	137.5496
22	1.9161	0.5219	30.5368	0.0327	15.9369	0.0627	9.3186	148.5094
23	1.9736	0.5067	32.4529	0.0308	16.4436	0.0608	9.7093	159.6566
24	2.0328	0.4919	34.4265	0.0290	16.9355	0.0590	10.0954	170.9711
25	2.0938	0.4776	36.4593	0.0274	17.4131	0.0574	10.4768	182.4336
26	2.1566	0.4637	38.5530	0.0259	17.8768	0.0559	10.8535	194.0260
27	2.2213	0.4502	40.7096	0.0246	18.3270	0.0546	11.2255	205.7309
28	2.2879	0.4371	42.9309	0.0233	18.7641	0.0533	11.5930	217.5320
29	2.3566	0.4243	45.2189	0.0221	19.1885	0.0521	11.9558	229.4137
30	2.4273	0.4120	47.5754	0.0210	19.6004	0.0510	12.3141	241.3613
31	2.5001	0.4000	50.0027	0.0200	20.0004	0.0500	12.6678	253.3609
32	2.5751	0.3883	52.5028	0.0190	20.3888	0.0490	13.0169	265.3993
33	2.6523	0.3770	55.0778	0.0182	20.7658	0.0482	13.3616	277.4642
34	2.7319	0.3660	57.7302	0.0173	21.1318	0.0473	13.7018	289.5437
35	2.8139	0.3554	60.4621	0.0165	21.4872	0.0465	14.0375	301.6267
40	3.2620	0.3066	75.4013	0.0133	23.1148	0.0433	15.6502	361.7499
45	3.7816	0.2644	82.7199	0.0108	24.5187	0.0408	17.1556	420.6325
50	4.3839	0.2281	112.7969	0.0089	25.7298	0.0389	18.5575	477.4803
55	5.0821	0.1968	136.0716	0.0073	26.7744	0.0373	19.8600	531.7411
60	5.8916	0.1697	163.0534	0.0061	27.6756	0.0361	21.0674	583.0526
65	6.8300	0.1464	194.3328	0.0051	28.4529	0.0351	22.1841	631.2010
70	7.9178	0.1263	230.5941	0.0043	29.1234	0.0343	23.2145	676.0869
75	9.1789	0.1089	272.6309	0.0037	29.7018	0.0337	24.1634	717.6978
80	10.6409	0.0940	321.3630	0.0031	30.2008	0.0331	25.0353	756.0865
85	12.3357	0.0811	377.8570	0.0026	30.6312	0.0326	25.8349	791.3529
90	14.3005	0.0699	443.3489	0.0023	31.0024	0.0323	26.5667	823.6302
95	16.5782	0.0603	519.2720	0.0019	31.3227	0.0319	27.2351	853.0742
100	19.2186	0.0520	607.2877	0.0016	31.5989	0.0316	27.8444	879.8540

[부록] 불연속 복리표: i=4%

n	Single payment		Uniform series				Gradient series	
	Compound amount factor	Present worth factor	Compound amount factor	Sinking fund factor	Present worth factor	Capital recovery factor	Uniform series factor	Present worth factor
	To find F given P $F \mid P\ i, n$	To find P given F $P \mid F\ i, n$	To find F given A $F \mid A\ i, n$	To find A given F $A \mid F\ i, n$	To find P given A $P \mid A\ i, n$	To find A given P $A \mid P\ i, n$	To find A given G $A \mid G\ i, n$	To find P given G $P \mid G\ i, n$
1	1.0400	0.9615	1.0000	1.0000	0.9615	1.0400	0.0000	0.0000
2	1.0816	0.9246	2.0400	0.4902	1.8861	0.5302	0.4902	0.9246
3	1.1249	0.8890	3.1216	0.3203	2.7751	0.3603	0.9739	2.7025
4	1.1699	0.8548	4.2465	0.2355	3.6299	0.2755	1.4510	5.2670
5	1.2167	0.8219	5.4163	0.1846	4.4518	0.2246	1.9216	8.5547
6	1.2653	0.7903	6.6330	0.1508	5.2421	0.1906	2.3857	12.5062
7	1.3159	0.7599	7.8983	0.1266	6.0021	0.1666	2.8433	17.0657
8	1.3686	0.7307	9.2142	0.1085	6.7327	0.1485	3.2944	22.1806
9	1.4233	0.7026	10.5828	0.0945	7.4353	0.1345	3.7391	27.8013
10	1.4802	0.6756	12.0061	0.0833	8.1109	0.1233	4.1773	33.8814
11	1.5395	0.6496	13.4864	0.0741	8.7605	0.1141	4.6090	40.3772
12	1.6010	0.6246	15.0258	0.0666	9.3851	0.1066	5.0343	47.2477
13	1.6651	0.6006	16.6268	0.0601	9.9856	0.1001	5.4533	54.4546
14	1.7317	0.5775	18.2919	0.0547	10.5631	0.0947	5.8659	61.9618
15	1.8009	0.5553	20.0236	0.0499	11.1184	0.0899	6.2721	69.7355
16	1.8730	0.5339	21.8245	0.0458	11.6523	0.0858	6.6720	77.7441
17	1.9479	0.5134	23.6975	0.0422	12.1657	0.0822	7.0656	85.9581
18	2.0258	0.4936	25.6454	0.0390	12.6593	0.0790	7.4530	94.3498
19	2.1068	0.4746	27.6712	0.0361	13.1339	0.0761	7.8342	102.8933
20	2.1911	0.4564	29.7781	0.0336	13.5903	0.0736	8.2091	111.5647
21	2.2788	0.4388	31.9692	0.0313	14.0292	0.0713	8.5779	120.3414
22	2.3699	0.4220	34.2480	0.0292	14.4511	0.0692	8.9407	129.2024
23	2.4647	0.4057	36.6179	0.0273	14.8568	0.0673	9.2973	138.1284
24	2.5633	0.3901	39.0826	0.0256	15.2470	0.0656	9.6479	147.1012
25	2.6658	0.3751	41.6459	0.0240	15.6221	0.0640	9.9925	156.1040
26	2.7725	0.3607	44.3117	0.0226	15.9828	0.0626	10.3312	165.1212
27	2.8834	0.3468	47.0842	0.0212	16.3296	0.0612	10.6640	174.1385
28	2.9987	0.3335	49.9676	0.0200	16.6631	0.0600	10.9909	183.1424
29	3.1187	0.3207	52.9663	0.0189	16.9837	0.0589	11.3120	192.1206
30	3.2434	0.3083	56.0849	0.0178	17.2920	0.0578	11.6274	201.0618
31	3.3731	0.2965	59.3283	0.0169	17.5885	0.0569	11.9371	209.9556
32	3.5081	0.2851	62.7015	0.0159	17.8736	0.0559	12.2411	218.7924
33	3.6484	0.2741	66.2095	0.0151	18.1476	0.0551	12.2411	227.5634
34	3.7943	0.2636	69.8579	0.0143	18.4112	0.0543	12.8324	236.2607
35	3.9461	0.2534	73.6522	0.0136	18.6646	0.0536	13.1198	244.8768
40	4.8010	0.2083	95.0255	0.0105	19.7928	0.0505	14.4765	286.5303
45	5.8412	0.1712	121.0294	0.0083	20.7200	0.0483	15.7047	325.4028
50	7.1067	0.1407	152.6671	0.0066	21.4822	0.0466	16.8122	261.1638
55	8.6464	0.1157	191.1592	0.0052	22.1086	0.0452	17.8070	393.6890
60	10.5196	0.0951	237.9907	0.0042	22.6235	0.0442	18.6972	422.9966
65	12.7987	0.0781	294.9684	0.0034	23.0467	0.0434	19.4909	449.2014
70	15.5716	0.0642	364.2905	0.0027	23.3945	0.0427	20.1961	472.4789
75	18.9453	0.0528	448.6314	0.0022	23.6804	0.0422	20.8206	493.0408
80	23.0498	0.0434	551.2450	0.0018	23.9154	0.0418	21.3718	511.1161
85	28.0436	0.0357	676.0901	0.0015	24.1085	0.0415	21.8569	526.9384
90	34.1193	0.0293	827.9833	0.0012	24.2673	0.0412	22.2826	540.7369
95	41.5114	0.0241	1012.7846	0.0010	24.3978	0.0410	22.6550	552.7307
100	50.5049	0.0198	1237.6237	0.0008	24.5050	0.0408	22.9800	563.1249

[부록] 불연속 복리표: $i=5\%$

n	Single payment		Uniform series				Gradient series	
	Compound amount factor	Present worth factor	Compound amount factor	Sinking fund factor	Present worth factor	Capital recovery factor	Uniform series factor	Present worth factor
	To find F given P $F \mid P\ i, n$	To find P given F $P \mid F\ i, n$	To find F given A $F \mid A\ i, n$	To find A given F $A \mid F\ i, n$	To find P given A $P \mid A\ i, n$	To find A given P $A \mid P\ i, n$	To find A given G $A \mid G\ i, n$	To find P given G $P \mid G\ i, n$
1	1.0500	0.9524	1.0000	1.0000	0.9524	1.0500	0.0000	0.0000
2	1.1025	0.9070	2.0500	0.4878	1.8594	0.5378	0.4878	0.9070
3	1.1576	0.8638	3.1525	0.3172	2.7232	0.3672	0.9675	2.6347
4	1.2155	0.8227	4.3101	0.2320	3.5460	0.2820	1.4391	5.1028
5	1.2763	0.7835	5.5256	0.1810	4.3295	0.2310	1.9025	8.2369
6	1.3401	0.7462	6.8019	0.1470	5.0757	0.1970	2.3579	11.9680
7	1.4071	0.7107	8.1420	0.1228	5.7864	0.1728	2.8052	16.2321
8	1.4775	0.6768	9.5491	0.1047	6.4632	0.1547	3.2445	20.9700
9	1.5513	0.6446	11.0266	0.0907	7.1078	0.1407	3.6758	26.1268
10	1.6289	0.6139	12.5779	0.0795	7.7217	0.1295	4.0991	31.6520
11	1.7103	0.5847	14.2068	0.0704	8.3064	0.1204	4.5144	37.4988
12	1.7959	0.5568	15.9171	0.0628	8.8633	0.1128	4.9219	43.6241
13	1.8856	0.5303	17.7130	0.0565	9.3936	0.1065	5.3215	49.9879
14	1.9799	0.5051	19.5986	0.0510	9.8986	0.1010	5.7133	56.5538
15	2.0789	0.4810	21.5786	0.0463	10.3797	0.0963	6.0973	63.2880
16	2.1829	0.4581	23.6575	0.0423	10.8378	0.0923	6.4736	70.1597
17	2.2920	0.4363	25.8404	0.0387	11.2741	0.0887	6.8423	77.1405
18	2.4066	0.4155	28.1324	0.0355	11.6896	0.0855	7.2034	84.2043
19	2.5270	0.3957	30.5390	0.0327	12.0853	0.0827	7.5569	91.3275
20	2.6533	0.3769	33.0660	0.0302	12.4622	0.0802	7.9030	98.4884
21	2.7860	0.3589	35.7193	0.0280	12.8212	0.0780	8.2416	105.6673
22	2.9253	0.3418	28.5052	0.0260	13.1630	0.0760	8.5730	112.8461
23	3.0715	0.3256	41.4305	0.0241	13.4886	0.0741	8.8971	120.0087
24	3.2251	0.3101	44.5020	0.0225	13.7986	0.0725	9.2140	127.1402
25	3.3884	0.2953	47.7271	0.0210	14.0939	0.0710	9.5238	134.2275
26	3.5557	0.2812	51.1136	0.0196	14.3752	0.0696	9.8266	141.2585
27	3.7335	0.2678	54.6691	0.0183	14.6430	0.0683	10.1224	148.2226
28	3.9201	0.2551	58.4026	0.0171	14.8981	0.0671	10.4114	155.1101
29	4.1161	0.2429	62.3227	0.0160	15.1411	0.0660	10.6936	161.9124
30	4.3219	0.2314	66.4388	0.0151	15.3725	0.0651	10.9691	168.6226
31	4.5380	0.2204	70.7308	0.0141	15.5928	0.0641	11.2381	175.2333
32	4.7649	0.2099	75.2988	0.0133	15.8027	0.0633	11.5005	181.7392
33	5.0032	0.1999	80.0638	0.0125	16.0025	0.0625	11.7566	188.1351
34	5.2533	0.1904	85.0670	0.0118	16.1929	0.0618	12.0063	194.4168
35	5.5160	0.1813	90.3203	0.0111	16.3742	0.0611	12.2498	200.5807
40	7.0400	0.1420	120.7998	0.0083	17.1591	0.0583	13.3775	229.5452
45	8.9850	0.1113	159.7002	0.0063	17.7741	0.0563	14.3644	255.3145
50	11.4674	0.0872	209.3480	0.0048	18.2559	0.0548	15.2233	277.9148
55	14.6356	0.0683	272.7126	0.0037	18.6335	0.0537	15.9664	297.5104
60	18.6792	0.0535	353.5837	0.0028	18.9293	0.0528	16.6062	314.3432
65	23.8399	0.0419	456.7980	0.0022	19.1611	0.0522	17.1541	328.6910
70	30.4264	0.0329	255.5285	0.0017	19.3427	0.0517	17.6212	340.8409
75	38.8327	0.0258	756.6537	0.0013	19.4850	0.0513	18.0176	351.0721
80	49.5614	0.0202	971.2288	0.0010	19.5965	0.0510	18.3526	359.6460
85	63.2544	0.0158	1245.0871	0.0008	19.6838	0.0508	18.6346	366.8007
90	80.7304	0.0124	1594.6073	0.0006	19.7523	0.0506	18.8712	372.7488
95	103.0347	0.0097	2040.6935	0.0005	19.8059	0.0505	19.0689	377.6774
100	131.5013	0.0076	2610.0252	0.0004	19.8479	0.0504	19.2337	381.7492

[부록] 불연속 복리표: $i=6\%$

n	Single payment		Uniform series				Gradient series	
	Compound amount factor	Present worth factor	Compound amount factor	Sinking fund factor	Present worth factor	Capital recovery factor	Uniform series factor	Present worth factor
	To find F given P $F \mid P\ i, n$	To find P given F $P \mid F\ i, n$	To find F given A $F \mid A\ i, n$	To find A given F $A \mid F\ i, n$	To find P given A $P \mid A\ i, n$	To find A given P $A \mid P\ i, n$	To find A given G $A \mid G\ i, n$	To find P given G $P \mid G\ i, n$
1	1.0600	0.9434	1.0000	1.0000	0.9434	1.0600	0.0000	0.0000
2	1.1236	0.8900	2.0600	0.4854	1.8334	0.5454	0.4854	0.8900
3	1.1910	0.8396	3.1836	0.3141	2.6730	0.3741	0.9612	2.5692
4	1.2625	0.7921	4.3746	0.2286	3.4651	0.2886	1.4272	4.9455
5	1.3382	0.7473	5.6371	0.1774	4.2124	0.2374	1.8836	7.9345
6	1.4185	0.7050	6.9753	0.1434	4.9173	0.2034	2.3304	11.4594
7	1.5036	0.6651	8.3938	0.1191	5.5824	0.1791	2.7676	15.4497
8	1.5938	0.6274	9.8975	0.1010	6.2098	0.1610	3.1952	19.8416
9	1.6895	0.5919	11.4913	0.0870	6.8017	0.1470	3.6133	24.5768
10	1.7908	0.5584	13.1808	0.0759	7.3601	0.1359	4.0220	29.6023
11	1.8983	0.5268	14.9716	0.0668	7.8869	0.1268	4.4213	34.8702
12	2.0122	0.4970	16.8699	0.0593	8.3838	0.1193	4.8113	40.3369
13	2.1329	0.4688	18.8821	0.0530	8.8527	0.1130	5.1920	45.9629
14	2.2609	0.4423	21.0151	0.0476	9.2950	0.1076	5.5635	51.7128
15	2.3966	0.4173	23.2760	0.0430	9.7122	0.1030	5.9260	57.5546
16	2.5404	0.3936	25.6725	0.0390	10.1059	0.0990	6.2794	63.4592
17	2.6928	0.3714	28.2129	0.0354	10.4773	0.0954	6.6240	69.4011
18	2.8543	0.3503	30.9057	0.0324	10.8276	0.0924	6.9597	75.3569
19	3.0256	0.3305	33.7600	0.0296	11.1581	0.0896	7.2867	81.3062
20	3.2071	0.3118	36.7856	0.0272	11.4699	0.0872	7.6051	87.2304
21	3.3996	0.2942	39.9927	0.0250	11.7641	0.0850	7.9151	93.1136
22	3.6035	0.2775	43.3923	0.0230	12.0416	0.0830	8.2166	98.9412
23	3.8197	0.2618	46.9958	0.0213	12.3034	0.0813	8.5099	104.7007
24	4.0489	0.2470	50.8156	0.0197	12.5504	0.0797	8.7951	110.3812
25	4.2919	0.2330	54.8645	0.0182	12.7834	0.0782	9.0722	115.9732
26	4.5494	0.2198	59.1564	0.0169	13.0032	0.0769	9.3414	121.4684
27	4.8223	0.2074	63.7058	0.0157	13.2105	0.0757	9.6029	126.8600
28	5.1117	0.1956	68.5281	0.0146	13.4062	0.0746	9.8568	132.1420
29	5.4184	0.1846	73.6398	0.0136	13.5907	0.0736	10.1032	137.3096
30	5.7435	0.1741	79.0582	0.0126	13.7648	0.0726	10.3422	142.3588
31	6.0881	0.1643	84.8017	0.0118	13.9291	0.0718	10.5740	147.2864
32	6.4534	0.1550	90.8898	0.0110	14.0840	0.0710	10.7988	152.0901
33	6.8406	0.1462	97.3432	0.0103	14.2302	0.0703	11.0166	156.7681
34	7.2510	0.1379	104.1838	0.0096	14.3681	0.0696	11.2276	161.3192
35	7.6861	0.1301	111.4348	0.0090	14.4982	0.0690	11.4319	165.7427
40	10.2857	0.0972	154.7620	0.0065	15.0463	0.0665	12.3690	185.9568
45	13.7646	0.0727	212.7435	0.0047	15.4558	0.0647	13.1413	203.1096
50	18.4202	0.0543	290.3359	0.0034	15.7619	0.0634	13.7964	217.4574
55	24.6503	0.0406	394.1720	0.0025	15.9905	0.0625	14.3411	229.3222
60	32.9877	0.0303	533.1282	0.0019	16.1614	0.0619	14.7909	239.0428
65	44.1450	0.0227	719.0829	0.0014	16.2891	0.0614	15.1601	246.9450
70	59.0759	0.0169	967.9322	0.0010	16.3845	0.0610	15.4613	253.3271
75	79.0569	0.0126	1300.9487	0.0008	16.4558	0.0608	15.7058	258.4527
80	105.7960	0.0095	1746.5999	0.0006	16.5091	0.0606	15.9033	262.5493
85	141.5789	0.0071	2342.9817	0.0004	16.5489	0.0604	16.0620	265.8096
90	189.4645	0.0053	3141.0752	0.0003	16.5787	0.0603	16.1891	268.3946
95	253.5463	0.0039	4209.1042	0.0002	16.6009	0.0602	16.2905	270.4375
100	339.3021	0.0029	5638.3681	0.0002	16.6175	0.0602	16.3711	272.0471

[부록] 불연속 복리표: $i=7\%$

n	Single payment		Uniform series				Gradient series	
	Compound amount factor	Present worth factor	Compound amount factor	Sinking fund factor	Present worth factor	Capital recovery factor	Uniform series factor	Present worth factor
	To find F given P $F\mid P\ i,n$	To find P given F $P\mid F\ i,n$	To find F given A $F\mid A\ i,n$	To find A given F $A\mid F\ i,n$	To find P given A $P\mid A\ i,n$	To find A given P $A\mid P\ i,n$	To find A given G $A\mid G\ i,n$	To find P given G $P\mid G\ i,n$
1	1.0700	0.9346	1.0000	1.0000	0.9346	1.0700	0.0000	0.0000
2	1.1449	0.8734	2.0700	0.4831	1.8080	0.5531	0.4831	0.8734
3	1.2250	0.8163	3.2149	0.3111	2.6243	0.3811	0.9549	2.5060
4	1.3108	0.7629	4.4399	0.2252	3.3872	0.2952	0.4155	4.7947
5	1.4026	0.7130	5.7507	0.1739	4.1002	0.2439	1.8650	7.6467
6	1.5007	0.6663	7.1533	0.1398	4.7665	0.2098	2.3032	10.9784
7	1.6058	0.6227	8.6540	0.1156	5.3893	0.1856	2.7304	14.7149
8	1.7182	0.5820	10.2598	0.0975	5.9713	0.1675	3.1465	18.7889
9	1.8385	0.5439	11.9780	0.0835	6.5152	0.1535	3.5517	23.1404
10	1.9672	0.5083	13.8164	0.0724	7.0236	0.1424	3.9461	27.7156
11	2.1049	0.4751	15.7836	0.0634	7.4987	0.1334	4.3296	32.4665
12	2.2522	0.4440	17.8885	0.0559	7.9427	0.1259	4.7025	37.3506
13	2.4098	0.4150	20.1406	0.0497	8.3577	0.1197	5.0648	42.3302
14	2.5785	0.3878	22.5505	0.0443	8.7455	0.1143	5.4167	47.3718
15	2.7590	0.3624	25.1290	0.0398	9.1079	0.1098	5.7583	52.4461
16	2.9522	0.3387	27.8881	0.0359	9.4466	0.1059	6.0897	57.5271
17	3.1588	0.3166	30.8402	0.0324	9.7832	0.1024	6.4110	62.5923
18	3.3799	0.2959	33.9990	0.0294	10.0591	0.0994	6.7225	67.6219
19	3.6165	0.2765	37.3790	0.0268	10.3356	0.0968	7.0242	72.5991
20	3.8697	0.2584	40.9955	0.0244	10.5940	0.0944	7.3163	77.5091
21	4.1406	0.2415	44.8652	0.0223	10.8355	0.0923	7.5990	82.3393
22	4.4304	0.2257	49.0057	0.0204	11.0612	0.0904	7.8725	87.0793
23	4.7405	0.2109	53.4361	0.0187	11.2722	0.0887	8.1369	91.7201
24	5.0724	0.1971	58.1767	0.0172	11.4693	0.0872	8.3923	96.2545
25	5.4274	0.1842	63.2490	0.0158	11.6536	0.0858	8.6391	100.6765
26	5.8074	0.1722	68.6765	0.0146	11.8258	0.0846	8.8773	104.9814
27	6.2139	0.1609	74.4838	0.0134	11.9867	0.0834	9.1072	109.1656
28	5.6488	0.1504	80.6977	0.0124	12.1371	0.0824	9.3289	113.2264
29	7.1143	0.1406	87.3465	0.0114	12.2777	0.0814	9.5427	117.1622
30	7.6123	0.1314	94.4608	0.0106	12.4090	0.0806	9.7487	120.9718
31	8.1451	0.1228	102.0730	0.0098	12.5318	0.0798	9.9471	124.6550
32	8.7153	0.1147	110.2182	0.0091	12.6466	0.0791	10.1381	128.2120
33	9.3253	0.1072	118.9334	0.0084	12.7538	0.0784	10.3219	131.6435
34	9.9781	0.1002	128.2588	0.0078	12.8540	0.0778	10.4987	134.9507
35	10.6766	0.0937	138.2369	0.0072	12.9477	0.0772	10.6687	138.1353
40	14.9745	0.0668	199.6351	0.0050	13.3317	0.0750	11.4233	152.2928
45	21.0025	0.0476	285.7493	0.0035	13.6055	0.0735	12.0360	163.7559
50	29.4570	0.0339	406.5289	0.0025	13.8007	0.0725	12.5287	172.9051
55	41.3150	0.0242	575.9286	0.0017	139399	0.0717	12.9215	180.1243
60	57.9464	0.0173	813.5204	0.0012	14.0392	0.0712	13.2321	185.7677
65	81.2729	0.0123	1146.7552	0.0009	14.1099	0.0709	13.4760	190.1452
70	113.9894	0.0088	1614.1342	0.0006	14.1604	0.0706	13.6662	193.5185
75	159.8760	0.0063	2269.6574	0.0004	14.1964	0.0704	13.8136	196.1035
80	224.2344	0.0045	3189.0627	0.0003	14.2220	0.0703	13.9237	198.0748
85	314.5003	0.0032	4478.5761	0.0002	14.2403	0.0702	14.0146	199.5717
90	441.1030	0.0023	6287.1854	0.0002	14.2533	0.0702	14.0812	200.7042
95	618.6697	0.0016	8823.6535	0.0001	14.2626	0.0701	14.1319	201.5581
100	867.7163	0.0012	12381.6618	0.0001	14.2693	0.0701	14.1703	202.2001

[부록] 불연속 복리표: $i=8\%$

	Single payment		Uniform series				Gradient series	
n	Compound amount factor	Present worth factor	Compound amount factor	Sinking fund factor	Present worth factor	Capital recovery factor	Uniform series factor	Present worth factor
	To find F given P $F \mid P\ i, n$	To find P given F $P \mid F\ i, n$	To find F given A $F \mid A\ i, n$	To find A given F $A \mid F\ i, n$	To find P given A $P \mid A\ i, n$	To find A given P $A \mid P\ i, n$	To find A given G $A \mid G\ i, n$	To find P given G $P \mid G\ i, n$
1	1.0800	0.9259	1.0000	1.0000	0.9259	1.0800	0.0000	0.0000
2	1.1664	0.8573	2.0800	0.4808	1.7833	0.5608	0.4808	0.8573
3	1.2597	0.7938	3.2464	0.3080	2.5771	0.3880	0.9487	2.4450
4	1.3605	0.7350	4.5061	0.2219	3.3121	0.3019	1.4040	4.6501
5	1.4693	0.6806	5.8666	0.1705	3.9927	0.2505	1.8465	7.3724
6	1.5869	0.6302	7.3359	0.1363	4.6229	0.2163	2.2763	10.5233
7	1.7138	0.5835	8.9228	0.1121	5.2064	0.1921	2.6937	14.0242
8	1.8509	0.5403	10.6366	0.0940	5.7466	0.1740	3.0985	17.8061
9	1.9990	0.5002	12.4876	0.0801	6.2469	0.1601	3.4910	21.8081
10	2.1589	0.4632	14.4866	0.0690	6.7101	0.1490	3.8713	25.9768
11	2.3316	0.4289	16.6455	0.0601	7.1390	0.1401	4.2395	30.2657
12	2.5182	0.3971	18.9771	0.0527	7.5361	0.1327	4.5957	34.6339
13	2.7196	0.3677	21.4953	0.0465	7.9038	0.1265	4.9402	39.0463
14	2.9372	0.3405	24.2149	0.0413	8.2442	0.1213	5.2731	43.4723
15	3.1722	0.3152	27.1521	0.0368	8.5595	0.1168	5.5945	47.8857
16	3.4259	0.2919	30.3243	0.0330	8.8514	0.1130	5.9046	52.2640
17	3.7000	0.2703	33.7502	0.0296	9.1216	0.1096	6.2037	56.5883
18	3.9960	0.2502	37.4502	0.0267	9.3719	0.1067	6.4920	60.8426
19	4.3157	0.2317	41.4463	0.0241	9.6036	0.1041	6.7697	65.0134
20	3.6610	0.2145	45.7620	0.0219	9.8181	0.1019	7.0369	69.0898
21	5.0338	0.1987	50.4229	0.0198	10.0168	0.0998	7.2940	73.0629
22	5.4365	0.1839	55.4568	0.0180	10.2007	0.0990	7.5412	76.9257
23	5.8715	0.1703	60.8933	0.0164	10.3711	0.0964	7.7786	80.6726
24	6.3412	0.1577	66.7648	0.0150	10.5288	0.0950	8.0066	84.2997
25	6.8485	0.1460	73.1059	0.0137	10.6748	0.0937	8.2254	87.8041
26	7.3964	0.1352	79.9544	0.0125	10.8100	0.0925	8.4352	91.1842
27	7.9881	0.1252	87.3508	0.0114	10.9352	0.0914	8.6363	94.4390
28	8.6271	0.1159	95.3388	0.0105	11.0511	0.0905	8.8289	97.5687
29	9.3173	0.1073	103.9659	0.0096	11.1584	0.0896	9.0133	100.5738
30	10.0627	0.0994	113.2832	0.0088	11.2578	0.0888	9.1897	103.4558
31	10.8677	0.0920	123.3459	0.0081	11.3498	0.0881	9.3584	106.2163
32	11.7371	0.0852	134.2135	0.0075	11.4350	0.0875	9.5197	108.8575
33	12.6760	0.0789	145.9506	0.0069	11.5139	0.0869	9.6737	111.3819
34	13.6901	0.0730	158.6267	0.0063	11.5869	0.0863	9.8208	113.7924
35	14.7853	0.0676	172.3168	0.0058	11.6546	0.0858	9.9611	116.0920
40	21.7245	0.0460	259.0565	0.0039	11.9246	0.0839	10.5699	126.0422
45	31.9204	0.0313	386.5056	0.0026	12.1084	0.0826	11.0447	133.7331
50	46.9016	0.0213	573.7702	0.0017	12.2335	0.0817	11.4107	139.5928
55	68.9139	0.0145	848.9232	0.0012	12.3186	0.0812	11.6902	144.0065
60	101.2571	0.0099	1253.2133	0.0008	12.3766	0.0808	11.9015	147.3000
65	148.7798	0.0067	1847.2481	0.0005	12.4160	0.0805	12.0602	149.7387
70	218.6064	0.0046	2720.0801	0.0004	12.4428	0.0804	12.1783	151.5326
75	321.2045	0.0031	4002.5566	0.0002	12.4611	0.0802	12.2658	152.8448
80	471.9548	0.0021	5886.9354	0.0002	12.4735	0.0802	12.3301	153.8001
85	693.4565	0.0014	8655.7061	0.0001	12.4820	0.0801	12.3772	154.4925
90	1018.9151	0.0010	12723.9386	0.0001	12.4877	0.0801	12.4116	154.9925
95	1497.1205	0.0007	18701.5069	0.0001	12.4917	0.0801	12.4365	155.3524
100	2199.7613	0.0005	27484.5157	0.0000	12.4943	0.0800	12.4545	155.6107

[부록] 불연속 복리표: $i=9\%$

n	Single payment		Uniform series				Gradient series	
	Compound amount factor	Present worth factor	Compound amount factor	Sinking fund factor	Present worth factor	Capital recovery factor	Uniform series factor	Present worth factor
	To find F given P $F \mid P\ i, n$	To find P given F $P \mid F\ i, n$	To find F given A $F \mid A\ i, n$	To find A given F $A \mid F\ i, n$	To find P given A $P \mid A\ i, n$	To find A given P $A \mid P\ i, n$	To find A given G $A \mid G\ i, n$	To find P given G $P \mid G\ i, n$
1	1.0900	0.9174	1.0000	1.0000	0.9174	1.0900	0.0000	0.0000
2	1.1881	0.8417	2.0900	0.4785	1.7591	0.5685	0.4785	0.8417
3	1.2950	0.7722	3.2781	0.3051	2.5313	0.3951	0.9426	2.3860
4	1.4116	0.7084	4.5731	0.2187	3.2397	0.3087	1.3925	4.5113
5	1.5386	0.6499	5.9847	0.1671	3.8897	0.2571	1.8282	7.1110
6	1.6771	0.5963	7.5233	0.1329	4.4859	0.2229	2.2498	10.0924
7	1.8280	0.5470	9.2004	0.1087	5.0330	0.1987	2.6574	13.3746
8	1.9926	0.5019	11.0285	0.0907	5.5348	0.1807	3.0512	16.8877
9	2.1719	0.4604	13.0210	0.0768	5.9952	0.1668	3.4312	20.5711
10	2.3674	0.4224	15.1929	0.0658	6.4177	0.1558	3.7978	24.3728
11	2.5804	0.3875	17.5603	0.0569	6.8052	0.1469	4.1510	28.2481
12	2.8127	0.3555	20.1407	0.0497	7.1607	0.1397	4.4910	32.1590
13	3.0658	0.3262	22.9534	0.0436	7.4869	0.1336	4.8182	36.0731
14	3.3417	0.2992	26.0192	0.0384	7.7862	0.1284	5.1326	39.9633
15	3.6425	0.2745	29.3609	0.0341	8.0607	0.1241	5.4346	43.8069
16	3.9703	0.2519	33.0034	0.0303	8.3126	0.1203	5.7245	47.5849
17	4.3276	0.2311	36.9737	0.0270	8.5436	0.1170	6.0024	51.2821
18	4.7171	0.2120	41.3013	0.0242	8.7556	0.1142	6.2687	54.8860
19	5.1417	0.1945	46.0185	0.0217	8.9501	0.1117	6.5236	58.3868
20	5.6044	0.1784	51.1601	0.0195	9.1285	0.1095	6.7674	61.7770
21	6.1088	0.1637	56.7645	0.0176	9.2922	0.1076	7.0006	65.0509
22	6.6586	0.1502	62.8733	0.0159	9.4424	0.1059	7.2232	68.2048
23	7.2579	0.1378	69.5319	0.0144	9.5802	0.1044	7.4357	71.2359
24	7.9111	0.1264	76.7898	0.0130	9.7066	0.1030	7.6384	74.1433
25	8.6231	0.1160	84.7009	0.0118	9.8226	0.1018	7.8316	76.9265
26	9.3992	0.1064	93.3240	0.0107	9.9290	0.1007	8.0156	79.5863
27	10.2451	0.0976	102.7231	0.0097	10.0266	0.0997	8.1906	82.1241
28	11.1671	0.0895	112.9682	0.0089	10.1161	0.0989	8.3571	84.5419
29	12.1722	0.0822	124.1354	0.0081	10.1983	0.0981	8.5154	86.8422
30	13.2677	0.0754	136.3075	0.0073	10.2737	0.0973	8.6657	89.0280
31	14.4618	0.0691	149.5752	0.0067	10.3428	0.0967	8.8083	91.1024
32	15.7633	0.0634	164.0370	0.0061	10.4062	0.0961	8.9436	93.0690
33	17.1820	0.0582	179.8003	0.0056	10.4644	0.0956	9.0718	94.9314
34	18.7284	0.0534	196.9823	0.0051	10.5178	0.0951	9.1933	96.6935
35	20.4140	0.0490	215.7108	0.0046	10.5668	0.0946	9.3083	98.3590
40	31.4094	0.0318	337.8824	0.0030	10.7574	0.0930	9.7957	105.3762
45	48.3273	0.0207	525.8587	0.0019	10.8812	0.0919	10.1603	110.5561
50	74.3575	0.0134	815.0836	0.0012	10.9617	0.0912	10.4295	114.3251
55	114.4083	0.0087	1260.0918	0.0008	11.0140	0.0908	10.6261	117.0362
60	176.0313	0.0057	1944.7921	0.0005	11.0480	0.0905	10.7683	118.9683
65	270.8460	0.0037	2998.2885	0.0003	11.0701	0.0903	10.8702	120.3344
70	416.7301	0.0024	4619.2232	0.0002	11.0844	0.0902	10.9427	121.2942
75	641.1909	0.0016	7113.2321	0.0001	11.0938	0.0901	10.9940	121.9646
80	986.5517	0.0010	10950.5741	0.0001	11.0998	0.0901	11.0299	122.4306
85	1517.9320	0.0007	16854.8003	0.0001	11.1038	0.0901	11.0551	122.7533
90	2335.5266	0.0004	25939.1842	0.0000	11.1064	0.0900	11.0726	122.9758
95	3593.4971	0.0003	39916.6350	0.0000	11.1080	0.0900	11.0847	123.1287
100	5529.0408	0.0002	61422.6755	0.0000	11.1091	0.0900	11.0930	123.2335

[부록] 불연속 복리표: $i=10\%$

n	Single payment		Uniform series				Gradient series	
	Compound amount factor	Present worth factor	Compound amount factor	Sinking fund factor	Present worth factor	Capital recovery factor	Uniform series factor	Present worth factor
	To find F given P $F \mid P\ i, n$	To find P given F $P \mid F\ i, n$	To find F given A $F \mid A\ i, n$	To find A given F $A \mid F\ i, n$	To find P given A $P \mid A\ i, n$	To find A given P $A \mid P\ i, n$	To find A given G $A \mid G\ i, n$	To find P given G $P \mid G\ i, n$
1	1.1000	0.9091	1.0000	1.0000	0.9091	1.1000	0.0000	0.0000
2	1.2100	0.8264	2.1000	0.4762	1.7355	0.5762	0.4762	0.8264
3	1.3310	0.7513	3.3100	0.3021	2.4869	0.4021	0.9366	2.3291
4	1.4641	0.6830	4.6410	0.2155	3.1699	0.3155	1.3812	4.3781
5	1.6105	0.6209	6.1051	0.1638	3.7908	0.2638	1.8101	6.8618
6	1.7716	0.5645	7.7156	0.1296	4.3553	0.2296	2.2236	9.6842
7	1.9487	0.5132	9.4872	0.1054	4.8684	0.2054	2.6216	12.7631
8	2.1436	0.4665	11.4359	0.0874	5.3349	0.1874	3.0045	16.0287
9	2.3579	0.4241	13.5795	0.0736	5.7590	0.1736	3.3724	19.4215
10	2.5937	0.3855	15.9374	0.0627	6.1446	0.1627	3.7255	22.8913
11	2.8531	0.3505	18.5312	0.0540	6.4951	0.1540	4.0641	26.3963
12	3.1384	0.3186	21.3843	0.0468	6.8137	0.1468	4.3884	29.9012
13	3.4523	0.2897	24.5227	0.0408	7.1034	0.1408	4.6988	33.3772
14	3.7975	0.2633	27.9750	0.0357	7.3667	0.1357	4.9955	36.8005
15	4.1772	0.2394	31.7725	0.0315	7.6061	0.1315	5.2789	40.1520
16	4.5950	0.2176	35.9497	0.0278	7.8237	0.1278	5.5493	43.4164
17	5.0545	0.1978	40.5447	0.0247	8.0216	0.1247	5.8071	46.5819
18	5.5599	0.1799	45.5992	0.0219	8.2014	0.1219	6.0526	49.6395
19	6.1159	0.1635	51.1591	0.0195	8.3649	0.1195	6.2861	52.5827
20	6.7275	0.1486	57.2750	0.0175	8.5136	0.1175	6.5081	55.4069
21	7.4002	0.1351	64.0025	0.0156	8.6487	0.1156	6.7189	58.1095
22	8.1403	0.1228	71.4027	0.0140	8.7715	0.1140	6.9189	60.6893
23	8.9543	0.1117	79.5430	0.0126	8.8832	0.1126	7.1085	63.1462
24	9.8497	0.1015	88.4973	0.0113	8.9847	0.1113	7.2881	65.4813
25	10.8347	0.0923	98.3471	0.0102	9.0770	0.1102	7.4580	67.6964
26	11.9182	0.0839	109.1818	0.0092	9.1609	0.1092	7.6186	69.7940
27	13.1100	0.0763	121.0999	0.0083	9.2372	0.1083	7.7704	71.7773
28	14.4210	0.0693	134.2099	0.0075	9.3066	0.1075	7.9137	73.6495
29	15.8631	0.0630	148.6309	0.0067	9.3696	0.1067	8.0489	75.4146
30	17.4494	0.0573	164.4940	0.0061	9.4269	0.1061	8.1762	77.0766
31	19.1943	0.0521	181.9434	0.0055	9.4790	0.1055	8.2962	78.6395
32	21.1138	0.0474	201.1378	0.0050	9.5264	0.1050	8.4091	80.1078
33	23.2252	0.0431	222.2515	0.0045	9.5694	0.1045	8.5152	81.4856
34	25.5477	0.0391	245.4767	0.0041	9.6086	0.1041	8.6149	82.7773
35	28.1024	0.0356	271.0244	0.0037	9.6442	0.1037	8.7086	83.9872
40	45.2593	0.0221	442.5926	0.0023	9.7791	0.1023	9.0962	88.9525
45	72.8905	0.0137	718.9048	0.0014	9.8628	0.1014	9.3740	92.4544
50	117.3909	0.0085	1163.9085	0.0009	9.9143	0.1009	9.5704	94.8889
55	189.0591	0.0053	1880.5914	0.0005	9.9471	0.1005	9.7075	96.5619
60	304.4816	0.0033	3034.8164	0.0003	9.9672	0.1003	9.8023	97.7010
65	490.3707	0.0020	4893.7073	0.0002	9.9796	0.1002	9.8672	98.4705
70	789.7470	0.0013	7887.4696	0.0001	9.9873	0.1001	9.9113	98.9870
75	1271.8954	0.0008	12708.9537	0.0001	9.9921	0.1001	9.9410	99.3317
80	2048.4002	0.0005	20474.0021	0.0000	9.9951	0.1000	9.9609	99.5606
85	3298.9690	0.0003	32979.6903	0.0000	9.9970	0.1000	9.9742	99.7120
90	5313.0226	0.0002	53120.2261	0.0000	9.9981	0.1000	9.9831	99.8118
95	8556.6760	0.0001	85556.7605	0.0000	9.9988	0.1000	9.9889	99.8773
100	17780.6123	0.0001	137796.1234	0.0000	9.9993	0.1000	9.9927	99.9202

[부록] 불연속 복리표: $i=12\%$

n	Single payment		Uniform series				Gradient series	
	Compound amount factor	Present worth factor	Compound amount factor	Sinking fund factor	Present worth factor	Capital recovery factor	Uniform series factor	Present worth factor
	To find F given P $F\mid P\ i,n$	To find P given F $P\mid F\ i,n$	To find F given A $F\mid A\ i,n$	To find A given F $A\mid F\ i,n$	To find P given A $P\mid A\ i,n$	To find A given P $A\mid P\ i,n$	To find A given G $A\mid G\ i,n$	To find P given G $P\mid G\ i,n$
1	1.1200	0.8929	1.0000	1.0000	0.8929	1.1200	0.0000	0.0000
2	1.2544	0.7972	2.1200	0.4717	1.6901	0.5917	0.4717	0.7972
3	1.4049	0.7118	3.3744	0.2963	2.4018	0.4163	0.9246	2.2208
4	1.5735	0.6355	4.7793	0.2092	3.0373	0.3292	1.3589	4.1273
5	1.7623	0.5674	6.3528	0.1574	3.6048	0.2774	1.7746	6.3970
6	1.9738	0.5066	8.1152	0.1232	4.1114	0.2432	2.1720	8.9302
7	2.2107	0.4523	10.0890	0.0991	4.5638	0.2191	2.5515	11.6443
8	2.4760	0.4039	12.2997	0.0813	4.9676	0.2013	2.9131	14.4714
9	2.7731	0.3606	14.7757	0.0677	5.3282	0.1877	3.2674	17.3563
10	3.1058	0.3220	17.5487	0.0570	5.6502	0.1770	3.5847	20.2541
11	3.4785	0.2875	20.6546	0.0484	5.9377	0.1684	3.8953	23.1288
12	3.8960	0.2567	24.1331	0.0414	6.1944	0.1614	4.1897	25.9523
13	4.3635	0.2292	28.0291	0.0357	6.4235	0.1557	4.4683	28.7024
14	4.8871	0.2046	32.3926	0.0309	6.6282	0.1509	4.7317	31.3624
15	5.4736	0.1827	37.2797	0.0268	6.8109	0.1468	4.9803	33.9202
16	6.1304	0.1631	42.7533	0.0234	6.9740	0.1434	5.2147	36.3670
17	6.8660	0.1456	48.8837	0.0205	7.1196	0.1405	5.4353	38.6973
18	7.6900	0.1300	55.7497	0.0179	7.2497	0.1379	5.6427	409080
19	8.6128	0.1161	63.4397	0.0158	7.3658	0.1358	5.8375	42.9979
20	9.6463	0.1037	72.0524	0.0139	7.4694	0.1339	6.0202	44.9676
21	10.8038	0.0926	81.6987	0.0122	7.5620	0.1322	6.1913	46.8188
22	12.1003	0.0826	92.5026	0.0108	7.6446	0.1308	6.3514	48.5543
23	13.5523	0.0738	104.6029	0.0096	7.7184	0.1296	6.5010	50.1776
24	15.1786	0.0659	118.1552	0.0085	7.7843	0.1285	6.6406	51.6929
25	17.0001	0.0588	133.3339	0.0075	7.8431	0.1275	6.7708	53.1046
26	19.0401	0.0525	150.3339	0.0067	7.8957	0.1267	6.8921	54.4177
27	21.3249	0.0469	169.3740	0.0059	7.9426	0.1259	7.0049	55.6369
28	23.8839	0.0419	190.6989	0.0052	7.9844	0.1252	7.1098	56.7674
29	26.7499	0.0374	214.5828	0.0047	8.0218	0.1247	7.2071	57.8141
30	29.9599	0.0334	241.3327	0.0041	8.0552	0.1241	7.2974	58.7821
31	33.5551	0.0298	271.2928	0.0037	8.0850	0.1237	7.3811	59.6761
32	37.5817	0.0266	304.8477	0.0033	8.1116	0.1233	7.4586	60.5010
33	42.0915	0.0238	342.4294	0.0029	8.1354	0.1229	7.5302	61.2612
34	47.1425	0.0212	384.5210	0.0026	8.1566	0.1226	7.5965	61.9612
35	52.7996	0.0189	431.6635	0.0023	8.1755	0.1223	7.6577	62.6052
40	93.0510	0.0107	767.0914	0.0013	8.2438	0.1213	7.8988	65.1159
45	163.9876	0.0061	1358.2300	0.0007	8.2825	0.1207	8.0572	66.7342
50	289.0022	0.0035	2400.0182	0.0004	8.3045	0.1204	8.1597	67.7624

[부록] 불연속 복리표: $i = 15\%$

n	Single payment		Uniform series				Gradient series	
	Compound amount factor	Present worth factor	Compound amount factor	Sinking fund factor	Present worth factor	Capital recovery factor	Uniform series factor	Present worth factor
	To find F given P $F \mid P\ i, n$	To find P given F $P \mid F\ i, n$	To find F given A $F \mid A\ i, n$	To find A given F $A \mid F\ i, n$	To find P given A $P \mid A\ i, n$	To find A given P $A \mid P\ i, n$	To find A given G $A \mid G\ i, n$	To find P given G $P \mid G\ i, n$
1	1.1500	0.8696	1.0000	1.0000	0.8696	1.1500	0.0000	0.0000
2	1.3225	0.7561	2.1500	0.4651	1.6257	0.6151	0.4651	0.7561
3	1.5209	0.6575	3.4725	0.2880	2.2832	0.4380	0.9071	2.0712
4	1.7490	0.5718	4.9934	0.2003	2.8550	0.3503	1.3263	3.7864
5	2.0114	0.4972	6.7424	0.1483	3.3522	0.2983	1.7228	5.7751
6	2.3131	0.4323	8.7537	0.1142	3.7845	0.2642	2.0972	7.9368
7	2.6600	0.3759	11.0668	0.0904	4.1604	0.2404	2.4498	10.1924
8	3.0590	0.3269	13.7268	0.0729	4.4873	0.2229	2.7813	12.4807
9	3.5179	0.2843	16.7858	0.0596	4.7716	0.2096	3.0922	14.7548
10	4.0456	0.2472	20.3037	0.0493	5.0188	0.1993	3.3832	16.9795
11	4.6524	0.2149	24.3493	0.0411	5.2337	0.1911	3.6549	19.1289
12	5.3503	0.1869	29.0017	0.0345	5.4206	0.1845	3.9082	21.1849
13	6.1528	0.1625	34.3519	0.0291	5.5831	0.1791	4.1438	23.1352
14	7.7057	0.1413	40.5047	0.0247	5.7245	0.1747	4.3624	24.9725
15	8.1371	0.1229	47.5804	0.0210	5.8474	0.1710	4.5650	26.6930
16	9.3576	0.1069	55.7175	0.0179	5.9542	0.1679	4.7522	28.2960
17	10.7613	0.0929	65.0751	0.0154	6.0472	0.1654	4.9251	29.7828
18	12.3755	0.0808	75.8364	0.0132	6.1280	0.1632	5.0843	31.1565
19	14.2318	0.0703	88.2118	0.0113	6.1982	0.1613	5.2307	32.4213
20	16.3665	0.0611	102.4436	0.0098	6.2593	0.1598	5.3651	33.5822
21	18.8215	0.0531	118.8101	0.0084	6.3125	0.1584	5.4883	34.6448
22	21.6447	0.0462	137.6316	0.0073	6.3587	0.1573	5.6010	35.6150
23	24.8915	0.0402	159.2764	0.0063	6.3988	0.1563	5.7040	36.4988
24	28.6252	0.0349	184.1678	0.0054	6.4338	0.1554	5.7979	37.3023
25	32.9190	0.0304	212.7930	0.0047	6.4641	0.1547	5.8834	38.0314
26	37.8568	0.0264	245.7120	0.0041	6.4906	0.1541	5.9612	38.6918
27	43.5353	0.0230	283.5688	0.0035	6.5135	0.1535	6.0319	39.2890
28	50.0656	0.0200	327.1041	0.0031	6.5335	0.1531	6.0960	39.8283
29	57.5755	0.0174	377.1697	0.0027	6.5509	0.1527	6.1541	40.3146
30	66.2118	0.0151	434.7451	0.0023	6.5660	0.1523	6.2066	40.7526
31	76.1435	0.0131	500.9569	0.0020	6.5791	0.1520	6.2541	41.1466
32	87.5651	0.0114	577.1005	0.0017	6.5905	0.1517	6.2970	41.5006
33	100.6998	0.0099	664.6655	0.0015	6.6005	0.1515	6.3357	41.8184
34	115.8048	0.0086	765.3654	0.0013	6.6091	0.1513	6.3705	42.1033
35	133.1755	0.0075	881.1702	0.0011	6.6166	0.1511	6.4019	42.3586
40	267.8635	0.0037	1779.0903	0.0006	6.6418	0.1506	6.5168	43.2830
45	538.7693	0.0019	3585.1285	0.0003	6.6543	0.1503	6.5830	43.8051
50	1083.6574	0.0009	7217.7163	0.0001	6.6605	0.1501	6.6205	44.0958

[부록] 불연속 복리표: $i=20\%$

n	Single payment		Uniform series				Gradient series	
	Compound amount factor	Present worth factor	Compound amount factor	Sinking fund factor	Present worth factor	Capital recovery factor	Uniform series factor	Present worth factor
	To find F given P $F \mid P\ i, n$	To find P given F $P \mid F\ i, n$	To find F given A $F \mid A\ i, n$	To find A given F $A \mid F\ i, n$	To find P given A $P \mid A\ i, n$	To find A given P $A \mid P\ i, n$	To find A given G $A \mid G\ i, n$	To find P given G $P \mid G\ i, n$
1	1.2000	0.8333	1.0000	1.0000	0.8333	1.2000	0.0000	0.0000
2	1.4400	0.6944	2.2000	0.4545	1.5278	0.6545	0.4545	0.6944
3	1.7280	0.5787	3.6400	0.2747	2.1065	0.4747	0.8791	1.8519
4	2.0736	0.4823	5.3680	0.1863	2.5887	0.3863	1.2742	3.2986
5	2.4883	0.4019	7.4416	0.1344	2.9906	0.3344	1.6405	4.9061
6	2.9860	0.3349	9.9299	0.1007	3.3255	0.3007	1.9788	6.5806
7	3.5832	0.2791	12.9159	0.0774	3.6046	0.2774	2.2902	8.2551
8	4.2998	0.2326	16.4991	0.0606	3.8372	0.2606	2.5756	9.8831
9	5.1598	0.1938	20.7989	0.0481	4.0310	0.2481	2.8364	11.4335
10	6.1917	0.1615	25.9587	0.0.385	4.1925	0.2385	3.0739	12.8871
11	7.4301	0.1346	32.1504	0.0311	4.3271	0.2311	3.2893	14.2330
12	8.9161	0.1122	39.5805	0.0253	4.4392	0.2253	3.4841	15.4667
13	10.6993	0.0935	48.4966	0.0206	4.5327	0.2206	3.6597	16.5883
14	12.8392	0.0779	59.1959	0.0169	4.6106	0.2169	3.8175	17.6008
15	15.4070	0.0649	72.0351	0.0139	4.6755	0.2139	3.9588	18.5095
16	18.4884	0.0541	87.4421	0.0114	4.7296	0.2114	4.0851	19.3208
17	22.1861	0.0451	105.9306	0.0094	4.7746	0.2094	4.1976	20.0419
18	26.6233	0.0376	128.1167	0.0078	4.8122	0.2078	4.2975	20.6805
19	31.9480	0.0313	154.7400	0.0065	4.8435	0.2065	4.3861	21.2439
20	38.3376	0.0261	186.6880	0.0054	4.8696	0.2054	4.4643	21.7395
21	46.0051	0.0217	225.0256	0.0044	4.8913	0.2044	4.5334	22.1742
22	55.2061	0.0181	271.0307	0.0037	4.9094	0.2037	4.5941	22.5546
23	66.2474	0.0151	326.2369	0.0031	4.9245	0.2031	4.6475	22.8867
24	79.4968	0.0126	392.4842	0.0025	4.9371	0.2025	4.6943	23.1760
25	95.3962	0.0105	471.9811	0.0021	4.9476	0.2021	4.7352	23.4276
26	114.4755	0.0087	567.3773	0.0018	4.9563	0.2018	4.7709	23.6460
27	137.3706	0.0073	681.8528	0.0015	4.9636	0.2015	4.8020	23.8353
28	164.8447	0.0061	819.2233	0.0012	4.9697	0.2012	4.8291	23.9991
29	197.8136	0.0051	984.0680	0.0010	4.9747	0.2010	4.8527	24.1406
30	237.3763	0.0042	1181.8816	0.0008	4.9789	0.2008	4.8731	24.2628
31	284.8516	0.0035	1419.2579	0.0007	4.9824	0.2007	4.8908	24.3681
32	341.8219	0.0029	1704.1095	0.0006	4.9854	0.2006	4.9061	24.4588
33	410.1863	0.0024	2045.9314	0.0005	4.9878	0.2005	4.9194	24.5368
34	492.2235	0.0020	2456.1176	0.0004	4.9898	0.2004	4.9308	24.6038
35	590.6682	0.0017	2948.3411	0.0003	4.9915	0.2003	4.9406	24.6614
40	1469.7716	0.0007	7343.8578	0.0001	4.9966	0.2001	4.9728	24.8469
45	3657.2620	0.0003	18281.3099	0.0001	4.9986	0.2001	4.9877	24.9316
50	9100.4382	0.0001	45497.1908	0.0000	4.9995	0.2000	4.9945	24.9698

[부록] 불연속 복리표: $i=25\%$

n	Single payment		Uniform series				Gradient series	
	Compound amount factor	Present worth factor	Compound amount factor	Sinking fund factor	Present worth factor	Capital recovery factor	Uniform series factor	Present worth factor
	To find F given P $F \mid P\ i, n$	To find P given F $P \mid F\ i, n$	To find F given A $F \mid A\ i, n$	To find A given F $A \mid F\ i, n$	To find P given A $P \mid A\ i, n$	To find A given P $A \mid P\ i, n$	To find A given G $A \mid G\ i, n$	To find P given G $P \mid G\ i, n$
1	1.2500	0.8000	1.0000	1.0000	0.8000	1.2500	0.0000	0.0000
2	1.5625	0.6400	2.2500	0.4444	1.4400	0.6944	0.4444	0.6400
3	1.9531	0.5120	3.8125	0.2623	1.9520	0.5123	0.8525	1.6640
4	2.4414	0.4096	5.7656	0.1734	2.3616	0.4234	1.2249	2.8928
5	3.0518	0.3277	8.2070	0.1218	2.6893	0.3718	1.5631	4.2035
6	3.8147	0.2621	11.2588	0.0888	2.9514	0.3388	1.8683	5.5142
7	4.7684	0.2097	15.0735	0.0663	3.1611	0.3163	2.1424	6.7725
8	5.9605	0.1678	19.8419	0.0504	3.3289	0.3004	2.3872	7.9469
9	7.4506	0.1342	25.8023	0.0388	3.4631	0.2888	2.6048	9.0207
10	9.3132	0.1074	33.2529	0.0301	3.5705	0.2801	2.7971	9.9870
11	11.6415	0.0859	42.5661	0.0235	3.6564	0.2735	2.9663	10.8460
12	14.5519	0.0687	54.2077	0.0184	3.7251	0.2684	3.1145	11.6020
13	18.1899	0.0550	68.7596	0.0145	3.7801	0.2645	3.2437	12.2617
14	22.7374	0.0440	86.9495	0.0115	3.8241	0.2615	3.3559	12.8334
15	28.4217	0.0352	109.6868	0.0091	3.8593	0.2591	3.4530	13.3260
16	34.5271	0.0281	138.1085	0.0072	3.8874	0.2572	3.5366	13.7482
17	44.4089	0.0225	173.6357	0.0058	3.9099	0.2558	3.6084	14.1085
18	55.5112	0.0180	218.0446	0.0046	3.9279	0.2546	3.6698	14.4147
19	69.3889	0.0144	273.5558	0.0037	3.9424	0.2537	3.7222	14.6741
20	86.7362	0.0115	342.9447	0.0029	3.9539	0.2529	3.7667	14.8932
21	108.4202	0.0092	429.6809	0.0023	3.9631	0.2823	3.8045	15.0777
22	135.5253	0.0074	538.1011	0.0019	3.9705	0.2519	3.8365	15.2326
23	169.4066	0.0059	673.6264	0.0015	3.9764	0.2515	3.8634	15.3625
24	211.7582	0.0047	843.0329	0.0012	3.9811	0.2512	3.8861	15.4711
25	264.6978	0.0038	1054.7912	0.0009	3.9849	0.2509	3.9052	15.5618
26	330.8722	0.0030	1319.4890	0.0008	3.9879	0.2508	3.9212	15.6373
27	413.5903	0.0024	1650.3612	0.0006	3.9903	0.2506	3.9346	15.7002
28	516.9879	0.0019	2063.9515	0.0005	3.9923	0.2505	3.9457	15.7524
29	646.2349	0.0015	2580.9394	0.0004	3.9938	0.2504	3.9551	15.7957
30	807.7936	0.0012	3227.1743	0.0003	3.9950	0.2503	3.9628	15.8316
31	1009.7420	0.0010	4034.9678	0.0002	3.9960	0.2502	3.9693	15.8614
32	1262.1774	0.0008	5044.7098	0.0002	3.9968	0.2502	3.9746	15.8859
33	1577.7218	0.0006	6306.8872	0.0002	3.9975	0.2502	3.9791	15.9062
34	1982.1523	0.0005	7884.6091	0.0001	3.9980	0.2501	3.9828	15.9229
35	2465.1903	0.0004	9856.7613	0.0001	3.9984	0.2501	3.9858	15.9367

[부록] 불연속 복리표: $i=30\%$

n	Single payment		Uniform series				Gradient series	
	Compound amount factor	Present worth factor	Compound amount factor	Sinking fund factor	Present worth factor	Capital recovery factor	Uniform series factor	Present worth factor
	To find F given P $F \mid P\ i, n$	To find P given F $P \mid F\ i, n$	To find F given A $F \mid A\ i, n$	To find A given F $A \mid F\ i, n$	To find P given A $P \mid A\ i, n$	To find A given P $A \mid P\ i, n$	To find A given G $A \mid G\ i, n$	To find P given G $P \mid G\ i, n$
1	1.3000	0.7692	1.0000	1.0000	0.7692	1.3000	0.0000	0.0000
2	1.6900	0.5917	2.3000	0.4348	1.3609	0.7348	0.4348	0.5917
3	2.1970	0.4552	3.9900	0.2506	1.8161	0.5506	0.8271	1.5020
4	2.8561	0.3501	6.1870	0.1616	2.1662	0.4616	1.1783	2.5524
5	3.7129	0.2693	9.0431	0.1106	2.4356	0.4106	1.4903	3.6297
6	4.8268	0.2072	12.7560	0.0784	2.6427	0.3784	1.7654	4.6656
7	6.2749	0.1594	17.5828	0.0569	2.8021	0.3569	2.0063	5.6218
8	8.1573	0.1226	23.8577	0.0419	2.9247	0.3419	2.2156	6.4800
9	10.6045	0.0943	32.0150	0.0312	3.0190	0.3312	2.3903	7.2343
10	13.7858	0.0725	42.6195	0.0.235	3.0915	0.3235	2.5512	7.8872
11	17.9216	0.0558	56.4053	0.0177	3.1473	0.3177	2.6833	8.4452
12	23.2981	0.0429	74.3270	0.0.135	3.1903	0.3135	2.7952	8.9173
13	30.2875	0.0330	97.6250	0.0102	3.2233	0.3102	2.8895	9.3135
14	39.3738	0.0254	127.9125	0.0078	3.2487	0.3078	2.9685	9.6437
15	51.1859	0.0195	167.2863	0.0060	3.2682	0.3060	3.0344	9.9172
16	66.5417	0.0150	218.4722	0.0046	3.2832	0.3046	3.0892	10.1426
17	86.5042	0.0116	285.0139	0.0035	3.2948	0.3035	3.1345	10.3276
18	112.4554	0.0089	371.5180	0.0027	3.3037	0.3027	3.1718	10.4788
19	146.1920	0.0068	483.9734	0.0021	3.3105	0.3021	3.2025	10.6019
20	190.0494	0.0053	630.1655	0.0016	3.3158	0.3016	3.2275	10.7019
21	247.0645	0.0040	820.2151	0.0012	3.3198	0.3012	3.2480	10.7828
22	321.1839	0.0031	1067.2796	0.0009	3.3230	0.3009	3.2846	10.8482
23	417.5391	0.0024	1388.4635	0.0007	3.3254	0.3007	3.2781	10.9009
24	542.8008	0.0018	1806.0026	0.0006	3.3272	0.3006	3.2890	10.9433
25	705.6410	0.0014	2348.8033	0.0004	3.3286	0.3004	3.2979	109773
26	917.3333	0.0011	3054.4443	0.0003	3.3297	0.3003	3.3050	11.0045
27	1192.5333	0.0008	3971.7776	0.0003	3.3305	0.3003	3.3107	11.0263
28	1550.2933	0.0006	5164.3109	0.0002	3.3312	0.3002	3.3153	11.0437
29	2015.3813	0.0005	6714.6042	0.0001	3.3317	0.3001	3.3189	11.0576
30	2619.9956	0.0004	8729.9855	0.0001	3.3321	0.3001	3.3219	11.0687
31	3405.9943	0.0003	11349.9811	0.0001	3.3324	0.3001	3.3242	11.0775
32	4427.7926	0.0002	14755.9755	0.0001	3.3326	0.3001	3.3261	11.0845
33	5756.1304	0.0002	19183.7681	0.0001	3.3328	0.3001	3.3276	11.0901
34	7482.9696	0.0001	24939.8985	0.0000	3.3329	0.3000	3.3288	11.0945
35	9727.8604	0.0001	32422.8681	0.0000	3.3330	0.3000	3.3297	11.0980

난 수 표

39 65 76 45 45	19 90 69 64 61	20 26 36 31 62	58 24 97 14 97	95 06 70 99 00
73 71 23 70 90	65 97 60 12 11	31 56 34 19 19	47 83 75 51 33	30 62 38 20 46
72 20 47 33 84	51 67 47 97 19	98 40 07 17 66	23 05 09 51 80	59 78 11 52 49
75 17 25 69 17	17 95 21 78 58	24 33 45 77 48	69 81 84 09 29	93 22 70 45 80
37 48 79 88 74	63 52 06 34 30	01 31 60 10 27	35 07 79 71 53	28 99 52 01 41
02 89 08 16 94	85 53 83 29 95	56 27 09 24 43	21 78 55 09 82	72 61 88 73 61
87 18 15 70 07	37 79 49 12 38	48 13 93 55 96	41 92 45 71 51	09 18 25 58 94
98 83 71 70 15	89 09 39 59 24	00 06 41 41 20	14 36 59 25 47	54 45 17 24 89
10 08 58 07 04	76 62 16 48 68	58 76 17 14 86	59 53 11 52 21	66 04 18 72 87
47 90 56 37 31	71 82 13 50 41	27 55 10 24 92	28 04 67 53 44	95 23 00 84 47
93 05 31 03 07	34 18 04 52 35	74 13 39 35 22	68 95 23 92 35	36 63 70 35 33
21 89 11 47 99	11 20 99 45 18	76 51 94 84 86	13 79 93 37 55	98 16 04 41 67
95 18 94 06 97	27 37 83 28 71	79 57 95 13 91	09 61 87 25 21	56 20 11 32 44
97 08 31 55 73	10 65 81 92 59	77 31 61 95 46	20 44 90 32 64	26 99 76 75 63
69 26 88 86 13	59 71 74 17 32	48 38 75 93 29	73 37 32 04 05	60 82 29 20 25
41 47 10 25 03	87 63 93 95 17	81 83 83 04 49	77 45 85 50 51	79 88 01 97 30
91 94 14 63 62	08 61 74 51 69	92 79 43 89 79	29 18 94 51 23	14 85 11 47 23
80 06 54 18 47	08 52 85 08 40	48 40 35 94 22	72 65 71 08 86	50 03 42 99 36
67 72 77 63 99	89 85 84 46 06	64 71 06 21 66	89 37 20 70 01	61 65 70 22 12
59 40 24 13 75	42 29 72 23 19	06 94 76 10 08	81 30 15 39 14	81 83 17 16 33
63 62 06 34 41	79 53 36 02 95	94 61 09 43 62	20 21 14 68 86	84 95 48 46 45
78 47 23 53 90	79 93 96 38 63	34 85 52 05 09	85 43 01 72 73	14 93 87 81 40
87 68 62 15 43	97 48 72 66 48	53 16 71 13 81	59 97 50 99 52	24 62 20 42 31
47 60 92 10 77	26 97 05 73 51	88 46 38 03 58	72 68 49 29 31	75 70 16 08 24
56 88 87 59 41	06 87 37 78 48	65 88 69 58 39	88 02 84 27 83	85 81 56 39 38
22 17 68 65 84	87 02 22 57 51	68 69 80 95 44	11 29 01 95 80	49 34 35 86 47
19 36 27 59 46	39 77 32 77 09	79 57 92 36 59	89 74 19 82 15	08 58 94 34 74
16 77 23 02 77	28 06 24 25 93	22 45 44 84 11	87 80 61 65 31	09 71 91 74 25
78 43 76 71 61	97 67 63 99 61	80 45 67 93 82	59 73 19 85 23	53 33 65 97 21
03 28 28 26 08	69 30 16 09 05	53 58 47 70 93	66 56 45 65 79	45 56 20 19 47
04 31 17 21 56	33 73 99 19 87	26 72 39 27 67	53 77 57 68 93	60 61 97 22 61
61 06 98 03 91	87 14 77 43 96	43 00 65 98 50	45 60 33 01 07	98 99 46 50 47
23 68 35 26 00	99 53 93 61 28	52 70 05 48 34	56 65 05 61 86	90 92 10 70 80
15 39 25 70 99	93 86 52 77 65	15 33 59 05 28	22 87 26 07 47	86 96 98 29 06
58 71 96 30 24	18 46 23 34 27	85 13 99 24 44	49 18 09 79 49	74 16 32 23 02
93 22 53 64 39	07 10 63 76 35	87 03 04 79 88	08 13 13 85 51	55 34 57 72 69
78 76 58 54 74	92 38 70 96 92	52 06 79 79 45	82 63 18 27 44	69 66 92 19 09
61 81 31 96 82	00 57 25 60 59	46 72 60 18 77	55 66 12 62 11	08 99 55 64 57
42 88 07 10 05	24 98 65 63 21	47 21 61 88 32	27 80 30 21 60	10 92 35 36 12
77 94 30 05 39	28 10 99 00 27	12 73 73 99 12	49 99 57 94 82	96 88 57 17 91

찾아보기

(ㅂ)

(ㅇ)

(ㅈ)

(ㅊ)

(기타)

저자 이성우

학력 서울대학교 경영학과 졸업(경영학 학사)
서울대학교 행정대학원 졸업(행정학 석사)
University of Pennsylvania, The Wharton School(MBA, Ph. D, 공공정책학 전공)

경력 한성대학교 행정학과 교수(현)
정부업무평가위원
한국정책분석평가학회 회장
한국규제학회 회장
한국행정연구원 수석연구원
입법고시 합격
행정고시, 입법고시 등 시험위원

수상 홍조근정훈장

저서 정책분석론: 이론과 기법(2008), 조명문화사
정책평가론(2007)(공저), 법문사

주요 연구관심 분야
정책결정론, 정책분석론, 정부규제론, 정부개혁론

정책분석론: 이론과 기법(개정판)

초 판 2008년 3월 10일
개정판 2013년 1월 23일

지은이 _ 이성우
발행인 _ 이재영
발행처 _ 도서출판 조명문화사
133-819
서울시 성동구 성수1가1동 296
전화 070-4354-7417
팩스 02-498-3018
등록번호 / 제2-846호(1989.7.13)

ISBN 978-89-7257-388-3 93350
정가 34,000원